U0918592

文成天縱

民族語言文字叢書

MINZU YUYAN WENZI CONGSHU

北京師範大學圖書館 編

④

广西师范大学出版社
GUANGXI NORMAL UNIVERSITY PRESS
·桂林·

第四册目録

武鳴士語

李方桂撰

民國三十年（一九四一）

序

這本書的材料是著者一九三五年秋天在南寧收集的。龍州以及幾個別的台語方言材料也是同時收集的。發音人是蘇增偉先生。他是武鳴縣東部大明山脚馬頭村人。所以本篇的讀音也就拿馬頭村的讀音爲準。後來著者又跟着發音人到過馬頭村一次，得了許多可寶貴的土歌材料。蘇先生在各方面的協助，這是著者第一要感謝的。

武鳴土語是僮語(僮字音讀如壯)的一個方言，跟貴州册亨語(參看Jos. Esquirol及Gust. Williatte, Essai de Dictionnaire Dioi-Français, Hongkong 1908)相近。貴州的仲家及廣西各處如西林，田州，百色，凌雲，遷江等地的語言跟武鳴土語同成爲台語中的一大支系，我們把這一支系叫作僮語。這一系跟其他台語如阿含，撣，佬，暹羅，呂，白台，黑台，儂等相差很遠。在研究台語系統上佔很重要的位置。這本書的主要目的便是貢獻點我們極需的材料。

本書第二章內I—XII是故事及日常生活的敍述，XIII—XXVI是歌。其中I—IV, XXII, XXIII, 及XIII, XIV的一部都用灌音機記在鋁片上，其餘的都是筆記。故事的第一篇及歌的第一篇(I, XIII)在原文每字下都註有漢義，後面再附譯文，其餘的原文下不每字註漢義，只有譯文。讀者如充分利用後面的詞彙及譯文，可不難了解。

倭寇入侵，著者正在美國耶魯大學任教，兩年間也作了不少整理工作。回國後繼續整理，楊時逢先生作了全部的校錄工作，丁張琨先生也看過原稿，並且有校正的地方，吳宗濟先生在南寧時就幫忙灌音，且把土歌原本晒藍，整理工作時也幫了不少的忙，特此謝誌。

四川南溪李莊，一九四一年，六月十二日，李方桂。

目錄

第 一 章

導 論

第一節　武鳴土語音韻概要

1. 聲母:

	唇音	齒音	舌根音	喉音	舌面音
塞音:	p	t	k	ʔ	
擦音:	f	θ	x	h	ç
鼻音:	m	n	ŋ		ȵ
流音:	l	r			
半元音:	j	w			
帶喉塞音聲母:	ʔb	ʔd	ʔj	ʔw	
帶流音聲母:	pl	ml	kl		
帶j聲母:	kj				
帶w聲母:	θw, nw, ʔdw, kw, xw, ŋw, klw, çw, lw				

聲母中無吐氣塞音及塞擦音; f是唇齒擦音; θ是齒齦擦音, 不是眞正的齒間音; ç是稍微顎化的s音, 略似廣州的細石等字的聲母, 有時也像英文的sh; ȵ是舌面前音如法文的gn; r是擦音略似普通英國的r, 不是舌尖顫動音; ʔb, ʔd, ʔj, ʔw在b, d, j, w前有很顯明喉塞音, 其他音值的詳情請參看著者的武鳴土語音系, 集刊十本一分。

單就表面來看帶喉塞音聲母ʔj, ʔw也可算作帶j及帶w聲母; 但是就音韻配合的情形看來, 它們似乎與帶j聲母及帶w聲母不同, 它們所能配合的韻母較後者爲廣。klw-也可以列在帶流音聲母中, 但是它的音韻配合情形跟別的帶w聲母一樣; 因此也列在帶w聲母中。

j, w, 及kj, kw等的j, w都是輔音性的。它們應當跟元音性的i, u嚴格的分開, 所以kjaŋ及kiaŋ, kwaŋ及kuaŋ是不同的音。

除語助詞外沒有無聲母的字。如果揀單個的語助詞叫發音人讀時，原來説話時沒有聲母的也必加上h或ʔ。語助詞在詩歌中，因爲當字讀的原故也就都有聲母了，所以語助詞a在口語中無聲母，在詩中讀ha; ʔi˥ rɑɯ˨, ʔm˥ ʔɯi˧ 等也時常在口語中讀作i˥ rɑɯ˨, ɯ˥, ɯi˧ 等（參看第三章詞彙）。

2. 元音：武鳴土語元音可分爲下列三類。

1. 高元音：　i　　u　　ɯ

2. 長元音：　e　　ø　　a

3. 短元音：　　ɑ　　o

高元音在開音節中是長的，如pi˧ 年，在閉音節中是短的，如pit˥˩ 鴨。長元音無論在開音節或閉音節中都是長的，如ke˥ 解開，pet˦ 八。因此長號[ː]皆可省去。短元音只見於閉音節（語助詞例外）或複合元音中，如rok˨˩ 鳥，hɑn˧ 見，rɑu˥ 頭。

i, u, ɯ 在開音節讀的緊，有時近於[ᵉi], [ᵒu], [ˠɯ]，在閉音節中則很開，有時近於[e], [o], [ɤ]; e是開的[ɛ]; a是前[a]; ɑ是後[ɑ]或[ɐ]; o是介乎[o], [ɔ]之間的音；其他詳細音值的描寫，參看著者的武鳴土語音系。

複合元音：可分爲兩類，

1. ai, ɑi, oi, ui, øi, ɯi, au, ɑu, eu, ɑɯ, iu, iɑu 後面不再有輔音。

2. iɑ-, uɑ, ɯɑ- 後面必需有輔音 -m, -n, -ŋ, -p, -t, 或 -k。

3. 韻母：從上面的元音及複合元音的性質及組合條件，可得下列諸韻母。

1. 開音節：i, u, ɯ, e, ø, a, ai, ɑi, oi, ui, øi, ɯi, au, ɑu, ɑɯ, eu, iu, iɑu。

2. 閉音節：i-, u-, ɯ-, e-, ø-, a-, ɑ-, o-, iɑ-, uɑ-, ɯɑ- + -m, -n, -ŋ, -p, -t 或 -k。

但就我們現在所有的材料而言，缺 ɯm, ɯɑm, ɯp, uɑp, ɯɑp 及 ɯt 六韻母。感歎詞及語助詞有些例外的地方沒有列入。這類字時有出乎語音系統之外的音韻及聲調。

i-, u-, ɯ-, ɑ-, o- + -p, -t, -k 諸韻母因爲元音既短又爲塞音所阻,是爲短音節,其他諸韻母皆長音節。唱歌時短音節不能佔一拍子,所以後面時加贅音a,故讀 wit 如 wita, tok 如 toka。pak, pɯɑk 等音節因有長元音或複合元音,可佔一拍子的時間,其他如 pɑn 元音雖短,但是鼻尾音可延長,所以這類叫作長音節,唱時無需加贅音a。

4. 聲調: 共有六個,如將短音節的三個調提出另算則有九個;如依漢語習慣把所有收-p, -t, -k的字的聲調另算則共有十三個。

長音節	短音節
1. 中平 ˧ (33:)	
2. 低降 ˨˩ (31:)	(7) 短低降 ˨˩ (21)
3. 高平 ˥ (55:)	
4. 全降 ˥˩ (51:)	
5. 中升 ˨˦ (24:)	(8) 短高升 ˦˥ (45)
6. 低升 ˩˧ (13:)	(9) 短低升 ˩˨ (12)

短音節的三個聲調實與長音節2, 5, 6三調相當,亦可不另立調類,故用括弧標出。有-p, -t, -k尾的長音節,可以有2, 3, 5, 6四調,故'入聲'共有七調。

5. 聲母與韻母的關係: 在武鳴土語音系一文已討論過,現在簡略述之。

kj聲母只在有a, u元音的韻母前出現。

帶w的聲母只在有i, e, a, ɑ的韻母前出現。

帶-u的複合音,如au, ɑu, eu, iau等,不能在w, ʔw及帶w的聲母後出現。

有ø, o元音的韻母也是如此。例外: klwau˧ 蜘蛛等,這類字又多讀klau˧等,已有異化作用的傾向。

有i元音的韻母不能在x, ŋ聲母後出現。

6. 聲調與聲母的關係:

ʔb, ʔd, ʔj, ʔw, ʔ 五聲調只能1, 3, 5, (8)三(或)四調。

x, xw 母除少數例外(多漢字又讀音)只能有2, 4, 6, (7), (9)三(或五)調。

h 母除少數有 i 元音的韻母及其他兩三個例外(亦皆漢語借字)只能有1, 3, 5, (8)三(或四)調。

7. 有些字尤其是語助詞受語氣影響,往往變調,這只能在原文故事中註出,變調的調線放在垂直線的右邊,如 tai˧˥ 指這個音原讀中平變讀高升調。有些字因爲着重或連讀的原故,音的變化也很大,在原文故事中這些變音寫在原來讀音的後面,用括弧括起,如 ŋ̊i˧ (>ŋe˧), ʔdeu˧ (>rau˧) 等。有時兩個音節合併成一個音節了,除去把變來的音列後用括弧括起外,原來的兩個音節上再加連號,如 pan˨͡ʔjau˦ (>piau˦), pai˨͡nai˥ (>pen˨) 等。

第二節 漢語對於土語的影響

8. 武鳴土語與漢語混雜的很深。這當然是由於政治，文化，交通以及其他商務的關係，經過長時間的接觸，使它不得不採納許多漢語的成分。這種影響近來因爲學校及教育的漸漸普及，更加顯著。受教育較深或在外面時常來往的人，他們所採納漢語的成分也更多。常在鄉間住的婦女與外面接觸旣少，也多未受過教育，她們所受漢語的影響也較少(這只是比較而言)。因此土語中的漢語成分往往因人而異。本發音人可以說代表一個中間人物。不過在講故事中我疑心他所採取的漢語成分比他們平時談天的時候要多些。漢語的影響主要是在詞彙，其次便是句法。我們在下面都大略討論一下。

9. 漢語借字音韻系統：土語中的漢語借字很多，問題也很複雜。有些字雖然跟漢語音義相合，而台語中如阿含，撣，暹羅等距離很遠的語言都有這些字。從台語本身的音韻系統看來他們也相合。這些字中有許多是基本的詞彙，如 θam˧ 三，θoi˦˨ 四，kau˥ 九，kwa˧ 過，ma˥˩ 馬等。這類字我們暫時不認爲借字。如果這些字是借字的話，至少在台語未分化成現代方言以前已經借入，可以算是台語共有的詞彙。這類字最好留在將來研究台語比較音韻時討論。此外有些字雖與漢語音很相近，而在台語中另成系統，不與漢語完全相合，如 kau˦˨ 舊，koi˦˨ 鷄，ɕaŋ˨˩ 憎，ɕaŋ˦˨ 秤，等。這類字我們只能認爲與漢語語源上有關的字，不是借字。

單就我們所認爲借字的而論，它們的來源也不簡單。一個借字往往有兩三個讀音。這些不同的讀音往往代表不同的方言及時代。從大體上看我們可以說主要是粤系方言借字，不過其中仍有方言及時代的不同，例如犯讀 pam˥˧ 及 fam˨˦，立讀 lip˨ 及 lap˨，月讀 ɳiat˨˩ 及 jiat˨˩，人讀

ȵin˩ 及 θɑn˩, 願讀 ȵiɑn˨˦ 及 ȵɯɑn˨˦, 鑼讀 la˩ 及 lø˩ 等。至於哪種讀音是由於方言的不同,哪種是由於時代的早晚,我們現在還不能確定。此外還有官話系的借字,最顯著的如 hi˩ 日, tɯ˩ 特, 得, km˩ 客, ti˧˥ 弟, 地, li˥ 李, 理, fu˧˥ 婦, lu˧˥ 路, ta˧˥ 大, θɯ˧˥ 事等(參看粵系讀音: θat˨ 日, tak˦ 得, hek˥ 客, toi˨˦ 地, loi˨˩˦ 李, 理, lø˨˦ 路, tai˨˦ 大, θai˨˦ 事等)。但是有些讀音似乎不容易定它是官話系音或是粵系音,有許多是兩可的,如 tiŋ˧ 丁, piŋ˥ 餅 tiɑn˧ 天, tuŋ˧ 東, ça˩ 茶, kwa˧ 瓜等。大致粵系及官話系借字在聲調上分的最顯明,韻母次之,聲母上就很難分了(參看下聲調,聲母,及韻母來源表)。此外仍有混合讀音的現像。比如說李,理讀 li˥ 及 loi˩, 事讀 θɯ˧˥ 及 θɑi˨˦, 寺讀 çi˧˥ 及 çoi˨˦; 從聲調及韻母看來我們都可以看出 li˥, θɯ˧˥, çi˧˥ 等是官話系音, loi˩, θɑi˨˦, çoi˨˦ 是粵系音。可是字讀 çi˨˦ 及 çoi˨˦, 利讀 li˨˦ 及 loi˨˦; 依上例 çi˨˦, li˨˦ 似是官話系音,但聲調仍是粵系的。

至於借字主要是從哪一個方言來的,那個方言的音韻情形如何,我們希望拿幾個不同的台語方言借字(如廣西,雲南,貴州,安南那一區的台語),作一個有系統的比較研究,或者可以擬構出原來的音韻概況。只拿龍州土語的借字(參看著者的龍州土語 §7–9)與武鳴的一比,我已覺得有許多可注意之點。此地我們只能供給些作比較的材料,不能更作進一步的討論。

下面的三個表把借字的聲調,聲母,及韻母的來源列出來,例字只選幾個字作代表;如果要多找例子,可參看詞彙。註裏有些是演變的條例;有些是說明;有時爲檢查方便起見,有兩三讀的聲母韻母也註出來;有幾個特別例外讀音也列在註內;可能時也註出某種讀音是官話系音;如果與演變有關時,等及開合口都在古聲母及古韻母旁用小字註出,如麻二開卽麻韻(包括馬,禡)的二等開口,不分等及開合的韻母就不註,如桓(只有一等合口字)。

(1) 借字聲調來源表：

聲調	古調類	例　　字	註
˧	陰平	pau˧ 包, foi˧ 飛, tø˧ 多, θim˧ 心, ɕan˧ 眞, ɕaŋ˧ 倉, ʔan˧ 因	例外: ta˧, 打, ɕuŋ˧ 總, tau˧ 倒。
˨˩	陽平	pai˨˩ 牌, xai˨˩ 鞋, tai˨˩ 臺, jau˨˩ 油, luŋ˨˩ 龍	陰陽入之讀與陽平同者，爲官話系借字。陽入保有韻尾輔音而有長元音或複合元音者，讀此調或 ˧˦。例外: fau˨˩ 武, tau˨˩ 豆。
	陰入	fa˨˩ 法, kɯ˨˩ 客, θi˨˩ 息	
	陽入	pe˨˩ 別, tɯ˨˩ 特, hi˨˩ 日	
	陽入	pat˨˩ 拔, fat˨˩ 襪, mek˨˩ 麥, ȵiat˨˩ 月	
˥	陰上	poi˥ 比, pøn˥ 本, hø˥, ku˥ 苦, taŋ˥ 等, ɕoi˥ 紙	陽上次濁讀此調者爲官話系音。陰入之有長元音或複合元音者讀此調或 ˧˦。例外：miau˥ 妙, 方言有讀上聲的。
	陽上次濁	ma˥ 馬, ŋu˥ 五, lau˥ 老, li˥ 李, 理	
	陰入	pat˥ 八, pek˥ 百, fap˥ 法, fat˥ 發, ɕiat˥ 節	
V	陽上	pamV 犯, kauV 舅, θiV 社, ɕiamV 漸 maV 馬, lauV 老, jauV 友, loiV 理	多數全濁字讀 ˧˦。例外：ɕiV 注。
˧˦	陰去	pen˧˦ 片, pian˧˦ 變, hoi˧˦ 氣, ʔoi˧˦ 意, θai˧˦ 細	陽去及陽上全濁之讀此調者，爲官話系借字。例外: hi˧˦ 王, tuat˧˦ 奪, lak˧˦, løk˧˦ 樂。
	陽去	ta˧˦ 大, lu˧˦ 路, jau˧˦ 校, fuŋ˧˦ 鳳, hi˧˦ 異	
	陽上全濁	fu˧˦ 婦, ti˧˦ 弟, ɕi˧˦ 氏, ɕau˧˦ 紹	
	陰入	pøk˧˦ 博, tap˧˦ 答, tuat˧˦ 脫	
˦˨	陽去	pai˦˨ 敗, men˦˨ 慢, tai˦˨ 第, θai˦˨ 事, jau˦˨ 又	例外：ŋaɯ˦˨ 玉。
	陽上全濁	pa˦˨ 罷, poi˦˨ 婢, fam˦˨ 犯, kan˦˨ 近, ɕøi˦˨ 罪	
	陽入	xap˦˨ 盒, θiat˦˨ 折, ɕɯak˦˨ 石	
˥˦	陰入	pak˥˦ 北, fuk˥˦ 福, kik˥˦ 激, tak˥˦ 得, ɕik˥˦ 尺	陰入之有短元音者。例外：fuk˥˦ 復, tuk˥˦ 獨(?)
˩˨	陽入	pat˩˨ 佛, fuk˩˨ 服, mak˩˨ 墨, kip˩˨ 及, θat˩˨ 日	陽入之有短元音者。例外：ɕuk˩˨ 束。
˩	陽入	kik˩ 極, θat˩ 實, ɕip˩ 十	陽入之有短元音，讀此調者少，且多與 ˩˨ 爲兩可讀法。

粵語系借字及官話系借字在聲調上最明顯，可用下表說明之：

調類		粵系借字調	官話系借字調
陰平		˧	˧
陽平		˩	˩
陰上		˥	˥
陽上	次濁	˩˧	
	全濁	˨˦; ˨˩＝陽去	˧˨
陰去		˧˨	
陽去		˨˩	
陰入	短	˥	˩＝陽平
	長	˥, ˧˨	
陽入	短	˨, ˩	
	長	˩, ˨˩	

入聲元音之長短與廣州話之分長短大致相當，即與等韻之內外轉大致相合。至於長短入聲中往往又有兩個不同的調，原因不詳。

(2) 借字聲母來源表:

聲母	古聲母	例　　字	註
p	幫	pai˧˥ 拜, pɑk˥ 北, piɑn˧˥ 變, puɑn˧˥ 半, pat˥ 八	少數敷母如 puɑn˧˥ 販, 奉母如 pam˧˩˧ 犯, pɑt˩ 佛等似可認爲較早期借字。
	滂	pai˧ 批, pen˧˥ 片, pu˧˥ 破	
	並	pai˨˩ 牌, pa˩˧ 罷, piŋ˩˧ 病, pat˨˩ 拔, pe˨˩ 别	
f	非	fan˥ 反, fɑn˧ 分, fɑu˧˥ 富, foi˧ 飛	微母另有 m, w 二讀。例外: fɑŋ˨˩ 盲。
	敷	fan˧ 翻, fɑu˧˥ 敷, foi˧˥ 費, fuŋ˧ 豐	
	奉	fam˨˩ 凡, fam˩˧ 犯, fɑn˨˩ 墳, fuk˩ 服	
	微	fan˩˧ 萬, fɑn˨˩ 文, fat˨˩ 襪, fu˨˩ 無, foi˩˧ 味	
m	明	ma˥ 馬, mɑi˧˩˧ 米, mau˩˧ 貌, miɑu˥ 妙, miŋ˨˩ 名	少數微母如 mon˨˩ 文, muɑŋ˧˩˧ 網, muɑŋ˧˥ 望, 似可認爲較早期借字。
w	曉合	wa˧ 花, wa˧˥ 化, wuɑn˧ 歡, wuɑŋ˧ 慌	曉匣溪皆一二等字, 參看 h, x, xw, j, k。喻母只有止攝及陽韻字。微母似是官話借字, 注意尾問之調。
	匣合	waŋ˨˩ 黃, 皇, wuɑn˨˩ 完, wuɑn˧˥ 換	
	喻三合	wi˩˧ 謂, 爲, waŋ˨˩ 王	
	喻四合	wɑi˨˩ 惟	
	溪合	wai˧˥ 快	
	微	wɑi˥ 尾, wɑn˨˩ 文, wɑn˧˥ 問, waŋ˨˩ 忘	
ʔw	影合	ʔwan˥, ʔwuɑn˥ 盌, ʔwat˥ 挖, ʔwuɑŋ˥ 枉	一二等字及陽韻字, 參看 ʔ, ʔj。
t	端	tai˧˥ 帶, tai˥ 底, tɑŋ˥ 等, tap˧˥ 答, tø˧ 多	
	透	tai˧˥ 太, tɑi˧˥ 剃, tan˧˥ 炭, tiɑt˥ 鐵	
	定	tai˩˧ 大, taŋ˨˩ 堂, 唐, 糖, toŋ˨˩ 同, 銅, tɯ˨˩ 特	
n	泥	nai˨˩ 泥, nan˨˩ 難, naŋ˨˩ 能, nian˨˩ 年	例外: ni˥ 汝 (日) 只見於人名中。
	娘	ni˥ 女	
l	來	la˨˩, lø˨˩ 鑼, lau˥, ˧˩˧ 老, li˥, loi˧˩˧ 李, 理 liaŋ˨˩, lɯaŋ˨˩ 梁	

聲母	古聲母	例字	註
r	日	rɯ˧˩ 而	止攝字,似是官話系借字。
θ	心	θai˧˥ 細, θin˧˥, θan˧˥ 信, θiaŋ˧ 相, θɯaŋ˧ 箱, θuan˧˥ 算	借字中 θ 與 ɕ 往往是兩可讀法。 大約清擦音心 審二 審三多讀 θ, 邪禪牀讀 θ 及 ɕ 者各半, 塞擦音精清從穿多讀 ɕ。 日母讀法最多, 此外尙有 ȵ, j, h, r 諸音。
	審二	θai˧ 師, θak˥ 色, θeŋ˧, θaŋ˧ 生, θø˥ 所	
	審三	θan˧ 身, θau˥ 守, θim˧ 深, θoi˧˥ 世	
	邪	θe˧˩ 邪, θiaŋ˧˥ 像, θɯ˧˩ 辭, θuk˨ 俗	
	禪	θau˨˦ 受, 壽, θi˦˨ 社, θoi˨˦ 是, θoi˧˩ 時, 匙	
	精	θe˥ 姐, θiaŋ˧˥ 將, θø˥ 左, θɯ˥ 子	
	清	θai˥ 彩, θi˧ 妻, 凄, θian˧ 千	
	從	θan˧˩ 殘, θian˧˩ 前, θɯ˨ 自	
	穿二	θu˥ 楚	
	穿三	θik˥ 赤	
	牀二	θai˨˦ 事, θau˧˩ 愁	
	牀三	θat˨ 實, θut˨ 術, 述	
	日	θan˧˩ 人, θan˦˨ 忍, θat˨ 日	
θw	審二	θwaŋ˥ 爽	陽韻照二組字近代漢語也多讀合口。

聲母	古聲母	例字	註
ɕ	知	ɕoi˧ 知, ɕaŋ˧, ɕɯaŋ˧ 張, ɕuŋ˧ 中	除知徹澄照外其餘諸母多讀θ者。
	徹	ɕeŋ˥ 逞, ɕiŋ˧ 偵, ɕau˧ 超	
	澄	ɕa˨ 茶, ɕin˨ 陳, ɕaɯ˨ 廚, ɕiŋ˨ 呈	
	照二	ɕai˧ 齋, ɕen˥ 盞, ɕeŋ˧ 爭	
	照三	ɕan˧ 眞, ɕaɯ˥ 主, ɕoi˥ 紙	
	穿二	ɕa˧, ɕai˧ 差, ɕek˥ 册, ɕø˧ 初	
	穿三	ɕaŋ˧ 昌, ɕau˥ 醜, ɕun˧ 春	
	牀二	ɕa˨ 査, ɕøŋ˨ 床, ɕu˨˦ 助	
	牀三	ɕan˨ 神, ɕut˩ 述	
	審二	ɕan˧ 山, ɕa˧ 砂	
	審三	ɕaŋ˧ 傷, 商, ɕau˧ 收	
	禪	ɕan˦ 愼, ɕaŋ˨ 常, ɕaŋ˨˦ 上, ɕuk˩ 熟	
	精	ɕai˦ 再, ɕe˥ 姐, ɕiat˥ 節, ɕø˥ 祖	
	清	ɕin˧, ɕan˧ 親, ɕaŋ˧ 倉, ɕiŋ˧ 清	
	從	ɕai˨ 財, 才, 材, ɕoi˨˦ 字, ɕøi˨ 罪	
	心	ɕiau˥ 小, ɕiŋ˦ 性, 姓	
	邪	ɕi˦, ɕoi˨˦ 寺, ɕoi˨ 祠	
ɕw	知合	ɕwi˧ 追, ɕwen˥ 轉	江韻及陽韻照二組字近代漢語方言亦多讀合口。 例外：ɕwaŋ˦ 莊。
	澄合	ɕwen˨ 傳	
	穿三合	ɕwi˧ 吹	
	審三合	ɕwai˥ 水	
	照二開	ɕwaŋ˧ 裝	
	審二開	ɕwaŋ˧ 雙	

聲母	古聲母	例字	註
ɲ	日	ɲiaŋ˨˦ 任, ɲaŋ˧˩ 仍, ɲin 人	例外：ɲun˨˦ 孕
	疑三,四	ɲian˧˩ 言, ɲian˨˦ 硯, ɲiat˧˩ 月, ɲian˨˦, ɲɯan˨˦ 願	
j	曉三,四	jaŋ˧, jiaŋ˧ 香, jɯaŋ˥ 響, juŋ˧ 兄, 凶, jian˥ 顯	曉母又有 h, w 讀法。 匣母又有 x, xw, w, h 諸讀法。 jian˧˩ 丸是一等而讀此是例外，近代方言亦多例外讀音。 喩母又讀 h, w。 日母又讀 ɲ, θ, h, r。
	匣二,四	ja˨˦ 下, jau˨˦ 校, jiam˧˩ 嫌, jø˧˩ 學	
	疑二,三	ja˧˩ 牙, 衙, jian˧˩ 原, 允, jiat˧˩ 月	
	日	jian˧˩ 然, jin˨˦ 認	
	喩三	jau˦˨ 友, jian˧˩ 緣, juŋ˧˩ 榮, 熊, 雄	
	喩四	jaŋ˧˩ 楊, 陽, 揚, jau˧˩ 油, 由, jiŋ˧˩ 營	
k	見	kai˧ 該, 皆, 街, kau˨˦ 救, 究, koi˨˦ 記, 計, kun˧ 均	
	溪	kau˥ 考, ku˥ 苦, kuŋ˥ 孔, 恐, kian˨˦ 勸, ki˧ 區	
	羣	kan˧˩ 勤, kian˨˦ 件, kuŋ˧˩ 窮, koi˧˩ 棋, 奇	
kj	見二,三	kja˧ 家, 加, kjai˨˦ 界, kjau˧ 交, kjaŋ˧ 姜, kju˥ 九, kjun˧ 君, 軍	開口二等及合口三四等字。此與我們所知的普通粤系方言不同，反與官話系相近。
	溪二,三	kjau˥ 巧, kjut˥ 屈	
	羣	kjaŋ˧˩ 強, kjun˧˩ 羣	
kw	見合	kwa˧ 瓜, kwai˧ 乖, kwai˧ 規, 歸, kwan˧ 關, kwaŋ˥ 廣	
	羣合	kwi˨˦ 跪	
ŋ	疑	ŋan˦˨ 眼, ŋau˦˨ 藕, ŋoi˧˩ 疑, ŋu˥, ˦˨ 五	疑母二三等字有讀 j, 三四等字有讀 ɲ 者。
ŋw	疑合	ŋwa˦˨ 瓦, ŋwai˨˦ 外, ŋwai˧˩ 危	
x	匣	xa˨˦ 夏, xak˧˩ 學, xan˧˩ 寒, xoŋ˧˩ 紅, 宏, xøi˧˩ 回	參看 j, w, xw, h。

020

聲母	古聲母	例字	註
xw	匣合	xwa˩˧ 話, 畫, xwat˨˩ 猾, xwai˩˧ 壞	似皆是二等字。
h	曉	hai˥ 海, hɑɯ˧ 虛, hi˧˥ 戲, høi˧ 灰	曉母又讀 j, w。 x 不見於 i 前, 故 hiŋ˨˩, 但 hu˥˧˥ 之讀音可疑。 除 hun˩˧, hiŋ˨˩ 外, 喻母皆止攝字。 日母皆官話系讀音。 例外：hi˧˥ 玉。
	匣	hiŋ˨˩ 形, hu˥˧˥ 禍 (?)	
	溪	hek˥ 客, hoi˧˥ 氣, hoŋ˥ 恐, hø˥ 苦	
	喻三	hi˨˩ 于, hun˩˧ 運	
	喻四	hoi˥˧˥, hi˥ 己, hi˧˥ 異, hoi˨˩ 姨, hiŋ˨˩ 贏	
	日	hi˨˩ 如, 日, hin˨˩ 人	
ʔ	影	ʔai˧˥ 愛, ʔoi˧, ʔi˧ 衣, ʔim˧ 陰, 音, ʔuŋ˧ 翁, ʔɑn˧ 因	近來官話借字有 ʔu˥ 武, 五。
ʔj	影三四	ʔjau˧ 憂, ʔjiɑn˧ 烟, ʔjiɑu˧ 邀, ʔjuŋ˧ 邕, ʔjiɑn˧˥, ʔjɯɑn˧˥ 怨	

此外如 pløn˥ 本, klɑu˨˩ 球甚奇異。

(3) 借字韻母來源表：

韻母	古韻母	例字	註
i	麻三開	θi˥ 寫，捨，θi˧˩˧ 社，ɕi˦ 借	麻三開 韻又讀 e。 齊脂之支微諸韻之開口字多官話系讀音，參看 ɑi, oi, ɯ。 魚虞韻字亦官話系音，參看 ɑɯ。 入聲質昔職諸韻字也是官話系借字。 此外 hi˦ 玉(燭韻)最特別，借字時似當作魚虞韻之去聲喻母或日母(?)字，參看 ɑɯ。此亦官話系借字。
	齊開合	ti˦ 弟，θi˧ 妻，凄，ki˦ 計，繼，kwi˦ 桂	
	脂開合	ti˦ 地，pi˩ 琵，ɕwi˧ 追	
	之	hi˥ 已，以，li˥ 李，ɕi˦ 寺，θi˥ 史	
	支開合	ki˩ 岐，hi˦ 戲，ɕi˦ 氏，ɕwi˧ 吹，ɕwi˩˧ 跪	
	微開合	ʔi˧ 衣，kwi˦ 貴，wi˩˧ 謂	
	魚	ni˥ 女，hi˩ 如	
	虞	ki˧ 區，hi˩ 于	
	質	hi˩ 日	
	昔開	θi˩ 昔	
	職開	θi ˩ 息	
im	侵	lim˩ 林，θim˧ 心，深，kim˧ 金，今，ʔim˧ 陰，音	鹽韻字多讀 iam。
	鹽	lim˩ 鐮	
ip	緝	lip˩ 立，kip˩ 及，ɕip˩ 十	參看 ɑp。
in	眞	ɕin˩ 神，臣，陳，θin˦ 信，jin˩˧ 認，pin˩ 貧	眞韻見影組字皆讀 ɑn；他母字亦多讀 ɑn 者。
it	質	pit˥ 筆	參看 ɑt。
	物	pit˥ 拂	
iŋ	青開	tiŋ˧ 丁，廳，tiŋ˩˧ 定，liŋ˩ 靈，零，hiŋ˩ 形	青清韻有少數字讀 iɑŋ 者。 庚韻之三等合口字皆幫組字，見影組字讀 uŋ。 蒸韻多讀 ɯŋ。 稟字受聲母異化作用，當在借入武鳴之前。
	清開合	piŋ˥ 餅，θiŋ˧ 聲，liŋ˩˧ 令，ɕiŋ˩ 情，呈，城，jiŋ˩ 營	
	庚三開合	ʔiŋ˧ 英，kiŋ˧ 京，piŋ˧ 兵，miŋ˩ 明，鳴，piŋ˦ 病	
	蒸開	ɕiŋ˧ 稱	
	侵	piŋ˥ 稟	

022

韻母	古韻母	例字	註
ik	錫開	kik˦˥ 激, θik˦˥ 析, 錫, çik˦˥ 戚	
	昔開	hik˦˥ 亦, θik˦˥ 惜, 赤	
	職開	pik˦˥ 逼, kik˧ 極, θik˦˥ 識	
iam	添	tiam˧˩ 甜, tiam˥ 點, jiam˧˩ 嫌	參看 em。
	鹽	çiam˦˨ 漸, ṇiam˦˨ 染, jiam˥ 險	
	嚴	kiam˧˥ 劍, jiam˧˥ 欠	
iap	帖	tiap˥ 貼	
	接	çiap˥ 接	
ian	先開合	tian˨˦ 天, θian˧˩ 前, kian˧˥ 見, mian˧ 麵, pian˨˦ 邊	參看 en。 元韻非組字讀 an；仙元韻之合口字有讀ɯan者。 例外：ʔjian˨˦ 姻, kian˨˦ 奸
	仙開合	pian˧ 便, θian˨˦ 仙, θian˧ 善, pian˧˥ 變 kian˧˩ 權, çian˨˦ 磚, jian˧˩ 員, 緣, 然	
	元開合	ṇian˧˩ 言, jian˧˩ 原, 元, ʔjian˧˥ 怨	
iat	屑開	tiat˥ 鐵, kiat˥ 結, çiat˥ 節	月韻非組字讀 at。 piat˥ 必（質韻）似是例外。
	薛開	θiat˧ 折	
	月合	ṇiat˧˩, jiat˧˩ 月, jiat˧˩ 越	
iaŋ	青開	tiaŋ˧˩ 亭	青清韻多讀 iŋ。 陽韻知照組字不在此，此處似多是官話系音。參看 ɯaŋ, aŋ。 例外：ṇiaŋ˧˩ 仍（蒸韻）
	清開	çiaŋ˨˦ 正	
	陽開	liaŋ˧˩ 梁, 良, 涼, kiaŋ˧˩ 強, θiaŋ˨˦ 相, jiaŋ˨˦ 香	
iak	藥開	kiak˥ 脚	參看 ɯak。
iau	蕭	tiau˧˩ 條, tiau˧˥ 釣, 弔	宵韻有讀 au 者；蕭韻參看 eu。 尤韻多讀 au。
	宵	miau˧˩ 苗, θiau˨˦ 消, 燒, kiau˧˩ 橋, ʔjiau˨˦ 邀	
	尤	kiau˧˩ 球, ʔjiau˨˦ 憂, liau˧˩ 留	

韻母	古韻母	例字	註
u	模	pu˧ 鋪, ku˥ 鼓, 苦, lu˧˥ 路, tu˨˩ 途	模韻多讀 ø, 此多是官話系音, 參看 ɑu。 魚韻只照二組字, 參看 ø, ɑɯ。 尤虞韻非組字多讀 ɑu, 此是官話系音。 戈韻又讀 ø。
	魚	ɕu˩˧ 助, θu˥ 楚	
	虞	fu˧ 夫, fu˨˩ 無	
	尤	fu˧˥ 婦, 富, kju˥ 九	
	戈	pu˧˥ 破, mu˧˥ 磨, ku˥ 果, hu˥ 火	
un	魂	kun˧ 崑, hun˧ 婚, lun˩˧ 論	魂韻除見組及來母字外多讀 øn。 文韻只有見影組字在此, 非組字多讀 ɑn。 例外：ȵun˩˧ 孕(蒸韻)。
	諄	ɕun˧ 春, kun˧ 均, jun˧˩˧ 允, jun˨˩ 匀	
	文	kjun˧ 君, kjun˨˩ 羣, hun˩˧ 運	
ut	術	θut˩ 術, 述, ɕut˥ 出	物韻非組字多讀 ɑt。
	物	kjut˥ 屈	
uŋ	東一	tuŋ˧ 東, ʔuŋ˧ 翁, kuŋ˧ 公	東一冬韻字多讀 oŋ; 此是官話系音或近來借字。 鍾韻偶讀 oŋ。
	冬	θuŋ˧˥ 宋	
	東三	fuŋ˧ 風, 豐, fuŋ˧˥ 鳳, ɕuŋ˧ 中, juŋ˨˩ 熊, 雄	
	鍾	fuŋ˧ 封, 峯, luŋ˨˩ 龍, kuŋ˥ 恐, juŋ˧ 凶, juŋ˧˥ 用	
	庚三合	juŋ˧ 兄, juŋ˨˩ 榮	

024

韻母	古韻母	例字	註
uk	屋一	puk꜒卜, mukꜗ 木, tuk꜒ 獨	屋一韻幫組在此，他組字多讀 ok。屋三韻偶有讀 ok 者。
	屋三	fukꜗ 服, 袱; çuk꜒ 祝, lukꜗ 六, θukꜗ 熟	
	燭	θukꜗ 俗, çuk꜒ 足, çukꜗ 束	
uan	桓	puan꜕ 半, luanꜗ 亂, tuan꜖ 團, kuan꜔ 官	桓韻見影組少數字讀 an。元韻非組字多讀 an；販字似是較古借字。
	元合	puan꜕ 販	
uat	末	tuat꜕ 脫, 奪	參看 at。
uaŋ	陽開合	çuaŋ꜖ 床, fuaŋ꜔ 方, muaŋꜜ 網, ʔwuaŋ꜒ 枉	陽韻開口只照二組字在此，參看 ɯaŋ, iaŋ, aŋ。唐韻合口多讀 aŋ；江韻亦只照二組字。
	唐合	wuaŋ꜔, huaŋ꜔ 慌	
	江	θuaŋ꜔ 雙, çuaŋ꜔ 窗	
uak	燭	çuakꜗ 贖 (?)	
ɯ	之	θɯ꜒ 子, θɯ꜖ 辭, θɯ꜕ 事	止攝只精及照二組字在此，似是近代官話系音，參看 i, oi, ai。入聲字也是官話系借字。
	脂開	θɯ꜒ 死, θɯꜗ 自	
	虞	çɯ꜒ 取	
	德開	tɯ꜖ 特, 得	
	陌二開	kɯ꜖ 客	
ɯŋ	蒸開	θɯŋ꜔ 升, çɯŋ꜔ 稱, ʔɯŋ꜔ 應, ɳɯŋ꜖ 仍	參看 iŋ, aŋ。
ɯk	職開	θɯk꜒ 拭	職韻開口多讀 ik。陌韻二等多讀 ek。
	陌二開	pɯk꜒ 伯, 迫	
ɯan	仙合	çɯan꜖ 傳	參看 ian；元韻非組字讀 an。
	元合	ɳɯan꜕ 願, ʔjɯan꜕ 怨	
ɯaŋ	陽開合	θɯaŋ꜔ 箱, 傷, çɯaŋ꜔ 張, lɯaŋ꜖ 良, 梁, jɯaŋ꜒ 響, jɯaŋꜗ 樣, fɯaŋ꜔ 方	開口無照二組字，合口無見影組字，參看 aŋ, iaŋ, uaŋ。
ɯak	藥開	jɯak꜖ 藥, ʔjɯak꜒ 約	藥韻參看 iak；昔韻參看 ik。
	昔開	çɯakꜗ 石	

韻母	古韻母	例字	註
à	麻二開合	pa˩ 爬, θa˧ 沙, ça˩ 茶, 查, ʔa˧ 鴉, xa˧˥ 夏; kja˧ 家, ja˩ 牙, 衙, ja˧˥ 下, kwa˧ 瓜, kwa˥ 寡, wa˦ 化	麻二開合韻有少數字讀 ɵ。歌韻多讀 ø; 此似是較古借字。大是近來官話系音，其他泰韻字讀 ai。佳夬韻與普通漢語相合，參看 ai。乏韻字是官話系借字。
	歌	la˩ 羅, 鑼,	
	泰開	ta˦ 大	
	佳開合	pa˧˥ 罷, kwa˦ 卦, xwa˧˥ 畫	
	夬合	xwa˧˥ 話	
	乏	fa˩ 法	
ai	哈開	kai˧ 該, hai˥ 海, tai˩ 臺, çai˩ 才, 財, ʔai˦ 愛	泰韵合口有讀 øi 者。例外：tai˧˥ 第(齊韻), 廣西台語中，多與此相合。
	皆開合	çai˧ 齋, 差, kai˧ 皆, mai˩ 埋, kjai˦ 界, pai˦ 拜, kwai˦ 怪, xwai˩ 懷	
	佳開	kai˥ 解, xai˩ 鞋	
	夬合	pai˧˥ 敗, wai˦ 快	
	泰開合	tai˦ 帶, tai˧˥ 太, xai˦ 害, ŋwai˧˥ 外	
ɑi	齊開	pɑi˧ 批, mɑi˧˩˧ 米, tɑi˥ 底, θɑi˦ 細, nɑi˩ 泥	齊韻見組字讀 oi, 又參看 i。止攝開口除枇字外，多照二組字，子字原當讀 oi, 似因押韻故改，參看 i, oi, ɯ。止攝合口又有讀 i 者。妹字又有 moi˦, møi˧˥ 兩讀，此處似是官話系音。
	祭開	çɑi˦ 祭, lɑi˧˥ 例	
	之開	θɑi˧˥ 事, çɑi˥ 子	
	脂開合	θɑi˧ 師, pɑi˧˥ 枇, wɑi˩ 惟, çwɑi˥ 水	
	支合	kwɑi˧ 規, ŋwɑi˩ 危, wɑi˩, ˧˥ 爲	
	微合	kwɑi˦ 貴, wɑi˩ 圍, 韋, wɑi˥ 尾	
	灰	mɐi˦ 妹	
am	覃	xam˩ 含, nam˩ 男, tam˦ 探	此外 kam˩ 嗡即銜字(銜韻)?
	談	kam˧ 柑, tam˥ 膽, tam˧˥ 淡	
	凡	fam˩ 凡, fam˧˥ 犯, pam˧˩˧ 犯	

韻母	古韻母	例字	註
ap	合	xap˨ 合, tap˦ 答	
	洽	ɕap˥ 插	
	狎	kap˥ 甲	
	乏	fap˥ 法	
ɑm	侵	ȵɑm˩ 任	侵韻字多讀 im。
ɑp	緝	lɑp˩ 立	緝韻字多讀 ip。
an	寒	xan˨ 寒, tan˦ 炭, θan˦ 散	桓韻少數見影組字在此，他多讀 uɑn。 山删韻又讀 en。 元韻非組字在此。 例外：fan˨ 梵, tan˦ 妲, tan˨ 罈。
	桓	kwan˦ 貫, kwan˥ 管, ʔwan˥ 盌	
	删開合	kan˧ 姦, ɕan˦ 棧, pan˧ 班, kwan˧ 關	
	山開	kan˧ 間, 艱, ŋan˧˩˧ 眼, θan˧ 山	
	元合	fan˧ 翻, fan˨ 煩, fan˦ 萬	
at	曷	kat˥ 割	末韻參看 uat。 月韻皆非組字，參看 iɑt。
	末	ʔwat˦ 斡	
	黠	pat 八, pat˨ 拔, xwat˨ 猾, ʔwat˥ 挖	
	月合	fat˥ 發, fat˨ 襪	
ɑn	痕	kɑn˧ 根, 跟, ʔɑn˧ 恩	眞韻除見影組外多讀 in。 文韻非組字在此，見影組字讀 un。
	欣	kɑn˥ 謹, kɑn˩ 近	
	眞	kɑn˥ 緊, θɑn˧ 新, 身, ʔɑn˧ 因, ɕɑn˦ 愼, θɑn˦ 信	
	文	fɑn˧ 分, fɑn˨ 墳, fɑn˨, wɑn˨ 文	
ɑt	質	θɑt˩ 日, θɑt˥ 失, θɑt˩, ˩ 實	參看 it；物韻見組字讀 ut。
	物	pɑt˩ 佛, pɑt˥ 佛	

韻母	古韻母	例字	註
aŋ	唐開合	kaŋ˧ 鋼, taŋ˩, 堂, 唐, ɕaŋ˧ 倉, xwaŋ˩ 皇, 黃, kwaŋ˥ 廣, paŋ˩ 傍	唐韻合口有讀 uɑŋ 者。江韻照三組字有讀 uɑŋ 者。陽韻字似多是近來官話系音, 參看 iɑŋ, ɯɑŋ, uɑŋ。庚二開韻字多讀 eŋ。
	江	kaŋ˥ 講, kjaŋ˧ 江, ɕwaŋ˧ 雙	
	陽開合	ɕaŋ˧ 商, 傷, 昌, 章, 張, 將, kjaŋ˧ 姜, jaŋ˩ 楊, 陽, ɕwaŋ˧ 裝, waŋ˩ 王, 忘	
	庚二開	faŋ˩ 盲	
ak	鐸開	ɕak˥ 作, ʔak˥ 惡, lak˦ 樂	鐸韻有讀 øk 者。覺韻參看 ɑk。
	覺	xak˩ 學	
ɑŋ	登開	pɑŋ˩ 朋, tɑŋ˧ 燈, tɑŋ˦ 凳	蒸韻多讀 ɯŋ˧, 又參看 iŋ。
	蒸開	ȵɑŋ˩ 仍	
	庚二開	θɑŋ˧ 生	
ɑk	德開	pɑk˥ 北, mɑk˩ 墨, tɑk˥ 得, ɕɑk˩ 賊	職韻多讀 ik, 又參看 ɯk。
	職開	θɑk˥ 色, ɕɑk˥ 卽	
	覺	hɑk˥ 確	
au	豪	pau˥ 寶, tau˦ 套, lau˥, ˅ 老, kau˦ 靠	宵韻字似是官話系音, 參看 iau, eu。例外: xau˦ 後 (?)
	肴	pau˧ 包, mau˦ 貌, kau˧ 膠, kjau˧ 交, jau˦ 校	
	宵	ɕau˦ 紹, ɕau̯˧ 超, kjau˧ 嬌, kjau˩ 橋	
ɑu	侯	mɑu˥ 某, tɑu˩ 頭, xɑu˦ 後, 候, 厚	尤韻非見組字有讀 u 者。模韻皆幫組字, 參看 u, ø。虞韻皆非組字, 又讀 u。例外: ɕɑu˩ 朝 (?)
	尤	mɑu˩ 謀, fɑu˦ 富, lɑu˩ 劉, ɕɑu˦ 就, kɑu˦ 救, 究, ʔjɑu˧ 憂, jɑu˦ 右	
	模	pɑu˦ 鋪, pɑu˥ 補, pɑu˦ 步	
	虞	fɑu˧ 夫, fɑu˩ 扶, 符, 無	

028

韻母	古韻母	例字	註
aɯ	魚	kaɯ˧ 居, θaɯ˧ 書, ɕaɯ˦ 處, jaɯ˩ 餘	魚韻照二組字讀 ø, u。虞韻之照二組字 ø, 非組字 au, u。魚虞韻又讀 i。之祭韻皆照組字。
	虞	kaɯ˧ 拘, ɕaɯ˩ 廚, ɕaɯ˥ 主	
	之	θaɯ˦ 試, θaɯ˥ 使	
	祭	θaɯ˦ 勢	
e	麻二開合	ke˧ 家, ŋe˩ 芽, kwe˧ 瓜	麻二開合韻字多讀 a。
	麻三開	θe˩ 邪, θe˥ 姐, θe˦ 社, je˩ 爺	麻三開多讀 i; 此處似是官話系音。
	薛開	pe˩ 別	薛韻是官話系借字。
em	咸	hem˦ 喊	添鹽字多讀 iam。
	添	tem˧ 添, tem˦, ˨ 墊	
	鹽	nem˧ 粘 (?)	
ep	狎	ʔep˥ 壓	
en	山開	ken˥ 揀, ɕen˥ 盞	山删韻又讀 an。先仙韻多讀 ian。
	删開合	men˨ 慢, pen˥ 板, kwen˧ 關, kwen˦ 慣	
	先開	ten˧ 天, ten˩ 田, pen˦ 片	
	仙開合	len˩ 連, θen˧ 仙, ɕwen˥ 轉, ɕwen˩ 傳	
eŋ	庚二開	keŋ˦ 更, xeŋ˩ 行, θeŋ˧ 生, leŋ˅ 冷	庚韻二等開口, 參看 aŋ, ɑŋ。庚庚三等及淸韻多讀 iŋ。
	耕二開	ɕeŋ˧ 爭, keŋ˧ 耕	
	庚三合	peŋ˩ 平	
	淸三開	ɕeŋ˥ 逞	
ek	陌二開	kek˥ 格, hek˥ 客, pek˩ 白, pek˥ 百	參看 ɯk。
	麥二開合	ɕek˥ 册, mek˩ 麥	
eu	肴	meu˩ 茅	肴韻多讀 au; 蕭韻多讀 iau。
	蕭	teu˦ 跳	

韻母	古韻母	例字	註
ø	歌	θø˥ 左, kø˧ 歌, tø˧ 多, lø˩ 鑼	戈模韻又讀 u。 魚虞韻照二組字在此；他組字多讀 ɑɯ，又參看 ɑu, u, i。 jø˩ 學是官話系借字。
	戈	pø˧ 波, hø˥ 火, tø˥ 妥	
	模	mø˩˧ 墓, ɕø˥ 祖, kø˨˦ 顧, lø˩˧ 路	
	魚	θø˥ 所, ɕø˧ 初, lø˩ 廬	
	虞	θø˨˦ 數	
	覺	jø˩ 學	
øi	灰	møi˧˩˧ 每, pøi˨˦ 背, høi˧ 灰, ɕøi˩˧ 罪, tøi˩˧ 隊	灰韻少數字又讀 oi。 例字：høi˧ 開 (哈韻)；løi˧˩˧ 屢 (虞韻)
	泰合	xøi˩˧ 會	
øn	魂	pøn˥ 本, møn˩ 門, ɕøn˧ 村, tøn˨˦ 頓	魂韻參看 un, on。 仙韻合口多讀 ɯɑn, iɑn。
	諄	ɕøn˨˦ 瞬 (?)	
	仙合	ɕøn˧ 穿	
øŋ	陽	ɕøŋ˩ 床	參看 uɑŋ, aŋ。
	江	xøŋ˩˧ 巷	
øk	鐸	pøk˨˦ 博, løk˨˦ 樂	參看 ak, uk, ok。
	屋一	tøk˩˧ 獨 (?)	
oi	脂開合	poi˥ 比, loi˩˧ 利, hoi˩ 姨, toi˩˧ 地, loi˩˧ 類	止攝字參看 ɑi, i。 齊韻見組字在此，他組字參看 ɑi, 又參看 i。 灰韻字多讀 øi。
	之	loi˧˩˧ 裏, 李, ɕoi˩˧ 字, koi˧ 基, ʔoi˨˦ 意	
	支開合	ɕoi˧ 知, ɕoi˥ 紙, ŋoi˩ 宜, hoi˨˦ 易, poi˩˧ 婢, θoi˩ 隨	
	微開合	koi˥ 幾, hoi˨˦ 氣, ʔoi˧ 衣, foi˧ 非, 飛, foi˩˧ 味	
	齊開	hoi˨˦ 契, koi˨˦ 計	
	祭開	θoi˨˦ 世	
	廢合	foi˨˦ 廢	
	灰	poi˨˦ 配, toi˨˦ 退 toi˩˧ 隊	

030

韻母	古韻母	例字	註
on	魂	hon˧ 婚	參看 un, øn, ɑn。
	文	mon˨˩ 文	
ot	沒	kot˥ 骨	
oŋ	東一	çoŋ˧ 聰, koŋ˧ 功, 工, 公, toŋ˨˩ 同, 銅	東一冬韻字有讀 uŋ 者。鍾韻多讀 uŋ。
	冬	çoŋ˧ 宋, toŋ˧ 冬	
	鍾	çoŋ˨˩ 從, hoŋ˥ 恐	
	耕二合	xoŋ˨˩ 宏	
ok	屋一	tok˨ 讀, lok˨ 鹿	屋韻又讀 uk。
	屋三	lok˨ 六, 陸	
	沃	tok˨ 毒	

10. 漢語對於土語句法上的影響: 如果我們拿一篇簡單的雲南車里一帶的呂語或者暹羅語的故事跟武鳴的故事一比,我們可以看出武鳴土語的句法及許多表示思想的方法跟漢語接近的多。一方面是因爲有許多漢語借字夾雜在土語中,另一方面是因爲有些土字也採取許多跟漢語類似的用法。例如土語 çoŋ˧˥ roŋ˨˩ ma˧ 放下來的 çoŋ˧˥ 相當於漢語放字,因此把漢語放字的許多特別用法也都借到土語 çoŋ˧˥ 的身上,如 çoŋ˧˥ θim˧ 放心, çoŋ˧˥ la˨˩ θaɯ˥ 放炮仗, çoŋ˧˥ ʔkoŋ˧ çø˧ 放山租等;又如 tau˥ 相當於漢語來字,因此也把來字的一個很特別的用法借來,如 ʔit˥ tau˥ 一來。像這類的地方並不一定跟土語原來的句法違背,只因爲跟當地漢人文化思想的接近更使他們向這方面發展他們的語言。這種無形中的影響我感覺是很大的。在這裏我們只能就幾項較顯著的說一點。我們希望在台語較比較文法弄清以後,還有詳細討論的必要。

(1) 一個名詞的描寫語,不論是一個詞或者一小句,在土語裏是放在那個名詞的後面的,例如,

ma˅ pi˩ 肥馬
馬 肥

xun˩ lau˅ 老人
人 老

toŋ˩ pu˅ na˩ nøi˅ te˧ 那些田少的人
些 人 田 少 那

xun˩ plai˥ lø˩ 走路的人
人 走 路

toŋ˩ pu˅ θik˥ θai˩ te˧ 那些識事的人
些 人 識 事 那

toŋ˩ pu˅ tiam˧ ˀjian˧ lɯk˩ ˀdai˥ çau˅ te˧ 那些種烟苗種的早的人
些 人 種 烟 苗 得 早那

032 這種次序是跟漢語不同的,但是受了漢語的影響,也時常有類似漢語的次序,如

θeŋ˧ ˀdaŋ˧ 生人,陌生的人
生 身

çuk˩ mian˧ 熟人
熟 面

çan˧ θeŋ˧ ti˧ lɯk˩ 親生的兒子
親 生 的 子

θik˥ θai˩ ti˧ xun˩ 識事的人
識 事 的 人

注意借用漢語語助詞的。

(2) 有些語言如倮倮語雖把名詞的描寫語放在後面,但把主有格的名詞(或代詞, genitive case 不一定只表示主有)放在前面。但是武鳴土語跟別的台語一樣,把這類的主有格的名詞也放在後面,例如,

kø˧ je˨˩ te˧ 她的丈夫

姑 爺 她

lɯat˦˨ kau˧ 我的血

血 我

me˦˨ ja˦˨ ʔdaɯ˧ ran˨˩ te˧ 他家裏的妻子

妻 內 家 他

pak˦˨ ʔban˥ koŋ˧ ta˧ 岳父的村子口

口 村 岳父

但是受漢語的影響也有把次序顛倒過來的，並且也常用漢語語助詞的，如

pøn˥ toi˦˨ xun˨˩ 本地人

本 地 人

te˧ ti˧ kø˧ je˨˩ 她的丈夫

他 的 姑 爺

me˦˨ nai˨˩ ti˧ ŋan˨˩ 這婦人的銀子

婦 這 的 銀

ʔdaɯ˧ ʔban˥ koŋ˧ ta˧ ti˧ xun˨˩ 岳父村裏的人

內 村 岳父 的 人

(3) 有些限制謂語的詞在土語中也放在後面，如

ɕaŋ˧ kau˧ ɕoŋ˦˨ tø˨˦ kai˦˨ kan˥ 等我先放東西

等 我 放 東西 先

haɯ˥ mɯŋ˨˩ poi˧ ka˨˦ køn˦˨ 讓你在前面走

使 你 去 前面

但是借了漢語先字，位置也移到前面來了，如

θian˧ poi˧ pai˦˨ koŋ˧ θi˨˦ 先去拜社公

先 去 拜 社公

(4) 土語數目字(除去一)放在量詞前面，量詞又放在名詞前面，與漢語的次序相同，如

θam˧ ʔdɑn˧ rau˥ xun˩ 三個人頭
三　個　頭　人

θam˧ nok˩ raŋ˩ 三條筍，三根筍
三　條　筍

但是有些台語如呂語，撣語，暹羅語等雖把數目字(除去一)放在量詞前，可是把數目字及量詞都放在名詞的後面，如馬三匹。在這些語言中單個量詞雖然也有時放在名詞前面，但是如果要有數目字在一塊兒的時候，則一定放在名詞的後面。從這一點看來台語似乎可分兩派，西南方的台語如呂語，撣語，暹羅語等是一派(馬三匹)，東方的龍州土語，儂語，白台語，册亨語等是一派(三匹馬)。東方這一派跟我們現代漢語相同，西南方一派就跟克蔑兒語相同，(參看 G. Maspero, Grammaire de la langue khmère, Paris, 1915, p. 294 ff)。在古台語中量詞的位置在名詞前或後，也許是兩可的。大約受隣近語言的影響而發生不一致的情形。東方這一派顯然受漢語的影響(參看安南語量詞的位置，A. Dirr, Grammatik der Annamitischen Sprache, p. 11, 35 Anmerkung 1, 安南語也是受漢語影響很深的)。

(5) 表示土語跟漢語混合的程度很深的一個現像，就是往往兩個同義字連用，一個是漢語，一個是土語，如 ʔdaŋ˧ θɑn˧ 身體，是合 ʔdaŋ˧ 土語身及 θɑn˧ 漢語身而成的；miŋ˩ ɕøʌ 名字，miŋ˩ 漢語名，ɕøʌ 土語名；θiau˥ nøi˅ 至少，θiau˥ 漢語少，nøi˅ 土語少；koi˥ nian˩ θian˩ ka˅ køn˦ 幾年前，θian˅ 漢語前，ka˅ køn˦ 土語前；mɯn˥ lɑɯ˧ ti˧ toi˩ fuɑŋ˧ 什麼地方，mɯn˥ 土語處，地方，lɑɯ˧ 土語何，什麼，mɯn˥ lɑɯ˧ 已是什麼地方，而後面仍加漢語 toi˩ fuɑŋ˧ 地方；ʔdɯɑn˧ pat˥ ȵiat˩ 八月，pat˥ ȵiat˩ 漢語八月，而前面又加土語 ʔdɯɑn˧ 月，等。

第三節 文字

11. 武鳴土語實在並沒有自己的文字。所用的都是漢字或者從漢字構成的土字。這些字除去用來寫他們的土歌外，還沒有發現有什麼別的用途。因此這裏所討論的字都是第二章 XIII—XIX 土歌裏的字。發音人很能唱土歌，土字也認識的不少，不過土字的寫法太不一致，例如 kauㄱ 看可以有㪽，䀏，䁳，𥄿，𥊍，睰等寫法，同時一個字也可有不同的讀法，白字又很多，本子上錯字也有，又有看不清的字，所以發音人有時有一兩個字，有時有一二句不知道怎麽讀，有時因爲不認識那個字便改換一個讀法。我雖然盡力的把這種改讀的地方註出來，但是還有許多地方我不能決定。我一共收了三本歌，都是我到武鳴馬頭村搜集來的，因爲有這些歌本的人不願把它們出讓，所以我向他們借到南寧來晒藍。有一段歌(XX)，因爲本子沒有借到，所以沒有原文的寫法。有些歌(XXI—XXVI)是記憶起的歌，沒有本子，所以也沒有原文的寫法。這些歌的原文，都是楊時逢先生替我抄錄影印的，因爲原晒藍本太不清楚。實在看不清的字就空起，除去極普通的減筆字，行書，草字等都改正過來，其餘的白字，錯字，特別一點的減筆字也都照原本。

我們在前第二節 §9 已經討論過漢語借字的讀音。這些字的寫法與我們現在通行的寫法無甚區別。其中最多的是白字，卽同音假借字，如把狗寫作叩，救等。這些我們都不去討論，不過所謂同音不是漢字原來同音而實是土語中的讀法同音，有時音也並不同，不過音相近的假借而已。現在我們主要要知道的是看他們如何用漢字寫出他們的土語。

(1) 借義字：用漢字的字義以代表與它相當的土語，並不用那個漢字的音，仍照土語本音去讀，例如：

鴨 讀 pit˦	柴 讀 fun˨˩	賣 讀 hai˧
衣 讀 pu˧˥˧	猪 讀 mɑu˧	血 讀 lɯɑt˧˥˧
魚 讀 pla˧	肉 讀 nø˧˥˧	風 讀 rum˨˩
手 讀 fɑɯ˨˩	殺 讀 ka˥	出 讀 ʔøk˧˥

(2) 借音字: 取漢字之音與土語相同或相近者來寫土語,[1] 不論漢字的本義,例如:

丕 讀 poi˧ 去	墓 讀 mø˧˥ 新	離 讀 ʔdoi˧ 好
貧 讀 pɯn˨˩ 成	斗 讀 tɑu˥ 來	刁 讀 ʔdeu˧ 一
微 讀 foi˨˩ 火	偷 讀 tɑu˧ 門	隆 讀 luŋ˨˩ 伯父
眉 讀 mi˨˩ 有	買 讀 mai˥ 喜	惡 讀 ʔøk˧˥ 出

(3) 諧聲字: 以上兩類沒有新造的字,此類都是新造土字。拿一個漢字作音符,另外再拿一個漢字作意符,作成一個新的合體字。按照意符所指的意義的確定程度,可以分爲三類。

一. 注音字: 意符所指的意義,恰與土語的意義相合。這種意符旁邊再加上音符,就簡直是注音字了,也就是合借音字與借義字爲一體的新字,例如:

𡖍,从出惡聲, 讀 ʔøk˧˥ 出,又寫作出(借義字),惡(借音字)

𥄮,从目他聲, 讀 ra˧ 眼(參看 § 12)

𫟫,从先貫聲, 讀 køn˧˥ 先

𪀚,从鳥六聲, 讀 rok˩ 鳥

粝,从米后聲, 讀 xɑu˧˩˧ 米,飯

崬,从山東聲, 讀 ʔdoŋ˧ 山

𧙎,从衣布聲, 讀 pu˧˥˧ 衣

𫐌,从知魯聲, 讀 rø˧˩˧ 知,又省作𫐌

---

(1) 漢字之音指土語中所借漢字的讀音,不是任何方言的讀音,也不是古音,下做此。

二. 普通的諧聲字：意符僅指土語意義之範圍或有關之物，不一定與之恰恰相合。漢語諧聲字多半是這樣的，例如：

踮，从足𠂢聲（或派省聲），讀 plai˥ 走，字又作派（借音字）

燵，从火達聲，讀 ʔdat˦ 熱

汏，从水大聲，讀 ta˦ 河

扲，从手今聲，讀 kɑm˧ 握

䁝，从目亮聲，讀 lɯɑŋ˦ 看

吣，从口巾聲，讀 kɯn˧ 吃

糀，从米加聲，讀 kla˥ 稻秧

三. 泛指的諧聲字：意符僅僅表示這個字是個土語，免得單用音符時人家容易誤會是借義字。這類音符所指意義範圍是很空泛的，最常見的意符是口字，例如：

㖦，从口皮聲，讀 poi˩ 兄

𠮧，从口九聲，讀 kau˧ 我

㗬，从口名聲，讀 mɯŋ˨ 你

𠰺，从口禮聲，讀 ʔdai˥ 得

呲，从口北聲，讀 pak˨ 倦

咿，从口卯聲，讀 ʔbau˨ 年青男子

(4) 漢字土音的諧聲字：這類跟上面的諧聲字的分別，在它們的音符。上面諧聲字的音符是漢字，也取那個漢字的讀音；這裏的音符是漢字，但不取那個漢字的讀音，而採取與那個漢字義相當的土語音，例如：

𡹧，从好，从山的土語音，讀 ʔdoi˧ 好，土語山讀 ʔdøi˧

𢲵，从手，从墨（黑？）的土語音，讀 ʔdɑm˧ 種田，土語黑讀 ʔdam˧

跖，从足，从五的土語音，讀 ha˧ 脚，土語五讀 ha˥

吓，从口，从下的土語音，讀 la˦ 語助詞，土語下讀 la˥

(5) 重音字：也是兩字組成的合體字，但是兩個都是音符。這類

字不常見,例如:

⿰山三 讀 θan˧ 白米(舂過的),山三皆音符

⿰甲各 讀 ka˥˧ 語助詞,甲各皆音符

(6) 重義字:這類字也是兩個字組成的,不過兩個都是意符,無音符。兩個意符有時都與土語的意思相合,但是多數是一個意符與土語的意思恰合,一個意符只指與該義有關之物或其範圍,例如:

⿱好美 讀 ʔdoi˧ 好,从好从美

⿰目看 讀 kaɯ˥ 看,从目从看

⿰口罵 讀 ʔda˧˩ 罵,从口从罵

⿰金買 讀 ɕaɯ˥˧ 買,从金从買

⿰亻父 讀 pø˧˩ 父,从人从父

⿰亻母 讀 me˧˩ 母,从人从母

腋 讀 xaɯ˧˩ 夜,从月从夜

(7) 表意字:這類字或取漢字的一部,或去字的一部,或合兩字爲之。後者有時跟重義字難分,例如:

冇 讀 ʔdwai˧ 不,無

⿻尸丨 讀 ʔbɯaŋ˥ 邊

⿰冇冇 讀 plau˧˩ 空

⿰米早 讀 ŋai˨ 早飯

⿱不上 讀 kɯn˨ 上,以別於上山之上

⿱不下 讀 la˥ 下,以別於下山之下

(8) 土字的假借:這種用字法跟借音字的原則無異,不過所取的字是土字,例如:

⿰月天 讀 ʔdɯan˧ 月(諧聲字从月天聲,或重義字?)借作 tɯan˧ 提起,提醒。

⿱不下 讀 la˥ 下,借作 la˥ 還有的還。

亦有以土字代原來的漢字者,如奷大夫即下大夫,奷讀 ja˩ 原義婦,妻。

(9) 借義字的假借:這種用法也跟借音字的原則相同,不過所取的音不是漢字的本音而是與該漢字相當的土語音,例如:

酒 讀 lau˥,借爲語助詞

風 讀 rum˩,借爲渡水

(10) 其他構造不明之字,有時疑爲誤讀或誤寫的,如殀讀 klaʋ 孤,跡讀 kɯn˧ 吃(何以从足?)等,有些疑是特別的省筆字,如𠮛讀 kuak˩ 作(國的省筆字?),胣讀 taŋ˩ 到(滕的省筆字?)𠃊,𠃊讀 naŋ˩ 坐(省筆字?)等。

土語寫字絕不一致,一個土語時常有許多種寫法,我們這裏只能就本書中歌詞的寫法大概而論,其詳情參看第二章 XIII—XIX 的歌詞原文。土語造的字也許有受安南字喃的影響的地方。

12. 借音字多數照着§9的漢語借字的讀音選同音或近似音來寫土語。諧聲字的音符也是照此辦法。不過聲母韻母聲調都時有不甚相合的。主要原因是漢字中不容易找出一個日常通用的字完全可以跟土語讀音相合,但是有些奇怪的地方或者別有原故,現在不甚明瞭。如䁔讀 ra˧ 眼,从目他聲,𣨰讀 rai˧ 死,从死台聲,𢬵讀 faɯ˩ 手,从手逢聲,濟讀 klai˩ 欲等。這些字在別的廣西台語方言有讀 tʻa tʻai, fɯŋ, tɕai 者。從此看來武鳴土字中也許有從別處借來的字。也許有古時造的字,後來音韻變遷所以不甚相合了。現在材料不多,至於跟別的台語土字的比較,只好另外爲文討論。

土語音爲漢語借字所沒有的只能取相近的音來寫(或作音符),如 ʔd- 用端組字或來母字,ʔb- 用幫組或明母字,kl- 用見組字,pl- 用幫組字,r- 用來母,有時用精照組字。後者似乎奇怪一點。其他不規則的地方我們因爲印刷關係不能詳舉。

第四節 歌

13. 武鳴土歌跟李調元粵風卷三裏的狼歌很相似，也跟陸祚蕃粵西偶記(四)裏所描寫的狼歌相同，陸說：

“狼之爲歌，五言八句，唱時叠作十二句。多用古韻，平仄互押，或隔越跳叶，曲折宛轉，喃喃呢呢。間有一二佳語，頗類六朝情豔。但其中土字土語，十常八九。不譯而繙之，不能曉也。”

拿這段描寫跟下面武鳴土歌的構造一比，便可以明瞭陸的意思。

14. 武鳴土歌有四句詩 θoi˦ kaɯ˦ 及八句詩 pet˦ kaɯ˦ 之分。八句詩中又有所謂馬蹄脚 ma˥ tai˩ kiak˥ 者。這幾種詩都是五言詩。每兩句成一個單位，我們把這單位叫作聯。每一聯在唱時成一弧形腔調 melodic arc，卽聲調漸漸升高到第一句的末尾爲止，然後再漸漸降低。每一句佔六拍子的時間，末一字佔兩拍；但第二句卽每一聯的末一個字，可隨便延長：

15. 四句詩是基本形式，卽由兩聯組成。八句詩是把一首四句詩加上兩聯，這兩聯叫作 kiak˥。但是八句詩並不是兩首四句詩，而實是三首四句詩組成的；因爲第一聯須在第一脚後重讀一遍，第二聯須在第二脚後重讀一遍。我們可把四句及八句詩的用韻及構造用下面的方式表示出來：

四句詩：	○○○○A	○○A○B	第一聯	一首
	○○○○B	○○B○○	第二聯	
八句詩：	○○○○A	○○A○B	第一聯	第一首
	○○○○B	○○B○○	第二聯	

○○○○C	○○C○A	第一脚	第二首
[○○○○A	○○A○B]	重讀第一聯	
○○○○D	○○D○B	第二脚	第三首
[○○○○B	○○B○○	重讀第二聯	

每聯第二句的句中韻可以移到前或後一字。在歌本子上因第一聯及第二聯各重讀一遍，不必重寫，所以只寫八句，事實上是十二句，這十二句所組成的三首四句詩，其押韻情形與簡單的四句詩無大差異。本書中所收的以八句詩爲最多，參看第三章 XIII, XVI—XXI, XXVI, 1; 四句詩，參看 XXIII, XXIV, XXV, XXVI 2, 3; 四句詩與八句詩相間的有 XIV, XV。馬蹄脚詩卽八句詩中每一脚的頭兩個字與前一聯的末兩個字相同者，如 XXII。

16. 平仄之分也很重要，也可用下面方式表示出來：

四句詩：	○○○○平	○○平○仄	第一聯	一首
	○○○○仄	○○仄○平	第二聯	
或者	○○○○仄	○○仄○平	第一聯	一首
	○○○○平	○○平○仄	第二聯	
八句詩：	○○○○平	○○平○仄	第一聯	第一首
	○○○○仄	○○仄○平	第二聯	
	○○○○仄	○○仄○平	第一脚	第二首
	[○○○○平	○○平○仄]	重讀第一聯	
	○○○○平	○○平○仄	第二脚	第三首
	[○○○○仄	○○仄○平]	重讀第二聯	
或者	○○○○仄	○○仄○平	第一聯	第一首
	○○○○平	○○平○仄	第二聯	
	○○○○平	○○平○仄	第一脚	第二首
	[○○○○仄	○○仄○平	重讀第一聯	

○○○○仄　○○仄○平　第二脚 ⎫
［○○○○平　○○平○仄］重讀第二聯 ⎭ 第三首

所謂平卽讀˧, ˨調的字,仄卽其他聲調及所有收 -p, -t, -k (入聲)的字。這種分平仄的方法似乎也是受了漢語詩歌的影響。

17. 押韻也受平仄的限制,卽平類的字只能與平類的字押,仄類的字與仄類的字押,例外頗少。其他押韻情形之分析,可依下列六類韻母討論:

開音節

(1) 長元音 i, u, ɯ, e, a, ø

(2) 長複合元音 ai, øi, ɯi, au, eu

(3) 短複合元音 ɑi, oi, ɑu, iɑu

閉音節

042 (4) 長元音 e, a, ø, + -m, -n, -ŋ, -p, -t, -k

(5) 短元音 i, u, ɯ, ɑ, o + -m, -n, -ŋ, -p, -t, -k

(6) 複合元音 iɑ, uɑ, ɯɑ, + -m, -n, -ŋ, -p, -t, -k

開音節的用韻相當的嚴,在每類中只有很少數的例外,如 u 跟 ɯ 押, ɑi 跟 oi 押。差不多可以說沒有(1)類跟(2)類,或(2)類跟(3)押的,雖然 ɑi 跟 ai, ɑu 跟 au 似乎也是很相近的音。有 ɑi, oi 互押時,讀者往往變讀以押韻,還有幾個地方我疑心讀者把 øi 讀成 oi 也是爲押韻。

閉音節的用韻就很特別了。第一,韻尾輔音 -m, -n, -ŋ 可自由互押; -p, -t, -k 可自由互押。第二 u 及 ɯ 可互押,所以 -um 可以跟 -un, -uŋ, -ɯn, -ɯŋ 押, -uɑn 可以跟 -uɑm, -uɑŋ, -ɯɑn, -ɯɑŋ 押。有些例外如 -ɑn, -ɑŋ 跟 -uŋ, -iŋ 押等,都是在同一類的韻母中。(4)類與(5)類與(6)類等也絕少有互押的,雖然 -am 跟 -ɑm, wɑŋ 跟 -uɑŋ, jɑŋ 跟 -iɑŋ 等音也很近。

18. 土歌之繙譯最難,有時包含的意思很不明顯,不但著者不能領悟,就是發音人也不能解說清楚。所以本書中的歌的譯文只能算暫時就字面大意的繙譯。現在主要在使留心民歌者能利用這批材料。歌中因字數的限定,時常有省字的必要。有時省字省的很奇怪,如梁山伯省作梁山。有時因爲押韻的關係把一句話顛倒過來說,如半廢而途(卽半途而廢)。詩中用字,尤其是語助詞,也往往跟說話不一樣,這是我們讀歌時應當注意的地方。

本書中的歌除去男送女送(卽男人送給女人或女人送給男人的情歌)及幾首零碎的短歌外,都是問答體。故事詩如梁山伯祝英臺,姜子牙,珠文瑞等亦都是用問答體寫的。這似乎是土歌最通行的體裁。

第二章
故事及歌
(甲) 原文

I. waŋ˩ wan˩ ɕan˧

黃文山

2. toŋ˨ pai˩ kən˨ ɕiŋ˧ ɕiau˩ ti˧ θoi˩ xau˨ fau˩ jian˩ rau˩, xun˩ nau˩, mi˩
一回 前 清 朝 的 時 候 武 緣 我們, 人 說, 有

koŋ˧ ʔdeu˧ (>rau˧) lau˅ lo˧, fau˨ lo˧, ʔjau˨ ruŋ˨ kwaŋ˥, θiŋ˨ ɕin˩ ti˧ (>te˧), ɕin˩
公 一 老了, 富 了, 住 籠 廣, 姓 陳 的, 陳

ku˥ ɕi˨。 koŋ˧ xun˩ te˧ ne˥˦ kik˩ koŋ˧ kan˩ ti˧ (>te˧) jau˨ pok˥ θat˩。 ʔdaɯ˧
鼓 寺。 公 人 那 呢 極 工 勤 的 又 樸 實。 內

ran˩ te˧ kik˩ fau˨ mi˩, tau˥ fan˥ ʔbau˥ (>ʔm˥) mi˩ lɯk˩。 ɕi˥ θeŋ˧ koi˥ pu˅ xun˩
家 他 極 富 有, 倒 反 沒 有 子。 只 生 幾 個 女

pa˩。 ta˅ lau˅ te˧ ha˨ poi˧ laŋ˧ waŋ˩ wan˩ ɕan˧, tan˨ waŋ˩ wan˩ ɕan˧ ne˥ tau˨
人。 女兒 老,大 他 嫁 去 家裏 黃 文 山, 但 黃 文 山 呢 反到

kuŋ˩。 kə˧ je˩ te˧ kuak˨ (>ku˨) ɕaŋ˨ tau˨, klik˥ kuak˨ (>ku˨) həŋ˧, keŋ˨ kan˧
窮。 姑爺 那 作,是 道士, 懶 作 工, 更 奸

xwat˩˥, θə˥ hi˥ ɕin˩ ku˥ ɕi˨ kik˩ tɯk˩ ɕaŋ˩ te˧, ʈan˨ hi˥ kiŋ˧ ha˨ lɯk˩ θau˧ haɯ˥
猾, 所以 陳 鼓 寺 極 憎 他, 但 已 經 嫁 子 女 給

te˧ liau˅ ɕi˅ fu˩ fap˥, jau˩ ɕai˨ te˧ lo˧。
他 了 就 無 法, 由 在 他 了。

2. mi˩ ŋon˩ ʔdeu˧ ɕin˩ ku˥ ɕi˨ təi˨ ŋon˩。 ka˨ ɕin˧ ɕik˥ ne˥, kai˨ (>ki˨)
有 日 一 陳 鼓 寺 對 日。 各自 親 戚 呢, 些

lɯk˩ kwi˩ ti˧, θoŋ˨ lau˅ θau˨ poi˧ haɯ˥ te˧, ʔau˧ tuan˨ ma˧ tam˥ pan˩ ɕi˨ ɕau˨
女婿 等, 送 壽禮 去 給 他, 拿 緞 來 織 成 字 壽

θoŋ˨ haɯ˥ koŋ˧ ta˧。 toi˨ fuaŋ˧ θoi˨ θuk˩ kwen˨ a˩。 pu˅ pu˅ tə˅ kan˧ a˩。 tan˨
送 給 岳父。 地 方 世 俗 慣。 人 人 相 同。 但

waŋ˨˩ wan˨˩ çan˧ ne˥ kø˧ je˨˩ θoŋ˧˥ lau˧˩ θau˨˦ ˀbau˥ (>ˀbu˥) toŋ˨˩ xun˨˩。 kai˧˥ (>ki˧˥)
黄 文 山呢姑爺送 壽禮 不 同 人。 什

ma˨˩ ne˥? te˧ ˀjau˧˥ ˀdaɯ˧ ran˨˩ çiŋ˥ ˀdan˧ çoi˨˩ ˀdeu˧ huŋ˧ huŋ˧ koi˥ çiˀ˩ (>eɹ)
麽 呢? 他 在 内 家 整 個 水丸 一 大 大 幾 十

kan˧, juŋ˨˦ θoŋ˧ pu˧˩ xun˨˩ ram˧ poi˧ tam˧ taŋ˨˩ pak˧˥ ˀban˥ koŋ˧ ta˧。 ˀdaɯ˧
斤, 用 兩 個 人 挑 去 到 口 村 岳父。 内

ˀban˥ koŋ˧ ta˧ ti˧ xun˨˩ ˀøk˧˥ tau˥ kau˥ ne˥ pan˨˩ kloŋ˧˥ pan˨˩ kloŋ˧˥。 kau˥ han˧
村 岳父的人 出 來 看 呢 成 羣 成 羣。 看 見

çi˧˩ nau˨˩, "ai˨˦, pu˧˩ xun˨˩ nai˧˩ θan˨˩ çiŋ˨˩ ne˥ θat˩ koi˨˩ miau˥ lo˧, çuŋ˧˨˦ ˀbau˥
就 説, "喝, 個 人 這 人 情 呢 實 奇 妙 了, 總,都 不

(>ˀbu˥) toŋ˨˩ xun˨˩。" tok˥ laŋ˧ ma˧ θoŋ˧˥ poi˧ taŋ˨˩ ˀdaɯ˧ ran˨˩ koŋ˧ ta˧。 koŋ˧ ta˧
同 人。" 落 後 來 送 去 到 内 家 岳父。 岳父

048 kau˥ han˧ ne˥ çiŋ˨˦ xan˨˦。 ka˨˦ kø˧ je˨˩ ne˥˧ θoŋ˧˥ lau˧˩ θau˨˦ ne˥˧ çi˧˩ ˀbau˥ (<ˀm)
看 見 呢 就 喜歡。各自 姑 爺 呢 送 壽禮 呢 就 沒

mi˨˩ xun˨˩ lum˥ te˧。 te˧ ka˨˦ tɯ˨˩ pe˨˩ kwa˧˥ xun˨˩。 θø˥ hi˥ pe˨˩ koŋ˧ ta˧ ne˥˧ mai˥
有 人 同,如 他。 他 自 特 别 過 人。 所 以 噻 岳父 呢 愛

te˧。 taŋ˧ mian˨˦ çuŋ˨˦ xun˨˩ nau˨˩, "pan˨˩ lo˧, pan˨˩ lo˧! tø˧ tak˥ tø˧ tak˥ waŋ˨˩
他。 當 面 衆 人 説, "成 了, 成 了! 多 得 多 得 黄

kø˧ je˨˩ mi˨˩ çiŋ˨˩˨。"
姑 爺 有 情。"

3. pai˨˩ ͡nai˧˩ (>pen˨˩) ta˧˩ ŋoi˨˦ ta˧˩ θam˧ ti˧ kø˧ je˨˩ ne˥ ˀdai˥ ŋi˧ ne˥˧ jɯaŋ˨˦
於是 女兒 二 女兒 三 的 姑 爺 呢 得 開 呢 樣

xwa˨˦ nai˧˩, çi˨˩ nau˨˩ koŋ˧ ta˧ xan˨˦ waŋ˨˩ kø˧ je˨˩ ˀbau˥ (>ˀbu˥) xan˨˦ te˧。 θɯ˨˦
話 這, 就 説 岳父 愛 黄 姑 爺 不 愛 他們。自

koi˥ ka˨˦ ˀbau˥ (>ˀm˥) mi˨˩ na˥ lo˧, çi˧˩ ˀdau˧˥ hoi˧˥ koŋ˧ ta˧。 tok˥ laŋ˧ ma˧ çi˨˩
己 各自 沒 有 臉 了, 就 怒 氣 岳父。 落 後 來 就

ʔau˧ koŋ˧ ta˧ ti˧ miŋ˨ çø˩˧ ma˧ çɯŋ˧ waŋ˨ kø˧ je˨ kuak˩˧ (>ku˩) waŋ˨ kø˧
拿　岳父　的　名字　來　稱　黃　姑　爺　作　　黃　姑

je˨ kløŋ˧ çoi˩˧。 θɯ˩˧ pan˨ (nai˨˩˧) kai˧˥ (>ki˧˥) xun˨ pu˨˩˧ pu˨˩˧ kan˧ ʔeu˧, ʔau˧
爺　鼓　寺。自　此　　些　　人　個　個　同　叫，　拿

kamɯ˧˥ xwa˩˧ nai˨˩˧ ma˧ kik˦ koŋ˧ ta˧, koŋ˧ ta˧ hi˨˩˧ ʔbau˥ (>ʔbu˥) rø˨˩˧。 waŋ˨
句　話　這　來　激　岳父，　岳父　也　不　　知。　黃

kø˧ je˨ θɯ˩˧ koi˥ ne˥˦ nau˨ koŋ˧ ta˧ mai˥ te˧, tok˦ laŋ˧ ma˧ hat˦ hat˦ xam˩˧
姑　爺　自　己　呢　說　岳父　愛　他，落　後　來　早　早　晚

xam˩˧ tau˥ laŋ˧ koŋ˧ ta˧。 ka˩˧ nuaŋ˨˩˧ hoi˨ çi˨˩˧ tɯk˩ çaŋ˨, çuŋ˧ ʔbau˥ (>ʔbu˥)
晚　來　家裏　岳父。各,自　妹　姨　就　憎，厭，總　不

pøt˥˦ te˧。 tok˦ laŋ˧ ma˧ waŋ˨ kø˧ je˨ rø˨˩˧ nau˨ (>n˩) xun˨ tɯk˩ çaŋ˨,
理　他。落　後　嗎　黃　姑　爺　知　說　　人　厭,憎，

θoi˧˥ θoi˨ tau˥ pak˧˥ tau˧ koŋ˧ ta˧ tiŋ˧˥ ʔdamɯ˧ ran˨ ti˧ xwa˩˧。
時時　來　口　門　岳父　聽　內　家　的　話。

4. mi˨ ŋon˨ ʔdeu˧ te˧ tau˥ taŋ˨ pak˧˥ tau˧ koŋ˧ ta˧ tiŋ˧˥ ʔdamɯ˧ ran˨
有　日　一　他　來　到　口　門　岳父　聽　內　家

te˧ ti˧ xwa˩˧ kuak˩˧ (>ku˩˧) çwai˥ jian˨, kuak˩˧ (>ku˩˧) çoi˨, çi˨˩˧ nau˨, "taŋ˩˧
他的　話　作　　水　丸，　作　　水丸，就　說，"如果

poi˨˩˧ je˨ tau˥ ne˥˦ çi˨˩˧ çau˧͡hau˥ (>çau˧˥) ʔdamɯ˧ tau˩˧ poi˧, ʔbau˥ (>ʔbu˥)
姊夫　來　呢　就　收　入　　內　灰　去，不

hamɯ˥ poi˨˩˧ je˨ kɯ˧˦!" tok˦ laŋ˧ poi˨˩˧ je˨ ta˥ pak˧˥ tau˧ hau˥ poi˧ liau˨˩˧,
給　姊夫　吃!"　落　後　姊夫　打　口　門　進　去　了，

pai˨͡nai˨˩˧ (>pen˨) hau˥ poi˧ taŋ˨ røk˩˧ tiŋ˧。 ka˩˧ nuaŋ˨˩˧ hoi˨ çi˨˩˧ nau˨ ʔi˥
於是　　進　去　到　外　廳。各　妹　姨　就　說　要

hamɯ˥ te˧ naŋ˩˧。 te˧ nau˨, "fat˥ nit˦。 ʔbau˥ (>ʔbu˥) naŋ˩˧ røk˩˧ tiŋ˧ lamɯ˧˦,
給　他　坐。他　說，"發　冷。不　　坐　外　廳　罷，

ʔi˥ hau˥ rum˧˩ foi˧˩ ma˧ naŋ˦˨ tok˥˧。" kan˥ laŋ˧˥ pai˧˩ ͡naiʌ˨˦ (>pen˧˩) haɯ˥ te˧
要 進 廚房 來 坐。" 後來 於是 給 他

hau˥ rum˧˩ foi˧˩ ma˧ naŋ˦˨ plø˥˧ foi˧˩ lo˧。 plø˥˧ foi˧˩ pai˧˩ ͡nai˨˦ (>pen˧˩) çi˨˦ kam˧
進 廚房 來 坐 烤 火 了。 烤 火 於是 就 握

tiau˧˩ fai˨˦ ʔdeu˧ tik˦˥ tik˦˥ teu˥˧ teu˥˧ tik˦˥ tik˦˥ teu˥˧ teu˥˧ ʔdaɯ˧ tau˦˨。 te˧ çi˨˦
條 木 一 撥來撥去 撥來撥去 內 灰。 他 就

ka˦˨ nau˧˩, ka˦˨ tam˧˩ ʔjoŋ˧ tam˧˩ ʔjeŋ˧,
自 說, 自言自語貌,

"çai˧ tau˥˧ ʔdai˥ kɯ˧ ʔba˧,
"犂 灰 得 吃 水丸(生),

çai˧ na˧˩ ʔdai˥ kɯ˧ xau˨˦。"
犂 田 得 吃 飯。"

050

tok˦˥ laŋ˧ pai˧˩ ͡nai˨˦ (>pen˧˩) teu˥˧ poi˧ teu˥˧ ma˧, pai˧˩ ͡nai˨˦ (>pen˧˩) kai˥˧ (>ki˥˧)
落 後 於是 撥 去 撥 來, 於是 些

ʔdaɯ˧ tau˥˧ te˧ ti˧ çoi˧˩ ʔøk˥˧ tau˥ lo˧。 pai˧˩ ͡nai˨˦ (>pen˧˩) kloŋ˥˧ nuaŋ˨˦ hoi˨˦
內 灰 那的水丸 出 來 了。 於是 羣 妹 姨

çi˨˦ haɯ˥ kɯn˧˥。 çi˨˦ pai˧˩ ʔdeu˧ lo˧。
就 給 吃。 就 次 一 了。

5. pai˧˩ tok˦˥ laŋ˧ ma˧ çi˨˦ mi˧˩ pai˧˩ ʔdeu˧ te˧ kuak˦˨ (>ku˧˩) çaŋ˦˨ tau˦˨
次,時 落 後 來 就 有 次 一 他 作 匠 道

ma˧ taŋ˧˩, θaɯ˥˧ poi˧ laŋ˧ koŋ˧ ta˧ kau˥ koŋ˧ ta˧ pai˧˩ ʔdeu˧ kan˥。 poi˧
回來 到, 試 去 家裏 岳父 看 岳父 次 一 先。 去

taŋ˧˩ pak˥˧ tau˧ koŋ˧ ta˧ çai˧ ʔdai˥ ŋi˧ nau˧˩, ʔdaɯ˧ ran˧˩ koŋ˧ ta˧ ʔdaɯ˧
到 口 門 岳父 再,又 得 聞 說, 內 家 岳父 內

te˧ kaŋ˥ nau˧˩, "poi˨˦ je˧˩ ki˦˥ kwai˧ lo˧, kan˧ xwat˧˩ lo˧。 taŋ˦˨ poi˨˦ je˧˩ tau˥
那 講 說, "姊 夫 眞 鬼巧 了, 奸 猾 了。 如 姊 夫 來

rau˨˩ çi˧˩˧ kja˥ çau˧ ŋan˨˩ hau˥ ʔdaɯ˧ la˥ kiam˧˩˧ tau˧ poi˧, çam˧ poi˧˩˧ je˨˩,
我們 就 假 藏 銀 入 內 下 門檻 去, 問 姊 夫,

tø˧ poi˧˩˧ je˨˩。 taŋ˧˥ te˧ nau˨˩ han˧ lo˧, nau˨˩ liŋ˨˩ lo˧, rau˨˩ çi˧˩˧ ʔau˧ ŋan˨˩
叫,猜 姊 夫。 如 他 說 見,着 了, 說 靈 了, 我們 就 拿 銀

haɯ˥ te˧ lo˥。” kan˥ laŋ˧˦ pai˨˩͡nai˧˩˧ (>pen˨˩) poi˧˩˧ je˨˩ te˧ hau˥ poi˧。 hau˥
給 他 了。” 後 來 於是 姊夫 他們 進 去。 進

poi˧ liau˧˩˧ pai˨˩͡nai˧˩˧ (>pen˨˩) hau˥ poi˧ taŋ˨˩ røk˩˧ tiŋ˧。 kloŋ˧˥ nuaŋ˧˩˧ hoi˨˩
去 了 於是 進 去 到 外 廳。 羣 妹 姨

te˧ nau˨˩,
他 說,

6. “ha˧˥, poi˧˩˧ je˨˩ tau˥ lo˧。 naŋ˧˥ a˧! naŋ˧˥ a˨˩!”
“喲, 姊 夫 來 了。 坐 阿! 坐 阿!”

7. naŋ˧˥ a˧, naŋ˧˥ a˧。”
“坐 阿, 坐 阿。”

8. “poi˧˩˧ je˨˩ kwa˧˥ mɯn˥ laɯ˧ ma˧ tok˩˧?”
“姊 夫 上,過 處 何 來 呢?”

9. “kau˧ poi˧ kuak˩˧ (>ku˩) tau˩˧ ma˧ te˧ ne˧˥!”
“我 去 作 道士 來 着!”

10. “ʔdai˥ ȵi˧ nau˨˩ poi˧˩˧ je˨˩ jɯaŋ˧˥ jɯaŋ˧˥ çuŋ˧ rø˧˩˧。 pai˨˩ nai˧˩˧ koŋ˧ ta˧
“得 聞 說 姊 夫 樣 樣 都知。 現在 岳父

mi˨˩ ŋan˨˩ çoŋ˧˥ poi˧ laɯ˧ mɯŋ˨˩ rø˧˩˧ ʔbau˧˥?”
有 銀 放 去 那裏 你 知 否?”

11. “rø˧˩˧ a˧˥! taŋ˧˥ pan˨˩ nai˧˩˧ çaŋ˧ kau˧ çoŋ˧˥ tø˧˩˧ kai˧˥ kan˥。”
“知 阿! 如果 如此 等 我 放 東 西 先。”

12. kan˥ laŋ˧˦ pai˨˩͡nai˧˩˧ (>pen˨˩) kø˧ je˨˩ çoŋ˧˥ tø˨˩ kai˧˥ liau˧˩˧, pai˨˩͡nai˧˩˧
後 來 於是 姑 爺 放 東 西 了, 於是

(>pen˩) kam˧ ˀdak˥ fai˧˩˧ ˀdeu˧ (>rau˧) çi˧˩˧,
握 塊 木(巫人用) 一 就,

"ˀdak˥ ˀdak˥ ˀdiŋ˥, ˀdak˥ ˀdak˥ ˀdau˧, ŋan˩ ˀjau˦ la˥ kiam˧˩˧ tau˧。"
"擊木聲, 擊木聲, 銀 在 下 門檻。"

kan˥ laŋ˧˥ pai˩‿nai˧˩˧ (>pen˩) kloŋ˦ nuaŋ˧˩˧ hoi˩ te˧ hi˧˩˧ ŋam˥˧ çai˥˧ te˧ ra˧ ˀau˧
後來 於是 羣 妹 姨 那 也 任 在 他 尋 取

kai˦ (>ki˦) ŋan˩ la˥ kiam˧˩˧ tau˧, ˀau˧ poi˧ ma˧ lo˧。
些 銀 下 門檻, 拿 去 回 了。

13. çai˦ mi˩ pai˩ ˀdeu˧˥˧ koŋ˧ ta˧ te˧ çɯaŋ˧˩˧ xwai˩ lai˧ ne˥, fau˦ ne˥,
再,又 有 次 一 岳父 他 養 水牛 多 阿, 富 阿,

mi˩ xwai˩ lai˧ ne˥˧, çi˧˩˧ θoŋ˦ koi˥ tu˩ xwai˩ lɯk˩ haɯ˥ ha˦ kø˧ je˩ ˀau˧
有 水牛 多 阿, 就 送 幾 隻 水牛 子 給 各 姑 爺 取

taɯ˩ ma˧ ran˩。 ma˧ liau˧˩˧ çi˧˩˧ kaŋ˥ nau˩: taŋ˥˧ pu˧˩˧‿raɯ˩ (>praɯ˩) ˀdai˥
拿 回 家。 回來 了 就 講 說: 如果 何人 ˊ 得

juaŋ˧˩˧ kloŋ˦ xwai˩ nai˧˩˧ ma˧ ne˥˧ çi˧˩˧ haɯ˥ te˧ ˀau˧ køn˦。 ka˥˧ kø˧ je˩ ne˥
誘 羣 水牛 這(回)來 呢 就 給 他 取 先。 各 姑 爺 呢

çi˧˩˧ çaɯ˧˩˧ θai˥ xwa˥˧ ti˧, tau˦ toŋ˧˩˧ lan˩ ti˧, tɯk˥ ˀdoi˧ ˀdoi˧, kø˧ nau˩
就 買 彩 畫 或, 作(木匠活) 牛欄 或, 弄 好 好, 以爲

toŋ˧˩˧ lan˩ ˀdoi˧ ne˥ xwai˩ çi˧˩˧ hau˥ ma˧ lo˧。 hoŋ˧ çin˩[1] kø˧ je˩ ˀbau˥
牛欄 好 呢 水牛 就 進 來 了。 但 陳 姑 爺 不

(>ˀbu˥) toŋ˩ xun˩。 te˧ çi˧˩˧ poi˧ hoi˥ røk˥˧ tiaŋ˩ rak˥˧ ˀdak˥ ŋe˧ pai˦ ˀdeu˧
同 人。 他 就 去 外面 亭 拉 大把 小 竹 一

(>rau˧) ma˧ çoŋ˦ ke˧˩˧ xøŋ˦ tɯk˥。 pai˩‿nai˧˩˧ (>pen˩) ˀdak˥ kloŋ˦ xwai˩ te˧
來 放 小巷 着。 於是 大 羣 水牛 那

---

(1) 當作'黄', 後同。

ʔai˨˦ ma˧ kɯ˧ kat˥ kai˨˦ (>ki˨˦) ŋe˧ pai˨˦ te˧ plop˧˦˧˩ plop˧˦˧。 pai˩͡paiʋ˨˩˧ (>pen˩)
要 來 吃 咬 些 小竹 那 桼多貎。 於是

çin˩ kø˧ je˩ nau˩ ʔdai˥ ʔau˧ kloŋ˨˦ xwai˩ lo˧。
陳 姑 爺 說 得 取,拿 槹 水牛 了。

14. jau˧˦˧ çi˨˩˧ mi˩ pai˩ ʔdeu˧ (>rau˧) te˧ han˧ koŋ˧ ta˧ te˧ mi˩ tu˩ ma˨˩˧
又 就 有 次 一 他 見 岳父 他 有 隻,匹 馬

pi˩。 tu˩ ma˨˩˧ çin˩ kø˧ je˩ pløm˧。 hoŋ˧ te˧ ʔi˥ θɯaŋ˥ wuan˨˦ tu˩ ma˨˩˧
肥。 隻 馬 陳 姑 爺 瘦。 但 他 要 想 換 隻 馬

koŋ˧ ta˧ ne˥ koŋ˧ ta˧ çi˨˩˧ taŋ˧ jian˩ ʔbau˥ (>ʔbɯ˥) haɯ˥ a˥。 hoŋ˧ pai˩͡nai˨˩˧
岳父 呢 岳父 就 當 然 不 給 了。 但 於是

(>pen˩) te˧ ŋwan˨˦, ʔjau˨˦ ʔdaɯ˧ ran˩ ŋwan˨˦。 ʔau˧ lak˩ pak˩ ma˧ kuaŋ˧
他 想, 在 內 家 想。 拿 蘿蔔 來 餧

ma˨˩˧, ron˧ luan˩ tɯk˥ ʔau˧ poi˧ kuaŋ˧ ma˨˩˧。 pai˩͡nai˨˩˧ (>pen˩) çi˨˩˧ taɯ˩
馬, 削 圓 着 拿 去 餧 馬。 於是 就 拿,引

poi˧ laŋ˧ koŋ˧ ta˧ lam˨˦。 koŋ˧ ta˧ te˧ han˧˥ tu˩ ma˨˩˧ te˧ ʔøk˨˦ xai˨˩˧ ne˥
去 家裏 岳父 拴。 岳父 他 見 隻 馬 他 出,拉 屎 呢

çi˨˩˧ lum˥ ŋan˩ nai˨˩˧˥。 pai˩͡nai˨˩˧ (>pen˩) çi˨˩˧ çam˧ çin˩ kø˧ je˩,
就 像 銀 那樣。 於是 就 問 陳 姑 爺,

15. "tu˩ ma˨˩˧ mɯŋ˩ pan˩͡ʔjau˨˦ (>piau˨˦) ʔøk˨˦ xai˨˩˧ lum˥ ŋan˩ nai˨˩˧˥?"
"隻 馬 你 如何 出 屎 如 銀 那樣?"

16. çin˩ kø˧ je˩ çi˨˩˧ (nau˩), "ʔɯi˨˦, tu˩ ma˨˩˧ kau˧ ʔøk˨˦ xai˨˩˧ ŋan˩ o˧。"
陳 姑 爺 就 (說), "是的, 隻 馬 我 出,拉 屎 銀 嘍。"

17. kan˥ laŋ˧˥ pai˩͡nai˩ (>pen˩), "jia˨˦, taŋ˨˦ pan˩ nai˨˩˧ çaŋ˧ kau˧
跟後 於是 "哦, 如 如此 等,讓 我

wuan˨˦ pu˧ lu˨˦!"
換 罷!"

武鳴土語

053

18. kan˥ laŋ˧˥ pai͡˧˩ nai˥˩ (>pen˧˩), "wuan˨˦ çi˥˩ wuan˨˦ (ʔ)i˥ raɯ˧˩˩!
跟後 於是, "換 就 換 罷!

ʔai˦ na˨˦ tu˧˩ mɯŋ˧˩ (>m˩) kau˧ çuŋ˧ ʔbau˥ (>ʔbu˥) han˥ koi˥ (>ka˥) lai˧
但是 隻 你 我 總 不 喜 幾 多

pɯ˥。"
阿。"

19. kan˥ laŋ˧˥ pai͡˧˩ nai˥˩ (>pen˧˩) koŋ˧ ta˧ te˧ ʔai˦ tem˧ tø˥˩ wuan˨˦,
跟後 於是 岳父 他 偏要 與 相 換。

tø˥˩ wuan˨˦ ma˧ liau˥˩, pai͡˧˩ nai˥˩ (>pen˧˩) çin˧˩ kø˧ je˧˩ ʔai˦ ʔdai˥ tu˧˩ ma˥˩ pi˧˩
相 換 來 了, 於是 陳 姑 爺 反 得 隻 馬 肥

lo˧, koŋ˧ ta˧ te˧ ʔai˦ ʔdai˥ tu˧˩ ma˥˩ pløm˧ te˧。 pai͡˧˩ nai˥˩ (>pen˧˩) koŋ˧ ta˧
了, 岳父 他 反 得 他 馬 瘦 那。 於是 岳父

te˧ taɯ˧˩ tu˧˩ ma˥˩ ma˧ ne˥ hi˥˩ ʔbau˥ (>ʔm˥) mi˧˩ ʔøk˦ xai˥˩ ŋan˧˩ θak˥ ti˧。
他 拿 隻 馬 回來 呢 也 沒 有 出 屎 銀 任何 次。

pai͡˧˩ nai˥˩ (>pen˧˩) çam˧ çin˧˩ kø˧ je˧˩。
於是 問 陳 姑 爺。

20. çin˧˩ kø˧ je˧˩: "ɯi˦, taŋ˨˦ tu˧˩ te˧ ʔbau˥ (>ʔbu˥) ʔøk˦ ne˥, mɯŋ˧˩
陳 姑 爺: "啊, 如 隻 那 不 出,拉 呢, 你

(>m˩) ʔau˧ loi˥˩ ça˧˩ ma˧ (>m˧) tup˩ tu˧˩ te˧ ʔboŋ˥ te˧˥!"
拿 洗衣棍 來 打 隻 那 打,捶 它!"

21. han˥ laŋ˧˥ pai͡˧˩ nai˥˩ (>pen˧˩) ʔbau˥ θoi˨˦ koŋ˧ ta˧ te˧ ʔbau˥ (>ʔbu˥)
跟後 於是 誰知 岳父 他 不

rø˥˩, pai͡˧˩ nai˥˩ (>pen˧˩) ʔai˦ ʔau˧ loi˥˩ ça˧˩ ma˧ (>m˧) tup˩ te˧。 tup˩ te˧ liau˥˩
知, 於是 反 拿 洗衣棍 來 打 它。 打 它 了

pai͡˧˩ nai˥˩ (>pen˧˩) tup˩ ʔbau˥ (>ʔbu˥) ʔdai˥ koi˥ (>ka˥) lai˧ (>li˧) ʔbat˦ liau˥˩,
於是 打 沒 得 幾 多 下 了,

pai˩ naiˇ (>pen˩) tu˩ ma˅ te˧ rai˧ lo˥。 pai˩ naiˇ (>pen˩) kai˦ (>ki˦) θai˦
於是 隻 馬 那 死 了。 於是 件 事

çiŋ˩ te˧ hiˇ ʔbau˥ (>ʔm˥) mi˩ nau˩ ʔøk˦ tau˥ lo˧, ka˦ rø˅ çiˇ θat˥ lo˧。
情 那 也 沒 有 說 出 來, 自 知 就完,算 了。

22. çai˦ mi˩ pai˩ ʔdeu˧ koŋ˧ ta˧ te˧ ʔdau˦ te˧ ne˥, hoŋ˧ te˧ ʔi˥ ŋwan˦
再,又 有 次 一 岳父 他 怒 他, 他 要 想

θe˩ fa˩ θɯ˥ mau˩ koŋ˧ ta˧ te˧。 hoŋ˧ ʔi˥ mau˩ koŋ˧ ta˧ te˧ piau˧ jɯaŋ˦
設 法 子 謀 岳父 他。 但 要 謀 岳父 他 如何 樣

θe˩ fa˩ θɯ˥ ne˥? pai˩ naiˇ (>pen˩) jiau˧ koŋ˧ ta˧ te˧ kaŋ˥ nau˩,
設 法 子 呢? 於是 邀 岳父 他 講 說,

23. "çaŋ˧ rau˩ poi˧ jau˩ ʔu˥ hai˥ luŋ˩ waŋ˩!"
"等 我們 去 遊 五 海 龍 王!"

24. koŋ˧ ta˧ te˧ nau˩, "ŋ˩! poi˧ jau˩ ʔu˥ hai˥ luŋ˩ waŋ˩ ʔdoi˧ a˦!
岳父 他 說, "哦! 去 遊 五 海 龍 王 好 阿!

pan˩ ʔi˥ ʔau˧ kai˦ (>ki˦) ma˩ poi˧ ne˥˩?"
那麼 要 拿 什麼 去 呢?"

25. "rau˩ kwa˦ kɯn˩ ramˇ poi˧˥。"
"我們 過,上,從 上 水 去。"

26. "pan˩ kwa˦ kɯn˩ ramˇ poi˧ ʔau˧ kai˦ (>ki˦) ma˩ poi˧ ne˥˩?"
"那麼 過 上 水 去 拿 什麼 去 呢?"

27. "mɯŋ˩ ʔau˧ ʔdan˧ kaŋ˧ huŋ˧ tok˦; ʔau˧ puˇ ʔdan˧ kaŋ˧。 kau˧
"你 拿 個 缸 大; 拿 人 個 缸。 我

ʔjau˦ kɯn˩ xan˩, kau˧ çiˇ tam˩ ʔdan˧ la˩ ʔdeu˧ (>rau˧)。"
在 上 岸, 我 就 拿 個 罐 一。"

28. kan˥ la˧ŋ˥ pai˩ naiˇ (>pen˩), "ŋ˩!" koŋ˧ ta˧ te˧ hiˇ θin˩ te˧
跟後 於是, 是了!" 岳父 他 也 信 他

lo˧。 kam˧ ʔdan˧ kaŋ˧ ʔdeu˧ (>rau˧) poi˧ taŋ˧˩ paŋ˨˦ ta˦˨。 pai˧˩⁀nai˨˦ (>pen˧˩)
了。 拿 個 缸 一 去 到 邊 河。 於是

çin˧˩ kø˧ je˧˩ çi˨˦ haɯ˥ koŋ˧ ta˧ te˧ naŋ˦˨ ʔdaɯ˧ kaŋ˧ poi˧。 çin˧˩ kø˧ je˧˩
陳 姑 爺 就 給 岳父 他 坐 內 缸 去。 陳 姑 爺

ʔai˦˨ ʔjau˦˨ ʔdan˧ ham˦˨ ta˦˨, çi˨˦ θon˧ te˧ nau˧˩, "kau˧ tum˧˩ mɯŋ˧˩ çi˨˦
反 在 個 岸 河, 就 教 他 說, 我 打鑼鼓響 你 就

ŋaŋ˥ lo˧!" hoŋ˧ ʔbau˥ (>ʔbu˥) θoi˦˨ kø˧ je˧˩ te˧, çin˧˩ kø˧ je˧˩, pai˧˩⁀nai˨˦
打缸響阿!" 但 誰知 姑 爺 他, 陳 姑 爺, 於是

(>pen˧˩) ʔai˦˨ ʔjau˦˨ kɯn˧˩ xan˧˩ ta˥ kløŋ˧, tum˧˩ ŋaŋ˥ tum˧˩ ŋaŋ˥, çi˨˦ haɯ˥
反 在 上 岸 打 鼓, 婪 嘡 婪 嘡, 就 使

koŋ˧ ta˧ te˧ ʔau˧ fai˨˦ ma˧ tup˩ ʔdan˧ kaŋ˧ te˧。 kɯn˧˩ tum˧˩ la˥ çi˨˦ ŋaŋ˥。
岳父 他 拿 木 來 打 個 缸 那。 上面 婪 下面 就 嘡。

tum˧˩ ŋaŋ˥ tum˧˩ ŋaŋ˥ pai˧˩⁀nai˨˦ (>pen˧˩) ʔdan˧ kaŋ˧ hi˨˦ xwai˦˨。 koŋ˧ ta˧
婪 嘡 婪 嘡 於是 個 缸 也 壞。 岳父

ne˥ pai˧˩⁀nai˨˦ (>pen˧˩) ʔai˦˨ rai˧ ʔjaud˦˨ ʔdaɯ˧ raɯ˨˦。
呢 於是 反 死 在 內 水。

29. pai˧˩⁀nai˨˦ (>pen˧˩) hoi˦˨ toŋ˧˩ taŋ˧˩ te˧ xun˧˩ rø˨˦ lo˧, çin˧˩ kø˧ je˨˦
於是 些 同 堂 他 人 知 了, 陳 姑 爺

kan˧ xwat˧˩ lum˥ pan˧˩ nai˨˦, ʔi˥ θɯaŋ˥ mau˧˩ te˧, ʔi˥ θɯaŋ˥ ŋwan˦˨ mau˧˩
奸 滑 如 如此, 要 想 謀 他, 要 想 算 謀。

ne˥˨˦。 pai˧˩⁀nai˨˦ (>pen˧˩) mi˧˩ ŋon˧˩ ʔdeu˧ çin˧˩ kø˧ je˧˩ tau˥ laŋ˧ koŋ˧ ta˧˨˦。
於是 有 日 一 陳 姑 爺 來 家裏 岳父。

koŋ˧ ta˧ te˧ tau˧˩ ʔdøk˦˨ hɯn˥, çi˨˦ tau˥ laŋ˧ te˧, çau˧ te˧ tau˧˩ ʔdøk˦˨
岳父 他 拿 骨 起, 就 來 家裏 他們, 同 他們 拿 骨

hɯn˥。 ma˧ liau˨˦ pai˧˩⁀nai˨˦ (>pen˧˩) kloŋ˦˨ poi˨˦ nuaŋ˨˦ te˧ çi˨˦ ʔau˧ lau˥ ma˧
起。 回來 了, 於是 羣 兄弟姊妹 他們 就 拿 酒 來

kuan˧˥ tɯk˥ te˧ fi˨˩ liau˧˥, pai˨˩ naiˇ (>pen˨˩) çi˧˥ rak˦ taɯ˨˩ poi˧ hɯn˥ kɯn˨˩
灌 得 他 醉 了, 於是 就 拉 拿 去 上 上

fai˧˥ poi˧ tiau˧˥ kiŋ˥。 tiau˧˥ kiŋ˥ liau˧˥ pai˨˩ nai˧˥ (>pen˨˩) ʔdai˥ θøŋ˧ θam˧
樹 去 弔 頸。 弔 頸 了 於是 得 二 三

ŋon˨˩ lo˧。 hoŋ˧ pai˨˩ nai˧˥ (>pen˨˩) çin˨˩ kø˧ je˨˩ ʔi˥ θɯaŋ˥ ŋwan˦ koi˧˥。 ʔi˥
天 了。 於是 陳 姑 爺 要 想 想 計。 要

piau˧˥ ŋwan˦? tiŋ˧ liŋ˨˩ rop˨˩ koŋ˧ çaŋ˦ jau˨˩ kum˧˥ kau˨˩ ʔdeu˧ (>rau) plai˥
如何 想? 剛 好 遇 公 匠 油 駝背 一 走

kwa˧˥ la˥ fai˧˥ poi˧, çi˧˥ nau˨˩, "jau˨˩ (ʔ)ɯ˥ jau˨˩!" çin˨˩ kø˧ je˨˩ ne˥ çi˧˥ ʔjau˧˥
過 下 樹 去, 就 說, "油 阿 油!" 陳 姑 爺 呢 就 在

kɯn˨˩ fai˧˥ ne˥ çi˧˥ nau˨˩,
上 樹 呢 就 說,

30. "ʔe˧˥, koŋ˧ ʔi˧˦! mɯŋ˨˩ kai˧˥ (>ki˧˥) hɯat˧˥ çi˧˥ piau˧˥ kau˨˩ lum˥ pan˨˩ (nai˧˥) tok˦?"
"喂, 祖父 你 個 腰 就 如何 灣 像 如此 阿?"

31. "ʔai˨˩ kau˧ xun˨˩ lau˧˥ ʔbau˥ (>ʔbu˥) kaŋ˥ lo˧!"
"唉 我 人 老 不 講 了!"

32. "toŋ˦ pai˨˩ kau˧ çam˦ pan˨˩ nai˧˥ lo˥。 hoŋ˧ θø˥ lai˨˩ kau˧ çiŋ˦ wi˦ hɯat˧˥ kau˨˩ çi˧˥ hɯn˥ kɯn˨˩ fai˧˥ tau˥ tø˧˥ ne˥! hoŋ˧ kau˧ hɯn˥ tau˥ ʔan˧˥ ʔdai˥ θøŋ˧ θam˧ ŋon˨˩ lo˧, kai˧˥ (>ki˧˥) hɯat˧˥ ʔdoi˧ lo˥。"
"從前 我 也 如此。 所以 我 正 爲 腰 灣 就 上 上 樹 來 的 阿! 我 上 來 伸直 得 二 三 日 了, 個 腰 好 了。"

33. "ʔɯi˧˥, pan˨˩ nai˧˥ raɯ˨˩? taŋ˦ pan˨˩ lo˧, fan˦ kau˧ çam˦ ʔi˥
"啊, 如此 麼? 如果 如此 了, 我 也 要

θɯaŋ˥ hɯn˥ poi˧ ʔdai˥ ʔbau˧˥?"
想 上 去 得 否?"

34. kan˥ laŋ˧˥ pai˧˩ ⁀ nai˥˧˥ (>pen˧˩), "ʔdai˥ a˥! mɯŋ˧˩ hɯn˥ tau˥ ke˥
跟後 於是, 得 阿! 你 上 來 解

kau˧ roŋ˧˩ ma˧ liau˥˧˥ kau˧ men˩˧ tai˧˥ mɯŋ˧˩ taɯ˧˩ mɯŋ˧˩ (>m˧˩) hɯn˥ tau˥。"
我 下 來 了 我 慢,再 帶 你 提 你 上 來。"

35. kan˥ laŋ˧˥ pai˧˩ ⁀ nai˥˧˥ (>pen˧˩) koŋ˧ çaŋ˩˧ jau˧˩ ʔai˧˥ çoŋ˧˥ rap˧˥ jau˧˩
跟 後 於是 公 匠 油 反 放 挑 油

te˧ tɯk˥ liau˥˧˥, ʔai˧˥ plen˧˩ ⁀ hɯn˥ (>plen˧˥) kɯn˧˩ kø˧ fai˥˧˥ poi˧ ke˥ çin˧˩ kø˧
他 着,好 了, 反 攀 上 上 棵 樹 去 解 陳 姑

je˧˩ roŋ˧˩ ma˧˥, çai˧˥ wuan˩˧ çin˧˩ kø˧ je˧˩ ʔan˧˥ hɯat˧˥。 pai˧˩ ⁀ nai˥˧˥ (>pen˧˩) çin˧˩
爺 下 來, 再 換,替 陳 姑 爺 伸直 腰。 於是 陳

kø˧ je˧˩ roŋ˧˩ la˥ ma˧ liau˥˧˥, pai˧˩ ⁀ nai˥˧˥ (>pen˧˩) çak˩ poi˧ ma˧ ran˧˩ lo˧。 nai˥˧˥
姑 爺 下 下 來 了, 於是 偷 去 回 家 了。 如此

koŋ˧˥ ʔjau˧˥ kɯn˧˩ ʔan˧˥ hɯat˧˥ ne˥˥ ʔbau˥ (>ʔm˥) mi˧˩ xun˧˩ ke˥ te˧ roŋ˧˩
公,人 在 上 伸直 腰 呢 沒 有 人 解 他 下

ma˧, kan˧ ʔjau˧˥ kɯn˧˩ te˧ ʔdai˥ çip˩ koi˥ ŋon˧˩ hi˥˧˥ rai˧ klø˧ lo˥。
來, 並 在 上 那 得 十 幾 日 也 死 乾 了。

36. kwa˧˥ laŋ˧ ma˧ te˧ hɯn˥ poi˧ ʔdoŋ˧ ra˧ fun˧˩, çi˥˧˥ çuk˩ fun˧˩。
過 後 來 他 上 去 山 尋 柴, 就 束 柴。

ʔan˧ çe˥ ʔjau˧˥ mɯn˥ kɯn˧˩ ʔdoŋ˧ liŋ˧˥。 klok˧˩ klek˧˩ pai˧˩ ⁀ nai˥˧˥ (>pen˧˩) çi˥˧˥
因爲 在 面 上 山 陡斜。 柴響 於是 就

kloŋ˥˥ kliŋ˥˥, kliŋ˥ roŋ˧˩ la˥ ma˧。 kliŋ˥ roŋ˧˩ la˥ ma˧ pai˧˩ ⁀ nai˥˧˥ (>pen˧˩)
滾 滾 下 下 來。 滾 下 下 來 於是

hiV rai˧ lo˧。 θø˥ hi˥ pøn˥ toi˩ xun˨ kaŋ˥ nau˨ ne˥˩ kuak˨ (>ku˩) xun˨
地 死 了。 所 以 本 地 人 講 說 呢 作 人

kjau˥ xwat˨ ne˥˩ tian˧ li˥ nan˨ juŋ˨ ti˧ (>te˧)。 —
狡 猾 呢 天 理 難 容 的。

II. tu˧˩ ja˩˧ xwai˧˩

1. tau˧˥ lau˨˩˦ xun˧˩ te˧ nau˧˩ mi˧˩ pu˨˩˦ me˩˧ mai˧˥ ʔdeu˧ (>rau˧) mi˧˩ θøŋ˧ pu˨˩˦ lɯk˩ xun˧˩ pa˧˩。 ta˨˩˦ tau˧˩ te˧ ne˥ ʔdai˥ pet˧˥ kau˥ pí˧ lo˧。 ta˨˩˦ ŋoi˩˧ te˧ ʔdai˥ θam˧ θoi˧˥ pi˧。 me˩˧ te˧ ŋon˧˩ taŋ˧˩ çi˨˩˦ wit˦˥ lɯk˩ tɯk˦˥ ʔjau˧˥ ran˧˩, ʔøk˧˥ poi˧ na˧˩ kuak˩ (>ku˩) høŋ˧。 hoŋ˧ ne˥ me˩˧ tai˧ te˧ ne˥ ʔban˥ ne˥ tø˨˩˦ kan˧˥。 ŋon˧˩ taŋ˧˩ ʔdai˥ hoŋ˩˧ ne˥ çi˨˩˦ tau˥ paŋ˧ kuan˥ taɯ˧˩ lɯk˩ lan˧ʏ。 tɯk˦˥ taŋ˧˩ xam˩˧ liau˨˩˦ çi˨˩˦ poi˧ ma˧ ran˧˩ te˧。 ʔan˧ pan˧˩ nai˨˩˦ lɯk˩ θau˧ te˧ ne˥ ŋon˧˩ taŋ˧˩ ne˥ poi˧ na˧˩ keŋ˧˥ kja˧ çoŋ˧˥ θim˧ lo˧。

2. mi˧˩ ŋon˧˩ ʔdeu˧ me˧˥ mai˧˥ te˧ wit˦˥ lɯk˩ te˧ ʔøk˧˥ poi˧ na˧˩。 ʔdaɯ˧ θim˧ te˧ ka˧˥ ŋoi˧˩ nau˧˩ me˧˥ tai˧ʏ ŋon˧˩ nai˨˩˦ ʔai˧˥ tau˥ kuan˥ taɯ˧˩ tiŋ˩˧ (>teŋ˩˧)。 hoŋ˧ ŋon˧˩ te˧ ne˥ me˧˥ tai˧ te˧ ne˥ kik˩ ŋ̥aŋ˧˥。 nøi˨˩˦ ŋon˧˩ te˧ ʔbau˥ ʔdai˥ tau˥。 θøŋ˧ pu˨˩˦ lɯk˩ te˧ ne˥ çi˨˩˦ ka˩˧ ʔjau˧˥ ʔdaɯ˧ ran˧˩ pan˧˩ ŋon˧˩。 tɯk˦˥ taŋ˧˩ xam˩˧ liau˨˩˦ mi˧˩ tu˧˩ ja˩˧ xwai˧˩ ʔdeu˧ pian˧˥ xun˧˩ hau˥ tau˥ kuak˩˧ (>ku˩˧) me˩˧ tai˧ te˧, ʔjau˧˥ luaŋ˧˥ lap˦˥ ʔjau˧˥ çak˩ kɯ˧ ta˨˩˦ lɯk˩ ŋe˧˩ ʔi˧˥ te˧。 ta˨˩˦ çe˥ te˧ ne˥ hi˨˩˦ ʔbau˥ (>ʔbu˥) rø˨˩˦, ʔdai˥ ŋ̥i˧ nau˧˩ mi˧˩ θiŋ˧ jɯaŋ˥。

3. "ʔai˥˩˥!" çam˧ me˩˧ tai˧ʏ, "kɯ˧ kai˧˥ (>kə˧˥) ma˧˩, me˩˧ tai˧ʞ? kɯ˧ kai˧˥ (>ka˧˥) ma˧˩ plup˦˥ plup˦˥ kle˧, me˩˧ tai˧ʏ?"

4. tu˧˩ ja˩˧ xwai˧˩ te˧ han˧ɼ nau˧˩, "kɯ˧ ʔdøk˧˥ lɯk˩ ʔdøk˧˥ lan˧。"

5. "xeu˧˩ kai˧˥ (>kə˧˥) ma˧˩ naŋ˥ naŋ˧˥ kle˧, me˩˧ tai˧ʏ?"

6. "θai˧ ʔda˧ ŋ̥au˩˧ nuaŋ˨˩˦。"

7. "kai˧˥ (>ki˧˥) ma˧˩ riŋ˨˩˦ kluŋ˥ kluŋ˩˧ kle˧, me˩˧ tai˧ʏ?"

8. "ʔbon˥ klu˧ ŋ̥au˩˧ nuaŋ˨˩˦。"

9. "kai˧˥ (>ki˧˥) ma˧˩ ʔbai˧˥ ʔbop˦˥ ʔbop˦˥ kle˧, me˩˧ tai˧ʏ?"

10. "nuaŋ˨˩˦ ʔøk˧˥ ŋ̥au˩˧ tø˨˩˦ ne˧˥!"

11. tɯk˦ taŋ˧˩ xam˧˥ liau˦˨ pu˦˨ me˧˥ te˧ ma˧ taŋ˧˩ ran˧˩, han˧ tu˧˩ ja˧˥ xwai˧˩ te˧ kɯ˧ ta˦˨ lɯk˩˨ θau˧ te˧ liau˦˨ lo˧, kan˥ kan˥ ʔøk˨˦ ke˦˨ xøŋ˧˥ ʔeu˧ xun˧˩ ʔban˥。 xun˧˩ ʔban˥ poi˧ taŋ˧˩ han˧ tu˧˩ ja˧˥ xwai˧˩ ʔdeu˧ ɕwaŋ˧ lum˥ xun˧˩ nai˦˨, jau˧˥ rø˦˨ kaŋ˥ xwa˧˥。 tok˦ laŋ˧ ma˧ ɕuŋ˧˥ ʔban˥ liau˦˨ ɕi˦˨ poi˧ kwaŋ˨˦ te˧ hɯn˥ tau˥。 tai˧˥ ke˧ ʔau˧ fai˦˨ ma˧ tup˩˨ tu˧˩ te˧, jau˧˥ ʔau˧ naŋ˦˨ ti˧ ma˧ ɕam˧˩ tu˧˩ te˧。 ɕam˧˩ hi˦˨ ɕam˧˩ ʔbau˥ hau˥。 naŋ˧ jau˧˥ ken˨˦。 tɯk˦ taŋ˧˩ xam˧˥ liau˦˨, pai˧˩͡nai˦˨ (>pen˧˩) tu˧˩ ja˧˥ xwai˧˩ te˧ hi˦˨ ka˧˥ rø˦˨ nau˧˩ ʔbau˥ (>ʔbu˥) naŋ˧˩ ʔdai˥ teu˧˩ tiŋ˧˥ lo˧, ɕi˦˨ nau˧˩。

12. "θau˧ ʔi˥ ɕam˧˩ kau˧ ne˥˧, θau˧ ʔau˧ pak˨˦ naŋ˦˨ θau˧ klu˥ xai˦˨ kai˨˦ ɕø˧ ɕi˦˨ ʔdai˥, ɕam˧˩ kau˧ jian˧˩ xau˧˥ ɕø˧ ɕi˦˨ hau˥, kau˧ ɕø˧ rai˧。 taŋ˧˥ kau˧ rai˧ ne˥˧, kai˨˦ (>ki˨˦) lɯat˩˨ kau˧ kik˩˨ ʔak˥ lo˧。 kai˨˦ (>ki˨˦) lɯat˩˨ kau˧ ne˥ tok˦ roŋ˧˩ ram˦˨ ne˥ pan˧˩ pliŋ˧ lo˧, tok˦ roŋ˧˩ rin˧ ne˥ ɕi˦˨ pan˧˩ tak˨˦ lo˧, tok˦ plai˧ ɕap˧˥ ɕi˦˨ pan˧˩ ȵuŋ˧˩ lo˧, kø˧ kɯ˧ xun˧˩ pan˧˩ ȵau˦˨ lo˧!"

13. kwa˨˦ laŋ˧ ma˧ xun˧˩ kaŋ˥ nau˧˩ tu˧˩ ja˧˥ xwai˧˩ te˧ ne˥ kai˨˦ (>ki˨˦) lɯat˩˨ te˧ ɕau˧˥ θoi˧˥ θoi˧˩ nai˦˨ tu˧˩ ȵuŋ˧˩, tu˧˩ pliŋ˧, tu˧˩ tak˨˦ pian˨˦ pan˧˩ ti˧ (>te˧)。

III. lɯk˩˧ kuk˦˥

1. wai˧˩, ŋø˧˩˧ tøi˩˧! ʔdai˥ (>ʔdi˥) ȵi˧ mi˧˩ xun˧˩ nau˧˩ mi˧˩ jɯaŋ˧˥ θai˩˧ ʔdeu˧ (>rau˧) tiŋ˥ koi˧˩ miau˥ lo˧。 kai˧˥ (>ki˧˥) ma˧˩ ne˥? çaŋ˧ kau˧ kaŋ˥ nau˧˩ mɯŋ˧˩ ȵi˧ (>ŋe˧) tiŋ˧˥ (>teŋ˧˥)。 mi˧˩ xun˧˩ pa˧˩ ʔdeu˧ (>rau˧), wai˧˩ çi˧˥, nian˧˩ ʔdai˥ θam˧ (>θa˧) çip˩˧ jaɯ˧˩ pi˧ lo˧。 te˧ ti˧ kø˧ je˧˩ ne˥ θiŋ˧˥ hu˥ (或 hø˥) ti˧ (>te˧), hu˥ miŋ˧˩。 ʔdaɯ˧ ran˧˩ te˧ ne˥ ʔjau˧˥ la˥ miŋ˧˩ çan˧ kam˥ mau˧˩ çøn˧˧˦, kik˩˧ kuŋ˧˩ ti˧ (>te˧) taŋ˧˥ kɯ˧˩˧ ma˧˩。 xun˧˩ θai˧ te˧ ne˥ poi˧ tɯk˦˥ rok˩˧ ma˧ çɯaŋ˧˩˧ miŋ˩˧。

2. mi˧˩ ŋon˧˩ ʔdeu˧ xun˧˩ θai˧ te˧ hɯn˥˧˥ ta˧˥ miŋ˧˩ çan˧ poi˧ tɯk˦˥ rok˩˧。 ma˧ taŋ˧˩ puan˧˥ hon˧ lum˥ nau˧˩ mi˧˩ θiŋ˧ xun˧˩ ʔeu˧ te˧ ti˧ jɯaŋ˩˧ çoi˥。
062 ŋeu˧˩˧ tau˧˥ laŋ˧ klai˧ klai˧ han˧ ʔdaɯ˧ luaŋ˧˥ ʔdoŋ˧ ʔdaɯ˧ te˧ mi˧˩ pu˧˩˧ xun˧˩ pa˧˩ ʔdeu˧ (>rau˧) ʔeu˧ hem˧˥: "kau˧˥ miŋ˧˥ a˧˩! kau˧˥ miŋ˩˧ a˧˩!" hø˥ miŋ˧˩ ne˥ çau˩˧ θoi˩˧ puat˥ tɯk˦˥ kou˥, han˧ mi˧˩ tu˧˩ ma˧˩˧ lau˧˩ ʔdeu˧ (>rau˧) naŋ˩˧ ʔjau˧˥ tøi˧˥ na˥ pu˧˩˧ xun˧˩ pa˧˩ te˧ ʔau˧ kai˧˥ faɯ˧˩ te˧ çin˩˧ ʔwa˥ çin˩˧ ʔwa˥。 kau˧ lɯaŋ˧˥ ne˥˦ ʔi˥ θɯaŋ˥ piau˧˩ pu˧˩˧ xun˧˩ pa˧˩ te˧ tiŋ˩˧ (>teŋ˩˧)。 pu˧˩˧ xun˧˩ pa˧˩ te˧ ʔbau˥ (>ʔbu˥) jun˧˩˧, θø˥ hi˥ ʔeu˧ hem˧˥: "kau˧˥ miŋ˩˧!" tok˦˥ laŋ˧ ma˧ hø˥ miŋ˧˩ tau˥ taŋ˧˩ liau˧˩˧, ʔau˧ çuŋ˧˥ ma˧ tɯk˦˥ tu˧˩ ma˧˩˧ lau˧˩ te˧ le˧。 tu˧˩ ma˧˩˧ lau˧˩ te˧ teu˧˩ liau˧˩˧ lo˧。 tok˦˥ laŋ˧ ma˧ çi˧˩˧ çam˧ pu˧˩˧ xun˧˩ pa˧˩ te˧,

3. "mɯŋ˧˩ wi˩˧ kɯ˧˩˧ ma˧˩ tau˥ taŋ˧˩ mɯn˥ nai˧˩˧ ne˥?"

4. pu˧˩˧ xun˧˩ pa˧˩ te˧ nau˨˩˦, "kau˧ tau˥ mɯn˥ nai˧˩˧ ra˧ fun˧˩。 piŋ˧˩ θoi˧˩ kau˧ θø˥ tau˥ ra˧ fun˧˩, çuŋ˧ ʔbau˥ (>ʔbu˥) ʔai˧˥ tau˥ taŋ˧˩ mɯn˥ nai˧˩˧ ti˧˦。 ʔan˧ çe˥ ma˧ pøn˥ toi˩˧ mi˧˩ pu˧˩˧ ʔdeu˧ (>rau˧), waŋ˧˩ jian˧˩ ŋwai˧˥, koi˥ ŋon˧˩ ka˧˩˧ køn˧˥ çiŋ˥ xun˧˩ tɯk˦˥ fun˧˩ lau˥。 ʔjau˧˥ røk˩˧ ʔdoŋ˧ ma˧ çuŋ˧ ʔau˧ poi˧ kɯ˩˧ liau˧˩˧ lo˧, θø˥ hi˥ kau˧ çin˩˧ tau˥ çin˩˧ tau˥ plai˥ tau˥ taŋ˧˩ mɯn˥ nai˧˩˧。

θian˥ θeŋ˧, mɯŋ˧˩ ʔjau˦ mɯn˥ law˧ ti˧ toi˨˦ fuaŋ˧ ma˧˥ to˧? tø˧ tak˦˥ mɯŋ˧˩ wai˦ tau˥ kau˦ miŋ˨˦ kau˧ ne˥, ʔbau˥ kau˧ ʔai˦ rai˧ ʔdaɯ˧ luaŋ˦ ʔdoŋ˧ lat˦˥ çuŋ˧ ʔbau˥ (>ʔbu˥) tiŋ˨˦ lo˧。"

5. hø˥ miŋ˧˩ çam˧ te˧, "xun˧˩ θai˧ mɯŋ˧˩ ni˥ to˧? jau˨˦ ʔbau˥ haɯ˥ te˧ tau˥ ʔau˧ fun˧˩˥! mɯŋ˧˩ ʔai˦ ka˨˦ tau˥ ne˥?"

6. "xun˧˩ θai˧ kau˧ koi˥ nian˧˩ θian˧˩ ka˨˩˨ køn˦, ʔan˧ tuŋ˧ kjun˧ ma˧ hɯn˥ ma˧ taŋ˧˩, hi˥ ʔjiau˥ miŋ˨˦ lo˧。 fan˨˦ kau˧ θau˥ kwa˥ ʔdai˥ koi˥ pi˧ lo˧。 (ʔ)ai˧˩, kan˧ nan˧˩ lo˧˥! θoi˦ xun˧˩ kau˧ ʔbau˥ (>ʔbu˥) kaŋ˥ lo˧!"

7. hø˥ miŋ˧˩ a˧ θoŋ˦ te˧ ma˧ taŋ˧˩ la˥ ʔdoŋ˧。 θoi˧˩ te˧ ne˥ çi˨˩˨ tiŋ˧ liŋ˧˩ fun˧ tok˦˥, ram˨˩˨ rui˥ ne˥ çi˨˩˨ kik˩ lai˧, çi˥ ȵaŋ˧˩ jau˨˦ ʔum˥ te˧ kwa˦ ta˨˦。 θøŋ˧ pu˨˩˨ xun˧˩ hi˥ kiŋ˧ kwa˦ liau˨˩˨ lo˧, ʔan˧ hø˥ miŋ˧˩ ma˧ lum˧˩ tø˨˩˨ kai˦ ʔjau˦ rap˩˥ ta˨˦, θø˥ hi˥ ne˥ jau˨˦ çwen˥ kwa˦ rap˩˥ ta˨˦ poi˧ ʔau˧。 pu˨˩˨ xun˧˩ pa˩ te˧ ka˨˦ poi˧ ma˧ ran˧˩ liau˨˩˨。

8. tok˦˥ laŋ˧ ma˧ ʔdai˥ (>ʔdi˥) ȵi˧ xun˧˩ kaŋ˥ nau˧˩ hø˥ miŋ˧˩ ʔjau˦ luaŋ˨˦ ʔjau˦ ʔdaɯ˧ ʔdoŋ˧ rai˧ ʔjɯak˦。 ja˨˦ te˧ ne˥, wai˧˩ çi˦, ʔdai˥ (>ʔdi˥) ȵi˧ kø˧ je˧˩ te˧ ʔjau˨˦ ʔdaɯ˧ ʔdoŋ˧ rai˧ ʔjɯak˦, tai˥ tɯk˦˥ ʔwi˧, çuŋ˧ ʔbau˥ (>ʔbu˥) kɯn˧ xau˨˩˨, ʔdaŋ˧ jau˨˦ xwai˧˩ ȵun˨˦ ʔdai˥ (>ʔdi˥) koi˥ (>ki˥) ʔdɯan˧ lo˧。 kɯn˧ ʔbau˥ pan˧˩ kɯn˧, tan˥ ʔbau˥ pan˧˩ tan˥。 (ʔ)ai˨˩˨, θi˧ liaŋ˧˩ lo˧! çoŋ˧˩ mɯn˥ nai˨˩˨ kuak˨˦ (>ku˩) me˨˦ mai˦ le˧! kuak˨˦ me˨˦ mai˦ le˧ hɯn˥ tau˥˧, mi˧˩ pu˨˩˨ lɯk˩ ŋe˧˩ ʔdeu˧, ʔbau˥ (>ʔbu˥) çeŋ˧ koi˥ (>kə˥) lai˧ ʔdai˥ tøi˦ pi˧ ʔdeu˧ lo˧。 mi˧˩ ŋon˧˩ ʔdeu˧ ʔdaɯ˧ ran˧˩ ʔdaɯ˧ kaŋ˧ ʔbau˥ (>ʔm˥) mi˧˩ xau˨˩˨ lo˧。 pik˦˥ tak˦˥ jau˨˦ çi˥ wit˦˥ lɯk˩ ŋe˧˩ ʔjau˦ ʔdaɯ˧ ran˧˩ ʔjau˦ poi˧ roi˨˦ ʔwat˥ plɯak˦ ma˧ kuak˨˦ (>ku˨˦) tøn˦。 pu˨˩˨ me˨˦ xun˧˩ pa˩ te˧ ne˥ poi˧ ʔwat˥ plɯak˦ ne˥, ʔan˧ çe˥˧ rop˩ pai˧˩ te˧ ʔbun˧ reŋ˨˩˨, tom˧ ken˦ ti˧ (>te˧), kan˧ nan˧˩ ʔwat˥, θø˥ hi˥ ʔwat˥ taŋ˧˩ xam˨˦ ne˥˧, klaŋ˧ kløi˧ plɯak˦ ʔdeu˧ çuŋ˧ ʔbau˥ (>ʔbu˥) rim˧。 jau˦ ʔjau˧ lɯk˩ ʔdaɯ˧ ran˧˩ tai˥。 ŋoi˨˩˨ ŋoi˨˩˨ jau˨˦ çi˨˩˨

ma˧ ran˧˩。 ma˧ taŋ˧˩ pak˩˧ tau˧, han˧ tau˧ møn˧˩ høi˧ liau˦˨˦。 kan˥ kan˥ ma˧, wai˩˧ hau˥ ma˧ ran˧˩ ra˧ pu˦˨˦ lɯk˩ te˧。 ra˧ ɕoi˧˩ fuaŋ˧˩, ʔdaɯ˧ ruk˩ ran˧˩ rak˩˧, jau˩˧ røk˩˧ tiŋ˧ ra˧, ra˧ ʔbau˥ han˧。 ŋoi˦˨˦ xam˧˩ ɕi˦˨˦ ka˩˧ ɕin˩˧ tai˥ ɕin˩˧ tai˥,

9. "kau˧ ka˦˨˦! kau˧ ka˦˨˦! kau˧ ɕi˦˨˦ pan˧˩͡ʔjau˩˧ (>piau˩˧) lum˥ pan˧˩ nai˦˨˦ jɯaŋ˩˧! kau˧ ka˦˨˦! kau˧ ɕuŋ˧ ʔbau˥ (>ʔbu˥) nau˧˩ (ʔ)i˥ lo˧!"

10. tok˥ laŋ˧ ma˧ xun˧˩ ɕam˧ te˧, ɕam˧ te˧ wi˩˧ kai˩˧ (>ki˩˧) ma˧˩ tai˥。 te˧ nau˧˩, "lɯk˩ kau˧ ʔbau˥ (>ʔbu˥) han˧ lo˧! ʔbau˥ (>ʔbu˥) rø˦˨˦ lɯk˩ kau˧ ɕi˦˨˦ kwa˩˧ mɯn˥ laɯ˧ poi˧ liau˦˨˦。 we˦˨˦, lɯk˩ kau˧ ka˦˨˦!"

11. tok˥ laŋ˧ ma˧ kai˩˧ (>ki˩˧) xun˧˩ ʔban˥ jau˩˧ ɕi˦˨˦ tiam˥ taŋ˧ kan˧ te˧ ʔøk˩˧ poi˧ taŋ˧˩ ke˦˨˦ xøŋ˩˧ kau˥ roŋ˧˩ la˥ tom˧ poi˧, han˧ kai˩˧ (>ki˩˧) hun˩˧ tin˧ te˧ lum˥ ʔwan˥ a˧˩, lum˥ ʔwan˥ nai˦˨˦! kau˥ poi˧ kau˥ ma˧ ɕi˩˧ tin˧ kuk˥。 ɕoŋ˧˩ kai˩˧ (>ki˩˧) hun˩˧ tin˧ te˧ kau˥ poi˧ hi˥ hau˥ ʔdaɯ˧ ʔdoŋ˧ poi˧ liau˦˨˦ lo˧。 me˩˧ te˧ ne˥ ɕoŋ˧˩ pan˧˩ nai˦˨˦ ʔbau˥ (>bu˥) k(a˥) lai˧ (>li˧) nan˧˩ ɕau˩˧ ka˩˧ keŋ˩˧ kja˧ kik˥ kik˥ tai˥ tai˥ tɯk˥ rai˧。 θau˧ nau˧˩ kø˥ θik˥ ʔbau˥ (>ʔbu˥) kø˥ θik˥ ne˥, ŋø˦˨˦ tøi˩˧?

12. kau˧ kaŋ˥ ʔbau˥ (>ʔbu˥) ɕaŋ˧˩ liau˦˨˦ ne˥! kau˧ ɕai˩˧ ɕøi˩˧ ɕuŋ˧˩ kaŋ˥ nau˧˩ mɯŋ˧˩ (>m) ŋi˧ tiŋ˩˧ (>teŋ˩˧)。 tak˩ lɯk˩ me˩˧ ne˥ wai˧˩ ɕi˩˧ ne˥ θat˩ tɯk˩ tu˧˩ kuk˥ kam˧˩ hau˥ ʔdaɯ˧ ʔdoŋ˧ poi˧ ʔi˥ lo˧。 ʔjau˩˧ ʔdaɯ˧ ʔdoŋ˧ ʔdai˥ (>ʔdi) ɕip˩ koi˥ nian˧˩, tak˩ lɯk˩ te˧, tak˩ lɯk˩ kuk˥ ne˥, θoi˩˧ θoi˧˩ kan˧ tu˧˩ kuk˥ te˧ kɯn˧ nø˩˧ ʔdip˥。 hɯn˥ ʔdoŋ˧ ti˧ (>te˧) ne˥, plen˧˩ ʔdoŋ˧ ti˧ (>te˧) ne˥, hau˥ kam˥ ti˧ (>te˧) ne˥, tiŋ˥ loi˩˧ xai˩˧ lo˧。 jau˩˧ ʔeu˧ tu˧˩ kuk˥ te˧ kuak˩˧ (>ku˩) me˩˧ tɯk˥。 ɕuŋ˧ ʔbau˥ (>ʔbu˥) rø˦˨˦ ne˥! mɯŋ˧˩ nau˧˩ koi˧˩ ʔbau˥ (>ʔbu˥) koi˧˩˧˩! tok˥ laŋ˧ ma˧ tak˩ lɯk˩ te˧ huŋ˧ hɯn˥ tau˥。 ʔjau˩˧ ʔdaɯ˧ ʔdoŋ θat˩ ŋon˧˩ taŋ˧˩ ʔjau˩˧ ʔbɯ˩˧, plai˥ poi˧ plai˥ ma˧ xat˩ xat˩ xeu˧˩ xeu˧˩。 plai˥ poi˧ plai˥ ma˧ ɕiam˦˨˦ ɕiam˩˧ ɕin˩˧ plai˥ ɕin˩˧ plai˥ ʔøk˩˧ taŋ˧˩ røk˩˧ ʔdoŋ˧。 han˧ mi˩˧

xun˧˩ hau˥ ʔdoŋ˧ tau˥ ra˧ fun˧˩, fan˥ tau˥ tem˧ kai˨˦ (>ki˨˦) xun˧˩ rau˧˩ naŋ˦˨ tep˨˦ ʔjau˨˦。 han˧ kai˨˦ (>ki˨˦) xun˧˩ rau˧˩ ʔau˧ fun˧˩, te˧ çam˦˨ tau˥ paŋ˧ kai˨˦ (>ki˨˦) xun˧˩ rau˧˩, çau˨˦ kai˨˦ (>ki˨˦) xun˧˩ rau˧˩ ʔau˧ fun˧˩˩。 kai˨˦ (>ki˨˦) xun˧˩ rau˧˩ çam˧ te˧, te˧ ʔbau˥ (>ʔbu˥) rø˧˥ kaŋ˥ xwa˦˨。

13. θɯ˦˨ pan˧˩ nai˧˥ tak˩ lɯk˩ ne˥ ŋon˧˩ ŋon˧˩ çuŋ˧ ʔøk˨˦ røk˦˨ tau˥ lo˧; tai˨˦ xun˧˩ ra˧ fun˧˩。 plen˧˩ hɯn˥ kɯn˧˩ ʔdoŋ˧ poi˧ ti˧, plen˧˩ hɯn˥ kɯn˧˩ fai˧˥ poi˧ ti˧, çi˧˥ kwen˦˨ kai˨˦ (ki˨˦) fun˧˩ roŋ˧˩ la˥ ma˧ hau˥ kai˨˦ (>ki˨˦) xun˧˩ rau˧˩。 θø˥ hi˥ kai˨˦ (>ki˨˦) xun˧˩ rau˧˩ çi˧˥ kik˩ mai˥ te˧ lo˧。 kai˨˦ (>ki˨˦) xun˧˩ rau˧˩ çam˧ te˧ʏ, te˧ ʔbau˥ (>ʔbu˥) rø˧˥ tap˥ʏ。

14. mi˧˩ ŋon˧˩ ʔdeu˧ tak˩ høi˨˦ waŋ˧˩ jian˧˩ ŋwai˨˦ tau˥ taŋ˧˩ mɯn˥ nai˧˥ ra˧ fun˧˩。 han˧ tak˥ lɯk˩ nai˧˥ ʔbau˥ (>ʔm˥) mi˧˩ pɯ˦˨ tan˥, ʔbau˥ (>ʔm˥) mi˧˩ wa˨˦ tan˥, θø˥ lai˧˩ ne˥ çi˧˥ çam˧ te˧。 te˧ ʔbau˥ (>ʔbu˥) han˧ʏ。 ŋon˧˩ ŋon˧˩ tau˥ ra˧ fun˧˩ çi˧˥ rop˩ tak˩ nai˧˥。 tok˥ laŋ˧ ma˧ waŋ˧˩ jian˧˩ ŋwai˨˦ ti˧ høi˨˦ tau˥ ra˧, çi˧˥ ma˧ ʔdaɯ˧ ran˧˩ te˧ kaŋ˥͡ nau˧˩ (>kaŋ˧˥) kai˨˦ (>ki˨˦) xun˧˩ te˧ ɲi˧ʏ。 kai˨˦ (>ki˨˦) xun˧˩ te˧ nau˧˩ ʔjian˧ ʔjian˧ çuŋ˧ ʔbau˥ (>ʔbu˥) çɯ˦˨。 mi˧˩ ŋon˧˩ ʔdeu˧ tak˩ høi˨˦ waŋ˧˩ jian˧˩ ŋwai˨˦ ʔeu˧ ʔdaɯ˧ ʔban˥ te˧ ti˧ lɯk˩ ŋe˧˩ tai˨˦ te˧ poi˧。 poi˧ taŋ˧˩ ʔdaɯ˧ ʔdoŋ˧ te˧, tak˥ te˧ ne˥, tak˩ lɯk˩ ne˥, ɲɯŋ˧˩ çai˨˦ tau˥ paŋ˧ tak˩ waŋ˧˩ jian˧˩ ŋwai˨˦ ʔau˧ fun˧˩。 çoŋ˧˩ pan˧˩ nai˧˥ çi˧˥ juŋ˦˨ koi˨˦ çuk˩ te˧ ma˧ ran˧˩。

15. tan˦˨ waŋ˧˩ jian˧˩ ŋwai˨˦ ne˥ ʔbau˥ (>ʔm˥) mi˧˩ lɯk˩ xun˧˩ θai˧ ti˧ (>te˧)。 ʔdai˥ (>ʔdi˥) ɲi˧ nau˧˩ ʔbau˥ (>ʔm˥) mi˧˩ pø˦˨ ʔbau˥ (>ʔm˥) mi˧˩ me˦˨ ti˧ lɯk˩ ʔjau˨˦ ʔdaɯ˧ ʔdoŋ˧ jau˧˩ tau˧˩ laŋ˨˦ taŋ˨˦ lum˥ pan˧˩ (nai˧˥) ti˧ çiŋ˧˩ hiŋ˧˩, çau˦˨ θau˧ te˧ hɯn˥ ma˧, haɯ˥ pu˦˨ te˧ tan˥, haɯ˥ wa˨˦ te˧ tan˥, jau˦˨ θøn˧ te˧ kaŋ˥ xwa˦˨。 tok˥ laŋ˧ çiam˧˥ çiam˦˨ jau˦˨ rø˧˥ kaŋ˥ xwa˨˦ liau˧˥。 waŋ˧˩ jian˧˩ ŋwai˨˦ ne˥ kik˩ mai˥ te˧ ti˧。 hoŋ˧ waŋ˧˩ jian˧˩ ŋwai˨˦ çau˦˨ʟ hoŋ˥ lau˧ xun˧˩ ŋoi˧˩, θø˥ lai˧˩ ma˧ çi˧˥ ʔit˥ θim˧ ça˧˩ tak˩ lɯk˩ nai˧˥ xun˧˩ mɯn˥ laɯ˧ θeŋ˧,

ʔøk˧˥ mɯn˥ laɯ˧ tau˥, ʔjau˧˥ mɯn˥ laɯ˧ ti˧ toi˩˧ fuaŋ˧, θiŋ˧˥ kɯ˧˩˧ ma˧˩。 tok˥ laŋ˧ ma˧ ʔdai˥ (>ʔdi˥) ṇi˧ xun˧˩ kaŋ˥ nau˧˩ ɕip˩ koi˥ nian˧˩ ka˧˩˧ køn˧˥ ne˥ la˥ tin˧ plai˧ ɕɯ˧˩˧ kam˥ meu˧˩ mi˧˩ pu˧˩˧ me˩˧ xun˧˩ pa˧˩ ʔdeu˧ (>rau˧), wai˧˩ ɕi˧˥。 tak˩ lɯk˩ te˧ tɯk˩ tu˧˩ kuk˥ rak˩˧ hau˥˧ plai˧ ɕɯ˧˩˧ poi˧。 tok˥ laŋ˧ ma˧ me˩˧ te˧, me˩˧ mai˧˥ te˧ ne˥, ʔbau˥ (>ʔbu˥) ʔdai˥ (>ʔdi˥) koi˥ (>ki˥) lai (>li˧˥) naŋ˧˩ hi˧˩˧ rai˧ liau˧˩˧。 ʔdaɯ˧ ʔban˥ te˧ ti˧ xun˧˩ ne˥ hi˧˩˧ ʔbau˥ (>ʔm˥) mi˧˩ ʔdai˥ ɕau˧˥ te˧ tɯk˥ ra˧, hoi˧˥ ŋoi˧˩ nau˧˩ tak˩ lɯk˩ te˧ tɯk˩ kuk˥ kɯ˧ liau˧˩˧ lo˧。 ɕoŋ˧˩ pan˧˩ (nai˧˩˧) ma˧ waŋ˧˩ jian˧˩ ŋwai˧˥ ʔeŋ˧˥ keŋ˧˥ kja˧ ɕip˩ fan˧ mai˥ te˧ lo˧, kau˥ lum˥ ɕan˧ θeŋ˧ ti˧ lɯk˩ nai˧˩˧。

16. tak˩ lɯk˩ ne˥˧ ɕiam˩˧ huŋ˧ hɯn˥ tau˥ hat˥ xam˩˧ ma˧ θau˩˧ xun˧˩ kaŋ˥ te˧ nau˧˩ lɯk˩ kuk˥。 te˧ θɯ˩˧ koi˥ ma˧ ɕi˧˩˧˦ tøi˧˥ xun˧˩ ʔbau˥ (>ʔbu˥) hɯn˥˧。 θoi˧˩ te˧ ne˥ ɕi˧˩˧ rop˩ rap˩ plai˧ ɕɯ˧˩˧ mi˧˩ ɕak˩ røŋ˧˩ ɕak˩ kloŋ˧˥。 ɕak˩ tau˧˩ te˧ ne˥ li˥ pau˥ ɕan˧, θoi˧˥ θoi˧˩ ne˥ ɕuŋ˧ ɕi˩˧ kjaŋ˧˩ kian˧ kai˧˥ (>ki˧˥) pek˥ θiŋ˧˥ ti˧ lɯk˩ θau˧, tuat˧˥ xun˧˩ plai˥ lø˩˧。 pek˥ θiŋ˩˧ ne˥˧ kik˩ θau˩˧ θiat˩ lo˧。 kuan˧ piŋ˧ ɕuŋ˧ poi˧ (>pi˧) xon˧˩˧ te˧ koi˥ hon˧ lo˧, xon˧˩˧ ɕuŋ˧ ʔbau˥ (>ʔbu˥) roŋ˧˩。 mi˧˩ ŋon˧˩ ʔdeu˧ kuan˧ piŋ˧ tau˥ xon˧˩˧ ɕak˩, wai˧˩ kai˧˥ (>ki˧˥) ɕak˩ te˧ ʔdai˥ ɕip˩ koi˥ ŋon˧˩ lo˧。 ʔan˧ ɕe˥ lɯaŋ˧˩ θau˥ ʔbau˥ kau˧˥, rap˩ kɯn˧˩ fau˧˥ lɯaŋ˧˩ θau˥ roŋ˧˩ ma˧ ʔbau˥ kip˩, kuan˧ piŋ˧ ɕa˧˩ poi˧ tam˧ taŋ˧˩ ʔdaɯ˧ ran˧˩ waŋ˧˩ jian˧˩ ŋwai˧˥, ʔi˥ ɕi˧˥ waŋ˧˩ jian˧˩ ŋwai˧˥, ʔeu˧ te˧ ɕi˧˥ ŋan˧˩。 waŋ˧˩ jian˧˩ ŋwai˧˥ ɕi˧˩˧ ɕi˧˥ haɯ˥ te˧。

17. θoi˧˩ te˧ ne˥ tak˩ lɯk˩ ne˥ ɕam˩˧ ʔjau˧˥ ʔdaɯ˧ ran˧˩, ʔdai˥ (>ʔdi˥) ṇi˧ nau˧˩ lum˥ pan˧˩ nai˧˩˧, tak˩ lɯk˩ ɕau˩˧ θɯaŋ˥ kan˧ kai˧˥ (>ki˧˥) kuan˧ piŋ˧ poi˧ ta˧˥ miŋ˧˩ ɕan˧, ʔbau˥ (>ʔbu˥) ṇian˩˧ ʔjau˧˥ laŋ˧ koŋ˧ waŋ˧˩ jian˧˩ ŋwai˧˥ ʔjau˧˥ lo˧。 waŋ˧˩ jian˧˩ ŋwai˧˥ løi˧˩˧ løi˧˩˧ ɕuŋ˧ ɕi˧˩˧ kai˥ kian˧˥ te˧。 te˧ ɕuŋ˧ ʔbau˥ (>ʔbu˥) ɕun˥ koi˥ (>ka˥) lai˧, ɕuŋ˧ ʔi˥ kan˧ kuan˧ piŋ˧ poi˧ to˧˥。 ta˥ tiŋ˧˥ kɯ˧˩˧ ma˧˩, ɕuŋ˧ ʔi˥ poi˧ wai˧˩ ɕi˥。 tok˥ laŋ˧ ma˧ waŋ˧˩ jian˧˩ ŋwai˧˥ haɯ˥ te˧

kan˧ kuan˧ piŋ˧ poi˧ taŋ˧˩ jiŋ˧˩ puan˧˩。

18. koŋ˧ jiŋ˧˩ çaŋ˥ te˧ ne˥ wai˧˩ mau˥ mau˥。 ʔan˧ ʔdaɯ˧ ʔdoŋ˧ te˧ ne˥ θaŋ˧ kok˨ kok˨ kek˧˩ kek˧˩ ti˧ (te˧), θø˥ hi˥ ne˥ hon˧ jau˦˨ ʔbau˥ (>ʔbu˥) θuk˦˨。 pan˧˩ (nai˨˦) ma˧ koŋ˧ jiŋ˧˩ çaŋ˥ te˧ ka˦˨ ŋ̹ap˧˥ ŋ̹uk˥。 tok˥ laŋ˧ ma˧ kai˧˥ (>ki˧˥) piŋ˧ te˧ poi˧ laɯ˧ roŋ˧˩ la˥ ʔban˥ ma˧ çi˧˥ lɯaŋ˧˩ jɯaŋ˥ ma˧ taŋ˧˩ liau˨˦, jau˧˥ çai˧˥ θau˧ ʔdai˥ tak˨ lɯk˦˨ waŋ˧˩ jian˧˩ ŋwai˧˥ ma˧ taŋ˧˩, θoŋ˧˥ poi˧ laŋ˧ koŋ˧ jiŋ˧˩ çaŋ˥ te˧ haɯ˥ koŋ˧ jiŋ˧˩ çaŋ˥ te˧ θau˧ liau˧˩。 θau˧ nau˧˩ miau˥ ʔbau˥ (>ʔbu˥) miau˥ ne˥, ŋø˨˦ tøi˦˨! koŋ˧ jiŋ˧˩ çaŋ˥ te˧ ne˥ pai˧˩ te˧ ne˥ ʔan˧ ʔdaɯ˧ ʔdoŋ˧ te˧ ʔbau˥ (>ʔbu˥) θuk˦˨, ʔdoŋ˧ jau˧˥ θaŋ˧ kok˨ kok˨ kek˧˩ kek˧˩; hoŋ˧ tak˨ lɯk˦˨ koŋ˧ jian˧˩ ŋwai˧˥ ne˥ tau˧˥ θuk˦˨ ʔdaɯ˧ ʔdoŋ˧ te˧。 θø˥ wi˦˨ pan˧˩ ʔjau˧˥ (piau˧˥) θuk˦˨ ne˥? toŋ˦˨ pai˧˩ te˧ çau˧˥ tu˧˩ kuk˥ te˧ ʔjau˧˥ çam˦˨ kan˦˨ ʔdan˧ ʔdoŋ˧ te˧ lo˧。 hoŋ˧ θø˥ lai˧˩ ma˧ koŋ˧ jiŋ˧˩ çaŋ˥ te˧ ne˥ ʔai˧˥ juŋ˦˨ tak˨ lɯk˦˨ te˧ poi˧ çiŋ˧ tam˧˥ kloŋ˧˥ çak˦˨ te˧。 tak˨ lɯk˦˨ koŋ˧ waŋ˧˩ jian˧˩ ŋwai˧˥ te˧ θø˥ hi˥ ma˧ ŋ̹ian˧˥ kan˧ te˧ poi˧˥, poi˧ kɯ˧ ciŋ˧ tam˧˥。 hoŋ˧ çiŋ˧ tam˧˥ ʔdai˥, xau˦˨ lai˧˩ ma˧ xon˨˦ kloŋ˧˥ çak˦˨ te˧ ʔdai˥ roŋ˧˩。 pai˧˩ nai˨˦ (>pen˧˩) koŋ˧ wai˧˩ jiŋ˧˩ çaŋ˥ te˧ θɯŋ˧ haɯ˥ te˧ kuak˦˨ (>ku˦˨) len˧˩ çaŋ˥。 θoi˧˩ n(ai˨˦) ma˧ kuak˦˨ (>ku˦˨) poi˧ kuak˦˨ (>ku˦˨) ma˧ jau˦˨ çai˧˥ ʔdai˥ (ʔdi˥) ŋ̹i˧ nau˧˩ taŋ˧ tuan˧˩ çaŋ˥ lu˧ po˧˥!

IV. tak˩ pau˨˩˦

1. mi˧˩ pu˨˩˦ ʔdeu˧, tak˩ lɯk˩ ŋe˧˩ ʔdeu˧, ʔeu˧ kuak˦˥ (>ku˦˥) tak˩ pau˨˩˦ tɯk˦ tak˩ pau˨˩˦ ne˥ ʔdaɯ˧ ran˧˩ te˧ kik˩-kuŋ˧˩ ti˧ (>te˧)。 xun˧˩ ɕi˨˩˦ ɕiŋ˥ te˧ poi˧ ɕau˧˦ ɕɯaŋ˨˩˦ xwai˧˩。 ŋon˧˩ taŋ˧˩ kɯ˧ xau˨˩˦ liau˨˩˦ poi˧ ɕɯaŋ˨˩˦ xwai˧˩ ne˥, kai˧˦ (>ki˧˦) xwai˧˩ te˧ tiŋ˥ ʔdoi˧ ʔjau˧˦ lo˧。 ŋon˧˩ ŋon˧˩ poi˧ ɕɯaŋ˨˩˦ xwai˧˩ ɕi˨˩˦ tiŋ˥ ʔdoi˧ ʔjau˧˦ lo˧。 te˧ poi˧ ɕɯaŋ˨˩˦ xwai˧˩ ʔbau˥ (>ʔbu˥) toŋ˧˩ xun˧˩。 xun˧˩ poi˧ ɕɯaŋ˨˩˦ ne˥ ɕi˨˩˦ hoi˧˦ lau˧ xwai˧˩ te˧ kɯ˧ xau˨˩˦ xun˧˩ ti˧, kɯ˧ plak˦ xun˧˩ ti˧。 te˧ poi˧ ɕɯaŋ˨˩˦ ne˥ ɕi˨˩˦ hɯn˥ kɯn˧˩ rin˧ poi˧ ʔjau˧˦, nin˧˩ ʔjau˧˦ lit˩ (>let˦˥) ŋit˩ (>ŋet˦˥) rɯ˦˥。 ŋon˧˩ ŋon˧˩ pan˧˩ te˧˥。 ŋon˧˩ ŋon˧˩ pan˧˩ te˧˥。 kan˥ laŋ˧˥ pai˧˩͡nai˨˩˦ (>pen˧˩) xun˧˩ ɕa˧˩,

2. "jia˥˧, tak˩ pau˨˩˦ ne˥ ɕɯaŋ˨˩˦ xwai˩ tiŋ˥ rø˨˩˦ ʔjau˧˦ lo˧。 hoŋ˧ rau˧˩ poi˧ ɕɯaŋ˨˩˦ ɕuŋ˧ ʔbau˥ (>ʔbu˥) rø˨˩˦ ʔjau˧˦。 ʔbau˥ ʔdai˥! poi˧ te˧˦ tak˩ pau˨˩˦, kau˥ poi˧ ɕɯaŋ˨˩˦ xwai˧˩, ɕi˨˩˦ pan˧˩͡ʔjau˧˦ (>piau˧˦) jɯaŋ˧˦ tu˧˩ te˧ ci˨˩˦ ka˦˥ rø˨˩˦ ʔjau˧˦ a˥?"

3. kan˥ laŋ˧˥ pai˧˩͡nai˨˩˦ (>pen˧˩) mi˧˩ ŋon˧˩ ʔdeu˧ xun˧˩ poi˧ kau˥ tak˩ pau˨˩˦ ɕɯaŋ˨˩˦ xwai˧˩, han˧ te˧ hɯn˥ kɯn˧˩ (>k) rin˧ poi˧ ʔjau˧˦ lit˦˥ ŋit˦˥ rɯ˦˥。 kuak˦˥ (>ku˦˥) tɯk˦ tam˧ taŋ˧˩ lap˦ liau˨˩˦, pai˧˩͡nai˨˩˦ (>pen˧˩) tu˧˩ xwai˧˩ te˧ ʔim˧˦ liau˨˩˦ ɕi˨˩˦ ma˧ lo˧。 ŋon˧˩ ŋon˧˩ pan˧˩ te˧。 hoŋ˧ tak˩ pau˨˩˦ ne˥, ʔdai˥ ŋi˧ xun˧˩ kaŋ˥ nau˧˩, mi˧˩ θian˧ pau˧˦ te˧˥。

4. tok˦ laŋ˧ ma˧ ne˥ koŋ˧ lau˨˩˦ te˧ rai˧ liau˨˩˦, taɯ˧˩ poi˧ ham˧。 ham˧ liau˨˩˦ kuak˦˥ (>ku˦˥) ʔdai˥ θøŋ˧ θam˧ pi˧ liau˨˩˦ pai˧˩͡nai˨˩˦ (>pen˧˩) ʔwat˥ ʔdøk˧˦ te˧ hɯn˥。 ʔwat˥ ʔdøk˧˦ te˧ hɯn˥ liau˨˩˦ pai˧˩͡nai˨˩˦ (>pen˧˩) ʔam˧˦ ʔdøk˧˦ koŋ˧ lau˨˩˦ te˧ roŋ˧˩ ram˨˩˦ poi˧ ɕwaŋ˧˦。 mɯŋ˧˩ (>m˧˩) nau˧˩ te˧ ɕwaŋ˧˦ roŋ˧˩ mɯn˥ laɯ˧ poi˧ ne˥? ɕwaŋ˧˦ roŋ˧˩ pak˧˦ tu˧˩ pla˧ loi˨˩˦ poi˧。 kan˥ laŋ˧˥ kuak˦˥ (>ku˦˥)

poi˧ kuak˧˥ (>ku˧˥) ma˧ ne˥ xau˧˥ lai˩ ne˥ ʔdan˧ mø˧˥ te˧ ka˧˥ fat˥ hɯn˥ hɯŋ˧ hɯn˥ tau˥ pan˩ ʔdøi˧, pan˩ ʔdan˧ ʔdoŋ˧ ʔdeu˧ (>ʔdau˧)。 pai͡˩ nai˨˦ (>pen˩) liau˨˦ ʔdan˧ kja˧ fuŋ˧ te˧ ne˥ çi˨˦ ka˧˥ çiam˨˦ çiam˧˥ mi˩ hɯn˥ tau˥ lɯ˧ po˦, fat˥ hɯn˥ tau˥ lɯ˧ po˦。 pai͡˩ nai˨˦ (>pen˩) ʔbau˥ (>ʔm˥) mi˩ çau˦ xun˩ çɯaŋ˨˦ xwai˩ lo˧˥。 kan˥ laŋ˧˥ pai͡˩ nai˨˦ (>pen˩) ʔøk˦ røk˧˥ poi˧ ra˧ θai˧˥ klo˧。 poi˧ ra˧ θai˧˥ liau˨˦ kan˥ laŋ˧˥ pai͡˩ nai˨˦ (>pen˩) kuak˧˥ (>ku˧˥) poi˧ kuak˧˥ (>ku˧˥) ma˧ ne˥ pai͡˩ nai˨˦ (>pen˩) ʔdai˥ (>ʔdi˥) hɯn˥ hɯŋ˧˥。

V. li˥ çau˧ kjun˧˩

1. toŋ˨˦ pai˧˩ fɑu˧˩ jiɑn˧˩ ma˦˨ tɑu˧˩ tuɑn˧˩ ʔban˥ fai˧ loi˦˨ mi˧˩ koŋ˧ xun˧˩ ʔdeu˧ θiŋ˨˦ li˥, çø˩˧ te˧ kuɑk˩˧ li˥ çau˧ kjun˧˩。 koŋ˧ xun˧˩ te˧ ne˥ piŋ˧˩ θeŋ˧ ʔøk˨˦ tɑu˥ ʔbau˥ ʔoi˨˦ kuɑk˩˧ høŋ˧, hɑn˥ xak˧˩ fap˥ θut˩˧。 xun˧˩ ha˧ fuŋ˧ hoi˨˦ ti˧, jau˨˦ pan˧˩ ʔin˧ pan˧˩ pai˧˩ ti˧, çi˦˨ çiŋ˥ te˧ ʔɑu˧ fap˥ ma˧ çoi˨˦ çɑu˨˦ ʔdoi˧ lo˧。 θø˥ hi˥ xun˧˩ θoi˨˦ θoi˧˩ ʔeu˧ te˧ kuɑk˩˧ koŋ˧ çaŋ˩˧ fap˥。

2. mi˧˩ pai˧˩ ʔdeu˧ ʔdɑɯ˧ ʔban˥ te˧ mi˧˩ xun˧˩ xøi˩˧ lɑu˥, çiŋ˥ çɑɯ˧˩ kuɑn˧ ka˥ mɑu˧ ka˥ ʔbau˥ rai˧, çi˦˨ çam˧ koŋ˧ çiŋ˨˦ çɑɯ˧˩ te˧ wi˩˧ pan˧˩͡ʔjau˨˦ (>piɑu˨˦) jɯɑŋ˨˦ ka˥ ʔbau˥ rai˧。 koŋ˧ çiŋ˨˦ çɑɯ˧˩ te˧ nɑu˧˩,

3. “θɑu˧ ʔɑu˧ ça˦˨ tø˧˩ ma˧ tiŋ˥ roŋ˧˩ çuŋ˨˦ klaŋ˧ rek˨˦ lɯɑt˩˧ poi˧ çi˦˨ rai˧ kiɑt˥ tɑŋ˧˩ lo˧。”

4. kwa˨˦ lɑŋ˧ kloŋ˨˦ fɑu˨˦ çɑɯ˧˩ te˧ çiɑu˨˦ xeŋ˧˩, ʔɑu˧ ça˦˨ ma˧ tiŋ˥ roŋ˧˩ çuŋ˨˦ klaŋ˧ rek˨˦ lɯɑt˩˧ poi˧。 pai˧˩ te˧ li˥ çau˧ kjun˧˩ rø˦˨ xun˧˩ pŋ˨˦ te˧ ti˧ fap˥, loŋ˩˧ ʔbau˥ pan˧˩ liɑu˦˨。 ʔdɑɯ˧ tuŋ˦˨ te˧ tɑu˧ ʔin˧, ka˩˧ taŋ˧ ʔbau˥ tɯ˧˩ ki˥, çi˦˨ ʔeu˧ me˩˧ ja˩˧ te˧ poi˧ kɑu˧˩ kloŋ˨˦ çɑɯ˧˩ kuɑn˧ te˧ nɑu˧˩,

5. “pø˩˧ ʔi˨˦ kɑu˧ hɑɯ˥ tɑu˥ nɑu˧˩ lok˦˥ θɑu˧ lo˧, hɑɯ˥ θɑu˧ ma˧ nɑu˧˩ koŋ˧ çiŋ˨˦ çɑɯ˧˩ kuɑn˧ θɑu˧ ȵi˧。” kwa˨˦ lɑŋ˧ ma˧ çø˧ ʔdwai˧ mi˧˩ θai˩˧。

6. çai˨˦ tɑŋ˧˩ ŋon˧˩ lɑŋ˧ te˧ xøi˩˧ lɑu˥, ʔdɑɯ˧ ʔban˥ lɯk˩˧ θɑu˧ ʔøk˨˦ røk˩˧ poi˧ çiɑp˥ çin˧。 poi˧ tɑŋ˧˩ hɑm˨˦ ta˩˧, rø˦˨ pan˧˩͡ʔjau˨˦ (>piɑu˨˦) jɯɑŋ˨˦ pu˦˨ pu˦˨ çi˦˨ tuɑt˨˦ pu˩˧ tuɑt˨˦ wa˨˦ roŋ˧˩ ta˩˧ poi˧ riɑu˧˩, çuŋ˧ ʔbau˥ hɯn˥ ma˧。 kwa˨˦ lɑŋ˧ ma˧ ʔdɑɯ˧ ʔban˥ te˧ xun˧˩ me˩˧ çi˦˨ ʔøk˨˦ poi˧ kɑu˥, hɑn˧ lum˥ jɯɑŋ˨˦ nai˦˨ fu˧˩ foi˩˧, mɯŋ˧˩ nɑu˧˩ jiɑn˨˦ çik˦˥ ʔbau˥ jiɑn˨˦ çik˦˥! çi˦˨ kan˥ ma˧ nɑu˧˩ xun˧˩ ʔban˥ ȵi˧。 kwa˨˦ lɑŋ˧ ma˧ pu˦˨ pu˦˨ θɯɑŋ˥ tɑŋ˧˩ li˥ çau˧ kjun˧˩ ʔdwai˧ tɑu˥ kɯn˧ lɑu˥。 ʔan˨˦ te˧ loŋ˩˧ tiŋ˨˦ lo˧, çi˦˨ hɑɯ˥ xɑu˩˧ θeŋ˧ poi˧ ʔeu˧ te˧

tau˥。 te˧ hi˧˥ ʔbau˥ tau˥。 te˧ raŋ˦˨ xwa˦˨ ma˧ nau˧˩, haɯ˥ poi˧ ʔeu˧ kloŋ˨˦ lɯk˩ θau˧ te˧ ma˧, te˧ çau˦˨ ma˧ lo˧。 kwa˨˦ laŋ˧ xun˧˩ ʔban˥ haɯ˥ xun˧˩ poi˧ ʔeu˧, han˧ kloŋ˨˦ lɯk˩ θau˧ te˧ hɯn˥ ta˦˨ ma˧ lo˧, tan˥ pu˦˨ tan˥ wa˨˦ çiŋ˧ θu˥ lo˧。 pai˧˩ te˧ kloŋ˨˦ xun˧˩ pa˧˩ te˧˩ ȵiaŋ˧˩ ʔbau˥ jaŋ˧˩ rø˧˥ ȵan˨˦。 kwa˨˦ koi˥ ŋon˧˩ kai˨˦ (>ki˨˦) fap˥ te˧ kwa˨˦ liau˧˥, xun˧˩ θai˧ xun˧˩ pa˧˩ kik˩ ʔdau˨˦ li˥ çau˧ kjun˧˩。 ʔdau˨˦ hi˧˥ fu˧˩ fap˥。 hat˦˥ xam˦˨ ȵiaŋ˧˩ la˥ ʔi˥ kau˧˩ te˧ ne˥。

7. çai˨˦ mi˧˩ pai˧˩ ʔdeu˧ te˧ poi˧ haɯ˧ ma˧˥ tau˧˩, rop˩ xø˧˩ nam˧˩ lau˧˥ ʔjau˨˦ ʔdaɯ˧ haɯ˧ çwa˥ pa˥ hi˨˦。 han˧ ʔau˧ ʔai˧ lɯk˩ ŋe˧˩ ʔdeu˧ ma˧ pu˨˦ tuŋ˧˥ çwa˥ haɯ˥ xun˧˩ kau˥。 pai˧˩ te˧ li˥ çau˧ kjun˧˩ hik˦˥ ʔjau˨˦ mɯn˥ te˧。 te˧ han˧ ʔdaɯ˧ θim˧ mi˧˩ kai˨˦ ʔbau˥ piŋ˧˩ ʔdeu˧ ti˧ çaɯ˨˦, ʔau˧ xun˧˩ lɯk˩ ŋe˧˩ ma˧ luan˦˨ loŋ˦˨ θam˧ çɯaŋ˧˩。 taŋ˧˩ te˧ çam˦˨ θɯaŋ˥ pu˨˦ xwai˦˨。 kloŋ˨˦ xø˧˩ nam˧˩ te˧ ʔi˥ xap˧˩ tuŋ˧˥ ʔai˧ lɯk˩ ŋe˧˩ te˧, xáp˧˩ xap˧˩ ʔbau˥ pan˧˩。 ʔu˥ tɯk˦˥ taŋ˧˩ xam˦˨, pik˦˥ tak˦˥ hoi˧˥ çi˧˥ çam˧ xun˧˩ nau˧˩,

8. “kwi˨˦ çaɯ˨˦ mɯŋ˧˩ mi˧˩ lau˧˥ θai˧ haɯ˨˦? kau˧ θɯaŋ˥ kau˧˩ ma˧ laŋ˧ se˧ ʔjau˨˦ xam˦˨ nai˧˥。”

9. tok˦˥ laŋ˧ ma˧ xun˧˩ ta˧˩ te˧ ma˧ taŋ˧˩ fai˧ loi˧˥, hau˥ ma˧ laŋ˧ li˥ çau˧ kjun˧˩, çian˧ kau˧˩ fan˦˨ pai˨˦, ȵin˦˨ te˧ kuak˦˨ lau˧˥ θai˧, tan˦˨ ʔdaɯ˧ θim˧ ȵiaŋ˧˩ mi˧˩ kai˨˦ ʔbau˥ fuk˩ ʔdeu˧ ti˧ ʔoi˨˦。 pai˧˩ te˧ li˥ çau˧ kjun˧˩ hik˦˥ tøi˨˦ kai˨˦ fap˥ te˧ lo˧, haɯ˥ ʔai˧ lɯk˩ ŋe˧˩ te˧ fuk˦˥ xap˧˩ ʔdan˧ tuŋ˧˥ te˧ çiŋ˧ θu˥。 hoŋ˧ ka˦˨ łɯaŋ˨˦ ȵiaŋ˧˩ rø˧˥ xø˧˩ nam˧˩ lau˧˥ ʔbau˥ fuk˩。 xam˦˨ te˧ kloŋ˨˦ xø˧˩ nam˧˩ te˧ kɯ˧ çau˧˩, θɯi˨˦ tin˧, pai˨˦ θai˧ çiŋ˧ θu˥, nin˧˩ liau˧˥。 taŋ˧˩ hat˦˥ laŋ˧ te˧ tai˦˨ çau˧˥ ʔi˥ hɯn˨˦ hɯn˨˦ ʔbau˥ ʔdai˥, pa˦˨ laŋ˧ nem˧ çøŋ˧˩ pen˥ hɯn˥ tau˥。 li˥ çau˧ kjun˧˩ hat˨˦ te˧ ne˥˧ kja˥ kuak˦˨ tai˦˨ çau˧˥ ʔøk˨˦ poi˧ ra˧ xai˧˥ mau˧, klaŋ˧ klaŋ˧ çuŋ˧ ʔbau˥ jaŋ˧˩ ma˧。 kloŋ˨˦ xø˧˩ nam˧˩ lau˧˥ rø˧˥ li˥ çau˧ kjun˧˩ loŋ˦˨ te˧ lo˧, çam˦˨ taŋ˧˩ te˧ loŋ˦˨。 ʔdaɯ˧ ran˧˩ na˥ pat˩ mi˧˩ θam˧ ʔdan˧ ʔwan˥ jiaŋ˧, loŋ˦˨ pian˨˦ pan˧˩ θam˥ ʔdan˧ rau˥ xun˧˩ hau˧ lo˧, kai˨˦ (>ki˨˦) non˧ te˧

tɯk˥ θwap˧˩ θwap˧˩。 li˥ ɕau˧ kjun˧˩ ʔjau˨˦ røk˦˨ ŋam˨˦ rø˧˥ te˧ loŋ˦˨, poi˧ ɕiŋ˥ kloŋ˨˦ rok˩ pa˧ ʔdeu˧ ma˧ tiŋ˧ kɯ˧ kai˨˦ (>ki˨˦) nøn˧ te˧。 kai˨˦ (>ki˨˦) rau˥ xun˧˩ te˧ hi˧˥ ʔdwai˧ han˧ lo˧。 kloŋ˨˦ xø˧˩ nam˧˩ te˧ rø˧˥ tɯk˩ pu˨˦ liau˧˥, ɕai˨˦ ɕøi˦˨ ɕuŋ˧˩ loŋ˨˦ θam˧ ʔdan˧ ʔwan˥ jiaŋ˧ pian˨˦ pan˧˩ θam˧ nok˩ raŋ˧˩。 li˥ ɕau˧ kjun˧˩ ʔjau˨˦ røk˦˨ ɕai˨˦ loŋ˦˨ ɕiŋ˥ kloŋ˨˦ mau˧ me˦˨ ʔdeu˧ ma˧ ɕom˧˥ θam˧ nok˩ raŋ˧˩ te˧。 kɯ˧ tɯk˥ liau˧˥, pai˧˩ nai˧˥ kloŋ˨˦ xø˧˩ nam˧˩ te˧ ɕø˧ fuk˩。 li˥ ɕau˧ kjun˧˩ ta˧ røk˦˨ hau˥ ma˧ taŋ˧˩ ran˧˩ haŋ˧ kloŋ˨˦ xø˧˩ nam˧˩ lau˧˥ te˧ ɕaŋ˧˩ hɯn˨˦, ʔeu˧, ɕian˧ kau˧˩ fan˦˨ pai˨˦, “lok˥ ɬau˧˥ θai˧!” pai˧˩ nai˧˥ ɕø˧ ʔdai˥ hɯn˨˦, kai˨˦ (>ki˨˦) pen˥ ɕøŋ˧˩ te˧ hi˧˥ ʔdwai˧ nem˧ pa˦˨ laŋ˧ lo˧。

VI. me˨˦ θian˧

1. laŋ˧ plau˧ haɯ˧ kɯn˧˩ mi˧˩ xun˧˩ pa˧˩ ʔdeu˧, θɯ˨˦, li˦˨ ʔi˧˥ ɕi˦˨ ɕai˧ ɬau˧˩ lo˧。 hat˥ xam˨˦ ɕi˦˨ ka˨˦ lian˧˥ te˧ ti˧ kiŋ˧, kuak˨˦ tɯk˥ ɕiam˦˨ ɕiam˨˦ lau˦˨ liau˦˨, kɯn˧˩ la˥ rø˦˨ nau˧˩ te˧ ɕai˧ kiŋ˧ lian˨˦ θian˧。 pai˧˩ nai˦˨ xun˧˩ me˨˦ ʔdaɯ˧ ran˧˩ mi˧˩ xun˧˩ piŋ˨˦ ɕi˦˨ mai˥ poi˧ ɕam˧ me˨˦ θian˧ nai˦˨ lo˧。 hoŋ˧ me˨˦ θian˧ nai˦˨ ne˥, te˧ hi˦˨ ʔhau˥ ʔau˧ ɕian˧˩, ɕi˥ ʔau˧ ha˥ ʔbat˥ xau˦˨, tiau˧˩ paŋ˧˩ ʔdam˧ ʔdeu˧, me˨˦ θian˧ te˧ nau˧˩,

2. "θau˧ tau˥ ɕam˧ kau˧, ɕi˦˨ ʔi˥ ʔau˧ jɯaŋ˨˦ tø˦˨ kai˧˥ nai˦˨ lo˧。 ʔan˧ ɕe˥ ɕø˥ koŋ˧ θau˧ ʔjau˧˥ rap˩ ta˨˦, ʔi˥ juŋ˨˦ paŋ˧˩ ʔdam˧ ma˧ kuak˨˦ kjau˧˩ haɯ˥ te˧ rai˨˦ kwa˧˥ ma˧。 ha˥ ʔbat˥ xau˦˨ nai˦˨ ni˥ ɕi˦˨ fat˥ haɯ˥ kloŋ˧˥ xun˧˩ θau˥ rau˥ kjau˧˩ te˧, jian˧˩ xau˨˦ ɕø˥ koŋ˧ θau˧ ɕø˧ ʔdai˥ kwa˧˥ ma˧ kau˧ ɕø˧ ʔdai˥ taɯ˧˩ ɕø˥ koŋ˧ tau˥ ma˧ ɕam˧ ne˥。"

VII. luk˩ ŋe˨ ra˧ ʔam˨˦ jiau˦˨

1. laŋ˧ plau˧ mi˨ pu˧˩˧ ʔdeu˧, mi˨ ʔai˧ luk˩。 te˧ ʔøk˨˦ tau˥ ʔdai˥ rok˦ çat˦ pi˧ lo˧, θaɯ˨˦ maɯ˨˦ çik˦ ra˧ ʔdeu˧ pan˨ ʔin˧。 kwa˨˦ koi˥ ŋon˨ çim˦˨ çuŋ˦˨ çim˦˨ çuŋ˦˨。 ŋon˨ taŋ˨ taŋ˨ fɯ˦˨ kla˥ ŋon˨ ʔi˥ tok˦ ra˧ te˧ çi˧˩˧ kik˩ tøt˨˦, çiŋ˨˦ tai˥。 kwa˨˦ laŋ˧ ma˧ me˦˨ te˧ poi˧ haɯ˧ θuan˨˦ miŋ˦˨。 çaŋ˦˨ θuan˨˦ miŋ˦˨ nau˨,

2. “tak˩ luk˩ mɯŋ˨ ra˧ ʔøk˨˦ ʔam˨˦ jiau˦˨。 θau˧ ma˧ ʔau˧ tu˨ kai˨˦
ʔdeu˧, tu˨ pla˧ ʔdeu˧, ʔdan˧ rau˥ mau˧ ʔdeu˧, taɯ˨ ʔøk˨˦ ʔbɯaŋ˥ toŋ˧ poi˧
fɯi˨, jau˦˨ çi˧˩˧ ʔau˧ ŋaŋ˥ ma˧ kuak˦˨ ha˥ tu˨ mau˨ ȵin˨。 fɯi˨ liau˧˩˧, çom˦˨
çoi˥ çi˧˩˧ ma˧ lo˧。 çian˧ koi˨ ʔbau˥ kø˥ ji˥ ɲeu˧˩˧ tau˨˦ laŋ˧。 θau˧ taŋ˨ hat˦
074 laŋ˧ te˧ tai˦˨ çau˧˩˧ ran˨ lap˦ pi˧˩˧ lap˦ pat˩, jau˦˨ çi˧˩˧ ʔau˧ θøŋ˧ tu˨ kai˨˦ pau˧˩˧, tu˨
ʔdeu˧ çi˧˩˧ çoŋ˨˦ ʔøk˨˦ røk˨˦ poi˧, çi˧˩˧ taɯ˨ tu˨ ʔdeu˧ ma˧ tøn˥ rau˥ te˧。 ʔau˧
kai˨˦ ʔø˥ ʔø˥ te˧ taɯ˨ poi˧ çip˩ çoi˦˨ hon˧ pak˦ roŋ˨ tom˧ poi˧, ma˧ tak˩ luk˩
θau˧ çi˧˩˧ ʔdoi˧ lo˧。”

3. xau˦˨ lai˨ me˦˨ nai˧˩˧ çi˧˩˧ çiau˨˦ xeŋ˨, koi˥ ŋon˨ tak˩ tɯk˩ te˧, kai˨˦ (>ki˨˦) ra˧ te˧ çiŋ˨˦ ʔdai˥ høi˧ ka˧ rai˧˩˧ ne˥。

VIII. fap˥ tok˩

1. lok˩ jiat˧˩ hai˥ mi˧˩ pai˧˩ ʔdeu˧ te˧ rø˧˩˧ xun˧˩ ti˧ miŋ˧˥, te˧ çi˧˩˧ θi˥ pi˧ ʔdɯan˧ ŋon˧˩ θoi˧˩ tɑɯ˧˩ poi˧ taŋ˥ hon˧ ham˧, haɯ˥ xun˧˩ plai˥ hon˧ rai˧˥ hau˥ rai˧˥ ʔøk˦。 kwa˦ laŋ˧ ma˧ tiau˧˩ miŋ˧˥ nai˧˩˧ ti˧ xun˧˩ θaɯ˦ maɯ˧˥ loŋ˧˩ ŋwaŋ˧˥ hɯn˥ tau˥。 pø˧˥ me˧˥ te˧ çi˧˩˧ çam˧ xun˧˩ ʔi˥ pan˧˩‿ʔjau˦ (piau˦) jɯaŋ˧˥ kuak˧˥。 xun˧˩ çi˧˩˧ nau˧˩ haɯ˥ te˧ poi˧ çam˧ θian˧, tɑɯ˧˩ çø˥ koŋ˧ θam˧ tai˧˥ ma˧ çam˧。 çø˥ koŋ˧ nau˧˩,

2. "θau˧ hon˧ taŋ˧˩ çiat˥ hoi˦ ʔbau˥ ʔoi˦ ta˥ fɯi˧˩, ʔbau˥ kiŋ˦ çø˥ koŋ˧, çø˧ lai˧˩ tɯk˩-xun˧˩ kwai˦ θau˧ kle˧ lo˧。 hoŋ˧ tak˩ lɯk˩ θau˧ ne˥ kan˦ tɯk˦ xun˧˩ ʔau˧ miŋ˧˥ te˧ poi˧ hon˧ tai˧˩˧ lø˧˥ ham˧ lo˧。 kau˧ raŋ˦ θau˧ poi˧ ma˧ laŋ˧ lok˩ jiat˧˩ hai˥, kau˧˩ te˧ ʔau˧ fap˥ ma˧ kai˥ çi˧˩˧ ʔdoi˧ lo˧。 ʔdwai˧ ʔbau˥ hon˧ nai˧˩˧ tak˩ lɯk˩ mɯŋ˧˩ pian˦ pan˧˩ xun˧˩ ŋom˧˩˧ pɯ˦!"

3. pai˧˩ nai˧˩˧ me˧˥ nai˧˩˧ hi˧˩˧ ma˧ ran˧˩ lo˧, ʔau˧ tai˦ ʔjɯak˥ θam˧ çip˧˥ rok˦˥ mon˧˩ ŋan˧˩ poi˧ kau˧˩ jiat˧˩ hai˥。 jiat˧˩ hai˥ pai˧˩ nai˧˩˧ çi˧˩˧ ʔau˧ waŋ˧˩ kaŋ˧ çoi˥ juŋ˧˥ ŋan˧˩ çaɯ˧ ma˧ θi˥ pan˧˩ fau˧˩, raŋ˦ me˧˥ nai˧˩˧ haɯ˥ tɑɯ˧˩ poi˧ ma˧ ran˧˩ çom˧˥ pan˧˩ tau˧˥ tɯk˦˥, ʔau˧ haɯ˥ tak˩ lɯk˩ te˧ kɯn˧。 jiat˧˩ hai˥ pai˧˩ nai˧˩˧ ʔdai˥ me˧˥ nai˧˩˧ ti˧ ŋan˧˩ liau˧˩˧, hi˧˩˧ poi˧ ʔwat˥ tɑɯ˧˩ kai˦ miŋ˦ tak˩ nai˧˩˧ hɯn˥ ma˧。 kwa˦ laŋ˧ tak˩ nai˧˩˧ çø˧ doi˧。

IX. fap˥ mai˥

1. laŋ˧ plau˧ mi˧˩ pu˥˩ ʔdeu˧。 ʔdaɯ˧ ran˧˩ te˧ kik˩ mi˧˩。 li˥˩ ʔi˨˦ pø˧˥ te˧ çi˥˩ tiŋ˧˥ miŋ˧˥ haɯ˥ te˧ lo˧。 ʔan˧ koŋ˧ lau˥˩ te˧ nian˧˩ mi˧˩ poi˧ lo˧, θø˥ hi˥ kan˥ kan˥ ʔau˧ paɯ˥˩。 ta˧ çiap˥ ta˥˩ paɯ˥˩ te˧ ma˧ taŋ˧˩ ran˧˩, çau˨˦ tak˩ lɯk˩ te˧ çuŋ˧ ʔbau˥ tø˥˩ xap˧˩ koi˥ (>ka˥) lai˧。 pu˥˩ ʔbau˥ kau˥ pu˥˩。 tak˩ lɯk˩ te˧ ne˥ ʔaŋ˧ çe˥ ʔøk˨˦ røk˧˥ poi˧ han˧ xun˧˩ ʔdoi˧ kwa˨˦ ja˧˥ pløn˥ fan˧˥ poi˧, pai˧˩ nai˥˩ te˧ ʔbau˥ θɯaŋ˥ ʔau˧ ta˥˩ nai˥˩ lo˧。 hoŋ˧ pø˧˥ me˧˥ hi˥˩ lau˥˩ lo˧, ʔi˥ θɯaŋ˥ han˧ lɯk˩ han˧ lan˧, çø˧ lai˧˩ ne˥ poi˧ laŋ˧ lok˩ jiat˧˩ hai˥, ʔau˧ fap˥ ma˧ çoŋ˧˥ hau˥ ʔdaɯ˧ piŋ˥ poi˧, haɯ˥ tak˩ lɯk˩ te˧ kɯ˧。 tak˩ lɯk˩ te˧ ʔbau˥ rø˥˩, kwa˨˦ koi˥ ŋon˧˩ liau˥˩ kwan˧ pa˧˩ ka˧˥ tø˥˩ mai˥。 çø˧ lai˧˩ jɯaŋ˧˥ nai˥˩ ʔeu˧ çɯŋ˧ fap˥ mai˥ kle˧ lo˧。 hoŋ˧ kai˨˦ (>ki˨˦) fap˥ mai˥ te˧ ne˥ çi˥˩ ʔdai˥ mø˥˩ xun˧˩ ʔdɯan˧ ʔdeu˧。 kwa˨˦ tai˧˥ ŋoi˧˥ ʔdɯan˧ ʔi˥ liŋ˧˥ poi˧ ʔau˧ ma˧ çan˨˦ tem˧ çø˧ ʔdai˥。 ʔbau˥ te˧ θøŋ˧ pu˥˩ rø˥˩ poi˧ ɲiaŋ˧˩ tø˥˩ ʔbɯ˨˦。

X. θø˧ ni˥ ki˦

1. toŋ˦ pai˨ θian˨ çiŋ˧ ti˧ θoi˨ fau˨ jian˨ mi˨ koŋ˧ xun˨ ʔdeu˦ θiŋ˦ θø˧, çø˧˥ te˧ kuak˧˥ θø˧ ni˥ ki˦。 nai˨˩˦ θoi˧˥ çiŋ˧ çiau˨ pat˨ koŋ˦。 koŋ˧ xun˨ te˧ ne˥ tuŋ˨˩˦ θai˥ kik˩ çoŋ˧ miŋ˨, hoŋ˧ ʔbau˥ ʔoi˦ taŋ˧ kuan˧。 piŋ˨ θoi˨ ʔjau˦ ran˨ pøn˥ toi˧˥ xun˨ mai˥ haɯ˥ te˧ çau˦ kuak˧˥ çiŋ˨, çɯaŋ˨ çɯaŋ˦ çuŋ˧ hiŋ˨。 θø˥ poi˧ taŋ˨ laŋ˧ xun˨, xun˨ çi˨˩˦ ka˥ kai˦ haɯ˥ te˧ kɯn˧ lo˧, tai˦ te˧ kik˩ ʔdoi˧。 xau˧˥ lai˨ ma˧ poi˧ taŋ˨ laŋ˧ xun˨, kai˦ xun˨ çi˨˩˦ ʔbin˧ lo˧。 çoŋ˨ pan˨ nai˨˩˦ ma˧ xun˨ ʔeu˧ te˧ kuak˧˥ θø˧ kai˦ ʔbin˧。

2. hoŋ˧ mi˨ pai˨ ʔdeu˧ rap˩ kɯn˨ çoŋ˦ koŋ˧ ta˦ hin˨ ʔdeu˧ roŋ˨ ma˧ çai˥ pian˧ pek˥ θiŋ˦。 pai˨˩˦ te˧ ne˥ tiŋ˧ liŋ˨ nap˨ niŋ˨ ram˨˩˦ tum˧˥, pek˥ θiŋ˦ puan˧ tø˨˩˦ kai˦ kik˩ lai˧, θø˥ hi˥ koŋ˧ ta˦ hin˨ te˧ tɯk˩ xun˨ çak˩ ʔau˧ tu˨ ma˨˩˦ te˧ poi˧, ra˧ ra˧ ʔbau˥ han˧。 tok˦˥ loŋ˧ xan˧˥ toi˧˥ fuaŋ˧ haɯ˥ θam˧ ŋon˨ ʔau˧ ra˧ han˧。 toi˧˥ fuaŋ˧ ra˧ ʔbau˥ han˧ çi˨˩˦ fu˨ fap˥ lo˧。 pik˦˥ tak˦˥ hoi˨˩˦ ça˨ xun˨ kuak˧˥ çiŋ˨。 xun˨ nau˨ fau˨ jian˨ θø˧ ni˥ ki˦ kuak˧˥ çiŋ˨ man˧˥。 tok˦˥ laŋ˧ haɯ˥ xun˨ poi˧ ʔeu˧ te˧ tau˥ kuak˧˥ liau˨˩˦ çiŋ˧ θu˥, çi˨˩˦ raŋ˦ kloŋ˦ xun˨ te˧ nau˨: "kau˧ poi˧ ma˧ taŋ˨ kau˧ fuŋ˧, θau˧ men˧˥ çoŋ˦ hau˥ poi˧。" kan˥ laŋ˧˥ pai˨͡nai˨˩˦ (>pen˨) kloŋ˦ te˧ çiau˦ te˧ ti˧ xwa˧˥, pai˨ nai˨˩˦ çoŋ˦ ʔbaɯ˧ çiŋ˨ te˧ ɦau˥ poi˧ lo˧。 koŋ˧ ta˦ hin˩ te˧ kau˥ han˧ ʔdaɯ˧ çiŋ˨ te˧ nau˨,

"θi˨ hi˨ hø˥ fan˨ tuŋ˧ lu˥,
kuŋ˥ θɯ˥ wai˨ kuŋ˥ çaŋ˧ hin˨。
kim˧ hi˨ çwai˥ çim˦ ʔjuŋ˧ çau˧,
çaŋ˧ kjun˧ çaŋ˧ xø˨ wan˦ ma˥。"

tok˦˥ laŋ˧ ma˧ koŋ˧ ta˦ hin˩ ne˥ kau˥ han˧ ʔbaɯ˧ çiŋ˨ te˧ lum˥ pan˨ nai˨˩˦

ʔak˥, çai˧˥ hoŋ˥ fuaŋ˧˩ lau˧ piŋ˥ poi˧ rap˩ kuɯn˧˩ ne˥, θø˥ hi˥ koŋ˧ ta˧˥ hin˧˩ ne˥ tu˧˩ ma˧˩˧ hi˧˩ ʔbau˥ ra˧ ʔau˧ lo˧, ʔøk˧˥ xam˩˧ tap˥ ru˧˩ teu˧˩。

3. çai˧˥ mi˧˩ pai˧˩ ʔdeu˧ kwi˧˥ lim˧˩ mi˧˩ pu˧˩˧ me˩˧ mai˧˥ ʔdeu˧。 tak˩ lɯk˩ te˧ han˥ tai˧˥ ma˧ poi˧ tɯk˦˥ rok˩。 mi˧˩ ŋon˧˩ ʔdeu˧ hɯn˥ ʔdoŋ˧ poi˧ tɯk˦˥ rok˩, xap˩ tu˧˩ jɯaŋ˧˩ ʔdeu˧ rai˧ poi˧。 hoŋ˧ tu˧˩ jɯaŋ˧˩ te˧ ne˥ çi˧˩˧ çam˥ θiaŋ˧˥ ta˧˥ hin˧˩ çɯaŋ˧˩˧ tɯk˦˥ ʔau˧ nau˧˥。 kwa˧˥ laŋ˧ te˧ rø˧˩˧ nau˧˩ tak˩ lɯk˩ me˩˧ mai˧˥ nai˧˩˧ poi˧ tɯk˦˥ rok˩, tɯk˩ ma˧ xap˩ tu˧˩ jɯaŋ˧˩ te˧ rai˧ poi˧, pai˧˩ nai˧˩˧ (>pen˧˩) poi˧ taɯ˧˩ tak˩ lɯk˩ me˩˧ mai˧˥ nai˧˩˧。 tok˦˥ laŋ˧ me˩˧ mai˧˥ te˧ çi˧˩˧ ʔi˥ ra˧ xun˧˩ çau˧˥ kuak˩˧ çiŋ˧˩, pai˧˩ te˧ rop˩ çin˧˩ xoŋ˧˩ mau˧˩ ti˧ lɯk˩ çin˧˩ ki˧˥ çaŋ˧ kai˧˥ çau˧˥ tau˥ fau˧˩ jian˧˩ laŋ˧ θø˧ ni˥ ki˧˥, haɯ˥ te˧ çau˧˥ ŋwan˩˧ çiŋ˧˩。 pai˧˩ nai˧˩˧ koŋ˧ θø˧ ni˥ ki˧˥ çi˧˩˧ pai˧ haɯ˥ te˧ taɯ˧˩ ma˧ kwi˧˥ lim˧˩ haɯ˥ çin˧˩ ki˧˥ çaŋ˧ çiau˧˥ kuak˩˧。 ʔdaɯ˧ pai˧ te˧ nau˧˩,

078 “çuk˦˥ loi˧˥ θiaŋ˧ θan˧˩

kwan˧ hin˧˩ xø˧˩ θɯ˧˥?”

tok˦˥ laŋ˧ çin˧˩ ki˧˥ çaŋ˧ çiau˧˥ kuak˩˧, çoŋ˧˥ ʔbaɯ˧ çiŋ˧˩ te˧ hɯn˥ poi˧, ʔbau˥ ʔdai˥ koi˥ (>ka˥) lai˧ nan˧˩ koŋ˧ ta˧˥ hin˧˩ hi˧˩˧ çoŋ˧˥ tak˩ lɯk˩ nai˧˩˧ roŋ˧˩ ma˧ lo˧。

4. çai˧˥ mi˧˩ pai˧˩ ʔdeu˧ xun˧˩ tau˥ fau˧˩ jian˧˩ kuak˩˧ hak˧˥。 tok˦˥ laŋ˧ xun˧˩ riau˧˩ nau˧˩ θø˧ ni˥ ki˧˥ kuak˩˧ çiŋ˧˩ ʔak˥ lai˧。 koŋ˧ hak˧˥ te˧ çi˧˩˧ poi˧ haɯ˥ xun˧˩ taɯ˧˩ te˧ tau˥ klaŋ˧ ʔjau˧˥, ʔbau˥ haɯ˥ te˧ poi˧ ma˧ ran˧˩。 hoŋ˧ θø˧ ni˥ ki˧˥ pai˧˩ ʔi˥ poi˧ te˧ çi˧˩˧ raŋ˧˥ me˩˧ ja˩˧ ʔdaɯ˧ ran˧˩ te˧ tɯk˦˥ lo˧。 te˧ nau˧˩,

5. “koŋ˧ hak˧˥ haɯ˥ xun˧˩ tau˥ ʔeu˧ kau˧ poi˧, kau˧ kau˥ ne˥, kau˧ ʔai˧˥ ʔbau˥ ʔdai˥ ma˧ xam˩˧ nai˧˩˧ tiŋ˩˧ lo˧。 hoŋ˧ mɯŋ˧˩ çi˧˩˧ ʔau˧ pak˧˥ çian˧˩ nai˧˩˧ taɯ˧˩ hɯn˥。 taŋ˩˧ xam˩˧ nai˧˩˧ tak˩ lɯk˩ θai˧ kau˧ tau˧, mɯŋ˧˩ çi˧˩˧ ʔau˧ haɯ˥ te˧。 mɯŋ˧˩ nau˧˩, ‘pø˩˧ θai˧ mɯŋ˧˩ raŋ˧˥ kau˧ haɯ˥ kau˧ ʔau˧ pak˧˥ çian˧˩

nai˦˨ haɯ˥ mɯŋ˧˩。 koŋ˧ hak˧˥ ʔeu˧ te˧ poi˧ xam˨˦ nai˦˨ ʔbau˥ mi˧˩ ʔdai˥ ma˧ tiŋ˨˦ lo˧。' "

6. kan˥ laŋ˧ lau˨˩ tiŋ˨˦ jau˧˩ lɯk˨˩ θai˧ te˧ poi˧ laŋ˧ me˨˦ θai˧ te˧, çau˨˦ ʔau˧ çian˧˩ haɯ˥ te˧ taɯ˧˩ poi˧ ma˧。 te˧ nau˧˩,

7. "lau˦˨ θai˧ kau˧ ʔai˧˥ tɯk˨˩ koŋ˧ hak˧˥ klaŋ˧ tiŋ˨˦ lo˧。 θø˥ lai˧˩ te˧ ʔau˧ pak˧˥ çian˧˩ nai˦˨ haɯ˥ kau˧ ne˥。 ʔo˧˥˧, kau˧ rø˦˨ lo˧, kau˧ rø˦˨ lo˧!"

8. tok˥ laŋ˧ ma˧ te˧ ʔau˧ çian˧˩ poi˧ çaɯ˦˨ puan˧˥ nø˨˦ ʔdeu˧ ma˧ çaɯ˥, çi˦˨ ʔau˧ kløi˧ çwaŋ˧, riu˥ poi˧ taŋ˧˩ ja˧˩ møn˧˩, çi˦˨ ʔeu˧, "lau˦˨ θai˧! lau˦˨ θai˧ kau˧ ʔjau˧˥ mɯn˥ laɯ˧ tok˧˥?"

9. pai˧˩ nai˦˨ (>pen˧˩) kloŋ˧˥ çai˧ te˧ ʔdai˥ ȵi˧, çi˦˨ çam˧ te˧, "lau˦˨ θai˧ mɯŋ˧˩ pu˦˨ raɯ˧˩˧?"

10. te˧ han˧ nau˧˩, "lau˦˨ θai˧ kau˧ θø˧ ni˥ ki˧˥。"

11. pai˧˩ nai˦˨ kloŋ˧˥ çai˧ te˧ çi˦˨ ma˧ nau˧˩ koŋ˧ hak˧˥ ȵi˧。 koŋ˧ hak˧˥ haɯ˥ te˧ hau˥ tau˥ lo˧, çi˦˨ çam˧ nau˧˩ "mɯŋ˧˩ kuak˨˦ pu˦˨͡raɯ˧˩ (>pram˧˩˧)? tau˥ ʔeu˧ kai˧˥ ma˧˩ plam˧˩ plam˧˥?"

12. te˧ han˧ nau˧˩。 "kau˧ kuak˨˦ lau˧˩ tai˧˥ θi˥。 mɯŋ˧˩ klaŋ˧ lau˦˨ θai˧ kau˧ θø˧ ni˥ ki˧˥, te˧ wi˨˦ kai˧˥ (>ki˧˥) ma˧˩ fam˨˦ çøi˨˦?"

13. koŋ˧ hak˧˥ te˧ ŋom˦˨ lo˧, ʔdwai˧ ʔdai˥ han˧ xwa˨˦ lo˧。 pai˧˩ nai˦˨ hi˦˨ çoŋ˧˥ θø˧ ni˥ ki˧˥ ʔøk˧˥ tau˥, ȵøk˧˥ te˧ koi˥ pak˧˥ mon˧˩ ŋan˧˩ poi˧ ma˧。

XI. 一年的工作

1. laŋ˧ plau˧ kjau˧ çun˧ xun˧˩ çi˧˥ çai˨˦ na˧˩ plok˦ kik˦。 çiŋ˧ θu˥ liau˧˥ çi˧˥ çøi˨˦ røŋ˥ rau˨˦ tup˦˨。 pai˧˩ nai˧˥ çø˧ ʔdai˥ høi˧ lik˩, klwa˨˦ pan˧˩ ʔden˧ ta˥ kum˧˩。 pai˧˩ nai˧˥ (>pen˧˩) çø˧ ʔdai˥ ʔdam˧ ʔjian˧ roŋ˧˩ poi˧。 ʔdam˧ ʔjian˧ çiŋ˧ θu˥ liau˧˥ çai˨˦ røŋ˥ tai˦˨ ŋoi˦˨ kai˨˦。 tup˩ tup˩ klom˥ klom˥ pai˧˩ nai˧˥ çø˧ ʔdai˥ wan˨˦ çe˦˨。 wan˨˦ çe˦˨ çiŋ˧ θu˥ liau˧˥ pai˧˩ nai˧˥ lik˩ lo˧, taɯ˧˩ ʔden˧ hɯn˥ çø˧ ʔbau˥ lau˧ fun˧ tok˦ ʔbau˥ ʔjiau˨˦ kan˥。 taŋ˧˩ hen˥ liau˧˥ poi˧ θau˧ kwe˥ ma˧ fat˦˨。 foi˨˦ çiŋ˧ θu˥ θot˩ hau˥ kaŋ˧ poi˧, te˦˨ çe˦˨ peŋ˧˩ çi˧˥ hai˧ lo˧。 mian˦˨, mek˧˩, ʔjian˧ θam˧ jɯaŋ˦˨ nai˧˥ ʔu˥ çiŋ˧ θu˥ liau˧˥ çai˨˦ çiŋ˥ loi˧˥ na˧˩ kwa˧, na˧˩ xau˧˥ mai˧˥。

2. çai˨˦ taŋ˧˩ ʔdɯan˧ ŋoi˦˨ ʔjian˧ hi˧˥ huŋ˧ lu˧ pɯ˨˦。 ʔjau˨˦ ʔjau˨˦ ʔi˥ poi˧ kau˥ nøn˧。 θam˧ hat˦ çi˧˥ poi˧ θau˨˦。 xau˧˥ mai˧˥ çam˦˨ pan˧˩ te˧, kwa˧ çam˦˨ pan˧˩ te˧。 çai˨˦ toŋ˦˨ pu˧˥ koŋ˧ kan˧˩ te˧ çi˧˥ kja˧ ʔdam˧ lɯk˩ ʔdi˨˦。 hat˦ hat˦ xam˦˨ xam˦˨ ʔi˥ ruat˦˨ ram˧˥。

3. çai˨˦ taŋ˧˩ ʔdɯan˧ θam˧ ȵiat˧˩ ʔjian˧ hi˧˥ huŋ˧ lu˧ pɯ˨˦, jau˦˨ ʔi˥ lum˧˥。 kwa˧ jau˦˨ ʔi˥ lum˧˥, xau˧˥ mai˧˥ jau˦˨ ʔi˥ lum˧˥, kwe˧ ʔdi˨˦ jau˦˨ ʔi˥ lum˧˥, jau˦˨ ʔi˥ poi˧ haɯ˧ çaɯ˧˥ ku˧。 θoi˧˩ te˧ çai˨˦ rop˩ cap˥ mø˦˨。 toŋ˦˨ pu˧˥ fau˨˦ te˧ mi˧˩ na˧˩ lai˧ ne˥ çi˧˥ røŋ˥ rau˨˦ tɯk˦ tiau˦˨。

4. pai˧˩ nai˧˥ taŋ˧˩ θoi˨˦ ȵiat˧˩ hi˧˥ ʔi˥ fuŋ˧ tiŋ˥ ʔjian˧, koi˥ ŋon˧˩ çai˨˦ ʔi˥ kau˥ ŋe˧˩ hon˧ lu˧ pɯ˨˦。 hi˧˥ ʔi˥ kwe˥ mian˦˨ lu˧ pɯ˨˦, hi˧˥ ʔi˥ kwe˥ mek˧˩ lu˧ pɯ˨˦, hi˧˥ ʔi˥ ȵap˩ lɯk˩ ʔdi˨˦ poi˧ hai˧。 ʔau˧ çian˧˩ ma˧ wuan˦˨ çian˧˩ klu˧ lau˧˩。 hi˧˥ ʔi˥ θau˧ kwa˧, hi˧˥ ʔi˥ θau˧ xau˧˥ mai˧˥, pai˧˩ nai˧˥ çø˧ θau˧ ʔjian˧ tok˦ laŋ˧。 hoŋ˧ θau˧ ma˧ taŋ˧˩ ran˧˩ ne˥ tiŋ˧, pai˧˩ nai˧˥ çø˧ ʔdai˥ wen˥ hɯn˥ kɯn˧˩ ran˧˩ poi˧ kaŋ˨˦。 jau˦˨ ʔi˥ ʔau˧ kan˦˨ xon˧˩ foi˧˩, ki˨˦ ʔjian˧

te˧ θak˥ ɕø˧ ʔdoi˧。 jau˨ ɕai˧ rau˧ na˩ xau˅ lo˧, pak˧ xan˩ na˩, roŋ˩ kla˥ lo˧, ʔau˧ ŋɯ˥ lo˧, jau˨ ʔi˥ ɕai˧ roi˨ ʔdam˧ θaɯ˩ lo˧。 ʔbaŋ˥ kuak˨ tɯk˥ rau˥ rai˩ ɕuŋ˧ ʔbau˥ ʔdai˥ tai˨。

5. pai˩ nai˅ taŋ˩ ʔdɯan˧ ŋu˅ xun˩ hi˅ ʔdam˧ na˩ lu˧ pɯ˧。 ra˧ŋɯ˥ ʔdoŋ˧ ma˧ tɯk˥ xwai˩ lu˧ pɯ˧。 tø˅ hat˥ ɕi˅ poi˧ taɯ˩ rau˧, xun˩ pa˩ kan˧ poi˧ ʔdam˧ na˩。 ma˧ kɯ˧ ŋai˩ liau˅ ɕi˅ poi˧ pak˧ pau˥ xan˩ na˩。 ma˧ kɯ˧ riŋ˩ liau˅ ɕai˧ ɕøi˨ poi˧ taɯ˩ rau˧。 mɯ˨ te˧ ɕai˧ ʔi˥ tau˥ na˩ kwe˧ ʔdi˨, tau˥ na˩ waŋ˧, tau˥ na˩ røm˥。 ʔjau˧ ʔdɯan˧ te˧ pu˅ pu˅ ɕuŋ˧ ʔdam˧ na˩ liau˅ ɕiŋ˧ θu˥ lo˧。 toŋ˨ pu˅ klik˥ te˧ ŋiaŋ˩ ʔbau˥ jaŋ˩ liau˅ pɯ˧。 tan˨ kwa˧ xa˨ ɕoi˧ ɕø˧ ʔdam˧ xau˅ ɕi˅ ʔbau˥ pan˩ ka˥ lai˧ lo˧。 θø˥ hi˥ xun˩ lau˅ ɕaŋ˩ nau˩,

"xa˨ ɕoi˨ ɕø˧ ʔdam˧ na˩,

ʔi˥ ŋon˩ ma˩ ʔdai˥ xau˅?"

6. ɕai˧ taŋ˩ ʔdɯan˧ lok˥ kjau˧ ɕø˧, xun˩ ɕi˅ ʔdai˧ na˩ ʔit˥ lo˧。 ʔdai˧ taŋ˧ ʔdeu˧ kwa˧ poi˧ liau˅ θiau˥ nøi˅ ʔi˥ ɕip˧ koi˥ ŋon˩ ɕai˧ ʔdai˧ taŋ˧ ŋoi˨, ʔdɯan˧ lok˥ te˧ ɕø˧ liau˅。

7. ɕai˧ taŋ˩ ʔdɯan˧ ɕat˥ ʔdaɯ˧ ɕø˧ ɕai˧ ʔdai˧ na˩ θam˧。 pai˩ te˧ hi˅ ʔi˥ taɯ˩ ʔjian˧ roŋ˩ ma˧ lo˧, ʔwet˥ ʔjian˧, ʔbe˧ ʔjian˧。 kɯ˧ ɕat˥ ŋiat˩ ɕip˧ θoi˧ liau˅ ɕai˧ taŋ˩ ʔdai˧ na˩ θoi˧ lo˧。

8. pai˩ nai˅ taŋ˩ ʔdɯan˧ pet˨。 pu˅ koŋ˧ kan˩ te˧ ŋiaŋ˩ ʔdai˧ na˩ ha˥, jau˨ ʔi˥ ɕɯk˥ kut˥ xau˅, jau˨ ʔi˥ kwe˥ xau˅ ɕa˧, jau˨ ʔi˥ ʔau˧ xau˅ ɕau˅, jau˨ ɕiŋ˥ loi˅ na˩ ʔjian˧ lɯk˨, jau˨ ʔi˥ ɕai˧ θaɯ˩。

9. pai˩ nai˅ taŋ˩ kau˥ ŋiat˩。 xau˅ na˩ ram˅ xun˩ ɕi˅ ʔban˧ ʔau˧, xau˅ na˩ reŋ˅ xun˩ ɕi˅ fat˨ ʔau˧。 ʔban˧ xau˅ ɕiŋ˧ θu˥ liau˅ ɕi˅ kwe˥ fɯaŋ˩。 toŋ˨ pu˅ na˩ nøi˅ te˧ ɕi˅ poi˧ kuak˧ ʔjum˧ ɕau˧ xun˩ ʔban˧。 taŋ˧ ʔbau˥ rap˨ fun˧ tok˥ ɕi˅ ham˨ ʔdoi˧, xau˅ ɕi˅ ʔbau˥ ŋe˩。 θø˥ hi˥ xun˩

lau˦˨ çaŋ˧˩ kaŋ˥,

“tai˧˥ xwaŋ˧˩ rai˧ ʔdaŋ˧ tum˧˩,
xau˦˨ θot˩ ʔbun˧ ʔbau˥ rak˨˦;
tai˧˥ xwaŋ˧˩ rai˧ ʔdit˦ ʔdat˨˦,
xau˦˨ çut˩ fat˧˥ ʔdaɯ˧ na˧˩。”

10. çai˨˦ taŋ˧˩ ʔdɯan˧ çip˩ xun˧˩ θau˧ xau˦˨ hau˥ ma˧ liau˦˨, toŋ˧˥ pu˦˨ kli˨˦ te˧ çi˦˨ θuan˨˦ kau˥ lo˧, taŋ˧˥ ʔbau˥ ʔdai˥ kau˨˦ kɯ˧ çip˩ ŋoi˧˥ ʔdɯan˧ çi˦˨ ra˧ pən˥ çian˧˩ hɯn˥ roŋ˧˩ nap˧˩ niŋ˧˩ kuak˧˥ θeŋ˧ ʔoi˨˦ pau˥ çap˥。 toŋ˧˥ pu˦˨ fau˨˦ te˧ çi˦˨ ʔjum˧ xun˧˩ çau˨˦ taɯ˧˩ çai˧ tɯk˦ tiau˧˥, taŋ˥ hon˧ nai˦˨ tom˧ ham˨˦ ʔduk˦。

11. taŋ˧˩ çip˩ ʔit˦ ɲiat˩ ʔbau˥ lun˧˥ fau˨˦ kuŋ˧˩ mi˧˩ na˧˩ çuŋ˧ çai˧ kwa˨˦ tø˧˥ liau˦˨ çiŋ˧ θu˥。 pu˦˨ koŋ˧ kan˧˩ te˧ çi˦˨ çiŋ˥ loi˦˨ na˧˩ ʔdam˧ plak˦。 ʔbaŋ˥ hi˦˨ ʔdam˧ plak˦ kat˨˦, ʔbaŋ˥ hi˦˨ ʔdam˧ jau˧˩ poi˧˩, ʔbaŋ˥ hi˦˨ ʔdam˧ kjau˦˨, ʔbaŋ˥ hi˦˨ ʔdam˧ θuan˨˦, ʔbaŋ˥ hi˦˨ rok˦ lak˩ pak˩。

12. taŋ˧˩ çip˩ ŋoi˧˥ ɲiat˩ pu˦˨ kan˧˩ te˧ çiŋ˥ loi˦˨ na˧˩ ʔjian˧, na˧˩ kwa˧, na˧˩ xau˦˨ mai˦˨, taŋ˥ tiau˧˥ ʔdɯan˧ çiaŋ˧ mian˦˨ ɲaŋ˨˦。 pai˧˩ te˧ jau˧˥ ʔi˥ ʔdai˧ ʔjian˧ lɯk˩, jau˧˥ ʔi˥ ʔdai˧ plak˦, jau˧˥ ʔi˥ ɲap˩ plak˦ poi˧ haɯ˧ hai˧。 jau˧˥ ʔɡu˧ paɯ˦˨, ha˨˦ lɯk˩ çuŋ˧ ʔjau˨˦ ʔdɯan˧ te˧ lo˧。 pu˦˨ koŋ˧ kan˧˩ te˧ çi˦˨ çiŋ˥ loi˦˨ nai˧˩ ta˥ çian˧, xø˧˩ ŋwa˦˨, tɯk˦ fun˧˩ jiau˧˩ ʔon˨˦ jiau˧˩。 toŋ˧˥ pu˦˨ tiam˨˦ ʔjian˧ lɯk˩ ʔdai˥ çau˦˨ te˧ çi˦˨ ɲap˩ çuk˩ kuak˧˥ pan˧˩ kai˨˦, ʔit˦ kai çip˩ kau˥ kø˧, rap˧˥ poi˧ θɯaŋ˧˥ lim˧˩ hai˧。 toŋ˧˥ pi˧ nian˧˩ çiŋ˧˩ ʔdoi˧ te˨˦ ɲe˥, møi˦˨ kai˨˦ çuŋ˧ ʔdai˥ rok˦ çat˦ ʔdan˧ loi˥。

“çip˩ ɲiat˩ kjau˧ lip˧˥ toŋ˧
xun˧˩ hɯn˥ roŋ˧˩ θeŋ˧ ʔoi˨˦
çip˩ ʔit˦ ɲiat˩ toŋ˧ çoi˨˦
xun˧˩ çiŋ˥ roi˧˥ çiŋ˥ na˧˩。”

XII. 一年的節日

1. ʔdɯan˧ çiaŋ˧ çø˧ ʔit˧˥ ran˨ lap˧˥ pi˧˩ lap˧˥ pat˩ çi˧˩ ʔøk˨˦ poi˧ cut˧˥ xeŋ˨ lo˧。 poi˧ mɯn˥ lau˧ poi˧ ne˥? θian˧ poi˧ pai˦ koŋ˧ θi˧˩, tok˧˥ laŋ˧ ma˧ çi˧˩ çoŋ˧ çoi˨。 fɯi˨ çiŋ˧ θu˥ liau˧˩ çi˧˩ ma˧ ran˨ lo˧。 taŋ˥ taŋ˨ ran˨ røŋ˨˦ çiŋ˧ θu˥, ʔbaŋ˥ hi˧˩ poi˧ laŋ˧ paŋ˨ jau˧˩ pai˦ nian˨, ʔbaŋ˥ hi˧˩ poi˧ tɯk˧˥ tam˨, ʔau˧ pla˧ ma˧ loŋ˨˦ θeŋ˧。 toŋ˨˦ ŋon˨ te˧ θat˩ θɯ˨˦ çai˨˦ lo˧。 çai˦ taŋ˨ ŋon˨ laŋ˧ te˧, çø˧ ŋoi˨˦, hoi˥ kø˧ je˨, çe˥ møi˨˦ tau˥ puan˨。 pu˧˩ pu˧˩ çuŋ˧ riu˥ puan˦ nø˨˦ ʔdeu˧ tau˥ loŋ˨˦ kɯ˧ plop˩ plop˩。 kuak˨˦ tɯk˧˥ taŋ˨ klaŋ˧ liau˧˩, ʔbaŋ˥ ʔi˥ poi˧ ma˧, çi˧˩ ʔau˧ çian˨ ma˧ tap˦ nø˨˦ pɯan˨。 ʔbaŋ˥ hi˧˩ tap˦ pak˦ ʔdeu˧, ʔbaŋ˥ hi˧˩ tap˦ pet˦ çip˩。 pu˧˩ tai˦ lɯk˩ ŋe˨ tau˥ te˧ çi˧˩ kja˧ haɯ˥ çip˩ kau˥ çian˨ ŋøk˨˦。 xun˨ lau˧˩ çi˧˩ ka˦ poi˧ ma˧ ran˨ te˧ lo˧。 lɯk˩ ʔbau˦ lɯk˩ θau˧ ne˥˨˦ çi˧˩ poi˧ hoi˥ kɯn˨ ʔdoŋ˧ kɯn˨ ʔdøi˧ kuak˨˦ fɯan˧。 toŋ˨˦ pu˧˩ la˥ kuak˨˦ paɯ˧˩ mø˦ te˧ ne˥ hi˧˩ rɯaŋ˨˦ poi˧ ma˧ ran˨ te˧ lo˧。 çai˦ taŋ˨ ŋon˨ çip˩ θoi˦ te˧ çø˧ çi˧˩ tøi˦ tau˥ tuk˧˥ xau˧˩ faŋ˧˩, çai˦ ʔau˦ tɯk˧˥ taŋ˨ ran˨ røŋ˨˦。 ŋon˨ te˧ çip˩ ŋu˧˩ ne˥ toŋ˨˦ pu˧˩ θiau˥ θim˧ koŋ˧ kan˨ te˧ ʔbaŋ˥ hi˧˩ poi˧ fɯi˨ miau˨˦, ʔbaŋ˥ hi˧˩ poi˧ fɯi˨ kjau˨, ʔbaŋ˥ hi˧˩ poi˧ fɯi˨ θi˧˩, ʔbaŋ˥ hi˧˩ fɯi˨ çoŋ˧ çoi˨, pai˨ nai˧˩ ço˧ fɯi˨ ʔdaɯ˧ ran˨。 kuak˨˦ tɯk˧˥ taŋ˨ lap˧˥ liau˧˩, kɯ˧ çau˨ çiŋ˧ θu˥, lɯk˩ ŋe˨ çi˧˩ ʔøk˦ la˥ θi˧˩ poi˧ çoŋ˦ la˨ θaɯ˥。 xun˨ lau˧˩ ʔbaŋ˥ çi˧˩ tɯk˧˥ koi˨。 lɯk˩ θau˧ ʔbaŋ˥ çi˧˩ kuak˨˦ ja˨˦ ŋwai˨˦。

2. laŋ˧ plau˧ ŋoi˨˦ ŋiat˨ çø˧ ŋoi˨˦ jian˨ çam˨˦ çiau˥ çiat˥ çiat˥ tok˦。 hoŋ˧

toŋ˨˦ pu˧˥ fau˦˨ te˧ ʔbaŋ˥ ɕam˨˦ ka˥ kai˦˨, ʔbaŋ˥ hi˧˥ kɯ˧ mian˨˦。 toŋ˨˦ pu˧˥ kli˦˨ te˧ ne˥ ɕi˧˥ mai˥ kuak˨˦ ɕoi˧˩ wa˧ kwa˧。 ɕuŋ˧ ɕi˧˥ kɯ˧ xam˨˦ ʔdeu˧ tok˨˦。

3. tan˨˦ θam˧ ȵiat˧˩ ɕø˧ θam˧ ne˥ hat˥ tai˨˦ ɕau˧˥ ka˨˦ lɯk˧ paɯ˧˥ ɕi˧˥ ma˧ plop˧ plop˧ lo˧。 ʔbaŋ˥ hi˧˥ kuak˨˦ xau˧˥ naŋ˥ xoŋ˧˩, ɕau˨˦ xau˧˥ naŋ˥ ʔbaɯ˧ klaɯ˦˨ lo˧; ʔbaŋ˥ hi˧˥ kuak˨˦ xau˧˥ naŋ˥ hen˥, ɕau˨˦ xau˧˥ naŋ˥ waŋ˧˩ kai˧ lo˧; ʔbaŋ˥ hi˧˥ kuak˨˦ xau˧˥ naŋ˥ ʔdam˧, ɕau˨˦ xau˧˥ naŋ˥ røŋ˧ rau˧ lo˧。 toŋ˨˦ ŋon˧˩ te˧ ne˥ laŋ˧ plau˧ mai˥ mi˧˩ ɕian˧˩ θoi˧ kɯn˧, ʔan˧ ɕe˥ ɕuŋ˦˨ xun˧˩ mi˧˩ na˧˩ θoi˧ ti˧, mi˧˩ roi˨˦ θoi˧ ti˧, ɕoŋ˦˨ ʔdoŋ˧ ɕø˧ ti˧, møi˧˥ nian˧˩ pu˧˥ raɯ˧˩ keŋ˧ kwan˦˨ ɕian˧˩ kok˥ ʔdeu˧, ɕi˧˥ ʔau˧ θøŋ˧ pak˦˨ ɕian˧˩ loi˨˦ lo˧。 θø˥
084 hi˥ toŋ˧ røp˦˨ ma˧ kuak˨˦ ŋon˧˩ ɕø˧ θam˧。 ɕaɯ˧˥ nø˨˦ ti˧, ɕaɯ˧˥ pit˥ ti˧, ɕaɯ˧˥ kai˦˨ ti˧, ma˧ fɯi˧˩ la˥ θi˧˥, ɕoŋ˧ ɕoi˧˩。 fɯi˧˩ liau˧˥ ti˧ xau˨˦ ɕau˨˦ ʔau˧ kai˦˨ nø˨˦ te˧ ma˧ fan˧ haɯ˥ ka˨˦ ran˧˩。 pu˧˥ raɯ˧˩ mi˧˩ tiŋ˧ lai˧, ɕi˧˥ ʔdai˥ lai˧ lo˧。 θø˥ hi˥ toŋ˨˦ pu˧˥ fau˦˨ te˧ ne˥ ŋon˧˩ te˧ kik˧ xoŋ˨˦ lo˧。 pu˧˥ kli˦˨ te˧ ne˥ hi˧˥ θun˨˦ θaɯ˦˨ ʔau˧ toŋ˨˦ hoi˥ nø˨˦ te˧ poi˧ ɕap˥ mø˨˦ ma˧ ɕø˧ kɯn˧。

4. ɕai˦˨ taŋ˧˩ ʔdɯan˧ ŋu˧˥ ȵiat˧˩ ɕø˧ ŋu˧˥。 møi˧˥ nian˧˩ ɕiat˥ nai˧˥ kuak˨˦ ɕiat˥ ɕuŋ˦˨ klaŋ˧ te˧ lo˧。 θø˥ hi˥ xun˧˩ ɕam˨˦ ʔai˦˨ kɯn˧ lai˧。 hoŋ˧ ɕø˧ ŋu˧˥ xun˧˩ kɯ˧ tai˨˦ ɕau˧˥。 xam˨˦ køn˦˨ te˧ hoi˥ lɯk˧ paɯ˧˥ ɕi˧˥ ma˧ ʔau˦˨ xau˧˥ faŋ˧˥ tɯk˥ tiau˨˦ lo˧。 hat˥ laŋ˧ te˧ ȵiaŋ˧˩ la˥ ʔøk˦˨ poi˧ huak˨˦ ti˧ na˧˩ ʔdeu˧, taŋ˧˩ ŋai˧˩ ɕø˧ ma˧ loŋ˨˦。 toŋ˨˦ pu˧˥ koŋ˧ kan˧˩ te˧ ɕam˨˦ ʔøk˦˨ poi˧ fɯi˧˩ la˥ θi˧˥, ɕoŋ˧ ɕoi˧˩。 pu˧˥ klik˥ te˧ ne˥ ɕi˧˥ fɯi˧˩ ʔdaɯ˧ ran˧˩ hi˧˥ kɯ˧ lo˧。 kɯ˧ ŋai˧˩ ɕiŋ˧ θu˥ liau˧˥ toŋ˨˦ hoi˥ kø˧ je˧˩ ɕe˥ møi˨˦ ŋwai˨˦ kja˧ te˧

mi˨ ne˥ ˀbaŋ˥ hi˧˩ lau˨ θon˥ pit˦ ma˧ koŋ˧ ta˧。 pu˧˩ kli˨˦ te˧ ne˥ çi˧˩ çaɯ˧˩ puan˨˦ nø˦˨ plɯi˧ ˀdeu˧ hi˧˩ tau˥ lo˧。 poi˥ kaŋ˥ pi˧ te˧ ˀdaɯ˧ ran˨ rau˨ ha˦˨ lɯk˩ θau˧ ne˥ çi˧˩ ˀi˥ tuk˦ xau˧˩ faŋ˧˩ θoŋ˨˦ poi˧ haɯ˥ kø˧ je˨。 tan˦˨ wi˦˨ θoi˨˦ θuk˩ tø˧˩ kan˧ hɯn˥ tau˥, θoŋ˨˦ faŋ˧˩ çin˧ ˀit˦ ˀdan˧ ˀi˥ mi˨ tau˥ ˀit˦ ŋoi˦˨ xau˧˩, jau˦˨ kja˧ θoŋ˨˦ çoi˨ tem˧。 hoŋ˧ çian˧ pen˨˦ çoi˨ te˧ ne˥ ˀi˥ ˀau˧ rek˨˦ çik˦ kau˥ ma˧ çian˧ çø˧ ˀdai˥。 θoŋ˨˦ poi˧ haɯ˥ kø˧ je˨ ne˥ te˧ çam˦˨ tap˨˦ tau˨˦ laŋ˧。 kai˨˦ (>ki˨˦) ma˨ ne˥? θoŋ˧ tu˨ kai˨˦ tøn˧, møi˧˩ tu˨ tai˦˨ ˀjɯak˥ θoi˨˦ ha˥ kan˧。 kø˧ je˨ te˧ θun˦˨ θaɯ˨˦ kan˧ tok˦ laŋ˧ tau˥ lo˧。 çø˧ lai˨ kai˨˦ (>ki˨˦) miŋ˨ te˧ çɯŋ˧ nau˨ “kø˧ je˨ tau˥ pɯan˨ hon˧ tai˦˨ ˀit˦。” kɯ˧ riŋ˨ liau˧˩ çiŋ˧ θu˥ ne˥, koŋ˧ ta˧ te˧ poi˥ kja˧ fau˨˦ ne˥, çi˧˩ ȵøk˨˦ mon˨ ŋan˨ ˀdeu˧ lɯk˩ kɯi˨。 pu˧˩ kli˨˦ te˧ ne˥ çi˧˩ ȵøk˨˦ çat˦ pet˨˦ xau˨。

5. çai˨˦ taŋ˨ ˀdɯan˧ çat˦ ȵiat˨ ŋon˨ çip˩ θam˧。 mɯ˦˨ te˧ ne˥ xun˨ ˀdai˧ na˨ çiŋ˧ θu˥ liau˧˩ lo˧, θø˥ hi˥ pøn˥ toi˦˨ θoi˨˦ θoi˨ kuak˦˨ fɯan˧ nau˨,

“kɯ˧ ˀdɯan˧ çiaŋ˧ çi˧˩ hoi˨˦

kɯ˧ çip˩ θoi˨˦ çø˧ wuan˧。”

toŋ˦˨ ŋon˧ te˧ ne˥ pu˧˩ koŋ˧ kan˨ te˧ tai˦˨ çau˧˩ çi˧˩ muan˧˩ ran˨ poi˧ ˀau˧ ŋɯ˥ lo˧, ma˧ çɯk˦ taŋ˨ θoi˨˦ ŋon˨。 ma˧ liau˧˩ kɯ˧ ŋai˨ çiŋ˧ θu˥, hoi˥ xau˦˨ θeŋ˧ ti˧ ˀbaŋ˥ hi˧˩ θɯi˨˦ taŋ˨˦ tai˨ lo˧, xun˨ lau˧˩ çi˧˩ poi˧ ˀdoŋ˧ ra˧ kuan˦˨ ma˧ ˀau˨˦ faŋ˧˩, lɯk˩ paɯ˧˩ çi˧˩ tum˨˦ røŋ˧ faŋ˧˩ pli˨ te˧, taɯ˨ ˀøk˨˦ ta˦˨ poi˧ θɯi˨˦。 kuak˦˨ tɯk˦ taŋ˨ lap˦ liau˧˩ ˀbaŋ˥ hi˧˩ ˀau˨˦ faŋ˧˩ tɯk˦ tiau˦˨ lo˧。 ˀbaŋ˥ hi˧˩ çuŋ˧ ˀdwai˧ nin˨。 xɯn˨ te˧ xau˦˨ θeŋ˧ çi˧˩ kɯ˧˩ çam˨ tɯk˦ taŋ˨ θøŋ˧

θam˧ tiam˥ ɕuŋ˧ ɕau˧˩ ma˧ ran˨ ka˥ pit˦ ta˥ fɯi˨, kɯ˧ røm˧˩。 kɯ˧ liau˨˩˦ ɕiŋ˧ θu˥ ran˨ kau˧˥ ʔjaɯ˧ ɕi˨˩˦ tø˨˩˦ ʔjiau˧ poi˧ tɯk˦ tam˨, ʔau˧ pla˧ ma˧ loŋ˧˩ θeŋ˧。 tøn˧˥ nai˨˩˦ ɕɯŋ˧ kɯ˧ ŋai˨。 ɕai˧˥ taŋ˨ hat˦ ɕip˩ ŋu˨˩˦ toŋ˧˥ pu˨˩˦ θik˦ θai˧˩ te˧ ʔbaŋ˥ hi˨˩˦ θɯaŋ˧˩ ʔoi˧ lo˧, ʔbaŋ˥ hi˨˩˦ ʔau˧ lɯk˩ loi˨ ti˧, lɯk˩ ŋan˨˩˦ ti˧, kløi˥ ti˧, pø˧ lɯk˩ mit˦ ti˧, ma˧ kuŋ˧˥ ʔi˧ me˨。 ŋon˨ te˧ ʔi˥ θiau˧ jiaŋ˧ tø˨˩˦ tam˧˥ ɕuŋ˧ ʔbau˥ haɯ˥ tuan˧˩。 tɯk˦ taŋ˨ lap˦ liau˨˩˦, ta˥ fɯi˨ ɕiŋ˧ θu˥, ɕom˧˩ ʔoi˧ ɕiŋ˧ θu˥, pai˨ nai˨˩˦ ɕi˨˩˦ ʔau˧ ɕoi˥ θa˧ ma˧ pau˧ kai˧˥ tau˧˩ jiaŋ˧ te˧ taɯ˨ ʔøk˧˥ røk˧˥ poi˧ ɕɯŋ˧ nau˨ "koŋ˧ ʔi˧ me˨ poi˧ ma˧ lo˧, pi˧ mø˧˥ ɕø˧ ɕi˨˩˦ tau˥ lo˧。"

6. ɕai˧˥ taŋ˨ ʔdɯan˧ pat˥ ȵiat˨ ɕip˩ ŋu˨˩˦。 ɕiat˥ te˧ ne˥ laŋ˧ plau˧ xun˨ hi˨˩˦ kɯ˧ tø˨˩˦ xam˧˩ tok˧˥。 hoŋ˧ fɯaŋ˧ nam˨ ki˧ ne˥ xun˨ ɕi˨˩˦ kɯ˧ tai˧˩ ɕau˨˩˦。 hoi˥ ka˧˩ kø˧ je˨ ɕe˥ møi˧˩ ɕi˨˩˦ tai˧˥ nø˧˩ ma˧, jau˧˩ jiaŋ˧ ɕoi˥ ti˧, ɕɯŋ˧ nau˨ "ma˧ laŋ˧ koŋ˧ ta˧ pɯan˨, fat˥ ȵø˧˩ jiaŋ˧ jau˨。" pu˨˩˦ fau˧˥ te˧ ne˥ ɕi˨˩˦ ɕaɯ˨˩˦ nø˧˩ pau˥, pu˨˩˦ kli˧˥ te˧ ne˥ ɕi˨˩˦ ʔau˧ kai˧˥ nø˧˩ te˧ ma˧ tum˧˥ fɯi˨˩˦ ɕø˥ koŋ˧。

7. ɕai˧˥ taŋ˨ ʔdɯan˧ kau˥ ȵiat˨ ɕø˧ kau˥。 ʔan˧ ʔdɯan˧ te˧ xun˨ ȵaŋ˧˥ lai˧, ʔbaŋ˥ ʔdai˥ xau˨˩˦ mø˧˥ ma˧ ɕi˨˩˦ kuak˧˥ xau˨˩˦ naŋ˥。 pu˨˩˦ kli˧˥ te˧ ne˥ ɕi˨˩˦ poi˧ ɕaɯ˨˩˦ mian˧˥ θian˧˥ ma˧ kɯn˧。 hoŋ˧ ɕiat˥ te˧ ȵiaŋ˨ mi˨ ɕian˨ θoi˧, θø˥ hi˥ ka˧˩ ran˨ ȵiaŋ˨ ʔdai˥ ti˧ nø˧˩ θi˨˩˦ ʔdeu˧。

8. ɕai˧˥ taŋ˨ ʔdɯan˧ ɕip˩ ʔit˦ ȵiat˨ toŋ˧ ɕoi˧˥。 ran˨ ran˨ ɕuŋ˧ mi˨ xun˨ kuak˧˩ ɕoi˨。 toŋ˧˩ kja˧ fau˧˥ te˧ ne˥ ɕam˧˩ fat˥ ɕoi˨ haɯ˥ koŋ˧ ta˧, toŋ˧˥ pu˨˩˦ kli˧˥ te˧ ne˥ ɕi˨˩˦ ɕaɯ˨˩˦ puan˧˥ nø˧˩ ʔdeu˧ haɯ˥ te˧, ɕuŋ˧ nau˨˩˦ "fat˥ xun˨ lau˨˩˦。"

9. ɕai˨˦ tɑŋ˧˩ ɕip˥ ŋoi˨˦ ȵiɑt˧˩ ŋoi˨˦ θam˧ xun˧˩ lau˦˨ θoi˧˥ θoi˧˩ kaŋ˥ nau˧˩,

"ŋoi˨˦ θam˧ ɕi˦˨ θoŋ˧˥ ɕau˧˥

ŋoi˨˦ θoi˧˥ ɕi˦˨ θau˧˥ ran˧˩。"

hoŋ˧ ŋon˧˩ ŋoi˨˦ θam˧ te˧ ne˥ xun˧˩ mai˥ lɑp˥ ɕø˧ kɯ˧ tok˧˥。 pu˦˨ mi˧˩ koi˥ (>ka˥) lai˧ te˧ ɕam˨˦ ka˥ kai˧˥, pu˦˨ ˀbau˥ mi˧˩ te˧ ɕam˨˦ ɕaɯ˦˨ nø˨˦ ma˧ ta˥ fɯi˧˩, ɕɯŋ˧ nau˧˩ fɯi˧˩ koŋ˧ ɕau˧˥。 tɑŋ˧˩ ŋon˧˩ ŋoi˨˦ θoi˧˥ te˧ toŋ˨˦ pu˦˨ koŋ˧ kɑn˧˩ te˧ ne˥ ɕi˦˨ θau˧˥ pam˧ a˧, θau˧˥ ran˧˩ a˧, ɕat˧˥ θɯi˧˥ ˀwan˥ jiɑŋ˧ a˧, jau˨˦ ɕi˦˨ poi˧ plai˧ ɕɯ˦˨ ˀau˧ ȵɯ˥ ma˧ ɕɯk˥。

XIII. 梁山伯 祝英台

1. 安茂护的劢　卷[1]包袱丕慮
拎掊白吞撻　丕讀書地否
丕圩嚕丕街　代貧移衣服
分哄咯動乏　有眉對[2]于护

2. 兄于丕讀書　歐冰护馱星
派地浮尸冃　又否曈當坤
吞何眉麻議　否要對斗圩
苟地丕醿脾　眉麻爹所想

1. 讀音改字，不作'捲'意，而作'背'意。
2. 原讀 tøi˨˦(隊)，因與 poi˦˨˦ 韵改讀 toi˨˦。

XIII. 梁山伯祝英台

以下是祝英台與梁山伯的問答

1. ʔan˧ mau˦ raɯ˨ ti˧ lɯk˨,
不知 哪裏 的 子
ʔam˦ pau˧ puk˨ poi˧ laɯ˧?
背 包 袱 去 何處

kaɯ˧ poi˨ pɯak˦ ʔdaɯ˧ faɯ˨,
握 扇 白 內 手
poi˧ tok˨ θaɯ˧ tɯk˨ ʔbau˧?
去 讀 書 是 麼

poi˧ haɯ˧ rø˅ poi˧ kai˧?
去 墟 或者 去 街
tai˨ pan˨ lai˧ ʔi˧ fuk˨!
帶 好多 衣 服

fan˦ ku˅ mɯŋ˦ toŋ˦ poi˅,
你 兄
ʔdwai˧ mi˨ toi˦ ʔi˥ raɯ˨?
沒 有 伴 罷

2. kau˧ ʔi˥ poi˧ tok˨ θaɯ˧,
我 要 去 讀 書
ʔau˧ ram˅ raɯ˨, ta˅ nuaŋ˅?
取 水 麼 妹

plai˥ tɯk˥ fau˨ ʔbɯaŋ˥ ʔbɯaŋ˦,
走 着,的 浮 搖擺貌
jau˦ ʔdwai˧ lɯaŋ˦ taŋ˥ hon˧!
又 不 看 路上

ʔdan˧ xø˨ mi˨ ma˨ ŋoi˅?
個 喉 有 什麼 想
ʔbau˥ ʔjiau˧ toi˦ taɯ˥ haɯ˧?
不 邀 同伴 來 墟

kau˥ tɯk˥ ʔjau˦ ʔja˦ ʔje˥,(1)
看 着 在(那裏) 齊整
mi˨ ma˨ te˧(2) θø˥ θɯaŋ˥?
有 什麼 那 所 想

---

(1) ʔje˧ 或 ʔjaɯ˧。 (2) ma˨ te˧ 或 te˧ raɯ˨。

3. 暑嗲咯旬好
分哄兄伝妃
咯于丕讀書
甫护口校長

安咯号哄麻
暑皮茶刀近
丕茂护學道
嚕嚇當有那

4. 分哄兄客官
永否曾徒束
丕炸山哄你
茂你斗徒跘

正題[1]梁山伯
分咯劲甫护
心實事否闊
僂徒嗲旻迪

5. 大居陋根機
分哄兄的劲
分兄的小妹
兄講大否居

吽咯啤山伯
星姑祝英台
否瞒炅則的
咯改提么欲

1.當是'是'字之誤。

3. θaɯ˦˨ ɕam˧ mɯŋ˧˩ ɕon˧˩ hau˥,
試 問 你 句 好

fan˦˨ kau˧ lɯk˩ xun˧˩ pa˧˩,
我 子 女人

mɯŋ˧˩ ʔi˥ poi˧ tok˩ θaɯ˧,
你 要 去 讀 書

pu˨˦ raɯ˧˩ kuak˩ jau˧˥ ɕaŋ˥?
人 何 作 校 長

4. fan˦˨ kɯ˨˦ kau˧ hek˥ kuan˧,
我 客 官

wiŋ˧˩ ʔbau˥ ɕaŋ˧˩ tø˨˦ θuk˩,
向 未 曾 相 熟

poi˧ lø˧˩(2) ɕan˧ kɯ˨˦ nai˨˦,
去 廬 山 現在

mau˦˨ nai˨˦ tau˥ tø˨˦ ŋaŋ˧˩,
裏 這 來 相 遇

5. tai˦˨ ke˧ lau˦˨ kan˧ ki˧,
大 家 漏 根 基

fan˦˨ kɯ˨˦ kau˧ ti˧ lɯk˩
我 的 子

fan˦˨ kau˧(3) ti˧ θiau˥ moi˦˨
我 的 小 妹

kau˧ kaŋ˥ tai˦˨(4) ʔbau˥ kaɯ˧,
我 講 大 不 拘

ʔan˧ mɯŋ˧˩ xau˦˨ kɯ˨˦ ma˧˩?
不知(疑問詞) 你 號 什麼

θaɯ˦˨ pai˧˩ ɕa˧˩ ʔdeu˧ kan˦˨。
試 一次 查問 一 先

poi˧ mau˦˨(1) raɯ˧˩ xak˩ tau˦˨?
去 那裏 學 道

rø˨˦ hak˥ taŋ˦˨ ʔdwai˧ na˧˩?
知 確 當 沒 呢

ɕiŋ˦˨ θoi˦˨ lɯaŋ˧˩ ɕan˧ pɯk˥。
正 是 梁 山 伯

fan˦˨ mɯŋ˧˩ lɯk˩ pu˨˦ raɯ˧˩?
你 子 人 何

θim˧ θat˩ θai˦˨ ʔbau˥ muan˧˩。
心 實 事 不 瞞

rau˧˩ tø˨˦ ɕam˧ ɕam˦˨ tɯk˩。
我們 相 問 也 是

nau˧˩ mɯŋ˧˩ ŋi˧, ɕan˧ pɯk˥。
講 你 聞 山 伯

nuaŋ˨˦ kø˧ ɕuk˥ ʔiŋ˧ tai˧˩。
妹妹 祝 英 台

ʔbau˥ muan˧˩ poi˨˦ θak˥ ti˧。
不 瞞 兄 一點

mɯŋ˧˩ kai˥ taɯ˧˩ ma˧ ŋuk˩!
你 勿 拿 回 講笑

(1) mau˦˨ 或 ʔdan˧。(2) lø˧˩ 或 lo˧˩。(3) fan˦˨ kau˧ 或 kɯ˨˦ kau˧。(4) tai˦˨ 或 ta˦˨

6. 板名的埊基
時你兄惡斗
偻徒講時你
兄㖗咟伝妑

眉伝丕嚕否
眦朋友冇眉
算心事咟离
凑兄茶忈否

7. 許咟歪你䟃
哄奓講要引
哄奓丕要對
092 時你僂徒㖗

等岌隆兄近
昡你旻于丕
以否意眉伝
嚕叹欄么了

8. 貧奓更加离
哄兄歪你歪
正岌隆咟吓
等[2]兄嚕哄咟

快么支奓斗
想朋友徒跟
真嚕假多[1]兑
改許伝虎守

1,2. 讀音與原文不合。

6. ʔban˥ mɯŋ˧˩ ti˧ toi˧˥ koi˧
村 你 的 地 基

θoi˧˩ nai˨˩˦ kau˧ ʔøk˧˥ tau˥,
現在 我 出 來

rau˧˩ tø˨˩˦ kaŋ˥ θoi˧˩ nai˨˩˦,
我們 相 講 現在

kau˧ çam˧ mɯŋ˧˩ xun˧˩ pa˧˩,
我 問 你 女人

7. haɯ˥ mɯŋ˧˩ ʔjau˧˥ nai˥ ʔdun˧,
使 你 在 這裏 立

kɯ˨˩˦ te˧ kaŋ˥ ʔjau˧˥ han˥,
他 講 前幾天

hoŋ˧ te˧ poi˧ ʔjiau˧ toi˧˥,
但 他 去 邀 同伴

θoi˧˩ nai˨˩˦ rau˧˩ tø˨˩˦ çam˧,
現在 我們 相 問

8. pan˧˩ te˧ keŋ˧˩ kja˧ ʔdoi˧,
如此 更 加 好

kɯ˨˩˦ kau˧ ʔjau˧˥ nai˨˩˦ ʔjau˧˥,(1)
我 在 此 住

çiŋ˧˥ poi˨˩˦ luŋ˧˩ mɯŋ˧˩ ha˧˥(2)?
正 哥哥 你 麼

fan˧˥ kau˧ raŋ˧˥ kɯ˨˩˦ mɯŋ˧˩,
我 [illegible] 囑 你

mi˧˩ xun˧˩ poi˧ rø˨˩˦ ʔbau˧˥?
有 人 去 知 否

ra˧ paŋ˧˩ jau˨˩˦ ʔdwai˧ mi˧˩。
找 朋 友 沒 有

θuan˧˥ θim˧ θai˧˥ mɯŋ˧˩ ʔdoi˧。
算 心 事 你 好

çau˧˥ kau˧ ça˧˩ ʔdai˥ ʔbau˧˥?
替 我 查問 得 否

taŋ˥ poi˨˩˦ luŋ˧˩ kau˧ kan˧˥。
等 哥哥 我 先

ŋom˧˩ nai˨˩˦ çam˧˥ ʔi˥ poi˧。
田 這 也 要 去

hi˨˩˦ ʔbau˥ ʔoi˧˥ mi˧˩ xun˧˩。
也 不 會 有 人

rø˨˩˦ haɯ˥ ran˧˩ ma˧ naŋ˧˥?
或 入 家 來 坐

wai˧˥ ma˧ çoi˧ te˧ tau˥!
快 回 催 他 來

θɯaŋ˥ paŋ˧˩ jau˨˩˦ tø˨˩˦ kan˧。
想 朋 友 相跟

çan˧ rø˨˩˦ kja˥ le˧, toi˧˩?
眞 或 假 阿，朋友

kai˥ haɯ˥ xun˧˩ hø˥ θau˥!
勿 使 人 苦 守，等

(1) ʔjau˧˥ 或 θau˥ (守)。(2) ha˧ 或 la˧˥。

9. 兄想丕學堂
分兄及否路
定啤伝的晒
想丕二三秕

10. 鄭伝職君子
跟伝丕讀書
算限唭咟非
丕東宜西想

11. 歐唭兄正京
装伝職跡路
兄消香吞卦
否勞壞當身

署使哆咟伩
想誰[1]嚕契那
吽貧學芦山
吽咟啤實生

又眉對咟护
成捊捱魯吧
䍽貧㸪無味
咟四様你护

改憂心㸪伩
伝否嚕䍽肦
跪對酙神灵
咟卦捊只𨛞

1. 讀音與原文不合。

以下是祝英台與她父親的問答詞

9. kau˧ θɯaŋ˥ poi˧ xak˨˩ taŋ˨˩,
我 想 去 學 堂
fan˧˥˧ kau˧ poi˧˩˧ ˀbau˥ lø˧˥˧,
我 兄 沒有
tiŋ˧˦ ȵi˧ xun˨˩ ti˧ pak˧˦,
聽 聞 人 的 口
θɯaŋ˥ poi˧ θøŋ˧ θam˧ pi˧,
想 去 兩 三 年
θaɯ˨˩ θi˥ ɕam˧ mɯŋ˨˩, pø˧˥˧!
試 問 你 父
θɯaŋ˥ klai˧˩˧ rø˧˩˧ ɦoi˧ na˧˩˧。
想 欲 知 契 田
nau˨˩ pan˨˩ xak˨˩ lø˨˩ ɕan˧。
說 成 學 廬 山
nau˨˩ mɯŋ˨˩ ȵi˧ θat˧˦ θø˧˥˧。
說 你 聽 實 誠

10. ɕiŋ˧˥˧ xun˨˩ θai˧ kjun˧ ɕoi˥,
淨 人 男 君 子
kɯn˧ xun˨˩ poi˧ tok˧˥˧ θaɯ˧,
跟 人 去 讀 書
θuan˧˥˧ ˀan˧ kɯ˧˩˧ mɯŋ˨˩ kwai˧,
算 你 乖巧,聰敏
ˀjau˧˥˧ toŋ˧ ŋoi˧˩˧ θai˧ θɯaŋ˥,
在 東 想 西 想
jau˧˥˧ mi˧˩˧ toi˧˥˧ mɯŋ˨˩ raɯ˨˩?
又 有 伴 你 麼
ɕiŋ˧˥˧ laŋ˧ fɯ˨˩ lɯ˧ pɯ˧˥˧!
那就 背 手 啦
ˀdai˥ pan˨˩ lai˧ fu˨˩[1] foi˧˥˧!
得 如許 無味,無知
mɯŋ˨˩ kuak˧˥˧ jɯaŋ˧˥˧ nai˧˩˧ raɯ˨˩?
你 作 樣 這 麼

11. ˀau˧ kɯ˧˩˧ kau˧ ɕiŋ˧˥˧ kiŋ˧!
要,拿 我 正 經
ɕwaŋ˧ xun˨˩ θai˧ plai˥ lø˧˥˧,
裝 人 男 走 路
kau˧ θiau˧ jiaŋ˧ tan˧ kwa˧˥˧,
我 燒 香 起誓
ˀbau˥ lau˧ xwai˧˥˧ ˀdaŋ˧ θan˧,
不 怕 壞 身 身
kai˥ ˀjau˧ θim˧ lai˧, pø˧˥˧!
勿 憂 心 多, 父
xun˨˩ ˀbau˥ rø˧˩˧ ˀdai˥ taŋ˨˩。
人 不 知 得 到
kwi˧˥˧ tøi˧ na˥ ɕin˧˩˧ liŋ˨˩。
跪 對 面前 神 靈
mɯŋ˨˩ kwa˧˥˧ laŋ˧ ɕi˧˩˧ ˀjø˥。
你 過 後 再 看

---

(1) fu˨˩ 或 fau˨˩。

12. 肦貧护丕呕　　么無畂對伝
兄吽名否春　　否認名四劲
代傳代否淋　　伝講丕講夲
冇叓否丕謹　　位同忑同眠

13. 代否許重丕　　時于時所玩
眉教員拎幹　　兄放胆惡丕
暑丕皮刀苟　　重否丕為棋
佽名想冇清　　歐邪心么难

14. 兄哼哄名咱　　敃造火么欄
要于嚕兮躺　　只否關兄事
添伝膱徒跟　　大十分清祖
吽名啤旬實　　勞丕叱[1]動難

1.讀音似乎與原文不合。

12. taŋ˧˩ pan˧˩ raɯ˧˩ poi˧ ha˧˥?
到 如何 去 嫁

ma˧ fu˧˩ na˥ tøi˧˥ xun˧˩!
回 無 面 對 人

kau˧ nau˧˩ mɯŋ˧˩ ʔbau˥ ɕun˧,
我 說 你 不 聽順,遵

ʔbau˥ ȵin˧˥ mɯŋ˧˩ kuak˧˥ lɯk˩。
不 認 你 作 子

tai˧˥ ɕwen˧˩ tai˧˥ ʔbau˥ lum˧˩,
代 傳 代 不 忘

xun˧˩ kaŋ˥ kɯn˧˩ kaŋ˥ la˥。
人 講 上 講 下

ʔdwai˧ ɕam˧˥ ʔbau˥ ʔjiau˧˥ kan˥,
不然 也 不 要 緊

wi˧˥ toŋ˧˩ naŋ˧˥ toŋ˧˩ nɯn˧˩。
爲 同 坐 同 睡

13. tai˧˥ ʔbau˥ haɯ˥ ɕuŋ˧ poi˧,
就是 不 許 總 去

θoi˧˩ ʔi˥ θoi˧˩ θø˥ ŋwan˧˥。
時 要 時 所 想

mi˧˩ kjau˧˥ jian˧˩ kam˧ kan˥,
有 教 員 管理

kau˧ fuaŋ˧˥ tam˥ ʔøk˧˥ poi˧。
我 放 胆 出 去

θaɯ˧˥ poi˧ pai˧˩ ʔdeu˧ kau˥,
試 去 次 一 看

ɕuŋ˧ ʔbau˥ ʔjau˧˥ wai˧˩ koi˧˩!
總 不 在(家) 爲奇,一定

pø˧˥ mɯŋ˧˩ θɯaŋ˥ ʔdwai˧ ɕiŋ˧,
父 你 想 不 清

ʔau˧ θe˧˩ θim˧ ma˧ nan˧˥。
拿 邪 心 來 料想

14. kau˧ raŋ˧˥ kɯ˧˩˧ mɯŋ˧˩ nɯ˧˥,
我 吩咐 你 阿

kai˥ ɕau˧˥ xu˧˥ ma˧ ran˧˩!
勿 造 禍 回 家

ʔjiau˧˥ ʔi˥ rø˧˩˧ he˧ ʔdaŋ˧,
要 知 防 身

ɕi˧˩˧ ʔbau˥ kwan˧ kau˧ θai˧˥。
就 不 關 我 事

tem˧ xun˧˩ θai˧ tø˧˩˧ kan˧
同 人 男 相 跟

tai˧˥ ɕip˩ fan˧ ciŋ˧ θu˥!
大 十 分 清 楚

nau˧˩ mɯŋ˧˩ ȵi˧ ɕon˧˩ θat˩,
說 你 聞 句 實

laɯ˧ ʔjau˧˥ ʔjap˦˥ toŋ˧˥ nan˧˩。
怕 在,住 一會 那樣 難

098

15. 嗲咯㞦梁山
丁灵淒衣騎
望衣騎否抾
許咯了當坤
等兄難耢吓
再惡汏丕曹
歪使均[1]肵攔
難嗱嗑魯罷

16. 呈姑哄[2]咯等
望皮幾點鐘
分兄的心中
兄宜吽否斗
許歪等哄咯
四迪淋迪咱
再氣㚊嘈夜
勞爱又劲伝

17. 貢的否歪謹
英台哄兄支
咯攺氣梁兄
當㞦呈親戚
打定睃重离
許咯丕抬[3]攢
眉双伝徒崩
否徒忽為棋

1.字與讀音不合。 2.讀音改為'分'字。
3.字與讀音不合。

以下為祝英合改男裝後與梁山伯的問答詞

15. ɕam˧ mɯŋ˨ poi˨ liaŋ˨ ɕan˧
問 你 兄 梁山
tiŋ˧ liŋ˨ θak˨ pɯ˨˦ wa˦,
剛好 洗 衣褲
muaŋ˨˦ pɯ˨˦ wa˦ ˀbau˥ haɯ˦,
望 衣褲 不 乾
haɯ˥ mɯŋ˨ naŋ˨˦ taŋ˥ hon˧
使 你 坐 路上

taŋ˥ kau˧ nan˨ lai˧ la˨˦?
等 我 久 多 罷
ɕai˦ ˀøk˦ ta˨˦ poi˧ θau˨。
再 出 河 去 洗
ˀjau˦ θaɯ˦ maɯ˨˦ taŋ˨ klaŋ˧。
在 忽然 到 晏
man˦ ˀbon˧ plon˨ lu˧ pa˨˦!
料想 抱怨 罷

16. nuaŋ˧˩˧ kø˧ fan˨˦ mɯŋ˨ raŋ˦,
妹 你 吩咐
muaŋ˨˦ pai˨ koi˥ tiam˥ ɕuŋ˧
望 一次幾 點 鐘
fan˨˦ kau˧ ti˧ θim˧ ɕuŋ˧
我 的心中
kau˧ ŋoi˧˩˧ nau˨ ˀbau˥ tau˥,
我 想 說 不 來

haɯ˥ ˀjau˦ taŋ˥ kɯ˧˩˧ mɯŋ˨。
使 在 等 你
kuak˨˦[1] tɯk˥ lum˨ tɯk˥ ˀbɯ˦。
弄 得 忘 得 厭
ɕai˦ hoi˦ ˀbun˧ rø˧˩˧ xam˨˦。
再,又恐 天 或 晚
lau˧ ˀai˦ ŋau˨˦ lɯk˨ xun˨。
怕 也許 哄騙人子 人

17. klaŋ˧ ti˧ ˀbau˥ ˀjiau˦ kan˥,
晏一點 不 要 緊
ˀiŋ˧ tai˨ kɯ˨ kau˧ ɕoi˧,
英 台 我 吩咐
mɯŋ˨ kai˥ hoi˦, liaŋ˨ juŋ˧!
你 勿 怕,憂 梁 兄
taŋ˦ poi˧˩˧ nuaŋ˧˩˧ ɕin˧ ɕik˥,
像 兄 弟 親戚

ta˥ tiŋ˨˦ xam˨˦ ɕuŋ˧ ˀdoi˧!
就是 晚 總 好
haɯ˥ mɯŋ˨ poi˧ ka˧˩˧ køn˦。
使 你 去 先
mi˨ θøŋ˧ xun˨ tø˧˩˧ paŋ˦。
有 兩 人 相 伴
ˀbau˥ tø˧˩˧ wit˥ wai˨ koi˨!
不 相 棄 爲奇,一定

(1) 或 θau˥ (守)。

100

18. 許呺踯于捋
南吝江水大
勞獨龏丕尸
邁貧护貧爹

再于胻淊汏
議于卦為難
兄眦曈冇覡
旻于兮衣騎

19. 大居卦大江
改惜身路體
吞峇恶炔燵
當兄弟同胞

打定躬僂氿
于号你初貧
越丕烱越干
以否勞化氿

20. 克呺乳貧你
路體氣犯吞
代祢騎恶[1]丕
當貧爹护各

旻昔事的伝
兄听呺的話
初安為君子
代祢騎齊風

1.讀者改字

18. haɯɯ˥ mɯŋ˩ plai˥ ʔi˥ laŋ˧, çai˧˥ ʔi˥ taŋ˩ ham˧˥ ta˩˧。
使 你 走 後尾　　再,又 要 到 岸 河

nam˩ juŋ˩ kjaŋ˧ çwai˥ ta˧˥, ŋoi˧˩˧ ʔi˥ kwa˧˥ wai˩ nan˩。
南 雄 江 水 大　　想 要 過 爲 難

ɬau˧ tøk˥ roŋ˩ poi˧ ʔbɯaŋ˧˥, kau˧ ra˧ lɯaŋ˧˥ ʔdwai˧ han˧。
怕 墜 下 去 側倒　　我 眼 望 不 見

mai˩˧ pan˩ raɯ˩ pan˩ te˧, çam˩˧ ʔi˥ he˧ pu˩˧ wa˧˥。
無論 如 何 如 彼　　也 要 防護 衣 褌

19. tai˩˧ ke˧ kwa˧˥ ta˧˥ kjaŋ˧, ta˥ tiŋ˩˧ ʔdaŋ˧ rau˩ ʔbai˧˥。
大 家 過 大 江　　就是 身 我們 濕

kai˥ θik˥ θan˧ lø˩˧ tai˥, ʔi˥ xau˩˧ nai˧˩˧ çø˧ pan˩。
勿 赤 身 露 體　　要 像 這樣 纔 成

ʔdan˧ ʔbun˧ ʔøk˧˥ ʔdit˥ ʔdat˧˥, jiat˩ poi˧ rak˧˥ jiat˩ kan˧。
個 天 出 日光 熱,曬　　越 去 曬,晾 越 乾

taŋ˧˥ poi˧˩˧ nuaŋ˧˩˧ toŋ˩ pau˧, hi˧˩˧ ʔbau˥ lau˧ wa˧˥ ʔbai˧˥。
如 兄 弟 同 胞　　也 不 怕 褌 濕

20. kɯ˧˩˧ mɯŋ˩ ʔdai˥ pan˩ nai˧˩˧, çam˩˧ θik˥ θai˩˧ ti˧ xɯn˩。
你 得 如此　　也 識 事 的 人

lø˩˧ tai˥ hoi˧˥ fam˩˧ ʔbun˧, kau˧ tiŋ˧˥ mɯŋ˩ ti˧ xwa˩˧!
露 體 恐 犯 天　　我 聽 你 的 話

tai˧˥ pu˩˧ wa˧˥ kwa˧˥ poi˧, çø˧ ʔan˧ wai˩ kjun˧ çai˥。
帶 衣 褌 過 去　　才 算 爲 君 子

taŋ˩˧ pan˩ te˧ raɯ˩ ka˧˩˧, tai˧˥ pu˩˧ wa˧˥ çai˩ rum˩!
若 如 彼 阿　　帶 衣 褌 齊 入水

21. 分僂徒同心　望牌名僂顯
僂太居行善　丕只見老師
添克吆山伯　算十足正京
但時你斗肸　生身貧東向

22. 㐌添吆四對　正合意和時
徒受丕幾䏘　否眉的欝益
朋友否徒謙　飾否甜講味
肸皃丕护椂　動否想㐌離

23. 硯動甫四鵠　否嚕書能幾
㐌添吆同對　正合意嚕麻
氾亦好徒武　兄笑甫他愚
氾甫四烓[1]慮　介讀書只劣

1.字與讀音不合。

21. fan˩˧ rau˨ ŧø˨˩˦ toŋ˨ θim˧, muaŋ˩˧ pai˨ miŋ˨ rau˨ jian˥。
我們 相 同 心 望 牌 名 我們 顯

rau˨ tai˩˧ ke˧ xeŋ˨ θian˩˧, poi˧ ɕi˨˩˦ kian˦ lau˨˩˦ θai˧。
我們 大 家 行 善 去 就 見 老 師

tem˧ kɯ˨˩˦ mɯŋ˨ ɕan˧ pɯk˥˦, θwan˦ ɕip˧ ɕuk˥˦ ɕiŋ˦ kiŋ˧。
同 你 山 伯 算 十 足 正 經

ŧan˩˧ θoi˨ nai˨˩˦ tau˥ ŧaŋ˨ θeŋ˧ ʔdaŋ˧ pan˨ ɕuk˩ mian˩˧。
但 現在 來 到 生 身 成 熟 面

22. ʔdai˥ tem˧ mɯŋ˨ kuak˩˧ toi˩˧, ɕiŋ˦ xap˨ ʔoi˦ ħu˨ ɕi˨。
得 同 你 作 伴 正 合 意 和隨,融洽

ŧø˨˩˦ ɕau˦ ʔjau˦ koi˥ pi˧, ʔɓau˥ mi˨ ti˧ ʔut˥˦ ʔik˥˦。
相 同 住 幾 年 沒 有 點 齟齬

paŋ˨ jau˨˩˦ ʔɓau˥ ŧø˨˩˦ jiam˧, kɯn˧ ʔɓau˥ tiam˨ kaŋ˥ foi˩˧。
朋 友 不 相 嫌 吃 不 甜 講 味

ŧaŋ˨ rai˧ poi˧ rau˨ jɯaŋ˩˧, toŋ˩˧ ʔbau˥ θwaŋ˥ ʔdai˥ li˨。
到 死 去 阿 如彼 不 想 得 離

23. han˧ toŋ˩˧ pu˨˩˦ kuak˩˧ laɯ˨, ʔɓau˥ rø˨˩˦ θaɯ˧ naŋ˨ koi˥!
見 些 人 爲 癡,蠻(不通道理) 不 知 書 能 幾

ʔdai˥ tem˧ mɯŋ˨ toŋ˨ toi˩˧, ɕiŋ˦ xap˨ ʔoi˦ lu˧ ma˨!
得 與 你 同 伴 正 合 意 咯

ʔbaŋ˥ hi˨˩˦ hau˦ ŧø˨˩˦ ʔu˥, kau˧ riau˧ pu˨˩˦ te˧ ŋaɯ˨。
有些 也 好 相 打鬧 我 笑 人 那 愚

ʔbaŋ˥ pu˨˩˦ kuak˦ ʔjak˦ laɯ˨, kai˦ tok˩ θaɯ˧ ɕi˨˩˦ nøi˨˩˦。
有些 人 作 惡 蠻 些 讀 書 就 少

24. 沪吽咯姓祝
咯朋友英台
覩動甫行鹊
肸時你斗曈

重否迚伝贜
叓應旨于論
嘈變捉么欲
岗另榇好耪

25. 分傻行心正
尽動甫咟凋
在伝講于护
命背時多你

改丕听伝吽
變捉兄么欲
親甫愚初信
介你于护歐

26. 伝種講好耪
分唭兄山伯
甫伝咯棋巧
嘈伝妑的鮚

吽英台孙勐
量否欲唭咯
嘈面貌秀才
只改装衣服

24. ʔbaŋ˥ nau˨˩ mɯŋ˨˩ ɕiŋ˧˥ ɕuk˥, ɕuŋ˧ ʔbau˥ tɯk˩ xun˨˩ θai˧。
有些 說 你 姓 祝 都 不 是 人 男

mɯŋ˨˩ paŋ˨˩ jau˧˩˧, ʔiŋ˧ tai˨˩, ɕam˩˧ ʔɯŋ˧ kai˧ ʔi˥ lun˩˧。
你 朋 友 英 台 也 應 該 要 論

ɦan˧ toŋ˩˧ pu˧˩˧ xeŋ˨˩ ɬaɯ˨˩, rø˧˩˧ ʔaĩ˩˧ taɯ˨˩ ma˧ ɲuk˩。
見 些 人 行 蠻 或,也許 拿 來 譏笑

taŋ˨˩ θoi˨˩ naĩ˧˩˧ taɯ˥ lɯaŋ˧˥, kaɯ˥ liŋ˩˧ jɯaŋ˩˧ hau˥ ɬai˧。
到 現在 來 看 看 另 樣 好 多

25. fan˩˧ rau˨˩ xeŋ˨˩ θĩm˧ ɕiŋ˧˥, kai˥ poi˧ tĩŋ˧˥ xun˨˩ nau˨˩!
我們 行 心 正, 勿 去 聽 人 說

ɕan˩˧ toŋ˩˧ pu˧˩˧ pak˧˥ hau˧ ʔai˧˥ taɯ˨˩ kau˧ ma˧ ɲuk˩!
只由着 些 人 口 臭,亂講 會,也許 拿 我 來 譏笑

ɕai˩˧ xun˨˩ kaŋ˥ ʔi˥ raɯ˨˩! ɕan˩˧ pu˧˩˧ ŋaɯ˨˩ ɕø˧ θĩn˧˥。
由,隨便 人 講 罷 只 人 愚 才 信

miŋ˩˧ pøi˧˥ θoi˨˩ lai˧ ni˩˧, kai˧˥ naĩ˧˩˧ ʔi˥ raɯ˨˩ ʔau˧?
命 背 時 多 阿 樣,件 這 有什麽辦法?

26. xun˨˩ ɕuŋ˧ kaŋ˥ hau˥ lai˧, nau˨˩ ʔiŋ˧ tai˨˩ ɬɯk˩ ʔbɯk˥。
人 都 講 好 多 說 英 台 人 女

fan˩˧ kɯ˧˩˧ kau˧ ɕan˧ pɯk˥, lɯaŋ˩˧ ʔbau˥ ɲuk˩ kɯ˧˩˧ mɯŋ˨˩。
我 山 伯 諒 不 識 你

pu˧˩˧ xun˨˩ mɯŋ˨˩ koi˨˩ kjau˥, rø˧˩˧ mian˩˧ mau˩˧ θau˧˥ ɕai˨˩;
個 人 你 奇 巧 或 面 貌 秀 才

rø˧˩˧ xun˨˩ pa˨˩ ti˧ ʔdaŋ˧, ɕi˧˩˧ kai˥ ɕwaŋ˧ ʔi˧ fuk˩。
或 人 女 的 身 就 改 裝 衣 服

27. 因 者 防 眠[1] 路　　眉 事 路 吞 欄
時 你 歪 學 堂　　再 甫 斬 甫 說
忍 朋 友 否 茶　　想 丕 么 皮 訢
要 咯 梁 山 伯　　卷 包 卜 么 欄

28. 英 台 攺 罷 荒　　歪 三[2] 月 添 近
乳 貧 移 促 進　　噌 咯 謹 唭 麻
忍 唭 兄 杀 尾　　兄 各 議 心 箱
添 兄 四 老 同　　否 眉 旬 胡 恨

29. 肵 散 學 子 中　　慢 丕 巡 朋 友
代 夏 總 乳[3] 歪　　想 么 苟 皮 欄
兄 丕 么 徒 酒　　咯 曼 歪 梁 兄
勿 議 于 敬 名　　兄 心 中 于 吜

1. 似是錯字，當作'瞙'　2. 讀者改字　3. 錯字

27. ʔan˧ ɕe˥ faŋ˧˩ xɯn˧˩ lø˦
因爲 作 夢

θoi˧˩ nai˧˩˧ ʔjau˦ xak˧˩ taŋ˧˩,
現在 在 學 堂

wit˥ paŋ˧˩ jau˧˩˧ ʔbau˥ ɕa˧˩,
棄 朋 友 不 查,理

ʔjiau˧ mɯŋ˧˩ liaŋ˧˩ ɕan˧ pɯk˥
邀 你 梁 山 伯

mi˧˩ θai˨˦ lø˨˦ ʔdaɯ˧ ran˧˩。
有 事情 內 家

ɕai˦ pu˧˩˧ ɕam˧˩ pu˧˩˧ ɕuak˧˩。
再,又人 譏 人 笑

θɯaŋ˥ poi˧ ma˧ pai˧˩ ʔjø˥。
想 去 回 一次 看

klian˥ pau˧ puk˨˦ ma˧ ran˧˩。
捲 包 袱 回 家

28. ʔiŋ˧ tai˧˩, kai˥ pa˨˦ wuaŋ˧,
英 台 勿 立刻 慌

ʔdai˥ pan˧˩ lai˧ ɕok˥ ɕan˦!
得 如是 多 急 忙

wit˥ kɯ˧˩˧ kau˧ θat˥ wai˥,
棄 我 收 尾

tem˧ kau˧ kuak˨˦ lau˧˩˧ toŋ˧˩,
同 我 作 老 同

ʔjau˦ koi˥ ʔdɯan˧ tem˧ kan˦!
住 幾 月 添 先

rø˧˩˧ mɯŋ˧˩ kan˥ kɯ˧˩˧ ma˧˩?
知 你 緊 什麽

kau˧ ka˨˦ ŋai˧˩˧ θim˧ θɯaŋ˧。
我 自 想 心 傷

ʔbau˥ mi˧˩ ɕon˧˩ xø˧˩ han˦。
沒 有 句 喉 恨

29. taŋ˧˩ θan˦ xak˧˩ ɕi˧˩˧ ɕuŋ˧,
到 散 學 中

tai˨˦ xa˨˦ ɕuŋ˧ ʔbau˥ ʔjau˦,
就是 強 總 不 住

kau˧ poi˧ ma˧ tø˧˩˧ lau˥!
我 去 回 啦

fat˥ ŋoi˧˩˧ ʔi˥ wit˥ mɯŋ˧˩,
如 想 要 棄 你

men˨˦ poi˧ ɕuɪ˧˩ paŋ˧˩ jau˧˩˧。
再,慢 去 看 朋 友

θɯaŋ˥ ma˧ kaɯ˥ pai˧˩ ran˧˩。
想 回 看 一次 家

mɯŋ˧˩ men˨˦ ʔjau˦, liaŋ˧˩ juŋ˧!
你 再,且 住 梁 兄

kau˧ θim˧ ɕuŋ˧ ʔi˥ nau˨˦。
我 心 中 要 朽爛

30. 先生么肸你
兄暑使皮茶
么外欄兄蹿
朋友斗徒蹀

安名字哄麻
他慮么哄你
于嗲伝初氶
嚕吽客親家

31. 分兄梁山伯
覗咯暑使嗲
徒同⿱丆灬同眠
三紕同受歪

么捋祝九郎
爹歪欄否様
駁爹心冇服
⿰口巾碗粘徒丹

32. 咯嗲祝九郎
哄咯歪你守
念前時至斗
丕同⿱丆灬同眠

姐閙欄兄酒
偠許斗叶[1]咯
均徒受學堂
正是咯廸否

1. 疑'吽'字之誤。

以下是祝英台的弟弟與梁山伯的問答詞

30. θian˥ θeŋ˧ ma˧ taŋ˧˩ nai˥˩,	ʔan˧ miŋ˧˩ çoi˨˦ kɯ˥˩ ma˧˩?
先　生　來　到　此	不知　名　字　什　麼
kau˧ θaɯ˧˥ θi˥ pai˧˩ ça˩,	ta˧ laɯ˧ ma˧ kɯ˥˩ nai˥˩?
我　試　一次查問	打 何處 來　此時
ma˧ røk˨˦ ran˧˩ kau˧ ʔdun˧,	ʔi˥ çam˧ xun˧˩ çø˧ ʔdai˥。
來　外　家　我　立	要　問　人　才　得
paŋ˧˩ jau˥˩ tau˥ tø˥˩ nep˨˦,	rø˥˩ nau˧˩ hek˥ çin˧ kja˧?
朋　友　來　相　訪	知　曰　客　親戚
31. fan˨˦ kau˧ liaŋ˧˩ çan˧ pɯk˦,	ma˧ laŋ˧ çuk˦ kju˥ laŋ˧˩。
我　梁　山　伯	來　家裏　祝　九　郎
han˧ mɯŋ˧˩ θaɯ˧˥ θi˥ çam˧,	te˧ ʔjau˧˥ ran˧˩ ʔbau˥ jɯaŋ˧˥!
見　你　試　問	他　在　家　否
tø˥˩ toŋ˧˩ naŋ˨˦ toŋ˧˩ nɯn˧˩,	wit˦ te˧ θim˧ ʔdwai˧ fuk˩。
相　同　坐　同　睡	棄　他　心　不　服
θam˧ pi˧ toŋ˧˩ çau˧˥ ʔjau˧˥,	kɯn˧ ʔwan˥ xau˥˩ tø˥˩ tan˧。
三　年　同　共　住	吃　盌　飯　相　共
32. mɯŋ˧˩ çam˧ çuk˦ kju˥ laŋ˧˩	çe˥ ʔdaɯ˧ ran˧˩ kau˧ lau˥!
你　問　祝　九　郎	姐　內　家　我　咯
kɯ˥˩ mɯŋ˧˩ ʔjau˧˥ nai˥ çau˥,	men˨˦ haɯ˥ tau˥ xeu˨˦ mɯŋ˧˩。
你　在　此　守	再　使　來　叫　你
niam˨˦ θian˧˩ θoi˧˩ hɯn˥ tau˥,	kun˧ tø˥˩ çau˧˥ xak˧˩ taŋ˧˩。
念　前　時　起　來	均　相　共　學　堂
poi˧ toŋ˧˩ naŋ˧˥ toŋ˧˩ nɯn˧˩,	çiŋ˧˥ θoi˨˦ mɯŋ˧˩ tɯk˨˦ ʔbau˧˥?
去　同　坐　同　睡	正　是　你　是　否

33. 朋友的事路
覘咟否亂嗲
兄哼咟劢宜
甫英台的劢

硬曾嚕硒欗
咟家堂爹吓
么支爹斗蓹
正示祝九郎

34. 么外蘭兄蟬
叺欗么優歪
徒交肹時你
劢俼茂护丕

旦頭名朋友
等兄鑄傘咟
曼心事否淋
辦煙燉惡斗

35. 咟伝妑的躺
英台的朋友
奷老同兄吓
當爹惡丕那

吽叺攔么歪
只丕茂护多
歐句話刀嗲
喊爹么乱否

33\. paŋ˨˩ jau˧˩˧ ti˧ θai˩˧ lø˩˧,
朋　友　的　事情

han˧ mɯŋ˨˩ ʔbau˥ luan˩˧ ɕam˧,
見　你　不　亂　問

kau˧ raŋ˧˥ mɯŋ˨˩ lɯk˩ ŋe˨˩,
我　吩咐　你　孩子

pu˧˩˧ ʔiŋ˧ tai˨˩ ti˧ lɯk˩
個　英　台　的　子

keŋ˧˥ ɕaŋ˨˩ rø˧˩˧ na˥ ran˨˩。
更　未曾　認　家

mɯŋ˨˩ kja˧ taŋ˨˩ te˧ la˧˥?
你　家　堂　他　麼

ma˧ ɕoi˧ te˧ tau˥ ʔjø˥!
回　吩咐　他　來　看

ɕiŋ˧˥ θoi˨ ɕuk˥ kju˥ laŋ˨˩。
正　是　祝　九　郎

以下爲祝英台與梁山伯的問答詞

34\. ma˧ røk˩˧ ran˨˩ kau˧ ʔdun˧
來　外　家　我　立

hau˥ ma˧ ran˨˩ men˩˧ ʔjau˧˥,
進　來　家　再,且　住

tø˧˩˧ kjau˧ taŋ˨˩ θoi˨˩ nai˧˩˧,
相　交　到　現在

lɯk˩ ŋe˨˩ mau˧˥ raɯ˨˩ poi˧?
小孩子　何處　去

tan˨˩ tau˨˩ mɯŋ˨˩ paŋ˨˩ jau˧˩˧!
就是　你　朋　友

taŋ˥ kau˧ ɕau˧˩˧ lɯaŋ˥ mɯŋ˨˩。
等　我　接　傘　你

ɕam˩˧ θim˧ θai˩˧ ʔbau˥ lum˨˩。
也　心　事　不　忘

pan˩˧ ʔjian˧ foi˨˩ ʔøk˧˥ tau˥!
辦　烟　火　出　來

35\. mɯŋ˨˩ xun˨˩ pa˨˩ ti˧ ʔdaŋ˧,
你　女人　的　身

ʔiŋ˧ tai˨˩ ti˧ paŋ˨˩ jau˧˩˧
英　台　的　朋　友

ja˩˧ lau˧˩˧ toŋ˨˩ kau˧ la˧˥?
妻　老　同　我　麼

taŋ˩˧ te˧ ʔøk˧˥ poi˧ na˨˩,
若　他　外　去　田

nau˨˩ hau˥ ran˨˩ ma˧ ʔjau˧˥!
說　入　家　來　住

ɕi˧˩˧ poi˧ mau˧˥ raɯ˨˩ to˧?
就　去　何處　呢

ʔau˧ ɕon˨˩ xwa˩˧ ʔdeu˧ ɕam˧。
拿　句　話　一　問

xeu˧˥ te˧ ma˧ ʔdai˥ ʔbau˧˥?
叫　他　回來　得　否

36. 伝妑装伝職　甫英台正我
梁兄咯冇嚕　只氣數否曽
三靴通冇嚕　心咯坐䊵䊵
親否礼初么　咯劲䑛否斵

37. 貧爹护朋友　咯否陋則旬
苟面貌亦同　护嚕昿号你
护嚕装伝職、[1]　丕同台吔粘
定啤哄咯諾　肚暗吒[2]懞龍

38. 号分兄㱓斗　想朋友四閱
駁咯么肸獮　伝斗嗲歐命
要咯么否么　想閱妑徒受
分哄咯冇礼　議斗哭無談

1,2. 讀音與字不合。

36. xun˨˩ pa˨˩ ɕwaŋ˧ xun˨˩ θai˧, pu˦˨˦ ʔiŋ˧ tai˨˩ ɕin˧˦ ŋø˥。
女人 裝 男人 個人英 台 正 我

liaŋ˨˩ juŋ˧ mɯŋ˨˩ ʔdwai˧ rø˦˨˦, ɕi˦˨˦ hoi˧˦ θø˧˦ ʔbau˥ ɕaŋ˨˩?
梁 兄 你 不 知 就 氣 數 不 會

θam˧ pi˧ ɕuŋ˧ ʔbau˥ rø˦˨˦, θim˧ mɯŋ˨˩ θø˦˨ lai˧ lai˧。
三 年 總 不 知 心 你 老實 多 多

ɕan˧ ʔbau˥ ʔdai˥ ɕø˧ ma˧, mɯŋ˨˩ lɯk˨ ra˧ ʔbau˥ ʔjø˥!
眞 不 得 纔 回 你 眼珠 不 看

37. pan˨˩ te˧ raɯ˨˩, paŋ˨˩ jau˦˨˦? mɯŋ˨˩ ʔbau˥ lau˦˨ θak˥ ɕon˨˩。
如 彼 麼 朋友 你 不 漏 任何 句

kau˥ mian˦˨ mau˦˨ hi˦˨˦ toŋ˨˩, raɯ˨˩ rø˦˨˦ ŋon˨˩ xau˦˨ nai˦˨˦!
看 面 貌 也 同 誰 知 日 像 此

raɯ˨˩ rø˦˨˦ ɕwaŋ˧ xun˨˩ θai˧, poi˧ toŋ˨˩ tai˨˩ kɯn˧ xau˦˨˦!
誰 知 裝 男人 去 同 枱 吃 飯

tiŋ˧˦ ɲi˧ kɯ˦˨˦ mɯŋ˨˩ kaŋ˥, tuŋ˦˨˦ ʔam˧˦ ʔaŋ˥ moŋ˨˩ loŋ˨˩。
聽 聞 你 講 肚 反覆 不淸楚

38. xau˦˨ fan˦˨ kau˧ hɯn˥ tau˥, θɯaŋ˥ paŋ˨˩ jau˦˨˦ kuak˦˨ kwan˧。
比如 我 起 來 想 朋 友 作 丈夫

wit˥ mɯŋ˨˩ ma˧ taŋ˨˩ ran˨˩, xun˨˩ tau˥ ɕam˧ ʔau˧ miŋ˧˦。
棄 你 回來 到 家 人 來 問 要取 命

ʔjiau˧ mɯŋ˨˩ ma˧ ʔbau˥ ma˧, θɯaŋ˥ kwan˧ pa˨˩ tø˦˨˦ ɕau˧˦。
邀 你 來 不 來 想 夫 妻 相配

fan˦˨ kɯ˦˨˦ mɯŋ˨˩ ʔdwai˧ ʔdai˥, ŋoi˦˨˦ tau˥ tai˥ fu˨˩ tam˨˩。
你 不 得 想 來 哭 無 談

39. 昡你斗肸欄　想迚骼叺病
輕咯再放命　硯咬硌毚迷
體子兄否嚕　刹由所好間
三骴徒受咘　宜吽夽処定

40. 咯想迚骼病　代算命無旐
离否乱四関　丕么欄咯酒
伝各近于歐　買頭猪斗定
朋友肸時你　然心事徒鐗

41. 梁甫心有服　嘇咯祝英台
劲兄命[1]于毚　太藥材虎救
朋友咯哄麻　貧関妃初迚
想関妃肸老　吽面貌离移

1. 讀音改作'病'字。

39. ŋon˩ nai˅ tau˥ taŋ˩ ran˩, θɯaŋ˥ tɯk˥ ʔdaŋ˧ hau˥ piŋ˩。
日 這 來 到 家 想 得 身 入 病

kiŋ˧ mɯŋ˩ ɕai˧ ɕoŋ˧ miŋ˩, ȵian˩ xap˩ lin˅ rai˧ mai˩。
經 你 再 放,送 命 願 咬 舌 死 迷

ti˥ θɯ˥ kau˧ ʔbau˥ rø˅, li˥ jau˩ θø˥ hau˧ han˩。
情願 我 不 知 還 猶 所 好 閒

θam˧ pi˧ tø˅ ɕau˧ kɯn˧, ŋoi˩ nau˩ ʔbun˧ ɕam˧ tiŋ˩。
三 年 相 共 吃 疑 說 天 註 定

40. mɯŋ˩ θɯaŋ˥ tɯk˥ ʔdaŋ˧ piŋ˩, tai˩ θuan˧ miŋ˩ fu˩ faŋ˩。
你 想 的 身 病 連,就是 算 命 無 鬼

ʔdoi˧ ʔbau˥ ʔdai˥ kuak˩ kwan˧, poi˧ ma˧ ran˩ mɯŋ˩ lau˥!
好 不 得 作 丈夫 去 回 家 你 罷

xun˩ ka˅ kan˧ ʔi˥ ʔau˧, ɕaɯ˅ rau˥ mau˧ tau˥ tiŋ˩。
人 將近 要 取 買 頭 豬 來 定

paŋ˩ jau˅ taŋ˩ θoi˩ nai˅, jiak˩ θim˧ θai˩ tø˅ klwan˧。
朋 友 到 現在 原 心 事 相 關連(蝕)

以下是梁山伯的母親與祝英台的問答調

41. liaŋ˩ pu˅ θim˧ ʔdwai˧ fuk˩, ɕam˧ mɯŋ˩ ɕuk˥ ʔiŋ˧ tai˩。
梁 人 心 不 服 問 你 祝 英 台

lɯk˩ kau˧ piŋ˩ ʔi˥ rai˧, tai˧ jɯak˩ ɕai˩ hø˥ kau˩。
子 我 病 要 死 就是 藥 材 難 救

paŋ˩ jau˅ mɯŋ˩ kɯ˅ ma˩? pan˩ kwan˧ pa˩ ɕø˧ tɯk˩。
朋 友 你 什 麼 成 夫 妻 纔 是

θɯaŋ˥ kwan˧ pa˩ taŋ˩ lau˅, nau˩ mian˩ mau˧ ʔdoi˧ lai˧。
想 夫 妻 到 老 (梁)說 面 貌 好 多

42. 紅命卦伝拎　放丕揢欗馬
肦時你护各　難乱嫁双閔
大一否蟮想　皮你怨否曾
爹覔丕尸陰　煞来心有卦

43. 爹愛貧忽命　禮丕㬊藥材
兄[illegible]氣粉粉　睹他覔徒酒
兄越議越遠　硯覔迷有着
覔心頭有服　位名祝英台

44. 等唭兄開單　丕么欗名嚕
想唭兄心火　送條祢你爹
歐唭麻乱救　㬊左右兩難
時你名么肦　有乱貧夫婦

42. xoŋ˧˩ miŋ˨˦ kwa˧˥ xun˧˩ kam˧,
紅 命 過 人 握
taŋ˧˩ θoi˧˩ nai˦˨˦ raɯ˧˩ ka˦˨˦,
到 現 在 阿
tai˨˦ ʔit˦˥ ʔbau˥ θen˧˥ θɯaŋ˥,
第 一 不 早 想
te˧ rai˧ poi˧ ʔbɯaŋ˥ ʔim˧,
他 死 去 邊 陰

ɕoŋ˧˥ poi˧ laŋ˧ ran˧˩ ma˥。
放 去 裏 家 馬
nan˧˩ ʔdai˥ ha˧˥ θøŋ˧ kwan˧。
難 得 嫁 兩 夫
pai˧˩ nai˦˨˦ ʔjɯan˧˥ ʔbau˥ ɕaŋ˧˩!
後來 怨 只好
jian˧˩ lai˧˩ θim˧ ʔdwai˧ kwa˧˥。
原 來 心 不 過

43. te˧ ʔai˨˦ pan˧˩ wit˦˥ miŋ˨˦,
他 也許 能,可 棄 命
kau˧ ʔdat˧˥ hoi˨˦ lai˧ lai˧,
我 怒氣 多 多
kau˧ jiat˧˩ ŋoi˦˨˦ jiat˧˩ klai˧,
我 越 想 越 遠
rai˧ θim˧ tau˧˩ ʔdwai˧ fuk˨˦,
死 心 頭 不 服

li˥ poi˧ ɕim˨˦ jɯak˧˩ ɕai˧˩!
還 去 尋 藥 材
kau˥ te˧ rai˧ tø˦˨˦ lau˥!
看 他 死 罷
jian˨˦ rai˧ mai˧˩ ʔdwai˧ θiŋ˥。
現 死 迷 不 醒,省
wai˨˦ mɯŋ˧˩, ɕuk˦˥ ʔiŋ˧ tai˧˩!
爲 你 祝 英 台

44. taŋ˥ kɯ˦˨˦ kau˧ hɔi˧ tan˧,
等 我 開 單
θɯaŋ˥ kɯ˦˨˦ kau˧ θim˧ hu˥,
想 我 心 火
ʔaɯ˧ kɯ˦˨˦ ma˧˩ ʔdai˥ kau˧˥?
拿 什 麽 得 救
θoi˧˩ nai˦˨˦ mɯŋ˧˩ ma˧ taŋ˧˩,
現 在 你 來 到

poi˧ ma˧ ran˧˩ mɯŋ˧˩ ɪu˥!
去 回 家 你 罷
θoŋ˧˥ tiau˧˩ pu˧˥ nai˦˨˦ te˧。
送 條 衣 這 他
ɕam˧˥ θø˥ jau˧˥ liaŋ˥ nan˧˩。
也 左 右 兩 難
ʔdwai˧ ʔdai˥ pan˧˩ fu˧ fu˧˥。
不 得 成 夫 婦

45. 條祢你么呻
分嗔兄枉死
皮你毙勿躬
堪大地九龍

毙位咯魯咱
闊心火貧㣲
提丕葬九龍
近南容大路

46. 眩你丕出嫁
于嫁丕㨢伝
有乱合婚姻
念前時㘴斗

丁灵卦南容
矑覩咯坟墓
丕消香皮饩
于貧丕乱淋

47. 分兄位咯毙
眩你咯丕嫁
丕三𨋓同對
改用跪梁兄

咯英台想卦
假斗饩特兄
假装記伝賤
眉関咯攡馬

以下梁山伯死前的話

45. tiau˧˩ pu˩˧ nai˥˧˥ ma˧ kɯn˧!
條 衣 這 來 吃

fan˩˧ kɯ˥˧˥ kau˧ ʔwuaŋ˥ θɯ˥,
我 枉 死

pai˧˩ nai˥˧˥ rai˧ wit˦˥ ʔdaŋ˧,
現 在 死 棄 身

ham˧ tai˩˧ tɯak˩˧ kju˥ luŋ˧˩,
埋 大 地 九 龍

rai˧ wi˩˧ mɯŋ˧˩ lu˧ nɯ˩˧!
死 爲 你 了

ʔdaɯ˧ θim˧ hu˥ pan˧˩ ˙foi˧˩。
內 心 火,熱 成 火

taɯ˧˩ poi˧ çwaŋ˩˧ kju˥ luŋ˧˩。
拿 去 葬 九 龍

kan˩˧ nam˧˩ juŋ˧˩ ta˩˧ lu˩˧。
近 南 雄 大 路

以下是祝英台與梁山伯的魂的問答詞

46. ŋon˧˩ nai˥˧˥ poi˧ ʔøk˩˧ ha˩˧,
今日 去 出 嫁

ʔi˥ ha˩˧ poi˧ laŋ˧ xun˧˩,
要 嫁 去 家裏 人

ʔdwai˧ ʔdai˥ xap˧˩ hun˧ ʔjian˧,
沒 得 合 婚 姻

niam˩˧ θian˧˩ θoi˧˩ hɯn˥ tau˥,
念 前 時 起 來

tiŋ˧ liŋ˧˩ kwa˩˧ nam˧˩ juŋ˧˩。
恰好 過 南 雄

lɯaŋ˧ han˧ mɯŋ˧˩ fan˧˩ mø˩˧。
看 見 你 墳 墓

poi˧ θiau˧ jiaŋ˧ pai˧˩ θa˥˧˥。
去 燒 香 一次 拜

ʔi˥ pan˧˩ ʔjau˩˧ ʔdai˥ lum˧˩!
要 如何 得 忘

47. fan˩˧ kau˧ wi˩˧ mɯŋ˧˩ rai˧,
我 爲 你 死

ŋon˧˩ nai˥˧˥ mɯŋ˧˩ poi˧ ha˩˧
今日 你 去 嫁

ʔjau˩˧ θam˧ pi˧ toŋ˧˩ toi˩˧,
住 三 年 同 伴

kai˥ juŋ˩˧ kwi˩˧ liaŋ˧˩ juŋ˧,
不 用 跪 梁 兄

mɯŋ˧˩, ʔiŋ˧ tai˧˩, θɯaŋ˥ kwa˩˧?
你 英 台 想 過?

kja˥ tau˥ θa˥˧˥ tak˧˩ kau˧!
假 來 拜 男兒 我

kja˥ çwaŋ˧ koi˩˧ xun˧˩ θai˧。
假 裝 記 男人

mi˧˩ kwan˧ mɯŋ˧˩ ran˧˩ ma˥!
有 丈夫 你 家 馬

48. 嗔 咾 位 兄 兔　　　　然 來 心 賓 恨
兄 丕 心 冇 忍　　　　想 徒 受 四 鐔
添 嗔 咾 山 伯　　　　想 骨 肉 同 埋
于 忽 特 馬 家　　　　于 眉 麻 丞 謹

49. 當 吽 貧 你 詼　　　　開 坟 山 双 户
忽 馬 家 否 想　　　　斗 魯 呈 英 台
礼 意 四 朋 友　　　　兔 徒 受 旻 攔
代 嗔 兄 歸 陰　　　　以 可 心 咾 愿

50. 嘚 三 百 伝 佚　　　　丕 分 兄 魯 咱
丕 貧 風 貧 雲　　　　脱 條 祢 刁 修
皮 你 否 硯 酐　　　　兄 于 卦 陰 州
當 馬 家 胡 蠘　　　　眙 否 硯 兄 酒[1]

1. 讀音與原文不合，改讀作'咱'字。

48. kɯ˧˩˧ mɯŋ˨˩ wi˧˩ kau˧ rai˧,
你 為我死

kau˧ poi˧ θim˧ ʔdwai˧ θan˧˩˧,
我去心 不忍,捨

tem˧ kɯ˧˩˧ mɯŋ˨˩ çan˧ pɯk˦
與 你 山伯

ʔi˥ wit˦ tak˨˩ ma˥ kja˧,
要棄郎馬家

jian˨˩ lai˨˩ θim˧ θat˩ han˧˩。
原來心實恨

θɯaŋ˥ tø˧˩˧ çam˧˩ kuak˩ kum˨˩。
想相同作坑

θɯaŋ˥ kot˦ ŋuk˩ toŋ˨˩ mai˨˩。
想骨肉同埋

ʔi˥ mi˨˩ ma˨˩ ʔjiau˧˥ kan˥!
要有什麼要緊

49. taŋ˧˥ nau˨˩ pan˨˩ nai˧˩˧ tam˨˩,
若果 如此 談

wit˦ ma˥ kja˧ ʔbau˥ θɯaŋ˥,
棄馬家不想

li˧˩˧ ʔi˧˥ kuak˧˩ paŋ˨˩ jau˧˩˧,
自(=有)小 作 朋 友

tai˧˥ kɯ˧˩˧ kau˧ kwai˧ ʔim˧,
同,帶 我 歸 陰

ɦøi˧ fan˨˩ θan˧ θøŋ˧ ʔbɯaŋ˥。
開墳山兩邊

tau˥ lu˧, nuaŋ˧˩˧ ʔiŋ˧ tai˨˩!
來阿 妹 英台

rai˧ tø˧˩˧ çau˧˥ çam˧˩ ran˨˩。
死相同 他家

hi˧˩˧ kø˧ θim˧ mɯŋ˨˩ ŋɯan˧˩!
亦可心你願

50. raŋ˧˥ θam˧ pak˧˥ xun˨˩ fau˧,
吩咐 三 百 人 夫

poi˧ pan˨˩ rum˨˩ pan˨˩ fɯ˥,
去成風成雲

pai˨˩ nai˧˩˧ ʔbau˥ han˧ na˥,
此後 不 見 面

taŋ˧˩ ma˥ kja˧ xø˨˩ xan˨˩,
如馬家喉癢

poi˧ fan˧˩ kau˧ lu˧ nɯ˧˥!
去 我 了阿

tuat˧˥ tiau˨˩ pɯ˧˩ ʔdeu˧ θau˧。
脫條衣一你們

kau˧ ʔi˥ kwa˧˩ ʔim˧ çau˧!
我要過陰州

ra˧ ʔbau˥ han˧ kau˧ nɯ˧˥!
尋不見我了

XIV. 姜子牙

1. 分兄丕崑崙　么㧡咯朋友
他前時𫨩斗　于貧丕忽心
丕練廸胻老　正名号飛熊
丕元始仙翁　么徒巡朋友

2. 甫東海許州　么㧡兄扩養
暑使惡丕曉　正徒斷己年

3. 時你志無能　于么㧡咯丕
𠮿異人朋友　于么受咯吽
斷難有見面　兄丕練仙人
眩麻乱𫨩歎　怨世伝移酒

4. 當貧爹扩各　慢歐下許咯
管么受兄吽　咯姜公改氣

5. 朋友宋異人　算良心乱卦
么吽咯只罷　再歐下許添
宜嘍于辛若　眉木坐乱英
咯否養斗胻　兄愛貧告化

XIV. 姜子牙

以下是姜子牙與宋異人的問答

1. fan˨˦ kau˧ ʔjau˦˨ kun˧ lɯn˧˩
ma˧ laŋ˧ mɯŋ˧˩ paŋ˧˩ jau˧˥。
te˧ θian˧˩ θoi˧˩ hɯn˥ taɯ˥,
ʔi˥ pan˧˩ ʔjau˦˨ wit˥ θim˧!
poi˧ lian˨˦ tɯk˥ taŋ˧˩ laɯ˧˥,
ɕiŋ˦˨ miŋ˧˩ xaɯ˨˦ foi˧ juŋ˧˩。
ʔjau˦˨ jian˧˩ ɕi˥ θian˧ ʔuŋ˧
ma˧ tø˧˥ ɕun˧˩ paŋ˧˩ jau˧˥。

2. pu˧˥ tuŋ˧ hai˥ hi˥ ɕau˧
ma˧ laŋ˧ kau˧ raɯ˧˩ jɯaŋ˨˦?
θaɯ˦˨ θi˥ ʔøk˦˨ poi˧ lɯaŋ˦˨,
ɕiŋ˦˨ tø˧˥ tuan˨˦ koi˥ pi˧。

3. θoi˧˩ nai˧˥ ɕoi˦˨ fu˧˩ naŋ˧˩,
ʔi˥ ma˧ laŋ˧ mɯŋ˧˩ ʔjau˦˨。
ɕam˧ hi˦˨ hin˧˩ paŋ˧˩ jau˧˥,
ʔi˥ ma˧ ɕau˦˨ mɯŋ˧˩ kɯn˧。
tuan˨˦ nan˧˩ ʔdwai˧ han˧ na˥,
kau˧ poi˧ lian˨˦ θen˧ θan˧˩。
ŋon˧˩ ma˧˩ ʔdai˥ hɯn˥ hun˧?
ʔjian˦˨ θoi˦˨ xun˧˩ lai˧ lau˥!

4. taŋ˨˦ pan˧˩ te˧ raɯ˧˩ ka˧˥,
men˨˦ ʔau˧ ja˨˦ haɯ˥ mɯŋ˧˩。
kuan˥ ma˧˩ ɕau˦˨ kau˧ kɯn˧,
mɯŋ˧˩ kjaŋ˧ kuŋ˧ kai˥ hoi˦˨!

5. paŋ˧˩ jau˧˥ θuŋ˦˨ hi˦˨ hin˧˩,
θuan˦˨ lɯaŋ˧˩ θim˧ ʔdai˥ kwa˦˨。
ma˧ kɯn˧ mɯŋ˧˩ ɕi˧˥ pa˨˦,
ɕai˦˨ ʔau˦˨ ja˨˦ haɯ˥ tem˧!
ŋoi˧˥ nau˧˩ ʔi˥ θin˧ hø˥,
mi˧˩ fai˧˥ θø˨˦ ʔdai˥ ʔiŋ˧。
mɯŋ˧˩ ʔɓau˥ ɕɯaŋ˧˥ taɯ˥ taŋ˧˩,
kau˧ ʔai˦˨ pan˧˩ ka˥ wa˦˨!

6. 肸 時 伱 垩 斗　　么 彐 受 閔 把

𠯡 咯 姜 子 牙　　于 田 麻 生 意

7. 議 貧 貧 否 迪　　署 列 符 打 飧

當 乱 賣 龔 行　　愛 乱 班 家 事

生 斗 四 甫 伝　　叓 于 呻 封 足

斗 呻 咯 的 粘　　于 定 歪 也 難

8. 嚕 打 飧 护 體　　算 吊 伱 便 宜

貧 爹 更 家 好　　否 虎 丕 錢 本

9. 唭 咯 小 香 灶　　許 爹 保 發 財

兄 惡 丕 乱 賣　　否 賣 移 可 少

担 丕 肸 朝 歌　　議 己 胡 乱 到

條 担 伱 再 齬　　丕 迪 吡 于 堯

10. 否 勞 賣 肸 腋　　咯 改 信 祭 防

分 僂 獨 處 行　　蘭 护 蘭 否 用

11. 賣 以 賣 否 割　　皮 伱 杀 否 曾

位 甫 奷 否 貧　　初 只 硯 号 伱

再 迪 担 到 么　　好 唭 麻 的 燵

焕 嘶 粘 否 乱　　動 皮 伱 初 諴

124

以下是姜子牙妻與姜子牙的問答

6. taŋ˨˩ θoi˨˩ nai˨˩˦ hɯn˥ tau˥, ma˧ tø˨˩˦ ɕau˧˥ kwan˧ pa˨˩。
ɕam˧ mɯŋ˨˩ kjaŋ˧ θɯ˥ ja˨˩, ʔi˥ kuak˧˥ ma˨˩ θeŋ˧ ʔoi˧˥?

7. ŋoi˨˩˦ pan˨˩ pan˨˩ ʔbau˥ tɯk˦, θaɯ˧ liap˨˩ ruk˦ ta˥ θan˧。
taŋ˧˥ ʔdai˥ hai˧ roŋ˨˩ xaŋ˨˩, ʔai˧ ʔdai˥ pan˧ kja˧ θai˧˥。
θeŋ˧ tau˥ kuak˧˥ pu˨˩˦ xun˨˩, ɕam˧˥ ʔi˥ kɯn˧ fuŋ˧ ɕuk˦。
tau˥ kɯn˧ mɯŋ˨˩ ti˧ xau˨˩˦, ʔi˥ tiŋ˧˥ ʔjaɯ˧ hi˨˩˦ nan˨˩!

8. rø˨˩˦ ta˥ θam˧ raɯ˨˩, tai˨˩˦? θuan˧ tiau˧ nai˨˩˦ pian˨˩ ŋoi˨˩。
pan˨˩ te˧ keŋ˧ kja˧ ʔdoi˧, ʔbau˥ hø˥ poi˧ ɕian˨˩ pøn˥。

9. kɯ˨˩˦ mɯŋ˨˩ θiau˧ jiaŋ˧ ɕau˧˥, hau˥ te˧ pau˥ fat˥ ɕai˨˩。
kau˧ ʔøk˧˥ poi˧ ʔdai˥ hai˧, ʔbau˥ hai˧ lai˧ kø˧ nøi˨˩˦。
rap˧˥ poi˧ taŋ˨˩ ɕau˨˩ kø˧, ŋoi˨˩˦ koi˥ xø˨˩ ʔdai˥ taŋ˨˩?
tiau˨˩ rap˧˥ nai˨˩˦ ɕai˧˥ nak˦ poi˧ tɯk˦ pak˨˩ ʔi˥ rai˧!

10. ʔbau˥ lau˧ hai˧ taŋ˨˩ xam˧˥, mɯŋ˨˩ kai˥ θan˧˥ ɕai˧ faŋ˨˩!
fan˧˥ rau˨˩ tuk˦ ɕau˧ xaŋ˨˩, ran˨˩ raɯ˨˩ ran˨˩ ʔbau˥ juŋ˧˥?

11. hai˧ hi˨˩˦ hai˧ ʔbau˥ kat˧˥, pai˨˩ nai˨˩˦ θat˥ ʔbau˥ ɕaŋ˨˩?
wi˧˥ pu˨˩˦ ja˧˥ ʔbau˥ pan˨˩, ɕø˧ ɕi˨˩˦ han˧ xau˧˥ nai˨˩˦。
ɕai˧˥ tɯk˨˩ rap˧˥ tau˥ ma˧, hau˥ kɯ˨˩˦ ma˨˩ ti˧ ʔdat˧˥!
wuan˧˥ tøn˧˥ xau˨˩˦ ʔbau˥ ʔdai˥, toŋ˧˥ pai˨˩ nai˨˩˦ ɕø˧ xam˨˩!

12. 担麻貧移軀　　护胻脏初么
鍋菜近糙他　　乿贌鮑嚕肉

13. 眩你于毳飢　　咯于韃唭麻
担丕再担么　　叩廸跖總跑[1]
否眉甫护歐　　廸擺兄通血
丕宋叩廸咱　　否覓甫刀茶

14. 蠔唛否魯佛　　快否得唭咯
動養你的伝　　親嚕呻护獨[2]

15. 浸了再浸添　　介工力你各
有乿賣只罷　　再廸处嗱溢
飢廸涷徒豆　　再于受徒争
唭兄浪當丕　　介配時爹呃

16. 否只叩令件　　提[1]耙麵丕賣
改用徒争叧　　于發才命定

17. 然想叩生意　　位運氣否貧
瓞骨否硯根　　壞錢銀咯汝
廸力否貧功　　嚕于浸移少
否乿賣只柰　　再廸担對撈

1.讀音似與字不合.　　2.讀音當作'體'字.

12. rap˦ ma˧ pan˨ lai˧ nak˧˥, raɯ˨ taŋ˨ lap˧˥ çø˧ ma˧?
rek˦ plak˧˥ kan˦ θen˧ ʔda˧, ʔdai˥ çaɯ˨˩˦ pla˧ rø˨˩˦ nø˩˧?

13. ŋon˨ nai˨˩˦ ʔi˥ rai˧ ʔjɯak˦, mɯŋ˨ ʔi˥ ʔdɯat˦ kɯ˨˩˦ ma˨?
rap˦ poi˧ çai˦ rap˦ ma˧, kuak˩˧ tɯk˧˥ ha˧ çuŋ˧ pløn˥。(1)
ʔbau˥ mi˨ pu˨˩˦ raɯ˧ ʔau˧, tɯk˧˥ ʔba˦ kau˧ tuŋ˧ lɯat˩˧!
poi˧ çoŋ˦ kuak˩˧ tɯk˧˥ ʔbɯ˦, ʔbau˥ mi˨ pu˨˩˦ ʔdeu˧ ça˨。

14. neŋ˨ çøm˨ ʔbau˥ rø˨˩˦ pat˧˥, kwai˦ ʔbau˥ ʔdai˥ kɯ˨˩˦ mɯŋ˨。
toŋ˩˧ jɯaŋ˩˧ nai˨˩˦ ti˧ xɯn˨, çan˧ rø˨˩˦ kun˧ raɯ˨, tai˨˩˦

15. çom˧ liaɯ˨˩˦ çai˦ çom˧ tem˧, kai˦ koŋ˧ reŋ˨ nai˨˩˦ ka˨˩˦!
ʔdwai˧ ʔdai˥ hai˧ çi˨˩˦ pa˦, çai˦ tɯk˩ ja˩˧ ʔbon˧ plon˨。
ʔjɯak˦ tɯk˧˥ tɯŋ˨˩˦ tø˨˩˦ taɯ˦, çai˦ ʔi˥ çau˦ tø˨˩˦ çeŋ˧。
kɯ˨˩˦ kau˧ laŋ˨ taŋ˩˧ poi˧, kai˦ pøi˦ θoi˨ te˧ ha˦!

16. ʔbau˥ çi˨˩˦ kuak˩˧ liŋ˩˧ kian˩˧, tai˦ ʔba˧ mian˩˧ poi˧ hai˧。
kai˥ juŋ˩˧ tø˨˩˦ çeŋ˧ lai˧, ʔi˥ fat˥ çai˨ miŋ˩˧ tiŋ˩˧。

17. jian˨ θɯaŋ˥ kuak˩˧ θeŋ˧ ʔoi˦, wi˩˧ hɯn˩˧ hoi˦ ʔbau˥ pan˨。
ra˧ kok˧˥ ʔbau˥ han˧ kan˧, xwai˩˧ çian˨ ŋan˨ mɯŋ˨ ni˥?
tɯk˩ reŋ˨ ʔbau˥ pan˨ koŋ˧, rø˨˩˦ ʔi˥ çom˧ lai˧ ȵøi˨˩˦?
ʔbau˥ ʔdai˥ hai˧ çi˨˩˦ θat˥, çai˦ tɯk˩ rap˦ tøi˦ laŋ˧!

---

(1) 或讀 nat˧˥

18. 打定又再浸
名要心于恳

19. 當貧爹開咟
昡你再廸呆
件件否乳吶
當再賣否割

20. 分兄暉咟門
安只了下養

21. 許丕賣麵粑
么當坤初博
武成主馬縅
丁令駕風移

22. 當世伝弖斗
門你廸力移

23. 嗔名貧你吽
當再賣否割
當哃㗂受吡
京否覔伝吶

兄一文否算
褈開量許名

暑使担丕賣
擱鈄兔只罷
打安名擺博
命乳惡貧移

硯担輕尸弓
暑使建[1]箕[2]名

踨空么樂粭
手亍拾種難
亍卦斗嗔麻
受當賣皮獨

名實否眉財
許丕賣貶尺

然否憂提担
名否狀兄护
皮你亍护歐
太臧名種杀

1. 讀音與字不合。 2. 或是'箕'字之誤?

18. ta˥ tiŋ˨˦ jau˨˦ çai˦ çom˧,　　kau˧ ʔit˥ mon˨ ʔbau˥ θuan˦。

mɯŋ˨ ʔi˥ θim˧ ʔi˥ ȵɯan˨˦,　　çuŋ˧ høi˧ lɯaŋ˨˦ haɯ˥ poi˨˩˧。

19. taŋ˨˦ pan˨ te˧ høi˧ pak˦,　　θaɯ˦ θi˥ rap˦ poi˧ hai˧。

ŋon˨ nai˨˩˧ çai˦ tɯk˩ ŋai˨,　　θak˩ rau˥ rai˧ çi˨˩˧ pa˨˦。

kian˨˦ kian˨˦ ʔbau˥ ʔdai˥ kɯm˧,　　ta˥ ʔam˧ mɯŋ˨ ʔba˦ plak˨˦。

taŋ˨˦ çai˦ hai˧ ʔbau˥ kat˦,　　miŋ˨˦ ʔdai˥ ʔjak˦ pan˨ lai˧!

20. fam˨˦ kau˧ ʔdun˧ pak˦ tau˧,　　ham˧ rap˦ ʔbau˧ ʔbɯuŋ˥ ʔbɯaŋ˦。

ʔan˧ çi˨˩˧ liaɯ˨˩˧ la˥ jɯaŋ˨˦!　　θaɯ˦ θi˥ lɯaŋ˦ kɯ˨˩˧ mɯŋ˨。

21. haɯ˥ poi˧ hai˧ mian˨˦ ʔba˧,　　plai˥ hoŋ˦ ma˧ løt˨˦ ŋøt˨˦。

ma˧ taŋ˥ hon˧ çø˧ pøk˦,　　faɯ˨ ʔi˥ køp˦ çuŋ˧ nan˨。

ʔu˥ çiŋ˨ waŋ˨ ma˨˩˧ fau˨˩˧,　　ʔi˥ kwa˦ tau˥ kɯ˨˩˧ ma˨?

tiŋ˧ liŋ˨ ra˦ rum˨ lai˧,　　çam˨˦ taŋ˦ hai˧ poi˧ tøk˨˦!

22. taŋ˧ θoi˦ xun˨ hɯn˥ tau˥,　　mɯŋ˨ θat˩ ʔbau˥ mi˨ çai˨。

møn˨ nai˨˩˧ tɯk˩ reŋ˨ lai˧,　　haɯ˥ poi˧ hai˧ pin˥ çit˥。

23. kɯ˨˩˧ mɯŋ˨ pan˨ nai˨˩˧ nau˨,　　jian˨ ʔbau˥ ʔjau˧ taɯ˨ rap˦。

taŋ˨˦ çai˦ hai˧ ʔbau˥ kat˦,　　mɯŋ˨ ʔbau˥ fat˨˦ kau˧ raɯ˨?

taŋ˨˦ hau˧ nau˦ çau˦ pi˦,　　pai˨ nai˨˩˧ ʔi˥ raɯ˨ ʔau˧?

kiŋ˧ ʔbau˥ mi˦ xun˨ kɯn˧,　　tai˦ xøk˨ mɯŋ˨ çuŋ˧ θat˥!

氕等咯改氣
改用氣貧䝞

更干難䝞嚐
否覔甫护吭
種啁吅滿蔺
田迪淋迪咱

丕半猪只罷
種否罵㖞咯

伝田令禁磨
犯規摸的例
氕律猪有睑
弄利頭再啪

叶卜卦咯叉
許咯平日子

閑否奈氘傻
爹覥氕只跑
初算安利害
否氘準特傻

24. 賣否了各吭
惡丕田生意

25. 六月的時間
迪嚀浸吠吠
動肉迪貧受
定乑歪從從

26. 弔你嗯買啁
再浸添护各

27. 丁叉委再㖣
迪丕胻朝歌
伝㷍書咟倫
伝歐空丕酒

28. 定歪咯只罷
想𡉄牡丹亭

29. 覔乜徒精怪
㖞咯改用憂
逐丕西岐山
㖞爹的法寶

24. hai˧ ʔbau˥ liau˧˥ ka˨˦ kɯɯn˧, kau˧ taŋ˥ mɯɯŋ˧˩, kai˥ hoi˦!

ʔøk˨˦ poi˧ kuak˨˦ θeŋ˧ ʔoi˦, kai˥ juŋ˨˦ hoi˦ pan˧˩ lai˧!

25. luk˩ ŋ̊iat˧˩ ti˧ θoi˧˩ kan˧, keŋ˦ kan˧ nan˧˩ lai˧ lu˥!

tɯk˩ neŋ˧˩ çøm˧˩ ru˧˩ ru˧˥, ʔbau˥ mi˧˩ pu˧˥ raɯ˧˩ kɯɯn˧。

toŋ˨˦ nø˨˦ tɯk˥ pan˧˩ çau˦, çuŋ˧ hau˧ nau˨˦ muan˧˥ ran˧˩。

tiŋ˨˦ naŋ˨˦ ʔjau˦ θum˧˩ θum˧˩, kuak˨˦ tɯk˥ lum˧˩ tɯk˥ ʔbɯ˦。

26. tiau˦ nai˧˥ ʔan˧ mai˥ hau˧, poi˧ puan˦ mau˧ çi˧˥ pa˨˦!

çai˦ çom˧ tem˧ raɯ˧˩ ka˧˥, çuŋ˧ ʔbau˥ ʔda˦ kɯ˧˩ mɯɯŋ˧˩。

27. tiŋ˧ liŋ˧˩ ʔbun˧ çai˦ reŋ˧˥, xun˧˩ kuak˨˦ liŋ˨˦ kim˦ tø˧˩。

tɯk˥ poi˧ taŋ˧˩ çau˧˩ kø˧, fam˨˦ kwai˧ mø˧˩ ti˧ lai˨˦。

xun˧˩ tiap˥ θaɯ˧ pak˨˦ tau˧, kau˧ lut˩ mau˧ ʔdwai˧ ʔem˨˦。

xun˧˩ ʔau˧ hoŋ˦ poi˧ lau˥, loŋ˨˦ li˨˦ rau˥ çai˦ ʔdø˧!

28. tiŋ˦ ʔjau˦ mɯɯŋ˧˩ çi˧˥ pa˨˦! nau˧˩ puk˥ kwa˦ mɯɯŋ˧˩ liŋ˧˩。

θɯaŋ˥ hɯɯn˥ mau˥ tan˧ tiŋ˧˩, haɯ˥ mɯɯŋ˧˩ piŋ˧˩ θat˩ çoi˥。

29. mi˧˩ koi˥ tu˧˩ çiŋ˧ kwai˦, xan˧˩ ʔbau˥ nai˨˦ ʔdai˥ rau˧˩。

kɯ˧˥ mɯɯŋ˧˩ kai˥ juŋ˨˦ ʔjau˧, te˧ han˧ kau˧ çi˧˥ puat˥。

pon˦ poi˧ θi˧ ki˧˩ çan˧, çø˧ θuan˦ ʔan˧ li˨˦ xai˨˦。

kɯ˧˥ te˧ ti˧ fap˥ pau˥ ʔbau˥ ʔdai˥ tau˥ tak˧˩ rau˧˩。

30. 許　丕　南　門　街　　開　招　排　卜　卦
　　講　乳　灵　抑　各　　只　丕　酾　揚　名

31. 件　件　四　卦　度　　財　倰　汰　豨　豨
　　惡　丕　輓　招　排　　斷　伝　嵬　總　乳
　　兄　然　㚇　領　師　　暑　丕　皮　刀　鬍
　　勞　望　吐[1]　添　吐[1]　　各　䶐　眡　旁　台

32. 分　兄　斗　賣　柴　　䝢　覞　吢　鋪　号
　　從　甫　护　所　教　　哆　吢　老　先　生

33. 吢　提　柴　丕　賣　　只　發　財　書　體
　　吚　双　碗　酒　蛋　　再　乳　百　弍　錢
　　担　礼　㕂　丕　擺　　受　講　價　卷　街
　　嚕　爹　灵　否　灵　　乳　點　心　四　界

34. 兄　劉　乾　斗　算　　只　眉　養　护　义
　　分　吢　姜　子　牙　　難　仙　家　定　酒

35. 分　兄　老　先　生　　講　只　丁　嚕　否
　　挽　招　排　哂　鋪[1]　　否　亂　㞙　伝　吚
　　兄　四　匠　卜　卦　　然　歐　價　豨　鈃
　　算　甫　甫　中　灵　　吢　　　成　只　苟

1. 讀音似與字不合。

30. haɯ˥ poi˧ nam˨ møn˨ kai˧, høi˧ çiau˧ pai˨ puk˥ kwa˦。
kaŋ˥ ˀdai˥ liŋ˨ raɯ˨ ka˨˩˦, çi˨˩˦ poi˧ na˥ jaŋ˨ miŋ˨!

31. kian˩˧ kian˩˧ kuak˩˧ kwa˦ tø˩˧, çai˨ rau˨ hø˥ lai˧ lai˧。
ˀøk˦ poi˧ wen˥ çiau˧ pai˨, tuan˦ xun˨ rai˧ çuŋ˧ ˀdai˥。
kau˧ jian˨ çam˩˧ liŋ˩˧ θai˧, θaɯ˦ poi˧ pai˨ ˀdeu˧ ˀjø˥。
lau˧ muaŋ˩˧ ˀjap˥ tem˧ ˀjap˥, ka˩˧ ra˧ lap˥ paŋ˨ tai˨。

以下是賣柴者與姜子牙的問答

32. fan˩˧ kau˧ tau˥ hai˧ fun˨, lɯaŋ˩˧ han˧ mɯŋ˨ pau˦ xau˩˧。
çuŋ˨ pu˨˩˦ raɯ˨ θø˥ kjau˦? çam˧ mɯŋ˨ lau˥ θian˧ θaŋ˧。

33. mɯŋ˨ taɯ˨ fun˨ poi˧ hai˧, çi˨˩˦ fat˥ çai˨ lu˥, tai˨˩˦!
kɯn˧ θøŋ˧ ˀwuan˥ lau˥ rai˦, çai˦ ˀdai˥ pak˦ ŋoi˩˧ çian˨。
rap˦ li˨˩˦ ˀjau˦ kɯn˨ ˀba˦, çau˦ kaŋ˥ ka˦ xøŋ˩˧ kai˧。
rø˨˩˦ te˧ liŋ˨ ˀbau˥ liŋ˨, ˀdai˥ tiam˥ θim˧ θoi˦ kai˦。

以下是劉乾與姜子牙的問答

34. kau˧ lau˨ kan˧ tau˥ θuan˦, çi˨˩˦ mi˨ jɯaŋ˩˧ raɯ˨ ça˧?
fan˩˧ mɯŋ˨ kjaŋ˧ θɯ˥ ja˨, nan˦ θian˧ kja˧ tiŋ˩˧ lau˥!

35. fan˩˧ kau˧ lau˥ θian˧ θeŋ˧, kaŋ˥ çi˨˩˦ teŋ˧, rø˨˩˦ ˀbau˥?
wen˥ çiau˧ pai˨ pak˦ tau˧, ˀbau˥ luan˩˧ ŋau˦ xun˨ kɯn˧。
kau˧ kuak˩˧ çaŋ˩˧ puk˥ kwa˦, jian˨ ˀau˧ ka˦ lai˧ peŋ˨。
θuan˦ pu˨˩˦ pu˨˩˦ çuŋ˧ liŋ˨ mɯŋ˨ ˀjap˥ çiŋ˨ çi˨˩˦ kau˥。

36. 伝　講　公　你　灵　　迪　滿　城　斗　算
叭　丕　火　吠　吠[1]　　甫　甫　算　丁　胡

37. 玉　女　琵　琶　精　　然　丁　灵　斗　算
拎　手　迪　否　放　　歐　硖　覌　打　咯
咯　于　逃　否　乳　　分　兄　你　仙　人
畫　符　帖　叭　胎　　咯　干　難　變　换

38. 妖　你　孙　嶒　离　　正　星　姨　妲　己
打　迪　血　總　淚　　咯　否　使　放　手

39. 徒　你　徒　精　怪　　伝　否　愛　噌　肦
氣　勞　成　變　身　　初　来　拎　否　放
兄　正　忽　否　提　　眉　甫　护　乳　害
号　爹　否　斗　算　　否　羅　亂　乳　靚

40. 分　兄　商　受　皇　　暑　皮　嘇　咯　苟
徒　精　怪　的　後　　只　貧　歪　使　伝

41. 兄　貧　歪　否　嚕　　正　歪　墓　軒　輮
定　老　師　所　傳　　以　否　盗　皇　帝
額　定　否　迪　伝　　否　信　咯　只　鄱
否　提　徒　精　怪　　氣　勞　敗　吞　园

1. 讀者不知後三字如何讀。

以下是玉女琵琶精與姜子牙的問答

36. xun˧˩ kaŋ˥ koŋ˧ nai˧˥ liŋ˧˩,
tɯk˦˥ muan˧˥ ɕiŋ˧˩ tau˥ θuan˨˦。
hau˥ poi˧ . . .
pu˧˥ pu˧˥ θuan˨˦ teŋ˧ xø˧˩。

37. hi˨˦ ni˥ pi˧˩ pa˧˩ ɕiŋ˧
jian˧˩ tiŋ˧ liŋ˧˩ tau˥ θuan˨˦。
kam˧ faɯ˧˩ tɯk˦˥ ʔbau˥ ɕuaŋ˨˦,
ʔau˧ rin˧ ɲian˦˨ tup˩ mɯŋ˧˩。
mɯŋ˧˩ ʔi˥ teu˧˩ ʔbau˥ ʔdai˥,
fan˦˨ kau˧ nai˧˥ θian˧ hin˧˩。
xwa˦˨ fau˧˩ tiap˥ hau˥ ʔdaŋ˧,
mɯŋ˧˩ kan˧ nan˧˩ pian˨˦ wuan˦˨。

以下是旁觀者與姜子牙的問答

38. ta˧˥ nai˧˥ lɯk˦˨ θau˧ ʔdoi˧,
ɕiŋ˨˦ nuaŋ˧˥ hoi˧˩ tan˧˩ ki˥。
tup˩ tɯk˦˥ lɯat˩ ɕuŋ˧ rui˦˨,
mɯŋ˧˩ ʔbau˥ θi˥ ɕuaŋ˨˦ faɯ˧˩。

39. tu˧˩ nai˧˥ tu˧˩ ɕiŋ˧ kwai˨˦,
xun˧˩ ʔbau˥ ʔai˨˦ rø˧˥ taŋ˧˩。
hoi˨˦ lau˧ ɕiŋ˧˩ pian˨˦ θan˧,
ɕø˧ tau˥ kam˧ ʔbau˥ ɕuaŋ˨˦。
kau˧ ɕiŋ˨˦ fat˦˥ ʔbau˥ taɯ˧˩,
mi˧˩ pu˧˥ raɯ˧˩ ʔdai˥ xai˦˨。
xau˦˨ te˧ ʔbau˥ tau˥ θuan˨˦,
ʔbau˥ lai˧˩ luan˦˨ ʔdai˥ han˧。

以下是商紂王與姜子牙的問答

40. fan˦˨ kau˧ ɕaŋ˧ ɕau˨˦ waŋ˧˩,
θaɯ˨˦ pai˧˩ ɕam˧ mɯŋ˧˩ kau˥。
tu˧˩ ɕiŋ˧ kwai˨˦ ti˧ xau˦˨
ɕi˧˥ pan˧˩ ʔjau˨˦ pian˨˦ xun˧˩。

41. kau˧ pan˧˩ ʔjau˨˦ ʔbau˥ rø˧˥!
ɕiŋ˨˦ ʔjau˨˦ mø˦˨ kian˧ jian˧˩。
tiŋ˦˨ lau˥ θai˧ θø˥ ɕwen˧˩,
hi˧˥ ʔbau˥ muan˧˩ waŋ˧˩ tai˦˨。
ŋek˧˩ tiŋ˦˨ ʔbau˥ tɯk˩ xun˧˩,
ʔbau˥ θan˨˦ mɯŋ˧˩ ɕi˧˥ ʔjø˥。
ʔbau˥ taɯ˧˩ tu˧˩ ɕiŋ˧ kwai˨˦,
hoi˨˦ lau˧ pai˦˨ ʔdan˧ θuan˧。

42\. 封 叩 奷 大 夫　　　　乿 嚐 徒 精 怪
肚 使 以 利 害　　　　否 殺 彩 的 伝[1]

43\. 乿 叩 奷 大 夫　　　　礼 告 辭 否 歪
咯 太 愚 粅 酒　　　　生 咯 斗 哄 麻

44\. 犿 時 氣 否 眉　　　　丕 西 岐 否 體
釣 魚 于 謂 水　　　　眉 時 乿 型 趺
分 喀 兄 所 玩　　　　礼 于 難 已 年
冇 于 貧 歪 歐　　　　兄 可 吽 貧 你

45\. 分 咯 骨 告 化　　　　否 叩 奷 哄 咯
許 哄 咯 使 書　　　　賣 茂 护 總 乿

46\. 當 貧 爹 护 各　　　　齊 提 斵 型 㚘
各 甫 各 䏧 吘　　　　否 認 咯 叩 奷
改 用 怨 否 林　　　　在 哄 咯 想 卦
嫌 特 兄 告 化　　　　咯 曾 嫁 許 伝

47\. 養 你 實 否 愛　　　　否 告 在 哄 咯
兄 丕 管 劢 伝　　　　礼 乿 吘 景 志

1. 此下原抄本似脱去一首八句詩，詞意當即向紂王辭官不就。

136

42. fuŋ˧ kuak˩ ja˨˦ ta˦ fu˧, ʔdai˥ rø˨˩˦ tu˨ çiŋ˧ kwai˦。

tuŋ˨˩˦ θai˥ hi˨˩˦ li˨˦ xai˨˦, ʔbau˥ çat˥ θai˥ ti˧ xun˨。

以下是姜子牙妻與姜子牙的問答

43. ʔdai˥ kuak˨˦ ja˨˦ ta˦ fu˧, li˨˩˦ kau˦ θɯ˨ ʔbau˥ ʔjau˦。

mɯŋ˨ tai˦ ŋaɯ˨ lai˧ lau˥! θeŋ˧ mɯŋ˨ tau˥ kɯ˨˩˦ ma˨?

44. kai˦ θoi˨ hoi˦ ʔbau˥ mi˨, poi˧ θi˧ ki˨ ʔbau˦, tai˨˩˦?

tiau˦ pla˧ hi˨ wai˦ çwai˥, mi˨ θoi˨ ʔdai˥ hɯn˥ huŋ˧。

fan˨˦ kɯ˨˩˦ kau˧ θø˥ ŋwan˨˦, li˨˩˦ ʔi˥ nan˨˦ koi˥ pi˧。

ʔdwai˧ ʔi˥ pan˨ ʔjau˦ ʔau˧? kau˧ kø˧ nau˨ pan˨ nai˨˩˦。

45. fan˨˦ mɯŋ˨ ʔdøk˨˦ ka˥ wa˦! ʔbau˥ kuak˨˦ ja˨˦ kɯ˨˩˦ mɯŋ˨。

haɯ˥ kɯ˨˩˦ mɯŋ˨ θi˥ θaɯ˧。 hai˧ mau˦ raɯ˨ çuŋ˧ ʔdai˥。

46. taŋ˨˦ pan˨ te˧ raɯ˨ ka˨˩˦, çai˨ taɯ˨ na˥ hɯn˥ ʔbun˧。

ka˨˦ pu˨˩˦ ka˨˦ ra˧ kɯn˧, ʔbau˥ jin˨˦ mɯŋ˨ kuak˨˦ ja˨˦。

kai˥ juŋ˨˦ ʔjian˨˦ ʔbau˥ lum˨, çai˨˦ kɯ˨˩˦ mɯŋ˨ θɯaŋ˥ kwa˦。

jiam˨ tak˨ kau˧ ka˥ wa˦, mɯŋ˨ kuan˥ ha˦ haɯ˥ xun˨。

47. jɯaŋ˨˦ nai˨˩˦ θat˩ ʔbau˥ ʔai˦, ʔbau˥ kau˦ çai˨˦ kɯ˨˩˦ mɯŋ˨。

kau˧ poi˧ kuan˥ lɯk˩ xun˨, li˨˩˦ ʔdai˥ kɯn˧ kiŋ˧ çoi˦。

XV. 珠文瑞

1.曾　生　夳　處　定　　兄　只　令　麻　伝
粘　穜　否　眉　咘　　斗　𦕈　柴　養　命
分　唭　兄　的　躺　　叏　難　富　百　姓
于　眩　麻　卦　世　　天　地　處[1]　否　云

2.兄　上　界　的　伝　　曈　覌　名　當　苦
太　初　卦　移　魯　　想　補　助　唭　名

3.的　护　貧　你　講　　重　劉　浪　的　伝
兄　粘　否　眉　咘　　再　養　名　添　护
眩　你　斗　覌　名　　實　心　中　虎　難
妚　俌　护　通　咿　　礼　罒　号　你　伝

4.分　客　兄　張　四　　想　么　配　下　凢
倚　認　名　罒　閔　　名　忽　寒　丕　否

5.叄　护　号　你　養　　兄　各　想　迪　弄
选　菓　只　覌　菓　　名　伝　龍　护　體
眩　你　斗　𦕈　柴　　利　遇　名　壟　尸
兄　原　来　否　想　　眗　介　養　否　同

1.讀音似與字不合。

XV. 珠文瑞

全篇是珠文瑞與仙女對話

1. ɕaŋ˧˩ θeŋ˧ ʔbun˧ ɕaɯ˦˨ tiŋ˨˦, kau˧ ɕi˧˥ liŋ˨˦ ma˧˩ xun˧˩?
xau˧˥ ɕuŋ˧ ʔbau˥ mi˧˩ kɯn˧, tau˥ ra˧ fun˧˩ ɕɯaŋ˧˥ miŋ˨˦。
fan˨˦ kɯ˧˩ kau˧ ti˧ ʔdaŋ˧ ɕam˨˦ nan˧˩ taŋ˧ pek˥ θiŋ˦˨!
ʔi˥ ŋon˧˩ ma˧˩ kwa˦˨ θoi˦˨? tian˧ toi˨˦ ɕoi˦˨ ʔbau˥ jun˧˩!

2. kau˧ ɕaŋ˦˨ kjai˦˨ ti˧ xun˧˩, lɯaŋ˦˨ han˧ mɯŋ˧˩ taŋ˧ ku˥。
tai˦˨ ɕø˧ kwa˦˨ lai˧ lu˥! θɯaŋ˥ pau˥ ɕu˨˦ kɯ˧˥ mɯŋ˧˩

3. te˧ raɯ˧˩ pan˧˩ nai˧˥ kaŋ˧? ɕuŋ˨˦ lau˧˩ laŋ˨˦ ti˧ xun˧˩?
kau˧ xau˧˥ ʔbau˥ mi˧˩ kɯn˧, ɕai˦˨ ɕɯaŋ˧˥ mɯŋ˧˩ tem˧ raɯ˧˩?
ŋon˧˩ nai˧˥ tau˥ han˧ mɯŋ˧˩, θat˩ θim˧ ɕuŋ˧ hø˥ nan˨˦。
ha˦˨ pu˧˥ raɯ˧˩ ɕuŋ˧ ʔbau˦˨, li˧˥ kuak˨˦ xau˨˦ nai˧˥ xun˧˩?

4. fan˨˦ kɯ˧˥ kau˧ ɕɯaŋ˧ θoi˦˨, θɯaŋ˥ ma˧ poi˦˨ ja˨˦ fam˧˩。
ʔi˥ ŋin˨˦ mɯŋ˧˩ kuak˨˦ kwan˧, mɯŋ˧˩ wit˦ xan˧˩ poi˧ ʔbau˦˨?

5. te˧ raɯ˧˩ xau˨˦ nai˧˥ jɯaŋ˨˦? kau˧ ka˨˦ θɯaŋ˥ tɯk˦ loŋ˧。
θen˥ ʔdoŋ˧ ɕi˧˥ han˧ ʔdoŋ˧。 mɯŋ˧˩ xun˧˩ loŋ˧˩ raɯ˧˩, tai˧˥?
ŋon˧˩ nai˧˥ tau˥ ra˧ fun˧˩, li˥ rop˩ mɯŋ˧˩ loŋ˧˩ ʔbɯaŋ˥。
kau˧ jian˧˩ lai˧˩ ʔbau˥ θɯaŋ˥, kau˥ kai˦˨ jɯaŋ˨˦ ʔbau˥ toŋ˧˩。

6. 家 劳 兄 否 溓　　偻 當 天 斷 非
咯 歐 么 四 奸　　只 太 巴 錢 銀

7. 兄 通 否 眉 槲　　只 干 難 徒 酒
兄 呻 粘 有 叩　　于 貧 丕 養 咯
眺 柴 迪 肸 眩　　初 乳 糋 粘 岻
斤 粘 好 毟 鐵　　受 凄 凉 魯 否

8. 要 許 斤 丕 么　　否 眉 家 只 丕
么 喙 佲 咯 眴　　等 徙 受 閬 她

9. 貧 爹 只 么 洒　　等 徒 受 呻 糟
佲 兄 吽 否 登　　咯 非 撂 改 怨
空 可 慢 叺[1] 么　　成 温 加 劲 呋
割 咉 么 四 乤　　魯 告 化 否 曾

10. 議 斗 受 威 使　　有 只 意 护 歐
動 喜 外 百 偷　　安 地 偻 夯 没

11. 實 契 叔 嗔 咯　　么 受 籠 告 化
地 空 偻 太 巴　　位 木 瓦 否 眉
歐 草 么 四 登　　咯 意 瓜 魯 踵
粘 種 否 眉 呻　　實 對 咯 無 酐

1. 讀旨改字。

6. kja˧ kuŋ˧˩ kau˧ ˀbau˥ jiam˧,　　rau˧˩ taŋ˧ tian˧ tuan˨˦ kwa˨˦。
mɯŋ˧˩ ˀau˧ ma˧ kuak˧˥ ja˨˦,　　ɕi˦˨ tai˧˥ pa˥ ɕian˧˩ ŋan˧˩。

7. kau˧ ɕuŋ˧ ˀbau˥ mi˧˩ ran˧˩,　　ɕi˦˨ kan˧ nan˧˩ tø˦˨ lau˥!
kau˧ kɯn˧ xau˦˨ ˀdwai˧ kau˨˦,　　ˀi˥ pan˧˩ ˀjau˨˦ ɕɯaŋ˦˨ mɯŋ˧˩ˀ
ra˧ fun˧˩ tɯk˥ taŋ˧˩ lap˥,　　ɕø˧ ˀdai˥ ˀbat˥ xau˦˨ θan˧。
kan˧ xau˦˨ hau˥ lai˧ ɕian˧˩,　　θau˧˥ θi˧ liaŋ˧˩ lu˧ ˀbau˨˦!

8. ˀjiau˨˦ haɯ˥ kan˧ poi˧ ma˧,　　ˀbau˥ mi˧˩ kja˧ ɕi˦˨ ˀjau˨˦。
ma˧ ɕam˧ me˧˥ mɯŋ˧˩ kau˥,　　taŋ˥ tø˦˨ ɕau˨˦ kwan˧ pa˧˩。

9. pan˧˩ te˧ ɕi˦˨ ma˧ lau˥!　　taŋ˥ tø˦˨ ɕau˨˦ kɯn˧ waŋ˧。
me˧˥ kau˧ nau˧˩ ˀbau˥ taŋ˧,　　mɯŋ˧˩ kwa˨˦ laŋ˧ kai˥ ˀjian˨˦!
hoŋ˧ kø˧ men˧˥ pa˧˩ ma˧,　　ɕiŋ˧˥ ˀon˧ kla˧ lɯk˨˩ rau˥。
kat˥ xa˧˩ ma˧ kuak˧˥ ŋwa˦˨,　　rø˦˨ ka˥ wa˨˦ ˀbau˥ ɕaŋ˧˩?

10. ŋoi˦˨ tau˥ ɕam˧˥ ˀwi˥ θi˥,　　mi˧˩ ɕi˦˨ ˀi˥ raɯ˧˩ ˀau˧?
toŋ˧˥ hoi˥ røk˧˥ pak˨˦ tau˧,　　ˀan˧ tɯak˧˥ rau˧˩ la˥ ni˧˥?

11. θat˨˩ hoi˨˦ θø˨˦ kɯ˦˨ mɯŋ˧˩,　　ma˧ ɕau˨˦ ruŋ˧˩ ka˥ wa˨˦。
tɯak˧˥ hoŋ˨˦ rau˧˩ tai˧˥ pa˥,　　wi˧˥ fai˦˨ ŋwa˦˨ ˀbau˥ mi˧˩。
ˀau˧ θau˦˨ ma˧ kuak˧˥ taŋ˨˦,　　mɯŋ˧˩ ˀi˥ naŋ˧˥ rø˦˨ ˀdun˧?
xau˦˨ ɕuŋ˧ ˀbau˥ mi˧˩ kɯn˧,　　θat˨˩ tøi˨˦ mɯŋ˧˩ fu˧˩ na˥。

兄初么照過
咯署𥄫魯

賓否期一酒
可廸丕欄倚
侮劲心開
眉哄咯邦甫

只太獨[1]及銀
敀吽糟魯咱

于斗亂皮欄
于應當殺鷄
常歐柴煥粘
位僂斷爹難

咯通成廸否
等兄亂良心

丕則夜徒巡
叓崩咯張四
丕亂皮刀近
否罒匠䏦柴

12. 硯哄咯無家
連夜罒欄塋

13. 細⿰石⿱艹昔貧欄⿰山好
号否許咯斗
眉欄丕哄端
分哄兄家穷

14. 咯丕搖祜木
肵時你斗肵

142

15. 黄貫臣朋友
時你僂徒嗲
動皮崩爹吽
哄爹一斗⿰禾堯

16. 蕩吽黄貫臣
咯受許爹斗

17. 哄爹賢叓等
爹斗搿僂吽
杂徒斷叓齊
皮你眉家當

1.讀音與字不合。

12. han˧ kɯ˧˩˧ mɯŋ˨˩ fu˨˩ kja˧, kau˧ ɕø˧ ma˧ ɕiau˧˥ kø˧˥。
lian˨˩ xam˩˧ kuak˩˧ ran˨˩ mø˧˥, mɯŋ˨˩ θaɯ˧˥ ʔjø˥ lu˧ ha˧!

13. θai˧˥ kau˥ pan˨˩ ran˨˩ ʔdoi˧。 θat˩ ʔbau˥ koi˨˩ ʔi˥ lau˥?
xau˩˧ ʔbau˥ haɯ˥ mɯŋ˨˩ tau˥, kø˧ tɯk˩ ʔjau˧˥ ran˨˩ xa˨˩。
mi˨˩ ran˨˩ ʔjau˧˥ kɯ˧˩˧ rɯk˩, rau˨˩ me˩˧ lɯk˩ θim˧ høi˧。
fan˩˧ kɯ˧˩˧ kau˧ kja˧ kuŋ˨˩, mi˨˩ kɯ˧˩˧ mɯŋ˨˩ paŋ˧ pau˥!

14. mɯŋ˨˩ poi˧ ŋau˨˩ kø˧ fai˧˩˧, ɕi˧˩˧ tai˩˧ ʔdai˥ ɕian˨˩ ŋan˨˩。
taŋ˨˩ θoi˨˩ nai˧˩˧ tau˥ taŋ˨˩, kai˥ kɯn˧ waŋ˧ lu˧ nɯ˧˥!

15. waŋ˨˩ kuan˧˥ ɕin˨˩ paŋ˨˩ jau˧˩˧, ʔi˥ tau˥ kau˥ pai˨˩ ran˨˩。
θoi˨˩ nai˧˩˧ rau˨˩ tø˧˩˧ ɕam˧, ʔi˥ ʔɯŋ˧ taŋ˧ ka˥ kai˧˥。
toŋ˩˧ pai˨˩ paŋ˨˩ te˧ kɯn˧, θɯaŋ˨˩ ʔau˧ fun˨˩ wuan˩˧ xau˧˩˧。
kɯ˧˩˧ te˧ ʔi˥ tau˥ lɯaŋ˧˥, wi˩˧ rau˨˩ tuan˩˧ te˧ nan˨˩。

16. taŋ˩˧ nau˨˩ waŋ˨˩ kuan˧˥ ɕin˨˩, mɯŋ˨˩ toŋ˧ ɕiŋ˨˩ tɯk˩ ʔbau˧˥!
mɯŋ˨˩ ɕau˩˧ haɯ˥ te˧ tau˥, taŋ˧ kau˧ kau˥ lɯaŋ˨˩ θim˧。

17. kɯ˧˩˧ te˧ jian˨˩ ɕam˩˧ raŋ˧˥, poi˧ θak˥ xam˩˧ tø˧˩˧ ɕun˨˩。
te˧ tau˥ laŋ˧ rau˨˩ kɯn˧, ɕam˩˧ paŋ˩˧ mɯŋ˨˩ ɕɯaŋ˧ θoi˧˥。
θat˥ tø˧˩˧ tuan˩˧ ɕam˩˧ klai˨˩, poi˧ kau˥ pai˨˩ ʔdeu˧ kan˧˥。
pai˨˩ nai˧˩˧ mi˨˩ kja˧ taŋ˧˥, ʔbau˥ kuak˩˧ ɕaŋ˩˧ ra˧ fun˨˩。

144

18. 喀 爹 心 否 离
爹 辰 心 否 足

19. 分 爹 仙 叒 生
否 劳 貧 爹
時 你 乳 硯 离
兄 常 時 叺 惡

20. 丕 撂 哄 爹 呻
兄 可 吽 貧 你

21. 跆 丕 撂 爹 呻
提 丕 囚 時 你
分 哄 兄 各 想
亮 硯 奸 人 峫

22. 叺 丕 撂 爹 呻
迪 囚 時 你 吓

23. 胗 時 你 迪 囚
宜 吽 爹 行 善
富 咯 否 乳 救
乳 丕 否 乳 么

咯 䀹 丕 初 迪
咯 爱 捉 中 眉

兄 曹 噌 意 护
富 巴 手 添 爪
叒 想 丕 講 可
中 噌 外 噌 悶

氣 劳 咯 迪 事
在 咯 議 意 护

正 舫 腋 迪 事
再 否 乳 么 樠
叒 各 怨 否 淋
只 壯 非 告[1] 事

兄 哮 咯 會 哂
利 貧 話 添 护

提 丕 撂 張 选
皮 你 怨 否 淋
倚 貧 歪 徒 硯
好 哄 麻 凶 險

1. 讀音與字不合。

18. kɯ˦˨ te˧ θim˧ ʔbau˥ ʔdoi˧,　　muŋ˧˩ kai˥ poi˧ çø˧ tɯk˨˩。
te˧ θan˧˩ θim˧ ʔbau˥ çuk˦,　　muŋ˧˩ ʔai˧˥ çuk˨˩ çuŋ˧ mi˧˩。

19. fan˨˦ te˧ θim˧ çam˧˥ θø˨˦,　　kau˧ çaŋ˧˩ rø˦˨ ʔi˥ raɯ˧˩?
ʔbau˥ lau˧ pan˧˩ te˧ laɯ˧,　　taŋ˧˥ pa˧˥ faɯ˧˩ tem˨˦ naŋ˨˦。
θoi˧˩ nai˦˨ ʔdai˥ han˧ ʔdoi˧,　　çam˨˦ θɯaŋ˥ poi˧ kaŋ˥ kø˥。
kau˧ θɯaŋ˧˩ θoi˧˩ hau˥ ʔøk˧˥,　　çuŋ˧ rø˦˨ røk˨˦ rø˦˨ ʔdaɯ˧。

20. poi˧ laŋ˧ kɯ˦˨ te˧ kɯn˧,　　hoi˧˥ lau˧ muŋ˧˩ tɯk˨˩ θai˨˦。
kau˧ kø˧ nau˧˩ pan˧˩ nai˦˨,　　çai˨˦ muŋ˧˩ ŋai˦˨ ʔi˥ raɯ˧˩!

21. ʔjam˧˥ poi˧ laŋ˧ te˧ kɯn˧,　　çiŋ˧˥ faŋ˧˩ xɯn˧˩ tɯk˨˩ θai˨˦。
taɯ˧˩ poi˧ klaŋ˧ θoi˧˩ naï˦˨,　　çai˧˥ ʔbau˥ ʔdai˥ ma˧ ran˧˩。
fan˨˦ kɯ˦˨ kau˧ ka˨˦ θɯaŋ˥,　　çam˨˦ ka˨˦ ʔjɯan˧˥ ʔbau˥ lum˧˩。
lɯaŋ˧˥ han˧ ja˧˥ xun˧˩ ʔdoi˧,　　çi˦˨ çwaŋ˧ foi˧ kuak˧˥ θai˨˦。

22. hau˥ poi˧ laŋ˧ te˧ kɯn˧,　　kau˧ raŋ˧˥ ɯɯŋ˧˩ lu˧ ha˧˥!
tɯk˨˩ klaŋ˧ θoi˧˩ nai˦˨ la˧˥,　　li˥ pan˧˩ xwa˨˦ tem˧ raɯ˧˩?

23. taŋ˧˩ θoi˧˩ nai˦˨ tɯk˨˩ klaŋ˧,　　taɯ˧˩ poi˧ laŋ˧ çaŋ˧ θian˥。
ŋoi˦˨ nau˧˩ te˧ xeŋ˧˩ θian˧˥,　　pai˧˩ nai˦˨ ʔjian˧˥ ʔbau˥ lum˧˩。
taŋ˨˦ mɯŋ˧˩ ʔbau˥ ʔdai˥ kau˧˥,　　ʔi˥ pan˧˩ ʔjau˧˥ tø˦˨ han˧?
ʔdai˥ poi˧ ʔbau˥ ʔdai˥ ma˧,　　hau˥ kɯ˦˨ ma˧˩ juŋ˧ jiam˥!

24. 噔 𠯿 攺 用 劳 馱 兄 包 丕 救
么 出 蘭 朋 友 合 𠯿 否 意 护

25 提 丕 囚 劳 中 崩 咯 𠯿 救 駕
号 兄 死 护 各 乱 硯 𪎩 添 护
老 同 么 哄 你 界 心 事 亟 兄
𠯿 上 界 的 伝 乱 介 風 介 雲

26. 迪 兵 斗 貧 众 寒 人 混 否 行
楊 文 廣 的 兵 捝 聾 屏 丕 了

27. 乱 貧 爹 斗 肸 算 十 分 利 害
皮 你 只 自 在 人 否 奈 乱 僂
吞 䴵 叵 伝 萬 兄 賓 玩 否 覌
乱 徒 受 么 吶 崩 哄 𠯿 上 界

28. 乱 啤 侮 兄 茶 𡉼 丕 么 多 酒
肸 已 年 的 後 利 乱 歪 添 护

24. raŋ˩˧ mɯŋ˨ kai˥ juŋ˦ lau˧, ta˨˩˦ kau˧ pau˧ poi˧ kau˦。
ma˧ ʔøk˦ ɪan˨ paŋ˨ jau˨˩˦, xap˨ mɯŋ˨ ʔbau˥ ʔi˥ raɯ˨?

25. taɯ˨ poi˧ klaŋ˧ lau˨ çuŋ˧, paŋ˩˧ kɯ˨˩˦ mɯŋ˨ kau˦ kja˦。
xau˩˧ kau˧ rai˧ raɯ˨ ka˨˩˦, ʔdai˥ han˧ na˥ tem˧ ram˨˦?
lau˨˩˦ toŋ˨ ma˨ kɯ˨˩˦ nai˨˩˦, kai˦ θim˧ θai˩˧ kik˩ juŋ˧。
mɯŋ˨ çaŋ˦ kjai˦ ti˧ xun˨, ʔdai˥ kan˧ rum˨ kan˧ fɯ˥。

26. tɯk˥ piŋ˧ tau˥ pan˨ kloŋ˦, xan˨ xun˨ xon˨˩˦ ʔbau˥ hiŋ˨。
jaŋ˨ fan˨ kwaŋ˥ ti˧ piŋ˧, θot˩ roŋ˨ piŋ˨ poi˧ liau˨˩˦。

27. ʔdai˥ pan˨ te˧ tau˥ taŋ˨, θuan˦ çip˩ fan˧ loi˩˧ xai˦。
pai˨ nai˨˩˦ çi˨˩˦ θɯ˩˧ çai˩˧, xun˨ ʔbau˥ nai˩˧ ʔdai˥ rau˨。
ʔdan˧ piŋ˨ çau˨˩˦ xun˨ fan˩˧, kau˧ θat˩ ŋwan˩˧ ʔbau˥ han˧。
ʔdai˥ tø˨˩˦ çau˦ ma˧ kɯn˧, paŋ˩˧ kɯ˨˩˦ mɯŋ˨ çaŋ˦ kjai˦!

28. ʔdai˥ ɲi˧ me˩˧ kau˧ ça˨, hɯn˥ poi˧ ma˧ tø˨˩˦ lau˥!
taŋ˨ koi˥ pi˧ ti˧ xau˩˧, li˨˩˦ ʔdai˥ ʔjau˦ tem˧ raɯ˨!

XVI. 弔関

1. 三 否 等 弔 関　意 各 躺 各 魯
伝 丕 銀 無 教　追 雖 毀[1] 歐 修
但 伝 真 否 里　又 未 氣 心 煩
當 兄 講 否 貧　修 卦 撈 只 斲

2. 可 意 爹 度 酒　議 斗 否 硯 輕
孔 氣 皮 千 金　初 卦 心 動 星
量 有 各 星 倫　百 伝 眉 九 九
講 句 爹 引 斗　閙 肚 茂 鄰 鄰

3. 弔 関 的 時 候　眉 十 甫 孔 三
旦 四 半 難 干　又 復 反 肚 史
兄 時 修 号 生　改 講 謌 豆 腐
弔 関 輕 否 匿　丕 嘍 菜 浸 箏

4. 勿 否 弔 引 斗　意 歪 貧 护 咘
越 議 越 曲 中　歪 養 伝 養 對
伝 越 老 越 香　兄 越 年[2] 越 受
狂 未 命 兄 各　當 鷄 亙 無 籠

1. 當是'鼓'字之誤。 2. 讀音與字不合，韵亦不甚好。

XVI. 弔關

全篇皆是男女問答之詞，男子勸女子不可弔關

1. θam˧ ˀbau˥ taŋ˥ tiau˧ kwan˧, ˀi˥ ka˧ ˀdaŋ˧ ka˧ rø˅。
xun˨ poi˧ ŋan˨ fu˨ θø˧, ɕwi˧ lø˨ kø˥ ˀau˧ θau˧。
tan˧ xun˨ ɕan˧ ˀbau˥ loi˅, jau˧ foi˧ hoi˧ θim˧ fan˨。
taŋ˧ kau˧ kaŋ˥ ˀbau˥ pan˨, θau˧ kwa˧ laŋ˧ ɕi˅ ˀjø˥!

2. kø˧ ˀoi˧ te˧ tø˅ lau˥! ŋoi˅ tau˥ ˀbau˥ han˧ kiŋ˧。
ˀdai˥ pan˨ poi˅, ɕian˧ kim˧! ɕø˧ kwa˧ θim˧ toŋ˧ nuaŋ˅。
lɯaŋ˧ ˀdwai˧ ka˧ nuaŋ˅ lun˨, pak˧ xun˨ mi˨ kau˥ kau˥。
kaŋ˥ ɕon˨ te˧ hɯn˥ tau˥, ˀdaɯ˧ tuŋ˅ ˀbau˧ lin˅ lin˨。

3. tiau˧ kwan˧ ti˧ θoi˨ xau˧, mi˨ ɕip˧ pau˅ ˀdai˥ θam˧。
tan˧ kuak˧ puan˧ nan˨ kan˧, jau˧ fuk˥ fan˧ tuŋ˅ θai˥。
kau˧ raŋ˧ θau˧ xau˧ θeŋ˧, kai˥ kaŋ˥ kleŋ˧ tau˨ fau˧!
tiau˧ kwan˧ ˀbau˧ ˀbau˥ nak˥, poi˧ ɕim˨ plak˥ ɕim˅ raŋ˨!

4. fat˥ ˀbau˥ tiau˧ hɯn˥ tau˥, ˀi˥ ˀjau˧ pan˨ raɯ˨ kɯn˧?
jiat˨ ŋoi˅ jiat˨ kjut˥ ɕuŋ˧, ˀjau˧ luaŋ˧ xun˨ luaŋ˧ tøi˧。
xun˨ jiat˨ lau˅ jiat˨ raŋ˧, kau˧ jiat˨ ɕaŋ˥ jiat˨ θau˧。
ˀwuaŋ˥ foi˧ miŋ˧ kau˧ ka˅, taŋ˧ kai˧ kla˅ fu˅ ruŋ˨。

5. 有 目 防 踮 测
三 否 等 高 期
邁 間 家 爹 穷
修 細 細 議 卦

6. 否 地 弔 爹 慮
有 地 罵 魯 撥
元 各 魯 尚 當
意 眉 己 移 伝

7. 曾 生 吞 處 定
間 弔 有 弔 移
岈 惡 丕 茂 护
粘 越 眩 越 草

8. 當 爹 真 否 開
哄 麻 桶 否 丕
姆 爹 惡 無 味
苟 伝 富 子 植

9. 姆 惡 侵 眉 伝
否 過 丕 地 受
間 爹 淡 改 述
否 合 初 吽 咯

等 迫 力 咯 丕
意 命 支 初 乱
徙 嘍[2] 吽 習 習
只 貪 罵 修 丕

位 坤 書 否 合
心 各 協 否 丕
受 伝 講 意 护
丕 乱 吽 糯 百

氣 數 命 安 排
伝 否 開 汝 呈
有 甫 护 至 令
伝 越 到 越 乖

吽 醫 死 甫 酒
丕 捞 甫 爹 护
想 極 氣 移 移
勞 哄[1] 爹 初 粘

勞 各 咯 地 否
鉄 却 斟 地 护
煮 粘 熟 始 吽
蕩 否 春 始 丕

1.與讀音不合.

5. ʔdwai˧ ra˧ faŋ˧˩ xeŋ˨˦ rak˦, taŋ˥ pɯk˦ lak˩ mɯŋ˧˩ poi˧!
θam˧ ʔbau˥ taŋ˥ kau˧ koi˧˩, ʔi˥ miŋ˨˦ çoi˧ çø˧ ʔdai˥。
mai˨˦ xan˧˩ kja˧ te˧ kuŋ˧˩, tø˦˨ çau˧˥ kɯn˧ çap˩ çap˩。
θau˧ θai˧˥ θai˧˥ ŋoi˦˨ kwa˧˥, çi˦˨ pan˧˩ ʔda˧˥ θau˧ poi˧。

6. ʔbau˥ tɯk˩ tiau˧˥ te˧ laɯ˧, wi˨˦ hon˧ θaɯ˧ ʔbau˥ xap˩。
ʔdwai˧ tɯk˩ ʔda˧˥ rø˦˨ fat˨˦, θim˧ ka˨˦ ŋ̥ap˧˥ ʔbau˥ poi˧。
jian˧˩ ka˧˥ rø˦˨ çaŋ˧˥ taŋ˧˥, θau˨˦ xun˧˩ kaŋ˥ ʔi˥ raɯ˧˩!
ʔi˥ mi˧˩ koi˥ lai˧ xun˧˩, poi˧ ʔdai˥ kɯn˧ xau˦˨ pak˧˥?

7. çaŋ˧˩ θeŋ˧ ʔbun˧ çaɯ˧˥ tiŋ˨˦, hoi˧˥ θø˧˥ miŋ˨˦ ʔan˧ pai˧˩。
xan˧˩ tiau˧˥ nøi˦˨ tiau˧˥ lai˧, xun˧˩ ʔbau˥ hai˧ ni˥, nuaŋ˦˨?
ʔdoi˧ ʔjak˧˥ ʔjau˧˥ mau˧˥ laɯ˧? ʔdwai˧ pu˦˨ raɯ˧˩ çi˦˨ liŋ˨˦。
xau˦˨ jiat˧˩ ŋon˧˩ jiat˧˩ çau˦˨, xun˧˩ jiat˧˩ tau˧˥ jiat˧˩ kwai˧。

8. taŋ˨˦ te˧ çan˧ ʔbau˥ hai˧, kɯn˧ ʔjɯ˧ rai˧ tø˦˨ lau˥!
kɯ˦˨ ma˧˩ çuŋ˧ ʔbau˥ ʔjau˧˥, poi˧ laŋ˧ pau˦˨ te˧ raɯ˧˩?
me˨˦ te˧ ʔjak˧˥ fu˧˩ foi˨˦, θɯaŋ˥ kik˦ hoi˧˥ lai˧ lai˧。
kau˥ xun˧˩ taŋ˧˥ lɯk˩ ŋe˧˩, lau˧ ka˨˦ te˧ çø˧ xau˦˨?

9. me˨˦ ʔjak˧˥ çam˨˦ mi˧˩ xun˧˩, lau˧ ka˨˦ mɯŋ˩ tɯk˩ ʔbau˧˥?
ʔbau˥ kø˧˥ poi˧ tɯk˩ θau˨˦ tiat˥ kløk˧˥ rau˥ tɯk˦ raɯ˩?
xan˧˩ te˧ tam˧˩ kai˥ θut˩, çaɯ˥ xau˦˨ çuk˩ çi˦˨ kɯn˧。
ʔbau˥ xap˦˨ çø˧ nau˧˩ mɯŋ˧˩, taŋ˨˦ ʔbau˥ çun˧ çi˦˨ ʔjau˧˥。

10. 三否等姆吽
吶粘碗夆碗
恩講肸初敉
丕丕亦不甜

酏叒兄初講
兄否凡麻奓
伝不魯肸兄
勞粘千銀萬

11. 姆奓惡又惡
謹可劲奓吽
閒罵閉罵移
伝講伝立閉[1]

不乳撥肸修
嘈星兄意定
受奓死只赤
一槳改千慈

12. 以不勞奓惡
位𦬒否許吶
位奓撥移移
閒罵千罵萬

邁木撥樌春
道肸咾汝叒
買元來否合
兄否講酏伝

13. 姆奓駃改述
意奓魯恩依
閒各吽酏伝
星弔出籠蟋

旦歐劲奓禼
咾管丕只赤
可同群否迪
反失叭籠壓

14. 号則幾十粘
号的便奓家
邁告化總禼
埊吶否埊丕

兄藹只睸䏶
駄兄䏶受乳
𤇾否丕定酒
勞椅苟嗔麻

1. '立閉'二字當讀 rap˩ rək˩ 外面義，諸者改 ʔi˥ rai˧ 與押韻條例不甚合。

10. θam˧ ʔbau˥ taŋ˥ me˧˥ nau˧˩,　　na˥ poi˧˩˧ kau˧ ɕø˧ kaŋ˥。
kɯn˧ xau˧˩˧ ʔwan˥ tuat˥˧ ʔwan˥,　　kau˧ ʔbau˥ fam˧˥ ma˩ te˧。
ʔan˧ kaŋ˥ taŋ˧˩ ɕø˧ θø˥˧,　　xun˧˩ ʔbau˥ rø˧˩˧ taŋ˧˩ kau˧。
poi˧ ʔjau˥˧ hi˧˩˧ ʔbau˥ tiam˧˩,　　lau˧ xau˧˩˧ ɕian˧ ŋan˩ fan˧˥!

11. me˧˥ te˧ ʔjak˥˧ jau˥˧ ʔjak˥˧,　　ʔbau˥ ʔdai˥ fat˧˥ taŋ˧˩ θau˧。
kan˥ kø˥ lɯk˩ te˧ nau˧˩,　　raŋ˥˧ nuaŋ˧˩˧ kau˧ ʔi˥ tiŋ˥˧。
xan˧˩ ʔda˥˧ nøi˧˩˧ ʔda˥˧ lai˧,　　θau˧˥ te˧ rai˧ ɕi˧˩˧ θat˥˧。
xun˧˩ kaŋ˥ xun˧˩ li˧˩˧ rai˧,　　ʔit˦˥ løk˥˧ kai˥ ɕian˧ θau˩。

12. hi˧˩˧ ʔbau˥ lau˧ te˧ ʔjak˥˧,　　mai˥˧ fai˧˩˧ fat˧˥ ɕuŋ˧ ɕun˧。
wi˧˥ xau˧˩˧ ʔbau˥ haɯ˥ kɯn˧,　　tau˥˧ taŋ˧˩ mɯŋ˧˩ ni˥, poi˧˩˧?
wi˧˥ te˧ fat˩ lai˧ lai˧,　　θat˩ jian˧˩ lai˧˩ ʔbau˥ xap˧˩。
xan˧˩ ʔda˥˧ ɕian˧ ʔda˥˧ fan˧˥,　　kau˧ ʔbau˥ kaŋ˥ na˥ xun˧˩。

13. me˧˥ te˧ tam˧˩, kai˥ θut˩,　　tan˧˥ ʔau˧ lɯk˩ te˧ ʔdoi˧。
ʔoi˥˧ te˧ lu˧, ʔan˧ ʔoi˧!　　mɯŋ˧˩ kuan˥ poi˧ ɕi˧˩˧ θat˥˧。
xan˧˩ ka˧˥ nau˧˩ na˥ xun˧˩,　　kø˧ toŋ˧˩ kjun˧˩ ʔbau˥ tɯk˩?
nuaŋ˧˩˧ tiau˥˧ ʔøk˥˧ ruŋ˧˩ mat˦˥,　　fan˥ θat˦˥ hau˥ ruŋ˧˩ roi˧˩!

14. xau˧˥ θak˦˥ koi˥ ɕip˩ xau˧˩˧,　　kau˧ kau˥ ɕi˧˩˧ løm˧ ra˧。
xau˧˥ ti˧ pian˧˥ te˧ kja˧,　　ta˧˩˧ kau˧ ra˧ ɕam˧˥ ʔdai˥。
mai˥˧ ka˥ wa˥˧ ɕuŋ˧ ʔdoi˧,　　jian˧˩ ʔbau˥ poi˧ tiŋ˧˥ lau˥!
tɯak˧˥ kɯn˧ ʔbau˥ tɯak˧˥ ʔjau˥˧,　　lau˧ ʔi˥ kau˥ kɯ˧˩˧ ma˧˩?

15. 邁 伝 弔 否 弔
足 然 叮 家[1] 穷
枯 枷 生 已 春
意 爹 魯 十 四

圣 謹 要 四 伝
四 荒 吨 甫 雜
四 伝 吨 已 趙
各 立 志 分 咯

16. 否 濟 已 耪 富
圩 買 挑 買 廾
許 爹 魯 餜 錢
兄 想 三 想 四

眉 粘 救 救 吨
比 腁 咯 沒 良
旦 否 嫌 一 酒
難 净 志 四 伝

17. 意 爹 穷 又 穷
弔 穷 丕 捞 富
意 乿 吨 容 易
伝 妑 修 無 支

閑 寬 容 管 丕
嫱 晃 旺 如 寒[2]
歐 八 字 哄 咯
閑 离 得 送 粘

18. 講 句 爹 迪 伝
閑 否 离 容 易
正 無 能 至 氣
受 侮 兄 耪 耪

難 對 咯 魯 良
真[3] 位 氣 吟 吨
初 貧 你 曲 中
意 想 死 時 你

19. 婳 生 修 動 圣
出 嫁 丕 平 安
争 閑 乿 同 平
伝 否 歐 容 易

種 木 望 갈 筝
望 劲 岈 齊 婳
甫 护 心 否 想
圣 否 意 干 難

1.'叮家'二字改讀作'家爹'。 2.全句不知如何讀。 3.字與讀音不合。

15. mai˨˦ xun˧˩ tiau˧˥ ʔbau˥ tiau˧˥, nuaŋ˧˩ kan˥ ʔjiau˧˥ kuak˨˦ xun˧˩。
ɕuk˦ jian˧˩ kja˧ te˧ kuŋ˧˩, kuak˨˦ høŋ˧ kɯn˧ pau˥ ɕap˥。
kø˧ kla˥ θeŋ˧ koi˥ ɕun˧, kuak˧˥ xun˧˩ kɯn˧ koi˥ ɕiau˧˥?
ʔoi˧˥ te˧ lu˧, ɕip˩ θoi˧˥! ka˨˦ lap˩ ɕoi˧˥ fan˨˦ mɯŋ˧˩!

16. ʔbau˥ ɕai˨˦ koi˥ lai˧ fau˧˥, mi˧˩ xau˦˨ kau˧˥ kau˧˥ kɯn˧。
haɯ˧ ɕaɯ˦˨ ʔbat˦ ɕaɯ˨˦ θɯŋ˧, poi˥ taŋ˧˩ mɯŋ˧˩ ni˥, poi˦˨?
haɯ˥ te˧ rø˦˨ ɕwan˨˦ ɕian˧˩, tan˨˦ ʔbau˥ jiam˩ ʔi˥ lau˥。
kau˧ θɯaŋ˥ θam˧ θɯaŋ˥ θoi˧˥, nan˧˩ ɕeŋ˥ ɕoi˧˥ kuak˨˦ xun˧˩。

17. ʔoi˧˥ te˧ kuŋ˧˩ jau˨˦ kuŋ˧˩, kwan˧ wuan˧ juŋ˧˩ kuan˥ ʔjau˧˥。
tiau˧˥ kuŋ˧˩ poi˧ laŋ˧ fau˧˥, ɕam˨˦ ……
ʔi˥ ʔdai˥ kɯn˧ juŋ˧˩ hoi˨˦, ʔau˧ pat˥ ɕoi˨˦ kɯ˦˨ mɯŋ˧˩。
xun˧˩ pa˧˩ θau˧ fu˧˩ ɕoi˧, kwan˧ ʔdoi˧ ʔdai˥ θoŋ˧˥ xau˦˨。

18. kaŋ˥ ɕon˧˩ te˧ tɯk˦ xun˧˩, nan˧˩ tøi˧˥ mɯŋ˧˩ lu˧, poi˦˨!
kwan˧ ʔbau˥ ʔdoi˧ juŋ˧˩ hoi˧˥, ɕi˦˨ wi˨˦ hoi˧˥ kam˧˩ kɯn˧。
ɕiŋ˧˥ fu˧˩ naŋ˧˩ ɕi˦˨ hoi˧˥, ɕø˧ pan˧˩ nai˦˨ kjut˦ ɕuŋ˧。
θau˨˦ me˨˦ kau˧ lai˧ lai˧, ʔi˥ θɯaŋ˥ rai˧ θoi˧˩ nai˦˨。

19. me˨˦ θeŋ˧ θau˧, toŋ˧˥ nuaŋ˦˨, ʔdam˧ fai˦˨ muaŋ˨˦ hɯn˥ raŋ˧˩。
ʔøk˧˥ ha˧˥ poi˧ piŋ˧˩ ʔan˧, muaŋ˨˦ lɯk˩ lan˧ klai˧˩ me˨˦。
ɕeŋ˧ kwan˧ ʔdai˥ toŋ˧˩ piŋ˧˩, pu˦˨ raɯ˧˩ θim˧ ʔbau˥ θɯaŋ˥?
xun˧˩ ʔbau˥ ʔau˧ juŋ˨˦ hoi˨˦, nuaŋ˦˨ ʔbau˥ ʔoi˧˥ kan˧ nan˧˩。

20. 苟 叁 富 吞 伞
伝 穷 望 可 長
迪 父 姆 否 吽
兄 湯 鴨 十 四

望 圣 想 靓 岈
貤 妨 侵 望 允
可 爹 兄 否 算
穁 日 子 辭 陽

156

20. kɑu˥ ˀbun˧ taŋ˧˥ ˀdɑn˧ lɯɑŋ˥, mɯɑŋ˧˥ nuɑŋ˧˩˧ θɯɑŋ˥ hɑn˧ lɑn˧。
xun˨ kuŋ˨ mɯɑŋ˧˥ kø˥ ɕɑŋ˨, rɑ˧ fɑŋ˨ ɕɑm˧˥ mɯɑŋ˧˥ røŋ˧˥。
tɯk˩ pø˧˥ me˧˥ ˀbɑu˥ nɑu˨, kø˥ te˧ kɑu˧ ˀbɑu˥ θuɑn˦。
kɑu˧ tɑŋ˧˥ pit˥ ɕip˩ θoi˦, lai˧˥ θɑt˩ ɕoi˥ θɯ˧˩˧ jɑŋ˨。

XVII. 女送

1.

1. 是你妨暝路
更先報後來
各歪甫尸㚒
眠路様添様

2. 辰放稟叭街
胏夾門初鑇
四月擺那蹭
拾[1]呈歪閗手

3. 咯要兄造信
書禡胏撑兄
㚒早侵望奋
斗交咯白色

4. 辰眉園劲甘
辰功勤迪恣
句箕咯否論
咯丕型丕那

吽圩暮貧街
眉話職胏星
兄想佲冇鑇
通否想吽粹

星元來冇詐
眉事慕叭船
事麻謹貧移
許甫护受䀨

句謹進慢吽
吞心頭各煉
心否榮也引
重倚重邦浮

改斗行劲李
爹只陷開花
歪閗肚車藏
乱提禡講侵

1. 當是'拎'字之誤。

XVII. 女送

1.

1. çi˧˥ nai˦˨ faŋ˧˩ xɯn˧˩ lø˧˥,　　nau˧˩ haɯ˧ mø˧˥ pan˧˩ kai˧。
keŋ˧˥ θian˧ pau˧˥ xau˨˦ lai˨˩,　　mi˦˨ xwa˨˦ rai˧ taŋ˧˩ nuaŋ˦˨。
ka˨˦ ˀjau˧˥ pu˦˨ ˀbɯaŋ˥ ˀbun˧,　　kau˧ θɯaŋ˥ mɯŋ˧˩ ˀdwai˧ rø˦˨。
nin˧˩ lø˧˥ jɯaŋ˨˦ tem˧ jɯaŋ˨˦,　　çuŋ˧ ˀbau˥ θɯaŋ˥ kɯn˧ ŋai˧˩。

poi˧ çoŋ˧˥ piŋ˥ hau˥ kai˧,　　nuaŋ˦˨ jian˧˩ lai˧˩ ˀdwai˧ θø˧˥.
taŋ˧˩ ja˧˩ møn˧˩ çø˧ rø˦˨,　　mi˧˩ θai˨˦ mø˧˥ hau˥ ˀdaŋ˧。
θoi˧˥ ȵiat˧˩ ˀdam˧ na˧˩ ŋaŋ˧˥,　　θai˨˦ ma˧˩ kan˥ pan˧˩ lai˧?
kam˧ çiŋ˧˩ ˀjau˧˥ ˀdaɯ˧ faɯ˧˩,　　haɯ˥ pu˦˨ raɯ˧˩ çau˧˥ ˀjø˥!

3. mɯŋ˧˩ ˀjiau˧ kau˧ çau˨˦ θan˧˥,　　çon˧˩ kan˥ çan˧˥ men˨˦ nau˧˩。
θaɯ˧ ma˧ taŋ˧˩ laŋ˧ kau˧,　　ˀdan˧ θim˧ tau˧˩ ka˨˦ lian˨˦。
ˀbun˧ çau˦˨ çam˨˦ muaŋ˨˦ fun˧,　　θim˧ ˀbau˥ juŋ˧˩ je˥ han˥。
tau˥ kjau˧ mɯŋ˧˩, pek˧˩ θak˥!　　nak˥ ˀi˥ nak˥ paŋ˧ fau˧˩。

4. poi˦˨ mi˧˩ θuan˧ lɯk˨˩ kam˧。　　kai˥ tau˥ xaŋ˧˩ lɯk˨˩ man˥!
poi˦˨ koŋ˧ kan˧˩ tɯk˥ ram˦˨,　　te˧ çi˦˨ ham˧˥ høi˧ wa˧。
kaɯ˧˥ ˀdoi˧ mɯŋ˧˩ ˀbau˥ lun˨˦,　　ˀjau˧˥ ˀdaɯ˧ tuŋ˦˨ kaɯ˧ çaŋ˧˩。
mɯŋ˧˩ poi˧ roi˨˦ poi˧ na˧˩,　　ˀdai˥ taɯ˧˩ ma˧ kaŋ˥ ram˨˦。

5. 杀 朕 肸 旬 你　　兄 各 議 侵 難
　 圼 眉 劲 眉 郎　　圼 無 閔 更 㨗
　 齊 啤 歪 夯 奀　　難 對 咯 嘗 體
　 議 䘵 䘵 冇 迪　　口 迪 肺 通 翻

6. 圼 歐 旬 你 溫　　冇 忌 咯 擄 咯
　 圼 養 馬 過 馬　　圼 無 馬 過 加
　 話 歌 貧 你 㾊　　主 意 礼 在 咯
　 卦 雲 望 畨 奕　　兄 圼 倫 難 夏

7. 話 歌 處[1] 哼 咯　　儅 酐 伝 改 訴
　 尾 魚 如 倚 過　　侵 倚 過 尾 西
　 兄 只 㡒 护 體　　聽 末 木 歐 風
　 動 封 信 唭 兄　　改 用 吽 儅 睹

8. 倚 眉 麻 主 意　　論 理 改 車 情
　 斗 交 咯 护 金　　各 議 心 侵 懷
　 邁 否 貧 閔 妑　　改 耕 那 忽 垫
　 伝 話 兄 冇 話　　兄 無 地 　 要[2]

9. 圼 冇 𠂀 凜 伝　　英 禜 在 外 闊[3]
　 生 斗 冇 得 地　　手 冬 撦[4] 怂 眦
　 伝 咲 兄 只 體　　天 地 志 否 云
　 伝 乖 命 冇 乖　　各 想 㝃 着 着

1.字似與讀音不甚合。 2.全句改譜與原文不合。 3,4.字與讀音似不合。

5. θat˧˥ tɯan˧ taŋ˧˩ çon˧˩ nai˦˨, kau˧ ka˨˦ ŋoi˦˨ çam˨˦ nan˧˩。
poi˦˨ mi˧˩ lɯk˩ mi˧˩ lan˧, nuaŋ˦˨ fu˧˩ kwan˧ keŋ˧˥ ʔdat˧˥。
çai˧˩ ke˧ ʔjau˧˥ la˥ ʔbun˧, nan˧˩ tøi˧˥ mɯŋ˧˩ lu˧, tai˦˨!
ŋoi˦˨ jɯaŋ˨˦ jɯaŋ˨˦ ʔdwai˧ tɯk˩, kuak˨˦ tɯk˥ put˥ çuŋ˧ fan˧!

6. nuaŋ˦˨ ʔau˧ çon˧˩ nai˦˨ ʔun˧, ʔdwai˧ koi˨˦ mɯŋ˧˩ lau˧ ka˦˨!
poi˦˨ çɯaŋ˦˨ ma˦˨ kø˧˥ ma˦˨, nuaŋ˦˨ fu˧˩ ma˦˨ kø˧˥ kja˧。
xwa˨˦ kø˧ pan˧˩ nai˦˨ foi˧˥, çau˥ ʔoi˧˥ li˦˨ çai˨˦ mɯŋ˧˩。
kwa˧˥ fɯ˥ muaŋ˨˦ fun˧ huŋ˧, kau˧ nuaŋ˦˨ lun˧˩ nan˧˩ xa˨˦。

7. xwa˨˦ kø˧ kau˧˥ raŋ˧˥ mɯŋ˧˩, taŋ˧˥ na˥ xun˧˩ kai˥ θø˧˥!
rɯaŋ˧ pla˧ hi˦˨ ʔi˥ kø˧˥, çam˨˦ ʔi˥ kø˧˥ rɯaŋ˧ θai˧。
kau˧ çi˦˨ rø˦˨ raɯ˧˩, tai˦˨? tiŋ˧˥ plai˧ fai˦˨ ʔau˧ rum˧˩。
toŋ˨˦ fuŋ˧ θan˧˥ kɯ˦˨ kau˧, kai˥ juŋ˧˥ nau˧˩ taŋ˧˥ tø˥。

8. ʔi˥ mi˧˩ ma˧˩ çau˥ ʔoi˧˥, lun˨˦ loi˦˨ kai˥ kau˧ çiŋ˧˩。
tau˥ kjau˧ mɯŋ˧˩ raɯ˧˩, kim˧! ka˨˦ ŋoi˦˨ θim˧ çam˨˦ xwai˨˦。
mai˨˦ ʔbau˥ pan˧˩ kwan˧ pa˧˩, kai˥ keŋ˧ na˧˩ wit˥ roi˨˦!
xun˧˩ xwa˨˦ kau˧ ʔdwai˧ xwa˨˦, θat˩ fu˧˩ na˥ kian˧˥ hin˧˩。

9. nuaŋ˦˨ ʔdwai˧ ʔdai˥ lum˥ xun˧˩, ʔiŋ˧ juŋ˧˩ ʔjau˧˥ røk˨˦ çɯak˨˦。
θeŋ˧ tau˥ ʔdwai˧ tak˥ tɯak˧˥, faɯ˧˩ ka˨˦ ʔwuat˧˥ ram˧˩ ra˧。
xun˧˩ riau˧ kau˧ çi˦˨ tai˥, tian˧ toi˨˦ çoi˧ ʔbau˥ jun˧˩。
xun˧˩ kwai˧ miŋ˨˦ ʔdwai˧ kwai˧, ka˨˦ θɯaŋ˥ rai˧ rɯak˧˩ rɯak˨˦。

162

10. 動 條 命 兄 哈　　口 寡 夲 眉 伝
一 斗 家 如 穷　　閅 蘭 龍 冇 舅
詢 倚 夽 咱 夽　　分 否 云 肣 夲
否 講 倚 魯 體　　在 伐 本 臨 風

11. 杀 交 肣 節 氣　　各 議 四 議 三
花 對 丕 撂 閬　　星 歪 蘭 口 冣
講 斗 如 傷 情　　肚 各 閅 貧
惡 丕 那 丕 型　　通 夲 氣 伝 𨀊

12. 肤 肣 句 你 斗　　聇 埊 歪 冇 硯
條 命 你 初 苦　　跉 臨 再 跉 達
各 議 各 傷 心　　想 歐 跕 獨 頭
夲 意 只 寡 仪　　兄 元 𡢃 否 貧

13. 咯 只 箕 受 离　　星 只 熙 受 賊
世 伝 你 初 怨　　想 歐 練 捒 胡
歐 詢 你 傿 咄　　話 否 迪 講 幾
伝 堯 兄 否 死　　守 多 身 亦 賊

14. 動 世 伝 兄 略　　儅 枯 椽 無 春
歪 撂 母 兄 咘　　難 對 佲 魯 叓
介 你 則 否 支　　倚 护 离 兄 吓
星 血 年 血 受　　叓 血 歪 血 榮

10. toŋ˨˦ tiau˧˩ miŋ˨˦ kau˧ ka˦˨!
ʔit˧˥ tau˥ kja˧ hi˦˨ kuŋ˧˩,
ʔɯi˥ ʔi˥ ʔbun˧ ʔɯi˥ ʔbun˧!
ʔbau˥ kaŋ˥ ʔi˥ lu˧, tai˦˨!
kuak˨˦ kla˦˨ la˥ mi˧˩ xun˧˩
ʔdaɯ˧ ran˧˩ luŋ˧˩ ʔdwai˧ kau˦˨。
fan˧ ʔbau˥ jun˧˩ taŋ˧˩ la˥。
ɕai˨˦ ram˥ fai˦˨ rop˩ rum˧˩。

11. θat˥ kjau˧ taŋ˧˩ ɕiat˥ hoi˨˦,
wa˧ tøi˨˦ poi˧ laŋ˧ kwan˧。
kaŋ˥ tau˥ hi˦˨ θɯaŋ˧ ɕiŋ˧˩,
ʔøk˨˦ poi˧ na˧˩ poi˧ roi˨˦,
ka˨˦ ŋoi˦˨ θoi˨˦ ŋoi˦˨ θam˧。
nuaŋ˦˨ ʔjau˨˦ ran˧˩ kuak˨˦ høi˨˦。
tuŋ˦˨ ka˨˦ rim˧ pan˧˩ moi˨˦。
ɕuŋ˧ la˥ hoi˨˦ xun˧˩ ŋaŋ˧˩。

12. tɯan˧ taŋ˧˩ ɕon˧˩ nai˦˨ tau˥,
tiau˧˩ miŋ˨˦ nai˦˨ ɕø˧ xam˧˩!
ka˨˦ ŋoi˦˨ ka˨˦ θɯaŋ˧ θim˧,
la˥ ʔi˨˦ ɕi˦˨ kla˦˨ pø˨˦,
ra˧ tɯak˨˦ ʔjau˨˦ ʔdwai˧ han˧。
tam˧ lam˧˩ ɕai˨˦ tam˧ tat˨˦!
θɯaŋ˥ ʔau˧ rin˧ tup˩ rau˥。
kau˧ jian˧˩ rø˦˨ ʔbau˥ pan˧˩。

13. mɯŋ˧˩ ɕi˦˨ ʔdoi˧ ɕau˨˦ ʔdoi˧,
θoi˨˦ xun˧˩ nai˦˨ ɕø˧ ʔjian˨˦,
ʔau˧ ɕon˧˩ nai˦˨ ma˧ ɕut˩,
xun˧˩ rai˧ kau˧ ʔbau˥ rai˧,
nuaŋ˦˨ ɕi˦˨ hoi˧ ɕau˨˦ ɕian˨˦。
θɯaŋ˥ ʔau˧ lian˨˦ ɕuk˩ xø˧˩。
xwa˨˦ ʔbau˥ tɯk˩ kaŋ˥ koi˧。
θau˥ lai˧ ʔdaŋ˧ hik˧˥ ɕian˨˦。

14. toŋ˨˦ θoi˨˦ xun˧˩ kau˧ ka˦˨!
ʔjau˨˦ laŋ˧ me˨˦ kau˧ kɯn˧,
kai˨˦ nai˦˨ θak˧˥ ʔbau˥ ɕoi˧,
nuaŋ˦˨ jiat˩ pi˧ jiat˩ θau˨˦,
taŋ˨˦ kø˧ kla˥ fu˧˩ ɕun˧。
nan˧˩ tøi˨˦ mɯŋ˧˩ lu˧, poi˦˨!
ʔi˥ raɯ˧˩ ʔdoi˧ kau˧ ha˨˦?
poi˦˨ jiat˩ ʔjau˨˦ jiat˩ juŋ˧˩。

15. 倚 比 肹 佲 斗
叐 眉 家 眉 能
⺕ 身 數 身 富
介 介 總 想 卦
肚 只 閔 扦 摆
垦 冇 貧 則 樣
議 左 難 兩 右
議 丕 𠂇 如 壜

16. 大 度 交 時 你
分 佲 艮 貧 家
氶 木 臨 風
斘 叁 旁 節 氣
宜 倚 氶 閔 妑
垦 流 駯 佯
如 在 佲 主 意
佲 意 議 介 厤

17. 時 骷 䭾 鳳 橋
垦 歐 詢 你 講
倚 怱 心 否 使
動 皮 吞 塘 朝
㕷 氶 包 李 旦
佲 暑 玩 魯 全
想 兄 弟 全 抱
伝 侵 簇 丕 壙

18. 鳳 橋 添 李 旦
杆 摆 你 更 离
詢 話 你 眉 情
垦 姑 貧 你 派
㕷 昔 散 分 厘
佲 只 棋 否 體
佲 么 眠 慢 玩
想 絲 變[1] 絲

19. 倚 添 佲 講 卦
叐 迪 信 交 情
廩 份 ⺕ 护 金
佰 伝 眉 佰 意
想 考 化 肹 京
勞 無 心 式 意
歐 良 心 儅 𠂇
㔺 動 叐 圩 形

1. 以上三字改請他字。

15. ʔi˥ poi˥ taŋ˧˩ mɯŋ˧˩ tau˥, tuŋ˦˨ ɕi˦˨ ʔbau˧˥ kan˥ laŋ˧。
poi˦˨ mi˧˩ kja˧ mi˧˩ naŋ˧˩, nuaŋ˦˨ ʔdwai˧ pan˧˩ θak˧˥ jɯaŋ˨˦。
kau˧ ʔdaŋ˧ θø˧˥ ʔdaŋ˧ taŋ˧, ŋoi˦˨ θø˥ nan˧˩ liaŋ˥ jau˧˥。
kai˧˥ kai˧˥ ɕuŋ˧ θɯaŋ˥ kwa˧˥, ŋoi˦˨ poi˧ na˥ hi˦˨ kwaŋ˧˩。

16. ta˧ tø˦˨ kjau˧ θoi˧˩ nai˦˨, ŋoi˦˨ ʔi˥ ʔdai˥ kwan˧ pa˧˩。
fan˨˦ mɯŋ˧˩ kan˧˥ pan˧˩ kja˧, nuaŋ˦˨ lau˧˩ ʔa˧ pan˨˦ jiau˨˦。
ʔdai˥ ram˥ fai˦˨ rop˩ rum˧˩, hi˦˨ ɕai˨˦ mɯŋ˧˩ ɕaɯ˥ ʔoi˧˥。
pi˧ θam˧ pɯan˧˩ ɕiat˥ hoi˧˥, mɯŋ˧˩ ʔi˥ ŋoi˦˨ kai˧˥ ma˧˩?

17. θoi˧˩ køn˧˥ ta˦˨ fuŋ˧˥ kjau˧˩, la˥ ʔdai˥ pau˧ li˥ tan˧˥。
nuaŋ˦˨ ʔau˧ ɕon˧˩ nai˦˨ kaŋ˥, mɯŋ˧˩ θaɯ˧˥ ŋwan˨˦ lu˧, kim˧!
ʔi˥ wit˧˥ θim˧ ʔbau˥ θi˥, θɯaŋ˥ juŋ˧ ti˧˥ tuŋ˧˩ pau˧。
toŋ˨˦ pai˧˩ ʔdan˧ taŋ˧˩ ɕiau˧˩, xun˧˩ ɕam˨˦ riau˧˩ poi˧ kwaŋ˧˥。

18. fuŋ˧˥ kjau˧˩ tem˧ li˥ tan˧˥, la˥ θik˧˥ θan˧˥ fan˧ loi˧˩。
kan˥ laŋ˧ te˧ keŋ˧˥ ʔdoi˧, mɯŋ˧˩ ɕi˦˨ koi˧˩ ʔbau˥, tai˦˨?
ɕon˧˩ xwa˨˦ nai˦˨ mi˧˩ ɕiŋ˧˩, mɯŋ˧˩ ma˧ nin˧˩ men˨˦ ŋwan˨˦。
nuaŋ˦˨ kø˧ pan˧˩ nai˦˨ pai˥, θɯaŋ˥ mai˧ fai˧˥ kan˧ θoi˧。

19. ʔi˥ tem˧ mɯŋ˧˩ kaŋ˥ kwa˧˥, θɯaŋ˥ ka˥ wa˧˥ taŋ˧˩ kiŋ˧。
poi˦˨ tɯk˧˥ θan˧˥ kjau˧ ɕiŋ˧˩, lau˧ fu˧˩ θim˧ ŋoi˨˦ ʔoi˧˥。
lum˥ fan˨˦ kau˧ raɯ˧˩, kim˧! ʔau˧ lɯaŋ˧˩ θim˧ taŋ˧˥ na˥。
pak˧˥ xun˧˩ mi˧˩ pak˧˥ ʔoi˧˥, lau˧ toŋ˨˦ poi˦˨ haɯ˧ hiŋ˧˩!

20. 動 星 有 廪 伝
礼 姆 只 嵬 仪
斗 交 佲 時 你
埊 忝 否 埊 跐

21. 伝 有 爰 兄 當
實 否 講 倚 酒
是 你 否 墻 論
甲 子 歪 閪 鏈

22. 杀 講 肦 句 你
空 有 眉 滮 花
想 嵬 度 侵 寫
兄 墻 選 各 玩

攄 爹 佲 增 嬗
毑 埊 可 有 覩
望 魚 里 變 龍
想 憑 佲 照 過

忝 磐 行 你 斗
毑 埊 歪 有 覩
歪 閪 肚 車 藏
想 許 佲 開 口

廪 吸 昆 賣 妑
佲 丕 么 改 亂
勞 昆 輪 否 矞
良 貧 儅 鈎 厷

20. ɬoŋ˨˦ nuaŋ˧˥ ʔdwai˧ lum˥ xun˧˩,　　laɯ˧ te˧ mɯŋ˧˩ ɕaŋ˧˩ rø˧˥?
li˧˥ me˨˦ ɕi˧˥ rai˧ pø˨˦,　　ra˧ tɯak˨˦ kø˥ ʔdwai˧ han˧。
ɬau˥ kjau˧ mɯŋ˧˩ θoi˧˩ noi˧˥,　　muaŋ˨˦ pla˧ loi˧˥ pian˦˨ luŋ˧˩。
tɯak˨˦ naŋ˨˦ ʔbau˥ tɯak˨˦ kɯn˧,　　θɯaŋ˥ paŋ˨˦ mɯŋ˧˩ ɕiau˦˨ kø˦˨。

21. xun˧˩ ʔdwai˧ ɕau˦˨ kau˧ taŋ˧,　　naŋ˨˦ roŋ˧˩ xaŋ˧˩ nai˧˥ tau˥。
θat˩ ʔbau˥ kaŋ˥ ʔi˥ lau˥!　　ra˧ tɯak˨˦ ʔjau˦˨ ʔdwai˧ han˧。
ɕi˦˨ nai˧˥ ʔbau˥ ɕaŋ˧˩ lun˨˦,　　ʔjau˦˨ ʔdaɯ˧ tuŋ˧˥ kaɯ˧ ɕaŋ˧˩。
kap˥ ɕoi˥ ʔjau˦˨ ʔdaɯ˧ fɯŋ˧˩,　　θɯaŋ˥ haɯ˥ mɯŋ˧˩ kai˧ kau˥。

22. θat˥ kaŋ˥ taŋ˧˩ kaɯ˦˨ nai˧˥,　　lum˥ ʔep˥ poi˧ hai˧ pa˧˩。
hoŋ˧ ʔdwai˧ mi˧˩ laɯ˧ ha˧!　　mɯŋ˧˩ poi˧ ma˧ kai˥ luan˨˦!
θɯaŋ˥ rai˧ tø˧˥ ɕam˨˦ kum˧˩,　　lau˧ poi˧˥ lun˧˩ ʔbau˥ ʔdai˥。
kau˧ ɕaŋ˧˩ θen˦˨ ka˨˦ ŋwan˨˦,　　kan˦˨ pan˧˩ taŋ˦˨ kau˧ kwa˧。

168

XVIII. 女送

2.

1.	呈 領 書 乙 張	議 寬 寬 又 氣
	安 獨[1] 麻 哄 你	嚕 嘍 紙 灵 丁
	叐 杀 折 惡 斗	𨕭 丕 鈕 迪 慌
	許 哄 兄 以[2] 矜	蓋 你 粘 天 理
2.	叐 度 折 叭 你[3]	呈 以 提 哄 糟
	意 忽 跁 扒 宰	氣 勞 介 哄 麻
	覩 只 丕 貧[4] 獨	安 花 趑 鐺 書
	勿 意 行 心 卤	氣 門 風 嚕 懷
3.	杀 矜 么 肸 蘭	仪 嗲 介 麻 樣
	掘[1] 鑽 粦 么 呈	以 有 放 丕 台
	蓋 你 三 否 四	議 進 退 兩 難
	肸 甫 肸 只 嗲	分 兄 當 否 愿
4.	提 么 放 斜 床	点 燈 眼 陸 陸
	[illegible] 覩 黑 默 默	想 忽 憋[2] 意 眠
	量 只 黑 貧 默	各 惻 又
	蓋 你 重 否 輕	甫 护 心 否 灘

1, 2. 字與讀音不合。 3. 疑是錯字當作'提'。 4. 讀作'貧丕'。

XVIII. 女送

2.

1. nuaŋ˅ liŋ˅ θaɯ˧ ˀit˦ ɕɯaŋ˧,
ŋoi˅ wuan˧ wuan˧ jau˨˦ hoi˨˦。
ˀan˧ kai˨˦ ma˨˩ kɯ˅ nai˅,
rø˅ nau˨˩ ɕoi˥ liŋ˨˩ tiŋ˧。
poi˅ θat˥ ˀdwen˨˦ ˀøk˨˦ tau˥,
faɯ˨˩ poi˧ nau˧ tɯk˨˩ wuaŋ˧。
haɯ˥ kɯ˅ kau˧ ˀau˧ kam˧,
kai˨˦ nai˅ xam˨˩, tian˧ loi˅!

2. poi˅ tø˅ ˀdwen˨˦ hau˥ faɯ˨˩,
nuaŋ˅ ˀau˧ taɯ˨˩ kɯ˅ rai˅。
ˀi˥ wit˦ tin˧ pat˨˦ ɕai˨˦,
hoi˨˦ lau˧ kai˨˦ kɯ˅ ma˅?
han˧ ɕi˅ pan˨˩ ˀjau˨˦ tok˨˩?
ˀan˧ wa˧ rok˨˩ rø˅ θaɯ˧?
fat˦ ˀi˥ xeŋ˅ θim˧ juŋ˧,
hoi˨˦ møn˨˩ fuŋ˧ rø˅ xwai˨˦。

3. θat˥ kam˧ ma˧ taŋ˨˩ ran˨˩,
pø˨˦ ɕam˧ kai˨˦ ma˨˩ jɯaŋ˨˦。
nau˨˩ ɕaɯ˅ piŋ˥ ma˧ nuaŋ˅,
hi˅ ˀdwai˧ ɕuaŋ˨˦ kɯn˨˩ tai˨˩。
kai˨˦ nai˅ θam˧ ˀbau˥ θoi˨˦,
ŋoi˅ ɕan˨˦ toi˨˦ liaŋ˥ nan˨˩。
taŋ˨˩ pu˅ taŋ˨˩ ɕi˅ ɕam˧,
fan˨˦ kau˧ taŋ˧ ˀbau˥ ŋ̊ɯan˨˦。

4. taɯ˨˩ ma˧ ɕoŋ˨˦ rau˥ ɕøŋ˨˩,
tiam˥ taŋ˧ ŋøn˨˩ lok˦ lok˦。
ˀjø˥ han˧ ˀdaɯ˧ ˀdok˦ ˀdok˦,
θɯaŋ˥ fut˨˩ ɕok˨˩ ˀi˥ nin˨˩。
lɯaŋ˨˦ ɕi˅ ˀdam˧ pan˨˩ mak˨˩,
ka˨˦ ɕoŋ˨˦ ˀjap˦ jau˨˦ ŋøn˨˩。
kai˨˦ nai˅ nak˦ ˀbau˥ hiŋ˧,
pu˅ raɯ˨˩ θim˧ ˀbau˥ luk˨˦?

5. 只 尽 曈 尽 眭　　覌 句 句 五 言
兄 尽[2] 篇 尽[2] 篇　　廩 數 錢 的 樣
通 樣 你 护 耶　　又 蓋 麻 慮 护
旦 頭 歪 号 你　　仝 叐 實 眉 杈

6. 對 花[1] 兄 斗 覌　　佲 真 否 嚕 恥
叐 許 貧 封 信　　咯 以[2] 謹 意 歐
議 只 樣 添 樣　　兄 各 怨 各 咭
對 兄 嘍 有 呼　　嗎 旬 桑 旬

7. 唭 僂 在 板 奕　　否 嚕 伝 心 事
想 四 迪 意 體　　眼 麻 乱 倍 伝
實 乱 廩 海 水　　通 介 你 各 倫
勿 意 丕 求 伝　　氣 勞 仍 否 乱

8. 嘇 叐 隆 以 勞　　嘇 叔 以 氣 罵
實 通 介 你 各　　歐 麻 酐 對 伝
爹 护 四 号 你　　各 合 氣 心 眧
兄 各 議 心 中　　否 眉 伝 初 卦

9. 嘇 肸 甫 太 一　　以 嘍 嫎 移 移
伝 更 否 受 排　　咯 意 堯 否 悌
富 貴 粝 恣 辭　　迪 嫎 十 足 十
嘇 移 只 懐 咟　　嘎 蜍 否 乖[3]

1.‘對花’當作‘花對’。　2.字與讀音不合。　3.全句讀者不知如何讀。

5. çi˧˩˧ çin˨˦ lɯaŋ˧˥‾çin˧˥ ˀjaɯ˥,
kau˥ çi˧˩˧ pian˧ tem˧ pian˧,
toŋ˨˦ jɯaŋ˨˦ nai˧˩˧ raɯ˧˩˧ na˨˩?
tan˨˩ tau˨˩ ˀjau˧˥ xau˨˦ nai˧˩˧,
han˧ kaɯ˧˥ kaɯ˧˥ ha˥ ɲian˨˩。
lum˥ ke˧˥ çian˨˩ ti˧ jɯaŋ˨˦。
jau˨˦ kai˧˥ ma˨˩ laɯ˧ raɯ˨˩?
toŋ˨˦ poi˧˩˧ θat˩ mi˨˩ kian˨˩!

6. wa˧ tøi˨˦ kau˧ tau˥ han˧,
poi˧ haɯ˥ pan˨˩ fuŋ˧ θan˧˥,
ŋoi˧˩˧ çi˧˩˧ jɯaŋ˨˦ tem˧ jɯaŋ˨˦,
tøi˧˥ kau˧ nau˨˩ ˀdwai˧ han˧,
mɯŋ˨˩ çan˧ ˀbau˥ rø˧˩˧ ɲan˧˥。
mɯŋ˨˩ çai˧˥ kan˥ ˀi˥ ˀau˧!
kau˧ ka˨˦ ˀjian˧˥ ka˨˦ xam˨˩。
ˀda˧˥ çon˨˩ θaŋ˧ çon˨˩ tam˧˥。

7. kɯ˧˩˧ rau˨˩ ˀjau˧˥ ˀban˥ huŋ˧,
θɯaŋ˥ kuak˨˦ tɯk˥ ˀi˥ tai˥,
θat˩ ˀdai˥ lum˥ hai˥ çwai˥,
fat˥ ˀi˥ poi˧ kau˨˩ xun˨˩,
ˀbau˥ rø˧˩˧ xun˨˩ θim˧ θai˨˦。
ŋon˨˩ ma˨˩ ˀdai˥ pøi˨˩ xun˨˩。
toŋ˨˦ kai˧˥ nai˧˩˧ ka˧˩˧, lun˨˩!
hoi˧˥ lau˧ ɲaŋ˨˩ ˀbau˥ ˀdai˥。

8. çam˧ poi˧˩˧ luŋ˨˩ hi˧˩˧ lau˧,
θat˩ toŋ˨˦ kai˧˥ nai˧˩˧ ka˧˩˧!
te˧ raɯ˩ kuak˨˦ xau˨˦ nai˧˩˧?
kau˧ ka˨˦ ŋoi˧˩˧ θim˧ çuŋ˧,
çam˧ ˀau˧ hi˧˩˧ hoi˧˥ ˀda˧˥。
ˀau˧ ma˨˩ na˥ tøi˧˥ xun˨˩?
ka˨˦ hau˥ hoi˧˥ θim çau˧。
ˀbau˥ mi˨˩ xun˨˩ çø˨˦ kwa˧˥。

9. çam˧ taŋ˨˩ pu˧˩˧ tai˨˦ ˀit˥,
xun˨˩ keŋ˧˥ ˀbau˥ çau˧˥ pai˨˩,
fau˧˥ kwai˧˥ xau˧˩˧ ram˧˩˧ peŋ˨˩,
çam˧ lai˧ hi˧˩˧ xwai˨˦ pak˧˥,
hi˧˩˧ nau˨˩ klik˥ lai˧ lai˧。
mɯŋ˨˩ ˀi˥ rai˧ ˀbau˥, tai˧˩˧?
tɯk˩ reŋ˨˩ çip˩ çuk˥ çip˩。
— — — — —

10. 嘇 胻 甫 太 三　　参 意 婢 意 否
賓 咭 唭 賴 酒　　吞 肚 茂 憐 憐
伝 否 受 佲 晌　　侵 左 右 兩 難
通 蓋 你 护 那[1]　　歐 唭 麻 乳 究

11. 嘇 胻 甫 太 九　　只 提 斗 意 护
咯 只 放 汝 處　　釿 叭 鏈 佲 斗
貧 你 受 送 丕　　心 只 閙 度 酒
砢 只 然 侵 乳　　勞 肚 史 兄 愚

12. 議 正 勿 否 倍　　又 只 宜 心 變
想 只 件 添 件　　兄 怨 眼 麻 淋
唭 兄 細 各 念　　實 怨 否 嚕 回
肚 兄 燵 貧 恹　　貧 乎 微 莫 顯[2]

13. 叚 送 信 許 兄　　否 歐 以 否 乳
議 只 迪 意 體　　己 時 乳 倍 咯
兄 又 只 扒 議　　添 對 只 各 嘍[3]
想 件 件 否 貧　　咯 受 陪 否 怫

14. 四 迪 乳 倍 佲　　切 吏[4] 伝 袳 芍
噫 参 嚕 唔 叚　　四 條 你 唭 麻
議 只 皮 寬 樂　　當 病 惡 勞 中
唭 兄 只 各 談　　許 伝 干 未 氣

1.'那'字與讀音不合。　2.全句讀者不知如何讀。　3.此句讀者改字。　4.當作'史'？

10. ɕam˧ taŋ˧˩ pu˦˨ tai˨˦ θam˧,
θat˩ xam˧˩ kɯ˦˨ rai˦˨ lau˥!
xun˧˩ ˀbau˥ ɕau˧˥ mɯŋ˧˩ kau˥,
toŋ˨˦ kai˧˥ nai˦˨ raɯ˧˩ ha˧!

te˧ ˀi˥ han˧ ˀi˥ ˀbau˥。
ˀdan˧ tuŋ˦˨ ˀbau˧˥ lin˧˩ lin˧˩。
ɕam˨˦ θø˥ jau˧˥ liaŋ˥ nan˧˩。
ˀau˧ kɯ˦˨ ma˧˩ ˀdai˥ kau˧˥?

11. ɕam˧ taŋ˦˨ pu˦˨ tai˨˦ kau˥,
mɯŋ˧˩ ɕi˦˨ ɕoŋ˧˥ mau˧˥ laɯ˧?
pan˧˩ nai˦˨ ɕau˨˦ θoŋ˧˥ poi˧,
ˀjø˥ ɕi˦˨ jian˧˩ ɕam˨˦ ˀdai˥,

ɕi˦˨ taɯ˧˩ tau˥ ˀi˥ raɯ˧˩!
ˀdwen˧˥ hau˥ faɯ˧˩ mɯŋ˧˩ tau˥。
θim˧ ɕi˦˨ høi˧ tø˦˨ lau˥!
lau˧ tuŋ˦˨ θai˥ kau˧ ŋaɯ˧˩。

12. ŋoi˦˨ ɕiŋ˧˥ fat˥ ˀbau˥ pøi˧˩
θɯaŋ˥ ɕi˦˨ kian˨˦ tem˧ kian˨˦
kɯ˦˨ kau˧ θai˧˥ ka˨˦ niam˨˦
tuŋ˦˨ kau˧ ˀdat˧˥ pan˧˩ foi˧˩

jau˨˦ ɕi˦˨ ŋoi˧˩ θim˧ pian˧˥
kau˧ ˀjian˧˥ ŋon˧˩ ma˧˩ lum˧˩
θat˩ ˀjian˧˥ ˀbau˥ rø˦˨ xøi˧˩
— — — — —

13. poi˦˨ θoŋ˧˥ θan˧˥ haɯ˥ kau˧,
ŋoi˦˨ ɕi˦˨ tɯk˥ ˀi˥ tai˥,
kau˧ jau˨˦ ɕi˦˨ ˀbat˧˥ ŋoi˦˨,
θɯaŋ˥ kian˨˦ kian˨˦ ˀbau˥ pan˧˩,

ˀbau˥ ˀau˧ hi˦˨ ˀbau˥ ˀdai˥。
koi˥ θoi˧˩ ˀdai˥ pøi˧˩ mɯŋ˧˩?
ka˨˦ tem˧ tøi˨˦ kau˧ nau˧˩。
mɯŋ˧˩ ɕau˧˥ xam˥ ˀbau˥, tai˦˨?

14. kuak˨˦ tɯk˥ ˀdai˥ pøi˧˩ mɯŋ˧˩,
ˀoi˧˥ te˧ lu˧ ha˧, poi˦˨!
ŋoi˦˨ ɕi˦˨ pai˧˩ wuan˧ løk˧˥,
kɯ˦˨ kau˧ ɕi˦˨ ka˨˦ tam˧˩,

θiat˨˦ θi˥ xun˧˩ lai˧ nøi˦˨!
kuak˨˦ tiau˧˩ nai˦˨ kɯ˦˨ ma˧˩?
taŋ˧˥ piŋ˨˦ ˀøk˧˥ lau˧˩ ɕuŋ˧。
haɯ˥ xun˧˩ kan˧ foi˧˥ hoi˧˥。

15. 細 議 心 細 婕
皮 難 己 唄 肤
各 丕 廸 㳽 瀧
實 通 條 你 各

各 夾 否 眉 寛
兄 初 完 汛 答
廩 甫 伝 廸 法
咯 嘍 假 亦 慌

16. 心 䰍 想 培 佲
丕 求 皮 己 湯
廩 仝 胞 兄 弟
跍[2] 丕 蔺 提 蘭

廩 求 伝 銀 芳
初 汛 玩 倍 倫[1]
實 道 理 難 客
廸 滿 艢 總 汗

17. 聽 啤 張 信 叒
嘍 兄 否 摆 閔
廩 考 化 跀 京
更 嘍 眉 旬 可

極 叺 氣 心 煩
議 心 翻 劲 輪
眉 情 否 眉 義
兄 實 虎 難 當

18. 勿 意 憑 叒 倫
皮 你 心 初 丑
噫 入 呍 噫 吓[3]
講 千 心 芳 心

眉 妡 佲 以 酒
哂 楠 講 那 鵼
實 兄 各 呍 叁
愛[4] 圩 形 度 琇

19. 星 丕 貧 娋 渥[5]
當 叒 汛 初 卦
爹 护 丕 号 你
改 仰 酾 跀 叁

各 � 貧 伝 寡
苟 叺 酾 佲 丕
實 各 氣 各
蚵 星 倫 否 吓

1.‘倫’改讀‘情’. 2.當作‘踠’? 3.後三字讀者改字. 4.讀者改字. 5.後二字似與讀音不合.

15. θai˧˥ ŋoi˥˩˥ θim˧ θai˧˥ ʔdat˧˥, ka˩˧ ɲap˧˥ ʔbau˥ mi˧˩ wuan˧。
pai˧˩ nan˧˩ koi˥ kɯ˥˩˥ ʔdɯan˧, kau˧ ɕø˧ wuan˧˩ ʔdai˥ tap˥。
ka˩˧ ʔjau˧˥ tɯk˦ muŋ˧˩ luŋ˧˩, lum˥ pu˥˩˥ xun˧˩ tɯk˩ fap˥。
θat˩ toŋ˩˧ tiau˧˩ nai˥˩˥ ka˥˩˥! mɯŋ˧˩ nau˧˩ kja˥ hi˥˩˥ huaŋ˧。

16. θim˧ θen˧˥ θɯaŋ˥ pøi˧˩ mɯŋ˧˩, lum˥ kau˧˩ xun˧˩ ŋan˧˩ fan˩˧。
poi˧ kau˧˩ pai˧˩ koi˥ taŋ˧˥, ɕø˧ ʔdai˥ ŋwan˩˧ pøi˧˩ ɕiŋ˧˩。
lum˥ toŋ˧˩ pau˧ juŋ˧ ti˧˥, θat˩ tau˧˥ li˥ nan˧˩ juŋ˧˩。
plai˥ poi˧ ran˧˩ taɯ˧˩ ran˧˩, tɯk˦ muan˥˩˥ ʔdaŋ˧ ɕuŋ˧ xan˩˧。

17. tiŋ˧˥ ɲi˧ ʔbaɯ˧ θan˧˥ poi˥˩˥, kik˩ hau˥ hoi˧˥ θim˧ fan˧˩。
nau˧˩ kau˧ poi˧ laŋ˧ kwan˧, ŋoi˥˩˥ θim˧ fan˧ lɯk˩ lun˩˧。
lum˥ kau˧˥ wa˧˥ hɯn˥ kiŋ˧, mi˧˩ ɕiŋ˧˩ ʔbau˥ mi˧˩ ŋoi˩˧。
keŋ˧˥ nau˧˩ mi˧˩ ɕon˧˩ kø˥, kau˧ θat˩ hø˥ nan˧˩ taŋ˧。

18. fat˦ ʔi˥ paŋ˩˧ poi˥˩˥ lun˧˩, mi˧˩ ja˩˧ mɯŋ˧˩ hi˥˩˥ lau˥!
pai˧˩ nai˧˩ θim˧ ɕø˧ ʔdau˧˥, pak˧˥ plau˧˥ kaŋ˥ na˧˩ fɯ˧˩。
ʔi˥ hau˥ ma˧ hoi˧˥ ʔda˧˥, θat˩ kau˧ ka˥˩˥ ha˧ ʔbun˧!
kaŋ˥ ɕian˧ θim˧ fan˩˧ θim˧, lau˧ haɯ˧ hiŋ˥˩˥ tø˥˩˥ ɲau˩˧!

19. nuaŋ˥˩˥ ʔjau˧˥ pan˧˩ han˧˥ ʔbun˧, ka˩˧ kɯn˧ pan˧˩ xun˧˩ kla˥˩˥。
taŋ˩˧ poi˥˩˥ ʔdai˥ ɕø˩˧ kwa˧˥, kau˥ hau˥ na˥ mɯŋ˧˩ poi˧。
te˧ raɯ˧˩ ʔjau˧˥ xau˩˧ nai˥˩˥? θat˩ ka˩˧ hoi˧˥ ka˩˧ ʔdum˧。
kai˥ ŋɯaŋ˥˩˥ na˥ hɯn˥ ʔbun˧, ʔjø˥ nuaŋ˥˩˥ lun˧˩ ʔbau˥ ha˧˥!

20. 時 糟 甫 李 旦　　逃 難 己 嗔 鮮
盞 心 嗔 麻 眉　　夫 妻 總 否 斷
雜 丕 好 粆 年　　因 緣 中 否 散
他 歪 厺 所 諾　　吞 奈 作 詩 期[1]

21. 斗 胻 捊 胡 發　　初 [illegible] 合 閑 妃
當 佲 意 丕 么　　歐 介 麻 許 記
沙 記 歪 戊 盧　　提 撻 么 徒 合
齊 俥 德 鍋 糎　　得 齊 歪 吞 家

22. 扒 議 心 受 賴　　鉗 度 帶 叭 撻
分 兄 哷 嗔 佲　　攺 迪 淋 丕 咱
杀 嘍 意 跀 趶　　議 吞 心 受 奈
輕 乩 貧 你 酒　　卦 泌[2] 否 講 空

23. 分 兄 艚 鳳 嬌　　受 仪 叔 口 鑓
逢 嗔 佲 全 戾　　乩 貧 對 貧 双
實 成 侵 合 意　　見 以 美 之 毛
徒 受 歪 之 問　　穷 蘭 齊 料 理

24. 邁 貧 歪 貧 歪　　兄 總 否 忽 佲
度 盞 歪 吞 撻　　限 否 淋 為 只
咯 路 趶 惡 丕　　紙 包 微 否 陋
兄 奈 歪 奈 歪　　哥 眉 步 徒 逢

1. 此二句讀者不知如何讀。　2. 當作後。

20. θoi˧˩ køn˧˥ pu˨˩˦ li˥ tan˧˥,
kai θim˧ kɯ˨˩˦ ma˨˩ mi˨˩?
li˧˩ poi˧ hau˥ lai˧ nian˧˩,
— — — — —
teu˧˩ nan˧˥ koi˥ kɯ˨˩˦ pi˧
fu˧ θi˧ çuŋ˧ ˀbau˥ tuan˧˥。
ˀan˧ jian˧˩ çuŋ˧ ˀbau˥ θan˧˥。
— — — — —

21. tau˥ taŋ˧˩ laŋ˧ xø˧˩ fat˥,
taŋ˧˥ mɯŋ˧˩ ˀi˥ poi˧ ma˧,
ça˧ ki˧˥ ˀjau˧˥ mau˧˥ ɬaɯ˧?
çai˧˩ ke˧ tak˥ ku˧ xau˨˩˦,
çø˧ ˀdai˥ xap˧˩ kwan˧ pa˧˩。
ˀau˧ kai˧˥ ma˧˩ haɯ˥ koi˧˥?
taɯ˧˩ faɯ˧˩ ma˧ tø˨˩˦ xap˧˩。
ˀdai˥ çai˧˩ ˀjau˧˥ ˀdan˧ kja˧!

22. ˀbat˧˥ ŋoi˨˩˦ θim˧ çau˧˥ nwai˧˥,
fan˧˥ kau˧ raŋ˧˥ kɯ˨˩˦ mɯŋ˧˩,
θat˥ nau˧˩ ˀi˥ hɯn˧˥ tin˧,
kiŋ˧ ˀdai˥ pan˧˩ nai˨˩˦ lau˥,
ˀdwen˧˥ tø˨˩˦ tai˧˥ hau˥ fɯŋ˧˩。
kai˥ tɯk˥ lum˧˩ poi˧ nɯ˧˥!
ŋoi˨˩˦ ˀdan˧ θim˧ çau˧˥ nwai˧˥。
kwa˧˥ xau˧˥ ˀbau˥ kaŋ˥ huŋ˧。

23. fan˧˥ kau˧ ˀdaŋ˧ fuŋ˧˥ kjau˧˩,
fuŋ˧˩ kɯ˨˩˦ mɯŋ˧˩, toŋ˧˥ poi˨˩˦!
θat˩ pan˧˩ çam˩ xap˧˩ ˀoi˧˥,
tø˨˩˦ çau˧˥ ˀjau˧˥ ti˧ kan˧,
çau˧˥ pø˧˥ ˀau˧ kuak˧˥ høi˧˥。
ˀdai˥ pan˧˩ tøi˧˥ pan˧˩ θuaŋ˧。
kian˧˥ hi˥ moi˥ çi˧ mau˧˩。
høŋ˧ rau˧˩ çai˧˩ liau˧˥ loi˨˩˦。

24. mai˧˥ pan˧˩ ˀjau˧˥ pan˧˩ ˀjau˧˥,
tø˨˩˦ kai˧˥ ˀjau˧˥ ˀdam˧ fɯŋ˧˩,
mɯŋ˧˩ ˀjam˧˥ tin˧ ˀøk˧˥ poi˧,
kau˧ nai˧˥ ˀjau˧˥ nai˧˥ ˀjau˧˥,
kau˧ çuŋ˧ ˀbau˥ wit˥ mɯŋ˧˩。
xau˧˥ ˀbau˥ lum˧˩ wai˧˩ çi˥。
çoi˥ pau˧ foi˧˩ ˀbau˥ lau˧˥?
kø˧ mi˧˩ pau˧˥ tø˨˩˦ fuŋ˧˩。

25. 廪動甫你講　　萬萬否徒淋
然各議心中　　初只称好漢
當意貧坤烟　　兩邊傳齊玩
改半徒而未　　初合意星倫

26. 乳廪動甫你　　心事實好吓
蕩乳创閑妃　　星花初只樂
重意重齊浮　　初有頭有尾
貧歪的可記[1]　　意想記魯那[2]

27. 星乳叐否乳　　蓋你侵刁難
否照信咯談　　勞心翻徒吓
比貧海水深　　難乳針胻體
改各徒搨褐　　各[2]想咱仝班

28. 當叐真眉心　　星點趼徒熳
邁貧歪貧歪　　改考究養护
兩邊傳齊允　　改論甫重輕
傳尽改蕕輕　　歐公平徒酒

29. 閑講苟講耪　　均皆貧你話
杀旬你魯哪[2]　　想變化成龍
兄伝妃肚苟　　否乳比伝織
人情倍人情　　初卦心徒[2]各

1. 後三字讀者改字。　2. 字與讀音不合。

25. lum˥ toŋ˨˦ pu˧˩˧ nai˧˩˧ kaŋ˥, fan˨˦ fan˨˦ ʔbau˥ tø˧˩˧ lum˨。
jian˨ ka˨˦ ŋoi˧˩˧ θim˧ çuŋ˧, çø˧ çi˧˩˧ çiŋ˧ hau˥ han˦!
taŋ˨˦ ʔi˥ pan˨ hon˧ ʔjian˧, θøŋ˧ pian˧ rau˨ çai˨ ŋwan˨˦。
kai˥ puan˦ tu˨ rɯ˨ foi˦, çø˧ xap˨ ʔoi˦ nuaŋ˧˩˧ lun˨。

26. ʔdai˥ lum˥ toŋ˨˦ pu˧˩˧ nai˧˩˧, θim˧ θai˨˦ θat˩ ʔdoi˧ ha˧。
taŋ˨˦ ʔdai˥ xap˨ kwan˧ pa˨, nuaŋ˧˩˧ wa˧ çø˧ çi˧˩˧ løk˦。
nak˥ ʔi˥ nak˥ çai˨ fau˨, çø˧ mi˨ tau˨ mi˨ wai˥。
pan˨ ʔjau˦ mɯŋ˨ ka˨˦ ŋoi˧˩˧, ʔi˥ θɯaŋ˥ koi˦ lu˧ ha˧!

27. nuaŋ˧˩˧ ʔdai˥ poi˧˩˧ ʔbau˥ ʔdai˥, lau˧ nai˧˩˧ çam˨˦ tiau˧ nan˨。
ʔbau˥ çiau˦ θan˦ mɯŋ˨ tam˨, lau˧ θim˧ fan˧ tø˧˩˧ ha˦!
poi˥ pan˨ hai˥ çwai˥ θim˧, nan˨ ʔdai˥ çim˧ taŋ˨ tai˥。
kai˥ ka˨˦ tø˧˩˧ kiat˥ hu˧˩˧, ʔi˥ θɯaŋ˥ nɯ˥, toŋ˨ pan˧!

28. taŋ˨˦ poi˧˩˧ çan˧ mi˨ θim˧, nuaŋ˧˩˧ tiam˧ tin˧ tø˧˩˧ çau˦。
mai˦ pan˨ ʔjau˦ pan˨ ʔjau˦, kai˥ kau˥ kau˦ jɯaŋ˨˦ rau
θøŋ˧ ʔbɯaŋ˥ rau˨ çai˨ jun˧˩˧, kai˥ lun˨˦ pu˧˩˧ nak˥ hiŋ˧!
rau˨ çan˨˦ kai˥ kau˥ hiŋ˧, ʔau˧ kuŋ˧ piŋ˨ tø˧˩˧ lau˥!

29. xan˨ kaŋ˥ nøi˧˩˧ kaŋ˥ lai˧, kun˧ kai˧ pan˨ nai˧˩˧ xwa˨˦。
θat˥ çon˨ nai˧˩˧ lu˧ ha˦, θɯaŋ˥ pian˦ wa˨˦ pan˨ luŋ˨。
kau˧ xun˨ pa˨ tuŋ˧˩˧ nøi˧˩˧, ʔbau˥ ʔdai˥ poi˥ xun˨
θan˨ çiŋ˨ pøi˨ θan˨ çiŋ˨, çø˧ kwa˦ θim˧

30. 呈　答　戾　否　跙
徒　鯕　太　徒　鮹
兄　伝　妑　愚　移
僂　豆　酐　齊　講

31. 唭　兄　嗒　佲　戾
—　—　—　—　—
礼　天　榮　地　縈
—　—　—　—　—

改　令　悶　丕　笑
度　要　丕　游　海
有　才　冇　有　用
閒　潭　浮　忽　漂[1]

常　時　議　初　貧
—　—　—　—　—
任　在　咟　主　意
—　—　—　—　—

1. 全句讀者不知如何讀。

180

30. nuaŋ˦˨˦ tap˥ poi˦˨˦ ʔbau˥ hɯn˥, kai˥ liŋ˨˦˨ mɯn˥ poi˧ riau˧。

tu˨ kuŋ˦ tai˦ tu˨ ŋau˦˨˦, tø˦˨˦ ʔjiau˧ poi˧ jau˨ hai˥。

kau˧ xun˨ pa˨ ŋaɯ˨ lai˧, mi˨ ɕai˨ ʔdwai˧ mi˨ juŋ˨˦˨。

ɽau˨ tau˦ na˥ ɕai˨ kaŋ˥, — — ∠ — —

31. kɯ˦˨˦ kau˧ raŋ˦ mɯŋ˨ poi˦˨˦! θɯaŋ˨ θoi˨ ŋoi˦˨˦ ɕø˧ pan˨。

— — — — — — — — — —

ʔdai˥ tian˧ juŋ˦˨˦ ti˦ juŋ˨, ŋam˨˦˨ ɕai˨˦˨ mɯŋ˨ ɕaɯ˥ ʔoi˦!

— — — — — — — — — —

XIX. 男送

1.

1. 丕　有　無　路　想　　　眼　肹　搬[1]　木　樋
至　你　垦　摅　丕　　　必　定　時　提　楚
嫐　外　否　入　么　　　議　坤　花　尸　門
想　記　伝　詢　話　　　有　真　妑　嚕　妹

2. 朕　肹　太　三　首　　　如　氣　否　更[2]　當
合　則　夜　丕　蘭　　　位　奈　干　否　乳
作　則　双　首　書　　　安　貧　护　欠　後
嚕　貧　丕　畫　馬　　　齊　郉　覛　度　叁

3. 眼　卦　眼　乙　乙　　　節　卦　節　由　由
敬　跅　否　洋　修　　　初　只　季　去　奈
安　只　丕　摅　全　　　議　廸　心　度　囙[3]
眉　句　麻　閙　肚　　　郉　甫　卯　改　吽

4. 皮　一　講　情　由　　　捊　心　頭　有　正
時　你　麽　否　認　　　安　丕　定　甫　护
甫　苟　甫　貿　體　　　有　倚　意　护　歐
号　摑　在　兄　吽　　　歌　双　傻　為　定

1. 字與讀音不合； 2. 依讀音當作'麽'字； 3. 此字讀者不知當如何讀。

XIX. 男送

1.

1. ʔjau˧˥ ʔdwai˧ fu˨˩ lø˥˧ θɯaŋ˥, ŋon˨˩ taŋ˨˩ ʔbɯaŋ˥ fai˨˩˦ roi˨˩。
çi˧˥ nai˨˩˦ nuaŋ˨˩˦ laɯ˧ poi˧? piat˥ tiŋ˥˧ θoi˨˩ taɯ˨˩ θu˥。
ʔøk˧˥ røk˥˧ ʔbau˥ hau˥ ma˧, ŋoi˨˩˦ hon˧ wa˧ ʔbɯaŋ˥ ʔbɯaŋ˧˥。
θɯaŋ˥ koi˧˥ xun˨˩ çon˨˩ xwa˥˧, ʔdwai˧ çan˧ pa˨˩ rø˨˩˦ moi˧˥。

2. twan˧ taŋ˨˩ tai˥˧ ŋoi˧˥ θau˥, hi˨˩˦ hoi˧˥ ʔbau˥ ʔɯŋ˧ taŋ˧
xap˨˩ θak˦˥ xam˥˧ poi˧ ran˨˩, wi˥˧ nai˥˧ kan˧ ʔbau˥ ʔdai˥。
çak˥ θak˦˥ θøŋ˧ θau˥ θaɯ˧, ʔan˧ pan˨˩ raɯ˨˩ jiam˧˥ xau˧˥?
rø˨˩˦ pan˨˩ ʔjau˧˥ xwa˥˧ ma˨˩˦? çai˨˩ na˥ han˧ tø˨˩˦ çam˧。

3. ŋon˨˩ kwa˧˥ ŋon˨˩ ʔjiat˥ ʔjiat˥, çiat˥ kwa˧˥ çiat˥ jau˨˩ jau˨˩。
kiŋ˧˥ plai˥ ʔbau˥ ŋaŋ˨˩ θau˧, çø˧ çi˨˩˦ fau˨˩ ki˧˥ nai˥˧!
ʔan˧ çi˨˩˦ poi˧ laɯ˧, kim˧? ŋoi˨˩˦ tɯk˦˥ θim˧ tø˨˩˦ — 。
mi˨˩ çon˨˩ ma˨˩ ʔdaɯ˧ tuŋ˨˩˦, na˥ pu˨˩˦ ʔɯn˧˥ kai˥ nau˨˩!

4. pai˨˩ ʔit˦˥ kaŋ˥ çiŋ˨˩ jau˨˩。 laŋ˧ θim˧ tau˨˩ ʔdwai˧ çiŋ˧˥。
θoi˨˩ nai˨˩˦ lum˥ ʔbau˥ ŋin˥˧, ʔan˧ poi˧ tiŋ˧˥ pu˨˩˦ raɯ˨˩?
pu˨˩˦ kau˥ pu˨˩˦ pan˨˩ ti˥, ʔdwai˧ ʔi˥ ʔi˥ raɯ˨˩ ʔau˧?
xau˥˧ tøk˥˧ çai˥˧ kau˧ nau˨˩, kø˥ θøŋ˧ rau˨˩ wai˨˩ tiŋ˧˥。

5. 比　你　一　刀　来　　　偻　好　䋲　成　後
尭　前　時　你[1]　斗　　　廩　至　粘　賠　硱
紂　王　添　旦　敌　　　念　一　世　同　𡒄
度　交　乱　己　粹　　　曽　眉　的　考　究

6. 定　咟　佲　护　哧　　　誘　鴆　鶴　犟　么
眉　肉　只　忽　鈀　　　眉　那　只　忽　垡
講　迪　愽　呸　愽　　　兄　到　揆　額　乱
重　當　鉐　獨　淴　　　否　硯　䊵　到　家

7. 号　廩　動　粹　卦　　　哼　旬　話　否　沝
咟　講　許　定　佲　　　眼　同　飾　同　丕
四　樣　你　的　心　　　兄　實　成　無　酛
分　兄　的　埊　地　　　難　鈀　鯉　變　龍

8. 邁　寒　否　貧　家　　　敬　否　么　則　䊵
細　議　何　細　引　　　四　麻　謹　貧　䋲
杀　想　家　想　記　　　忽　埊　地　否　茶
佲　鈀　鯉　變　龍　　　廩　倚　脒[2]　埊　凡

9. 更　假　則　四　嗛　　　吓　思　　　偶　作[2]
四　趴　馱　籠　碩　　　貧　护　扶　引　么
一　斗　伝　如　好　　　式　叁　道　同　年
代　齊　蝬　丕　那　　　好　哄　麻　廣　博

1.讀者改讀他字.　　2.似與讀音不合.

5. poi˥ nɑi˨˩˦ ʔi˥ tau˧ lai˩, rɑu˩ hau˥ lai˧ çiŋ˩ xɑu˨˦。
ŋeu˨˩˦ θiɑn˩ θoi˩ hɯn˥ tau˥, lum˥ çi˦ xɑu˨˩˦ pøi˩ rin˧。
çɑu˦ waŋ˩ te̱m˧ tan˦ koi˥, niɑm˨˦ ʔit˦˥ θoi˦ toŋ˩ rai˧。
tø˨˩˦ kjau˧ ʔdɑi˥ koi˥ pi˧, çɑŋ˩ mi˩ ti˧ kɑu˥ kɑu˦。

6. tiŋ˦ pak˦ mɯŋ˩ rɑɯ˩ ʔdɑi˥! ŋɑu˨˦ rok˩ klɑi˥ roŋ˩ ma˧。
mi˩ nø˨˦ çi˨˩˦ wit˦˥ pla˧, mi˩ na˩ çi˨˩˦ wit˦˥ roi˨˦。
kaŋ˥ tɯk˩ çɑŋ˩ ha˦ çɑŋ˩, kɑu˧ tɑŋ˩ lɑŋ˧ ŋek˩ ʔdɑi˥。
nɑk˦˥ taŋ˦ rin˧ tok˦˥ rɑm˨˩˦, ʔbau˥ hɑn˧ xɑm˨˦ tau˦ kja˧。

7. xau˨˦ lum˥ toŋ˨˦ pi˧ kwa˦, rɑŋ˦ çon˩ xwa˦ ʔbɑu˥ lum˩。
pak˦ kaŋ˥ hɑɯ˥ tiŋ˦ mɯŋ˩, ŋon˩ toŋ˩ kɯn˧ toŋ˩ ʔjau˦。
kuɑk˨˦ jɯɑŋ˨˦ nɑi˨˩˦ ti˧ θim˧, kɑu˧ θɑt˩ çiŋ˩ fu˩ na˥。
fan˨˦ kɑu˧ ti˧ tɯɑk˨˦ toi˨˦, nan˩ pla˧ loi˨˩˦ piɑn˦ luŋ˩。

8. mai˨˦ xan˩ ʔbɑu˥ pan˩ kja˧, kiŋ˦ ʔbɑu˥ ma˧ θɑk˦˥ xɑm˨˦!
θɑi˦ ŋoi˨˩˦ xø˩ θɑi˦ ʔdan˦, kuɑk˨˦ ma˩ kɑn˥ pɑn˩ lai˧?
θat˥ θɯɑŋ˥ kja˧ θɯɑŋ˥ koi˦, wit˦˥ tɯɑk˨˦ toi˨˦ ʔbɑu˥ ça˩。
mɯŋ˩ pla˧ loi˨˩˦ piɑn˦ luŋ˩, lum˥ ʔi˥ tum˨˩˦ tɯɑk˨˦ nɑŋ˨˦。

9. keŋ˦ kja˥ θɑk˦˥ kuɑk˨˦ jiɑm˧, la˥ θɯɑŋ˥ liɑn˩ ŋɑu˨˩˦ røk˨˦。
kuɑk˨˦ tiŋ˧ ta˥ roŋ˩ θøk˦, pɑn˩ rɑɯ˩ ʔjøt˦ hɯn˥ ma˧?
ʔit˦˥ tɑu˥ xun˩ hi˨˩˦ hau˥, θøŋ˧ θam˧ tau˦ toŋ˩ niɑn˩。
tai˨˦ çɑi˩ ʔøk˦ poi˧ na˩, hau˥ kɯ˨˩˦ ma˩ kwaŋ˦ pøk˦!

10. 佲 丕 板 又 丕　　改 歐 燓 龍 淰
毫 心 頭 里 等　　坒 乃 改 用 淋
甫 伝 年 中 步　　憂 企 否 了 時
丕 圩 否 覌 修　　眉 話 頭 難 哼

11. 佲 父 毋 双 全　　心 否 良 能 己
麋 分 兄 友 式　　初 巠 氣 粆 粆
議 様 否 能 様　　幾 時 望 卦 仙
劲 四 父 的 躺　　閙 心 翻 賓 痳

12. 時 你 落 富 加　　議 上 下 無 凴
倚 吚 醫 如 苦　　倚 弔 墰 如 勒
教 四 毋 肶 識　　賈 難 粆 嚕 吓
飾 耨 通 否 味　　賨 入 氣 十 分

13. 各 議 各 心 吰　　頂 十 足 西 凉
伝 越 道 越 羌　　兄 越 年 越 斬
發 麻 乳 平 修　　毫 心 頭 初 復
講 斗 又 否 體　　各 淰 涕 連 連

14. 介 介 否 處 定　　兄 只 令 护 那
佲 甫 閧 連 妑　　兄 猇 吓 貯 囊
左 難 右 如 難　　議 迪 躺 叭 病
覌 毫 淋[1] 度 酒　　冇 意 企 客 麻

1. 讀音改字。

10. mɯŋ˧˩ poi˧ ʔban˥ jau˩˧ poi˧,　kai˥ ʔau˧ foi˧˩ roŋ˧˩ ram˧˩˧!
rái˧ θim˧ tau˧˩ li˥ taŋ˥,　tɯak˩˧ naŋ˩˧ kai˥ juŋ˩˧ lum˧˩!
pu˧˩˧ xun˧˩ nian˧˩ çuŋ˧ pau˩˧,　ʔjau˧ ʔjau˧ ʔbau˥ liau˧˩˧ θoi˧˩。
poi˧ haɯ˧ ʔbau˥ han˧ θau˧,　mi˧˩ xwa˩˧ tau˧˩ nan˧˩ raŋ˩˧。

11. mɯŋ˧˩ pø˩˧ me˩˧ çwaŋ˧ çian˧˩,　θim˧ ʔbau˥ liaŋ˧˩ naŋ˧˩ koi˥。
lum˥ fan˩˧ kau˧, jau˧˩˧ ŋoi˩˧!　çø˧ kik˥ hoi˩˧ lai˧ lai˧!
ŋoi˧˩˧ jɯaŋ˩˧ ʔbau˥ naŋ˧˩ jɯaŋ˩˧　koi˥ θoi˧˩ muaŋ˩˧ kwa˩˧ θian˧?
lak˩˧ kuak˩˧ pø˩˧ ti˧ ʔdaŋ˧,　ʔdaɯ˧ θim˧ fan˧ pan˧˩ moi˩˧。

12. θoi˧˩ nai˧˩˧ lak˩˧ taŋ˧ kja˧,　ŋoi˧˩˧ çaŋ˩˧ ja˩˧ fu˧˩ paŋ˧˩。
ʔi˥ kɯn˧ ʔjɯ˧ hi˧˩˧ xam˧˩,　ʔi˥ tiau˩˧ tam˧˩ hi˧˩˧ lak˩。
kjau˩˧ kuak˩˧ me˩˧ ra˧ rai˧˩,　θat˩ nan˧˩ lai˧ lu˧ ha˩˧!
kɯn˧ xau˧˩˧ çuŋ˧ ʔbau˥ foi˩˧,　θat˩ hau˥ hoi˩˧ çip˩ fan˧。

13. ka˩˧ ŋoi˧˩˧ ka˩˧ θim˧ luk˩,　tiŋ˥ çip˩ çuk˥ θi˧ liaŋ˧˩。
xun˧˩ jiat˧˩ tau˧˩ jiat˧˩ kiaŋ˧˩,　kau˧ jiat˧˩ nian˧˩ jiat˧˩ çam˥。
fat˥ ma˧˩ ʔdai˥ piŋ˧˩ θau˧?　rai˧ θim˧ tau˧˩ çø˧ fuk˩。
kaŋ˥ tau˥ jau˩˧ ʔbau˥ ti˥,　ka˩˧ ram˧˩˧ ri˩˧ lian˧˩ lian˧˩。

14. kai˩˧ kai˩˧ ʔbau˥ çaɯ˩˧ tiŋ˩˧,　kau˧ çi˧˩˧ liŋ˩˧ raɯ˧˩ na˧˩?
mɯŋ˧˩ pu˧˩˧ kwan˧ lian˧˩ pa˧˩,　kau˧ kiaŋ˧˩ ha˧ θot˩ tai˩˧。
θø˥ nan˧˩ jau˩˧ hi˧˩˧ nan˧˩,　ŋoi˧˩˧ tɯk˥ ʔdaŋ˧ hau˥ piŋ˩˧。
ŋian˩˧ rai˧ poi˧ tø˧˩˧ lau˥,　ʔdwai˧ ʔi˥ ʔjau˩˧ kɯ˧˩˧ ma˧˩!

15. 各獨奈跕搥
圣心浮尸彐
陌偷否濟躡[1]
眼惡丕入么

倚貧护得算
生四樣你伝
否講倚嚕慮
吵[2]怼䏲各想

16. 句惡忽龏墠
齊心媄丕酾
兩尸僂齊話
伝凴武引大

句苦忽龏汱
改四假圩形
改對酾只長
兄崩弓連矢

17. 穴議穴叺心
哥貧你魯表
眉心格日子
則双首書紗

想思情否了
印小小為情
初乱取章程
佲丕么流弔

1. 讀音似與字不合。　　2. 讀音改字。

15. ka˦˨ tok˥ nwai˨˦ tin˧ faɯ˧˩,
ˀjau˨˦ θim˧ fau˧˩ ˀbɯaŋ˥ ˀbɯŋ˨˦,
pak˨˦ tau˧ ˀbau˥ klai˧˩ ˀjam˨˦,
ŋon˧˩ ˀøk˨˦ poi˧ hau˥ ma˧,
ˀi˥ pan˧˩ raɯ˧˩ ˀdai˥ θuan˨˦?
θeŋ˧ kuak˦˨ jɯaŋ˦˨ nai˧˥ xun˧˩!
ˀbau˥ kaŋ˥ ˀi˥ lu˧ laɯ˧!
xam˧˩ raɯ˧˥ ra˧ ka˦˨ θɯaŋ˥。

16. çon˧˩ ˀjak˨˦ wit˥ roŋ˧˩ tam˧˩,
çai˧˩ θim˧ ˀdoi˧ poi˧ na˥,
θøŋ˧ ˀbɯaŋ˥ rau˧˩ çai˧˩ xwa˦˨,
xun˧˩ paŋ˦˨ fau˧˥ hɯn˥ huŋ˧,
çon˧˩ xam˧˩ wit˥ roŋ˧˩ ta˦˨。
kai˥ kuak˦˨ kja˥ haɯ˧ hiŋ˧˩!
kai˥ tøi˨˦ na˥ çi˧˥ θan˧˩!
kau˧ paŋ˦˨ kuŋ˧ lian˧˩ na˨˦。

17. jiat˧˥ ŋoi˧˥ jiat˧˩ hau˥ θim˧,
kø˧ pan˧˩ nai˧˥ lu˧, piau˥!
mi˧˩ çiŋ˨˦ kek˥ hi˧˩ θɯ˥
θak˥ θøŋ˧ θau˥ θaɯ˧ θa˧,
θɯaŋ˥ ˀan˧ çiŋ˧˩ ˀbau˥ liau˧˥。
han˨˦ θiau˥ θiau˥ wai˧˩ çiŋ˧˩。
çø˧ ˀdai˥ çɯ˥ çaŋ˧ çiŋ˧˩。
mɯŋ˧˩ poi˧ ma˧ lau˧˩ tiau˦˨。

XX. 男送

2.

1. çak˥ θak˦˥ θøŋ˧ θau˥ fɯan˧, tɯk˦˥ poi˧ çɯan˨˩ çip˩ kau˥。
fat˦˥ ʔbau˥ kaŋ˥ hɯn˥ tau˥, lau˧ kwa˧˥ xau˦˨ çi˦˩ lum˨˩。
ŋon˨˩ kwa˧˥ ŋon˨˩ ʔjiat˥ ʔjiat˥, çiat˥ kwa˧˥ çiat˥ taŋ˨˩ çɯaŋ˧。
tɯk˦˥ fuŋ˧ θan˧˥ poi˧ çim˨˩, kau˥ toŋ˨˩ θim˧ rø˦˩ ʔbau˧˥?

2. çi˧˥ nai˦˩ tuan˦˨ lai˧ lai˧, ʔdun˥ mlai˥ ʔbau˥ taŋ˨˩ la˥。
ŋoi˦˩ ʔdan˧ θim˧ ʔdwai˧ kwa˧˥, çø˧ fak˧˥ xwa˦˨ poi˧ mɯŋ˨˩。
fan˦˨ kɯ˦˩ rau˨˩ kiat˥ miŋ˨˩, ʔbau˥ çiŋ˥ θɯ˦˨ jian˨˩ lai˨˩。
xam˦˨ taŋ˨˩ ma˧ kɯn˧ çau˨˩, ʔøk˧˥ pak˧˥ tau˧ tau˥ kwa˦˩。

3. çi˧˥ nai˦˩ tuan˦˨ lin˨˩ lin˨˩, tuan˦˨ pan˨˩ rin˧ tok˦˥ ram˦˩。
mi˨˩ θak˦˥ çon˨˩ xwa˦˨ kan˥, ʔi˥ raŋ˧˥ ʔbau˥ han˧ xun˨˩。
poi˥ lum˥ ʔdan˧ mak˩ tau˥, muaŋ˦˨ θøŋ˧ rau˥ toŋ˨˩ piŋ˧˥。
θɯ˦˨ kjau˧ mɯŋ˨˩ fuŋ˧ lau˨˩, taŋ˧˥ ram˦˨ rau˨˩ ʔdaɯ˧ kiŋ˧˥。

4. ŋoi˦˩ fat˦˥ çiŋ˧˥ ʔbau˥ miŋ˨˩, hoi˧˥ taɯ˨˩ hiŋ˧ pan˨˩ çoi˥。
kjau˧ çi˦˩ kjau˧ pan˨˩ θoi˧˥, kai˥ puan˧˥ foi˧˥ rɯ˨˩ tu˨˩!
ʔit˦˥ pai˨˩ poi˧ kaŋ˥ kø˥, ŋon˨˩ li˥ rø˦˨ ʔøk˧˥ θiŋ˧。
θat˥ tuan˦˨ ʔdwai˧ tø˦˩ ŋaŋ˨˩, tuŋ˦˩ çi˦˩ fan˧ pan˨˩ moi˧˥。

5. plai˧ çɯ˦˩ pian˧˥ pan˨˩ tam˨˩, rau˨˩ kɯ˦˩ çam˨˩ men˦˨ tuan˦˨。
tu˨˩ mot˩ pian˧˥ tu˨˩ çɯaŋ˦˨, rau˨˩ poi˧ nuaŋ˦˩ men˦˨ lum˨˩。
θian˨˩ θoi˨˩ rau˨˩ θø˥ xwa˦˨ θɯaŋ˥ loŋ˦˨ kja˥ çiŋ˨˩ çan˧。
men˦˨ xwa˦˨ pan˨˩ ʔbau˥ pan˨˩, ʔbau˥ tø˦˩ xam˨˩ çø˧ ɓuan˧˥!

6. poi˥ lum˥ ˀdɑn˧ la˥ kiŋ˧,　ˀau˧ tiau˧˩ ɕim˧ te˧ ɕiŋ˧˥。
nau˧˩ mɯŋ˧˩ θin˩˧ ˀbau˥ θin˧˩,　kai˥ tuŋ˨˩˦ ˀim˧˥ ka˩˧ ɕoi˧˩!
pu˨˩˦ paŋ˩˧ pu˨˩˦ pan˧˩ ti˥,　taŋ˩˧ fuk˦ ɕi˧˥ θim˧ liŋ˧˩。
lau˧ θim˧ nuaŋ˨˩˦ ˀbau˥ ɕoŋ˧˩,　nau˧˩ poi˨˩˦ lun˧˩ ˀbau˥ ɕiŋ˧˥。

7. ɕi˧˥ nai˨˩˦ tuan˩˧ liŋ˨˩˦ liŋ˨˩˦,　poi˨˩˦ taŋ˩˧ piŋ˩˧ θɯaŋ˧ xan˧˩。
θat˥ tuan˩˧ nuaŋ˨˩˦ ˀbau˥ ŋ̊aŋ˧˩,　tai˩˧ kɯn˧ taŋ˧˩ ˀbau˥ foi˩˧,
ˀit˦ ŋon˧˩ kaŋ˥ θak˦ pai˧˩,　taŋ˧˥ ˀjian˧ nai˧˩ taɯ˧˩ hin˨˩˦。
rø˨˩˦ nau˧˩ nuaŋ˨˩˦ ˀbau˥ ˀoi˧˥,　ɕø˧ xeŋ˧˩ θoi˧˥ ˀbau˥ θam˧?

8. θøŋ˧ ˀbɯaŋ˥ ˀbau˥ tø˨˩˦ ŋoi˧˩,　taŋ˧˥ kan˧ θoi˧˩ toŋ˧˩ xau˩˧。
ˀdoi˧ ˀjak˧˥ kai˥ tø˨˩˦ lau˩˧,　xan˩˧ lam˨˩˦ rau˥ ɕø˧ lum˧˩。
tuan˩˧ nan˧˩ ˀdwai˧ han˧ tau˥,　ˀan˧ pan˧˩ ˀjau˧˥ θiau˧ θi˧˩?
θøŋ˧ θau˥ θaɯ˧ poi˧ ɕun˧˩,　kau˧ raŋ˧˥ mɯŋ˧˩ nɯ˧˥, jau˨˩˦!

9. ˀbau˥ lum˧˩ ɕai˧˩ ˀbau˥ lum˧˩,　ˀwat˥ kum˧˩ ˀdam˧ fai˨˩˦ ɕi˧˥。
mon˧˩ ɕian˧˩ kam˧ pu˨˩˦ ɕi˩˧,　rai˧ li˨˩˦ kø˧ θøŋ˧ rau˨˩˦。
toŋ˩˧ pái˧˩ tem˧ mɯŋ˧˩ ha˧˥,　lum˥ pan˧˩ na˧˥ tem˧ kuŋ˧。
taŋ˧˥ ŋ̊aɯ˩˧ tai˧˥ pau˧ klau˧˩,　pu˨˩˦ raɯ˧˩ nau˧˩ ˀbau˥ ti˥?

10. ˀbau˥ lum˧˩ ɕai˧˩ ˀbaü˥ lum˧˩,　ˀwat˥ kum˧˩ ˀdam˧ fai˨˩˦ weŋ˥。
ɕøn˧˥ raɯ˧˩ lɯk˩ te˧ hen˥,　ˀi˥ nem˧˥ men˩˧ tø˨˩˦ ˀjiau˧。
tø˩˧ ru˧˩ tø˩˧ kwa˧˥ ham˧˥,　kai˥ wit˦ laŋ˩˧ klaŋ˧ ɕuŋ˧!
plai˥ laɯ˧ ˀdwai˧ han˧ laɯ˧,　kɯn˧ ram˨˩˦ θaɯ˧ li˨˩˦ ken˧˥。

11. ˀbau˥ lum˧˩ cai˧˩ ˀbau˥ lum˧˩,　ˀwat˥ kum˧˩ ˀdam˧ fai˨˩˦ tau˩˧,
θoi˧˥ nai˨˩˦ rai˧ lam˨˩˦ rau˥,　θoi˧˥ laŋ˧ ɕau˧˥ kwan˧ pa˧˩。
ˀdoi˧ ˀjak˧˥ kø˧ ɕai˧˩ xwa˩˧,　kai˥ kuak˩˧ na˥ hɯn˥ ˀbun˧!
ˀoi˧˥ te˧ nɯ˧˥, toŋ˧˩ nian˧˩!　jiam˧˥ θian˧˩ ˀbau˥ jiam˧˥ xau˩˧!

12. ʔbau˥ lum˨˩ ɕai˨˩ ʔbau˥ lum˨˩,
ɕøn˧˥ raɯ˨˩ rau˨˩ mi˨˩ lɯk˩˧,
θat˥ han˧ mɯŋ˨˩ jau˧˩˧ kwai˧˥,
nuaŋ˧˩˧ poi˧ ha˧˥ laŋ˦ xun˨˩,
ʔwat˥ kum˨˩ ʔdam˧ fai˧˩˧ puk˩˧。
men˩˧ fan˥ fuk˦˥ ɕau˩˧ ɕin˧。
taŋ˧˥ plai˧ fai˧˩˧ rop˩˧ rum˨˩。
θat˩˧ θim˧ ɕuŋ˧ ʔdwai˧ fuk˩˧。

13. ʔbau˥ lum˨˩ ɕai˥ ʔbau˥ lum˨˩,
pa˧˥ faɯ˨˩ tø˧˩˧ tem˩˧ naŋ˩˧,
toŋ˧˥ pai˨˩ rau˨˩ θø˥ ŋoi˧˩˧,
tuan˩˧ ʔdwai˧ han˧ kɯ˧˩˧ θau˧,
ʔwat˥ kum˨˩ ʔdam˧ fai˧˩˧ man˥。
ʔbau˥ θat˦˥ θan˩˧ ɕø˧ pan˨˩!
muaŋ˩˧ pla˧˥ loi˧˩˧ pian˧˥ luŋ˨˩。
ʔdan˧ θim˧ tau˨˩ ʔdwai˧ lam˧˩˧。

14. ʔbau˥ lum˨˩ ɕai˨˩ ʔbau˥ lum˨˩,
raŋ˧˥ mɯŋ˨˩ nai˧˩˧ ɕian˧ fan˧˥,
kø˧ mɯŋ˨˩ ʔan˧ kau˧ ʔai˧˥,
ɕim˧ kwa˧˥ laɯ˧ mai˧ laɯ˧,
ʔwat˥ kum˨˩ ʔdam˧ fai˧˩˧ ŋan˧˩˧。
pak˧˥ kaŋ˥ ʔi˥ ɕiau˧˥ θim˧。
ɕø˧ tak˦˥ lai˧˥ θɯŋ˨˩ muŋ˨˩。
kai˥ juŋ˩˧ taɯ˨˩ leŋ˧˩˧ tam˩˧。

15. ʔbau˥ lum˨˩ ɕai˨˩ ʔbau˥ lum˨˩,
ɕai˩˧ fan˩˧ kau˧ ɕaɯ˥·ʔoi˧˥,
kɯn˧ xau˧˩˧ ɕai˨˩ niam˩˧ tɯak˩˧,
ki˨˩ løk˧˥ hi˧˩˧ waŋ˨˩ ʔjiau˧,
ʔwat˥ kum˨˩ ʔdam˧ fai˧˩˧ kløi˥。
ɕam˩˧ θɯaŋ˥ ŋoi˧˩˧ tau˧˥ tau˨˩。
kɯn˧ plɯak˧˥ ɕai˨˩ niam˩˧ muŋ˨˩。
kɯ˧˩˧ θau˧ ɕam˩˧ ʔi˥ ŋoi˧˩˧。

16. ʔbau˥ lum˨˩ ɕai˨˩ ʔbau˥ lum˨˩,
ɕuk˦˥ jian˨˩ kau˧ ʔbau˥ ʔdai˥,
θɯ˩˧ kiat˥ kjau˧ ɕuŋ˧ fan˩˧,
taŋ˩˧ θøŋ˧ ʔbɯaŋ˥ toŋ˨˩ θim˧,
ʔwat˥ kum˨˩ ʔdam˧ fai˧˩˧ rai˧˥。
ɕwai˥ tai˨˩ ɕwai˥ kwa˧˥ ten˧。
θim˧ ʔbau˥ ʔjan˥ je˥ juŋ˨˩。
ɕian˧ kim˧ paŋ˩˧ tau˥ mai˧˩˧。

17. kaŋ˥ lai˧ ɕi˧˩˧ han˧ lai˧,
raŋ˧˥ mɯŋ˨˩ nɯ˧˥ kiat˥ ku˥,
taŋ˩˧ n̥uaŋ˧˩˧ mi˨˩ lai˧ ɕaɯ˧˥,
taŋ˧˥ xwai˨˩ ɕi˧˩˧ kau˧ tu˩˧。
kai˥ ʔai˧˥ fu˧˥ jiam˨˩ pin˨˩!
kai˥ tø˧˩˧ θaɯ˧˥ høi˧ kwai˧。

— — — — — — — — — —

XXI. 無婦吟

1. hat˦˥ hɯn˦ ka˨˦ kam˧ ɕuŋ˧, ŋoi˧˩˧ tɯk˦˥ ˀbaŋ˧ ɕi˧˩˧ tai˥。
faɯ˨ lɯ˦ kam˧ xau˧˩˧ rai˨˦, jau˨˦ kuaŋ˧ kai˦ raɯ˨ na˨?
kuak˨˦ ho̱ŋ˧ ran˨ ˀbau˥ pian˨˦, kau˧ ˀjian˦ ŋon˨ ma˨ lum˨?
ka˨˦ ŋoi˧˩˧ θɯk˦˥ ram˧˩˧ ra˧, xø˨ ma˨ ˀjau˦ pan˨ nai˧˩˧?

2. rø˧˩˧ mu˨˦ ˀbau˥ rø˧˩˧ mak˦˥, ˀboŋ˥ ˀak˦˥ θim˧ tau˨ ˀin˧。
foi˦ rip˩ te˧ ˀbau˥ ˀbin˧, nai˥ la˥ tin˧ ɕiŋ˨˦ xau˧˩˧!
ˀbau˥ mi˨ pu˧˩˧ xun˨ pa˨, θɯk˦˥ ram˧˩˧ ra˧ li˥ pak˩。
ˀbau˥ mi˨ me˨˦ ɕau˦ ˀjau˦, ŋoi˧˩˧ tau˥ jau˨˦ hau˥ θim˧。

3. rø˧˩˧ lat˨˦ ˀbau˥ rø˧˩˧ foi˦, ŋoi˧˩˧ hau˥ hoi˦ θi˧ liaŋ˨。
kuak˨˦ pak˩ ɕi˧˩˧ ɕut˦˥ ˀjian˧, te˧ ˀdwai˧ tiam˨ ha˧ jo˨˦!
pu˧˩˧ tau˥ taŋ˨ ɕi˧˩˧ jiam˧, wi˨˦ mon˨ ɕian˨ ˀbau˥ θoi˨˦?
fu˨ θe˥ mai˦ kɯ˧˩˧ rai˧˩˧, kɯ˧ kai˦ kai˦ ˀbau˥ θian˧。

XXII. 馬蹄脚詩

1. ʔau˧ ku˧ ma˧ tɯk˥ ʔjian˧, θɯaŋ˥ muaŋ˨˦ θian˧ pak˧˩ ha˥。
taŋ˧˩ fun˧ ʔbau˥ tok˥ ra˨˦, kau˧ çi˨˩˦ ka˧˩ tɯk˩ reŋ˨。
tɯk˩ reŋ˨ çai˨˦ θiat˧˩ pøn˥, keŋ˨˦ plok˥ pløn˥ tɯk˥ mian˨。
pak˧˩ ha˥ na˨, kjau˧ çai˨? muaŋ˧˩ xau˧˩ lai˨ mi˨ na˥!

2. çoŋ˨˦ pla˧ loi˨˩˦ roŋ˨ kwaŋ˨, kɯn˨ xan˨ te˧ poi˧ lɯaŋ˨˦。
tu˨ te˧ jau˨ ʔbɯaŋ˥ ʔbɯaŋ˨˦, θim˧ ʔi˥ θɯaŋ˥ pian˨˦ luŋ˨!
pian˨˦ luŋ˨ poi˧ jau˨ hai˥, xau˧˩ tai˧˩ çø˧ han˧ ʔdoi˧。
poi˧ lɯaŋ˨˦ te˧ fan˧ θan˧, koi˥ kan˧ θim˧ θat˩ θɯaŋ˥。

XXIII. 問答詩

1.

1. θak˨˦ ŋon˨ kau˧ kø˧ teu˨, ˀdan˧ klop˨˦ ˀdeu˧ wen˥ ˀba˧˥。
teu˨ wit˨˦ pɯaŋ˨ haɯ˧ la˥, mian˧˩ ɕau˥ na˥ nuaŋ˧˩ kau˧。

2. ˀi˥ teu˨ poi˧ kɯ˧˩ ma˨? wit˨˦ kja˧ haɯ˥ xun˨ kuan˥!
θak˨˦ ŋon˨ rai˧ poi˧ ˀduam˥, lau˧ poi˧˩ nuaŋ˧˩ ˀbau˥ pi˨?

3. θøŋ˧ ti˥ pen˧˥ fɯaŋ˨ rap˨˦, ˀjau˧˥ ɲa˧˥ ɲap˨˦ ruŋ˨ mau˧。
ˀi˥ wit˨˦ kai˧˥ ma˨ kau˧? tu˨ mau˧ ˀbau˥ tu˨ kai˧˥!

4. plai˧ ɕɯ˧˩ ˀjau˧˥ li˧˩ han˥, kø˧ li˧˩ fan˧˥ deu˧ mɯŋ˨。
taŋ˧˥ ˀbun˧ dai˥ høi˧ kuŋ˧, ˀai˧˥ ɕuŋ˧˥ huŋ˧ ɕam˧˥ ˀdai˥。

XXIV. 問答詩

2.

1. mɯn˥ laɯ˧ ti˧ rok˧˩ pit˧˥, nai˥ tau˥ θip˧˥ pun˧ juŋ˨。
   θau˧ mɯn˥ laɯ˧ ti˧ xun˨, nai˥ tau˥ ɕuŋ˨ tɯak˧˩ toi˧˩。

2. fan˧˩ plau˧ xuŋ˨ pin˥ ɕau˧, roŋ˨ poi˧ jau˨ xaŋ˨ ˀwan˥。
   ˀbaŋ˥ hi˥˩˥ ŋau˨ ɕu˥ ɕwan˥, rau˨ li˥ ɕan˧ tai˦ tau˧。

XXV. 猜謎詩

1. kau˧ θaɯ˧˥ çam˧ mɯŋ˨˩ poi˧,

kai˧˥ ma˨˩ ŋau˧ tem˥ ŋwem˥? kai˧˥ ma˨˩ ŋwem˥ tem˥ ŋau˧?

ˀdan˧ çaŋ˧˥ çoŋ˧˥ kø˧˩˧ tau˧, kau˥ θat˩ ŋau˧ tem˥ ŋwem˥。

nuaŋ˧˩˧ rak˦ θoi˨˩ nam˥ neŋ˥, çak˦ θoi˧˥ ŋwem˥ tem˥ ŋau˧。

2. kau˧ θaɯ˧˥ çam˧ mɯŋ˨˩ poi˧,

kai˧˥ ma˨˩ xoŋ˨˩˦ kwa˧˥ rai˧˥? kai˧˥ ma˨˩ θai˧˥ kwa˧˥ plom˧?

røŋ˨˩ klau˧ ta˨˩ ˀjai˥ ˀjai˧˥, çak˦ θoi˧˥ θai˧˥ kwa˧˥ plom˧。

kla˥ ŋon˨˩ hɯn˥ lon˧˩˧ lon˨˩, çak˦ θoi˧˥ xoŋ˨˩ kwa˧˥ rai˧˥。

XXVI. 雜詩

1. xun˧˩ lø˨˦ han˧ ŋan˧˩ kum˧˩, poi˦˨ muŋ˨˦ mɯŋ˧˩, toŋ˨˦ nuaŋ˦˨。
ŋoi˦˨ taŋ˧˩ ŋon˧˩ tø˦˨ tuan˧˥。 ɕuŋ˧ ʔbau˥ θɯaŋ˥ kuak˨˦ høŋ˧˥。
pu˦˨ ʔjau˨˦ kɯn˧˩ ʔjau˨˦ la˥, muaŋ˨˦ taŋ˧˥ kla˥ miau˧˩ ɕun˧˥。
kaɯ˧ hau˥ lɯaŋ˥ tem˧ xai˧˩, xau˦˨ ŋai˧˩ ɕuŋ˧ ʔbau˥ muaŋ˨˦。

2. cut˥ ʔjian˧ toŋ˧˩ tem˧ toŋ˧˩, han˧ xon˧˩ ʔbau˥ han˧ ȵa˧˥。
cuk˥ jian˧˩ ʔbau˥ han˧ xwa˨˦, han˧ pai˧˩ na˥ cuŋ˧ ʔdoi˧˥。

3. θoi˧˥ xun˧˩ kau˧ hɯn˥ tau˥, kɯn˧ xau˦˨ taŋ˧˥ nám˨˦ θa˧˥。
ŋon˧˩ ʔøk˧˥ poi˧ hau˥ ma˧, kɯn˧ ram˦˨ ra˧ kuak˨˦ tøn˧˥。

乙　譯文

I. 黄文山[1]

1. 從前清朝的時候,人說我們武緣(卽武鳴)有一個人老了,富了,住在籠廣(村名),姓陳的,(叫作)陳鼓寺。那個人呢是極勤力的又樸實。他家裏極有錢,可是沒有兒子。只生幾個女兒。他的大女兒嫁到黄文山家裏,但是黄文山反到窮。那個姑爺是道人(卽巫也),懶於作工,更奸猾;所以陳鼓寺極討厭他,但是已經把女兒嫁給他了,就沒法子了,(只好)由他了。

2. 有一天陳鼓寺過生日。各親戚呢——他的些女婿等——送壽禮給他,拿緞子織成個壽字送給岳父。(這是本)地方的風俗嘍。人人相同的嘍!但是黄文山(那)姑爺送壽禮與人不同。什麽呢?他在家裏弄一個水丸(食物),大大的有幾十斤,用兩個人挑到岳父的村口。岳父村內的人成羣的出來看。看見就說,"喝,這個人的人情呢實在是奇妙了!都跟人不同。"後來送到岳父家裏。岳父看見呢就喜歡。各姑爺送壽禮呢就沒有人像他。他自比人特別。所以嘍岳父愛他,當衆人面說,"行了!行了!多謝多謝黄姑爺費心!"

3. 於是二女兒三女兒的姑爺呢聽說這樣的話,就說岳父喜歡黄姑爺,不喜歡他們。自己各人沒面子了,就生岳父的氣。後來就拿岳父的名字,稱黄姑爺爲黄姑爺鼓寺。自此人人同叫,拿這句話來激岳父,岳父也不知道。黄姑爺自己呢以爲岳父愛他,後來早早晚晚來岳父家裏。各姨妹就討厭(他),總不理他。後來黄姑爺知道人討厭(他),時時來岳父的門口聽屋內的話。

1. 這個故事在廣西土語系民間很普遍。內容不盡相同。據說尚有誘姦姨妹的事情,發音人記憶不淸略去。

4. 有一天他來到岳父的門口聽他屋內的話(是)作水丸。就(聽)說"如果姊夫來呢,就收進灰裏去,不給姊夫吃!"後來姊夫打門口進去了,於是進到外廳。各姨妹就說要讓他坐。他說,"發冷,别在外廳坐罷,要進厨房來坐。"後來讓他進厨房來坐着烤火了。烤火嘍就拿一條木在灰裏撥來撥去。他就自言自語的念誦說,

"犂灰得水丸,
犂田得吃米。"

後來撥來撥去,於是在那灰裏的水丸就出來了。於是(那)羣姨妹就讓(他)吃。這就是一次了。

5. 後來就有一次他作道士回來,想先去岳父家裏去看一次岳父。去到岳父的門口又聽見說,(聽)在岳父家那裏說,"姊夫眞鬼了,奸猾了!如果姊夫來我們就故意把銀子藏到門檻底下去,問姊夫,叫姊夫猜。如果他說着了,說靈了,我們就拿銀子給他了。"跟後他們的姊夫就進去了,於是進到外廳。那羣姨妹說,

6. "喲,姊夫來了。坐阿! 坐阿!"

7. "坐阿! 坐阿!"

8. "姊夫由哪兒來阿?"

9. "我去做道士來着。"

10. "聽說姊夫樣樣都知,現在岳父有銀子放到哪裏去了,你知道麼?

11. "知道! 如果是這樣等我先把東西放下。"

12. 跟後姑爺把東西放下了,那麼拿一塊木頭,就(說),

"得得丁,得得兜(擊木聲),銀在門檻下!"

跟後那羣姨妹也由他找門檻下的銀子,(由他)拿回去了。

13. 又有一次他岳父養許多水牛,有錢,水牛多嘍,就送幾隻小水牛給姑爺各自拿回家。回來就說:誰能把這羣水牛誘回來呢,就讓他先取。各姑爺呢就買彩畫或作牛欄,弄的好好的,以爲牛欄好呢,水牛就

進來了。但是陳姑爺(卽黃文山當作黃姑爺下同)與人不同。他就去亭外面拉一大把小竹子來在小巷放着。於是大羣水牛就擁擠的要咬吃那些小竹子。於是陳姑爺就說是得了(那)羣水牛了。

14. 又有一次他看見他岳父有匹肥馬。陳姑爺的匹馬瘦。可是他要想換岳父的馬呢,岳父當然不肯咯。於是他想(法子),在家裏想。拿蘿蔔來餧馬,削圓了拿去餧馬。於是就牽到岳父家裏去拴住。他的岳父見他那匹馬拉屎呢就像銀子那樣。於是就問陳姑爺,

15. "你那匹馬爲什麼拉屎像銀子那樣?"

16. 陳姑爺就(說),"是的,我那匹馬拉銀屎[illegible]!"

17. 跟後就(說),"哦! 如果這樣讓我(跟你)換罷!"

18. 跟後就(說),"換就換罷! 可是你那匹我並不十分喜歡阿!"

19. 跟後他岳父偏要跟(他)相換。互換了於是陳姑爺反得匹肥馬了,他岳父反得那匹瘦馬。那麼他岳父牽那匹馬回來呢,也沒有拉一回銀屎。於是問陳姑爺。

20. 陳姑爺(說),"誒! 如果那匹(馬)不拉呢,你拿洗衣棒來打它,捶它!"

21. 於是誰知他的岳父並不知道,就反拿洗衣棒來打它。把它打了,於是打沒有幾下,那匹馬就死了。於是那件事情也沒有說出來,自知就算了。

22. 又有一回他的岳父怒他嘞,他就要想法,設法子謀害他岳父。可是要謀害他岳父,如何設法呢? 於是邀他岳父說,

23. "我們去遊五海龍王罷!"

24. 他岳父說,"哦! 去遊五海龍王好阿! 那麼要拿什麼東西去呢?"

25. "我們從水上去。"

26. "那麼從水上去拿什麼去呢?"

27. "你拿一個大缸;一個人一個缸。我在岸上,我就拿一個鑼。"

28. 跟後就(說),“是了”。他岳父也信他了。拿一個缸去到河邊。於是陳姑爺就讓他岳父坐到缸裏去。陳姑爺反在河岸上,就教他說,“我𡂿一聲(打鑼鼓)你就噹一聲(打缸)阿!”誰知那姑爺——陳姑爺——反在岸上𡂿噹的打鼓,就讓他岳父拿木來打那個缸。上面𡂿一聲,下面就噹一聲,𡂿一聲噹一聲的那個缸也就破了。岳父呢反死在水裏。

29. 於是那些同堂(兄弟姨妹等)的人知道了。陳姑爺如此的奸猾,要想謀他,要想算計(他)。於是有一天陳姑爺來他岳父家裏。(他們)收拾起他岳父的骨頭,(他)就來他們那裏同他們收拾骨頭。回來了,那羣兄弟姊妹就拿酒來把他灌醉了,於是就拉去拿上樹上弔頸。於是弔頸弔了二三天了。可是陳姑爺要想出主意。如何想?剛好遇見一位駝背賣油的打樹下走過去,就說,“油阿!”陳姑爺呢就在樹上說,

30. “喂!老祖!你的腰爲什麼這樣的灣阿?”

31. “唉,我人老別提了!”

32. “從前我也是這樣。所以我正爲腰灣纔上樹上來的阿。我上來已伸直了兩三天了。腰好了!”

33. “阿,是這樣麼?如果如此阿,我也要想上去,行不行?

34. 跟後就(說),“行阿!你上來把我解下來了,我再帶你,提你上來。”

35. 跟後那位賣油的人把他的油挑子放好了,爬上(那)棵樹上去解陳姑爺下來,再替換陳姑爺伸直腰。於是陳姑爺下來了,就偷回家去了。那麼那位在樹上伸直腰呢,沒有人解他下來,並且在那上頭有十幾天也乾死了。

36. 後來他(陳姑爺)上山去打柴,就束柴。因在山上面很陡,嘩啦一聲(連柴帶人)就滾下來。滾下來就死了。所以本地人說呢作人狡猾呢(是)天理難容的。

II. 人熊[1]

1. 那些老輩人說有一個寡婦有兩個女兒。她的大女兒呢有八九歲了。她的二女兒有三四歲。她們的母親終日棄孩子在家,出外去田間作工。可是她們的外祖母(的)村子呢相近。終日得空就來幫着管理外孫子。到晚上了就回她的家。因爲如此她的女兒呢終日去田間更加放心了。

2. 有一天那寡婦棄她的孩子(在家)出外去田間。她心裏自以爲外祖母今天也許准來管理(孩子)。但是那天阿外祖母極忙。只缺那天沒來。她的兩個孩子呢就自己整天在家裏。到晚上了,有一個"人熊"變成人進來作她們的外祖母,在黑暗中偷吃那小女孩子。她姊姊也不知道,聽見有聲響,

3. "喂!" 她問外祖母,"吃什麼,外婆? 吃什麼格吱格吱的阿,外婆?"

4. 那隻人熊應道,"吃骨子骨孫。" (指吃她妹妹的骨頭)

5. "什麼纏的盤盤繞繞的阿,外婆?"

6. "(拿)背帶的帶子逗妹妹。" 指她妹妹的腸子)

7. "什麼滾的骨轆骨轆的阿,外婆?"

8. "拿鹽罐子逗妹妹。" (指她妹妹的頭)

9. "什麼濕漬漬的阿,外婆?"

10. "妹妹撒尿了呢!" (指她妹妹的血)

11. 弄到晚上了她們的母親回到家,看見那隻人熊把她女兒吃完了,趕緊出小巷去叫村人。村人去到,看見一隻人熊裝成人那樣,又會說

1. 人熊是傳說中的一種精怪,不是眞的人熊。] 這個故事在廣西很普遍,參看龍州土語,72—75頁。

話。後來聚起村(人)了,就去把它圍起來。大家拿木棍來打它,又有拿矛的來刺它。刺也刺不進。皮又堅硬。打到晚上了,於在那隻人熊自己也知道準不能逃了,就說,

12. "你們要刺我呢,你們把矛刃上抹上雞尿纔行,刺我然後纔(刺的)進,我纔死。如我死了呢,我的血極惡啦。我的血阿落下水裏呢成水蛭,落到石上呢成旱蛭,落在柵欄上頭就成蚊子,就到處吃人了。

13. 後來人說那隻人熊呢,他的血就是現在的蚊子,水蛭旱蛭變成的。(1)

---

1. 似乎說顛倒了。

206

III. 虎子

1. 喂,諸位! 聽人家說有一件事情頂奇妙啦。什麽呢? 讓我說給你聽。有一個女人,韋氏,年有三十多歲了。她的丈夫呢(是)姓虎的,(叫作)虎鳴。她的家呢在明山[1]下茅洞村,别提有多們窮了。她的丈夫呢以打鳥爲生。

2. 有一天她的男人上大明山去打鳥。回到半路上好像有人的聲音叫他的樣子。他回頭看遠遠的見叢山中那裏有一個女人叫喊,"救命阿! 救命阿!" 虎鳴呢就卽刻跑去看,見有一個猴子坐在那女人的對面拿它一隻手一個勁兒的儘抓。(據)我看阿準是想強姦那個女人。那個女人不允,所以叫"救命!" 後來虎鳴來到了,拿槍來打那個猴子。那個猴子跑了。後來就問那女人,

3. "你爲什麽來到這裏呢?"

4. 那個女人說,我來這裏打柴。平時我來打柴,總不會來到這裏的。因爲本地有一個人,王員外,前幾天請人打柴(請酒用的)。在山外嘢(柴)都拿完了,所以我一個勁兒的儘走來到這裏。先生你從什麽地方來呢? 多謝你快來救我的命,不然我也許死在叢山森林中都(說)不定了!"

5. 虎鳴問她,"你的丈夫呢? 又不使他來取柴! 你自己反來呢?"

6. "我的丈夫幾年以前因爲東軍(廣東軍)來到已死於非命了。我守寡守了幾年了。唉,艱難了! 我這一輩子不用提了!"

7. 虎鳴送她回到山下。那時候就剛好下雨,澗水就極大,只能把她又抱過河去。兩個人已經過了(河)了,因爲虎鳴把東西忘掉在河那邊,

1. 明山卽大明山。

所以又轉過河那面去取。那個女人自己回家去了。

8. 後來聽見人説虎鳴在叢山中餓死。他的妻韋氏聽見他的丈夫餓死在山裏，哭的很利害，總不吃飯，身子又懷孕懷了幾個月了。吃不成吃，穿不成穿！唉，(好不)淒涼！從此作寡婦了。作起寡婦來，有一個孩子，差不多有一週歲了。有一天家裏缸裏沒有米了。迫得又只(好)棄小孩在家裏，(到畬地去掘烏頭來作餐。那個婦人去掘烏頭呢，因爲遇着那時天旱，土堅硬難掘，所以掘到晚上，半籃子烏頭都不滿。又憂兒子在家裏哭。想想就又回家。來到門口見大門開了。趕緊回來，快進家裏找她的兒子。在廚房，在那邊房的屋子裏找，又在外廳找，也找不着。想(來眞)苦，就自己一個勁兒的儘哭，

9. "我阿！我阿！我就怎麽成這樣！我阿！我(什麽)都不説了！"

208 10. 後來人問她，問她爲什麽哭。她説，"我的兒子不見了！不知我的兒子上哪兒去了！唉，我的兒子阿！"

11. 後來有些村人就又點燈跟她出去到巷子向地下看去，見那些脚跡像碗那樣！看來看去是虎脚(跡)。從這些脚跡看來已入山裏去了。那婦人從此不多久就更加啼啼哭哭到死。你們説可惜不可惜呢，諸位？

12. 我還沒講完呢！我再從新講給你聽。那婦人韋氏的兒子呢實被一隻老虎銜入山裏去了。在山裏住了十幾年，那個男孩子，(就是)虎子，時時跟那隻老虎吃生肉。上山阿，爬山阿，或入洞阿，頂利害了。又叫那隻老虎作母親。(他)都不知道嚜！你説奇不奇？後來那男孩子大起來。在山裏住實在終日煩悶，走來走去，惶惶不安。走來走去的儘走，漸漸出到山外。見有人入山來打柴，他反同我們的人靠近坐着。見我們的人取柴，他也來幫我們的人，替我們的人取柴，我們的人問他，他不會説話。

13. 自此這男孩子天天都出外來了，帶人打柴。爬上山上去或者爬上樹上去，就扔柴下來給我們的人。所以我們的人就極愛他了。我們人問他，他不會回答。

14. 有一天王員外的男僕來到這裏打柴。見這個男孩子沒有衣服穿,沒有褲子穿,所以就問他。他不答應。天天來打柴就遇見這男孩子。後來王員外的僕人來打(柴),就回到他家裏說給那些人聽。那些人終究不信。有一天王員外的男僕叫村內的孩子帶他們去。去到那山裏,那個男孩子呢仍又來幫王員外的男(僕)取柴。從此(男僕)就用計把他綁回家來。

15. 但是王員外呢沒有兒子。聽說一個無父無母的孩子在山裏像這樣游蕩的情形,就收他起來,給他衣服穿,給他褲子穿,又教他說話。後來漸漸又知講話了。王員外呢極愛他。可是王員外就怕人疑心,所以嘿就一心查問這男孩子是哪裏生人,從何處來,住在哪個地方,姓什麽。後來聽見人說十幾年前大明山脚下茅洞(村)有一個婦人,韋氏。她的男孩子被虎拉入大明山去。後來那婦人——那個寡婦——沒幾久也死了。那村內的人呢也沒有替她去找,疑心(以爲)她的男孩子被虎吃了。從此王員外更加十分愛他了,看(他)如同親生的兒子那樣。

16. 那男孩子呢漸大起來,早晚受人講說他是"虎子。"他自己嘿就對人不起(無面見人)。那時就遇着大明山後面有羣賊。那賊頭呢是李寶山,時時都強姦百姓的青年女子,搶奪走路的人。百姓呢很受損失。官兵都去打他們幾次了,都打不下。有一天官兵來打賊,把那些賊圍了十幾天了。因爲糧草不夠,上面來不及付糧草下來,官兵查問到王員外家裏,要借王員外——叫他借銀。王員外就借給他們。

17. 那時候那男孩子也在家裏,聽說如此,那男孩就想跟官兵去大明山,不願在王員外家裏住了。王員外屢次總是解勸他,他總是不十分順從,總要跟官兵去。打定什麽(主意),非要去不可。後來王員外讓他跟官兵去到營盤。

18. 那位營長呢是韋某某。因爲那山裏高險崎嶇,所以路又不熟。那麽那位營長自己發愁。後來那些兵到下面村的某處回來,借了糧餉回來了,又收了王員外的男孩子來到,送到那位營長那裏讓那位營長收留。你們說妙不妙呢,諸位! 那位營長呢在那時候因爲那山裏不熟,山又高險崎嶇;但是那位員外的男孩子那山裏反倒熟。爲什麽熟呢? 從前他與那隻老虎同住也近那座山。所以那位營長要用那男孩子去偵探那羣賊。那位王員外的男孩所以願意跟他們去,去作偵探。那麽偵探了之後纔能把那羣賊打下。於是那位韋營長升他作連長。此後弄來弄去又聽說當團長啦!

IV. 寶兒

1. 有一個人,一個男孩子,叫作寶兒。寶兒呢他家裏(是)極窮的。人就請他去給(人)放牛。終日吃了飯去放牛呢,那些牛頂安生了。天天去放牛,(牛)頂安生了。他去放牛與人不同。人家去放(牛)呢,就恐怕他的牛吃人家的稻子或者吃人家的菜。他去放呢,就到石上去待着,遠遠的(隱約看不清)睡着。天天如此。天天如此。後來人查問,

2. "嘎! 寶兒呢放牛(牛)頂安生了。可是我們放總不安生。不行! 去探望寶兒,看(他)去放牛,怎樣他的牛就自己會安生呢?"

3. 後來有一天人去看寶兒放牛,見他上石上去遠遠的待着。弄到黑了,那麼他的牛飽了就回來了。天天如此。寶兒呢,聽人說,有仙人保佑他。

4. 後來他的父親死了,拿去葬。葬了有二三年了,於是把他的骨頭掘起來。把他的骨頭掘起來了,於是背他父親的骨頭下水去葬。你說他葬到那裏去呢? 葬到鯉魚口去。跟後弄來弄去,後來那座墳自己發大起來成土山,成一座山。於是他的"家風"(指家運)呢,就自己漸漸的(富)有起來,發起來了。於是不替人放牛了。後來出外去找事了。去找了事了,後來弄來弄去呢,於是發達了。

212

V. 李超羣

1. 從前武緣馬頭圍李墈村有一個人姓李，他的名子叫作李超羣。那個人呢平生向來不喜作工，喜歡學法術。人的腿腫或是有瘡(未破口的)有癰就請他拿法(術)來治就好了。所以人時常叫他作法師。

2. 有一次他村裏有人請(喜)酒，請廚官殺猪殺不死，就問那正廚爲什麽殺不死。那正廚說，

3. "你們拿屠刀來垂直落到那鍋血中間去，(猪)就完全死了。"

4. 後來那羣副廚照行，拿刀來直落到那鍋血中間去。那時李超羣知道人破他的法，弄不成了。他肚內反到痛，自己當不起，就叫他老婆去求那羣廚官說，

5. "我小孩兒的爸爸使(我)來說對不起你們了，讓你們回去告訴你們的正廚官聽。" 過後纔沒有事情。

6. 又到了次日請(喜)酒，村裏姑娘出外去接親。去到河邊，不知怎樣人人就脫衣脫褲下河去游，總不上來。過後那村內的婦人就出去看，見(她們)如此的無規矩，你說出醜不出醜！就趕回來說給村人聽。過後人人想到李超羣沒來吃酒，猜想一定是他弄的了，就使年輕的人去叫他來，他也不來。他吩咐話回來說，讓(人)去叫那羣姑娘回來她們就回來了。過後村人使人去叫，見那羣姑娘從河上來了，衣褲穿好了。那時那羣姑娘仍然還不知羞恥。過幾天他的法過去了，男人女人極怒李超羣。怒也無法。早晚仍然還要求他呢。

7. 又有一次他去馬頭墟，遇見河南老在墟裏耍把戲。看見拿一個小孩子來破膛耍給人看。那時李超羣也在那裏。他覺得心裏有一些不平之處，拿人家小孩子來亂弄三場。結果他也想破壞。那羣河南人要把那個小孩子的肚子合上，合不上。弄到晚上不得已就問人道，

8. "貴處有老師(指有法術的人)麽? 今晚我(們)想求在他家裏過夜。"

9. 後來人帶他們來到李墸村,進李超羣家裏,千求萬拜,認他作老師,但是心裏仍然有一點不服的意思。那時李超羣也把他的法退了,使那個小孩子把肚子復合好了。可是自己想想仍然知道河南老不服。那晚那羣河南(老)吃晚飯,洗脚,拜師(李超羣所供的神)完了,睡了。到次早一大早要起起不得,背後被床板粘起來。李超羣那天早晨呢假作一大早出去尋猪糞,近午還未曾回來。那羣河南老知道李超羣弄他們了,也(輪)到他們弄。家裏神前有三個香碗,弄的變成三個臭人頭,那些蛆蠕蠕的吃。李超羣在外面暗知他們弄,去請一羣八哥鳥來啄吃那些蛆。那些人頭也不見了。那羣河南人知道被破了,又從新弄三個香碗變成三條筍。李超羣在外面又請一羣母猪來咬那三條筍。吃完了,於是那羣河南老纔服。李超羣打外面進來到家見那羣河南老倘未起,(他們)叫,千求萬拜(道): "對不起老師!" 於是纔得起來,那床板也不粘在背後了。

VI. 仙婆

1. 我們那裏小陸墟有一個女人,自小就齋戒猪油(連猪油都不吃),早晚就自己練她的經。作到漸漸老了,上下知道她齋(戒念)經練仙。於是婦人家裏有人病就喜歡去問這仙婆咯。可是這位仙婆呢,她也不要錢,只要五升米,一條黑布。那仙婆說,

2. "你們來問我,就要拿這樣東西咯。因爲你們的祖公在河那邊,要用黑布來作橋使他們踩過來。這五升米呢就發給那羣守橋頭的人,然後你們祖公纔能過來,我纔能拿祖公來問。"

214

VII. 小孩子害眼

1. 我們那裏有一個人,(他)有個小孩。他生下來有六七歲了,忽然一隻眼痛。過了幾天越來越重。每天到太陽要落的時候,他的眼就極刺痛,就哭。後來他的母親去墟算命。算命先生說,

2. “你的男孩子的眼害ʔam˦ jiau˩。你回去拿一隻雞,一尾魚,一個猪頭,拿出東方去祭,再拿禾稈草來作五個茅人。祭了,燒了紙就回來,千祈不可以回頭看。你們到第二天,早晨一大早天朦朦亮的時候,再拿兩隻公雞,一隻就放出外頭去(另)一隻就拿來把他頭砍斷。拿那個雞冠拿到十字路插入土中去,回頭你的男孩子就好了。”

3. 後來這婦人就照辦,幾天她的男孩子,他的眼就當眞能睜開了。

VIII. 害人法(毒法)

1. 陸月海有一次他知道人的命(指年庚八字),他就把年月日時寫下拿去路上埋,使走路的人踩出踩入。後來這個命的人忽然癲狂起來。他的父母就問人要怎麽辦。人就叫他們去問仙,拿祖公三代來問。祖公說,

2. "你們每逢節氣不喜供祭,不敬祖公,因此被人怪你們了。可是你們的男孩子呢已經被人把他的命拿去埋在大路上了。我吩咐你們回去到陸月海家裏,求他拿法來解就好了。不然將來你的男孩子(就)變成啞吧啦!

3. 於是這婦人也就回家了,拿大約三十六塊錢去求月海。月海於是就拿黄紙用銀硃來寫成符,吩咐這婦人拿回家去燒成灰,拿給她的男孩子吃。月海於是得了這婦人的銀子了,也就去把這男孩子的命掘起來,後來這男孩子纔好。

IX. 愛法

1. 我們那裏有一個人。他家裏極有(錢)。自小他父親就給他定婚了。因為他父親上了年紀了,所以趕緊娶媳。自從接他兒媳回到家,(她)同他男孩子總不十分相合。誰不看誰。他的男孩子呢因為到外面去看見人家比自己的媳婦還好,於是他不想要這女子了。但是父母也老了,要想得孫子,所以去陸月海家要法來放入餅裏去,給他男孩子吃。他男孩子不知,過了幾天夫妻自己相愛。因此這叫作愛法。但是那愛法呢就能迷人一個月。到第二月要另外去要來再給他吃纔行。不然他們兩人知道了仍然相厭。

X. 蘇汝記

1. 從前前清的時候武緣有一位先生姓蘇,他的名字是蘇汝記。乃是清朝拔貢。那位先生呢頭腦極聰明,但不喜當官。平時在家裏本地人喜歡請他代作呈子,常常都贏。到了人家,人就殺雞給他吃咯,待他極好。後(來)他去到人家裏,人家的雞就飛了,從此人叫他作蘇雞飛。

2. 有一次上面放一位大人下來(踩邊)考察百姓。那時呢剛好南寧水汎濫,百姓搬東西的很多,所以那位大人被人把匹馬偸了去,找也找不見。後來限地方三天要找着。地方找不着就沒有法子咯。不得已找人作呈子。人說武緣蘇汝記作呈子作的好。後來使人去叫他來作完了,(他)就吩咐那羣人說,"我回去到高峯,你們再(把呈子)遞進去。"後來那羣(人)就依照他的話,於是把那張呈子遞進去了。那位大人看見那呈子裏說,

"昔日火焚東魯,
孔子惟恐傷人。
今日水浸邕州,
將軍將何問馬?"

後來那位大人呢看見那張呈子像這樣的兒,又恐怕稟到上面去,所以那位大人呢馬也不找要了,連夜搭船走開。

3. 又有一回桂林有一個寡婦。她的兒子喜歡帶狗去打鳥。有一天上山去打鳥,(他的狗)把一隻羊咬死了。可是那隻羊呢就是參將大人養來取乳的。後來他(指參將)知道這寡婦的兒子去打鳥,被狗把他的羊咬死了,於是去拿這寡婦的兒子。後來那寡婦就要找人代作呈子。那時遇見陳宏謀的兒子陳繼昌介紹來武緣蘇汝記家裏,請他代想(法作)呈子。於是那位蘇汝記就批給她拿回桂林讓陳繼昌照作。在他的批裏說,

"畜類相殘，關人何事？"

後來陳繼昌照樣的作，把那張呈子遞上去，不久那位大人也把這男孩子放出來了。

4. 又有一次人來武緣作知縣。後來人傳說蘇汝記作呈子作的很兇。縣官就去使人把他拿來囚住，不讓他回家去。可是蘇汝記要去的那時候就對他家裏的妻子吩咐好了。他說，

5. "縣官使人來叫我去，據我看阿，今晚我大約準不能回來了。可是你就把這一百文錢拿起來。如果今晚我的徒弟來，你就拿給他。你說，'你師傅吩咐我，讓我拿這一百文錢給你。縣官叫他去，今晚一定不能回來了。'"

6. 後來他的徒弟劉定猷去他師母那裏，(她)就拿錢給他拿回去。他說，

7. "我老師許被縣官囚住了。所以他拿這一百文錢給我！哦！我知道了！我知道了！"

8. 後來他拿錢去買半斤肉來煮，就拿籃子裝着，提到衙門，就叫，'老師！我老師在那裏阿？'

9. 於是那羣差人聽見，就問他"你的老師是誰？"

10. 他應道，"我老師是蘇汝記。"

11. 於是那羣差人就回去說給縣官聽。縣官使他進來了，就問道，"你是誰？來哇啦哇啦的叫什麼？"

12. 他應道，我是劉太史。你把我老師蘇汝記囚住，他犯的是什麼罪？"

13. 那縣官閉口無言，沒得話答了。於是也就把蘇汝記放出來，贈他幾百塊錢回去。

XI. 一年的工作

1. 我們那裏交春人就犂田,翻土塊。完了就再犂(第二次),耙,搥。於是纔能分成行,堆成壟(一行一行高起來的),作溝(一行一行凹下去的)。於是纔能種烟下去。種完了烟了,再犂第二塊(地)。翻翻打打,然後纔能播種(指麥蕎麥)。播完了種了然後弄成行,堆起成壟纔不怕下雨[下雨不要緊]。到黄了(指到了三四月的時候)去收割來打。簸完了放到缸裏去,等種貴就賣了。小麥,蕎麥,烟這三樣弄完了再整理瓜田包粟田。

2. 再到二月烟也大了。不時要去看蟲(看烟有沒有蟲)。三日就去(看)一次。包粟也是如此,瓜也是如此。勤力的人還加種苦瓜。一早一晚要澆水。

3. 再到三月烟也大了。又要加肥(以肥料如豆渣等堆放根上)。瓜也要加肥,包粟也要加肥,苦瓜也要加肥,又要去墟買餅渣(花生芝蔴等取油所剩的渣)。那時又逢着插墓。有錢的人有很多的田呢,就預先犂耙留待將來。

4. 於是到四月也要把烟封頂,(隔)幾天又要看一次芽咯。又要割麥子咯,又要割蕎麥咯,又要摘苦瓜去賣。拿錢來[換]作(買)油鹽的錢。又要收瓜,又要收包粟,於是最後纔收烟葉。那麼收回家呢(要)釘,然後纔能懸掛到屋上去烘乾。又要拿近火烟,那些烟葉顏色纔好。又耙稻田了,築田堤(田邊小堤使田中水不至流出),下秧了,取草了,又要犂畬地(山上高地)種薯了。有些弄到頭(髮)長都不能剃。

5. 於是到五月人也要種田咯。找山(上的)草來餵水牛咯。一早就去耙田,女人跟去種田。回來吃了早飯就去補築田堤。回來吃了午飯再去耙田。那時候又要清理(?)苦瓜田,小米田,藍田。在那月裏人人都種完稻子了。那些懶人還沒(種)完呢！但是過了夏至纔種稻就不大行了。所以老人常說：

"夏至纔種田，

要哪天得穀?"

6. 再到六月交初，人就第一次耘田了。耘過了一趟至少要十幾天再耘第二趟，那六月就完了。

7. 再到七月初幾，再耘第三次。那時要把烟拿下來了，切烟，展平烟。過了七月十四再到耘第四次了。

8. 於是到八月，勤力的人仍耘第五次，又要積蕨(收穀時用?)，又要割秥米，又要收粳米，又清理烟苗田，又要犂薯(地)。

9, 於是到九月。水田稻(田仍有水)人就割(指用半月形小刀割取稻穗)取，旱田的稻人就打取。割完了稻就割禾稈。田少的那些人就去作僱工替人割。如果不遇下雨就還好，稻就不發芽。所以老人常說，

"虹死而身濕(指下雨)，

置稻入架不(能)曬；

虹死而日出(指天晴)，

糯米可在田中打。"[1]

10. 再到十月，人收穀進來了。窮人就算算看，如果不夠十二個月吃的，就找本錢下南寧作生意來添補。有錢的人就僱人代犂田留着，到將來土可更鬆軟。

11. 到十一月不論窮富有田都完全犂過了。勤力的人就整理田來種菜。有些種芥菜，有些種油菜(?)，有些種蕎頭，有些種蒜，有些種蘿蔔。

12. 到十二月勤力的人整理烟田，瓜田，包粟田，等到正月免得忙。那時又要耘烟苗(田)，又要耘菜(田)，又要摘菜上墟去賣。娶媳嫁女又都在

---

1. 地濕時用打稻架打稻，三面用蓆圍起以免穀四溢。晴天在地下就可以打了。

那月了。勤力的人就整理泥打磚做瓦，打燒窰的柴來燒窰。那些種烟苗種得早的人就摘(下來)束成一把一把的，一把十九棵，挑到上林去賣。那年年成好呢，每把都得六七個銅子。

"十月交立冬，
人上下(作)生意；
十一月冬至，
人整理田地。"

XII. 一年的節日

1. 正月初一天矇矇亮就出去出行了。上那裏去呢? 先去拜社公,[1] 後來就(拜)宗祠。祭完了就回家了。等到天大亮了,有些去朋友家裏拜年,有些去塘釣魚,拿魚來弄魚生(吃)。那天實在是自在了。又到第二天初二,姑爺姊妹等來賀節,人人都提半斤猪肉來弄給大家吃。弄到晌午了,有些要回去,就拿錢來答賀節的肉。有些答一百文錢,有些答八十。帶小孩來的人就加贈十九文錢[2]。老人就自己回他的家了。青年男女呢就去山林或土山上那裏去唱山歌。那些還是新娘子的人也隨着回她的家了。再到十四日那天纔回來包粽子,又煮到天亮。十五那天呢小心勤力的人有些去祭廟,有些去祭橋,有些去祭社公,有些祭宗祠,然後纔祭家裏(的神)。做到黑了,吃完了晚飯,小孩就出去社公地方去放炮仗。老人有些下棋。年輕姑娘有些就扶乩。

2. 我們那裏二月初二原本也是小節。可是富人有些也殺雞,有些吃麵。窮人呢就喜作南瓜水丸吃。都就吃一晚餐而已。[3]

3. 可是三月初三呢大清早起各婦人就熙熙攘攘的來了。有些作紅糯米飯,就是klamɹ (樹名)葉糯米飯咯;有些作黃糯米飯,就是waŋɹ kaiɦ (樹名)糯米飯咯;有些作黑糯米飯,就是ɣəŋɦ rauɦ (樹名)糯米飯咯。那天阿我們那裏喜歡拿利錢來吃,因爲衆人有田利的,有畬利的,或是放山租的,每年誰耕回一貫錢的本利,就要二百錢的利。所以聚積起來作初三。或買肉或買鴨,或買雞來祭社公及宗祠。祭了之後就拿那些

---

1. '社公'是一村的神,好似土地爺,普通在村口上一棵大樹底下。有錢的大村有個小廟,小村就立一塊大石頭。因爲在一棵樹底下,所以叫作laɿ θiv (社下)。

2. 錢數應當是單的,不可用雙數。

3. 指晚餐特別好,早餐與普通日常一樣。

肉來分給各家。誰有丁(人口)多,就得的多了。所以富人呢那天極費錢了。窮人呢也順便拿那些肉去插墓回來纔吃。

4. 再到五月初五。每年這個節(叫)作中節。所以人也會大吃的。可是初五人吃的是早飯。前一天晚上那些媳婦就來煮粽子留着(到明天)。次早仍然還出去作一點田工,到(吃)早飯纔回來弄(吃的)。勤力的人出去祭社公及宗祠。懶的人就在家裏祭也就吃了。吃完了早飯,娘家的姑爺姊妹若是有錢也留鴨屁股來給岳父。窮人呢就只買半斤肉也來了(娘家)。比如那年我們家裏嫁女兒呢就要包粽子送給姑爺,但是爲着與習俗相同,送新親粽子一個要一斗一二的米(那麼大),又再加送水丸。可是煎那片水丸阿,要拿一尺九的鍋來煎纔行。送給姑爺他也答禮回來。什麼呢? 兩隻閹雞,每隻大約四五斤。那姑爺順便跟在後面來了。所以那名字稱爲"姑爺第一次來賀節。"吃完了午飯,那岳父如果有錢呢,就送女婿一塊錢,窮人呢就送七八毛錢。

5. 再到七月十三日。那時候人已耙完了田了。所以本地時常唱歌說,

"過正月(的節)就怕,

過十四纔歡。"

那天呢勤力的人一大早就全家去取草了,回來積夠四天(的用)。回來了吃完了早飯,有些年輕人就洗棹櫈咯,老人就去山尋大塊的柴來煮粽子,兒媳婦就泡那包粽葉及束粽草,拿出外到河去洗。做到黑了,有些(人)煮粽子留着(明天吃)。有些總不睡。那夜年輕的人就游玩到兩三點鐘,就回家殺鴨上祭,吃點心。吃完了,天將亮未亮就相邀去塘釣魚,拿魚來作魚生(吃)。這餐稱作吃早飯。再到十五那早晨識事的人有些供紙衣(燒紙),有些摘取梨,龍眼,香蕉,或波蘿蜜來供祖宗。那天要接續燒香總不使斷。到天黑了,祭完了,燒完紙衣,於是就拿沙紙來包那些香灰拿到外面去稱說"祖宗回去了,明年纔(再)來。"

6. 再到八月十五。那個節呢我們那裏人也就吃晚餐而已。可是南區那方呢人也吃早餐。姑爺姊妹等就帶肉來,又(有)香紙(燒紙),稱作"回岳父家賀節,送香油肉。"[1] 有錢的人呢就買肉添上,窮人呢就拿那些肉稍煮來祭祖宗。

7. 再到九月初九。因爲那月人忙得很。有些得新米回來,就作糯米飯。窮人呢就去買麵條來吃。可是那個節仍有利錢,所以各家仍得一點社肉。[2]

8. 再到十一月冬至。家家都有人作水丸。富家呢也送水丸給岳父,窮人呢就買半斤肉給他,都叫作"送老人。"

9. 再到十二月二十三。老人時常説,

"廿三就送竈,
廿四就掃房。"

可是廿三那天呢人喜天黑纔吃。有些(錢)的人也殺雞,沒錢的人也買肉來上祭,叫作祭竈王。到了二十四那天勤力的人呢就掃樓板阿,掃房阿,擦洗香碗(當香爐用的碗)阿,又去大明山取草來積存。

---

1. 上廟祭用的肉,以代香,油等。

2. 祭社公後分給衆人的肉。

XIII. 梁山伯祝英台

1. (祝)不知(你是)哪裏的人，　背着包袱哪裏去？
手裏拿把白扇子，　是不是去讀書？
去墟還是去城去？　帶着這們多的衣服！
(我問)你老兄，[1]　沒有伴兒罷？

2. (梁)我要去讀書，　妹妹(在那兒)打水嗎？
走的兩邊搖晃，　也不看着路上！
心裏想着什麼？　不邀個伴兒到墟來？
看着(你)在那兒齊齊整整的，　(你)想着什麼？

3. (祝)我試問你一句好話，　不知你的名字叫什麼？
我(是)個女子，　試先問你一聲。
你要去讀書，　上哪裏學道？[2]
誰作校長？　(你)知道確實沒有呢？

4. (梁)我(是)個男人，　正是梁山伯。
一向未曾相識，　你(是)什麼人的女兒？
現在(我要)去廬山，　心實不相瞞。
在這裏相逢，　我們也當相問。

5. (祝)大家把根底都說出來，　山伯，(我)告訴你聽。
我這個人　(是)祝英台的妹妹。
我小妹　不瞞你老兄一點。
我毫不拘謹的說，　你別拿回去講笑！

---

1. 詩歌中男女自稱或互稱皆用兄妹。
2. 學道似與讀書意義相當。

6. (梁)你村子的地方　　知道有人去(讀書)麽?
現在我出外來,　　找(一個)朋友(都)沒有。
我們現在談天,　　算你的心思好。
我問你(這個)女子　　替我問(一下)行不行?

7. (祝)請你在這兒站着,　　先等(一等)我的哥哥。
他前幾天說,　　今天也要去(讀書)。
可是他去邀同伴,　　也不會邀着人的。
現在我們(旣)相問,　　或者到(我)家來坐坐?

8. (梁)如此(就)更好了,　　快回去催他來!
我就在這兒待着,　　希望有朋友在一塊兒。
正是你的哥哥麽?　　眞的還是假的阿,朋友?
我囑咐你,　　別讓人儘等!

9. (祝)我想上學堂,　　試問你(一聲),爸爸!
我上無長兄,　　(所以)想認識田契。
聽見人家口說,　　廬山有個學堂。
想去二三年,　　(故此)將實情告訴你。

10. (祝父)(那裏)淨是男人,　　也有你的伴兒麽?
跟人去讀書,　　那就(提防我給你)個耳瓜子!
算是你聰明,　　(何以)這們不識事!
在(那兒)東想西想,　　你(眞要)作這事麽?

228

11．(祝)別拿我當兒戲！ 別太操心了，爸爸！
裝作男人走路， 人不會知道的。
我燒香起誓， 跪在神靈面前。
(我)不怕失身， 你過後再看。

12．(祝父)到(將來)如何出嫁？ 回頭無臉見人！
我說你不聽， 不認你作女兒了。
輩輩(人都)忘不了， 人家胡說亂道。
不然也不要緊， 爲着(你得與人)同坐同眠。

13．(祝)就是不許(我)也去， 一時有一時的思想！
有教員管理， 我(故此)放胆出外。
試去一次看看， 我一定不(在家)待了！
爸爸，你想不清， 拿邪心來猜度我。

14．(祝父)我囑咐你阿， 別惹禍回家！
要知道防護身體， 就不關我的事了。
跟男人在一塊兒， (要)十分的(分別)清楚。
實話告訴你說， (同)住一會兒怕都難。

15．(祝，男裝)問你老兄，梁山(伯)， 等我很久了罷？
剛好洗衣褲， 又出到河邊去洗。
等衣褲不乾， 忽然已到晌午了。
使你在路上坐着。 諒(你在那兒)抱怨吶罷！

16. (梁)你的妹妹囑咐(我)， 叫(我)在(這兒)等着你。
這一次等了幾點鐘了， 弄的我又呆又煩。
我的心中， 又怕天晚了。
我想(你)不來， 怕是(她)哄人了。

17. (祝)晚點不要緊， 就是夜了也何妨!
我(英台)吩咐你， 讓你在前面走。
你別愁梁兄! 有兩個人相伴着。
如同親戚兄弟一樣， 一定不相棄的!

18. (梁)讓你在後面走， 又要到河邊了。
南雄江水大， 想要過去實在難。
怕掉下去一倒， 我的眼看都看不見。
但是無論如何， 也得要防衣褲(濕了)。

19. (祝)大家過大江， 就是身上濕了(也不怕)。
別赤身露體(的過江)， 要這樣纔行。
天上出太陽， 越走曬的越乾。
像同胞兄弟似的， 也不怕褲濕。

20. (梁)你能這樣， 也(算)識事的人多。
露體怕犯天(怒)， 我(就)聽你的話了!
穿着衣褲過去， 才算是君子。
若是這樣阿， 一齊穿着衣褲下水罷!

21. (祝)我們同心合意，　希望我們揚名。
我們大家行好事，　去了就見老師。
跟你山伯(在一塊兒)，　(你也)算十分正經(的人了)。
到了現在，　陌生的人也都熟了。

22. (梁)能跟你作同伴，　正合心適意。
同住了幾年，　沒有一點齟齬。
朋友不相嫌，　吃的不甜也有味。
就是(一直)到死阿，　也不想分離。

23. (祝)見那些蠻不通理的人，　不知能(念)多少書？
能同你作伴，　真是合意咯！
有些(人)好打鬬，　我笑他們愚。
有些人兒蠻不講理，　那些(人)念書的少。

24. (梁)有些(人)說你姓祝，　都不是男人。
英台，你這個朋友，　也應該較量一下。
見那些人蠻橫，　也許拿(你)來開玩笑。
現在(據我)看，　要另一樣纔好。

25. (祝)我們行(事)心正，　別聽人家的話！
由他們嘴裏胡說，　也許拿我來開玩笑。
由着他們說罷！　只有愚人纔信。
命運太不好啦，　這有什麼辦法？

26．(梁)人家都説了好些(話)，說英台(是)女人。
我梁山伯諒不譏笑你。
你這個人很靈巧，也許是面貌(長的)秀美；
也許是女人的身體，改換了衣服。

27．(祝)因爲夢中隱約看見，家裏有事。
現時在學堂，又(受)人譏笑。
要離開(我的)朋友不問了，想回去看一下。
(所以)我邀你梁山伯捲包袱回家。

28．(梁)英台，別立刻慌忙，再住幾個月罷！
這樣的急促！知你急的是什麼？
你把我抛在後頭，我自己想想(也)傷心，
(自你)與我作了老同[1]沒有一句相惱的話。

29．(祝)等到放學的時候，(你)再去探望朋友。
就勉強(我)也不待了，想回去看一看家。
我回去啦！你且待着罷，梁兄！
如果要跟你相離，我心中非常難過。

30．(祝弟)先生來到這裏，不知尊姓大名？
我試問一下，(您)現在從哪裏來？
來到我家(門)外站着，要問人纔行。
朋友來相訪，知是客(還是)親戚？

1．老同，同年結拜之好友也，詩歌中亦往往用來指情人。

31. (梁)我(是)梁山伯,
來祝九郎家裏。
見你(就)試問一聲,
他在家麼?
(我們)同坐同臥,
離開他心裏不安。
同住了三年,
吃盤飯都相共。

32. (祝弟)你問祝九郎,
(就是)我家裏的姊姊咯!
你在這裏等一等,
再叫(她)來叫你。
想起從前的時候,
(你們)一同在學堂。
同坐同臥的,
正是你不是?

33. (梁)(我們有)朋友的交情,
更不曾認識(他的)家。
見你不亂問,
你(是)他家(的人)麼?
我吩咐你這孩子,
回去叫他來看(我)!
英台這個人
正是祝九郎。

34. (祝,女裝)來在我家(門)外站着,
就是你阿,朋友!
進家來再待(一會兒),
等我來接你的傘。
相交到現在,
心事也沒有忘。
小孩子上那兒去了?
拿煙火出來(待客)!

35. (梁)你是個女人,
叫(我)進家來坐!
(我的)朋友英台,
上哦兒去了?
(你是)我老同的妻子麼?
拿一句話來問(你)。
如果他到田裏去了,
叫他回來行不行?

36. (祝)女人裝作男人,	英台這個人正(是)我!
梁兄你沒有知道,	莫非是氣數麽?
三年都不知道,	你的心太老實了。
眞正不行(我)纔回來,	你(有)眼不看一看!
37. (梁)是這樣嗎,朋友?	你一句也不露。
看(你的)面貌是一樣的,	誰知(有)像這樣的一天!
誰知(你)裝作男人,	去(跟我)同棹食飯!
聽見你說了,	肚裏反覆(心中難過)又糊塗了。
38. (祝)好比(說)起我來,	本想(得個)朋友作丈夫。
離開你回到家來,	人(就)來要(我的)年庚了。
邀你你不來。	(我)想(與你)夫妻相配。
(旣)不能(與)你(相配),	想來無言暗泣。
39. (梁)今天來到(你)家,	想得(我)生了病。
着你再把(我的)命送了,	(我)情願咬舌暈死過去。
情願我不知道,	還可以自在。
三年共飲食,	疑是天註定的!
40. (祝)你想的生了病,	就是算命亦沒救(?)。[1]
好了(也)不能作(我的)丈夫,	回你的家去罷!
人家將近要來娶了,	買了猪頭來下定。
朋友到了現在,	心事原是相關的。

(1) 義晦.

41. (梁母)梁家人心不服，　問你祝英台。
我的兒子病的要死，　就是藥材也難救。
你(算是)什麼朋友?　要成了夫妻纔是。
望(你們)夫妻到老，　說(你們)女貌郎才。

42. (祝)庚帖(已然)給人家拿住，　送到馬家去了。
到現在阿，　難以嫁兩個丈夫。
起初不早想，　後來只好怨罷!
他如一命歸陰，　(我)心原也不好過。

43. (梁母)他也許會死了，　還去尋藥材!
我眞怒極了，　看着他死罷!
我越想越遠(?)，　現在(他已)昏迷不醒了。
死了(他)心也不服，　爲着你，祝英台!

44. (祝)等我開個藥方兒，　(你就)回你的家罷!
想起我心如火灼。　把這件衣服送給他。
拿什麼來救(他)?　也是左右兩難。
現在你來了，　(也)不能成夫婦。

45. (梁)拿這件衣服來吃!　死都爲着你阿!
我枉送了命，　心中熱如火焚。
現在就要死了，　拿去葬在九龍。
埋在九龍大地，　近着南雄的大路。

46. (祝)今天去出嫁,
要嫁到人家,
既未成婚姻,
想起從前的時候,
恰好過南雄。
看見你的墳墓。
去燒香拜一拜。
如何能夠忘記!

47. (梁魂)我爲你而死,
今天你出嫁,
(我們)三年同伴,
不用跪梁兄了,
你,英台,(可曾)想過?
假裝來拜我!
(你都)假作男人。
馬家有你的丈夫!

48. (祝)你爲我而死,
我去心也不忍,
(想)跟你山伯,
就抛了馬家郎,
(你)心裏原當恨。
想同(你)一同入葬。
想骨肉同埋。
那有什麽要緊!

49. (梁魂)如果是這樣的話
棄了馬家不想,
自小作朋友,
同我一齊歸陰,
把墳山分開兩邊。
來罷,英台妹!
死了也同作一家。
也可你的心願罷!

50. (祝)吩咐三百人夫,
去變成風變成雲,
此後不能見面了,
如果馬家心裏妄想
我去了阿!
脱一件衣服(給)你們。
我要歸陰了!
也尋不着我了!

XIV. 姜子牙

1. (姜)我從崑崙(山)　　來到你朋友家裏。
想(?)起從前的時候　　如何能死心(即捨得?)!
(我)去修鍊到老,　　名正叫飛熊,
從元始仙翁(那裏)　　來會晤朋友。

2. (宋)一個東海許州的人　　來到我的家裏麽?
試出外去看,　　正是一別幾年了。

3. (姜)現在志不能(達),　　要來你家裏住。
問朋友異人,　　要來同你吃。
久別不相見,　　我去鍊仙(來着)。
何日能發達?　　怨一輩子罷!

4. (宋)如果是那樣阿,　　且給你娶妻。
只管跟我一塊光吃,　　姜公你別憂!

5. (姜)宋異人(這個)朋友,　　良心總算不錯。
來吃你就罷了,　　還再給娶妻!
原想要辛苦,　　有塊直木倚着(就行了)。
(如果)你不養我,　　我也許成告化子了!

6. (姜妻)到了現在,　　(我們)是成夫妻了。
問你姜子牙,　　要作什麽生意?

7. (姜)想什麼都不行， 試劈竹篾來編織(東西)。
如果能到行裏賣了， 也許能挽救家事。
生來作一個人， 也要吃的豐足，
來吃你的飯， 要安定住也難了!

8. (姜妻)會編織麼，親人? 這件(事)算是便宜的。
那樣就更好了， (因爲)不多費本錢。

9. (姜)你燒一爐香(?)， 讓他保佑(我們)發財。
我出去賣了， 賣不多也可以少(賣)。
挑去到朝歌， 不知何時能到?
這個挑子又重， 走到累得要死!

10. (姜妻)不怕賣到晚， 你別信祭鬼神!
我們獨一家的買賣， 哪一家不用?

11. (姜)賣也賣不掉， 現在莫非是完了?
因爲妻子不肯， 才(使我)如此。
再要挑回來， (那可)多們焦急!
換一頓飯都不行， 這次可就苦了!

12. (姜妻)挑回來的這們沉重; 如何到黑才回來?
菜鍋早已放(好)， 買了魚還是肉?

13. (姜)今天要餓死，　你(還)高興什麽?
挑去又挑回　弄的腿都酸了。
沒有誰要(買)，　我的肩頭弄的通是血!
去擺着(都)弄厭了，　沒有一個人來問。

14. (姜妻)蒼蠅落上不會拂，　怪不得你(賣不掉?)。
像這樣的人，　自己會吃(飯)麽，親人?

15. (姜)折本再折本，　(我所費的)這些力阿!
沒賣就罷了，　又被妻子抱怨。
餓的肚子打架，　又要跟(妻子)相爭。
我無可奈何去的，　那件背運(的事)阿!

16. (姜妻)不然就作別樣(賣買)，　帶麵粉去賣。
不用苦相爭，　發財要命定。

17. (姜)原想作生意，　因爲運氣不行。
找利不見本，　損失了你的銀錢(怎辦)呢?
費力不成功，　知道要虧折多少?
賣不掉就完了，　還要挑回來!

18. (姜妻)就是(你)再虧了本，　我一文也不算。
要你心中願意，　(我)總儘量給你。

19. (姜)如果那樣說， (我)試挑去賣。
今天再捱受(損失?)， 一頭撞死就完了。
樣樣吃(卽作)不成， 不顧你肩膀裂。
如果再賣不掉； 命眞有這樣壞!

20. (姜妻)我站在門口， 見(你)輕輕的挑着搖擺。
不知(你賣)完沒有? 試看你一看。

21. (姜)讓(我)去賣麵粉， 搖擺的走得很忙。
來到路上就倒了， 拿手去捧(粉)都難。
武成王的馬奮猛， 要過去作什麽?
恰好(遇見)一陣大風， 也只好當作賣了!

22. (姜妻)你當一輩子人， 實在沒有財氣。
這次費了許多的力， 讓(你)去賣粉條。

23. (姜)你(旣然)這樣說， (我)原不怕提挑。
如果再賣不掉， 你不打我麽?
如果臭了，爛了， 那怎麽辦?
怕沒有人吃， 你太自以爲是就完了!

24. (姜妻)賣不了自己吃， 我等着你，別愁!
出去作生意， 不用愁這們多!

25. (姜)六月的時候, 更加困難了!
成羣的蒼蠅落上, 沒有什麽人吃,
那肉弄的臭了, 滿屋就都臭了。
(我)坐定一語不發, 弄的(我)又呆又煩。

26. (姜妻)因這樣(東西)容易臭, 去販猪就完了!
再虧了本阿, (我)總不罵你。

27. (姜)恰逢天又旱, 人有令禁屠。
弄去到朝歌, 干犯了法令。
人在門口貼告示, 我趕猪沒有看見。
人全拿空了, 圖利反把頭弄腫!

28. (姜妻)聽你的罷! (你)說你卜卦靈。
想上牡丹亭, 讓你許日子。

29. (姜)(縱然)有幾隻妖精, 諒不能奈何我們。
你不必憂愁, 他看見我就跑。
追到西岐山, 纔算(我)利害。
它的法寶, (弄)不倒我們男子。

30. (姜妻)使(你)去南門街, 掛招牌卜卦。
(如果)說的靈阿, 就前進揚名了!

31. (姜)樣樣都作過了， 我們的財氣太差。
出去掛招牌， 算人死總行罷，
我原也有師傅(?)， 試去看一次。
怕等了一陣又一陣， 在棹旁自已把眼閉了。

32. (賣柴者)我來賣柴， 看見你的舖子。
是何人的傳授? 問你老先生!

33. (姜)你拿柴去賣， 就發財了，老兄!
吃兩碗酒和蛋， 再得百二十錢。
挑還在肩膀上， 同(人家)在街巷上講價。
要知靈不靈， 得點心四塊。

34. (劉乾)我劉乾來算命， 有什麼差錯?
你姜子牙， 料想一定是仙家!

35. (姜)我是個老先生， 說了就準對，你知麽?
門口掛招牌， 不亂騙人為生。
我是卜卦的人， 原來要價錢很貴。
算人人都靈， 你一會兒就看見了。

36. (玉女琵琶精)人說這位先生靈， 弄的全城都來算命。
進去…………， 人人算命都合意。

37\. (姜)玉女琵琶精　　原來恰好來算(命)。
抓住手不放，　　拿硯台打你。
你要逃不行，　　我這(人)是仙人；
畫符貼在(你)身上，　　你難以變化了。

38\. (旁觀者)這女子美麗，　　正是妲己的姨妹。
打得血都滴了，　　你也不捨放手。

39\. (姜)這個是個妖精，　　人不會知道的。
怕(她)一會兒變了身，　　纔來抓住不放。

我想如果不拿(她)，　　(怕)有何人被害。
如果她不來算(命)，　　也輕易不得見(她)。

40\. (紂王)我是商紂王　　試問你一聲看。
這妖精後來　　怎樣變成人？

41\. (姜)我如何不知！　　(她)正在軒轅墓上。
一定老師所傳，　　我亦不瞞皇帝。
一定不是人　　不信你就看。
不拿這個妖精　　恐怕園(指國?)要壞。

42\. (紂王)封你作下大夫，　　(因爲你)認出這個妖精。
(你的)肚腸(卽學問)也利害，　　不是欺人的人。

43. (姜妻)得作下大夫　　還告辭不幹，

你太傻了，　　生你來(作)什麼?

44. (姜)(因爲)沒有時氣，　　去不去西岐，親人?

釣魚於渭水，　　有時機(就)能發達。

(依)我所想的　　還要有幾年的難。

不然(你)要怎辦?　　我以爲是這樣了。

45. (姜妻)你這告化子骨頭!　　不做你的妻子了。

讓你寫(休)書，　　賣到哪裏都行。

46. (姜)　如果是哪樣阿，　　(我們)一齊拿面向着天。

各人自尋生路，　　我不認你作妻子。

不要老怨我，　　由你想過。

嫌我男子(是)告化子，　　你只管嫁給(別)人。

47. (姜妻)這樣實在也不會(如何)，　　不靠住你了。

我不管去(嫁給)誰，　　也能吃的適意。

XV. 珠文瑞

1. (珠)沒生(命已由)天註定, 我與人有何另樣?
飯都沒得吃, 來打柴爲生。
我這那人阿, 也實在難作一個百姓!
什麽日子纔死? 天地分派的不均!

2. (仙女)我(是)上界的人, 看見你當(受)苦。
太可憐了! 想要幫助你。

3. (珠)爲什麽這們說? (難道)看上一個流浪的人?
我飯都沒得吃, 還(能)養你麽?
今天來看見你, 心中實在爲難。
嫁什麽人不都是男子, (何必嫁)像這樣的人?

4. (仙女)我是張四, 想來配給凡人。
要認你作丈夫, 你扔下(你的)扁担不?

5. (珠)如何會成這樣? 我自己想的胡塗了?
還(?)山就見山, 你是瘋子麽, 愛人?
今天來打柴, 又遇着你發瘋。
我原來不想(要你), 看(你的)樣子不同。

6. (仙女)家窮我不嫌, 我們當天起誓。
你娶(我)來作妻, 就(可以有)大把的銀錢。

7. (珠)我連房子都沒有，　那就困難啦！
我吃飯(都)不夠，　叫我如何養你？
打柴打到晚，　纔得一筒白米。
一斤米(值)許多錢，　受淒涼罷！

8. (仙女)要讓(我)跟(你)回去，　沒家也可以住。
回去問你母親看，　讓(我們)合爲夫妻。

9. (珠)那麼就回來罷！　讓我們一同吃小米。
我母親說(我們)不相配，　你過後兒別怨！
可是慢慢爬回去，　一會兒荊棘鉤住了(你的)髻。
割茅來作瓦，　(你)曾見過告化子麼？

10. (仙女)想來也淒涼，　有(錢)就怎麼辦呢？
門口的外面，　不知是我們的地不是？

11. (珠)(這)實(是)你的命運，　來跟告化同籠(居住)。
空地我們有許多，　因爲沒有木料合瓦。
拿根竿子作櫈子，　你要坐還是站着？
飯也沒得吃，　實在無臉對你。

12. (仙女)看你沒有家，　我纔來照顧(你)。
連夜起新房，　你試看罷！

13. (珠)細看是好房子。不太奇怪了麽?
如果不讓你來,就得住茅屋。
忽然有房住,我們母子都開心。
我的家裏窮,有你來幫補!

14. (仙女)你去搖那棵樹,就得許多錢。
到了這個時候,不用吃小米啦!

15. (珠)黃貫臣這個朋友,要來看一下(我們的)家。
現在我們商量一下,應當殺鷄(待客)。
從前賴他度日,常常拿柴去換他的米。
他要來看看,因爲我們難以回斷(他)

16. (仙女)如果是黃貫臣,是不是你將情形告訴(他)的?
你就讓他來,等我看看(他的)良心。

17. (珠)他原也囑咐(我),去(他那裏)相會一宵。
他來我們家裏吃,也靠着你張四。
一斷絕(心裏)也想先去看(他)一次。
現在有家當,不作打柴夫了。

18. (仙女)他心不好,你別去纔是。
他人心不足,你也許被他(細)着。

19．（珠）他心也老實，	我還不知道麽？
不怕他什麽，	如同手掌墊着坐（如兄弟也）。
現在既然（景況）好了，	也想去談天。
我時常出入，	裏外都知道。
20．（仙女）去他家裏吃飯，	恐怕你生事。
我以爲如此，	隨你的意思罷！
21．（珠）步行到他家裏吃（飯），	正是夢中生事。
現在拿去囚住，	再不能回家了。
我自己想想，	也自己怨恨不已。
看見人家的妻好，	就無事生非。
22．（仙女）進到他家裏去吃飯，	我吩咐過你阿！
現在被（人）囚起來了罷，	還有話說嗎？
23．（珠）到了現在被（人）囚起來，	拿去張遷家裏。
（我）以爲他行好事！	這回（我）悔恨不已。
如果你不能來救，	如何能相見？
能去不能回，	眞是多們兇險！
24．（仙女）吩咐你不用怕，	我女子包去救（你）。
（救）出你的朋友家來，	合你（的意）麽？

25. (珠)拿去囚在牢中, 靠你(來)救駕。
如果我死了阿, 還能再見面麽?
這是什麽老同, (他的)心思極兇。
你是上界的人, 有風雲相伴。

26. (仙女)放兵來成羣, 無論什麽人打都不(能)贏。
楊文廣的兵, 放到瓶裏去了。

27. (珠)到了那樣, 算十分利害。
此後就自在了, 人家不能奈何我們。
那個瓶子裝萬人, 我實在看不出。
能一同回來度日, 全靠你這上界(的人)了。

28. (仙女)聽聞我的母親查問, (我)回(天)上去啦!
等幾年之後, 還能再同住也未可知!

XVI. 弔闗[1]

1. (男)(你們)出乎意料之外弔闗，
人家化錢無數，
但是人家眞不理[2]，
如果我說不行，
自身要自知。
吹打鑼鼓娶你們。
(你們)又要憂愁煩心。
你們過後再看！

2. (女)就隨他罷！
得像哥哥你千金！[3]
(作這個事)諒不只妹妹一人，
講起這話來，
想也想不出頭路。
纔滿妹妹的意。
百人(中)有九十九個。
肚裏十分酸苦。

3. (男)弔闗的時候，
可是作到一半才艱難，
我勸你們年輕的人，
不(顧)輕重的弔闗，
十個人中有三個(成功的)。
肚腸又反覆不寧。
別(逞強)說豆腐是硬的，
去嘗嘗菜又去嘗嘗筍！

4. (女)如不弔(闗)起來，
越想越委屈，
人是越老越香，
枉費我的命了，
(我)怎樣生活下去？
在衆人及姊妹中。
我是越大越受(苦)。
像孤單的鷄沒了籠子。

---

1. 女人出嫁，不滿意夫家，返娘家不回夫家謂之'弔闗'，'弔'棄也，'闗'夫也。全篇是男子勸女子不可弔闗的問答詞，有勸世的意味。

2. '不理'即不正式離婚，女子雖有意中人也不能再嫁。'理'就是由女子拿錢賠償男家損失，正式脫離關係，然後可以再嫁。

3. '千金'，歌中稱情人之詞。

5. (男)(他)眼不瞎腿不瘸，(何必)等逼着你去[1]?
(不要)意外的高奇，要命裏註定纔行。
縱然他家窮，在一塊兒(也可以)吃的安適，
你們細細的想想，(不然人家)就駡你們了。

6. (女)不是弔他什麽，爲着婚書(卽八字)不合。
不是被駡或打，自己心愁不(想)去。
自己原知上當，(只好)受人說罷!
有多少個人，吃得了一百(籮)米[2]?

7. (男)未生天已註定，氣數命安排。
不管(你)弔(他的時間)是多是少，人家不賣[3](你怎辦)呢妹妹?
好惡在什麽地方?不是換個人就另樣。
米一天比一天(熟的)早，人一輩比一輩精。

8. (女)如果他眞不賣，(那就)服毒死罷!
無論怎樣都不留了，還去他家麽?
他的母親兇惡無理，想(起來)着急萬分。
把人作小孩看，怕只是他纔(有)飯(吃)?

9. (男)婆婆兇惡亦有人，難道只是你麽?
不過去忍受(一下)，(她是)鐵箍住頭(不死的)麽?
由着她說(你)不理，飯煮熟了就吃。
不合(她)纔說你，(你)如果不順從就由(她說)。

1. 弔關不成功被逼返夫家也。
2. 一人壽命有限吃不了一百籮米。
3. '賣'就是受女子的賠償，使她另嫁。

10. (女)婆婆是出乎意外, 哥哥面前我纔說。
吃飯奪(我的)碗, 我沒有犯她什麼。
因爲說到(這裏我)纔數說, 人家不會知道我(是這樣的)。
去住也不甜, 管他有千(籮)米萬(兩)銀!

11. (男)他母親兇而又兇, 打不到你(身上)。
如果她兒子說(你), 勸我妹妹要聽。
縱然(她)罵多罵少, 受到她死就完了。
人云人皆有死, 一樂解千愁。

12. (女)也不怕她兇, 雖然用木棍打也順着(她)。
只因爲飯不給吃; 到你(該怎辦)呢, 哥哥?
因爲她打的太利害了, 實在原來不合。
縱然千罵萬罵, 我不在人面前說。

13. (男)他母親說別理(她), 只要她兒子好。
由她罷, 親愛的人! 你只管去就完了。
縱然(你)自己在人面前說, (人家可跟你)是一伙兒?
妹妹跳出了蚤籠, 反跳入鷄蝨的籠了!

14. (女)像那幾十(籮)米, 我就沒看在眼裏。
像他那一點兒的家, 我這女孩子也找的出來,
就是告化子都好, 一定不去(他那裏)了!
旣無地方吃又無地方住, (我還)顧慮什麼?

15．(男)不管人家弔不弔,
雖然他家窮,
一棵秧能活幾春,
由他罷,十四![1]
妹妹作人要緊。
作工(也可以)添補。
作人能吃幾輩?
你自已立志(就是了)!

16．(女)不在乎有多富,
(逢)墟買個一筒(米)一升(米)的,
使他會賺錢,
我三思四想,
(只要)有飯夠吃。
比如說是你(該怎辦)呢,哥哥?
也就不嫌(他)了。
難以逞志作人。

17．(男)他就是再窮,
棄貧走向富家去,
要有的吃容易,
你們女人無知,
丈夫歡喜(你)就只管住。
也…………………。
要你的八字(好纔行)。
丈夫好就(有人)送飯[2]

18．(女)說那句話給人(聽),
丈夫不好還好辦,
正(因爲他)無能纔憂愁,
受了我婆婆不少了,
難與你相比了,哥哥!
就怕的是一口吃的(都沒有)。
纔如此委屈。
現在要想死。

19．(男)母親生你們,妹妹,
出嫁(望你)平安,
望丈夫(與別人的)一樣好,
人家不要容易。
(如同)種竹盼得筍。
望有子孫戀母。
誰人心不想?
妹妹不合意就難了。

1．‘十四’稱相好之詞。
2．或譯作‘丈夫好就可以下飯’。

20. (女)看天如看傘[1]，　　望妹想得孫!

人窮望可長，　　眼瞎也望(看見)亮。

父母也不説，　　他我也不論。

我像(七月)十四的鴨子[2]，　　按日子等死!

---

1. 義晦。
2. 七月十四是個節日，多殺鴨供神，所以自比作那天將被殺的鴨子。

XVII. 女送[1]

1.

1. 前些日子夢中看見,　說新墟成了城。
更預先報告後來(的事情),　(說你)有臨別的話給妹妹。
人各自在天一方,　我想(你)你不知道。
夢中看見一樣又一樣,　早飯都不想吃。

2. (你)去城中送信[2],　原未告知我。
(我)到了衙門纔知道,　有新的事情發生。
四月插田忙,　什麼事如此急?
拿信在手中,　叫什麼人替看?

3. 你約我寫信,　(有)謹愼的話(我)再說。
書信到我家,　(我)心頭自想。
天旱(?)也望雨,　心不雄(?)也愛。
來與你相交,白色![3]　要(你)重重的(?)幫助。

4. 哥哥有柑子園,　別來李子行![4]
哥哥勤力澆水,　它就自然開花。
好話你不論,　放在肚裏藏着。
你上田地去,　拿來說之不已。

---

1. 女送卽女子贈給男子的情歌。歌中提及書,信等,皆指此類情歌,用以代信者也。男子給女子的謂之男送。

2. 詩歌中常用'褁''呈'等字當書信解。

3. '白色'也是詩中稱情人之詞,這類詞很多。

4. '行'指生意或買賣,李子行卽作買賣李子的生意。

5. 一提到這句，我自想也難。
哥哥有子有孫，妹妹無夫更心焦。
大家(同)在天底下，難與你相比了，愛人！
想哪樣全不是，弄得肺都翻！

6. 妹妹拿這句話重複的說，不是忌妬你什麽阿！
哥哥養馬顧馬，妹妹無馬顧家。
話固然如此說，主意還在你。
雲過盼大雨，我小妹難以管。

7. 話雖然吩咐了你，當人面別說！
也要顧魚，也要顧着田螺。
我可知道什麽，愛人？(不過)聽風吹樹梢響(而已)。[(1)]
我這封信，別(拿來)亂說(?)。

8. 要有什麽主意，論理別拘情。
來與你相交阿，金！自思心也亂。
雖然不成夫妻，別耕了田(就)棄了畲地！
人家(有)話我沒話，實在無面見人。

9. 妹妹不如人，英雄在 røkɹ ɕɯakɹ (地名)。[(2)]
生來沒得(好)地方，(拿)手自擦眼淚。
人家笑而我哭，天地支派的不均匀！
人好命不好，自己懊喪的要死。

1. 即道聽途說之意。
2. 似乎指男子在該地另有情人了。

10. 我這條命阿! 孤獨的也有人(但是沒有像我這樣的)。
一來家也窮, 家裏無兄無弟。
老天阿老天! 給世上分的不勻!
不說了,愛人! 伐木再遇見風。

11. 一交到節氣, 自己(就)胡思亂想。
姊妹們去丈夫家, 妹妹在家作奴隸。
說起也傷情, 滿肚子的酸楚。
出外去田地, 還都怕人遇見。

12. 提起這句話來, 找地方住(都找)不見。
這條命纔苦吶! 撞頭(?)又撞石!
自思自傷心, 想拿石頭打頭。
自小就喪父, 我原知道不行。

13. 你就好而又好, 我就(如)野草又賤。
(我)這一輩子纔可怨, 想拿帶子上吊。
拿這句話來說, 不是講笑的話。
人家死而我不死, 久等身子也賤。

14. 我這一輩子阿! 好像一棵秧沒(遇見)春天。
在我母親家裏度日, 難以與你相比了,哥哥!
這些(好)事一些不派(給我), 我可怎麽好呢?
妹妹一年比一年受(苦), 哥哥越活越榮。

15. 要比起你來，肚(內)跟後就難過。
哥哥有家有能幹，妹妹一樣都沒有。
我自身的運命(?)自身當，想來左右兩難。
樣樣都想過，想向前去也是潭。

16. 自從相交(到)現在，想能成夫妻。
你已經成了家，妹妹(就像)流浪的烏鴉，走散了的鷹。
砍木遇了風，也全在你的主意了。
一年賀過三次節，[1] 你要想什麽呢?

17. 從前鳳橋女，還能包李旦(得成夫妻?)。
妹妹拿這句話來說，你試想想罷，金!
要棄心不捨，想(你如)同胞兄弟。
從前唐朝的時候，人家也馳名遠大。

18. 鳳橋與李旦，還析散分離過。
後來他們更好了，你以爲奇麽，愛人?
這句話有意思，你回去睡再想。
妹妹雖然如此擺(卽說?)，(不過)想把棉線同絲線(放在一塊兒)[2]。

19. 要跟你說，想如告化子到京。
哥哥送封信來通情，怕(我)三心二意。
像我阿，金!當面拿出良心來。
百人有百意，怕哥哥虛假。

---

1. 卽一年又一年之意。
2. 卽妄想之意。

20．妹妹不像(別)人，　難道你不知?
母親活而父親死，　找地方(住)都(找)不着，
現在來與你相交，　望鯉魚變龍。[1]
沒有地方坐也沒有地方吃，　想靠你照顧。

21．人不替我擔當，　坐到這行裏來(?)!
實在別提啦!　找地方住(都找)不着。
向來未曾論，　在肚裏藏着。
甲子在手內，　想使你開口。

22．一講到這句話，　好像壓迫(你)去賣妻。
但並沒有怎樣阿!　你回去別亂(作)!
想(與你)死同穴，　怕哥哥不能。
我早先自已未想過，　(你)已經像是南瓜了。[2]

1. 即希望成爲夫妻也。
2. 即已有子女之意。

XVIII. 女送

2.

1. 妹妹得了一封書,[1] 想來歡喜又害怕。
不知這個是什麽, 或是零碎的紙。
哥哥一遞出來, (我的)手去接(就)着慌。
叫我握着, 這事苦阿,天理!

2. 哥哥遞入手, 妹妹當眞拿着。
要拿起脚來走, 恐怕什麽?
看是如何? 不知是風箏或是書信?
如要行狠心(的事), 又怕門風壞了。

3. 一拿回家來, 父親問是什麽。
說買餅來(給)弟弟, 可也不放在棹上。
這東西不三不四, 想來進退兩難。
每人來到就問, 我當然不願意。

4. 拿來放在床頭, 點燈細細看。
看見黑烏烏的, 想撕了燒了去睡。
看見黑如墨, 擱下一會兒自己又看。
這不輕不重的東西, 誰心裏不恨?

---

1. 卽指男送女的情歌。

5. 就儘覰儘看，　　見句句都是五言。
看了一篇又一篇，　　如同數錢的樣子。
是這樣麼?　　又是什麼呢?
就是如此的過活，　　哥哥實在有權(?)!

6. 我的姊妹們來看見，　　你眞不害羞。
去墟得了一封信，　　你再急着要(回信)!
想起一樣又一樣，　　我自怨自苦。
(人)對我說(話我)不答應，　　(就)深一句淺一句的駡(我)。

7. 我們住在大村，　　不知人家的心事。
想的都要哭，　　何日纔能答覆人?[1]
實如海水一樣，　　這件事阿，倫![2]
如要去求人(寫信)，　　恐怕仍然不行。

8. 問哥哥也怕，　　問弟弟也怕(捱)罵。
這件事情阿!　　實在拿什麼臉對人?
如何成這樣?　　自已憂悶心焦。
我自已心中思想，　　沒有人來憐(我)。

9. 問到第一個人，　　(他)也說太懶。
人家更不替(我)編排(歌詞)，　　你(急的)要死麼，愛人?
富貴就水米貴(?)，　　費力夠十分。
多問也白費唇舌，　　——————。

---

1. 女子不識字，作書回答，求人難也。
2. 歌中稱呼愛人之詞。

10. 問到第三個人, 他又似答應不答應。
實在是苦阿! 肚裏十分難過。
人家不替你看(信), 也是左右兩難。
這件事情阿! 拿什麽來解救?

11. 問到第九個人, (他纔說)拿來罷!'
你(說)放在哪裏? 遞入你手裏來。
就如此送去, (我)就開心了!
(這封信)原也看得過, (只)怕我的知識淺陋。

12. 正想如不答覆(你), 又疑(你)心變。
想起一件又一件, 我的怨恨何日能忘?
我自己細細思念, 怨恨實在不知(有多少)回了,
我的腹如火焚。 ———————。

13. 哥哥送信給我, 不要也不行。
想想就要哭, 何時能答覆你?
我又一想, 自己同我的姊妹說。
想件件都不成, 你同受苦麽,愛人?

14. 弄到能答覆你, 折磨人家多少!
由他罷,哥哥! 作這首(歌作)什麽?
想想就是一時的歡樂, 如同病着(?)出了牢。
我自己一人說, 使人家白費氣力。

15. 細想心愈焦，　自己憂愁不歡。
這次有幾個月之久，　我纔能答覆完了。
自己過的胡里胡塗的，　如同一個人着了邪法。
這首歌阿！　實在你說是假也慌(?)。

16. 心早想答覆你，　(求人寫信)如同求人一萬兩銀子。
去求了幾趟，　纔能設法答覆(你的)情意。
如同胞兄弟，　實在道理難容。
走了一家又一家，　弄得滿身都是汗。

17. 聽見哥哥那封信，　極焦急心煩。
說我去丈夫家，　我心翻轉(如)輪子。
如同告化子上京，　旣無情又無義。
更說有一句話，　(使)我實苦惱難當。

18. 如要依靠哥哥，　(你)已有你的妻了！
於是我心纔急，　空口說荒田。[1]
要進來又怕罵，　我阿！ 天阿！
說千心萬心(都愛我?)，　怕是虛情相騙！

19. 妹妹生活如天鵝，　自己過日如一個孤獨的人。
如果哥哥可憐(我)，　(我就)看你的臉面了。
爲什麽這樣的生活?　(我)自己實在恐怕。
別仰面向着天，　看看妹妹罷！

---

1. 白費力，無結果也。

20. 從前(有)人(名)李旦,
他心裏有什麼?
離了很多年,
— — — — —

逃難有好幾年了。
夫妻總不想分離。
姻緣總不散。
— — — — —

21. 來到胡發家裏,
如果你要回去,
'硃砂記'在那裏?
(望)大家(從)一個鍋裏盛(飯),

纔能合爲夫妻。
拿什麼作表記?
拿手來相合(?)。
能同住在一家!

22. 一想心就軟,
我吩咐你,
一說到離婚(?),
經過了如此阿,

遞弄帶子(?)入手。
別忘記了阿!
想起心就軟。
過後纔不說大(話)。

23. 我自身(好比)鳳橋,
逢着你,哥哥!
成功實在也合意,
一塊兒住的時間,

爲叔父作奴隸。
(望)能成對成雙。
見'羽美之毛'(?)。
家中工作一同料理。

24. 不論如何,
東西在手裏,
你要邁步出去,
我耐煩等着,

我總不棄你。
一定不會忘的。
紙包火能不漏?
就有相逢的地方。

25. 像這個人所說，　千萬別忘記！
原要自己心中想，　纔能稱好漢！
如果要成婚姻，　我們兩方面一齊想(法子)。
別半途而廢，　纔合妹妹的意思。

26. 能像這個人，　心(中的)事就好了。
如果能合爲夫妻，　妹妹就樂了。
不論多重，要一齊扶，　纔有頭有尾。
怎樣要你自己想，　要想個計策阿！

27. 妹妹可以而哥哥不可以，[1]　就怕這(件事)爲難。
不照你的信說，　怕(你)心翻覆不寧罷！
好比海水那們深，　難以看到底。
別自己結了禍，　要想想阿，同班！[2]

28. 如果哥哥眞有心，　妹妹就抬脚(走來)相就。
無論如何，　別考究什麽了！
我們兩方面都肯，　別論(別)人的重輕！
我們只要不看輕，　要公平就罷了！

29. 不論多說少說，　皆是這樣的話。
這句就完了，　(我)想變化成龍。
我女人肚窄(知識少)，　比不得男人。
人情還人情，　纔能滿意阿！

---

1. 指妹妹可以棄夫而你不肯與妻離婚。
2. 同班指年相若之朋友，亦歌中稱情人之詞。

30. 妹妹回答哥哥(答)不上, 別上別處去笑。

蝦帶着小魚, 相邀去游海。

我是很愚蠢的女人, 無才又無用。

我們當面一塊說, ——————

31. 我吩咐你,哥哥! 要時常想纔行。

—————— ——————

要得(與)天地同榮(?), 全憑你的主意了。

—————— ——————

XIX. 男送

1.

1. 閒着沒一樣(事)想,
一向妹妹哪裏去了?
(我)出外不進來,
想寄給人一句話,
終日在roi˩樹旁邊。
一定鑰匙配上了鎖(卽與丈夫同居)。
想的眼花目眩。
(她)不是自己的妻或是親妹。

2. 提到第二首,
約好某夜(你)到家,
作這們兩首歌,
或是爲何畫馬?[1]
也怕不應當。
因爲(人)不能干管(你)。
(問你)爲何失約?
等見面了相問。

3. 一天過了又一天,
走竟遇不見你,[2]
不知(你)上哪裏去了,金?
肚裏有什麼話,
一節過了又一節。
纔無計奈何!
想得心………。
在別人面前別說!

4. 第一講情由。
現在(你)似乎不認得(我),
一個人看一個人好(就行了),
如果由我獨自看來,
(你的)心裏不正。
不知(你)去聽了什麼人(的話)?
不然怎麼辦?
可以我們兩人爲定。

---

1. '畫馬'假意也。
2. 原文作你們,在詩歌中有許多地方用多數代名詞而實指單數。

5. 比如要論起這(件事)來,	我們(有)很深厚的情意。
回想起從前的時候,	如同借米還石。[1]
紂王同妲己,	希望這一輩子同死。
(我們)交了有幾年。	沒有一點兒爭論!
6. 如何能聽你話!	(你是)誘麻雀下來。
有了肉就棄了魚,	有了田就棄了地。
(你)說討厭(丈夫)阿,	我(以爲)後來一定能(成功)。
(誰知)如同重石沉水,	一夜不見(你)家來。
7. 如同去年,	(你?)吩咐一句話(至今?)不忘。
用口說給你聽,	天天同吃同住。
(你)心是這樣的,	我實在是無面(見人)。
我(所處)的地位,	難(以希望)鯉魚變龍。[2]
8. 雖然不能成家(即成夫妻),	(你)竟一夜也不來!
細想心越恨,	作什麼事這麼忙?
一想到家計,	棄了地土不查問。
你(如)鯉魚變了龍,	好像要把(我們所)坐的地方淹了。
9. 更假作嫌(你的丈夫),	還想外面的蓮藕。
作了木樁,已下去(成了)栅欄了,	如何拔的起來?
一來人也好(指她的丈夫),	兩三輩同年(?)。
大家一齊到田裏去,	有多們開心!

1. 你負我也。
2. 戀愛難以成功,不能成爲夫妻也。

10. 你去了一村又一村,
死了,心頭還等(你),
一個中年的人,
去墟不見你,
別把火扔到水裏去!
(我們所)坐的地方別忘了!
憂愁沒有了的時。
有話也難吩咐。

11. 你父母雙全,
像我呢,友二![1]
想樣樣都不能,
初次作父親的人,
(對我)心不好,也不能怪(?)。
纔着急的利害!
什麽時候纔盼到死?
心裏翻覆酸楚。

12. 現在初當家,
要吃(毒)藥也苦,
教(我)作母親而眼花,
吃飯都沒味,
想來上下無靠。
要跳塘也深。
實在太艱難了!
實在十分着急。

13. 自思心自憤,
人家一輩子比一輩子強,
拿什麽來能比得你?
講起來又不好,
眞是十足的淒涼。
我一年比一年悲慘。
死了心纔服。
自己不斷的落淚。

14. 件件(天)都沒註定,
你有丈夫與妻(相守),
左難右也難,
情願死了罷!
我就(能)另樣麽?
我是爐架(三足)的一隻脚(只好)放在袋裏。
想得身體生了病。
不(死)還活什麽!

1. '友二'歌中稱情人之詞。

15. 自己手足疲懶無力, 要如何算計?
待着心也不安定, 生作這樣的人!
門口也不想邁(進去), 不說什麽了罷!
每天出去進來, 含着眼淚自思。

16. 惡話扔到塘裏去, 苦話扔到河裏去。
大家心好向前, 別虛情假意!
我們兩邊一齊說話, 別對着面纔(?)!
人家靠武藝發達, 我靠弓與矢。[2]

17. 越想越掛心, 想不完的恩情。
就這樣罷,表![1] 暫且小小爲情(?)。
運氣到了的日子, 纔能有辦法。
這們兩首歌詞, 你回去收留着罷!

---

1. 弓矢指男女。
2. '表'亦稱情人之詞。

XX. 男送

2.

1. 作兩首山歌,　　拿去傳給十九。[1]
如不講起來,　　怕過後就忘了。
很快的一天又一天,　　一節又一節的到了正(月)。
送封信去尋(你),　　看(你)知道麼,同心。[2]

2. 一向不見有許久了,　　嚥口水也嚥不下。
想起心難過,　　才寄信給你。
我們(旣)結盟,　　不請自然來。
每晚回來吃飯,　　出門外來徘徊。

3. 一向不見有許久了,　　一別如石沉水。
有句要緊的話,　　要吩咐而不見人。
比如個墨斗,　　望兩頭同平。
自從交你這風流女,　　如同鏡中的影子。

4. 想如果(你)就不明白,　　怕(你)看(我)作紙那門輕。
交(友)就交一世,　　別半途而廢!
去談天一次,　　一日還漏出聲音(?)。
一別不相逢,　　就腹翻酸楚。

---

1. '十九'指他的情人。 2. '同心'亦指情人。

5. 大明山變成塘子,
蝸蟻變成象,
我們前時所說的話,
且不要說成不成,
我們游玩了,再相別。
我們去了,妹妹再相忘。
想弄假成眞。
不相恨(?)才算!

6. 比如羅盤針,
說你信不信,
人相靠乃貴,
怕妹妹心不從,
要它的針正。
肚飽別問水丸的價。
如福至心靈。
(反)說哥(心)不正。

7. 一向不見有許久了,
一別不逢妹,
一天說一次,
或者妹妹不合意,
哥如害傷寒病。
連吃糖都無味。
如(拿)烟土過癮。
才作(這)不三不四(的事)。

8. 兩邊不相疑,
好惡別相漏,
久別不見(你)來,
(拿)兩首詩去相會,
如相跟隨在後(?)。
定要到死才忘。
不知(有)何消息?
我吩咐你阿,朋友!

9. 不忘齊不忘,
一文錢各人拿一個字,[1]
從前(我)與你阿,
如同玉帝拋球(?),
掘坑種 çi˧ 樹。
死生都是我們兩個。
如同弓和矢。
誰人說不好?

---

1. 一文錢分爲兩半,各人拿一半以爲紀念。

10. 不忘齊不忘，　　掘坑種weŋ˥樹。
何時它果子黄?　　要割再相邀。
渡船(要)渡過岸，　　别棄(我?)浪中!
走到何處不見何處，　　吃清水還健(?)。

11. 不忘齊不忘，　　掘坑種tau˩樹。
此世倒頭死，　　下世共夫妻。
好惡可齊説，　　别仰面向天!
由他罷同年![1]　　以前失約，以後别失約了!

12. 不忘齊不忘，　　掘坑種柚子。
何時我們有果，　　再返回來作親。
一見你這貴友，　　如樹梢遇風。
妹妹去嫁人家，　　心中實不服。

13. 不忘齊不忘，　　掘坑種李子。
以手掌相墊坐，　　要不失信才成!
從前我們所想的，　　望鯉魚成龍。
别後不見你，　　心中(實)不甘。

14. 不忘齊不忘，　　掘坑種龍眼。
囑你這(人)千和萬，　　口説須照心(中所想的)!
如果你恩我愛，　　才得承(你的情?)。
針穿過哪裏線(也到)哪裏，　　别作出冷淡(的樣子)。

1. '同年'，年相若之朋友，歌中亦用以稱情人。

15. 不忘齊不忘，　　掘坑種香蕉。
依我的主意，　　也想(相愛)到頭。
吃飯齊念地，　　吃芋齊念(芋)葉。
其樂也忘憂，　　你也要想想。

16. 不忘齊不忘，　　掘坑種raiɬ樹。
雖然我不能(得你)，　　水抬可過天(?)。[1]
自從結交你，　　心不隱(?)也桀。
如兩邊同心，　　千金靠斗米。[2]

17. 多說就覺多了，　　就如水牛(見)豆藤。
(我)囑你要結果阿，　　別愛富嫌貧!
如妹妹的(去)處多，　　別試用機謀(對我)!
——————　　——————

1. 水漲可以齊天。指女子如肯，無不成功(?)。
2. 斗米積起可變千金。

XXI. 無婦吟[1]

1\. 早起自提着瓦桶(去取水),
一手還握把穀子,
家裏工作做不慣,
自思拭眼淚,
想起愁的就啼哭。
又餧鷄麽?
我怨何日忘?
(我的)生活何以成這樣?

2\. 不會磨又不會舂,
簸穀殼子不飛,
(這是)沒有老婆的原故
沒有老婆同住,
捶胸心口痛。
脚底下(反弄的)淨是米粒!
擦眼淚都倦了。
想來又焦心!

3\. 不會篩又不會簸,
作倦了就吸烟,
人來到就討厭,
當眞沒有姊妹,
想來煩惱又淒涼。
那並不甜阿!
不就是爲一文錢麽?
吃什麽都不鮮了!

1\. 這首詩是新陸斡的一個人供給的。

XXII. 馬蹄脚詩

1. 拿豆渣來培烟，
如果不下一陣雨，
費力又折本，
一百五十(斤)阿，嬌才![2]

希望千(棵烟能有)百五十(斤)。[1]
我就白費力了。
還得(重新)翻田碎土。
(無非)希望後來有臉(相見)!

2. 放鯉魚下潭，
它左右的游動，
變龍去游海，
去看它翻身，

上那堤上去看。
心要想變龍!
後代纔好看。
心裏想(它有)幾斤重。

---

1. 據說平常只有五六十斤。
2. '嬌才'亦歌中稱情人之詞。

XXIII. 問答詩

1.

1. (男)有一天我可就走了，　肩上掛着一頂笠。
離開(我的)家鄉下墟(地名)，　免得給我的妹妹出醜。

2. (女)要走開(作)什麽?　把家扔了給人管!
有一天死了都沒人知，　還怕(你的)兄弟們不肥?

3. (男)兩小片草席子(的房子)，　住(在裏頭)窄的(像)猪籠。
我有什麽可扔的?　一隻猪一隻鷄也沒有!

4. (女)大明山還在那裏，　當然還有你一份。
如果老天將來開武科，　也許(你)能中了發達起來。

XXIV. 問答詩

2.

1. (問)哪裏的野鴨, 來這裏舒(你的)羽毛?
你們是哪裏的人, 來這裏游地方?

2. (答)我們是賓州的人, 下去作賣碗的生意,
有些搖搖擺擺的(挑着), 我們還磨剃刀。

XXV. 猜謎詩

1. (問)我試問你一問,

　什麼東西灣曲曲?　　什麼東西曲曲灣?

(答)門背後放着那桿秤,　　看來實在灣曲曲,

　妹妹紮的那個搖擺的鑰匙,　　即是曲曲灣!

2. (問)我試問你一問,

　什麼比蛋(黄)還紅?　　什麼比頭髮還細?

(答)蜘蛛織的細細的網,　　就比頭髮細。

　太陽漸漸升上來,　　就比蛋(黄)紅。

XXVI. 雜詩

1. 人夢見銀坑，　　哥哥夢見你，妹妹!

想到相約的日子，　　總不想作工了。

(一個)人在上(一個人)在下面，　　望(你)如秧(望)春天。

拿起傘同鞋，　　早飯都不等(吃)。

2. 吸烟一筒又一筒，　　見烟不見渣。

雖然不聽見(你說)話，　　見一次面也好。

3. (想)起我這一輩子阿，　　吃飯如泥沙。

(每)天出來進去，　　拿眼淚當飯吃。

第三章

詞彙

本詞彙是大致按着拉丁字母次序排的: ˀb, ç, çw, ˀd, ˀdw, f, h, j, ˀj, k, kj, kw, kl, klw, l, lw, m, ml, n, nw, ɲ, ŋ, ŋw, p, pl, r, θ, θw, t, w, ˀw, x, xw, ˀ。少數沒聲母的語助詞也列在ˀ裏頭。元音的次序是: a, ɑ, e, i, o, ø, u, ɯ。

假如是漢語借字的時候, 就把那個漢字加括弧放在讀音後面。

一個詞的意思時常要看它在句中的用法, 所以它在本書中見於哪處本詞彙也選註出來。羅馬數目字指第三章裏的第幾個故事或歌, 阿拉伯數目字指在那故事中的第幾段或歌中的第幾首。常見的詞及用法簡單的詞就少註幾處, 用法較多的詞就多註幾處。沒註的詞多數是向發音人另外問出來的, 不見於故事或歌中。

b-

ʔba˧ 粉，生的水丸(食品之一) (I, 4)

ʔba˧ mian˦ 麵粉 (XIV, 16)

mian˦ ʔba˧ 麵粉 (XIV, 21)

ʔba˦ 肩 (XIV, 13, 19; XXIII, 1)

rɵŋ˩ ʔba˦ 肩

ʔba˦ 參看 ʔbum˦

ʔbai˦ 濕 (II, 9; XIII, 19)

ʔbak˥

tam˅ ʔbak˥ 壜吡 (村名)

ʔban˥ 村 (I, 2; II, 1; III, 11; XIII, 6 等)

ʔban˥ ɕaŋ˧ 曾村(地名)

ʔban˥ fai˧ loi˅ 李壩村(村名) (V, 1)

ʔban˦ 硼缺(刀刃)

ʔban˧ 以小刀 (rep˦) 割稻 (XI, 9)

ʔban˦ 時，期

ʔban˦ kɵn˦ 從前

ʔbaŋ˧ 薄

ʔbaŋ˥ 些，有些 (XI, 4; XII, 1; XIII, 23 等)

ʔbaŋ˥ hi˅ 有些 (XI, 11; XII, 1, 5 等)

ʔbaŋ˧ 愁 (XXI, 1)

ʔbap˥ 凹下去，壓扁下去

ʔbat˦ 次，(打一)下，一 (XVIII, 13)

tup˩ ʔbau˥ ʔdai˥ koi˥ lai˧ ʔbat˦ liau˅, poi˩ nai˅ (pen˩) tu˩ ma˅ te˧ rai˧ lo˥ 打沒多少下，那匹馬就死了 (I, 21)

ʔbat˦ ŋoi˅ θim˧ ɕau˩ nwai˦ 一想心就軟 (XVIII, 22)

ʔbat˦ 刀傷痕，疤

ʔbat˥ 筒，升 (米) (VI, 1, 2; XV, 7; XVI, 16)

ʔbau˦ 青年男子 (XV, 3)

kuak˦ ʔbau˦ 向女子調情，年輕男子覓女相好卽所謂作後生也

lɯk˩ ʔbau˦ 青年男子 (XII, 1)

ʔbau˧ 輕 (XIV, 20; XVI, 3)

ʔbau˥ 不；不然 (I, 1, 2; IX, 1; XIII, 2; XIV, 16 等)

ʔbau˥ kau˧ ʔai˧ rai˧ ʔdaɯ˧ luaŋ˦ ʔdoŋ˧ lat˥ ɕuŋ˧ ʔbau˥ tiŋ˦ lo˧ 不然我也許死在叢山森林中都說不定了 (III, 4)

ʔbau˥ θoi˦……誰知……(I, 21, 28)

在詩歌中如不三不四不輕不重等詞往往將頭一個不字省去：

tiau˦ kwan˧ ʔbau˧ ʔbau˥ nak˥ 不(顧) 輕重的弔關 (XVI, 3)

θam˧ ʔbau˥ θoi˦ 不三不四 (XVIII, 3)

ʔbau˥ ɕaŋ˩ 着重語助詞，參看 ɕaŋ˩，詩中多用

ɕi˅ hoi˦ θɵ˦ ʔbau˥ ɕaŋ˩? 莫非是氣數麼? (XIII, 36)

pai˩ nai˅ ʔjɯan˦ ʔbau˥ ɕaŋ˩! 後來只好怨罷! (XIII, 42)

pai˩ nai˅ θat˥ ʔbau˥ ɕaŋ˩ 現在莫非是完了? (XIV, 11)

rɵ˅ ka˥ wa˦ ʔbau˥ ɕaŋ˩ (你) 曾見過告化子麼? (XV, 9)

ʔbau˥ ha˦ 語助詞，參看 ha˦, ˦

ʔjɵ˥ nuaŋ˅ lun˩ ʔbau˥ ha˦! 看看

妹妹罷！(XVIII, 19)

ʔbau˥ raɯ˩或˧˥ 命令語助詞，參看 raɯ˩

poi˧ ʔbau˥ raɯ˩, ˧˥ 去罷！

ʔbau˥ jɯaŋ˦ 問話語助詞，參看 jɯa ˦

te˧ ʔjau˦ ran˩ ʔbau˥ jɯaŋ˦ 他在家麽？(XIII, 31)

ʔbau˦,˥ 疑問語助詞 (I, 33; XIII, 6 等)

mɯŋ˩ rø˅ ʔbau˦ 你知麽？(I, 10)

tɯk˩ ʔbau˦ 是麽？(XIII, 1, 32)

ʔbau˦ 難過 (XVI, 2; XVII, 15; XVIII, 10)

ʔbaɯ˧ 葉，張 (紙類物件之量詞) (XVIII, 17)

ʔbaɯ˧ çiŋ˅ 一張凳子 (X, 2)

ʔbaɯ˧ çoi˥ 一張紙

ʔbaɯ˧ poi˩ 一把扇子

ʔbe˧ 展平

ʔbe˧ ʔjian˧ 展平煙葉 (XI, 7)

ʔbek˥ 扯破

ʔbin˧ 飛 (X, 1; XXI, 2)

ʔbin˥ 細草蓆

ʔboi˧ 膽

ʔbok˥ (水) 落，退

ta˧˥ ʔbok˥ 河乾

ʔbon˧

ʔbon˧ plon˅ 抱怨，責備 (XIII, 15; XIV, 15)

ʔbon˥ 罐子

ʔbon˥ klu˧ 鹽罐 (II, 8)

ʔboŋ˥ 打，擊 (I, 20; XXI, 2)

ʔbop˥ ʔbop˥ 濕貌 (II, 9)

ʔbø˧ lø˅ 霧

ʔbø˦ 泉

ʔbøk˦ 量米之單位 (約半斤)

ʔbu˧

tam˅ ʔbu˧ (又名 tam˅ ʔu˧) 墰窩 (村名)

ʔbum˦

ʔbum˦ ʔba˦ 蝴蝶

ʔbun˧ 天 (III, 8; XIII, 16, 19, 20, 39; XIV, 7, 46 等)

ʔbun˦ 餒小兒 (將食物咬碎後吐入小兒口中)

ʔbuŋ˧ 打稻架；方形架，架上鋪蓆，以蓆圍三面，一面人立而打稻 (XI, 9)

ʔbɯ˦ 厭，煩 (III, 12; XIII, 16; XIV, 13)

tø˅ ʔbɯ˦ 相厭 (IX, 1)

ʔbɯaŋ˥ 邊 (XIX, 1)

ʔbɯaŋ˥ ʔbɯaŋ˦ 忽左忽右，搖擺貌 (XIII, 2; XIV, 20; XIX, 1; XXII, 2)

pu˅ ʔbɯaŋ˥ 一人在一邊 (XVII, 1)

ʔbɯaŋ˥ toŋ˧ 東邊 (VII, 2)

ʔbɯaŋ˥ kem˥ 一邊頰

loŋ˩ ʔbɯaŋ˥ 瘋癲 (XV, 5)

ʔbɯaŋ˦ 側倒 (XIII, 18)

ʔbɯk˥ 女

lɯk˧˥ ʔbɯk˥ 女子 (XIII, 26)

ʔbɯn˥ 撇 (嘴)

ʔbɯn˥ pak˦ 撇嘴

ç

ça˧ (差) 差，錯 (XIV, 34)

ça˧ (砂)

ɕa˧ ki˧˥ 硃砂記 (XVIII, 21)

ɕa˨ (茶) 茶

ɕa˨ 參看 loi˧˩˧

ɕa˨ (查) 查, 問 (III, 15; X, 2; XIII, 3, 27; XIV, 13)

ɕa˥ ŋa˨ 叉

ɕa˧˩˧ 刀 (V, 3, 4)

fak˧˥ ɕa˧˩˧ ˀdeu˧ 一把刀

ɕa˧˩˧ tø˧˩˧ 屠刀 (V, 3)

ɕa˧˩˧, ˧ 參看 xau˧˩˧

ɕai˧ (差) 差人 (X, 9, 11)

ɕai˧ (齋) 齋戒

ɕai˧ kiŋ˧ 齋戒念經 (VI, 1)

ɕai˧ lau˨ 齋戒, 不吃葷 (猪油) (VI, 1)

ɕai˨ (才) 才 (XVIII, 30)

kjau˧ ɕai˨ 嬌才, 詩中稱情人 (XXII, 1)

θau˧ ɕai˨ 秀才, 美秀 (XIII, 26)

ɕai˨ (財) 財 (XIV, 9, 16, 31 等)

mɯŋ˨ θat˩ ˀbau˥ mi˨ ɕai˨ 你實在沒有財氣 (XIV, 22)

ɕai˨ (材), 參看 jɯak˨ (藥)

ɕai˥ (踩)

ɕai˥ pian˧ 踩邊, 官府巡察各縣 (X, 2)

ɕai˧˥, ˥ (再) 再, 又 (I, 5, 35; III, 12; XIII, 15, 27 等)

ɕai˧˥ mi˨ pai˨ ˀdeu˧ 又有一回 (I, 13, 22 等)

ɕai˧˥ (在) 在, 由着 (XIII, 25; XIV, 46, 47; XV, 20; XVI, 16; XVII, 6, 16; XIX, 4 等)

jau˨ ɕai˧˥ te˧ 由着他 (I, 1)

ɕai˧ 犂, 以犂耕 (I, 4; XI, 1, 8 等)

ɕai˧ na˨ 犂田 (I, 4)

taɯ˨ ɕai˧ 犂田 (XI, 10)

ɕai˨ (齊) 齊 (XIII, 20; XIV, 46; XVIII, 21, 23, 30; XIX, 2; XX, 9 等)

ɕai˨ ke˧ 大家 (XVII, 5; XVIII, 21)

ɕai˨ ɕiŋ˥ 齊整

tai˧˥ ɕai˨ 大家一齊 (XIX, 9)

ɕai˥ (仔)

ˀjian˧ ɕai˥ 烟仔, 烟捲兒

ɕai˥ (子) 參看 kjun˧ (君)

ɕai˧˩˧

kløi˧ ɕai˧˩˧ 深而密的籃用以放灰

ɕai˧˥ (祭) 祭

ɕai˧˥ faŋ˨ 祭鬼神 (XIV, 10)

ɕak˥ (作) 作 (XIX, 2; XX, 1)

ɕak˧˥ 繩

ɕak˩ (卽)

ɕak˩ θoi˧˥ 卽是 (XXV, 1, 2)

ɕak˨ (賊) 偷; 賊, 強盜 (I, 35; II, 2; III, 16; X, 2 等)

ɕak˨ tau˨ 賊頭 (III, 16)

ɕam˧ 問 (I, 5, 14; XIII, 3 等)

tø˧˩˧ ɕam˧ 相問, 商量 (XIII, 4, 7; XV, 15)

ɕam˧ (叄)

ɕam˧ θiaŋ˧˥ 參將 (X, 3)

ɕam˨ 譏笑 (XIII, 27)

ɕam˥ (慘) 慘 (XIX, 13)

ɕam˧˥ 鋪 (樓板)

ɕam˧˥ pam˧ 鋪樓板

ɕam˧ 沉

ɕam˨ 刺 (II, 11, 12)

ɕam˧˩ 參看 kɯ˥˩˥

ɕam˦˨ 也, 還 (I, 32, 33; III, 12; XI, 2; XII, 2 等)

kau˧ ɕam˦˨ mi˧˩ a˥ 我還有阿

mɯŋ˧˩ ɕam˦˨ poi˧ raɯ˧˩? 你也去麽?

ɕan˧ (剗?) 磨刀 (XXIV, 2)

ɕan˧ (山), 參看 ta˦˨ (大), lɯaŋ˧˩ (梁)

ɕan˧˩ 曬台

ɕan˦˨ (棧), 參看 kɯ˧˩ (客)

ɕan˧ (親), 參看 ɕin˧ (XIV, 14 ?)

ɕan˧ θeŋ˧ 親生 (III, 15)

ɕan˧ (眞) 眞 (XIII, 8, 36; XVI, 1; XVIII, 28 等)

loŋ˦˨ kja˥ ɕiŋ˧˩ ɕan˧ 弄假成眞 (XX, 5)

ɕan˦˨ (進) 進

ɕan˦˨ toi˧ liaŋ˥ nan˧˩ 進退兩難 (XVIII, 3)

ɕan˦˨ tem˧ 進, 增加, 再給人吃 (IX, 1)

ɕan˦˨ 參看 ɕok˥

ɕan˦˨ (愼)

kan˥ ɕan˦˨ 謹愼 (XVII, 3)

ɕan˦˨ 由着, 只有 (?) (XVIII, 28)

ɕan˦˨ toŋ˦˨ pu˥˩˥ pak˦˨ hau˧ 由他們嘴裏胡說 (XIII, 25)

ɕan˦˨ pu˥˩˥ ŋaɯ˧˩ ɕø˧ θin˦˨ 只有愚人纔信 (XIII, 25)

ɕaŋ˧ (商) 商朝

ɕaŋ˧ ɕau˦˨ waŋ˧˩ 商紂王 (XIV, 40)

ɕaŋ˧ (倉) 倉

ɕaŋ˧ (將)

ɕaŋ˧ kjun˧ 將軍 (X, 2)

ɕaŋ˧ xø˧˩ 將何, 何以 (X, 2)

ɕaŋ˧ (傷) 傷, 參看 θɯaŋ˧ (傷) (X, 2)

ɕaŋ˧ (昌), 參看 ɕin˧˩ (陳)

ɕaŋ˧ (章)

ɕaŋ˧ ɕiŋ˧˩ 章程 (XIX, 17)

ɕaŋ˧ (張)

ɕaŋ˧ θian˥ 張遷 (人名) (XV, 23)

ɕaŋ˧˩ (常) 常 (XI, 9)

ɕaŋ˧˩ (長) 長 (XVI, 20)

ɕaŋ˧˩ (藏)

kaɯ˧ ɕaŋ˧˩ 居藏 (XVII, 4)

ɕaŋ˥ (長) 長 (XVI, 4)

jau˦˨ ɕaŋ˥ 校長 (XIII, 3)

tuan˧˩ ɕaŋ˥ 團長 (III, 18)

jiŋ˧˩ ɕaŋ˥ 營長 (III, 18)

ɕaŋ˦˨ (上), 參看 θɯaŋ˦˨ (上)

ɕaŋ˦˨ taŋ˦˨ 上當 (XVI, 6)

ɕaŋ˦˨ kjai˦˨ 上界 (指天) (XV, 2, 25, 27)

ɕaŋ˦˨ ja˦˨ 上下 (XIX, 12)

ɕaŋ˦˨ 匠人 (XIV, 35; XV, 17)

ɕaŋ˦˨ tau˦˨ 道士 (I, 1, 5)

ɕaŋ˦˨ fap˥ 作法之人, 法師 (V, 1)

ɕaŋ˦˨ jau˧˩ 賣油人 (I, 29, 35)

ɕaŋ˦˨ θuan˦˨ miŋ˦˨ 算命先生 (VII, 1)

ɕaŋ˧ (曾) 曾 (姓)

ʔban˥ ɕaŋ˧ 曾村 (村名)

ɕaŋ˧ 讓, 等 (I, 11, 17, 23 等)

ɕaŋ˧ kau˧ kaŋ˥ nau˧˩ mɯŋ˧˩ ŋi˧ tiŋ˦˨ 讓我講給你聽 (III, 1)

ɕaŋ˧˩ 憎, 討厭 (XIX, 6 等)

tɯk˩ ɕaŋ˧˩ 討厭 (I, 1, 3; XIX, 6 等)

ɕaŋ˧˩ (曾) 曾, 未曾 (V, 9; XIII, 4, 33; XV, 1, 19; XVI, 7; XVII, 21, 22; XIX, 5 等)

ɕaŋ˨ kɯ˧ 未曾吃

ʔbau˥ ɕaŋ˨ liau˅ 未曾了，沒有完 (III, 12)

ɕaŋ˩ 木桶(蒸飯用)

ɕaŋ˩ 秤(XXV, 1)

ɕap˥ (插)

ɕap˥ mø˩ 插墓，掃墓(XI, 3; XII, 3)

pau˥ ɕap˥ 補插(XI, 10)

ɕap˩ 柵欄

ɕap˦

ʔbau˥ rø˅ ɕap˦ ʔdat˩ 不知冷(?)熱

ɕap˩ ɕap˩ 適合貌(XVI, 5)

ɕat˥ θai˥ 欺騙(XIV, 42)

ɕat˧ (擦) 擦，參看 θat˥ (擦)(XII, 9)

ɕat˧ θɯi˧ 擦洗(XII, 9)

ɕat˧ xau˅ 洗米

ɕat˦ 七(VII, 1; XII, 4 等)

ɕau˧ (超)，參看 li˥ (李)

ɕau˧ (焦)

θim˧ ɕau˧ 心焦(XVIII, 8)

ɕau˧ (紹)，參看 kai˧ (介)

ɕau˧ (竈)

θoŋ˧ ɕau˧ 送竈(XII, 9)

koŋ˧ ɕau˧ 竈公，竈王(XII, 9)

ɕau˩ (造) 造，作

ɕau˩ xu˩ 造禍(XIII, 14)

ɕau˧ ɕin˧ 作親(XX, 12)

ɕau˩ θan˧ 寫信(XVII, 3)

ɕau˧ (秋) 秋

ɕau˧ (收) 藏(I, 4, 5 等)

ɕau˧ (州)，參看 ʔjuŋ˧ (雍)，pin˧ (賓)

ɕau˨ 晚飯(V, 9; XII, 1; XX, 2)

xau˅ ɕau˨，參看 xau˅

ɕau˨ (朝)，參看 ɕiau˨

ɕau kø˧ 朝歌(地名)(XIV, 9)

ɕau˥ (醜) 醜，羞

mian˅ ɕau˥ na˥ nuaŋ˅ kau˧ 免得給我的妹妹出醜(XXIII, 1)

ɕau˅ (受) 接，受，參看 θau˧ (受)(XIII, 34; XV, 27)

ɕau˅ 早，早晨(XI, 12; XVI, 7; XVII, 3 等)

tai˩ ɕau˅ 大早(V, 9; VII, 2; XII, 35)

ɕau˅ 參看 xau˅

ɕau˧ (紂)，參看 ɕaŋ˧ (商)

ɕau˧ waŋ˨ 紂王(XIX, 5)

ɕau˧ 共，同，替，爲(I, 29; III, 12; IV, 1; XIII, 22, 31, 32, 38; XV, 8, 11; XVII, 13 等)

ɕau˧ kau˧ ɕa˨ dai˥ ʔbau˥ 替我問(一下)行不行？(XIII, 6)

ɕau˧ (壽)，參看 θau˩ (壽)

ɕi˩ ɕau˧ 壽字(I, 2)

ɕau˧ (臭) 臭(XIV, 25)

ɕau˧ pi˩ 腐爛，腐臭(XIV, 23)

ɕau˧ 參看 jiaŋ˧ (香)

ɕau˩ 蛀

ɕau˩ (就) 就(III, 11; V, 1; XV, 16; XVIII, 11 等)

ɕau˩ θai˩ 就是，就卽刻(II, 13; III, 2)

ɕaɯ˧ 呼吸

tiau˥ ɕaɯ˧ 喘氣

ɕaɯ˧ (硃)

ŋan˨ ɕaɯ˧ 銀硃(VIII, 3)

ɕaɯ˨ (廚)

ɕaɯ˩ kuan˧ 廚官, 廚子 (婚喪禮中所用之廚子) (V, 2)

ɕiŋ˩ ɕaɯ˩ 正廚 (V, 2, 5)

fau˩ ɕaɯ˩ 副廚 (V, 4)

ɕaɯ˥ (主)

ɕaɯ˥ θan˩ 主人

ɕaɯ˥ ʔoi˩ 主意 (XVII, 6, 8, 16; XVIII, 31)

ɕaɯ˥ (煮) 煮 (X, 8)

ɕaɯ˥ plak˦ 煮菜

ɕaɯ˥ xau˄ 煮飯 (XVI, 9)

ɕaɯ˅ 買 (I, 13; X, 8; XI, 3; XIV, 12; XVI, 16 等)

ɕaɯ˅ (柱) 柱

ɕaɯ˦ (處) 處 (V, 7; XX, 17)

ɕaɯ˦ (註) 註 (XIX, 14)

ʔbun˧ ɕaɯ˦ tiŋ˩ 天註定 (XIII, 39; XV, 1; XVI, 7)

ɕe˥ (姐) 姊, 參看 θe˥ (XIII, 32)

ɕe˥ mɵi˄ 姐妹 (XII, 1, 4, 6)

ɕe˥ (此?), 參看 ʔan˧ (因)

ɕe˄ 種, 種子

wan˧ ɕe˄ 播種 (XI, 1)

ɕek˥ (册) 册(書之量詞)

ɕek˥ θaɯ˧ ʔdeu˧ 一册書

ɕen˥ (盞) 杯盞

ɕeŋ˧ (爭) 爭, 差 (XVI, 19)

tɵ˅ ɕeŋ˧ 相爭 (XIV, 13, 18)

ʔbau˥ ɕeŋ˧ koi˥ (>kə˥) lai˧ 差不多 (III, 8)

ɕeŋ˩

ɕeŋ˩ pɵŋ˦ 一種橘

ɕeŋ˥ (逞)

ɕeŋ˥ ɕoi˦ 逞志, 努力 (XVI, 16)

ɕeŋ˥

ɕeŋ˥ ʔau˧ 強取

ɕeu˅ 粗細

ɕi˩

liau˩ ɕi˩ 槌子

ɕi˩ 參看 hu˩

ɕi˥ (始), 參看 jian˩ (元)

ɕi˥ (只) 只 (I, 1; III, 7, 8)

ɕi˥ (止)

wai˩ ɕi˥ 為止 (III, 17)

ɕi˅ 就, 纔 (I, 1, 2 等)

ɕɵ˧ ɕi˅ 纔, 就 (II, 12 等)

ɕi˅ (注)

ɕi˅ ʔi˩ 注意

ɕi˦ (至), 參看 fuk˦ (福), ɕoi˦ (至)

ɕi˦

fai˅ ɕi˦ 樹名 (有刺) (XX, 9)

ɕi˦ (借) 借 (III, 16; XIX, 5)

ɕi˦ (氏) 氏

wai˩ ɕi˦ 韋氏 (III, 1, 8, 15 等)

ɕi˦ (寺), 參看 ɕin˩ (陳)

ɕi˦

ɕi˦ nai˅ 一向, 有些時 (XVII, 1, 21; XIX, 1; XX, 2, 3)

kai˩ ɕi˦ nai˅ 有些時

ɕi˦ (字) 字 (I, 2; XX, 9)

ɕi˦ θaɯ˧ 字, 五分鐘

ɕat˦ tiam˥ θɵŋ˧ ɕi˦ θaɯ˧ 七點十分

ɕi˦ (是?) 是 (III, 11, 16)

ɕiam˩ 拔

ɕiam˅, ˄ (漸) 漸 (III, 16)

ɕiam˅ ɕiam˄ 漸漸 (III, 12, 15)

ɕian˧ (磚) 磚

ta˥ ɕian˧ 打磚, 作磚 (XI, 12)

ɕian˧ (千)　千 (V, 9; XVI, 10, 11)

　ɕian˧ ˀdeu˧　一千

　ɕian˧ koi˩　千祈 (VII, 2)

　ɕian˧ kim˧ 千金, 詩中稱情人 (XVI, 2)

　ɕian˧ kau˩ fan˨˦ pai˧˥　千求萬拜 (V, 9)

ɕian˧ (煎)　煎 (XII, 4)

ɕian (全)　全

　pø˨˦ me˨˦ ɕwaŋ˧ ɕian˩　父母雙全 (XIX, 11)

ɕian˩ (錢)　錢 (VI, 1; X, 5; XI, 4; XII, 1, 3; XIV, 8, 33; XV, 6 等)

　pøn˥ ɕian˩　本錢

　ɕian˩ θoi˧　利錢 (XII, 3)

　ɕian˩ klu˧ lau˩　買油鹽等用的錢 (XI, 4)

ɕian˨˦, ˧˥ (賤)　賤 (XVII, 13)

ɕiaŋ˧ (正), 參看 ɕɯaŋ˧ (正)

　ˀdɯan˧ ɕiaŋ˧　正月 (XI, 12; XII, 1)

ɕiap˥ (接)　接 (IX, 1)

　ɕiap˥ ɕin˧　接親 (V, 6)

ɕiat˥ (節)　節 (XII, 4; XIX, 3; XX, 1 等)

　ɕiat˥ hoi˧˥　節氣 (VIII, 2; XVII, 11, 16)

　ɕiau˥ ɕiat˥　小節 (XII, 2)

　ɕiat˥ ɕuŋ˧˥ klaŋ˧　五月節 (五月初五) (XII, 4)

ɕiau˧ (招)

　ɕiau˧ pai˩　招牌 (XIV, 30, 31)

ɕiau˧ (椒), 參看 xø˩ (胡)

ɕiau˩ (朝)　朝

　ɕiŋ˧ ɕiau˩　清朝 (X, 1, 等)

ɕiau˥ (小), 參看 θiau˥ (小)

　ɕiau˥ ɕiat˥　小節 (XII, 2)

ɕiau˧˥ (照)　照 (X, 2; XVIII, 27; XX, 14)

　ɕiau˧˥ xeŋ˩　照行 (V, 4; VII, 3)

　ɕiau˧˥ kø˨˦　照顧 (XV, 12; XVII, 20)

ɕiau˨˦　世 (XVI, 15)

ɕik˦ (戚)

　ɕin˧ ɕik˦　親戚 (I, 2)

ɕik˦ (隻)　隻 (成對物之一的量詞) (VII, 1)

ɕik˦ (尺)　尺 (XII, 4)

ɕik˦ 參看 jian˧˥

ɕim˧　注視 (XVIII, 27)

ɕim˧ (針)　針 (XX, 4, 14)

ɕim˩　嚐 (XVI, 3)

ɕim˩ (尋)　尋, 訪 (XX, 1)

ɕim˧˥ (浸)　浸濕 (X, 2)

　ɕim˧˥ pu˨˦　泡衣服

ɕim˨˦　訪, 尋 (XIII, 43)

ɕim˨˦……ɕim˨˦……愈……愈

　ɕim˨˦ ɕuŋ˨˦ ɕim˨˦ ɕuŋ˨˦　愈來愈重 (病) (VII, 1)

ɕin˧ (親), 參看 ɕan˧ (親) (XII, 4 等)

　ɕin˧ ɕik˦　親戚 (I, 2; XIII, 17)

　ɕin˧ kja˧　親戚 (XIII, 30)

ɕin˩ (陳)　陳(姓)

　ɕin˩ ku˥ ɕi˧˥　陳鼓寺 (人名) (I, 1)

　ɕin˩ xoŋ˩ mau˩　陳宏謀 (人名) (X, 5)

　ɕin˩ ki˧˥ ɕaŋ˧　陳繼昌 (人名) (X, 3)

ɕin˩ (神)　神

　ɕin˩ lin˩　神靈 (XIII, 11)

ɕin˩ (臣), 參看 waŋ˩ (黄)

ɕin˦˨ (儘) 一個勁兒的儘 (III, 4, 12; XVIII, 5 等)

ɕin˦˨ ʔwa˥ ɕin˦˨ ʔwa˥ 一個勁兒的儘抓 (III, 2)

ɕiŋ˧ (淸) 淸 (XIII, 13 等)

ɕiŋ˧ ɕiau˧˩ 淸朝 (I, 1; X, 1)

ɕiŋ˧ θu˥ 淸楚, 完結 (V, 6, 9; X, 2; XI, 1; XII, 1; XIII, 14 等)

ɕiŋ˧ (偵)

ɕiŋ˧ tam˧˥ 偵探 (III, 18)

ɕiŋ˧ (精)

nø˦˨ ɕiŋ˧ 瘦猪肉

ɕiŋ˧ kwai˧˥ 精怪 (XIV, 29, 39, 40)

ɕiŋ˧ (稱) 稱爲, 參看 ɕɯŋ˧ (XVIII, 25)

ɕiŋ˧˩ (成) 成 (XX, 5)

nian˧˩ ɕiŋ˧˩ 年成 (XI, 12)

ɕiŋ˧˩ 一會兒 (XIV, 39)

ʔjap˥ ɕiŋ˧˩ 一會兒 (XIV, 35)

ɕiŋ˧˩ (情) 情 (XVII, 8, 18, 19; XIX, 5, 7, 17 等)

ɕiŋ˧˩ hiŋ˧˩ 情形 (III, 15 等)

θan˧˩ ɕiŋ˧˩ 人情, 禮物 (I, 2)

ɕiŋ˧˩ jau˧˩ 情由 (XIX, 4)

mi˧˩ ɕiŋ˧˩ 有情, 多禮 (謝人意) (I, 2)

θat˩ ɕiŋ˧˩ 實情, 實在 (XIX, 7)

ɕiŋ˧˩ (呈) 呈子, 信 (X, 1, 2; XVII, 2 等)

ɕiŋ˧˩ (程), 參看 ɕaŋ˧ (章)

ɕiŋ˧˩ (城) 城

muan˨˦ ɕiŋ˧˩ 滿城 (XIV, 36)

ɕiŋ˥ (請) 請 (III, 4; V, 1; XX, 2)

ɕiŋ˥ (整) 整, 作 (I, 2; V, 9; XI, 12)

ɕai˧˩ ɕiŋ˥ 齊整

ɕiŋ˥ loi˨˦ 整理 (XI, 1, 8, 12)

ɕiŋ˧˥ (正) 正 (I, 32; XIII, 8, 22, 25; XIV, 1; XIX, 4; XX, 6 等)

ɕiŋ˧˥ ɕaɯ˧˩ 正廚 (V, 2, 4, 5)

ɕiŋ˧˥ kiŋ˧ 正經 (XIII, 11, 21)

ɕiŋ˧˥ θoi˦˨ 正是 (XIII, 4, 32, 33)

ɕiŋ˧˥ (姓) 姓 (XIII, 24)

ɕiŋ˧˥ (性)

ɕiŋ˧˥ kek˥ 性格 (?), 運氣 (?) (XIX, 17)

ɕiŋ˧˥ 就 (VII, 1; XIV, 39 等)

ɕiŋ˦˨ 一會兒, 就 (I, 2; XIII, 10; XV, 9)

ɕiŋ˦˨ (淨) 淨, 全 (XIII, 10; XXI, 2)

ɕip˧˩ (十)

ɕip˧˩ ɕoi˦˨ 十字

ɕip˧˩ ɕoi˦˨ hon˧ 十字路 (VII, 2)

ɕip˩ 十 (I, 2; III, 1 等)

ɕip˩ ʔit˥ 十一

ɕip˩ ŋoi˦˨ 十二

ŋoi˦˨ ɕip˩ 二十

ɕip˩ fan˧ 十分 (III, 15; XIII, 14; XV, 27)

ɕoi˧ (知)

fu˧˩ ɕoi˧ 無知 (XVI, 17)

ɕoi˧ (支?) 支配, 派定, 分派, 吩咐 (XIII, 17, 33; XVI, 5; XVII, 9, 14 等)

ɕoi˧ (催) 催 (XIII, 8)

ɕoi˧˩ 水丸 (食物名) (I, 2, 4; XII, 2, 4, 8; XX, 6 等)

ɕoi˧˩ 參看 rok˩

ɕoi˧˩ (廚?) 參看 fuaŋ˧˩ (房)

ɕoi˧˩ (祠), 參看 ɕoŋ˧ (宗)

çoi˥ (子), 參看 çai˥ (子)
kjun˧ çoi˥　君子 (XIII, 10)
kap˥ çoi˥　甲子 (XVII, 21)
çoi˥ (紙)　紙(VII, 2; XII, 5, 6; XVIII, 1, 24; XX, 4 等)
pau˧˥ çoi˥　報紙
çom˧˥ çoi˥　燒紙, 焚化紙
çoi˧˥　分派 (XV, 1)
çoi˧˥ (至), 參看 çi˧˥ (至)
toŋ˧ çoi˧˥　冬至 (XI, 12; XII, 8)
xa˧˥ çoi˧˥　夏至
çoi˧˥ (志)　志, 參看 çeŋ˥ (逞) (XIV, 3; XVI, 15)
çoi˧˥ (緻), 參看 kiŋ˧ (景 ?)
çoi˧˥ (字)　字
çip˩ çoi˧˥ hon˧　十字路 (VII, 2)
pat˥ çoi˧˥　八字 (XVI, 17)
miŋ˩ çoi˧˥　名字 (XIII, 30)
çoi˧˥ (治)　醫治 (V, 1)
çoi˧˥ (寺) (I, 3)
çok˥
çok˥ çan˧˥　急忙 (XIII, 28)
çok˩　燒 (XVIII, 4)
çok˩　坐在硬而不平的地方的感覺
çom˧　賠錢, 失利 (XIV, 15, 17, 18)
çom˥　撲
çom˅　咬, 吃 (猪吃) (V, 9)
çom˧˥　焦, 燒 (VII, 2; VIII, 3; XII, 5)
xau˅ çom˧˥　飯焦
çon˩　句 (XIII, 3, 14, 28 等)
çon˩ xwa˧˥　一句話 (XIII, 35)
çoŋ˧ (聰)
çoŋ˧ miŋ˩　聰明 (X, 1 等)
çoŋ˧ (宗)
çoŋ˧ çoi˩　宗祠 (XII, 1, 3 等)
çoŋ˩ (從)　從, 參看 çuŋ˩ (III, 11; X, 1; XX, 6 等)
çoŋ˩ mɯn˥ nai˅　從此 (III, 8)
çoŋ˧˥　放, 參看 çuaŋ˧˥ (I, 10, 11; VII, 2; XII, 3; XVIII, 4 等)
çoŋ˧˥ θim˧　放心 (II, 1)
çoŋ˧˥ la˩ θaɯ˥　放炮仗 (XII, 1)
çoŋ˧˥ miŋ˧˥　送命 (XIII, 39)
çop˦ 參看 rop˩
çø˧, ˧˥
çø˧, ˧˥ kwa˧˥　可憐 (XV, 2; XVIII, 8, 19)
çø˧　纔, 然後 (II, 12; V, 5; VI, 2; XI, 1; XIII, 25 等)
çø˧ çi˅　纔 (II, 12; XII, 5 等)
çø˧ lai˩　於是, 因此 (VIII, 2; IX, 1 等)
çø˧ (粗)　粗
çø˧ (初)　初 (XI, 7)
çø˧ ʔit˦　初一 (XII, 1)
çø˧ ŋoi˧˥　初二 (XII, 2)
çø˧ θam˧　初三 (XII, 3)
çø˧ ŋu˅　初五 (XII, 1, 4)
kjau˧ çø˧　交初 (XI, 6)
çø˧ (租)　租
çoŋ˧˥ ʔdoŋ˧ çø˧　放山租 (XII, 3)
çø˥ (祖)　祖
çø˥ koŋ˧　祖公, 祖宗 (VI, 2; VIII, 1, 2; XII, 6)
çø˧˥　名, 姓 (V, 1; X, 1)
miŋ˩ çø˧˥　名字 (I, 3)
çø˧˥　雌獸
mau˧ çø˧˥　母猪

ma˧ ɕø˧˩ 母狗

ɕøi˧˩ 修整

ɕøi˧˩ ʔdoi˧˩ 修整好

ɕøi˧˩ 再 (XI, 1, 5)

ɕøi˧˩ ɕuŋ˩ 從新 (III, 12)

ɕøi˧˩ (罪) 罪

fam˧˩ ɕøi˧˩ 犯罪 (X, 12)

ɕøk˧˩ 明天

ŋon˩ ɕøk˧˩ 明天

ɕøm˩ 蠅集 (XIV, 14, 25)

ɕøn˧ (穿) 穿

ɕøn˧ (村) 村 (III, 1)

ɕøn˧˩ (瞬) 時

ɕøn˧˩ nai˨˩˦ 此時

ɕøn˧˩ raɯ˩ 何時 (XX, 10, 12)

ɕøn˧˩ 蛇爬

ɕøŋ˩ (床) 床 (V, 9; XVIII, 4)

ɕøŋ˧˩ 孔, 洞

ɕøŋ˧˩ ʔdaŋ˧ 鼻孔

ɕu˥

ɕu˥ ɕwan˥ 搖動貌 (XXIV, 2)

ɕu˧˩ (助)

pau˥ ɕu˧˩ 補助 (XV, 2)

ɕuak˩ 譏笑 (XIII, 27)

ɕuak˧˩ (贖?) 贖

ɕuaŋ˧ (窗) 窗

ɕuaŋ˩ (床) 床, 參看 ɕøŋ˩ (床)

ɕuaŋ˧˩ 放, 參看 ɕoŋ˧˩ (XIV, 37, 38; XVIII, 3)

ɕuk˥ (祝) 祝 (姓) (XIII, 24 等)

ɕuk˥ ʔiŋ˧ tai˩ 祝英台 (人名) (XIII, 5)

ɕuk˥ kju˥ laŋ˩ 祝九郎 (人名), 卽祝英台 (XIII, 31, 32, 33)

ɕuk˥ (畜)

ɕuk˥ loi˧˩ 畜類 (X, 3)

ɕuk˥ (粥), 參看 xau˨˩˦

ɕuk˥ (足) 足 (XV, 18)

ɕip˧˩ ɕuk˥ 十足 (XIII, 21; XVIII, 9; XIX, 13)

ɕuk˥ jian˩ 雖然 (XVI, 15; XXVI, 2)

ɕuk˧˩ (熟) 熟, 不生 (XIII, 21; XVI, 9)

ɕuk˧˩ (束) 束縛 (I, 36; III, 14; XI, 12; XV, 18; XVII, 13 等)

ɕum˨˩˦ 潮濕

ɕum˧˩ ɕum˧˩ 水響 (人在水中走)

ɕun˧ (春) 春 (XI, 1; XVI, 15; XVII, 14; XXVI, 1)

ɕun˧ (遵) 遵 (XIII, 12; XVI, 9)

ɕun˩ 游逛, 看望 (XIII, 29; XIV, 1; XV, 17; XX, 8; XXIV, 1)

ɕun˥ (順?) 順, 從, 參看 θun˧˩ (順) (III, 17)

ɕuŋ˧ (總) 總, 都 (I, 2, 3 等)

ɕuŋ˧ ʔi˥ 總要

ɕuŋ˧ (鐘) 鐘

tiam˥ ɕuŋ˧ 點鐘 (XII, 5)

ɕuŋ˧ 瓦桶 (XXI, 1)

ɕuŋ˧ taŋ˥ 酒罈

ɕuŋ˧ (衷) 參看 kjut˥ (屈)

ɕuŋ˧ (中) 中 (XIII, 29; XV, 25; XVIII, 14 等)

θim˧ ɕuŋ˧ 心中 (XIII, 16, 29; XV, 3; XVIII, 8 等)

nian˩ ɕuŋ˧ pau˧˩ 中年 (XIX, 10)

ɕuŋ˧ fan˦˨ 你 (?) (詩中用) (XX, 16)

çuŋɹ (從)　從, 參看 çoŋɹ (XIV, 32)
çuŋɹ (重)　重, 再, 從新 (III, 12)
çuŋʌ (銃)　鎗 (III, 2)
çuŋʌ (中)　中, 考中 (XXIII, 4)
çuŋʌ
　çuŋʌ klaŋ˧　中間 (V, 3, 4)
çuŋʌ (衆)　衆人 (II, 11)
　çuŋʌ xunɹ　衆人 (I, 2)
çuŋʌ (重)　重 (病) (VII, 1)
çuŋʌ　喜愛 (XV, 3)
çut˥　燒, 點
　çut˥ ʔjian˧　點烟, 吃烟 (XXI, 3; XXVI, 2)
çut˥ (出)　出
　çut˥ xeŋɹ　出行 (新年出行) (XII, 1)
çut˥　次
　θak˥ çut˥　約一次
çut˩ (述)　述, 參看 θut˩ (述) (XVII, 13)
çut˩ 參看 xauɴ
çɯ˥ (取)
　çɯ˥ çaŋ˧ çiŋɹ　取章程 (?) (XIX, 17)
çɯɴ
　plai˧ çɯɴ　大明山 (山名)
çɯɴ, ɹ　黃牛
çɯʌ　相信 (III, 14)
çɯakʌ
　faiɴ çɯakʌ　樹名
　røkʌ çɯakʌ　村名
çɯakʌ (石)　石 (十斗)
çɯanɹ (傳)　傳 (XX, 1)
çɯaŋ˧ (正)　正月, 參看 çiaŋ˧ (正) (XX, 1)
çɯaŋ˧ (張)　張 (紙之量詞, 又姓) (XVIII, 1)
　çɯaŋ˧ θoiɹ　張四 (人名) (XV, 4, 17)
çɯaŋɹ (場)　場
　luanʌ loŋʌ θam˧ çɯaŋɹ　亂弄三場 (V, 1)
çɯaŋɹ çɯaŋɹ (常常)　常常 (X, 1)
çɯaŋɹ (牆)　牆
çɯaŋɴ　養 (I, 13; X, 3; XIV, 5; XV, 3, 7 等)
　çɯaŋɴ miŋʌ　養命, 爲生 (III, 1; XV, 1)
　çɯaŋɴ xwaiɹ　養牛, 放牛 (IV, 1 等)
çɯaŋʌ (匠)　匠
　muk˩ çɯaŋʌ　木匠
çɯaŋʌ (象)　象 (XX, 5)
çɯatʌ　女陰
　meʌ mai˧ çɯatʌ (<meʌ mɯŋɹ hai˧ çɯatʌ) 你母賣陰 (罵人話)
çɯk˥　積, 存 (XII, 5, 9)
çɯŋ˧ (稱)　稱, 參看 çiŋ˧ (稱) (I, 3; IX, 1; XII, 5, 9 等)

çw-

çwa˥ (耍)　耍
　çwa˥ pa˥ hiʌ　耍把戲 (V, 7)
çwai˥ (水)　水 (X, 2; XVIII, 27; XX, 16 等)
　çwai˥ jianɹ　水丸, 食品之名, 卽 çoiɹ (I, 4)
　waiʌ çwai˥　渭水 (河名) (XIV, 44)
çwan˥ 參看 çu˥
çwanʌ (賺)　賺 (XVI, 16)
çwaŋ˧ (雙), 參看 çianɹ (全), θuaŋ˧ (雙)
çwaŋ˧ (裝)　裝 (II, 11; X, 8; XIII, 26, 47 等)

çwaŋ˧ xun˩ θai˧ 裝男人(XIII, 11, 36)

çwaŋ˧ foi˧ kuak˦ θai˦ 無事生非(XV, 21)

çwaŋ˦(葬) 葬(IV, 4; XIII, 45)

çwen˩(傳) 傳，參看 çɯan˩(XIII, 12; XIV, 41)

çwen˥(轉) 轉(III, 7)

çwi˧(追) 追

çwi˧(吹) 吹樂器(XVI, 1)

ʔd-

ʔda˧ 安，安放(XIV, 12)

ʔda˧ rok˦ 安鍋

ʔda˧ 束小兒之背帶(II, 6)

ʔda˦ 罵(XIV, 26; XVI, 5, 6 等)

ʔdai˧ 耘田(XI, 6, 7, 8 等)

ʔdai˧ na˩ ʔit˥ 第一次耘田(XI, 6)

ʔdai˧ na˩ θoi˦ 第四次耘田(XI, 7)

ʔdai˥ 麻(植物)

ʔdai˥ 得(I, 3, 5, 19; XIII, 6 等)

1. 有：

nian˩ ʔdai˥ θam˧ (>θa˧) çip˨ jaɯ˩ pi˧ lo˧ 年有三十多歲了(III, 1)

2. 可能：

ʔdai˥ a˥! 行阿！，可以阿！(I, 34)

xau˦ lai˩ ma˧ xon˅ kloŋ˦ çak˩ te˧ ʔdai˥ roŋ˩ 後來纔能把那羣賊打下(III, 18)

ʔbau˥ ʔdai˥ poi˥ xun˩ θai˧ 比不得男人(XVIII, 29)

3. 過去動作：

ʔdai˥ ŋi˧ mi˩ xun˩ nau˩ 聽見人家說(III, 1)

pai˩ nai˅ (>pen˩) çin˩ kø˧ je˩ nau˩ ʔdai˥ ʔau˧ kloŋ˦ xwai˩ lo˧ 於是陳姑爺就說是(＝就算是)得了(那)羣水牛了(I, 13)

4. 過去動作加數量止詞：

hoŋ˧ kau˧ hɯn˥ tau˥ ʔan˦ ʔdai˥ θøŋ˧ θam˧ ŋon˩ lo˧ 我上來巳(伸直腰)伸了二三天了(I, 32)

fan˦ kau˧ θau˥ kwa˥ ʔdai˥ koi˥ pi˧ lo˧ 我守寡守了幾年了(III, 6)

5. 動作的情形：

toŋ˦ pu˅ tiam˦ ʔjian˧ lɯk˩ ʔdai˥ çau˅ te˧ çi˅ ŋap˩ çuk˩ pan˩ kai˦ 那些種烟苗種得早的就摘(下來)束成一把一把的(XII, 12)

ʔdak˦ 滴

ʔdak˥ 塊，大把，大羣(I, 12, 13 等)

ʔdak˥ ŋe˧ pai˦ 一大把竹子(I, 13)

ʔdak˥ kloŋ˦ xwai˩ 一大羣水牛(I, 13)

ʔdak˥ foŋ˦ 一大堆

ʔdak˥ fai˅ 一塊木(I, 12)

ʔdak˥

ʔdak˥ ʔdak˥ diŋ˥ ⎫
ʔdak˥ ʔdak˥ dau˧ ⎭ 鑿木聲(I, 12)

ʔdam˧ 黑(VI, 1, 2; XII, 3; XVIII, 4)

ʔdam˧ 種(XI, 1, 2, 4, 11; XVI, 19; XX, 9 等)

ʔdam˧ na˩ 種田，插秧(XI, 5; XVII, 2 等)

ʔdan˧ 個(普通物件之量詞)(I, 2, 27; IV, 4; VII, 2; XIII, 2, 19; XVI,

20; XVII, 3; XXIII, 1 等)

ˀdan˧ mau˦ 一頂帽子

ˀdan˦ 怒恨 (XIX, 8)

xø˩ ˀdan˦ 心怒, 心惱

ˀdaŋ˧ 身體 (III, 8; XI, 9; XIII, 19, 21, 39, 45; XV, 1 等)

hɯn˦ ˀdaŋ˧ 起身

ˀdaŋ˧ θan˧ 身體 (XIII, 11)

ˀdaŋ˥ 乾涸

haɯ˦ ˀdaŋ˥ (水) 乾

ˀdaŋ˧ 鼻

çøŋ˦ ˀdaŋ˧ 鼻孔

ˀdaŋ˦ 鹼, 灰鹼水

ram˅ ˀdaŋ˦ 灰水, 灰鹼水

ˀdat˦ 熱, 使熱, 着急 (XIV, 11; XVII, 5; XVIII, 12 等)

ˀdat˦ ram˅ 燒水使熱

ˀdat˦ hoi˦ 焦急, 怒氣 (XIII, 43)

ˀdit˥ ˀdat˦ 日曬, 日光 (XIII, 19; XI, 9)

ˀdat˥ 緊

ˀdau˧

ˀdau˧ ˀdoi˦ 星

ˀdau˧,˥ 攪動

ˀdau˧ plak˥ 攪菜

ˀdau˧ 參看 ˀdak˥

ˀdau˦ 怒, 恨 (I, 22; V, 6; XVIII, 18 等)

ˀdau˦ hoi˦ 怒 (I, 3)

ˀdaɯ˧ 內, 裏 (I, 2, 4; XV, 19 等)

ˀdaɯ˧ ran˩ 家裏 (I, 2, 3 等)

ˀdaɯ˧ tuŋ˅ 肚內 (XVI, 2; XVII, 4 等)

ˀdaɯ˧ çø˧ 初幾, 月之前十日內 (XI, 7)

ˀden˧ 壟, 田中凸起一行一行的土 (XI, 1)

ˀdeu˧ 一 (I, 1, 2 等)

mi˩ ŋon˩ ˀdeu˧ 有一天 (I, 2 等)

ˀdi˦

luk˦ ˀdi˦ 苦瓜 (XI, 2, 4)

kwe˧ ˀdi˦ 苦瓜 (XI, 3)

ˀdiŋ˧ 棕色 (皮膚)

ˀdiŋ˥ 參看 ˀdak˥

ˀdip˥ 生, 不熟

nø˦ ˀdip˥ 生肉 (III, 12)

ˀdit˥ 日光

ˀdit˥ rak˦ 日曬

ˀdit˥ ˀdat˦ 日曬; 日光 (XI, 9; XIII, 19)

ˀdoi˧ 好 (I, 13, 32; XVI, 7 等)

ˀdoi˧ ˀjʌ˥ 好看

ˀdoi˧ ˀjau˦ 安生 (IV, 1)

ˀdoi˦ 參看 ˀdau˧

ˀdok˥ ˀdok˥ 黑貌

ˀdam˧ ˀdok˥ ˀdok˥ 黑烏烏的 (XVIII, 4)

ˀdok˥

fai˅ ˀdok˥ 一個大竹

ˀdoŋ˧ 山, 有樹木之山 (I, 36; III, 7, 8; XII, 1, 5; XV, 5 等)

ˀdø˧ 腫 (XIV, 27)

ˀdøi˧ 土山 (IV, 4; XII, 1)

ˀdøi˧ rim˩ 墦林 (村名)

ˀdøk˦ 骨 (I, 29; II, 4; IV, 4; XIV, 45)

ˀduam˥ 不知不覺 (XXIII, 2)

ˀduk˥ 朽, 爛軟 (XI, 10)

296

ʔdum˧ 暗怕 (XVIII, 19)
ʔdum˥ 暗騙
kɯ˧ ʔdum˥ çian˩ xun˩ 暗騙人錢
ʔdum˧ 啜, 吸
ʔdun˧ 站, 立 (XIII, 7, 30, 34; XIV, 20; XV, 11)
ʔdun˥ 嗾
ʔdun˥ mlai˩ 嗾唾液 (XX, 2)
ʔdɯ˧ 酒渣
ʔdɯan˧ 蚯蚓
ʔdɯan˧ 月 (III, 8; VIII, 1; IX, 1; XVIII, 15 等)
ʔdɯan˧ røŋ˧ 月亮
ʔdɯan˧ çiaŋ˧ 正月 (XII, 1; XI, 12)
ʔdɯan˧ ŋoi˧ 二月 (XI, 2)
ʔdɯan˧ θam˧ ṇiat˩ 三月 (XI, 3)
ʔdɯan˧ ŋu˅ 五月 (XI, 5)
ʔdɯan˧ ŋu˅ ṇiat˩ 五月 (XII, 4)
ʔdɯan˧ lok˧ 六月 (XI, 6)
ʔdɯan çat˥ 七月 (XI, 7)
ʔdɯan˧ çat˥ ṇiat˩ 七月 (XII, 5)
ʔdɯan˧ pet˧ 八月 (XI, 8)
ʔdman˧ pat˥ ṇiat˩ 八月 (XII, 6)
ʔdɯan˧ kau˥ ṇiat˩ 九月 (XII, 9)
ʔdɯan˧ çip˧ 十月 (XI, 10)
ʔdɯan˧ çip˧ʔ it˥ ṇiat˩ 十一月 (XII, 8)
ʔdɯat˧ 得意, 高興 (XIV, 13)

ʔdw-

ʔdwai˧ 不, 沒, 空間 (V, 6, 9; XIII, 1, 2, 12; XIX, 14 等)
ʔdwai˧ mi˩ θai˧ 無事 (V, 5)
ʔdwai˧ ṇin˩ 不睡 (XII, 5)
ʔjau˩ ʔdwai˧ 閒着 (XIX, 1)
ʔdwai˧ ʔbau˥ 不然 (VIII, 2)
ʔdwen˧ 傳, 遞 (XVIII, 1, 2, 22)

f-

fa˧ 蓋子
fa˧ ŋum˧ 大鍋蓋
fa˩ (法), 參看 fap˥ (法)
fa˩ θɯ˥ 法子 (I, 22)
fai˧ 水壩
fai˧ loi˅ 李壩 (村名) (V, 9)
fai˧ 棉花 (XVII, 18)
fai˅ 樹, 木 (I, 4, 28, 29; III, 12; XIV, 5; XV, 11 等)
fai˅ lat˥ 森林
fai˅ xan˩ 扁担
fai˅ ʔdok˥ / fai˅ pai˧ / fai˅ toi˩ } 各種竹名
fak˥ 耳瓜子
tø˅ fak˥ 矛盾
fak˧ 寄, 託帶 (XX, 2)
fak˧ 把 (有柄器具之量詞)
fak˧ ça˅ ʔdeu˧ 一把刀子
fak˥ 切碎, 剁
fak˩ 孵卵
fam˩ (凡) 凡, 凡間
ja˧ fam˩ 下凡, 凡人 (XV, 4)
fam˧ (犯) 犯, 參看 pam˅ (XIV, 27; XVI, 10)
fam˧ çøi˧ 犯罪 (X, 12)

fam˩ ʔbun˧ 犯天 (XIII, 20)
fan˧ (翻) 翻 (XVI, 3; XVII, 5; XVIII, 17, 27; XIX, 11; XX, 5)
fan˧ θan˧ 翻身 (XXII, 2)
fan˧ 張 (棹, 床, 被等之量詞)
fan˨ (煩)
θim˧ fan˨ 心煩 (XVI, 1; XVIII, 17)
fan˨ ʔjuŋ˥ 忙
fan˨ (焚) 焚 (X, 2)
fan˥ (反) 反 (III, 12; XVI, 13 等)
tau˥ fan˥ 倒反 (I, 1)
fan˥ tau˥ 反倒
fan˥ fuk˥ 反覆 (XX, 12)
fan˩ (萬) 萬 (V, 9; XV, 27; XVI, 10)
fan˩ ʔdeu˧ 一萬
fan˩ fan˩ 萬萬 (XVIII, 25)
fan˧ (分) 分 (XII, 3; XVII, 10)
ɕip˩ fan˧ 十分 (III, 15; XIII, 14; XV, 27; XIX, 12)
fan˧ loi˨ 分離 (XVII, 18)
fan˨ 牙
fan˨ (墳) 墳
fan˨ mø˨ 墳墓 (XIII, 46)
fan˨ θan˧ 墳山 (XIII, 49)
fan˨ (文), 參看 mon˨, wan˨ (文)
jaŋ˨ fan˨ kwaŋ˥ 楊文廣 (人名) (XV, 26)
fan˩ 代名詞前之虛詞, 似稍客氣
fan˩ kau˧ 我 (I, 33; III, 6; XIII, 3, 5, 16 等)
fan˩ mɯŋ˨ 你 (XIII, 4, 16 等)
fan˩ te˧ 他, 他們
fan˩ kɯ˅ kau˧ 我 (XIII, 4, 5, 26, 45 等)
fan˩ rau˨ 我們, 咱們 (XIII, 21, 25; XIV, 10 等)
fan˩ kɯ˅ mɯŋ˨ 你 (XIII, 1, 38 等)
fan˩ kɯ˅ rau˨ 我們, 咱們 (XX, 2)
fan˩ plau˧ 我們 (除去你) (XXIV, 2)
ɕuŋ˧ fan˩ 你 (?) (XX, 16)
fan˩ (分) 份, 參看 pløn˥ (本) (XXIII, 4)
faŋ˨ (盲) 瞎, 盲
ra˧ faŋ˨ 眼瞎 (XVI, 5, 20)
faŋ˨ 鬼 (XIV, 10)
tai˩ θuan˩ miŋ˩ fu˨ faŋ˨ 就是算命也沒救 (?) (XIII, 40)
faŋ˨
faŋ˨ xɯn˨ 做夢 (XV, 21)
faŋ˨ xɯn˨ lø˩ 夢中恍惚看見 (XVII, 1; XIII, 27)
faŋ˅ 稷子 (XII, 5)
xau˅ faŋ˅ 稷子 (XII, 1, 2, 4)
faŋ˅ ɕin˧ 送新親的稷子 (XII, 4)
fap˥ (法) 法, 法術, 參看 fa˨ (I, 1; V, 1, 4; VIII, 2; IX, 1 等)
fap˥ mai˥ 愛法, 使人相愛之法術 (IX, 1)
fap˥ tok˩ 毒法, 害人法每月須施法一次, 否則本人必死 (VIII)
ɕan˩ fap˥ 法師 (V, 1)
fap˥ θut˩ 法術 (V, 1)
fap˥ pau˥ 法寶 (XIV, 29)
fat˨ (襪) 襪
fat˥ (發) 發, 送給 (IV, 4; XII, 6, 8; XIX, 13 等)

fat˥ haɯ˥ 發給, 送給 (VI, 2)
fat˥ nit˦ 發冷 (I, 4)
fat˥ hɯŋ˧˩ 發熱
fat˥ ɕai˩ 發財 (XIV, 9, 16)
fat˥ xun˩ lau˨˩˦ 送給年老人 (節禮) (XII, 8)

fat˧˩ 打, 鞭打 (XI, 1,9; XIV, 23; XVI, 6, 11, 12 等)
fat˧˩ xau˨˩˦ 打稻

fat˦ 如果 (XIII, 29; XIV, 39; XVIII, 7, 18; XX, 1)
fat˦ ʔbau˥ tiau˧˩ hɯn˥ tau˥ 如不弔(關) 起來 (XVI, 4)
fat˦ ʔbau˥ kaŋ˥ hɯn˥ tau˥ 如不講起來 (XX, 1)

fau˧ (夫), 參看 fu˧
xun˩ fau˧ 人夫 (XIII, 50)

fau˩ (武?)
fau˩ jian˩ 武緣即武鳴 (縣名) (I, 1; V, 1; X, 1, 2)

fau˩ (無) 無, 參看 fu˩
ɕø˧ ɕi˨˩˦ fau˩ ki˧˩ nai˧˩ 纔無計奈何 (XIX, 3)

fau˩ (浮) 浮, 漂 (XIII, 2; XIX, 15)

fau˩ (扶) 扶 (XVIII, 26)
paŋ˧ fau˩ 幫扶 (XVII, 3)

fau˩ (符) 符 (VIII, 3)
xwa˧˩ fau˩ 畫符 (XIV, 37)

fau˥ (斧) 斧

fau˨˩˦ 奮猛 (XIV, 21)

fau˧˩ (富) 富 (I, 1; XI, 3; XII, 2, 3; XVI, 16, 17)
fau˧˩ mi˩ 富 (I, 1)

fau˧˩ (付) 付 (III, 16)

fau˧˩ (副)
fau˧˩ ɕaɯ˩ 副廚 (幫正廚作菜, 殺豬, 雞之人) (V, 4)

fau˧˩ (腐)
tau˩ fau˧˩ 豆腐 (XVI, 3)

faɯ˩ 手 (XIII, 1, 10; XIV, 21, 37; XVII, 2 等)
lɯk˧˩ faɯ˩ 手指
kai˧˩ faɯ˩ 一隻手 (III, 2)

feu˩ 淺
ta˧˩ feu˩ 河水淺

fi˩ 醉 (I, 29)
lau˥ fi˩ 酒醉

foi˧ (飛)
foi˧ juŋ˩ 飛熊 (人名) (XIV, 1)

foi˧ (非)
ɕwaŋ˧ foi˧ kuak˧˩ θai˧˩ 無事生非 (XV, 21)

foi˩ 火 (I, 4; XIII, 34, 45; XVIII, 12, 24 等)

foi˧˩ 箧 (XI, 1; XXI, 2, 3)

foi˧˩ (廢), 參看 rɯ˩ (而)

foi˧˩ (費) 費 (XVI, 4; XVII, 6)
foi˧˩ hoi˧˩ 費氣, 勞心, 焦心 (XVI, 1; (XVIII, 14)

foi˧˩ (味) 味 (XIII, 22; XIX, 12; XX, 7)
fu˩ foi˧˩ (無味), 無道理, 無知 (V, 6; XIII, 10; XVI, 8)

fon˧˩ 灰塵
fon˧˩ ɕin˧˩ 灰塵
fon˧˩ fe˧ 掛灰

foŋ˧˩ 參看 ʔdak˦

føŋ˧ 補

føŋ˧ pu˨˦ 補衣

fu˧ (夫) 夫, 參看 fau˧ (夫)

fu˧ fu˨˦ 夫婦 (XIII, 44)

fu˧ θi˧ 夫妻

fu˩ (無) 無, 參看 fau˩ (無) (XIII, 38; XIV, 3; XV, 11, 12; XVI, 4; XVII, 5)

fu˩ fap˥ 無法 (X, 2)

fu˩ foi˨˦ (無味), 無道理, 無知 (V, 6; XIII, 10; XVI, 8)

fu˩ θø˨˦ 無數 (XVI, 1)

fu˨˦ (婦) 婦, 參看 fu˧ (夫)

fu˨˦ (富) 富 (XX, 17)

fuaŋ˧ (方)

toi˨˦ fuaŋ˧ 地方 (I, 2; III, 4, 15; X, 2 等)

fuaŋ˧ pian˨˦ 方便

fuaŋ˩ (防)

fuaŋ˩ lau˧ 恐怕

hoŋ˥ fuaŋ˩ 恐防 (X, 2)

fuaŋ˩ (房)

ɕoi˩ fuaŋ˩ 廚房 (III, 8)

fuaŋ˨˦ (放) 放

fuaŋ˨˦ tam˥ 放膽 (XIII, 13)

fuk˥ (覆)

fuk˥ fan˧ 覆翻 (XVI, 3)

fuk˥ (復) 復

fuk˥ xap˩ 復合 (V, 9)

fuk˥ (福)

fuk˥ ɕi˨˦ θim˧ liŋ˩ 福至心靈 (?) (XX, 6)

fuk˩ (服) 服 (V, 9; XIII, 41, 43; XIX, 13)

θim˧ ʔbau˥ fuk˩ 心不服 (XIII, 31)

ʔi˧ fuk˩ 衣服 (XIII, 1, 26)

fun˧ 雨 (XVII, 3 等)

fun˧ tok˥ 下雨 (III, 7; XI, 1)

fun˩ 柴 (I, 36; III, 4; XIV, 32, 33 等)

fun˩ lau˥ 請酒用的柴 (III, 4)

fuŋ˧ (豐)

fuŋ˧ ɕuk˥ 豐足 (XIV, 7)

fuŋ˧ (封) 封閉, 封 (官); 封 (信的量詞) (XIV, 42 等)

fuŋ˧ tiŋ˥ 封頂, 使烟草不再長高 (XI, 4)

fuŋ˧ θan˨˦ 一封信(XVII, 7; XVIII, 6; XX, 1)

fuŋ˧ (風)

kja˧ fuŋ˧ 家風, 運氣 (IV, 4)

ha˧ fuŋ˧ hoi˨˦ 脚有風氣 (V, 1)

fuŋ˧ lau˩ 風流, 詩中用以稱呼情人 (XX, 3)

møn˩ fuŋ˧ 門風, 一家名氣(XVIII, 2)

fuŋ˧ (峯)

kau˧ fuŋ˧ 高峯 (地名) (X, 2)

fuŋ˩ (逢) 逢 (XVIII, 23, 24)

fuŋ˨˦ (鳳)

fuŋ˨˦ kjau˩ 鳳橋 (?) (字又作嬌) (人名) (XVII, 17, 18; XVIII, 23)

fut˩ 撕 (XVIII, 4)

fɯ˧ 龜

fɯ˩ 荒

na˩ fɯ˩ 荒田 (XVIII, 18)

fɯ˩ 綜 (織布機的一部)

fɯ˥ 雲 (XIII, 50; XX, 25; XVII, 6)

fɯ˨˩˦ 扔

fɯ˨˩˦ kweŋ˨˦ 扔去

fɯ˧˩˧ ʔbin˧ 扔飛

fɯ˨˦ 時，參看 mɯ˨˦

taŋ˨ fɯ˨˦ kla˥ ŋon˨ ʔi˥ tok˥ 到太陽要落的時候 (VII, 1)

fɯi˨ 祭 (VII, 2; XII, 1, 3 等)

ta˥ fɯi˨ 供祭 (VIII, 2; XII, 5)

fɯan˧ 歌，土歌，山歌 (XX, 1)

kuak˩ fɯan˧ 唱歌，唱山歌 (XII, 1, 5)

fɯaŋ˧ (方)

fɯaŋ˧ nam˨ ki˧ 南區那方 (XII, 6)

fɯaŋ˨ 稻穗已割去留在田中的禾稈 (XI, 9; XXIII, 3)

fɯat˨˦ 翼

fɯŋ˨ 手 (附近方言讀音)，參看 faɯ˨ (XVII, 21, XVIII, 22, 24)

h-

ha˧ 腿 (V, 1; XIV, 13; XIX, 14 等)

ha˧ pi˨ 大腿

ha˧, ˦ 語助詞 (多詩中用)

1. 問話：

ɕiŋ˦ poi˧˩˧ luŋ˨ mɯɯŋ˨ ha˦? 正是你的哥哥麽？ (XIII, 8)

ʔi˥ raɯ˨ ʔdoi˧ kau˧ ha˨˦? 我可怎麽好呢？ (XVII, 14)

2. 歎詞：

θat˩ kau˧ ka˧˩˧ ha˧ ʔbun˧！ 我阿！天阿！ (XVIII, 18)

kai˦ pøi˦ θoi˨ te˧ ha˦！ 那件背運(的事)阿！ (XIV, 15)

3. 着重敍述：

θim˧ θai˨˦ θat˨˦ ʔdoi˧ ha˧ 心(中的)事就好了 (XVIII, 26)

hoŋ˧ ʔdwai˧ mi˨ laɯ˧ ha˧！ 但並沒有怎樣阿！ (XVII, 22)

4. 停頓：

toŋ˨˦ pai˨ tem˧ mɯɯŋ˨ ha˦, lum˥ pan˨ na˦ tem˧ kuŋ˧ 從前(我)與你阿，如同弓和矢 (XX, 9)

ha˧ jo˨˦ 語助詞(詩中用)

te˧ ʔdwai˧ tiam˨ ha˧ jo˨˦！ 那並不甜阿！ (XXI, 3)

ha˥ 五 (VI, 1, 2; XII, 4; XXII, 1)

ha˦ 驚歎詞

ha˦ poi˧˩˧ je˨ tau˥ lo˧ 喲，姊夫來了！ (I, 6)

ha˦ 嫁 (I, 1; XI, 12; XII, 4; XIII, 42, 46; XV, 3 等)

hai˧ 賣 (XI, 1, 4; XIV, 7, 9, 10, 45; XVI, 7, 8; XVII, 22 等)

hai˥ (海) 海 (XVIII, 7, 27, 30; XXII, 2 等)

hak˦ 縣官 (X, 4, 5, 11)

hak˥ (確)

hak˥ taŋ˦ 確當 (XIII, 3)

ham˥ 跨過

ham˦ 岸 (V, 6; XIII, 18; XX, 10)

hɑm˧ 埋，葬 (IV, 4; VIII, 1, 2; XIII, 45)

hɑm˦ 還，尙 (XVII, 4 等)

hɑm˦ ʔdoi˧ 還好 (XI, 9)

han˧ 應，答應 (II, 4; III, 14; X, 10, 12, 13; XVIII, 10 等)

han˨ (閒)，參看 hau˦ (好)

han˦ (漢)

hau˥ han˦ 好漢 (XVIII, 25)

han˧ 鵞
han˧ ˀbun˧ 天鵞，大雁 (XVIII, 19)
han˧ 雞叫
kai˧ han˧ 雞叫
han˧ 見，覺得 (I, 14; II, 11; IX, 1; XIII, 24)
kau˥ han˧ 看見 (I, 2)
nau˥ han˧ lo˧ 說對了，說着了 (I, 5)
lɯk˧ kau˧ ˀbau˥ han˧ lo˧ 我的兒子不見了 (III, 10)
ra˧ ˀbau˥ han˧ 找不見，找不着 (III, 8)
han˥ 喜，想要 (I, 18; V, 1; X, 3; XVII, 3)
han˥ 那裏 (XXIII, 4)
han˧ 暫且 (XIX, 17)
han˧ (恨) 恨，參看 xan˧ (XIII, 48)
xøɹ han˧ 心恨，惱恨 (XIII, 28)
haŋ˧ 鋼
hat˥ 早晨 (I, 3; XXI, 1)
hat˥ laŋ˧ te˧ 次早 (V, 9)
hat˥ xam˧ 早晚 (V, 6)
hau˧ 白
hau˥ (好) 好 (XIII, 3, 26; XIV, 11; XVIII, 20; XIX, 9)
hau˥ lai˧ çianɹ 很多錢 (XV, 7)
hau˥ han˧ 好漢 (XVIII, 25)
hau˧ (好) 好，喜 (XIII, 23)
hau˧ hanɹ (粵語：好閒?) 自安，自若 (XIII, 39)
hau˧ 臭 (V, 9; XIV, 23)
pak˧ hau˧ 口喜亂講 (XIII, 25)
hau˥ 入 (I, 4, 5 等)
hau˥ tau˥ 進來 (II, 2 等)
hau˥ θim˧ 掛心，焦心 (XIX, 17; XXI, 2)
hau˥ hoi˧ 憂愁 (XVIII, 8, 17; XIX, 12; XXI, 3)
hau˥ piŋ˧ 生病 (XIII, 39)
rai˧ hau˥ rai˧ ˀøk˧ 踩出踩入 (VIII, 1)
kam˧ hau˥ lɯaŋ˥ tem˧ xaiɹ 拿起傘與鞋 (XXVI, 1)
miɹ θai˧ mø˧ hau˥ ˀdaŋ˧ 有新的事情發生了 (XVII, 2)
haɯ˧ (墟) 墟，墟市 (XI, 3; XIII, 1; XVII, 1 等)
haɯ˧ køn˧ 大前天
haɯ˧ laŋ˧ 大後天
pi˧ haɯ˧ laŋ˧ 大後年
haɯ˧ kɯnɹ 小陸墟 (村名) (VI, 1)
haɯ˧ kløˀ 馬頭墟 (村名)
haɯ˧ lok˧ 陸斧 (村名)
haɯ˧ la˥ (村名) (XXIII, 1)
haɯ˧ (虛)
haɯ˧ hiŋɹ (虛形) 假意，虛偽 (XVII, 19; XVIII, 18; XIX, 16)
haɯ˥ 給，使，讓 (I, 1, 2, 4, 13, 14; XIII, 7, 15 等)
fat˥ haɯ˥ 發給 (VI, 2)
jau˧ ˀbau˥ haɯ˥ te˧ tau˥ ˀau˧ funɹɹ! 又不使他來取柴! (III, 5)
haɯ˧ 乾 (XIII, 15)
haɯ˧ klø˧ 乾枯
haɯ˧ ˀdaŋ˥ (水) 乾
rak˧ haɯ˧ 曬乾
haɯ˧ 問話語助詞

poi˧ haɯ˧˥? 去麽?

kwi˦ çaɯ˦ mɯŋ˩ mi˩ lau˅ θai˧ haɯ˧˥? 貴處有老師(指有法術的人)麽? (V, 8)

he˧ 防護, 看守 (XIII, 18)

he˧ ˀdaŋ˧ 防身 (XIII, 14)

hek˥ (客) 客 (XIII, 30 等)

xun˩ hek˥ 人客

hek˥ kuan˧ 客官, 男人 (XIII, 4)

hem˦ (喊) 喊

ˀθu˧ hem˦ 喊叫 (III, 2)

hen˧ 劃分, 留 (栥)

hen˥ 黄 (XI, 1; XII, 3; XX, 10)

heŋ˧ 砧板

heu˧ 青

hi˩ (如)

hi˩ ku˥ 如果

hi˩ ku˥ nau˩ 如果說, 如果

hi˩ (于) 于 (XIV, 44)

hi˩ (日) 日, 參看 θat˦ (日) (X, 2)

hi˩ θɯ˥ 日子 (XIX, 17)

hi˥ (許?)

hi˥ çau˧ 許州 (?) (地名) (XIV, 2)

hi˥ (已) 已 (III, 6)

hi˥ kiṇ˧ 已經 (I, 1; III, 7 等)

hi˥ (以)

θø˥ hi˥ 所以 (I, 1, 2; III, 2; IX, 1 等)

hi˥ (羽)

hi˥ moi˥ çi˧ mau˩ 羽美之毛 (?) (XVIII, 23)

hi˅ 也, 亦 (I, 3, 19, 21; XIII, 7 等)

ˀbaŋ˥ hi˅ 有些 (XI, 11, XII, 1, 5 等)

hi˦ (異)

hi˦ hin˩ 異人 (XIV, 3, 5)

hi˦ (戲), 參看 pa˥

hi˦ (玉)

hi˦ ni˥ pi˩ pa˩ çiŋ˧ 玉女琵琶精 (XIV, 37)

hik˥ (亦) 亦 (V, 7, 9; XVII, 13)

hin˩ (人) 人, 參看 ṇin˩, θan˩ (人) (X, 2, 3; XVII, 8)

koŋ˧ ta˦ hin˩ 一位大人 (X, 1)

hin˅ (癮) 癮 (XX, 7)

hiŋ˧ (輕) 輕 (XVIII, 4, 28)

hiŋ˩ (贏) 贏 (X, 1)

hiŋ˩ (形)

çiŋ˩ hiŋ˩ 情形 (III, 15)

haɯ˧ hiŋ˩ 虛形, 假意, 虛僞 (XVII, 19; XVIII, 18; XIX, 16)

hiŋ˦ 鈴

hoi˧ 莠草 (XVII, 13)

hoi˩ (姨)

nuaŋ˅ hoi˩ 姨妹 (I, 3, 4; XIV, 38 等)

hoi˥ (喜) 喜, 參看 wuan˧ (歡)

hoi˥, ˦ 些, 裏, 面 (I, 29; XII, 1, 3, 4, 5 等)

hoi˥ nai˅ 這裏

hoi˥ røk˦ 外面 (I, 13; XV, 10)

hoi˥ ˀdaɯ˧ 裏面

laŋ˧ hoi˥ 在那裏

hoi˅ (已) 參看 pik˥ (逼)

hoi˦ 恐, 憂 (XII, 5; XIII, 16, 17, 20; XIV, 4; XVI, 18 等)

hoi˦ ŋoi˩ 以爲, 疑爲 (III, 15)

hoi˦ lau˧ 恐怕 (IV, 1; XIV, 39, 41; XV, 20 等)

hoi˧˥ (氣)

çiat˥ hoi˧˥ 節氣 (VIII, 2; XVII, 11, 16)

hoi˧˥ θø˧˥ 氣數 (XIII, 36; XV, 11; XVI, 7)

foi˧˥ hoi˧˥ 費氣力, 發愁 (XVI, 1)

θoi˨˩ hoi˧˥ 時氣, 運氣 (XIV, 44)

hoi˧˥ (契)

hoi˧˥ na˨˩ 田契 (XIII, 9)

hoi˧˥ (易)

juŋ˨˩ hoi˧˥ 容易 (XVI, 17, 18)

hom˥ 俯, 翻倒

hon˧ 路, 次 (III, 16, 18; VII, 2; VIII, 2; XI, 4; XII, 5 等)

taŋ˥ hon˧ 路上 (VIII, 1; XIII, 15 等)

hon˧ taŋ˨˩ 每逢 (VIII, 2 等)

hon˧ wa˧ 眼花 (XIX, 1)

hon˧ nai˅ 此次, 此後 (VIII, 2; XI, 10)

hon˧ (婚), 參看 hun˧ (婚)

hon˧ ʔjian˧ 婚姻 (XVIII, 25)

hon˧ θaɯ˧ 婚書, 八字 (XVI, 6)

hoŋ˧ 但, 有時意思很輕虛可不譯 (I, 13, 14, 22; II, 1; VI, 13; VIII, 2; IX, 1; XV, 9 等)

hoŋ˧ xan˨˩ 但是

hoŋ˧ θø˥ lai˨˩ 所以 (I, 32; III, 18)

hoŋ˥ (恐) 恐, 參看 fuaŋ˨˩ (防)

hoŋ˥ lau˧ 恐怕 (III, 15)

hoŋ˥ fuaŋ˨˩ lau˧ 恐怕 (hoŋ˥ fuaŋ˨˩ 恐防, 漢借字, lau˧ 是土語, 同意連用) (X, 2)

hoŋ˧˥ 搖擺 (?) (XIV, 21)

hoŋ˧˥ (空) 空, 閒 (XIV, 27)

ʔdai˥ hoŋ˧˥ 得空 (II, 1)

tɯak˧˥ hoŋ˧˥ 空地 (XV, 11)

ʔjau˨˩ hoŋ˧˥ 空閒

hø˥ (苦) 苦, 難, 多 (XIV, 31; XVIII, 17 等)

θin˧ hø˥ 辛苦 (XIV, 5)

kai˥ haɯ˥ xun˨˩ hø˥ θau˥ 別讓人儘等 (XIII, 8)

hø˥ kau˧˥ 難救 (XIII, 41)

θat˩ θim˧ çuŋ˧ hø˥ nan˧˥ 心中實在爲難 (XV, 3)

ʔbau˥ hø˥ poi˧ çian˨˩ pøn˥ (因爲) 不多費本錢 (XIV, 8)

hø˥ (火) 火, 參看 hu˥ (火) (X, 2)

hø˥ (虎) 虎 (姓), 參看 hu˥ (III, 1)

hø˥ miŋ˨˩ 虎鳴 (人名) (III, 2, 5 等)

hø˧˥ 膝

rau˥ hø˧˥ 膝蓋

høi˧ (灰) 石灰

høi˧ (開) 開, 參看 kai˧ (開) (III, 8; VII, 3; XIII, 49; XIV, 19 等)

høi˧ kwai˧ 用計 (XX, 17)

høi˧ wa˧ 開花 (XVII, 4)

høi˧ lau˧˥ 姦搶 (兵士)

θim˧ høi˧ 心開, 開心 (XV, 13; XVIII, 11)

høi˧ tan˧ 開單 (XIII, 44)

høi˧ lɯaŋ˧˥ 儘量 (XIV, 18)

høi˧ lik˩ 分成行 (耕地) (XI, 1)

høi˧˥ 僕 (III, 14; XVII, 11; XVIII, 23 等)

tak˩ høi˧˥ 男僕 (III, 14)

høŋ˧ 工 (XVI, 15; XVIII, 23; XXI,

1, 等)

kuɑk˩ høŋ˧ 作工 (I, 1; II, 1 等)

hu˩

hu˩ çi˩ 融洽 (XIII, 22)

hu˥ (火), 火熱, 參看 hø˥ (火) (XIII, 45)

θim˧ hu˥ 心 (起) 火, 心急 (XIII, 44)

hu˥ (虎) 虎(姓), 參看 hø˥ (虎) (III, 1)

hu˥ miŋ˩ 虎鳴 (人名) (III, 1)

hu˧˩˧ (禍)

kiɑt˥ hu˧˩˧ 結禍 (XVIII, 27)

huɑŋ˧ (慌) 慌 (?) (XVIII, 15)

hum˦

rok˩ hum˦ xɑu˩ 貓頭鷹

hun˧ (婚), 參看 hon˧

hun˧ ʔjiɑn˧ 婚姻 (XIII, 46)

hun˦ 痕

hun˦ tin˧ 脚痕, 脚印 (III, 11)

hun˩ (運)

hun˩ hoi˦ 運氣 (XIV, 17)

huŋ˧ 大 (I, 2, 27; III, 12 等)

hɯɑt˦ 腰 (I, 32, 35)

kai˦ hɯɑt˦ 背, 腰 (I, 30, 32)

hɯn˥ 上 (I, 29, 32; XIV, 46; XVI, 19 等)

hɯn˥ ʔdoŋ˧ 上山 (III, 12 等)

hɯn˥ huŋ˧ 發達 (IV, 4; XIV, 3, 44 等

huŋ˧ hɯn˥ tɑu˥ 大起來, 發達起來 (III, 12; IV, 4)

kaŋ˥ çon˩ te˧ hɯn˥ tɑu˥ 講起這話來 (XVI, 2)

hɯn˦ 起, 蓋 (V, 9; XXI, 1)

hɯn˦ ran˩ 起屋, 蓋房

hɯn˦ ʔdaŋ˧ 起身

hɯŋ˦ 熱

fat˥ hɯŋ˦ 發熱

j-

ja˩ (牙), 參看 kjaŋ˧ (姜)

ja˩ (衙)

ja˩ møn˩ 衙門 (X, 8; XVII, 2)

ja˩ (下), 參看 jaŋ˧ (鄉), caŋ˦ (上)

ja˦ 妻 (III, 8; IX, 1; XIV, 4, 5, 11, 45, 46; XV, 6 等)

me˦ ja˦ 妻 (V, 3; X, 4)

kuɑk˦ ja˩ ŋwai˦ 扶乩, 新年時少女相聚請人扶乩問情人消息 (XII, 1)

ja˦ xwai˩ 人熊, 傳說喜吃小兒的獸 (非眞人熊) (II, 2, 4 等)

ja˦ (下)

ja˦ ta˦ fu˧ 下大夫 (XIV, 42)

ja˦ fam˩ 下凡, 凡人 (XV, 4)

jaŋ˧ (香) 香

jaŋ˧ kø˧ 香菇

jaŋ˧ (鄉)

jaŋ˧ ja˦ 鄉下

roŋ˩ jaŋ˧ ja˦ 下鄉

jaŋ˩ (楊) 楊 (姓)

jaŋ˩ fɑn˩ kwaŋ˥ 楊文廣 (神名) (XV, 26)

jaŋ˩ (揚)

jaŋ˩ miŋ˩ 揚名 (XIV, 30)

jaŋ˩ (陽)

θɯ˩ jaŋ˩ 辭陽, 死 (XVI, 20)

jɑŋ˩ 曾, 未曾, 參看 çɑŋ˩ (曾)

ɳiaŋ˩ ˀbau˥ jaŋ˩ rø˅ ɳan˧ 仍未覺羞 (V, 6)

ˀbau˥ jaŋ˩ ma˧ 未來 (V, 9)

te˧ tau˥ ˀbau˥ jaŋ˩ 他來了麽?

jau˧ (校)

jau˧ ɕaŋ˥ 校長 (XIII, 3)

jau˩

jau˩ poi˩ 青菜名 (XI, 11)

jau˩ (游) 游 (I, 23; XXII, 2 等)

jau˩ tau˩ laŋ˧ taŋ˧ 游蕩 (III, 15)

jau˩ xaŋ˩ ˀwan˥ 做賣盌生意 (XXIV, 2)

jau˩ (油) 油 (I, 29, 35; XII, 5 等)

jau˩ jau˩ 悠悠, 快貌 (XIX, 3)

jau˩ (由)

jau˩ ɕai˩ te˧ 由他 (I, 1)

jau˩ (猶) 猶 (XIII, 39)

jau˅ (友) 友 (XX, 8)

paŋ˩ jau˅ 朋友 (XII, 1; XIII, 6, 22, 23, 24)

jau˅ ŋoi˩ 友二, 詩中稱情人之詞 (XIX, 11)

jau˧ (右), 參看 θø˥ (左)

jau˧ (又) 又, 再 (II, 11; III, 7, 8; V, 1 等)

jau˩ ɕai˧ 又, 再 (XI, 4 等)

jau˩ ɕi˅ 又, 再, 就又 (I, 14; III, 11; VII, 2 等)

jaɯ˩ (餘) 餘

θam˧ ɕip˩ jaɯ˩ pi˧ 三十餘歲 (III, 1)

je˥ (也) 也, 亦 (XX, 16)

je˩ (爺)

kø˧ je˩ 姑爺 (I, 1, 2; III, 8 等)

poi˅ je˩ 姊夫 (I, 4, 5 等)

ji˥ (以) 參看 kø˥ 可

jia˩, ˅ 驚歎詞 (I, 17; IV, 2)

jiam˧ 厭, 嫌 (XIII, 22; XV, 6; XIX, 9; XXI, 3)

jiam˩ (嫌) 嫌 (XIV, 46; XVI, 16; XX, 17)

jiam˥ (險), 參看 juŋ˧ (兇)

jiam˧ (欠?)

jiam˧ xau˩ 失約 (XIX, 2; XX, 11)

jian˩ (員)

jian˩ ŋwai˩ 員外 (III, 4, 14 等)

kjau˩ jian˩ 教員 (XIII, 13)

jian˩ (原) 原來 (XII, 1; XIII, 40; XIV, 17, 23, 35, 37 等)

jian˩ lai˩ 原來 (XIII, 42, 48; XV, 5 等)

jian˩ (緣), 參看 fau˩ (武)

jian˩ (然)

jian˩ xau˩ 然後 (II, 12; VI, 2 等)

jian˩ (元)

jian˩ ɕi˥ θian˧ ˀuŋ˧ 元始仙翁 (XIV, 1)

jian˩ (轅), 參看 kian˧ (軒)

jian˩ (丸), 參看 ɕwai˥ (水)

jian˥ (顯) 顯

jian˧ (現?) 現在 (XIII, 43)

jian˧ ɕik˥ 出醜 (V, 6)

jiaŋ˧ (香) 香 (V, 9; XII, 5, 6; XIII, 11, 46 等)

θiau˧ jiaŋ˧ ɕau˧ 燒香 (XIV, 9)

jiat˩ (越) 越 (XIII, 43; XVI, 4; XVII, 14; XIX, 13 等)

jiat˩ poi˧ rak˧ jiat˩ kan˧ 越曬越乾

(XIII, 19)
jiat˧˩ (月), 參看 lok˩ (陸), ȵiat˧˩ (月)
jiau˧˩ (窖) 窖 (XI, 12)
fun˧˩ jiau˧˩ 燒窖用的柴 (XI, 12)
jiau˧˩ (傜), 參看 θan˧ (山)
jiau˨˦ 鷹 (XVII, 16)
jin˨˦ (認) 認, 參看 ȵin˨˦ (認) (XIV, 46)
jiŋ˧˩ (營) 營
jiŋ˧˩ puan˧˩ 營盤 (III, 17)
jiŋ çaŋ˥ 營長 (III, 18)
jø˧˩ (學), 參看 xak˧˩ (學)
jø˧˩ taŋ˧˩ 學堂
juaŋ˨˩˧ 誘, 哄 (I, 13)
juaŋ˨˩˧ te˧ ʔbau˥ haɯ˥ te˧ tai˥ 哄小孩使不哭

jun˧˩ (勻) 均勻 (XV, 1; XVII, 9)
jun˨˩˧ (允) 允 (III, 2; XVIII, 28)
juŋ˧ (兄) 兄
liaŋ˧˩ juŋ˧ 梁兄 (XIII, 17, 29 等)
juŋ˧ ti˨˦ 兄弟 (XVII, 17; XVIII, 16)
juŋ˧ (兇) 兇 (XV, 25; XVIII, 2)
juŋ˧ jiam˥ 兇險 (XV, 23)
juŋ˧˩ (容) 容 (I, 36)
wuan˧ juŋ˧˩ 歡容 (XVI, 17)
juŋ˧˩ hoi˨˦ 容易 (XVI, 17 等)
tau˨˦ li˥ nan˧˩ juŋ˧˩ 道理難容 (XVIII, 16)
juŋ˧˩ (雄) 雄 (XVII, 3 等)
juŋ˧˩ (榮) 榮 (XVII, 14; XVIII, 31; XX, 16)
juŋ˧˩ (熊), 參看 foi˧ (飛)
juŋ˧˩ (茸)
pun˧ juŋ˧˩ 羽毛 (XXIV, 1)

juŋ˨˦ (用) 用 (I, 2; III, 14, 18; VI, 2; VIII, 3; XIII, 47; XIV, 10, 24 等)
juŋ˨˦ poi˧ 用去
kai˥ juŋ˨˦ lau˧ 不用怕!
mi˧˩ çai˧˩ ʔdwai˧ mi˧˩ juŋ˨˦ 無才又無用 (XVIII, 30)
jɯak˧˩ (藥)
jɯak˧˩ çai˧˩ 藥材 (XIII, 41, 43)
jɯaŋ˧˩ (羊) 羊 (X, 3)
jɯaŋ˥ (餉)
lɯaŋ˧˩ jɯaŋ˥ 糧餉 (III, 18)
jɯaŋ˥ (響) 響
jɯaŋ˨˦ (樣) 樣, 又作語助詞參看 raɯ˧˩ jɯaŋ˨˦, la˥ jɯaŋ˨˦, ʔbau˥ jɯaŋ˨˦ I, 3, 10, 20; III, 9; IV, 2; V, 6; XV, 5 等)
jɯaŋ˨˦ θai˨˦ ʔdeu˧ 一樣事 (III, 1)
jɯaŋ˨˦ çoi˥ 樣子 (III, 2)
wi˨˦ piau˧˩ jɯaŋ˨˦ 爲何 (V, 2)

ʔj-

ʔja˧˥
ʔja˧˥ ʔje˧ 或 ʔja˧˥ ʔjaɯ˧ 齊整 (XIII, 2)
ʔjai˥ ʔjai˧˥ 細如絲貌 (XXV, 2)
ʔjak˧˥ 惡, 壞 (XIII, 23; XIV, 19; XVI, 7, 8, 9; XIX, 16)
ʔjam˧˥ 邁步 (XV, 21; XVIII, 24; XIX, 15)
ʔjan˥
θim˧ ʔbau˥ ʔjan˥ je˥ juŋ˧˩ 心不隱 (?) 也榮 (XX, 16)
ʔjap˥ 一會兒, 一下, 一瞬 (XIII, 14; XIV, 31; XVIII, 4)

jap˦ ɕiŋ˩ 一會兒 (XIV, 35)

kau˧ θɯaŋ˥ ʔjap˦ ʔdeu˧ kau˥ kan˥ 我想先看一下

ʔjau˧ (憂) 憂 (III, 8; XIV, 23, 29; XIX, 10 等)

ʔjau˧ θim˧ 憂心 (XIII, 11)

ʔjau˥ 捧起

ʔjau˦ 住, 在, 從 (I, 1, 12; III, 12, 17 等)

ʔjau˦ ʔjau˦ 不時 (XI, 2)

ʔjau˦ han˥ 前幾天 (XIII, 7)

ʔdoi˧ ʔjau˦ 或 rø˩ ʔjau˦ 安生 (指牛羊在放他們時候不亂跑) (IV, 1, 2)

mɯŋ˩ ʔjau˦ mɯn˥ lau˧ ti˧ toi˨ fuaŋ˧ ma˧˥ to˧? 你從什麽地方來呢? (III, 4)

ʔjau˦ ʔdaɯ˧ ran˩ ʔjau˦ 在家裏(住)待着

pan˩ ʔjau˦ (>piau˦) 如何 (XIII, 46 等)

ʔjaɯ˧ 參看 ʔja˦, kau˦

ʔjaɯ˥ 看 (XVIII, 5)

ʔjø˧ 參看 ʔja˦

ʔjeŋ˧ 參看 tam˩

ʔjian˧ (烟) 烟, 烟草 (XI, 1, 2, 3, 4; XIII, 34; XXI, 3; XXII, 1)

ʔjian˧ lɯk˨ 烟苗 (XI, 8, 12)

ʔjian˧ nai˩ 烟土, 鴉片 (XX, 7)

ʔjian˧ (姻), 參看 hon˧ (婚)

ʔjian˧ ʔjian˧ 終久 (III, 14)

ʔjian˦ (怨) 怨, 參看 ʔjɯan˦ (怨) (XIV, 3, 46; XV, 9, 23; XVII, 13; XXI, 1)

ʔjiap˦ 醃

ʔjiat˥ 息, 休息

ʔjiat˥ ʔjiat˥ 日子過的快貌

ŋon˩ kwa˦ ŋon˩ ʔjiat˥ ʔjiat˥ 很快的一天過了又一天 (XIX, 3; XX, 1)

ʔjiau˧ (憂) 憂 (XX, 15)

ʔjiau˧ (邀) 邀, 約 (I, 22; XII, 5; XIII, 2, 7, 27, 38; XVIII, 30)

ʔjiau˧ 參看 ʔjø˧

ʔjiau˥ miŋ˦ 死於非命 (III, 6)

ʔjiau˦ (要) 要 (XIII, 14; XV, 8 等)

ʔjiau˦ kan˥ 要緊 (XI, 1; XIII, 12, 48)

ʔjoŋ˧ 參看 tam˩

ʔjø˧ ʔjiau˧ 暗中通融, 關照

ʔjø˥ 看 (XIII, 11, 27, 33, 36; XIV, 31; XVIII, 4 等)

ʔjø˦ 秘密

ʔjøt˦ 拔 (XIX, 9)

ʔju˥ 舉起

ʔjum˧ 傭, 傭工

kuak˨ ʔjum˧ 作傭工 (XI, 9)

ʔjum˧ xun˩ 傭人 (XI, 10)

ʔjuŋ˧ (邕)

ʔjuŋ˧ ɕau˧ 邕州 (地名) (X, 2)

ʔjuŋ˥ 參看 fan˩ (煩)

ʔjɯ˧ (樂) 樂 (XVI, 8; XIX, 12)

ʔjɯak˥ (約)

tai˨ ʔjɯak˥ 大約 (VIII, 3; XII, 4)

ʔjɯak˦ 餓 (III, 8; XIV, 13, 15)

ʔjɯan˦ (怨) 怨, 參看 ʔjian˦ (XIII, 42; XV, 21)

ʔjɯaŋ˧ 松膠

ʔjɯaŋ˥ 烤 (火上烤物)

k-

ka˧ 參看 kɯ˅

ka˧ rai˅ 當眞 (VII, 3)

ka˥ (告?), 參看 kau˦ (告)

ka˥ wa˦ 乞丐, 告化子 (XIV, 5, 45; XV, 9; XVI, 14; XVII, 19)

ka˥ 殺 (V, 2; X, 1; XII, 5; XV, 15 等)

ka˅ 嘆詞 (XVI, 4 等)

kau˧ ka˅! 我阿! (III, 9)

we˅ lɯk˩ kau˧ ka˅! 唉, 我的兒子阿! (III, 10)

ˀdwai˧ koi˦ mɯŋ˩ lam˧ ka˅! 不是忌妬你什麽阿! (XVII, 6)

ka˅ 參看 kɯ˅

ka˅ køn˦ 以前; 先 (III, 4; XIII, 17)

ka˅ kan˦ 將來, 將近 (XIII, 40)

ka˅ nai˅ 現在

ka˦ (價) 價, 參看 kja˦ (價) (XIV, 35)

kaŋ˥ ka˦ 講價 (XIV, 33)

ka˩ 問價, 講價 (XX, 6)

ka˩ 自己, 各自 (I, 2, 3 等)

ka˩ ˀdaŋ˧ 本身, 自身 (XVI, 1)

kai˧ (街) 街, 城 (XIII, 1; XIV, 30, 33; XVII, 1 等)

røk˩ kai˧ 城裏, 街子上

kai˧ (開) 開, 參看 høi˧ (開)

kai˧ kau˥ 開口 (XVII, 21)

kai˧ (皆), 參看 kun˧ (均)

kai˧ (該), 參看 ˀɯŋ˧ (應)

kai˥ (改) 改

kai˥ çwaŋ˧ 改裝 (XIII, 26)

kai˥ (解) 解 (VIII, 2; XVI, 11)

kai˥ kian˦ 解勸 (III, 17)

kai˦ 塊, 件, 事; 些 (多數); 把 (一把歴苗十九棵) (I, 2; III, 2, 11; VII, 2, 3; XV, 12 等)

kai˦ ma˩ 什麽, 快讀作 ki˦ ma˩ (I, 2; II, 3, 5, 7, 9; XVIII, 1 等)

kai˦ nai˅ 這件 (事) (XVIII, 1 等)

kai˦ te˧ 那件

kai˦ xun˩ ˀban˥ 村人 (III, 11)

mi˩ kai˦ ˀbau˥ fuk˩ ˀdeu˧ 有一些不服 (V, 9)

tø˅ kai˦ 東西, 物 (I, 11, 12 等)

kai˦ (介)

kai˦ çau˦ 介紹 (X, 3)

kai˧ 參看 waŋ˩ (黃)

kai˩

kai˩ nai˅ tau˥ taŋ˩ kai˩ nai˅ 由這裏到這裏

kai˥ 勿, 別 (XIII, 5, 8, 11 等)

kai˥ poi˧ 勿去!

kai˦ 鷄 (II, 12; VII, 2; X, 1; XV, 15 等)

kai˦ pau˅ 公鷄

kai˦ me˩ 母鷄

kai˦ tøn˧ 閹鷄 (XII, 4)

kam˧ (柑) 柑

lɯk˩ kam˧ 柑 (XVII, 4)

kam˩ 含, 啣 (III, 12)

kam˥ 巖洞 (III, 12 等)

kam˥ mau˩ çøn˧ 村名 (III, 1)

kam˥ meu˩ 村名 (III, 15)

kam˧ 拿在手中 (I, 4, 28 等)

kam˧ kan˥ 管理, 管轄 (XIII, 13)

kam˧ 擔, 米穗之量詞, 四細爲一擔, 約

可得米三十二斤，參看 mik˥, ȵa˧
kam˨ (咬) 一口 (XVI, 18)
kan˧ (間) 時間 (XVIII, 23)
θoi˨ kan˧ 時間 (XIV, 25)
kan˧ (艱)
kan˧ nan˨ 或 nan˨ kan˧ 艱難 (III, 6, 8; XIV, 25, 37; XV, 7; XVI, 19 等)
kan˧ nan˨ ʔwat˥ 難掘 (III, 8)
kan˧ (姦)
kan˧ xwat˨, ˥ 奸猾 (I, 1, 29)
kan˧ (乾) 乾，白 (XIII, 19)
haɯ˥ xun˨ kan˧ foi˦ hoi˦ 使人家白費氣力 (XVIII, 14)
kan˧ (干) 干 (XIX, 2)
kan˥ 葉柄，莖
kan˥ (趕) 趕緊，參看 kan˥ (II, 11; V, 6 等)
kan˥
kam˧ kan˥ 管理，轄管 (XIII, 13)
kan˦ (諫) 諫，勸
kan˧ (斤) 斤 (XII, 4; XV, 7; XXII, 2 等)
kan˧ (跟) 跟 (III, 11, 17; XII, 4; XIII, 8, 10; XX, 8 等)
kan˧ 同 (I, 35 等)
tøv kan˧ 相同 (I, 2 等)
kan˧ ʔeu˧ 同呼 (I, 3)
kan˧ (根) 根，本 (XIV, 17)
kan˧ ki˧ 根基 (XIII, 5)
kan˨ 柄，把子
kan˨ (勤) 勤 (XI, 12)
koŋ˧ kan˨ 工勤，勤力 (I, 1; XVII, 4 等)
kan˥ (緊) 緊，忙 (XIII, 28, 48; XVII, 2; XIX, 8; XX, 3 等)
kan˥ kan˥ 趕緊 (II, 11; III, 8; IX, 1 等)
ʔbau˥ ʔjiau˦ kan˥ 不要緊 (XI, 1; XIII, 17 等)
kan˥ ʔjiau˦ 緊要 (XVI, 15)
kan˥ (謹)
kan˥ çan˦ 謹慎 (XVII, 3)
kan˥
kan˥ laŋ˧˥ 跟後 (I, 4, 5, 12 等)
kan˥ kør˥ 如果 (XVI, 11)
kan˥ kør˥ lu˧ ma˨! 表謝意
kan˦ 帽頂，蓋頂
kan˦, ˥ 先早 (I, 5; VIII, 2; XIII, 3, 7, 28; XVII, 16, 22 等)
kan˦ (近) 近 (II, 1; III, 18; XI, 4; XIII, 45)
kaŋ˧ (缸) 缸 (I, 28; III, 8 等)
ʔdan˧ kaŋ˧ 一口缸 (I, 27, 28 等)
kaŋ˧ (鋼) 鋼
kaŋ˧ 參看 waŋ˨
kaŋ˥ (講) 講 (I, 5, 13, 31 等)
kaŋ˦ (炕) 炕乾 (XI, 4)
kaŋ˧ 猿，大猴
kap˥ (甲)
kap˥ çoi˥ 甲子 (XVII, 21)
kap˩ 窄
kat˥ (割) 割 (XV, 9)
kat˦ 繩斷
hai˧ ʔbau˥ kat˦ 賣不掉 (XIV, 11, 19)
kat˦ 芥菜
plak˥ kat˦ 芥菜 (XI, 11)

kat˥ 咬掉(I, 13)

kau˧(高)

  kau˧ fuŋ˧ 高峯(地名)(X, 2)

  kau˧ koi˨ 高奇(XVI, 5)

kau˧(膠) 膠

kau˥(考)

  kau˥ kau˦ 考究，爭論(XVIII, 28; XIX, 5)

kau˦(靠) 靠(XIV, 47)

kau˦(告)，參看 ka˥

  kau˦ θɯ˨ 告辭(XIV, 43)

  kau˦ wa˦ 告化子，乞丐(XVIII, 17)

kau˧ 藤類植物(XX, 17)

  kau˧ kwa˧ 一種南瓜(XVII, 22)

kau˧ 我(I, 9, 11等)

  fan˩˧ kau˧ 我(I, 33; III, 6等)

  fan˩˧ kɯ˅ kau˧ 我(XIII, 4, 5, 26, 45等)

kau˧(鈎) 伐木用的鈎

kau˨(求) 求(V, 4, 6; VIII, 2; XVIII, 7等)

kau˨ 灣(I, 30, 32)

  kum˦ kau˨ 駝背(I, 29)

kau˥ 看(I, 5; III, 2; XIII, 13; XV, 8等)

  kau˥ han˧ 看見(I, 2等)

kau˥ 九(II, 1; XI, 12; XII, 1, 7等)

  çip˩ kau˥ 詩中稱情人之詞，似指情人年歲(XX, 1)

kau˥(口) 口，參看 kai˧(開)(XVII, 21)

kau˅(舅) 舅父(母弟)，小舅(妻弟)，弟(女人用)(XVII, 10)

kau˦ 舊

kau˦(救) 救(XIII, 41, 44; XVIII, 10等)

  kau˦ miŋ˦ 救命(III, 2)

kau˦

  ran˨ kau˦ ʔjaɯ˧ 天將亮未亮(XII, 5)

kau˦(究)，參看 kau˥(考)

kau˦(鉤) 鉤(III, 16; XV, 7; XVI, 16等)

kaɯ˧(居)

  kaɯ˧ çaŋ˨ 居藏(XVII, 4, 21)

kaɯ˧(拘) 拘(XVII, 8)

  ʔbau˥ kaɯ˧ 不拘(XIII, 5)

kaɯ˦(句) 句(I, 3; XVII, 4, 22; XVIII, 5等)

  θoi˨ kaɯ˦ 四句詩

  pet˦ kaɯ˦ 八句詩

kaɯ˦ 參看 kø˧

ke˧(家?)，參看 kja˧(家)

  tai˨ ke˧ 大家(II, 11; XIII, 4, 19, 21等)

  çai˩ ke˧ 大家(XVII, 5; XVIII, 21)

ke˥ 解開(I, 14, 35)

ke˅

  ke˅ xøŋ˦ 小巷(I, 13; II, 11)

ke˦ 老

ke˦ 數

  ke˦ çian˨ 數錢(XVIII, 5)

kek˨ 參看 kok˩

kek˥(格)，參看 çiŋ˦(性)

kem˥ 頰

  ʔbɯaŋ˥ kem˥ 一邊頰

ken˧ 臂

ken˨ 妬忌

ken˥ (揀) 揀
ken˧˥ 卡
  ken˧˥ xø˥ 卡在喉中
ken˦ 硬, 堅硬 (II, 11; III, 8; XX, 10)
keŋ˧ (耕) 耕 (XII, 3; XVII, 8)
keŋ˦ (更) 更 (I, 1; XIII, 33; XIV, 25; XVII, 1, 18 等)
  keŋ˦ kja˧ 更加 (II, 1; III, 11; XIII, 8; XIV, 8 等)
  ʔeŋ˦ keŋ˦ kja˧ 更加 (III, 15)
keu˨ 剪刀
keu˨ 裂痕
ki˧ (區) 區
  nam˨ ki˧ 南區 (XII, 6)
ki˧ (基), 參看 kan˧ (根), koi˧ (基)
ki˨ (其)
  ki˨ løk˦ hi˧˥ waŋ˨ ʔjiau˧ 其樂也忘憂 (XX, 15)
ki˨ (岐), 參看 θi˧ (西)
ki˥ (起) 起, 參看 tɯ˨ (得) (V, 4)
ki˥ (已), 參看 tan˦ (妲)
ki˦ kai˦ 的速讀
  ki˦ toi˦ fuaŋ˧ rau˨ 我們那地方
  ki˦ ɕak˩ 那些強盜 (III, 16)
  ki˦ ma˨ 什麽 (I, 2 等)
ki˦
  ki˦ kwai˧ 眞鬼, 眞聰明 (I, 5)
ki˦ (繼)
  ɕin˨ ki˦ ɕaŋ˧ 陳繼昌 (人名) (X, 3)
ki˦ (計), 參看 koi˦ (計), fau˨ (無)
ki˦ (記), 參看 koi˦ (記)
  ɕa˧ ki˦ 砂記即硃砂記 (XVIII, 21)
  θø˧ ni˥ ki˦ 蘇汝記 (人名) (X, 1 等)
kiak˥ (脚) 脚, 八句詩中之後四句也
kiam˧˥ 門檻
  kiam˧˥ tau˧ 門檻 (I, 5, 12)
kiam˦ (劍) 大刀, 劍 (?)
kian˧ (軒)
  kian˧ jian˨ 軒轅 (XIV, 41)
kian˧ (奸)
  kjaŋ˨ kian˧ 強姦 (III, 16)
kian˨ (權) 權 (XVIII, 5)
kian˥ (瞼) 瞼
kian˦ (勸), 參看 kai˥ 解
kian˦ (見) 見 (XIII, 21; XVII, 8 等)
kian˩ (件) 件 (XIV, 16, 19, 31; XVIII, 12, 13 等)
kiaŋ˧ (薑) 薑
kiaŋ˨ 三足架 (XIX, 14)
kiaŋ˨ (強) 強, 參看 kjaŋ˨ (強) (XIX, 13)
kiat˥ (結)
  kiat˥ taŋ˨ 完全 (V, 3)
  kiat˥ hu˧˥ 結禍 (XVIII, 27)
  kiat˥ miŋ˨ 結盟 (XX, 2)
  kiat˥ kjau˧ 結交 (XX, 16)
kiau˨ (橋) 橋, 參看 kjau˨ (橋)
kiau˨ (球) 球, 參看 klau˨
kiau˥
  kiau˥ tin˧ 脚後跟
kik˥ 土塊 (XI, 1)
kik˥ (激) 急, 激 (I, 3)
  kik˥ hoi˦ 着急 (XVI, 8; XIX, 11)
kik˥ kik˥ 哽咽貌 (III, 11)
  kik˥ kik˥ mai˨ mai˨ 哭啼到昏了
kik˩, ˩ (極) 極 (I, 1; II, 2; III, 15, 16, 17 等)
  kik˩ kuŋ˨ 極窮 (III, 1)

kik˩ mi˩ 極有(錢)(IX, 1)
kim˧ (金) 金；亦詩中稱情人之詞 (XVII, 8, 17, 19; XIX, 3 等)
kim˧ (今)
kim˧ hi˩ 今日 (X, 2)
kim˩ 挾, 鉗
kim˧˩˧ (妗) 舅母(母弟妻)
kim˧˩˧ 參看 xaŋ˩
kim˧˥ (禁) 禁
kim˧˥ tø˩ 禁居 (XIV, 27)
kiŋ˧ (京) 京 (XVII, 19; XVIII, 17 等)
ʔdaɯ˧ kiŋ˧ 京城, 京裏
kiŋ˧ (經) 經 (VI, 1; XIII, 39; XVIII, 22 等)
hi˥ kiŋ˧ 已經 (I, 1; III, 7 等)
ŋoi˧˩˧ tau˥ ʔbau˥ han˧ kiŋ˧ 想起來想不出頭路 (XVI, 2)
la˧˩˧ kiŋ˧ 羅經, 羅盤 (XX, 6)
kiŋ˧ (驚?) 怕 (XIV, 23)
kiŋ˧ (景?)
kiŋ˧ ɕoi˧˥ 景緻? 合意 (?) (XIV, 47)
kiŋ˥ (頸) 頸
tiau˧˥ kiŋ˥ 弔頸, 上弔 (I, 29)
kiŋ˧˥ (鏡) 鏡 (VIII, 2; XX, 3)
kiŋ˧˥ (敬) 敬
kiŋ˧˥ (竟) 竟 (XIX, 3, 8)
kip˩ (及) 及 (III, 16)
koi˧ (譏) 譏
kaŋ˥ koi˧ 講笑 (XVII, 13)
koi˧ (基), 參看 ki˧ (基)
toi˩˧ koi˧ 地方 (XIII, 6)
koi˩ (鰭) 魚翅
koi˩ (奇) 奇 (III, 12; XV, 13; XVII, 18 等)
wai˩ koi˩ 爲奇 (?), 一定 (XIII, 13, 17)
koi˩ miau˥ 奇妙 (I, 2; III, 1)
koi˩ kjau˥ 奇巧 (XIII, 26)
koi˩ (棋) 棋
tɯk˥ koi˩ 下棋 (XII, 1)
koi˩ (祈)
ɕian˧ koi˩ 千祈 (VII, 2)
koi˥ (己) 參看 tan˧˥ (妲), θɯ˩˧ (自)
koi˥ (幾)。幾 (I, 1, 2 等)
koi˥ ŋon˩ 幾天
koi˥ lai˧ 多少, 幾多, 時常快讀成 ki˥ lai˧, ka˥ lai˧, kə˥ lai˧ 等 (I, 18; III, 11; IX, 1 等)
koi˥ (?) (XIX, 11)
koi˧˥ (計) 計, 參看 ki˧˥ (計) (I, 29; III, 14; XVIII, 26; XIX, 8)
koi˩˧ (記) 記, 表記, 參看 ki˧˥ (記) (XVIII, 21)
kja˥ ɕɯaŋ˧ koi˧˥ (?) xun˩ θai˧ (你都裝作男人 (XIII, 47)
koi˧˥ (寄) 寄 (XIX, 1)
koi˩˧ (忌) 忌 (XVII, 6)
kok˥ 本利, 利錢 (XII, 3; XIV, 17)
kok˩ kok˩
kok˩ kok˩ kek˩ kek˩ 崎嶇貌 (II, 18)
kon˥ 縛緊
kon˧˥ 根
kon˩˧ 鐲子
koŋ˧ (功) 功
pan˩ koŋ˧ 成功 (XIV, 17)
koŋ˧ (工)
koŋ˧ kan˩ 工勤, 勤力 (I, 1; XI, 2 等)

koŋ˧ reŋ˨ 工力，所用之力 (XIV, 15)

koŋ˧ (公) 公，位 (人之量詞帶恭敬之意) (I, 1 等)

koŋ˧ θi˅ 社公，社神 (XII, 1 等)

koŋ˧ ʔi˧ 祖父 (I, 10)

koŋ˧ xun˨ te˧ 那位先生 (I, 1 等)

koŋ˧ lau˅ 父親 (IV, 4)

koŋ˧ ta˧ 岳父 (I, 2 等)

koŋ˦ (貢)，參看 pat˨ (拔)

kop˥ 青蛙

kot˥ (骨) 骨

kot˥ ŋuk˩ 骨肉 (XIII, 48)

kø˧ (姑) 姑 (父妹)

me˦ kø˧ 姑母

pø˦ kø˧ 姑夫

nuaŋ˅ kø˧ 妹妹 (XIII, 5, 16)

kø˧ je˨ 姑爺，丈夫 (I, 1, 2; III, 1 等)

kø˧ (菇)

jaŋ˧ kø˧ 香菇

kø˧ 果然，就，固然，當然 (II, 12; XV, 9 等)

kø˧ ʔoi˦ te˧ tø˅ lau˥ 就隨他罷！(XVI, 2)

ʔbau˥ hai˧ lai˧ kø˧ nøi˅ 賣不多也可以少賣 (XIV, 9)

kø˧ li˅ fan˦ ʔdeu˧ mɯŋ˨ 當然還有你一份 (XXIII, 4)

xwa˦ kø˧ pan˨ nai˅ foi˦ 話固然如此說 (XVII, 6)

kø˧ nau˨ 以爲 (I, 13; XIV, 44; XV, 20 等)

kø˧ kaɯ˦ 雖然 (XVII, 7)

kø˧ (棵) 棵 (I, 35; XI, 12; XV, 14; XVI, 15; XVII, 14 等)

kø˧ (歌)，參看 çau˨ (朝)

kø˥ (鼓) 鼓 (XVI, 1)

kø˥ (古) 話

çon˨ kø˥ (一) 句話 (XVIII, 17)

kaŋ˥ kø˥ 談天 (XV, 19; XX, 4)

kø˥ (可) 可 (XVI, 20; XVII, 20)

kø˥ ji˥ 可以 (VII, 2)

kø˥ θim˧ 可心 (XIII, 49 等)

kø˥ θik˥ 可惜 (III, 11)

kø˥ 參看 kan˥

kø˅

kø˅ tau˧ 門背後 (XXV, 1)

kø˦ (顧) 顧，顧及 (XVII, 6, 7)

çiau˦ kø˦ 照顧 (XV, 12)

kø˦ (過)

ʔbau˥ kø˦ 不過 (XVI, 9)

køn˦ 前，先 (I, 13; XII, 4; XVII, 17 等)

toŋ˦ pai˨ køn˦ 從前，從前有一回 (I, 1 等)

ka˅ køn˦ 以前，前面 (III, 4; XIII, 17 等)

køp˦ 捧 (XIV, 21)

ku˧ 芝蔴渣，豆渣 (作肥料用) (XI, 3; XXII, 1)

ku˧ (鍋) 鍋 (XVIII, 21)

ku˥ (鼓)

çin˨ ku˥ çi˦ 陳鼓寺 (人名) (I, 1, 2, 等)

ku˥ (苦) 苦 (XV, 2)

ku˥ (果)

kiet˥ ku˥ 結果 (XX, 17)

kuʎ 作, kuakʎ 之速讀

kuakʎ 作 (I, 1, 2; X, 12 等)

kuakʎ ˀbau˩ 與女子調情, 即所謂作後生也

kuakʎ fɯan˧ 唱歌 (XII, 1, 5)

mɯŋ˩ kuakʎ praɯ˩? 你是誰 (X, 11)

ɕøʎ te˧ kuakʎ li˥ ɕau˧ kjun˩ 他的名字叫作李超羣 (V, 1)

kuan˧ (官) 官 (V, 2, 3, 4)

kuan˧ piŋ˧ 官兵 (III, 16, 17)

taŋ˧ kuan˧ 當官 (X, 1)

kuan˥ (管) 管, 直管, 參看 kwan˥ (管) (XIV, 4, 46, 47; XXIII, 2 等)

kuan˥ taɯ˩ 管理 (II, 1, 2)

mɯŋ˩ kuan˥ poi˩ ɕi˅ θatʎ 你只管去就完了 (XVI, 13)

kuan˦ (貫)

waŋ˩ kuan˦ ɕin˩ 黄貫臣 (人名) (XV, 15)

kuan˦ (灌) 灌 (酒)

kuan˦ (鑵) 鑵子

kuan˦ lau˥ 酒鑵

kuanʎ 大塊柴 (XII, 5)

kuaŋ˧ 餵(猪, 馬等) (I, 14; XXI, 1)

kuk˥ 虎 (III, 11, 12 等)

kum˩ 溝, 坑 (XI, 1; XIII, 48; XVII, 22; XX, 9 等)

kum˅ 擂

kum˦ 背 (I, 29)

kum˦ faɯ˩ 手背

kumʎ 縫地

kun˧ (崑)

kun˧ lun˩ 崑崙 (山名) (XIV, 1)

kun˧ (均) 均 (XIII, 32)

kun˧ kai˧ 均皆 (XVIII, 29)

kuŋ˧ (弓) 弓 (XIX, 16; XX, 9)

høi˧ kuŋ˧ 開弓, 開武科 (XXIII, 4)

kuŋ˧ (公), 參看 koŋ˧

kuŋ˧ piŋ˩ 公平 (XVIII, 28)

kjaŋ˧ kuŋ˧ 姜公 (指姜子牙) (XIV, 4)

kuŋ˩ (窮) 窮 (I, 1; III, 1 等)

kuŋ˥ (恐) 恐 (X, 2)

kuŋ˥ (孔)

kuŋ˥ θɯ˥ 孔子 (X, 2)

kuŋ˦ 蝦 (XVIII, 30)

kuŋ˦ (供) 供 (XII, 5)

kut˥ 蕨, 羊齒類植物 (XI, 8)

kɯ˧ 吃, 參看 kɯn˧ (I, 4, 13 等)

kɯ˧ ɕiŋ˧ tamʎ 當偵探 (III, 8)

kɯ˧ ɕat˥ ȵiat˩ ɕip˩ θoi˩ liau˅ 過(吃)了七月十四了 (XI, 7; XII, 5)

kɯ˩ (客)

kɯ˩ ɕan˦ 客棧

kɯ˅ 虚詞, 參看 ka˧

kɯ˅ ma˩ 什麽 (III, 15; XIII, 3, 30, 41, 44; XIV, 11; XVIII, 2 等)

kɯ˅ nai˅ 現在, 這 (XIII, 4, 30; XV, 25; XVIII, 1)

kɯ˅ te˧ 他 (XIII, 7; XV, 15 等)

kɯ˅ mɯŋ˩ 你 (XIII, 8, 10, 14, 16 等)

kɯ˅ kau˧ 我 (XIII, 8, 11, 17, 44 等)

fanʎ kɯ˅ kau˧ 我 (XIII, 4, 5; XV, 13 等)

kɯ˅ rau˩ 我們 (XVIII, 7 等)

314

kɯ˨˩˦ rai˨˩˦ 當眞 (XVIII, 2, 10; XXI, 3)

kɯ˨˩˦ rɯk˩ 忽然間 (XV, 13)

kɯ˨˩˦ pi˧ 年 (XVIII, 20)

kɯ˨˩˦

kɯ˨˩˦ ɕam˧˩ 游玩 (XII, 5; XX, 5)

kɯ˦˨ 盡 (III, 4)

kɯat˦˨ 抗, 以竿一頭挑物抗在肩上

kɯi˧˩ 婿

lɯk˩ kɯi˧˩ 女婿 (I, 2; XII, 4)

kɯi˦˨ 騎

kɯi˦˨ ma˨˩˦ 騎馬

kɯn˧ 吃 (I, 4; XII, 3; XIII, 37, 39 等)

kɯn˧˩ 上, 上面 (I, 25, 26, 27, 28 等)

hau˧ kɯn˧˩ 小陸墟 (墟名) (VI, 1)

kaŋ˥ kɯn˧˩ kaŋ˥ la˥ 胡說 (XIII, 12)

rap˩ kɯn˧˩ 上面 (III, 16; X, 2)

kj-

kja˧ (家) 家, 參看 ke˧ (XIII, 48, 49, 50; XIV, 7; XV, 6, 8, 13; XVI, 5 等)

kja˧ taŋ˧˩ 家堂, 一家人 (XIII, 33)

kja˧ fuŋ˧ 家風, 運氣 (IV, 4)

kja˧ taŋ˦˨ 家當 (XV, 17)

θian˧ kja˧ 仙家 (XIV, 34)

ɕin˧ kja˧ 親戚 (XIII, 30)

kja˧ (加) 加 (XI, 2 等)

kja˧ hau˥ 加給 (XII, 1)

keŋ˦˨ kja˧ 更加 (II, 1; III, 2; XIII, 8 等)

kja˥ (假) 假 (I, 5; V, 9; XIII, 8, 47; XVIII, 15; XIX, 9, 16; XX, 5 等)

kja˦˨ (架) 架

θiaŋ˦˨ kja˦˨ 像架

kja˦˨ (駕)

kau˦˨ kja˦˨ 救駕 (XV, 25)

kja˦˨ (價) 價, 參看 ka˦˨

kjai˦˨ (界)

ɕaŋ˦˨ kjai˦˨ ti˧ xun˧˩ 上界的人 (指仙人) (XV, 1, 25)

kjaŋ˧ (姜) 姜 (姓) (XIV, 4 等)

kjaŋ˧ θɯ˥ ja˧˩ 姜子牙 (人名) (XIV, 6, 34 等)

kjaŋ˧ (江) 江

kjaŋ˧ ɕwai˥ 江水 (XIII, 18)

ta˦˨ kjaŋ˧ 大江 (XIII, 19)

kjaŋ˧˩ (強)

kjaŋ˧˩ kian˧ 強奸 (III, 16)

kjau˧ (嬌)

kjau˧ ɕai˧˩ 嬌才, 詩中稱情人 (XXII, 1)

kjau˧ (交) 交 (XVII, 3, 8, 11, 19; XX, 3, 4 等)

kjau˧ ɕun˧ 交春 (XI, 1)

kjau˧ ɕø˧ 交初 (XI, 6)

tø˨˩˦ kjau˧ 相交 (XIII, 34; XVII, 6 等)

kjau˧˩ (橋) 橋, 參看 kiau˩ (橋) (VI, 2; XII, 1)

kjau˥ (巧)

koi˧˩ kjau˥ 奇巧 (XIII, 26)

kjau˥ (狡)

kjau˥ xwat˧˩ 狡猾 (I, 36)

kjau˨˩˦ (蕎?) 蕎頭 (XI, 11)

kjau˧˩(教) 教(XIV, 33; XIX, 12等)
kjau˧˩ jian˩ 教員(XIII, 13)
kju˥(九) 九
çuk˥ kju˥ laŋ˩ 祝九郎(人名卽祝英台)(XIII, 31等)
kju˥ luŋ˩ 九龍(地名)(XIII, 45)
kjun˧(軍), 參看 çaŋ˧(將), tuŋ˧(東)
kjun˧(君)
kjun˧ çoi˥(或 çai˥) 君子(XIII, 10, 20)
kjun˩(羣) 羣
toŋ˩ kjun˩ 同羣(XVI, 13)
kjut˥(屈)
kjut˥ çuŋ˧ 屈衷(XVI, 4, 18)

316

kw-

kwa˧(瓜) 瓜(XI, 1, 2)
θiat˧ kwa˧ 冬瓜
wa˧ kwa˧ 南瓜(XII, 2)
kwa˩ 右
faɯ˩ kwa˩ 右手
kwa˥(寡) 寡
me˧˩ kwa˥ 寡婦
θau˥ kwa˥ 守寡(III, 6)
kwa˅ 徘徊, 反覆細尋
kau˧ kwa˅ poi˧ kwa˅ ma˧ ra˧ çuŋ˧ ʔbau˥ han˩ 我反來覆去的找都找不見
ʔøk˧˩ pak˧˩ tau˧ tau˥ kwa˅ 出門外來徘徊(XX, 2)
kwa˧˩ 過(I, 25, 26, 29; III, 7; V, 6; IX, 1; XIV, 5等)
kwa˧˩ ta˧˩ 過河(III, 7)
pi˧ hwa˧˩ 去年(XIX, 7)
kwa˧˩ laŋ˧ 後來(I, 36; V, 6; XIII, 11)
kwa˧˩ θoi˧˩ 過世, 死(XV, 1)
kwa˧˩ mɯn˥ laɯ˧ poi˧? 上哪裏去?
kwa˧˩ mɯn˥ laɯ˧ ma˧? 從哪裏來? (I, 8)
θim˧ ʔdwai˧ kwa˧˩ 心裏難過, 不樂(XIII, 42)
kwa˧˩ θim˧ 滿意(XVI, 2; XVIII, 29)
tɯ˩ pe˩ kwa˧˩ xun˩ 特別過人, 與衆不同(I, 2)
kwa˧˩ xau˧˩ 過後(XVIII, 22; XX, 1等)
ŋon˩ kwa˧˩ ŋon˩ 過了一天又一天(XIX, 3; XX, 1)
kwa˧˩ θian˧ 死(XIX, 11)
kwa˧˩(卦)
puk˥ kwa˧˩ 卜卦(XIV, 28)
tan˧ kwa˧˩ 起誓(XIII, 11)
kwai˧(乖) 巧, 好(I, 5; XIII, 10; XVI, 7; XVII, 9等)
høi˧ kwai˧ 用計(XX, 17)
kwai˥(怪) 怪(XIV, 14)
tɯk˩ xun˩ kwai˧˩ 被人怪(VIII, 2)
çiŋ˧ kwai˧˩ 精怪(XIV, 29, 39, 40)
kwai˧(規)
fam˧˩ kwai˧ mø˩ ti˧ lai˧˩ 犯規模的例, 干犯了法令(XIV, 27)
kwai˧(歸)
kwai˧ ʔim˧ 歸陰(XIII, 49)
kwai˧˩(貴)
jau˅ kwai˧˩ 貴友, 好友, 詩中用稱情人之詞(XX, 12)

fau˦ kwai˦ 富貴 (XVIII, 9)
kwak˥ 鋤頭
kwan˧ (關) 關, 參看 kwen˧ (關)
kwan˧ hin˩ xø˩ θɯ˦ 關人何事 (X, 3)
çi˅ ʔbau˥ kwan˧ kau˧ θai˦ 就不關我的事了 (XIII, 14)
kwan (官?) 丈夫 (XIII, 38, 40, 47; XV, 4; XVI, 17, 18 等)
kwan˧ pa˩ 夫妻 (IX, 1; XIII, 38, 41; XIV, 6; XV, 8 等)
tiau˦ kwan˧ 弔關, 棄夫也 (XVI, 1, 3 等)
kwan˥ (管) 管(筆之量詞), 參看 kuan˥ (管)
kwan˦ (貫) 貫 (數目) (XII, 3)
kwaŋ˥ (廣)
jaŋ˩ fan˩ kwaŋ˥ 楊文廣 (神名) (XV, 26)
ruŋ˦ kwaŋ˥ 籠廣 (村名)
kwaŋ˦ 廣 (XVII, 17; XIX, 9 等)
kwaŋ˧, ˩ 包圍 (II, 11)
kwaŋ˩ 潭 (XVII, 15; XXII, 2)
kwe˧ (瓜?)
kwe˧ ʔdi˧ 苦瓜 (XI, 3)
kwe˧ liaŋ˩ 黄瓜
kwe˥ 割草 (XI, 1, 4)
kwen˧ (關) 關, 參看 kwan˧ (關)
kwen˧ tau˧ 關門
kwen˦ (慣), 參看 θuk˩
kwen˦ (攢?) 抛 (III, 13)
kweŋ˦ 抛
kwi˦ (桂)
kwi˦ lim˩ 桂林 (地名) (X, 3)
kwi˦ (貴)
kwi˦ çaɯ˦ 貴處 (V, 8)
kwi˦ (跪) 跪 (XIII, 11, 47)

kl-

kla˧ 鈎住 (XV, 9)
kla˧ 粗 (棍)
kla˥ 稻秧 (XI, 4; XVI, 15; XVII, 14; XXVI, 1)
kla˥
kla˥ ŋon˩ 太陽 (VII, 1; XXV, 2 等)
kla˅ 孤, 喪 (XVI, 4; XVII, 10; XVIII, 19)
lɯk˩ kla˅ 孤子
kla˅ pø˩ 喪父 (XVII, 12)
klai˧
pi˧ klai˧ 前年
klai˧ 遠 (III, 2; XIII, 43 (?))
klai˩ 欲, 戀 (XV, 17; XIX, 15)
θɯaŋ˥ klai˩ 想要 (XIII, 9)
lɯk˩ lan˧ klai˩ me˦ 子孫戀母 (XVI, 19)
klai˥
rok˩ klai˥ 麻雀 (XIX, 6)
klak˦ 參看 klik˥
klak˥ 纏線籰
klak˩ 絞 (繩)
klam˧ 快而不清楚 (語言)
klam 樹名
ʔbaɯ˧ klam˦ 樹葉可用以染糭子成紅色 (XII, 3)
klan˦ 刺 (鼻, 目)

klaŋ˧ 中間, 中午, 晚(近午); 半 (III, 8; XIII, 15, 17)
  klaŋ˧ klaŋ˧ 晚, 近午 (V, 9)
  klaŋ˧ ɕuŋ˧ 中間 (XX, 10)
klaŋ˥
  klaŋ˥ xɯn˧˩ 半夜
klaŋ˨˦ 踩過(地上有許多東西)
klɑŋ˧ 囚 (X, 4, 12; XV, 21, 22, 23)
klɑŋ˥ 蠻不講理
klɑŋ˧˥ 脚鏈
klɑŋ˨˦ 以樹木阻路
klap˧˥ 砍好的小條柴
klap˧˥
  θɑi˧ klap˧˥ 長蚌
klau˧ 參看 klwau˧
klau˧˩ 參看 klwau˧˩
klau˦˨ 參看 klwau˦˨
klɑu˧ 硬(飯)
klɑu˧˩ (球?) 球, 參看 kiɑu˧˩ (XX, 9)
klɑu˧˩ 頭(蒜頭, 葱等之量詞)
  klɑu˧˩ kjau˦˨ 蒜頭
klɑu˧˥ 搖動
klɑu˧˥
  xan˧˩ klɑu˧˥ 兩頭尖的挑柴扁担
klɑu˨˦ 土塊
klɑɯ˥ 近
kle˧ 語助詞
1. 問話:
  kɯ˧ kai˧˥ (>kə˧˥) ma˧˩ plup˦˥ plup˦˥ kle˧, me˨˦ tai˧˩? 吃什麽格吱格吱的阿, 外婆? (II, 3)
  kai˧˥ ma˧˩ riŋ˦˨ kluŋ˥ kluŋ˧˥ kle˧, me˨˦ tai˧? 什麽滚的骨轆骨轆的阿, 外婆? (II, 7)
2. 解釋口氣:
  ɕø˧ lai˧˩ tɯk˩ xun˧˩ kwai˧˥ θɑu˧ kle˧ lo˧ 故此被人怪你們了 (VIII, 2)
  ɕø˧ lai˧˩ jɯɑŋ˨˦ nɑi˦˨ ʔeu˧ ɕɯŋ˧ fap˥ mai˥ kle˧ lo˧ 故此叫作愛法 (IX, 1)
klek˧˩ 參看 klok˩
kleŋ˧ 硬, 實 (XVI, 3)
kli˧˥ 窮 (XI, 10; XII, 3 等)
kliɑn˥ (捲?) 捲 (XIII, 27)
klik˦˥ 懶 (I, 1; XI, 5; XVIII, 9 等)
  klik˦˥ klak˧˥ 懶
kliŋ˥ 滚, 參看 kloŋ˥ (I, 36)
klip˦˥ 魚鱗
klit˦˥
  pi˧ klit˦˥ 大前年
kliu˧˥ 參看 rok˩
klo˧ 語助詞
  kɑn˥ lɑŋ˧˥ pɑi˧˩ nɑi˦˨ (>pen˧˩) ʔøk˧˥ røk˨˦ poi˧ ra˧ θɑi˨˦ klo˧ 後來出外去找事了 (IV, 4)
klok˩
  klok˩ klek˧˩ 柴木落地聲 (I, 36)
klom˥ 翻掘(土) (XI, 1)
kloŋ˥ 洞
kloŋ˧˩ 鳥籠
kloŋ˥
  kloŋ˥ rɯi˧ 蜜蜂筒
kloŋ˥
  kloŋ˥ kliŋ˥ 滚 (I, 36)
kloŋ˨˦ 搴 (I, 2, 4, 5 等)
kloŋ˨˦ 林中野獸所經之路
klop˦˥ 笠 (XXIII, 1)
klø˧ 枯

ɽai˧ klø˧ 枯死，乾死 (I, 35)
klø˥
haɯ˧ klø˥ 馬頭墟 (墟名)
klø˨ 炭
klø˩ 一種瓜
kløi˧ 籃子 (III, 8; X, 8)
kløi˧ ɕai˅ 籃深而密用以盛灰
kløi˧ luaŋ˨ 籃疏用以盛草
kløi˧ pun˩ 洗米籃
kløi˥ 香蕉 (XII, 5; XX, 15)
kløk˩ 箍，圈 (XVI, 9)
kløŋ˧ 鼓 (I, 3, 28)
kløŋ˨ 搖 (門)
kløŋ˅ 圍，束 (頸)
kløŋ˅ xø˨ (以鍊) 束頸
kløŋ˩ 小籃子 (可盛十斤米)
klu˧ 鹽 (II, 8; XI, 4)
klu˥ 抹，塗 (II, 12)
kluŋ˥ kluŋ˩ 滾動貌 (II, 7)

klw-

klwa˩ 堆 (土) (XI, 1)
klwan˧ 日蝕，關連
kla˥ ŋon˨ tø˅ klwan˧ 日蝕
jian˨ θim˧ θai˩ tø˅ klwan˧ 心事原是相關的 (XIII, 40)
klwan˧ 香
klwaŋ˧ 棕樹
klwaŋ˥ 藤篓
klwaŋ˩ 高 (人)
klwau˧ (或 klau˧) 蜘蛛
tu˨ klwau˧ 一隻蜘蛛
ɽøŋ˨ klwau˧ 蜘蛛網 (XXV, 2)
klwau˨ (或 klau˨) 攪動
klwau˥ 快，忙 (吃飯)
klwau˅ (或 klau˅) 攪 (菜，卵)
klwau˩ 土坤，參看 klau˩ (?)
klwe˥ 一種小蛙

l-

la˨ (鑼) 鑼，參看 lø˨ (鑼)
ʔdan˧ la˨ 一面鑼 (I, 27)
la˨
la˨ θɥɯ˥ 炮仗 (XII, 1)
la˨ (羅)
la˨ kiŋ˧ 羅經，羅盤 (XX, 6)
la˥ 下 (I, 5. 12, 28 等)
la˥ ʔoi˩ 腋下
la˥ xø˨ 喉
haɯ˧ la˥ 村名
la˥ θi˅ 社神樹下 (XII, 1 等)
la˥ tom˧ 地，地下 (III, 11)
la˥ tin˧ 脚下 (XXI, 2)
la˥ 仍，還，自從 (XII, 1; XVII, 18; XIX, 9 等)
ȵiaŋ˨ la˥ ʔi˥ kau˨ te˧ ne˥ 仍然還要求他呢 (V, 6)
la˥ ʔi˧ ɕi˅ kla˅ pø˩ 自小就喪父 (XVII, 12)
la˥ ni˩ 問話語助詞 (詩中用)，參看 la˩
ʔan˧ tɯak˩ rau˨ la˥ ni˩? 不知是我們的地不是? (XV, 10)
la˥ jɯaŋ˩ 問話語助詞 (詩中用)，參看 la˩
ʔan˧ ɕi˅ liau˅ la˥ jɯaŋ˩? 不知 (你賣) 完沒有? (XIV, 20)

la˅ çoi˧˩ 鸕鷀

rok˩ la˅ çoi˧˩ 鸕鷀鳥

la˧ 語助詞(多詩中用)

1. 問話:

mɯŋ˧˩ kja˧ taŋ˧˩ te˧ la? 你(是)他家(的人)麽? (XIII, 33)

ja˧˩ lau˅ toŋ˧˩ kau˧ la˧˥? (你是)我老同的妻麽? (XIII, 35)

taŋ˥ kau˧ nan˧˩ lai˧ la˧˥? 等我很久了罷? (III, 15)

2. 果然口氣:

tɯk˧˥ klaŋ˧ θoi˧˩ nai˅ la˧˥! 現在被(人)囚起來了罷! (XV, 22)

lai˧ 多,很,太(I, 13; III, 7; XIII, 15, 25, 26, 36等)

koi˥ lai˧ 幾多,多少(I, 18等)

ʔak˥ lai˧ 很惡,很兇(X, 4)

koi˥ lai˧ nan˧˩ 幾久(X, 3等)

ʔbau˥ koi˥ lai˧ nan˧˩ 不久,沒多久(III, 11)

kai˥ ʔjau˧ θim˧ lai˧, pø˧˥! 別太操心了,爸爸! (XIII, 11)

θai˧˥ ma˧˩ kan˥ pan˧˩ lai˧? 什麽事如此的急? (XVII, 1)

lai˧˩(來),來參看 xau˧˥(後), θø˥(所) çø˧ (XX, 2)

lai˧˩

lai˧˩ luan˧˥ 隨便,輕易(XIV, 37)

lai˧˥(賴?) 參看 θɯŋ˧˩

lai˧˥(賴?)

lai˧˥ θat˩ çoi˥ θɯ˧˩ jaŋ˧˩ 按日子等死(XVI, 20)

lai˧˥(例)

fam˧˥ kwai˧ mø˧˩ ti˧ lai˧˥ (犯規模的例)犯條例,犯禁令(XIV, 27)

lak˧˥ 初次(XIX, 11, 12)

lak˧˥(樂?),參看 θø˧(蘇), løk˧˥(樂)

lak˩ 深(XIX, 12)

ta˧˥ lak˩ 河深

lak˩(勒)

pɯk˥ lak˩ 迫勒(XVI, 5)

lak˩ pak˩ 蘿蔔(I, 14; XI, 11)

lam˧˥(纜) 拴住(I, 14)

lam˧

xø˧˩ lam˧ 頸背

lam˧˩

tam˧ lam˧˩ 撞頭(?)(XVII, 12)

lam˅ 跌倒,倒

lam˅ rau˥ 倒頭(XX, 8, 11)

ʔdan˧ θim˧ ʔdwai˧ lam˅ 心中(實)不甘(XX, 13)

lam˧˥ 摸找

lan˧ 孫,姪,外孫(II, 4; IX, 1; XVI, 20; XVII, 5等)

lɯk˩ lan˧ 孫,姪,外孫,子孫(II, 1; XVI, 19)

lan˧˩(欄) 牛欄

toŋ˅ lan˧˩ 牛欄(I, 13)

lan˧˩ 捻(繩子)

laŋ˧˩(郎)

çuk˥ kju˥ laŋ˧˩ 祝九郎(人名即祝英台)(XIII, 31等)

laŋ˅ taŋ˧˥ 勉強,不願貌(XIV, 13)

laŋ˧˥ taŋ˧˥ 參看 jau˧˩(游)

laŋ˧˥(浪) 浪,參看 lau˧˩(流)(XX, 10)

laŋ˧ 背,後

pa˧˩ laŋ˧ 背,脊背(V, 9)

ŋon˨ laŋ˧ te˧ 次日 (V, 6)
laŋ˧ faɯ˨ 耳瓜子 (XIII, 10)
laŋ˧ 處, 家 (I, 1, 3 等)
laŋ˧ mɯŋ˨ 你家裏
laŋ˧ plau˧ 我們地方 (VI, 1)
laŋ˨ 擋住
lap˥ 閉目, 睡着; 黑 (II, 2; IV, 3; XII, 5, 9; XIV, 12, 31; XV, 7 等)
nin˨ ra˧ lap˥ 睡着
nin˨ ˀbau˥ lap˥ 睡不着
lap˥ liau˅ 天黑了 (IV, 3 等)
ran˨ lap˥ pi˅ lap˥ pat˩ 天朦朧亮 (VII, 2; XII, 1)
lap˩ (立), 參看 lip˩ (立)
lap˩ ɕoi˧ 立志 (XVI, 15)
lat˩ 篩子, 篩 (XXI, 3)
ˀdan˧ lat˩ 一個篩子
lat˩ xau˅ 篩米
lat˥
fai˅ lat˥ 叢林
ˀdaɯ˧ luaŋ˧ ˀdoŋ˧ lat˥ 在叢山森林中 (III, 4)
lau˧ 怕 (X, 2; XI, 1; XIII, 11, 16, 18; XIV, 31 等)
lau˨ 猪油 (VI, 1; XI, 4 等)
lau˨ (牢) 牢, 獄 (XV, 25; XVIII, 14)
lau˥ (老), 參看 lau˅ (老)
lau˥ θian˧ θaŋ˧ (或 θeŋ˧) 老先生 (XIV, 32, 35)
lau˅ (老) 老, 大 (I, 1, 31; VI, 1; IX, 1; XIII, 41; XIV, 1 等)
lau˅ toŋ˨ 老同, 結拜好友 (XIII, 28, 35; XV, 25)
ta˅ lau˅ te˧ 他的大女兒 (I, 1)
lau˅ θai˧ 老師 (V, 8, 9; X, 7, 8; XIII, 21)
lau˅ θan˩ 壽禮 (I, 2)
xø˨ nam˨ lau˅ 河南老 (V, 7, 9)
koŋ˧ lau˅ te˧ 他父親 (IV, 4; IX, 1)
lau˩ 剩下
lau˩
høi˧ lau˩ 姦搶 (兵士)
lau˨ (留) 留 (XII, 4; XIX, 17)
lau˨ (流) 流
lau˨ laŋ˩ ti˧ xun˨ 流浪的人 (XV, 3)
ram˅ lau˨ 水流
lau˨ ˀa˧ 流浪的烏鴉 (XVII, 16)
lau˨ (劉) 劉 (姓)
lau˨ tiŋ˩ jau˨ 劉定猷 (人名) (X, 6)
lau˨ kan˧ 劉乾 (人名) (XIV, 34)
lau˨ (樓) 樓
lau˨ 參看 ma˅ lau˨
lau˥ 酒 (I, 29; XIV, 33 等)
lau˥ 語助詞 (多詩中用), 參看 lu˧, ˥, lo˧
1. 命令:
poi˧ ma˧ ran˨ mɯŋ˨ lau˥! 回你的家去罷! (XIII, 40)
pan˨ te˧ ɕi˅ ma˧ lau˥! 那麽就來罷! (XV, 9)
2. 敍述:
xun˨ ˀɕau˨ hoŋ˩ poi˧ lau˥ 人全拿空了! (XIV, 27)
nan˩ θian˧ kja˧ tiŋ˩ lau˥! 料想一定是仙家 (XIV, 34)
jian˨ ˀbau˥ poi˧ tiŋ˩ lau˥! 一定不去 (他那裏) 了! (XVI, 14)

çeꓶ ʔdaɯ˧ raŋ˨ kau˧ lauꓶ! 就是我家裏的姐姐咯! (XIII, 32)

3. 時間附屬句(?)

kiŋ˧ ʔdaiꓶ pan˨ naiv lauꓶ, kwa˦ xau˦ ʔbauꓶ kaŋꓶ huŋ˧ 經過了如此阿, 過後纔不說大(話), (XVIII, 22)

lau˦ (漏) 漏 (XIII, 5, 37; XVIII, 24; XX, 8)

laɯ˧ 哪, 哪裏, 何處 (I, 10; XIII, 1 等)

mɯnꓶ laɯ˧ 哪裏 (I, 8; III, 4, 10 等)

又語助詞: ʔbauꓶ (>ʔbuꓶ) naŋ˨ rø˦ tiŋ˧ laɯ˧ꓶ! 別在外廳坐罷! (I, 4)

laɯ˧ te˧

laɯ˧ te˧ mɯŋ˨ çaŋ˨ røv? 難道你不知? (XVII, 20)

laɯ˨ 野蠻, 蠻不講理 (XIII, 23, 24)

ʔjak˦ laɯ˨ 蠻惡, 兇蠻 (XIII, 23)

laɯ˨ 鈍

le˧ 語助詞

1. 敍述:

çoŋ˨ mɯnꓶ naiv kuak˦ me˦ mai˦ le˧! 從此作寡婦了! (III, 8)

tokꓶ laŋ˧ ma˧ høꓶ miŋ˨ tauꓶ taŋ˨ liauv, ʔau˧ çuŋ˦ ma˧ tɯkꓶ tu˨ mav lau˨ te˧ le˧ 後來虎鳴來到了, 拿槍來打那個猴子 (III, 2)

2. 問話: çan˧ røv kjaꓶ le˧, toi˨? 眞的還是假的阿, 朋友? (XIII, 8)

le˦ 木勺

len˨ (連)

len˨ çaŋꓶ 連長 (III, 18)

leŋv (冷) 冷

leŋv tam˦ 冷淡 (XX, 14)

let˦ 一

kau˧ let˦ kɯ˧ ŋai˨ çau˦ poi˧lu˧ ne˦ 我一吃了飯就去

li˨ (離) 離, 參看 loi˨ (離) (XIII, 22; XVIII, 20)

li˨ 稀, 不密

liꓶ (理), 參看 loiv (理)

tian˧ liꓶ nan˨ juŋ˨ 天理難容 (I, 36)

liꓶ (李) 李 (姓), 參看 loi˨ (李) (V, 1)

liꓶ çau˧ kjun˨ 李超羣 (人名) (V, 1, 3, 6 等)

liꓶ pauꓶ çan˧ 李寶山 (人名) (III, 16)

liꓶ tan˦ 李旦 (人名) (XVII, 17, 18; XVIII, 20)

liv, ꓶ 自從, 還, 仍然 (XIII, 39; XIV, 43, 44, 47; XV, 3, 5; XXI, 2 等)

θɯ˦ liv ʔi˦ 自小 (VI, 1)

liv ʔi˦ 自小 (IX, 1; XIII, 49)

liv 活的, 生 (XVII, 20)

li˦ (利), 利, 參看 loi˦ (利) (XIV, 27)

li˦ xai˦ 利害 (XIV, 29, 42)

lian˨ (蓮) 蓮 (XIX, 9)

lian˨ (連) 連 (XIX, 14, 16 等)

lian˨ xam˦ 連夜 (XV, 12)

lian˨ lian˨ 淚流不已貌 (XIX, 13)

lian˦ (練, 鍊) 鍊子, 帶子; 練習, 修練 (VI, 1; XIV, 1, 3; XVII, 13 等)

lian˦ (戀) 戀, 想念 (XVII, 3)

liaŋ˨ (梁) 梁 (姓) 參看 lɯaŋ˨ (XIII, 15, 41)

liaŋ˩ çan˧ pɯk˥ 梁山伯 (XIII, 27, 31)

liaŋ˩ (涼), 參看 θi˧ (淒)

liaŋ˩ (良) 良 (XIX, 11)

liaŋ˥ (兩)

θø˥ jau˦ liaŋ˥ nan˩ 左右兩難 (XIII, 44)

liaŋ˦ (量), 參看 xan˦ (限), lɯaŋ˦ (量)

liap˦ 劈, 破 (XIV, 7)

liau˧ 火把

liau˩ (留) 參看 θau˧ (收)

liau˅ 完, 了, 完了 (I, 1, 4, 19; III, 12; XIV, 20, 24; XIX, 10 等)

fɯi˩ liau˅ ti˧ xau˦ 祭了之後 (XII, 3)

ma˧ kɯ˧ ŋai˩ liau˅ çi˅ poi˧ pak˦ pau˥ xan˅ na˩ 回來吃完了早飯就去補築田堤 (XI, 5)

θøŋ˧ pu˅ xun˩ hi˥ kiŋ˧ kwa˦ liau˅ lo˧, ʔan˧ hø˥ miŋ˩ ma˧ lum˩ tø˅ kai˦ ʔjau˦ rapʌ ta˦, θø˥ hi˥ ne˥ jau˦ çwen˥ kwa˦ rapʌ ta˦ poi˧ ʔau˧, pu˅ xun˩ pa˅ te˧ ka˦ poi˧ ma˧ ran˅ liau˅。 兩個人已經過了(河)了, 因爲虎鳴把東西忘掉在河那邊, 所以又轉過河那面去取那, 女人自己回家去了 (III, 7)

用於句首當於是解:

pai˩ nai˅ liau˅ ʔdan˧ kja˧ fuŋ˧ te˧ ne˥ çi˅ ka˦ çiam˅ çiam˦ mi˩ hɯn˥ tau˥ lu˧ po˦ 於是他的家風(指家運)呢就自己富有起來了 (IV, 4)

liau˦ 錘, 參看 çi˩ (錘)

liau˦ (料)

liau˦ loi˅ 料理 (XVIII, 23)

lik˩ 行 (田中一行一行的土) (XI, 1)

høi˧ lik˩ 分成行 (田中土) (XI, 1)

lim˩ (鐮) 鐮刀

lim˩ pɯŋ˥ 割草鐮刀

lim˩ fun˩ 割柴刀

lim˩ (林), 參看 kwi˦ (桂), θɯaŋ˦ (上)

lin˩ lin˩ 或 lin˅ lin˩ 長久貌, 心慌貌 (XVI, 2; XVIII, 10; XX, 3)

lin˩ 舌 (XIII, 39)

lin˦ 穿山甲

liŋ˩ liŋ˩ 與 lin˩ lin˩ 同

liŋ˩ (靈) 靈, 參看 fuk˥ (福), çin˩ (神) (I, 5; XIV, 28, 30, 33, 35)

liŋ˩ (零)

liŋ˩ tiŋ˧ 零丁, 零碎 (XVIII, 1)

liŋ˩ 參看 tiŋ˧

liŋ˩ (領) 領, 得 (XVIII, 1 等)

liŋ˩ liŋ˅ 久貌

çi˦ nai˅ tuan˦ liŋ˅ liŋ˅ 這一向許久不見了 (XX, 7)

liŋ˦ 陡 (I, 36)

liŋ˦ (令) 令

kuak˦ liŋ˦ 發令 (XIV, 27)

liŋ˦ (另) 另外, 另樣 (IX, 1; XIII, 24; XIV, 16; XV, 1; XVI, 7; XVIII, 30; XIX, 14 等)

liŋ˦ (?) (XIV, 31)

lip˩ (立), 參看 lap˩

lip˩ toŋ˧ 立冬 (XI, 12)

lit˩

lit˩ ɲit˩ rɯi˦ 隱約不清貌 (IV, 1, 3)

lo˧,˥ 語助詞, 口語中用, 詩中多用, lu˧,

lau˥, 參看 ʔi˥ lo˧, ʔi˥ lu˧, ʔi˥ lau˥

1. 敍述:

tɯk˦ lo˧ 是了

mi˨ koŋ˧ ʔdeu˧ lau˅ lo˧, fau˦ lo˧ 有一個人老了, 富了 (I, 1)

kan˥ laŋ˧˥ pai˨͡nai˅ (>pen˨) kloŋ˦ nuaŋ˅ hoi˨ te˧ hi˅ nam˦ ɕai˦ te˧ ra˧ ʔau˧ kai˦ (>ki˦) ŋan˨ la˥ kiam˅ tau˧, ʔau˧ poi˧ ma˧ lo˧ 跟後那羣姨妹也由他找門檻下的銀子, (由他) 拿回去了 (I, 12)

2. 完事:

kai˦ (>ki˦) hɯɑt˦ ʔdoi˧ lo˥ 暖好了 (I, 32)

3. 發現, 覺悟:

ha˦! poi˅ je˨ tau˥ lo˧! 喲! 姐夫來了! (I, 6)

ʔo˅! kau˧ rø˅ lo˧! kau˧ rø˅ lo˧! 哦, 我知道了! 我知道了! (X, 7)

4. 時間附屬句:

pai˨͡nai˅ (>pen˨) hoi˦ toŋ˨ taŋ˨ te˧ xun˨ rø˅ lo˧, ɕin˨ kø˧ je˨ kan˧ xwat˨ lum˥ pan˨ nai˅, ʔi˥ θwaŋ˥ mau˨ te˧ 於是那些同堂 (兄弟姐妹等) 的人知道了陳姑爺如此的奸猾, 要想謀他 (I, 29)

5. 假設附屬句:

taŋ˦ te˧ nau˨ han˧ lo˧, nau˨ liŋ˨ lo˧, rau˨ ɕi˅ ʔau˧ ŋan˨ haɯ˥ te˧ lo˧ 如果他說着了, 說靈了, 我們就拿銀子給他了 (I, 5)

6. 假設結果:

kø˧ nau˨ toŋ˅ lau˨ ʔdoi˧ ne˥, xwai˨ ɕi˅ hau˥ ma˧ lo˧ 以爲牛欄好呢, 水牛就進來了 (I, 13)

7. 否定命令:

θoi˦ xun˨ kau˧ ʔbau˥ (>ʔbu˥) kaŋ˥ lo˧! 我這一輩子不用提了! (III, 6)

loi˨ (梨) 梨

lɯk˦ loi˨ 梨 (XII, 5)

loi˨ (離), 參看 li˨ (離)

fan˧ loi˨ 分離 (XVII, 18)

loi˥ 銅子兒 (借字) (XI, 12)

ʔdan˧ loi˥ 一個銅子兒

loi˅ (鯉) 鯉

pla˧ loi˅ 鯉魚 (IV, 4; XVII, 20; XIX, 7, 8 等)

loi˅ 梯子

loi˅

loi˅ ɕa˨ 洗衣棒, 棍 (I, 20, 21)

loi˅ (李), 參看 li˥ (李)

loi˅ ŋøt˦ 李矮村 (村名)

fai˧ loi˅ 李壩村 (村名)

loi˅ (理) 理, 參看 li˥ (理) (XVII, 8)

liau˨ loi˅ 料理 (XVIII, 23)

ʔbau˥ loi˅ 不理 (XVI, 1)

ɕiŋ˥ loi˅ 整理 (XI, 1)

loi˅ loi˦ 門上紅紙 (年節時用)

loi˦ (利) 利, 參看 li˦ (利)

ɕian˨ loi˦ 利錢

loi˦ xai˦ 利害 (XV, 27)

loi˦ (類) 類 (X, 3)

lok˥ 錯

lok˥ θau˧ 對不起你 (V, 4)

θuan˦ lok˥ 算錯

lok˥ lok˥ 參看 ŋøn˨

lok˨ (鹿)

ma˧ lok˨ 鹿

luak˩ ɕaŋ˧ 淥倉(村名)
wi˅ luak˩ 韋淥(村名)
luan˨ 圓(I, 14)
luan˦ (亂) 亂(XIII, 33; XIV, 35; XVII, 22 等)
luan˩ loŋ˦ 亂弄(V, 7)
luaŋ˨ 參看 kløi˧
luaŋ˦ 叢,羣
ʔdaɯ˧ luaŋ˦ ʔdoŋ˧ 在叢山中(III, 2)
ʔjau˦ luaŋ˦ lap˥ ʔjau˦ 在黑暗中(II, 2)
ʔjau˦ luaŋ˦ xun˨ 在人羣中(XVI, 4)
luaŋ˦ tøi˦ 在同伴中(XVI, 4)
luk˩ 怒,恨(XVIII, 4, XIX, 13 等)
luk˩(六) 六,參看 lok˩
luk˩ ŋiat˨ 六月(XIV, 25)
lum˨ 忘(III, 7; XIII, 12, 16, 34; XIV, 25; XVIII, 12 等)
ɕam˩ ka˩ ʔjɯan˨ ʔbau˥ lum˨ 也自己怨恨不已(XV, 21)
lum˥ 似,像(I, 14, 29; II, 11; XVII, 9, 22 等)
lum˥ ʔwan˥ nai˅ 像碗那様,跟碗一様(III, 11)
lum˥ nau˨ 好像是(III, 2 等)
lum˅ 加肥料埋成堆(XI, 3)
lum˅ kwa˧ 以肥料(如豆渣等)堆在瓜根上
lun˨ 詩中稱情人之詞,或與兄妹等字合用(XVIII, 7)
nuaŋ˅ lun˨ 妹妹,詩中稱女子(XVI, 2; XVII, 6; XVIII, 19, 25 等)
poi˅ lun˨ 哥哥,詩中稱男子(XVII, 22; XVIII, 18; XX, 6 等)
lun˨(崙),參看 kun˧(崑)
lun˩(論) 論(XIII, 24; XVII, 8, 21; XVIII, 28 等)
ʔbau˥ lun˩ 不論(XI, 11; XVII, 4)
lun˩(輪) 輪子
lɯk˩ lun˩ 輪子(XVIII, 17)
luŋ˨(龍) 龍(XVII, 20; XVIII, 29; XIX, 7, 8 等)
luŋ˨ waŋ˨ 龍王(I, 23, 24)
luŋ˨ 伯父,舅父(母兄),姑夫(父姊夫),哥(女人用)(XVII, 10)
pø˩ luŋ˨ 伯父,舅父
poi˅ luŋ˨ 哥哥(女人用)(XIII, 7, 8; XVIII, 8)
luŋ˨(朧).參看 muŋ˨(朦), loŋ˨(朧)
lut˥ 紗仔筒
θa˥ lut˥ 紗仔筒
lut˩ 趕(猪,牛)(XIV, 27)
lɯ˧ 剩
lɯ˦ 還,仍(XXI, 1)
lɯan˨ 昨
ŋon˨ lɯan˨ 昨天
lɯaŋ˨(梁) 梁(又姓),參看 liak˨(梁)
lɯaŋ˨ ɕan˧ pɯk˥ 梁山伯(人名)(XIII, 4)
lɯaŋ˨(良)
lɯaŋ˨ θim˧ 良心(XIV, 5; XV, 15; XVII, 19)
lɯaŋ˨(糧)
lɯaŋ˨ θau˥ 糧草(III, 16)
lɯaŋ˨ jɯaŋ˥ 糧餉(III, 18)

lɯaŋ˥ 傘 (XIII, 34; XVI, 20; XXVI, 1)

lɯaŋ˧˩˧ peŋ˨˩ 良平 (地名)

lɯaŋ˧˥ 望, 看 (XIII, 2, 18, 24, 46; XIV, 2, 32 等)

lɯaŋ˧˥ (諒) 諒 (XIII, 26; XVI, 2)

lɯaŋ˧˥ (量), 參看 liaŋ˧˥ (量)

hɵi˧ lɯaŋ˧˥ 開量, 盡量 (XIV, 18)

lɯat˧˥ 血 (II, 12; V, 3, 4; XIV, 13, 38 等)

lɯk˩ 孩子, 又常用於果名前, 果子 (I, 1; II, 2; III, 8; XX, 10 等)

lɯk˩ ŋe˨˩ 小孩子 (III, 8; XIII, 33, 34 等)

lɯk˩ θau˧ 女孩, 女兒 (I, 1)

lɯk˩ kɯi˨˩ 女婿 (I, 2)

lɯk˩ kla˧˩˧ 孤子

lɯk˩ faɯ˨˩ 手指

tak˩ lɯk˩ 兒子 (III, 12, 13; VIII, 1, 2; IX, 1 等)

ta˧˩˧ lɯk˩ θau˧ 女兒

ʔjian˧ lɯk˩ 烟苗 (XI, 8)

lɯk˩ ʔdi˧˥ 苦瓜 (XI, 2, 4)

lɯk˩ man˥ 李子 (XVII, 4)

lɯk˩ lan˧ 姪子, 姪女, 孫子, 孫女, 外孫子, 外孫女; 子孫 (II, 1, XVI, 19)

lɯk˩ θai˧ 徒弟 (X, 6)

xwai˨˩ lɯk˩ 小牛 (I, 13)

lɯk˩ ŋan˧˩˧ 龍眼 (XII, 5)

lɯk˩ loi˨˩ 梨 (XII, 5)

lɯk˩ lun˧˥ 輪子 (XVIII, 17)

lw-

lwet˧˥ 塗

m-

ma˧ 停頓語助詞

θɵ˥ lai˨˩ ma˧ 所以嘿 (III, 15)

te˧ θɯ˧˥ koi˥ ma˧ çi˧˩˧ tɵi˧˥ xun˨˩ ʔbau˥ hɯn˥ 他自己嘿就對人不起 (無面見人) (III, 16)

ma˧ 狗 (X, 3)

ma˧ tak˧˥ 公狗

ma˧ me˧˥ 母狗

ma˧ 來, 回來 (III, 11, 12 等)

ma˧ taŋ˨˩ 來到, 回到 (III, 6 等)

poi˧ ma˧ 回去 (III, 7 等)

çaɯ˧˩˧ ma˧ 買來

kwa˧˥ mɯn˥ laɯ˧ ma˧ tok˧˥? 由哪兒來阿? (I, 8)

poi˧ tɯk˥ rok˩ ma˧ çɯaŋ˧˩˧ miŋ˧˥ (去) 打鳥 (來) 爲生 (III, 1)

ma˨˩ 何 (XIII, 2, 48; XIV, 6; XVI, 10 等)

kai˧˥ ma˨˩ 什麼 (I, 2 等)

ŋon˨˩ ma˨˩ 何日 (XI, 5; XIV, 3; XV, 1)

kɯ˧˩˧ ma˨˩ 什麼 (III, 15 等)

ma˥ (馬) 馬 (又姓) (X, 2; XIII, 42, 47, 50)

ma˧˩˧ (馬) 馬 (I, 14, 15, 16 等)

ma˧˩˧ tau˨˩ 馬頭 (村名)

ma˧˩˧ tau˨˩ tuan˨˩ 馬頭團 (卽馬頭村) (V, 1)

ma˧˩˧ tai˨˩ kiak˥ 馬蹄脚, 詩歌之一種

ma˧˩˧ lau˨˩ (粵語借字) 猴子 (III, 2)

mai˧ 點, 塗色

mai˧ na˥ xun˨˩ 塗人面

mai˧ ʔdam˧ 黑點
mai˨ (埋) 埋
toŋ˨ mai˨ 同埋 (XIII, 48)
mai˥ 愛, 喜歡 (I, 2, 3; X, 1 等)
fap˥ mai˥ 愛法, 使人相愛之法術 (IX, 1)
mai˥ hau˧ 容易臭 (XIV, 26)
tø˩ mai˥ 相愛 (IX, 1)
mai˦ 寡, 鰥
me˦ mai˦ 寡婦 (II, 1; III, 8; X, 3)
pø˦ mai˦ 鰥夫
mai˦ 不論……, 就是…… (XIII, 18; XVI, 12, 14; XVII, 8 等)
mai˦ ʔdoi˧ ʔbau˥ ʔdoi˧, mɯɯŋ˨ ɕuŋ˧ ɕaɯ˩ ma˧ ɕø˧ teŋ˧ 不論好不好, 你總得買來纔對
mai˦ pan˨ ʔjau˦ pan˨ ʔjau˦ 不論如何 (XVIII, 24)
mai˦ xan˨ 縱然 (XVI, 5; XIX, 8)
mai˧ 線 (XVII, 18; XX, 14)
mai˨ (迷) 暈迷
rai˧ mai˨ 暈死 (XIII, 39, 43)
kik˥ kik˥ mai˨ mai˨ 哭暈了
mai˩ (米) 米 (XX, 16)
xau˩ mai˩ 包粟 (XI, 1, 2, 4)
mai˦, ˦ (妹), 參看 moi˦, mø i˦ (妹)
θe˥ mai˦ 姐妹 (XXI, 3)
mak˦ 果
mak˥ 舂穀 (以手持棒) (XXI, 2)
mak˩ (墨) 墨 (XVIII, 4)
mak˩ tau˥ 木匠用的墨斗 (XX, 3)
mam˩ 脺臟
man˨ (蠻?), 參看 ʔen˦
man˦ 辣
lɯk˩ man˦ 辣椒
mɯn˥ 李子
fai˩ man˥ 李樹 (XX, 13)
lɯk˩ man˥ 李子 (XVII, 4)
man˦ 能幹, 利害 (X, 2)
mat˥ 蚤 (XVI, 13)
mau˨ (茅)
mau˨ ṇin˨ 茅人 (VII, 2)
mau˦ (貌)
mian˦ mau˦ 面貌 (XIII, 26, 37, 41)
mau˦ (帽) 帽子
ʔdan˧ mau˦ 頂帽子
mau˧ 猪 (V, 2, 9; VII, 2; XIV, 26 等)
mau˨ (謀) 謀 (I, 22, 29)
ɕin˨ xoŋ˨ mau˨ 陳宏謀 (人名) (X, 3)
mau˨
kam˥ mau˨ cøn˧ 茅洞村 (村名), 參看 meu˨ (III, 1)
mau˥ (某) 某
mau˥ mau˥ 某某 (III, 18)
mau˥ (牡)
mau˥ tan˧ 牡丹
mau˥ tan˧ tiṇ˨ 牡丹亭 (XIV, 28)
mau˦ 處 (XIII, 4)
mau˦ laɯ˧ 哪裏
mau˦ raɯ˨ 何處 (XIII, 1, 3, 34)
maɯ˦ 參看 θaɯ˦
me˨ 參看 ʔi˧
me˦ 母, 婦, 雌 (II, 1; III, 11, 15; VIII, 3 等)
me˦ lau˩ 祖母
ma˧ me˦ 母狗

kai˧ me˨˦ 母雞

xun˩ me˨˦ 女人

me˨˦ θim˥ 嬸母

me˨˦ θai˧ 師母 (X, 6)

me˨˦ θian˧ 仙婆 (VI, 1)

mau˧ me˨˦ 母猪 (V, 9)

mek˩ (麥) 蕎麥 (XI, 1, 4)

men˨˦ (慢) 慢, 再, 且 (I, 34; X, 2; XIII, 29, 34; XIV, 4; XV, 9, XVII, 3 等)

mɯŋ˩ men˨˦ ʔjau˨˦, liaŋ˩ juŋ˧! 你且待着罷, 梁兄! (XIII, 29)

meu˩ (茅?), 參看 mau˩

kam˥ meu˩ 茅洞村 (村名) (III, 15)

meu˨˦ 猫

mi˧ 身上毛

mi˩ 有, 有錢 (I, 1, 2; IV, 4; IX, 1 等)

ʔbau˥ mi˩ } 沒有 (I, 1 等)
ʔdwai˧ mi˩ }

fau˨˦ mi˩ 富有 (I, 1)

mian˩ 鬆軟, 碎

tɯk˥ mian˩ 搗碎 (XXII, 1)

mian˨˩˦ (免) 免, 免得 (XXIII, 1; XI, 12)

mian˨˦ (面) 面 (XIII, 21 等)

taŋ˧ mian˨˦ 當面 (I, 2)

mian˨˦ mau˨˦ 面貌 (XIII, 26, 37, 41)

mian˨˦ (麵) 麵, 麥子 (XI, 1, 4; XII, 2; XIV, 16)

mian˨˦ θian˧ 麵條兒 (XII, 7)

mian˨˦ ʔba˧ 麵粉 (XIV, 21)

miau˩ (苗)

kla˥ miau˩ 稻秧 (XXVI, 1)

miau˥ (妙) 妙 (III, 18)

koi˩ miau˥ 奇妙 (I, 2; III, 1)

miau˨˦ (廟) 廟 (XII, 1)

mik˥ 一綑子稻穗, 約四 ŋa˧, 參看 ŋa˧

min˩ 參看 θaɯ˩

miŋ˩ (鳴)

hu˥ miŋ˩ 或 hø˥ miŋ˩ 虎鳴 (人名) (III, 1, 2, 5 等)

miŋ˩ (明) 明 (XX, 4 等)

çoŋ˧ miŋ˩ 聰明 (X, 1)

ta˧ miŋ˩ çan˧ 或 miŋ˩ çan˧ 大明山 (山名) (III, 1, 2)

miŋ˩ (名) 名 (XIV, 1, 30 等)

miŋ˩ çø˨˦ 名字 (I, 3)

miŋ˩ çoi˩ 名字 (XIII, 30)

miŋ˩ (盟), 參看 kiat˥ (結)

miŋ˨˦ (命) 命 (III, 2; VIII, 1, 2, 3; XIII, 25, 38, 42, 43; XIV, 16, 19; XVI, 4 等)

çɯaŋ˨˩˦ miŋ˨˦ 養命, 爲生 (III, 1 等)

tiŋ˨˦ miŋ˨˦ 定命, 定婚 (IX, 1)

θuan˨˦ miŋ˨˦ 算命 (VII, 1 等)

mit˩ 刀

fak˨˦ mit˩ 一把刀

moi˨˦ (妹) 妹, 參看 mai˨˦ (XIX, 1)

θiau˥ moi˨˦ 小妹, 詩中女子自稱 (XIII, 5)

moi˨˦ 醋 (XVII, 11; XIX, 11; XX, 4)

mok˩ tak˩ 木托 (村名)

mon˩ (文) 文, 圓, 塊 (洋錢量詞) (XIV, 18)

mon˩ ŋan˩ 一塊錢 (VIII, 3; X, 13; XII, 4)

mon˩ çian˩ 一文錢 (XXI, 3; XX,

9)

moŋ˩ (朦)

moŋ˩ loŋ˩ 朦朧 (XIII, 37)

mot˩ 蟻 (XX, 5)

mø˩ (模), 參看 kwai˧ (規)

mø˅ 迷 (IX, 1)

mø˧ 新 (XII, 7; XV, 12; XVII, 1, 2)

mø˩ (墓) 墳墓 (IV, 4; XIII, 46; XIV, 41)

møi˅ (每) 每 (XI, 12; XII, 3, 4)

møi˩ (妹) 妹, 參看 mai˩, moi˩

çe˥ møi˩ 姐妹 (XII, 1, 4)

møn˩ (門) 門 (XIV, 30)

tau˧ møn˩ 大門 (III, 8)

ja˩ møn˩ 衙門 (XVII, 2; X, 8)

møn˩ fuŋ˧ 門風 (XVIII, 2)

møn˩ 時

møn˩ nai˅ 此時 (XIV, 22)

mu˩ (磨) 磨 (米) (XXI, 2)

muan˩ (瞞) 瞞 (XIII, 4, 5; XIV, 41)

muan˩ 埋

muan˩ 燈心

muan˩ taŋ˧ 燈心

muan˅ (滿) 滿 (XIV, 36)

muan˅ ran˩ 全家 (XII, 5; XIV, 25)

muan˅ ʔdaŋ˧ 滿身 (XVIII, 16)

muaŋ˅ (網) 魚網

muaŋ˩ (望) 希望, 等 (XXII, 1; XXVI, 1; XIII, 15, 16; XVI, 20 等)

muk˥ 鼻涕

muk˩ (木), 參看 mok˩

muk˥ çɯaŋ˩ 木匠

mum˩ 鬚

mum˩ xau˅ 稻芒

muŋ˩ 芋頭葉 (XX, 15)

muŋ˩ (朦), 參看 moŋ˩

muŋ˩ luŋ˩ 朦朧 (XVIII, 15)

muŋ˩ 參看 θɯŋ˩ muŋ˩

muŋ˩ (夢) 夢見 (XXVI, 1)

mɯ˩ 時候, 參看 fɯ˩ (XI, 5; XII, 5)

mɯaŋ˧ 水溝

mɯi˧ 熊

mɯn˥ 處, 參看 mau˩ (I, 36)

mɯn˥ lau˧ 哪裏 (I, 8; III, 4, 10; XXIV, 1 等)

mɯn˥ rau˩ 何處

mɯn˥ nai˅ 這裏 (III, 3, 4)

mɯn˥ te˧ 那裏 (V, 7)

mɯŋ˩ 你 (I, 10, 18, 20 等)

fan˩ mɯŋ˩ 你 (XIII, 4, 16 等)

fan˩ kɯ˅ mɯŋ˩ 你 (XIII, 1, 38 等)

ml-

mlai˩ 唾液

ʔdun˥ mlai˩ 嚥唾液 (XX, 2)

mlai˅ 口臭

pak˧ mlai˅ 口臭

mlai˅ 生銹

mlak˩ 滑

mlan˅ 踩 (赤足踩人足上)

n-

na˧ 厚

na˩ 田, 水田 (I, 4; II, 1; XI, 1 等)

na˥ 臉, 面, 前面 (I, 3; XIII, 12, 50; XIV, 3, 30; XV, 11; XVI, 10 等)

na˥ xun˧˩ 人前面，人前 (XVI, 12, 13 等)

na˩˧ 矢，箭 (XIX, 16; XX, 9)

na˧˩ 語助詞

1. 問話： rø˥˧˥ huk˦ taŋ˩˧ ˀdwai˧ na˧˩? 知道確實沒有呢？ (XIII, 3)

2. 感歎： pak˩˧ ha˥ na˧˩, kjau˧ ɕai˧˩! 一百五十(斤)阿，嬌才！ (XXII, 1)

nai˥˧˥ (乃) 乃

nai˥˧˥ θoi˨˩ 乃是 (X, 1)

nai˨˩,˩˧ (奈)，奈何，參看 fau˧˩ (無) (XIV, 29; XV, 27; XIX, 2 等)

ˀbau˥ nai˨˩ ˀdai˥ rau˧˩ 不能奈何我們 (XIV, 29)

nai˨˩ (耐)

nai˨˩ ˀjau˩˧ 耐等 (XVIII, 24)

nai˧˩ (泥) 泥

ˀjian˧ nai˧˩ 烟土 (XX, 7)

nai˥ 這裏 (XIII, 7; XXIV, 1)

nai˥˧˥ 這，此 (I, 13; VI, 1, 2; IX, 1; XIII, 30 等)

ŋon˧˩ nai˥˧˥ 今天 (XIII, 7)

ɕi˨˩ nai˥˧˥ 一向，這一向，有些時，前些時 (XVII, 1, 21; XIX, 1; XX, 2, 3)

koŋ˧ ta˧ te˧ han˧˦ tu˧ ma˥˧˥ te˧ ˀøk˩˧ xai˥˧˥ ne˥ ɕi˥˧˥ lum˥ ŋan˧˩ nai˥˧˥˦ 他的岳父見他那匹馬拉屎呢就像銀子那樣 (I, 14)

kau˥ lum˥ ɕan˧ θeŋ˧ ti˧ lɯk˨˩ nai˥˧˥ 看(他)如同親生兒子那樣 (III, 15)

xam˨˩ nai˥˧˥ 今晚 (V, 8)

nak˨˩ 水獺

nak˦ 重，不輕 (XIV, 9, 12; XVI, 3; XVIII, 26 等)

nam˧˩ (南) 南 (XIV, 30)

nam˧˩ juŋ˧˩ 南雄 (縣名) (XIII, 18, 45, 46)

xø˧˩ nam˧˩ 河南 (省名) (V, 9)

nam˨˩ 泥土，汚泥

nam˨˩ θa˧ 泥沙 (XXVI, 3)

nam˥

nam˥ neŋ˥ 搖擺貌 (XXV, 1)

nan˧˩ 久 (III, 11, 15; X, 3; XIII, 15; XIV, 3; XVIII, 15)

nan˧˩ (難) 難 (I, 36; XIII, 18, 42; XIV, 7; XV, 1, 15; XVI, 16 等)

toŋ˨˩ nan˧˩ 這樣難 (XIII, 14)

nan˧˩ kan˧ 艱難 (漢語成語往往在詩中顚倒次序) (XVI, 3)

nan˩˧ 料想 (XIII, 13, 15; XIV, 34)

hø˥ nan˩˧ 爲難 (XV, 3)

nan˨˩ (難) 災難 (XIV, 44)

nan˧˩ 虱 (身上)

naŋ˥ naŋ˩˧ 纏繞貌 (II, 5)

naŋ˥˧˥ 矛 (II, 11)

pak˩˧ naŋ˥˧˥ 矛刃 (II, 12)

naŋ˧ 皮 (II, 11)

naŋ˧˩ (能) 能 (II, 11; III, 7; XIII, 23; XVII, 15; XIX, 11 等)

fu˧˩ naŋ˧˩ 無能 (XIV, 3; XVI, 18)

naŋ˥ 糯米飯

kuak˨˩ naŋ˥ 作糯米飯 (XII, 7)

xau˥˧˥ naŋ˥ xoŋ˧˩ 紅糯米飯 (XII, 3)

xau˥˧˥ naŋ˥ hen˥ 黃糯米飯 (XII, 3)

xau˧˩ naŋ˥ ˀdam˧ 黑糯米飯 (XII, 3)

naŋ˥ 蒸 (飯)

naŋ˧˥　坐 (I, 4, 6, 7 等)

nap˨˩

　nap˨˩ niŋ˨˩　南寧 (縣名) (X, 2; XI, 10)

nat˥　痠痛 (XIV, 13)

nat˩　粒 (米等之量詞)

nau˦　乳 (X, 3)

nau˧　鼠

nau˨˩　説, 道 (I, 2, 3 等)

　kaŋ˥ nau˨˩　講説, 説道 (I, 5 等)

　kø˧ nau˨˩　以爲 (I, 13; XIV, 44; XV, 20 等)

　lum˥ nau˨˩　像是 (III, 2 等)

　rø˥ nau˨˩　知道 (I, 3; XIII, 30 等)

　hoi˦ ŋoi˩ nau˨˩　疑爲, 以爲 (III, 15)

nau˧˥　接, 快拿 (XVIII, 1)

nau˧˥　朽爛, 磨爛 (XIV, 23, 25)

　nø˧˥ nau˧˥　爛肉

　kau˧ θim˧ ɕuŋ˧ ˀi˥ nau˧˥　我心中非常難過 (XIII, 29)

ne˥　語助詞, 詩中用 ni˥

1. 問話:

　tak˨˩ rø˨˩˧ ta˨˩˧ ne˥?　男孩子還是女孩子呢?

　poi˧ mɯn˥ lam˧ poi˧ ne˥?　上哪裏去呢?

2. 原因附屬句:

　ɕai˦ mi˨˩ pai˨˩ ˀdeu˧ koŋ˧ ta˧ te˧ ɕɯaŋ˨˩˧ xwai˨˩ lai˧ ne˥, fau˦ ne˥, mi˨˩ xwai˨˩ lai˧ ne˥˧˥, ɕi˨˩˧ θoŋ˦ koi˥ tu˧ xwai˨˩ lɯk˩ haɯ˥ ka˧˥ kø˧ je˨˩ taɯ˨˩ ma˧ ran˩　又有一次他岳父養許多水牛, 有錢, 水牛多嘍, 就送幾隻小水牛給姑爺各自拿回家 (I, 13)

3. 假設附屬句:

　taŋ˧˥ pu˨˩˧ raɯ˨˩ ˀdai˥ juaŋ˨˩ kloŋ˦ xwai˨˩ nai˨˩˧ ma˧ ne˥, ɕi˨˩˧ haɯ˥ te˧ ˀau˧ køn˦　誰能把這羣牛誘回來呢, 就讓他先取 (I, 13)

4. 時間附屬句:

　koŋ˧ ta˧ kau˥ han˧ ne˥ ɕiŋ˧˥ xan˧˥　岳父看見呢就喜歡 (I, 2)

5. 解釋口氣:

　jau˧˥ ˀeu˧ tu˨˩ kuk˥ te˧ kuak˧˥ (>ku˧˥) me˧˥ tɯk˥。ɕuŋ˧ ˀbau˥ rø˨˩˧ ne˥!　又叫那隻老虎作母親。(他) 都不知道嘍! (III, 12)

　ˀdau˧˥ hi˨˩˧ fu˨˩ fap˥。hat˥ xam˧˥ ŋ̊iaŋ˨˩ la˥ ˀi˥ kau˨˩ te˧ ne˥。怨也無法。早晚仍要求他呢。(V, 6)

6. 停頓:

　koŋ˧ ta˧ te˧ han˧˧˥ tu˧ ma˨˩˧ te˧ ˀøk˦ xai˨˩˧ ne˥ ɕi˨˩˧ lum˥ ŋan˨˩ nai˨˩˧　他的岳父見他那匹馬拉屎呢就像銀子那樣 (I, 14)

　xun˨˩ θai˧ te˧ ne˥ poi˧ tɯk˥ rok˩ ma˧ ɕɯaŋ˨˩˧ miŋ˧˥　她的丈夫呢以打鳥爲生 (III, 1)

　hoŋ˧ ne˥ me˧˥ tai˧ te˧ ne˥ ˀban˥ ne˥ tø˨˩˧ kan˧˥　可是她們的外祖母 (的) 村子相近 (II, 1)

7. 着重口氣:

　xau˧˥ lai˨˩ me˧˥ nai˨˩˧ ɕi˨˩˧ ɕiau˦ xeŋ˨˩, koi˥ ŋon˨˩ tak˨˩ lɯk˩ te˧ kai˦ (>ki˦) ra˧ te˧ ɕiŋ˧˥ ˀdai˥ høi˧ ka˧ rai˨˩˧ ne˥。後來這婦人就照辦, 幾

天她的男孩子，他的眼就當眞睜開了。(VII, 3)

nem˧ 粘 (V, 9)

nem˦ 用鈎割果實 (XX, 10)

neŋ˨ 蠅 (XIV, 14, 25)

neŋ˨ heu˧ 綠蠅

neŋ˥ 參看 nam˥

nep˨ 縫住

nep˦ 訪 (XIII, 30)

ni˥ (女) 參看 hi˦ (玉)

ni˥ (汝?)

θø˧ ni˥ ki˦ 蘇汝記 (X, 1 等)

ni˥, ˦ 語助詞, 與 ne˥ 相同, 多見於詩中

1. 問話:

xun˨ ʔbau˥ hai˧ ni˥, nuaŋ˅? 人家不賣(你怎辦)呢, 妹妹? (XVI, 7)

poi˥ taŋ˨ mɯŋ˨ ni˥, poi˅? 比如說是你(該怎辦)呢, 哥哥? (XVI, 16)

xwai˦ çian˨ ŋ̣an˨ mɯŋ˨ ni˥? 損失了你的銀錢(怎辦)呢? (XIV, 17)

2. 停頓:

ha˥ bat˥ xau˅ nai˅ ni˥ çi˅ fat˥ haɯ˥ kloŋ˦ xun˨ θau˥ rau˥ kjau˨ te˧ 這五升米呢就發給那羣守橋頭的人 (VI, 2)

3. 着重:

miŋ˦ pøi˦ θoi˨ lai˧ ni˦ 命運太背時(太不好)了 (XIII, 25)

ni˥ ka˅ 語助詞, 參看 ka˅

θan˨ çiŋ˧ pøi˨ θan˨ çiŋ˨, çø˧ kwa˦ θim˧ ni˥ ka˅! 人情還人情, 纔能滿意阿! (XVIII, 29)

ni˥ to˧ 語助詞, 參看 tok˦

xun˨ θai˧ mɯŋ˨ ni˥ to˧? 你丈夫呢? (III, 5)

332

niam˦ (念) 思念 (XIII, 32, 46; XVIII, 12; XIX, 5; XX, 15 等)

nian˨ (年) 年 (III, 1; IX, 1; XVIII, 20; XIX, 13 等)

pai˦ nian˨ 拜年 (XII, 1)

nian˨ çiŋ˨ 年成 (XI, 12)

nin˨ 睡 (V, 9; XII, 5; XIII, 30 等)

niŋ˨ (寧), 參看 nap˨

nit˥ 冷

fat˥ nit˥ 發冷 (I, 4)

niu˥ 疤

noi˅ 與 nai˅ (此)同, 詩中因押韻故偶讀如此 (XVII, 20)

nok˦ 箭的量詞 (V, 9)

nom˅ nom˅ 高直貌

xau˅ nom˅ nom˅ 高直

nø˦ 肉 (III, 12; XII, 1, 3; XIV, 12, 25 等)

nø˦ fan˨ 齒齦

nø˦ θi˅ 社肉, 祭社神後分給族人的肉 (XII, 7)

nøi˅ 少, 只缺 (XI, 9; XIII, 23; XIV, 9, 17; XVI, 7; XVIII, 29 等)

nøi˅ ŋon˨ te˧ ʔbau˥ ʔdai˥ tau˥ (天天都來) 只缺那天沒來 (II, 2)

nøn˧ 蛆 (V, 9; XI, 2)

nøŋ˧ 膿

nuaŋ˅ 妹, 弟 (II, 6, 8, 10; XVI, 7, 13 等)

nuaŋ˅ lun˨ 妹妹, 詩中用 (XVI, 2; XVII, 6 等)

ta˅ nuaŋ˅ 妹妹 (XIII, 2)

nuk˥ 聾

nɯ˦˩, ˥ 語助詞（多詩中用）

1. 命令：

kai˥ tɯk˩ lum˨ poi˧ nɯ˦˩! 別忘記了阿！(XVIII, 22)

ʔi˥ θɯaŋ˥ nɯ˥, toŋ˨ pan˧! 要想想阿，同班！(XVIII, 27)

ʔoi˦˩ te˧ nɯ˦˩, toŋ˨ nian˨! 由他罷，同年（XX, 11）

2. 警告口氣：

kau˧ raŋ˦˩ kɯ˅ mɯŋ˅ nɯ˦˩! 我囑咐你阿！(XIII, 14)

ra˧ ʔbau˥ han˧ kau˧ nɯ˦˩! (也) 尋不着我了！(XIII, 50)

nɯn˨ 睡（方言有讀此者），參看 nin˨ (XIII, 12, 32)

nw-

nwai˦˩ 疲，無精神（XVIII, 22）

tok˥ nwai˦˩ 疲軟無力

ȵ-

ȵa˧ 參看 ȵaŋ˦˩

ȵa˧ 一把稻穗，約可得米二斤，參看 mik˥, kam˧

ȵa˦˩

ȵa˦˩ ȵap˥ 窄小（XXIII, 3）

ȵa˦˩ 煙渣（XXVI, 2）

ȵak˩ 污濁

ȵak˥ 怒

xø˅ ȵak˥ 怒

ȵam˨ 按摩

ȵam˨ hɯat˦˩ 按摩腰

ȵam˥ 咀嚼

ȵam˩ (任)

ȵam˩ ɕai˩ 任在，由着（I, 12; XVIII, 31）

ȵan˧

ȵan˧ ma˧ 狐狸

tɯk˥ ȵan˧ 打獵

ȵan˅

ȵan˅ ȵan˅ 各處

pan˨ ȵan˅ 到處（II, 12）

ȵan˦˩ 羞恥

rø˅ ȵan˦˩ 害羞（V, 6; XVIII, 6）

ȵaŋ˨ 遇（XVII, 11; XIX, 3）

tø˅ ȵaŋ˨ 相遇（XIII, 4; XX, 4）

ȵaŋ˥ 禾稈（VII, 2）

ȵaŋ˨ (仍) 仍然（XVIII, 7）

ȵaŋ˥ 割去禾稈

ȵaŋ˦˩ 忙（II, 2; XI, 12; XII, 7; XVII, 2 等）

ȵaŋ˦˩ ȵa˧ 忙

ȵap˩ 粗，不滑

ȵap˦˩ 愁（XVI, 6; XVIII, 15）

ȵap˦˩ ȵuk˥ 憂愁（III, 18）

ȵap˥ 參看 ȵa˦˩

ȵap˩ 摘（XI, 4）

ȵap˩ plak˥ 摘菜（XI, 12）

ȵau˨ 地下禾稈

ȵau˨

ram˅ ȵau˨ 灰水（尚未成鹼水）

ȵau˅ 小魚（XVIII, 30）

ȵau˦˩ 縐紋

ȵau˦˩ 尿

ʔøk˩ ȵau˦˩ 撒尿（II, 10）

ȵau˩ 逗，哄，哄小兒玩（II, 6; XIII,

16; XIV, 35; XVIII, 18)
ɲaɯ˧˥ (玉), 參看 hi˦ (玉)
 ɲaɯ˧˥ tai˦ 玉帝 (XX, 9)
 ɲi˧ 開 (I, 3, 5 等)
ʔdai˥ ɲi˧ 或 tiŋ˦ ʔdai˥ ɲi˧ 聽見
 ɲi˧ tiŋ˦ 聽 (III, 1, 12)
ɲiam˧˩˧ (染) 染
ɲian˨ (言)
 ha˥ ɲian˨ 五言(詩) (XVIII, 5)
ɲian˧˥ (硯) 硯
 rin˧ ɲian˧˥ 硯 (XIV, 37)
ɲian˧˥ (願) 願 (III, 17; XIII, 39 等)
ɲiaŋ˨ (仍) 仍, 參看 ɲaŋ˨ (仍) (V, 6; XI, 5; XII, 7 等)
ɲiat˨ (月) 月, 參看 jiat˨
 ŋoi˧˥ ɲiat˨ 二月 (XII, 2)

 θam˧ ɲiat˨ 三月 (XII, 3)
 θoi˦ ɲiat˨ 四月 (XI, 4; XVII, 2)
 ʔdɯan˧ ŋu˧˩˧ ɲiat˨ 五月 (XII, 4)
 kau˥ ɲiat˨ 九月 (XI, 9)
 çip˩ ɲiat˨ 十月 (XI, 12)
 çip˩ ʔit˩ ɲiat˨ 十一月 (XI, 11)
 çip˩ ŋoi˧˥ ɲiat˨ 十二月 (XI, 12; XII, 9)
ɲia˨˩ 筋
ɲin˨ (人) 人, 參看 hin˨, θan˨ (人) (VII, 2)
ɲin˧˥ (認) 認, 參看 jin˧˥ (認) (XIII, 12; XV, 4; XIX, 4)
ɲiŋ˨ 射擊(鎗)
ɲiŋ˧˥ 草或菜莖, 枝
ɲip˩ 縫
ɲit˦˥ 人名
 tak˩ ɲit˦˥ 幼童名
 pø˧˥ ɲit˦˥ 其父, 俗卽以此名呼其父, 父本名罕用
 me˧˥ ɲit˦˥ 其母, 俗卽以此名呼其母, 母本名罕用
ɲit˩ 參看 lit˩
ɲoŋ˧˩˧ 推
ɲøk˦ 贈 (X, 13; XII, 1, 4)
ɲøt˦ 矮小
ɲøt˧˥ 頂芽
ɲøt˧˥ 參看 løt˧˥
ɲuk˦˥ 參看 ɲap˦
ɲuk˧˥ (肉), 參看 kot˦˥
ɲuk˧˥ 譏笑 (XIII, 5, 24, 25, 26)
ɲun˧˥ (孕) 孕
 xwai˨ ɲun˧˥ 懷孕 (III, 8)
ɲuŋ˨ 蚊 (II, 12)
ɲɯ˥ 草 (XI, 4, 5; XII, 5, 9 等)
ɲɯan˧˥ (願) 願 (XIII, 49; XIV, 18; XVIII, 3 等)
ɲɯŋ˨ (仍) 仍, 參看 naŋ˨, ɲiaŋ˨ (仍)

ŋ-

ŋ˦ 驚歎詞 (I, 24)
ŋ̀˧˩˧ 應允歎詞 (I, 28)
ŋa˨ 參看 ça˥
ŋai˨ (捱) 捱 (XIV, 19)
ŋai˨ 早飯 (XI, 5; XII, 4, 5; XVII, 1; XXVI, 1 等)
 ŋai˨ çau˧˩˧ 早飯
 ŋai˨ klaŋ˧ 早飯
ŋai˧˩˧ 卽 ŋoi˧˩˧ 因押韻故改讀 (XIII, 28; XV, 20)
ŋak˧˥

ŋokɹ ŋakɹ 搖動
ŋamɹ 心想 (V, 9)
ŋanv (眼) 龍眼, 桂元
faiv ŋanv 龍眼樹 (XX, 14)
lɯkɹ ŋanv 龍眼 (XII, 5)
ŋanɹ (銀) 銀 (I, 5, 10 等)
monɹ ŋanɹ 一塊錢, 一圓錢 (VIII, 3)
ŋanɹ ɕaɯɨ 銀硃 (VIII, 3)
ɕianɹ ŋanɹ 銀錢 (XV, 6 等)
ŋaŋ˥ 打缸聲 (I, 28)
ŋauɹ 搖 (XV, 14; XXIV, 2)
ŋauɹ 塊 (石之量詞)
ŋauɨ 灣 (XXV, 1)
ŋauv (藕) 蓮藕
lianɹ ŋauv 蓮藕 (XIX, 9)
ŋaɯɹ (愚) 愚 (XIII, 23, 25; XIV, 43; XVIII, 11, 30 等)
ŋeɨ 枝
ŋeɨ paiɹ 一種小竹 (I, 13)
ŋeɹ (芽) 芽; 發芽 (XI, 4, 9)
ŋeɹ (伢) 小孩
lɯkɹ ŋeɹ 小孩子 (II, 2; XVI, 8)
ŋekɹ (額) 決定 (XIX, 6)
ŋekɹ tiŋɹ 額定, 決定 (XIV, 41)
ŋeuv 看 (XIX, 5)
ŋeuv tauɹ laŋɨ 回顧, 回頭看 (III, 2; VII, 2 等)
ŋeuɹ 磨利
ŋoiɹ (疑) 疑 (III, 15; XVIII, 12 等)
ŋoiv nauɹ 以為 (II, 2; XIII, 39)
ŋoiɹ (宜)
pianɹ ŋoiɹ 便宜
ŋoiv 想 (XIII, 2, 16, 38, 43; XIV, 5; XVIII, 12 等)
ŋoiv ŋoiv 想想, 想一想 (III, 8)
ŋoiv nauɹ 以為 (XV, 23)
ŋoiɹ (二) 二 (I, 3; IX, 1; XII, 4; XIV, 33; XIX, 2 等)
ɕipɹ ŋoiɹ 十二 (XI, 9 等)
ŋoiɹ ɕipɹ 二十
ŋoiɹ (義) 義 (XVIII, 17)
ŋokɹ 搖
ŋokɹ ŋakɹ 搖動
ŋomv 啞 (VIII, 2; X, 13)
ŋonɹ 日 (I, 2, 4; VIII, 1 等)
kla˥ ŋonɹ 太陽 (VII, 1; XXV, 2 等)
ŋonɹ naiv 今日 (II, 2; XIII, 39 等)
ŋonɹ ɕøkɹ 明天
ŋonɹ raɯɹ 後天
ŋonɹ lɯanɹ 昨天
ŋonɹ pønɹ 前天
ŋonɹ ŋonɹ 天天 (III, 14; IV, 1 等)
ŋoŋɹ 傻
ŋøɹ 個 (山之量詞)
ŋø˥ (我) 我 (XIII, 36)
ŋøv (我) 我
ŋøv tøiɹ 諸位, 我們大家 (III, 1, 11)
ŋøkɹ 贈
ŋønɹ 細看 (XVIII, 4)
ŋønɹ lok˥ lok˥ 細細的看 (XVIII, 4)
ŋu˥, v (五) 五, 參看 ʔu˥ (五)
ɕipɹ ŋuv 十五 (日) (XII, 1)
ɕøɨ ŋuv 初五 (XII, 4)
ŋuv ȵiatɹ 五月 (XII, 4)

ŋu˩˧ (誤)　遲誤
ŋum˧˥　蓋
　fa˧ ŋum˧˥　大鍋蓋
ŋɯ˨˩　蛇
ŋɯaŋ˥˩ (仰)　仰 (XVIII, 19)

ŋw-

ŋwa˥˩ (瓦)　瓦 (XI, 12; XV, 9, 11)
ŋwai˩˧ 參看 ja˩˧
ŋwai˩˧ (外)
　jian˨˩ ŋwai˩˧　員外 (III, 4, 14 等)
　ŋwai˩˧ kja˧　娘家 (XII, 4)
ŋwai˨˩ (危)
　ŋwai˨˩ ɕuŋ˩˧　危重
ŋwan˩˧　想, 設法 (I, 14, 22, 29; X, 3; XIII, 13; XIV, 44 等)
ŋwaŋ˩˧
　loŋ˨˩ ŋwaŋ˩˧　瘋癲 (VIII, 1)
ŋwem˥
　ŋwem˥ tem˥ 或 tem˥ ŋwem˥　彎曲貌 (XXV, 1)

p-

pa˧　鳥名
　rok˩ pa˧　八哥鳥 (V, 9)
pa˨˩ (爬)　爬 (XV, 9)
pa˨˩　婦, 女 (XVII, 22; XIX, 1 等)
　xun˨˩ pa˨˩　女人 (I, 1; II, 1; III, 1 等)
　lɯk˩ pa˨˩　女子, 女兒
　kwan˧ pa˨˩　夫妻 (IX, 1; XIII, 38, 41 等)
pa˨˩ (琶), 參看 hi˩˧ (玉)
pa˥　姑 (父姊), 伯母, 舅母 (母兄妻)
　me˩˧ pa˥　姑母等
pa˥ (把)　把
　pa˥ hi˩˧　把戲 (V, 7)
　tai˩˧ pa˥　大把, 許多 (XV, 6, 11)
pa˩˧　掌
　pa˩˧ faɯ˨˩　手掌 (XV, 19; XX, 13)
　pa˩˧ tin˧　脚掌
pa˩˧ (罷)　罷 (XIV, 15, 19, 26)
　ma˧ kɯn˧ mɯŋ˨˩ ɕi˥˩ pa˩˧　來吃你就罷了 (XIV, 5)
pa˩˧ 參看 laŋ˧
pa˩˧　立刻
　kai˥ pa˩˧ poi˧　別立刻就去
　pa˩˧ wuaŋ˧　急忙, 慌忙 (XIII, 28)
pai˨˩ (牌)　牌
　pai˨˩ miŋ˨˩　牌名, 名望 (XIII, 21)
　ɕiau˧ pai˨˩　招牌 (XIV, 30, 31)
pai˨˩ (排)　排 (XVIII, 9)
　ʔan˧ pai˨˩　安排 (XVI, 7)
pai˥ (擺)　擺
　nuaŋ˥˩ kø˧ pan˨˩ nai˥˩ pai˥　妹妹雖然如此擺 (=說?) (XVII, 18)
pai˩˧ (拜)　拜 (V, 9; XII, 1)
　pai˧ nian˨˩　拜年 (XII, 1)
　ɕian˧ kau˨˩ fan˩˧ pai˩˧　千求萬拜 (V, 9)
pai˩˧ (敗)　敗壞, 敗 (XIV, 41)
pai˧ (批)　批 (X, 3)
pai˨˩　瘡 (V, 1)
pai˨˩　次 (X, 4; XIII, 3 等)
　pai˨˩ ʔdeu˧　一次 (I, 45 等)
　ʔit˥ pai˨˩　一次

toŋ˨˦ pai˧˩　有一回, 從前 (I, 32; III, 18; V, 1 等)
  toŋ˨˦ pai˧˩ kən˦　從前, 有一回 (I, 1)
  pai˧˩ nai˦˨　此次, 此後, 現在; (讀輕聲變成 pen˧˩)　於是 (I, 3, 4; VIII, 3; XI, 1; XIII, 50; XIV, 11 等)
  pai˧˩ te˧　那次, 那時 (III, 8, 18; V, 7, 9; X, 2 等)

pai˦　竹名
  fai˦˨ pai˦　一種細竹

pai˨˦ (枇)　篦子

pak˦　口, 嘴 (I, 2; XIII, 9, 25; XIV, 19 等)
  pak˦ tau˧　門口 (I, 3, 4 等)
  pak˦ θøk˦　陌欄 (地名)

pak˦　築地基
  pak˦ pau˥ xan˧˩ na˧˩　補築田堤 (把壞的地方補好) (XI, 4, 5)

pak˦　百, 參看 pek˥ (百) (X, 5, 7, 13; XIII, 50 等)
  pak˦ ʔdeu˧　一百 (XII, 1)
  θøŋ˧ pak˦　二百 (XII, 3)

pak˨˦　破, 劈開, 參看 plak˨˦

pak˥　種, 插 (VII, 2)

pak˥ (北)　北

pak˩　疲倦 (XIV, 9; XXI, 2, 3 等)

pak˩　參看 lak˩

pam˧　樓板 (XII, 9)
  kɯn˧˩ pam˧　樓上
  la˥ pam˧　樓下

pam˧˩　髒, 淫穢 (語)
  pak˦ pam˧˩　口髒 (說髒話罵人)

pam˦˨ (犯)　犯, 冲犯, 參看 fam˨˦ (犯)
  tɯk˩ pam˦˨　冲犯 (鬼神) 得病

pam˦　俯倚

pan˧ (斑)　花, 斑
  ma˧ pan˧　花狗

pan˧　挽救
  ʔai˦ ʔdai˥ pan˧ kja˧ θai˨˦　也許能挽救家事 (XIV, 7)

pan˧ (班)　班
  toŋ˧˩ pan˧　同班, 好友, 年相若之好友, 亦稱情人之詞 (XVIII, 27)

pan˧˩　傾斜向下
  hon˧ pan˧˩　路向下傾斜

pan˦˨　頁, 面

pan˦　披 (在肩上)

pan˨˦ (辦)　辦 (XIII, 34)

pan˨˦　走散
  pan˨˦ jiau˨˦　走散了的鷹 (XVII, 16)

pan˧˩　是, 成, 如, 可以 (I, 26, 33; II, 12, 13; III, 8; IV, 1; V, 4; XIII, 9, 21, 50 等)
  pan˧˩ lo˧　可以了! (I, 2)
  loŋ˨˦ ʔbau˥ paŋ˧˩　弄不成 (V, 3)
  pan˧˩ kloŋ˦　成羣 (I, 2 等)
  pan˧˩ piŋ˨˦　生病
  pan˧˩ koŋ˧　成功 (XIV, 17)
  pan˧˩ lai˧　許多, 如許 (XIII, 1, 10 等)
  pan˧˩ ʔjau˦　如何 (速讀成 piau˦) (I, 15, 22; III, 9, 18; VI, 2; XIII, 46; XIV, 1 等)

pan˧˩ raɯ˧˩　如何

pan˧˩ ŋon˧˩　成日 (II, 2 等)

pan˧˩ te˧ ……　如是 ……, 那樣 ……, (XIII, 8; XV, 9)
  tuan˨˦ pan˧˩ rin˧ tok˥ ram˦˨　一別如

石洗水 (XX, 3)

plai˧ çɯ˧˩˧ piɑn˧˥ pɑn˨ tɑm˨ 大明山變成塘子 (XX, 5)

pɑn˨ nɑi˧˩˧ 如此 (I, 17, 32, 33; III, 17; XIII, 20; XIV, 44)

ˀɑn˧ pɑn˨ nɑi˧˩˧ 因此 (II, 1)

çoŋ˨ pɑn˨ nɑi˧˩˧ 從此 (III, 11)

θɯ˧˥ pɑn˨ nɑi˧˩˧ 自此 (I, 3; III, 13)

pɑn˨ ˀi˥ ˀɑu˧ kɑi˦ mɑ˨ poi˧ ne˥˧? 那麼要拿什麼去呢? (I, 24)

pɑn˦ 絞

pɑŋ˧ (幫) 幫 (II, 1; III, 12)

pɑŋ˧ pɑu˥ 幫補, 幫助 (XV, 13)

pɑŋ˧ fɑu˨ 幫扶 (XVII, 3)

pɑŋ˨ (旁) 旁, 旁邊 (XIV, 31)

pɑŋ˧˩˧ 河岸 (近邊)

pɑŋ˧˩˧ tɑ˧˥ 河這岸 (I, 28)

pɑŋ˧˥ 烤

pɑŋ˨ (朋) 朋

pɑŋ˨ jɑu˧˩˧ 朋友 (XII, 1; XIII, 6, 22, 24; XIV, 1)

pɑŋ˨ 布 (VI, 1, 2)

pɑŋ˨ 靠, 憑, 參看 pɑŋ˧˥ (XV, 15; XIX, 12)

pɑŋ˧˥ 依靠, 參看 pɑŋ˨ (XIII, 17; XV, 17, 27; XVII, 20; XVIII, 18; XIX, 16; XX, 6)

pɑŋ˧˥ 伴

tø˧˩˧ pɑŋ˧˥ 相伴

kɑu˧ pɑŋ˧˥ mɯŋ˨ poi˧ 我同你去

pɑp˩ 摺

pat˨ (拔)

pat˨ koŋ˦ 拔貢 (X, 1)

pat˥ (八) 八

pat˥ çoi˧˥ 八字 (XVI, 17)

ˀdɯɑn˧ pat˥ ȵiɑt˨ 八月 (XII, 6)

pat˦ 瓦盤, 瓦盆

pat˦

pat˦ çai˧˥ 逃走 (?) (XVIII, 2)

pɑt˩ 捻 (繩)

pɑt˩ (拂) 拂 (XIV, 14)

pɑt˥ na˥ 拂面

pɑt˩ (佛) 神, 佛 (V, 9)

pɑt˩ 參看 pi˧˩˧

pau˧ (拋) 拋 (XX, 9)

pau˧ (胞)

toŋ˨ pau˧ 同胞 (XIII, 19; XVII, 17; XVIII, 16)

pau˧ (包) 包; 擔保 (XII, 5; XV, 24; XVII, 17; XVIII, 24)

pɑu˧ puk˩ 包袱 (XIII, 1, 27)

pau˥ (保) 保, 保佑 (XIV, 9)

pau˥ (寶)

fap˥ pau˥ 法寶 (XIV, 29)

pau˦ (報) 報告 (XVII, 1)

pau˦ çoi˥ 報紙

pɑu˥ (補) 補 (XII, 6)

pɑu˥ çap˥ 補插 (XI, 10; XVI, 15)

pɑu˥ çu˧˥ 補助 (XV, 2)

pau˧˩˧ 雄 (禽)

kɑi˦ pɑu˧˩˧ 公鷄 (VII, 2)

tɑk˩ pɑu˧˩˧ 寶兒 (人名) (IV, 1)

pau˧˩˧ 人, 個 (人), (有方言讀此音, 即 pu˧˩˧ 字) (XVI, 3, 8)

pɑu˦ (舖)

pɑu˦ xɑu˧˥ 舖號 (XIV, 32)

pɑu˦ 保佑 (IV, 3)

pɑu˧˥ 地方 (?) (XVIII, 24)

pau˨˦ (步), 參看 çuŋ˧

paɯ˧˩˧ 媳婦 (IX, 1; XII, 1)

lɯk˨˦ paɯ˧˩˧ 媳婦 (XII, 3, 4, 5)

ta˧˩˧ paɯ˧˩˧ 兒媳 (IX, 1)

paɯ˧˩˧ mø˦ 新婦 (XII, 1)

pe˩ (別), 參看 tɯ˩ (特)

pe˩ 語助詞

θø˥ hi˥ pe˩ koŋ˧ ta˧ ne˥˦ mai˥ te˧ 所以嚜岳父愛他 (I, 2)

pek˩ (白) 白

pek˩ θak˥ 白色, 詩中用以稱呼情人 (XVII, 3)

pek˥ (百), 參看 pak˦ (百)

pek˥ θiŋ˦ 百姓 (III, 16; X, 2; XV, 1)

pen˩ (<pai˩ nai˧˩˧) 於是, 參看 pai˩

pen˥ (板) 板 (V, 9)

pen˥ çøŋ˩ 床板 (V, 9)

pen˦ } pen˥ 一塊板子
tip˥ }

pen˦ (片) 片 (薄物及小兒手之量詞) (XII, 4; XXIII, 3)

peŋ˩ 貴 (XI, 1; XIV, 35; XVIII, 9)

peŋ˧˩˧ (平), 參看 lɯaŋ˧˩˧ (良)

pet˦ 八 (II, 1; XII, 1, 4)

pet˦ kaɯ˦ 八句詩

ʔdɯan˧ pet˦ 八月 (XI, 8)

pi˧ 年, 歲 (II, 1; III, 1; VIII, 1; XIII, 9 等)

pi˧ mø˦ 明年 (XII, 5)

pi˧ raɯ˩ 後年

pi˧ haɯ˧ laŋ˧ 大後年

pi˧ kwa˦ 去年 (XIX, 7)

pi˧ klai˧ 前年

pi˧ klit˥ 大前年

tøi˦ pi˧ 週歲 (III, 8)

pi˩ 參看 ha˧

pi˩ 肥 (I, 14, 19; XXIII, 2)

pi˩ (琵), 參看 hi˦ (玉)

pi˧˩˧

ran˩ lap˥ pi˧˩˧ lap˥ pat˨˦ 朦朦亮的時候 (XII, 1; VII, 2)

pi˦

çau˦ pi˦ 腐臭 (XIV, 23)

pian˧ (篇) 篇, 頁, 葉

pian˧ tem˧ pian˧ 一頁又一頁, 一篇又一篇 (XVIII, 5)

pian˧ (邊) 邊 (X, 2; XVIII, 25)

pian˩ (便)

pian˩ ŋoi˩ 便宜 (XIV, 8)

pian˦ (變) 變 (II, 2, 13; V, 9; VIII, 2; XIV, 37, 39, 40 等)

pian˨˦ (便) 便, 方便

ʔbau˥ pian˨˦ 不便, 不慣 (XXI, 1)

fuaŋ˧ pian˨˦ 方便

pian˨˦ 一點兒

ti˧ pian˨˦ 一點兒 (XVI, 14)

pian˨˦ nai˧˩˧ 這一點兒

piat˥ (必)

piat˥ tiŋ˨˦ 必定 (XIX, 1)

piau˩ 水草名 (?)

piau˩ (嫖) 嫖, 強姦 (III, 2)

piau˥ (表) 表, 詩中用以稱情人之詞 (XIX, 17)

piau˦ (<pan˩ ʔjau˦) 如何

pik˥ (逼)

pik˥ tak˥ hoi˧˩˧ …… 不得已 …… (V, 7; X, 2)

pik˦˥ tak˦˥ 逼得 (III, 8)

pin˧ (賓)

pin˧ ɕau˧ 賓州 (地名) (XXIV, 2)

pin˩ (貧) 貧

kai˥ ʔai˦ fu˦ jiam˩ pin˩ 別愛富嫌貧 (XX, 17)

pin˥

pin˥ ɕit˦˥ 米粉條 (XIV, 22)

piŋ˧ (兵) 兵 (XV, 26)

kuan˧ piŋ˧ 官兵 (III, 16)

piŋ˩ (平) 平, 參看 peŋ˩ (平) (XVI, 19; XIX, 13; XX, 3 等)

piŋ˩ ʔan˧ 平安 (XVI, 19)

piŋ˩ θoi˦ 平時 (III, 4; X, 1)

piŋ˩ θeŋ˧ 平生 (V, 1)

kuŋ˧ piŋ˩ 公平 (XVIII, 28)

ʔdaɯ˧ θim˧ mi˩ kai˦ ʔbau˥ piŋ˩ ʔdeu˧ ti˧ ɕaɯ˦ 心裏有些不平之處 (V, 7)

piŋ˩ (瓶) 瓶 (XV, 26, 27)

piŋ˩ (評)

piŋ θat˩ ɕoi˥ 評日子, 擇日子 (XIV, 28)

piŋ˥ (稟) 稟, 書信; 稟知 (X, 2; XVII, 2)

piŋ˥ (餅) 餅 (IX, 1; XVIII, 3)

piŋ˧˩˧

piŋ˧˩˧ poi˦ 蜻蜓

piŋ˦, ˦ (病) 病 (VI, 1; XIII, 39, 40, 41; XVIII, 14)

taŋ˦ piŋ˦ θɯaŋ˧ xan˩ 如病傷寒 (XX, 7)

pit˦˥ 鴨 (XII, 1, 5; XVI, 20 等)

rok˩ pit˦˥ 野鴨 (XXIV, 1)

pit˦˥ (筆) 筆

pit˦˥ (拂) 拂

po˧, ˦ 語助詞, 參看 lu˧ po˧

poi˧ 去, 費去, 失去 (I, 2; XIV, 8 等)

poi˧ ma˧ 回去 (III, 7 等)

xun˩ poi˧ ŋan˩ fu˩ θø˦ 人家花錢無數 (XVI, 1)

kau˩ poi˧ hau˥ lai˧ ŋan˩ lo˧ 我失了或輸了許多錢

poi˧ mɯn˥ laɯ˧ poi˧ ne˥? 上哪裏去呢?

用在別的動字後面, 1. 指離開的方向:

plai˥ poi˧ plai˥ ma˧ 走去走來 (III, 12)

2. 完事之詞, 但着重完事時的情況:

nian˩ mi˩ poi˧ lo˧ 上(或有)了年紀了 (IX, 1)

ʔbau˥ te˧ θøŋ˧ pu˧˩˧ rø˧˩˧ poi˧ ɲiaŋ˩ tø˧˩˧ ʔbɯ˦ 不然他們兩人知道了仍然相厭 (IX, 1)

han˧ xun˩ ʔdoi˧ kwa˦ ja˦ pløn˥ fan˦ poi˧ 看見人家比自己的媳婦還好 (IX, 1)

xap˩ tu˩ jɯaŋ˩ ʔdeu˧ rai˧ poi˧ 把一隻羊咬死了 (X, 3)

poi˩ 扇子 (XIII, 1)

ʔbaɯ˧ poi˩ 一把扇子

poi˩ 參看 jau˩

poi˥ (比) 比, 如果 (XVI, 16; XVII, 15 等)

poi˥ kaŋ˥ 比講, 比如說 (XII, 4)

poi˥ kja˧ fau˦ ne˥ 如果有錢呢 (XII, 4)

poi˥ lum˥ 比如, 如同

poi˅ 兄 (XIII, 5, 9; XIV, 18; XVI, 10等)

poi˅ nuaŋ˅ 兄弟, 姊妹, 朋友 (I, 29; XIII, 17, 19; XXIII, 2)

poi˅ je˩ 姊夫 (I, 4, 5 等)

poi˅ luŋ˩ 兄, 哥哥 (XVIII, 8; XIII, 7, 8)

toŋ˧ poi˅ 哥哥 (詩中常用) (XIII, 1; XVII, 19; XVIII, 5, 23 等)

poi˅ lun˩ 哥哥 (詩中常用) (XVII, 22; XVIII, 18; XX, 6)

poi˧ (配) 配 (XV, 4)

poi˧ (婢) 婢

lau˅ poi˧ 女僕

pok˥ (樸)

pok˥ θat˩ 樸實 (I, 1)

pok˩ 大袋子

pon˧ 逐 (XIV, 29)

poŋ˩ 稀泥

pø˧ (波)

pø˧ lɯk˩ mit˥ 波羅蜜 (XII, 5)

pø˧ 吹, 吸煙

pø˧ 父 (III, 15; VIII, 1; IX; XIII, 9 等)

pø˧ luŋ˩ 伯父

pø˧ ʔau˧ 叔父 (XVIII, 23)

pø˧ θai˧ 師傅 (X, 5)

pø˧ ʔi˧ kau˧ 我小孩的父親 (婦人稱她的丈夫) (V, 5)

pø˧ me˧ 父母 (XVI, 20)

pøi˩ (賠) 還 (錢), 回答 (信) (XVIII, 7, 12, 16; XIX, 5)

pøi˧ (背)

pøi˧ θoi˩ 背時 (XIII, 25; XIV, 15)

pøk˧ 倒, 跌倒, 翻倒 (XIV, 21)

pøk˧ (博) 博

kwaŋ˧ pøk˧ 廣博 (指開心) (XIX, 9)

pøm˧ 伏下去

pøn˩

ŋon˩ pøn˩ 前日

pøn˥ (本) 本, 本錢 (XIV, 8)

pøn˥ toi˧ 本地 (I, 36; III, 4 等)

pøn˥ çian˩ 本錢

pøŋ˥ 吹

rum˩ pøŋ˥ 吹風

pøŋ˧ 參看 çeŋ˩

pøt˥ 理, 招待 (I, 3)

pu˧ (鋪) 鋪, 鋪設

pu˧ lu˧ 語助詞

taŋ˧ pan˩ nai˅ çaŋ˧ kau˧ wuan˧ pu˧ lu˧! 如果這樣讓我 (跟你) 換罷! (I, 17)

pu˅ 人, 個 (人之量詞), (I, 1, 2, 27; IX, 1; XIII, 23)

pu˅ pu˅ 人人 (I, 2, 3 等)

pu˅ raɯ˩ 誰 (I, 13; XIII, 3, 4; X, 9, 11 等)

pu˅ me˧ xun˩ pa˩ ʔdeu˧ 一個女人 (III, 15)

pu˧ (破) 破 (V, 4, 7)

pu˧ xwai˧ 破壞 (V, 7)

pu˧ tuŋ˅ 破肚 (V, 7)

pu˧ 衣服 (III, 14, 15; XIII, 15, 18, 20, 44, 45 等)

pu˧ rai˩ 長袍

puan˧ (搬) 搬 (X, 2)

puan˩ (盤) 盤子

puan˧ (半) 半 (XVI, 3)

puan˦ hon˧ 半途 (III, 2)

puan˦ nøʎ 半斤肉 (XII, 1, 8; X, 8; XII, 1, 4)

puan˦ tu˨ rɯ˨ foi˦ 或 puan˦ foi˦ rɯ˨ tu˨ 半途而廢 (詩中因押韻將字次序顛倒，幾不成詞者往往有之) (XVIII, 25; XX, 4)

puan˦ (販) 販 (XIV, 26)

puaŋ˨

puaŋ˨ θen˧ 蓑衣

puat˥ 跑 (III, 2; XIV, 29)

puk (卜) 卜

puk˥ kwa˦ 卜卦 (XIV, 28, 30)

puk˩ (袱), 參看 pau˧ 包

puk˩ 柚

lɯk˩ puk˩ 柚子

fai˅ puk˩ 柚子樹 (XX, 12)

pun˧ 毛, 羽

pun˧ juŋ˨ 羽毛 (XXIV, 1)

pun˦

kløi˧ pun˦ 洗米籃

put˥ 肺 (XVII, 5)

pɯ˦ 着重語助詞，有令注意或警告口氣

ʔai˦ na˦ tu˨ mɯŋ˨ kau˧ ɕuŋ˧ ʔbau˥ han˥ ka˥ lai˧ pɯ˦! 可是你那匹 (馬) 我並不十分喜歡阿！ (I, 18)

ʔdwai˧ ʔbau˥ hon˧ nai˅ tak˩ lɯk˩ mɯŋ˨ pian˦ pan˨ xun˨ ŋom˅ pɯ˦! 不然將來你的男孩子 (會) 變成啞吧啦！ (VIII, 2)

toŋ˦ pu˅ klik˥ te˧ n̥iaŋ˨ ʔbau˥ jaŋ˨ liau˅ pɯ˦ 那些懶人還沒 (種) 完呢 (XI, 5)

pɯakʎ 白 (XIII, 1)

pɯan˨ 賀 (年, 節) (XII, 1, 6)

pɯan˥ 漸向下傾斜 (平坡)

pɯaŋ˨ 鄉, 家鄉 (XXIII, 1)

pɯaŋ˅ 米缸 (中等大小)

pɯk˥ (伯), 參看 lɯaŋ˨ (梁)

pɯk˥ (迫)

pɯk˥ lak˩ 迫勒 (XVI, 5)

pɯŋ˥ 參看 lim˨

pl-

pla˧ 魚 (VII, 2; XII, 1, 5; XIV, 12, 44; XVII, 7 等)

pla˧ 石山

pla˥

pla˥ rai˨ 雷

plai˧ 末梢 (XVII, 7; XX, 12)

plai˧ ɕapʎ 柵欄上頭 (II, 12)

plai˧

plai˧ ɕɯ˅ 大明山 (山名), 參看 ta˦, miŋ˨ (III, 15; XII, 9; XX, 5)

plai˥ 走 (I, 29, III, 4, 12; VIII, 1; XIII, 2 等)

plak˦

na˥ plak˦ 前額

plakʎ 劈, 分裂, 參看 pakʎ (XIV, 19)

plak˥ 菜 (IV, 1; XI, 11; XIV, 12; XVI, 3 等)

plam˨ plamʎ 吵鬧貌 (X, 11)

plan˧ 綳緊

plan˅ 滑倒

ʔjam˦ plan˅ poi˧ 踩滑了

plaŋ˦ 露出

plaŋ˧˥ ʔak˦˥ 露胸

plat˦˥ plat˦˥ 參看 plɯi˧

plau˧ 我們(除去你)

laŋ˧ plau˧ 在我們那裏(VI, 1; VII, 1; IX, 1; XI, 1 等)

fan˨˦ plau˧ 我們(XXIV, 2)

plau˧˩ 沸

plau˧˥ 空, 閒, 白(XVIII, 18)

ʔjau˧˥ plau˧˥ 無事, 閒住

kuak˨˦ xun˧˩ plau˧˥ 白作人

plau˨˦ 泥臭, 朽

plek˧˥ 裂

plek˧˥ 清理亂線

plen˧˩ 爬, 攀(I, 35; III, 12, 13)

pleu˧ 袷

ten˧˩ pleu˧ 袷被

pli˧˩ 草名(用以束糭子)(XII, 5)

pliŋ˧ 螞蟥, 水蛭(II, 12, 13)

plok˦˥ 翻動

plok˦˥ kik˦˥ 翻田中土塊(XI, 1)

plok˦˥ pløn˥ 翻(田中土)(XXII, 1)

plom˧ 髮(XXV, 2)

plon˧˩ 參看 ʔbon˧

ploŋ˧˥ 放(水)

plop˨˦, ˨˦ plop˨˦ 衆人忙吃貌, 囂囂攘攘(I, 13; XII, 1, 3)

plø˧˥ 取暖

plø˧˥ foi˧˩ 火旁取暖, 烤火(I, 4)

plø˧˥ ʔdit˦˥ 曬太陽, 曬暖兒

pløm˧ 瘦(I, 14, 19)

pløn˥ 翻, 翻轉(XXII, 1)

pløn˥(腿) 酸(?)(XIV, 13)

pløn˥(本?), 參看 pøn˥(本)

pløn˥ fan˨˦ 本身(IX, 1)

pløŋ˥ 田中凹下去的一行一行的地

pluk˦˥ 殼

plup˦˥ 漱口

plup˦˥ pak˧˥ 漱口

plup˦˥ plup˦˥ 咬骨聲(II, 3)

plɯi˧ 單獨(XII, 4)

xun˧˩ plɯi˧ plat˦˥ plat˦˥ 光身人

plɯak˧˥ 芋, 烏頭(III, 8; XX, 15)

pr-

prɑɯ˧˩ (<pu˦˨ rɑɯ˧˩) 誰

r-

ra˧ 找尋(III, 8; IV, 4; X, 2 等)

ra˧ fun˧˩ 打柴(I, 36; III, 4, 12 等)

ra˧ 眼(VII, 1, 2, 3; XIII, 18; XVI, 5 等)

lɯk˨˦ ra˧ 眼珠(XIII, 36)

ra˧˩ 芝麻

lɯk˨˦ ra˧˩ 芝麻

ra˧˥ 陣, 羣(牛羊)(XIV, 21; XXII, 1)

fun˧ tok˦˥ ra˧˥ lai˧ 雨下一大陣

rai˧ 死(I, 21, 28 等)

nit˦˥ ʔi˥ rai˧ lai˧ 冷得要死

rai˧ ʔjɯak˧˥ 餓死(III, 8)

rai˧ ʔim˧˥ 飽死

xwa˨˦ rai˧ 臨別之言(XVII, 1)

rai˧˩ 痲子

na˥ rai˧˩ 痲面, 痲子

rai˧˩ 眼花

ra˧ rai˧˩ 眼花(XIX, 12)

rai˦˨ 參看 ka˧, kɯ˦˨

rai˨˦ 魚欄

rai˨˦ 一步一步的走，踩 (VI, 2)

rai˨˦ hau˥ rai˨˦ ʔøk˦ 踩出踩入 (VIII, 1)

rai˧ 公，春情發動

ma˧ rai˧ 公狗

rai˨

pla˥ rai˨ 雷

rai˨ 長，不短 (XI, 4)

rai˧˩˧ 壓平

rai˦

fai˧˩˧ rai˦ 樹名 (XX, 16)

rai˦ 卵，蛋 (XIV, 33; XXV, 2)

rai˨˦

xau˧˩˧ rai˨˦ 穀子 (XXI, 1)

rai˨˦ 利，快利

xun˨ rai˨˦ 聰明人

rak˦ 曬 (XIII, 19)

rak˦ haɯ˦ 曬乾

rak˨˦ 小根

rak˨˦ 拉 (I, 13, 29; III, 15)

rak˨˦ 那邊

ran˨ rak˨˦ 那邊的房子 (III, 8)

rak˦˥ 蚱蜢

rak˦˥ 斷 (木棍) (XVI, 5)

rak˦˥ 懸帶，佩掛 (XXV, 1)

rak˩ rom˧˩˧ 襤褸

ram˧ 抬，兩人抬物 (I, 2)

ram˧ 睾丸

ram˨ 糠

ram˥ 砍

ram˥ fai˧˩˧ 砍樹 (XVII, 10, 16)

ram˧˩˧ 水 (I, 25, 26, 28 等)

ram˧˩˧ ra˧ 淚 (XVII, 9; XIX, 15; XXI, 1, 2)

ram˧˩˧ tin˧ 洗脚水

ram˧˩˧ na˥ 臉水

ram˦ ram˦ 重複

ram˨˦ 不已，不斷 (XVII, 4)

rak˩ ram˨˦ 不已

ram˨˦ 陰，影子

ʔbun˧ ram˨˦ 天陰

ram˨˦ rau˨ 影子 (XX, 3)

ran˨ 房，家 (I, 1, 2 等)

ran˨ ran˨ 家家

ran˨ røŋ˨˦ 天亮 (XII, 1 等)

ran˨ lap˦˥ pi˧˩˧ lap˦˥ pat˩ 天朦朦亮 (VII, 2; XII, 1)

raŋ˧ 香 (XVI, 4)

raŋ˨ 筍 (XVI, 3, 19)

nok˩ raŋ˨ 一條筍 (V, 9)

raŋ˦ 陀螺

raŋ˨ 肥腫

raŋ˧˩˧ 閉藏

raŋ˧˩˧ ʔjau˦ ʔdaɯ˧ xø˨ 藏在心中

raŋ˦ 吩咐 (V, 6; VIII, 2, 3; XIII, 8, 16 等)

rap˦ 挑；(一) 挑子 (XI, 12; XIV, 9, 11, 12, 33 等)

rap˦ jau˨ 一挑子油 (I, 35)

rap˦˥ 蓆子 (XXIII, 3)

rap˩ 對岸，對面 (III, 16)

rap˩ ta˨˦ 河對岸 (III, 7; VI, 2)

rap˩ kɯn˨ 上面 (III, 16; X, 2)

rat˦˥ 菌類，木耳

rau˧ 以手量布長短

rau˨ 攪起

rau˦ 耙 (XI, 1, 3)

tauɯ˩ rau˧ 耙田 (XI, 5)
rau˧ 五六歲略知人事
rau˧ 髮蝨
rau˧ 參看 rok˩, røŋ˧
rau˩ 我們, 咱們 (I, 23, 25; XIII, 4, 6, 7, 21 等)
rau˩ 參看 ram˧
rau˥ 頭 (V, 9; VI, 2; VII, 2; XIII, 40; XIV, 27 等)
lɯk˩ rau˥ 髻子 (XV, 9)
rau˥ rai˩ 頭(髮)長 (XI, 4)
rau˅ 堆起
rin˧ rau˅ 石頭堆起來
rau˧ 吠
rau˧ 梭
rau˧ 贖
raɯ˩
ŋon˩ raɯ˩ 後日
pi˧ raɯ˩ 後年
raɯ˩ 何, 什麽 (XIII, 18, 37 等)
pu˅ raɯ˩ (時常讀作 praɯ˩) 何人, 誰 (I, 13; X, 9, 11; XIII, 3, 4 等)
θoi˩ raɯ˩ 何時
raɯ˩ taŋ˩ lap˥ ɕø˧ ma˧? 如何到黑纔回? (XIV, 12)
又作語助詞:
1. 問話:
ʔau˧ ram˅ raɯ˩, ta˅ nuaŋ˅? 妹妹, (在那兒)打水嗎? (XIII, 2)
li˅ pan˩ xwa˧ tem˧ raɯ˅? 還有話說嗎? (XV, 22)
2. 停頓:
lum˥ fan˧ kau˧ raɯ˩, kim˧! 像我阿, 金! (XVII, 10)

tau˥ kjau˧ mɯŋ˩ raɯ˩, kim˧! ka˧ ŋoi˅ θim˧ ɕam˧ xwai˧ 來與你相交阿, 金! 自思心也亂 (XVII, 8)
raɯ˩ ha˧ 語助詞 (詩中用), 參看 ha˧
toŋ˧ kai˧ nai˅ raɯ˩ ha˧! 這件事情阿 (XVIII, 10)
raɯ˩ ka˅ 語助詞 (詩中用), 參看 ka˅
1. 假設附屬句:
kaŋ˥ ʔdai˥ liŋ˩ raɯ˩ ka˅ (如果)說的靈阿 (XIV, 30)
taŋ˧ pan˩ te˧ raɯ˩ ka˅ 若是那樣阿 (XIII, 20; XIV, 4, 44)
2. 時間附屬句:
taŋ˩ θoi˩ nai˅ raɯ˩ ka˅ 到現在阿 (XIII, 42)
raɯ˩ jɯaŋ˧ 語助詞 (詩中用), 參看 jɯaŋ˧
1. 問話:
ma˧ laŋ˧ kau˧ raɯ˩ jɯaŋ˧? 來到我的家裏麽? (XIV, 2)
2. 停頓:
taŋ˩ rai˧ poi˧ raɯ˩ jɯaŋ˧ 就是(一直)到死阿 (XIII, 22)
raɯ˩ na˩, ˧ 問話語助詞 (詩中用), 參看 na˩
toŋ˧ jɯaŋ˧ nai˅ raɯ˩ na˩? 是這樣麽? (XVIII, 5)
jau˩ kuaŋ˧ kai˧ raɯ˩ na˩? 又餧鷄麽? (XXI, 1)
kau˧ ɕi˅ liŋ˧ raɯ˩ na˩ 我就(能)另樣麽 (XIX, 14)
rek˧ 鍋 (V, 3, 4; XII, 4; XIV, 12)
reŋ˩ 力 (XIV, 15, 22; XVIII, 9 等)
reŋ˅ 旱 (XI, 9 等)

ʔbun˧ reṇ˨˦ 天旱 (III, 8)

rep˧˨ 割稻用之小刀，以木作半月形，上有兩孔，穿繩套於手上，半月形之直面置刃

ret˩ 筌，捕魚具

reu˧ 烤物架

reu˧ çaŋ˩ 蒸籠

reu˨ 芥蘭菜莖

reu˧˨ 凋謝

ri˨ 舐

ri˩ 滴下 (XIX, 13)

riap˧˨ 蚊帳

riau˧ 笑 (XIII, 23; XVII, 9; XVIII, 30)

riau˧ ŋom˨˦ 笑

kaŋ˥ riau˧ 講笑

riau˨ 游泳，馳 (V, 6; XVII, 17)

riau˨ miŋ˨ 馳名

riau˨ nau˨ 傳說 (X, 4)

rim˧ 滿 (III, 8; XVII, 11 等)

rim˩ 參看 ʔdøi˧

rin˧ 石 (II, 12; XIV, 37; XVII, 12; XIX, 5, 6)

riŋ˨ 午餐 (XI, 5; XII, 4 等)

riŋ˨˦ 滾球 (II, 7)

rip˩ 穀殼 (XXI, 2)

rip˩ 指甲

rip˩ faɯ˨ 手指甲

riu˥ 提起 (X, 8; XII, 1)

roi˨ 鷄蝨 (XVI, 13)

roi˨ fai˨˦ roi˨ 樹名 (XIX, 1)

roi˩ 畬地，旱田 (III, 8; XI, 4, 12; XVII, 4, 8 等)

rok˦˥ 六 (VII, 1; VIII, 2; XI, 12 等)

rok˦˥ 散種 (成片)

rok˦˥ lak˩ pak˩ 種蘿蔔 (XI, 11)

rok˩

rok˩ ram˩ 不已

rok˩ 鳥 (III, 1 等)

rok˩ hum˧˨ xau˨ 貓頭鷹

rok˩ tiŋ˧˨ kliu˧˨ 翠鳥

rok˩ la˨˦ çoi˨ 鶺鴒

jiau˩ rok˩ rau˧ 鳩 (一種)

wa˧ rok˩ 紙鳶 (XVIII, 2)

rom˨ 燻，烘

rom˨ nø˩ 燻肉

rom˥ rom˥ 懈怠，慢貌

rom˨˦ 參看 rak˩

rom˩ 大鷹

ron˧˨ 削尖，削 (I, 14)

roŋ˨ 下，下去 (I, 34, 35, 36; III, 11 等)

roŋ˨ kla˥ 下秧

fun˧ roŋ˨ 下雨

roŋ˨ ʔdoŋ˧ 下山

rop˩ 遇見，逢 (I, 29; III, 14, 16; XV, 5; XVII, 10 等)

rop˩ çop˦˥ te˧ 遇見他

rø˨˦ 知 (I, 3, 10; XIII, 36, 37; XV, 9 等)

rø˨˦ na˥ 認識 (XIII, 33)

rø˨˦ nau˨ 知道 (I, 3, XIII, 30 等)

rø˨˦ ʔjau˧˨ 安生 (IV, 2)

rø˨˦ 或，還是 (XIII, 1, 16, 26; XIV, 12 等)

kau˧ rø˨˦ mɯŋ˨ ne˥? 我還是你呢？

ʔdwai˧ tɯk˩ ʔda˩ rø˨˦ fat˩ 不是被罵或打 (XVI, 6)

rø˅ nau˩ 或是 (XVIII, 1)

rø˦

rø˦ faŋ˩ xɯn˩ 作夢

rø˨ 漏 (XX, 4)

røi˧ 梳子

røi˅ 串

røk˥ 水瓢

røk˦ 織布機

ɕuaŋ˩ røk˦ 織布機

tam˥ røk˦ 織布

røk˨ 外, 外面 (III, 4; V, 6; XIII, 30 等)

røk˨ ɕɯak˨ 地名 (XVII, 9)

røm˥ 藍 (植物) (XI, 5)

røm˨ 點心 (XII, 5)

røŋ˧ 大葉如芭蕉之葉

røŋ˧ faŋ˅ 大葉用以包粄子 (XII, 5)

røŋ˧ rau˧ 樹葉用以做糯米飯使成黑色 (XII, 3)

røŋ˩ 巢

røŋ˩ klau˧ 蜘蛛網 (XXV, 2)

røŋ˩ 參看 ʔba˦

røŋ˩ 成羣

pla˧ røŋ˩ 成羣的魚

ɕak˨ røŋ˩ 羣賊 (III, 16)

røŋ˥ 擡, 再耕 (犂第二次) (XI, 1, 3)

røŋ˥ tau˧ 擡門

røŋ˨ 光, 亮 (XVI, 20)

ran˩ røŋ˦ 天亮 (XII, 1 等)

ʔdɯan˧ røŋ˦ 月亮

røp˦ 收聚

toŋ˧ røp˦ 聚集 (XII, 3)

ru˧ 女子追逐男子

ru˧ 洞, 孔

ru˩ 船 (X, 2)

ru˩ ru˅ 成羣貌 (第二字聲調因押韻故變?) (XIV, 25)

ru˦ 木槽 (用以餧猪)

ruak˨ 吐

ruat˨ 澆 (水)

ruat˨ ram˅ 澆水 (XI, 2)

rui˥ 山水, 澗水 (III, 7)

rui˨ 滴下 (XIV, 38)

ruk˥ 竹籃 (XIV, 7)

ruk˨ 房間 (III, 8)

rum˧ 臼

rum˧ 雜草

rum˩ 渡過深水 (XIII, 20)

rum˩

rum˩ foi˩ 廚房 (I, 4)

rum˩ 風 (XIII, 50; XIV, 21; XV, 25; XVII, 7, 10 等)

rum˅ 憐愛 (子女)

me˨ rum˅ lɯk˨ 母愛子女

rum˦ 以大襟抖物

ruŋ˩ 籠 (XV, 11; XVI, 4 等)

ruŋ˩ mau˧ 猪籠 (XXIII, 3)

ruŋ˨

ruŋ˨ kwaŋ˥ 村名 (I, 1)

rɯ˩ (而)

kai˥ puan˨ foi˦ rɯ˩ tu˩ 匆半途而廢 (注意: 原文將成語次序顛倒幾不成文) (XX, 4)

rɯ˩ 耳; 碗柄, 杯柄

rɯ˨ 參看 lit˨

rɯak˩ rɯak˨ 懊喪 (XVII, 9)

rɯaŋ˧ 尾 (又魚之量詞)

rɯaŋ˧ pla˧ 一尾魚 (XVII, 7)

rɯaŋ˧˩ 穗
  rɯaŋ˧˩ xau˦˨ 稻穗
rɯaŋ˦˨ 涮
rɯaŋ˨˦ 隨，順便 (XII, 1)
rɯat˨˦ 臭蟲
rɯi˧ 蜂
  taŋ˧˩ rɯi˧ 蜜蜂
rɯk˨˦
  kɯ˦˨ rɯk˨˦ 忽然

θ-

θa˧ (沙) 沙
  ɕoi˥ θa˧ 沙紙 (XII, 5)
  nam˨˦ θa˧ 泥沙 (XXVI, 3)
θa˧
  θaɯ˧ θa˧ 詩，歌 (XIX, 17)
θa˧ 參看 θam˧
  θa˧ ɕip˨˦ 三十 (III, 1)
θa˦˨ 拜 (XIII, 46, 47)
θai˧ 男
  xun˧˩ θai˧ 男人，丈夫 (III, 1, 2, 5, 6, 15; V, 6; XIII, 10 等)
θai˧ 帶子
  θai˧ wa˨˦ 褲帶
  θai˧ ʔda˧ 背帶 (背小兒用) 上的帶子 (II, 6)
θai˥ (彩)
  θai˥ xwa˨˦ 彩畫 (I, 13)
θai˥ 參看 ɕat˥
θai˧ (西) 西，參看 θi˧ (西)，toŋ˧ (東)
θai˧ (師) 師 (V, 9; XIV, 31)
  lɯk˩ θai˧ 徒弟 (X, 6)
  tak˩ lɯk˩ θai˧ 男徒弟 (X, 5)
  pø˧˩ θai˧ 師傅 (X, 5)
  me˧˩ θai˧ 師母 (X, 6)
  lau˦˨ θai˧ 老師 (V, 8, 9; X, 7, 8; XIII, 21)
θai˧ 蛤類 (XVII, 7)
  θai˧ klap˨˦ 長蚌
  θai˧ na˧˩ 田螺
θai˥ 腸子 (X, 1; XIV, 42 等)
θai˨˦ (細) 細 (XVIII, 12; XIX, 8; XXV, 2 等)
  θai˨˦ θai˨˦ 細細 (XVI, 5)
  θai˨˦ kau˥ 細看 (XV, 13)
  θai˨˦ ŋoi˦˨ θim˧ θai˨˦ ʔdat˨˦ 細想心愈焦 (XVIII, 15)
θai˨˦ (事) 事 (III, 1; XIII, 4, 14, 20; XIV, 7 等)
  kai˨˦ θai˨˦ ɕiŋ˧˩ 件事情 (I, 21)
  ra˧ θai˨˦ 找事 (IV, 4)
  θai˨˦ lø˨˦ 事路，事情 (XIII, 27)
  tɯk˩ θai˨˦ 惹事，惹禍 (XV, 20, 21)
θak˧˩ 臼杵，棒錘
θak˧˥ (色) 色 (XI, 4)
  pek˧˩ θak˧˥ 白色，詩中用以稱情人 (XVII, 3)
θak˧˥ 任何一個，約，某 (XIII, 5, 37; XV, 17; XVII, 14, 15; XIX, 2 等)
  ɕak˥ θak˧˥ θøŋ˧ θau˥ fɯan˧ 作兩首山歌 (XX, 1)
θak˧˥
  θak˧˥ ʔɯak˧˩ 打嗝
θak˩ 撞，打，洗 (衣) (XIII, 15)
  θak˩ rau˥ rai˧ ɕi˦˨ pa˨˦ 撞頭死就完了 (XIV, 19)
θam˧ 三 (I, 3, 29 等)
  θam˧ tai˨˦ 三代 (VIII, 1)

θam˧ ʔbau˥ taŋ˥　誰料，出乎意料之外 (XVI, 1, 5, 10)

ŋoi˧˩ θoi˨˦ ŋoi˧˩ θam˧　胡思亂想 (XVII, 11)

θam˨˦

θam˨˦ ŋoi˧˩　洗米小籮

θan˧ (山)，參看 çan˧

fan˩ θan˧　墳山 (XIII, 49)

θan˧ jiau˩　傜山

θan˧　編織 (籃)

ta˥ θan˧　編織 (XIV, 7, 8)

θan˧　白淨

xau˧˩ θan˧　白米 (舂好的) (XV, 7)

θan˩ (殘)，參看 θiaŋ˧

θan˨˦ (散)　散 (XVIII, 20)

θan˨˦ xak˩　散學 (XIII, 29)

θan˧ (新)

θan˧ lok˩ ʔwat˨˦　新陸斡 (村名)

θan˧ (身)　身 (XIII, 19; XIV, 39 等)

θan˧　刀背

θan˧ ça˧˩　刀背

θan˩ (人)，參看 hin˩，ŋin˩ (人)

θan˩ çiŋ˩　人情，禮物 (I, 2; XVIII, 29)

θan˩ θim˧　人心 (XV, 18)

θan˩　抖，顫

θan˩ (?) (XIX, 16)

θan˧˩ (忍)　忍

θim˧ ʔdwai˧ θan˧˩　心不忍 (XIII, 48)

θan˨˦ (信)　書信；相信 (XIV, 10, 41; XVII, 3, 7, 19 等)

θaŋ˧　高 (III, 18; XVIII, 6)

θaŋ˧ (生)，參看 θeŋ˧ (生)

θian˧ θaŋ˧　先生 (XIV, 32)

θaŋ˨˦　嚊

θaŋ˨˦ muk˧˥　嚊鼻涕

θap˧˥ (澀)　澀

θat˥ (擦)　擦，參看 çat˨˦ (擦)

θat˨˦,˥　一 (XV, 17; XVII, 5, 11, 22 等)

θat˥ kaŋ˥ taŋ˩ kaɯ˨˦ nai˧˩　一講到這句 (XVII, 22)

θat˨˦,˥ (煞)　結束，完 (I, 21; XIV, 11, 17, 23; XVI, 11, 13 等)

θat˥ wai˥　收尾 (XIII, 28)

θat˧˥　塞

θat˧˥　跳 (XVI, 13)

θat˧˥ (失)　失

θat˧˥ θan˨˦　失信 (XX, 13)

θat˩,˩ (實)　實在 (I, 2; III, 12; XII, 1; XIII, 4, 48; XIV, 22; XIX, 7 等)

θat˩ θø˨˦　誠實 (XIII, 9)

pok˧˥ θat˩　樸實 (I, 1)

θat˩ (日)，參看 hi˩ (日)

θat˩ çoi˥　日子 (XIV, 28; XVI, 20)

θau˧　青年女子

lɯk˩ θau˧　姑娘 (I, 1; II, 1; III, 16; XII, 1; XIV, 38)

kuak˨˦ θau˧　與男子調情，年青女子覓情人卽所謂作後生也

θau˩　洗 (身) (XIII, 15)

θau˥ (草)，參看 lɯaŋ˩ (糧)

θau˧˩　竿 (XV, 11)

θau˧˩ riap˨˦　帳竿

θau˨˦ (掃)　掃 (XII, 9)

θau˨˦　遭，次 (XI, 2)

θau˧　你們，也常用指單數 (II, 12; III,

11; VI, 2; XIII, 50 等)

kɯ˧˩˧ θau˧ 你們 (XX, 13 等)

θau˧ (收) 收 (III, 15, 18; XI, 1, 4 等)

θau˧ liau˩ 收留 (III, 18)

θau˧ (餿) 餿

θau˩ (愁) 愁 (XVI, 11 等)

θau˥ (守) 守, 等候 (XIII, 8, 32; XVII, 13 等)

θau˥ kwa˥ 守寡 (III, 6)

xun˩ θau˥ rau˥ kjau˩ 守橋頭的人 (VI, 2)

θau˥ (首) 首 (詩之量詞) (XIX, 2, 17; XX, 1)

θau˧˥ (秀)

θau˧˥ ɕai˩ 秀才, 美秀 (XIII, 26)

θau˧˥, ˧˥ (受) 受, 受苦, 參看 ɕau˧˩˧ (受) (III, 16; XV, 7; XVI, 4, 9, 11, 18 等)

350

θau˧˥ (壽)

θoŋ˧˥ lau˧˩˧ θau˧˥ 送壽禮 (I, 2)

ɕi˧˥ ɕau˧˥ 壽字 (I, 2)

θaɯ˧ 清

ram˧˩˧ θaɯ˧ 水清, 清水 (XX, 10)

θaɯ˧ (書) 書, 信, 詩 (XIII, 1, 2, 3, 23; XIV, 27, 45; XVII, 3; XVIII, 1; XIX, 2 等)

θaɯ˧ θa˧ 詩, 歌 (XIX, 17)

θaɯ˩ (薯, 藷) 薯 (XI, 4, 8)

θaɯ˩ min˩ 一種涼薯

θaɯ˥ (使) 使

θaɯ˥

la˩ θaɯ˥ 炮仗 (XII, 1)

θaɯ˧˥ (試?) 試 (I, 5; XIII, 2, 13; XIV, 40 等)

kau˧ θaɯ˧˥ ɕam˧ mɯŋ˩ poi˧ 我試問你一問 (XXV, 1, 2)

θaɯ˧˥ θi˥ 試 (XIII, 9, 30, 31; XIV, 2, 19)

θaɯ˧˥

θaɯ˧˥ maɯ˧˥ 忽然間 (VII, 1; VIII, 1; XIII, 15)

θaɯ˧˥ (勢?), 參看 θun˧˥ (順)

θe˩ (設) 設

θe˩ fa˩ θɯ˥ 設法子 (I, 22)

θe˩ (邪)

θe˩ θim˧ 邪心 (XIII, 13)

θe˥ (姐), 參看 ɕe˥ (姐)

θe˥ mai˧˥, ˧˥ 姐妹 (XXI, 3)

θe˧˥ (社), 參看 θi˧˩˧ (社)

ʔdaɯ˧ θe˧˥ 合作社墟即新陸幹

θen˧

fai˧˩˧ θen˧ 一種樹

θen˧ (先), 參看 θian˧,˥ (先)

kan˧˥ θen˧ 早先 (XIV, 12)

θen˧ (仙)

θen˧ θan˩ 仙人 (XIV, 3)

θen˥ (遷?) (XV, 5)

θen˧˩˧ θen˧˩˧ 喘氣貌

lum˥ ʔi˥ rai˧ θen˧˩˧ θen˧˩˧ 好像喘氣要死

θen˧˥ 早, 先, 已 (XIII, 42; XVII, 22)

θeŋ˧ (生) 生, 參看 θaŋ˧ (生) (I, 1; III, 15; XIV, 7, 43; XV, 1; XVI, 15 等)

θeŋ˧ ʔoi˧˥ 生意 (XI, 10; XIV, 6)

θian˧ θeŋ˧ 先生

loŋ˧˥ θeŋ˧ 弄生魚吃 (XII, 1, 5)

θeŋ˧ ʔdaŋ˧ pan˩ ɕuk˩ mian˧˥ 生身

成熟面，陌生的人也都熟了 (XIII, 21)

θep˧˥ 刺痛

θeu˧ 參看 xau˧˥

θi˧ (妻)，參看 fu˧ (夫)

θi˧ (凄)

θi˧ liaŋ˨˩ 凄凉 (III, 8; XV, 7; XIX, 13; XXI, 3)

θi˧ (西)

θi˧ ki˨˩ ɕan˧ 西岐山 (地名) (XIV, 29)

θi˧ ki˨˩ 西岐 (XIV, 44)

θi˨˩ (昔) 昔

θi˨˩ hi˨˩ 昔日 (X, 2)

θi˨˩ (息)，參看 θiau˧ (消)

θi˥ (寫) 寫 (VIII, 1, 3; XIV, 45)

θi˥ (史)，參看 tai˧˥ (太)

θi˥ (捨) 捨 (XIV, 38; XVII, 17)

θi˥ 參看 ʔwi˥, θaɯ˧˥ (試), θiat˨˩ (析)

θi˧˥ (社) 社，社公 (XII, 1)

koŋ˧ θi˧˥ 社公 (XII, 1 等)

la˥ θi˧˥ 社下 (XII, 1, 3, 4)

nø˧˥ θi˧˥ 社肉，祭社公後分給族人的肉 (XII, 7)

θian˧ (仙) 仙 (IV, 3; VI, 1; VIII, 1 等)

me˩ θian˧ 仙婆，女巫 (VI, 1)

koi˥ θoi˨˩ muaŋ˩ kwa˩ θian˧ 什麽時候纔盼到死? (XIX, 11)

θian˧ kja˧ 仙家 (XIV, 34)

θian˧ hin˨˩ 仙人 (XIV, 37)

θian˧ (先) 先，參看 θen˧ (XVII, 1 等)

θian˧ θaŋ˧ 或 θian˧ θeŋ˧ 先生 (XIV, 32)

θian˧ poi˧ 先去 (XII, 1)

θian˧ (鮮) 鮮，鮮美 (XXI, 3)

θian˧ (千) 千 (XXII, 1)

θian˨˩ (前) 前

θian˨˩ ɕiŋ˧ 前清 (清朝) (X, 1)

θian˨˩ θoi˨˩ 前時 (XIII, 32, 46; XIX, 5; XX, 5 等)

koi˥ nian˨˩ θian˨˩ ka˧˥ køn˧˥ 幾天以前 (注意 θian˨˩ 與 ka˧˥ køn˧˥ 同義，一漢借字，一土語，同義連用，與 koi˥ nian˨˩ ka˧˥ køn˧˥ 同) (III, 6)

θian˥ (先)，參看 θian˧

θian˥ θeŋ˧ 先生 (III, 4; XIII, 30)

θian˥ (選) 選

θian˧˥ (線)

mian˩ θian˧˥ 麵條 (XII, 7)

θian˩ (善) 善

xeŋ˨˩ θian˩ 行善 (XIII, 21; XV, 23)

θiaŋ˧ (相) 相

θiaŋ˧ θan˨˩ 相殘 (X, 3)

θiaŋ˨˩ 看不起

θiaŋ˨˩ xun˨˩ 看不起人

θiaŋ˧˥ (像) 像

θiaŋ˧˥ kja˧˥ 像架

θiaŋ˧˥ (將)，參看 ɕam˧ (參)

θiat˧˥ (節) 節

θiat˧˥ kwa˧ 冬瓜

θiat˩ (折) 折磨，折本

θiat˩ θi˥ 折磨 (XVIII, 14)

θau˩ θiat˩ 受折 (III, 16)

θiat˩ pøn˥ 折本 (XXII, 1)

θiau˧ (燒) 燒

θiau˧ lau˥ 蒸酒

θiau˧ jiaŋ˧ 燒香 (XII, 5; XIII, 11, 46; XIV, 9)

θiau˧ (消)

θiau˧ θi˩ 消息 (XX, 8)

θiau˥ (小) 小, 參看 çiau˥ (小) (XIX, 17 等)

θiau˥ θim˧ 小心 (XII, 1)

θiau˥ moi˧˩ 小妹 (XIII, 5)

θiau˥ nɵi˧˩˧ 至少 (XI, 6)

θik˦ (析) 撕

θik˦ θan˧˥ 析散 (XVII, 18)

θik˦ (錫) 錫

θik˦ (識) 識

θik˦ θai˧˩ 識事 (XII, 5; XIII, 20)

θik˦ (赤)

θik˦ θan˧ lɵ˧˩ tai˥ 赤身露體 (XIII, 19)

352

θik˦ (惜)

kɵ˥ θik˦ 可惜 (III, 11)

θim˧ (心) 心 (II, 2; V, 7; XIII, 4, 21, 25, 28, 31, 36, 48 等)

ʔit˦ θim˧ 一心 (III, 15)

θim˧ tau˩ 心頭 (XIII, 43; XVII, 3; XIX, 4 等)

θim˧ θai˧˩ 心事 (XIII, 6, 34, 40; XV, 25; XVIII, 6)

θim˧ fan˩ 心煩 (XVI, 1; XVIII, 17)

θim˧ çau˧ 心焦 (XVIII, 8)

θim˧ (深) 深 (XVIII, 27)

θim˥ (嬸) 嬸母

me˧˩ θim˥ 嬸母

θin˧ (辛)

θin˧ hɵ˥ 辛苦 (XIV, 5)

θin˧˥ (信) 信服, 參看 θan˧˥ (信) (I, 28; XIII, 25; XX, 6)

θiŋ˧ (聲) 聲 (III, 2; XX, 4 等)

θiŋ˧ ʔim˧ 聲音

θiŋ˧ jɯaŋ˥ 聲響 (II, 2)

θiŋ˥ (醒) 醒 (XIII, 43)

θiŋ˧˥ (姓) 姓 (III, 1, 15; X, 1 等)

θiŋ˧˥ çin˩ 姓陳 (I, 1)

pek˥ θiŋ˧˥ 百姓 (III, 16; X, 2; XV, 1)

θip˦ 鳥以口理羽毛 (XXIV, 2)

θoi˧ 利錢, 租錢

çian˩ θoi˧ 利錢 (XII, 3, 7)

na˩ θoi˧ 田利, 田租 (XII, 3)

roi˧˩ θoi˧ 畬租 (XII, 3)

θoi˧ (絲) 絲 (XVII, 18)

θoi˩ (匙) 鑰匙 (XIX, 1; XXV, 1)

θoi˩ (隨) 隨 (XX, 8)

θoi˩ (時) 時 (III, 7, 17; VIII, 1; X, 1; XI, 3; XIII, 13, 32; XIV, 44 等)

θoi˩ xau˧˩ 時候 (I, 1)

piŋ˩ θoi˩ 平時 (X, 1)

θoi˩ kɵn˧˥ 從前 (XVII, 17; XVIII, 20)

θoi˩ nai˧˩˧ 此時, 現在 (II, 13; XIII, 6, 7, 34; XIV, 1, 3 等)

θoi˧˥ θoi˩ 時時 (I, 3; III, 12 等)

θoi˧˥ 四 (II, 1; XII, 4 等)

θoi˧˥ ʔbau˥ θam˧ 不三不四 (XVIII, 3; XX, 7)

θoi˧˥ (世) 世 (XVI, 4; XIX, 5; XX, 4 等)

θoi˧˥ xun˩ 世, 輩子 (III, 6; XIV, 3, 22; XVII, 13, 14)

θoi˦ θuk˩ kwen˦ 世俗，習慣 (I, 2)
θoi˦ nai˅ 此世 (XX, 11)
θoi˦ laŋ˧ 下一世 (XX, 11)
kwa˦ θoi˦ 過世，死 (XV, 1)
θoi˦ 參看 θoi˩ (時)
θoi˦ (是) 是 (X, 1; XIII, 32; XXI, 3)
θoi˦ 印刻 (III, 2)
θoi˦
ʔbau˥ θoi˦ …… 誰知 …… (I, 21, 28)
θok˥ 削尖
θom˧ 尖
θom˥ 酸
θon˥ (鷄鴨) 屁股
θon˥ pit˥ 鴨屁股 (XII, 4)
θoŋ˧ (鬆) 鬆
θoŋ˦ (送) 送 (I, 2, 13; III, 7; XVIII, 11 等)
θot˩ 放入 (XI, 1, 9; XV, 26; XIX, 14)
θø˧ (蘇) 蘇 (姓)
θø˧ ni˥ ki˦ 蘇汝記 (人名) (X, 1)
θø˧ lak˦ 蘇樂 (村名)
θø˥ (所) 所 (X, 1; XIII, 2, 13, 39; XIV, 32, 44; XX, 5 等)
kuŋ˧ θø˥ 公所
θø˥ hi˥ 所以 (I, 1, 2; III, 2; IX, 1 等)
θø˥ lai˩ 所以 (I, 32; III, 12, 15, 18 等)
θø˥ wi˦ 所謂 (III, 18)
piŋ˩ θoi˩ kau˧ θø˥ tau˥ ra˧ fun˩ ɕuŋ˧ ʔbau˥ (>ʔbu˥) ʔai˦ tau˥ taŋ˩ mɯn˥ nai˅ ti˧˦ 平時我來打柴總不會來到這裏的 (III, 4)
θø˥ (左) 左 (XIX, 14)
θø˥ jau˦ liaŋ˥ nan˩ (XIII, 44; XVIII, 10) 左右兩難
θø˥ nan˩ liaŋ˥ jau˦ 左右兩難 (XVII, 15)
θø˦ (數) 數，氣數 (XVII, 15)
hoi˦ θø˦ 氣數 (XIII, 36; XV, 11; XVI, 7)
fu˩ θø˦ 無數 (XVI, 1)
θø˦ (訴) 訴，告 (XVI, 10; XVII, 2, 7)
θø˨ 誠，直 (XIII, 36; XV, 19)
θat˩ θø˨ 誠實 (XIII, 9)
fai˅ θø˨ 直木 (XIV, 5)
θøk˦ 柵欄 (XIX, 9)
θøn˧ 教 (I, 28; III, 15)
θøŋ˧ 二，兩 (I, 2, 29; XIII, 42 等)
θu˥ (楚)
ɕiŋ˧ θu˥ 清楚，完畢 (V, 6, 9; X, 2 等)
θu˥ (鎖) 鎖 (XIX, 1)
θuan˧ 園 (XIV, 41; XVII, 4)
θuan˦ (蒜) 蒜 (XI, 11)
θuan˦ (算) 算 (XI, 9; XIII, 6, 10, 21; XIV, 5, 8 等)
θuan˦ lok˥ 算錯
θuan˦ miŋ˦ 算命 (VII, 1; XIII, 40 等)
θuaŋ˧ (雙) 雙，參看 ɕwaŋ˧ (雙)
pan˩ θuaŋ˧ 成雙 (XVIII, 23)
θuaŋ˧ θeŋ˧ 雙生
θuaŋ˥ 盛骨罈，人死後數年掘其骨盛之以罈
θuk˩ (熟) 熟，熟習 (III, 18; XIII, 4 等)
θuk˩ (俗)
θoi˦ θuk˩ kwen˦ 世俗習慣 (I, 2)

354

θum˩ θum˩ 不語貌 (XIV, 25)
θun˨˦ (順), 參看 ɕun˥ (順)
θun˨˦ θaɯ˧ 順勢 (XII, 3)
θuŋ˧ (宋) 宋 (姓) (XIV, 5)
θup˥ 吸氣
θup˥ ʔdaŋ˧ 吸氣, 嗅
θut˩ (述) 述, 論, 參看 ɕut˩ (述) (XVI, 9, 13)
θut˩ (術), 參看 fap˥
θɯ˩ (辭) 辭
kau˧ θɯ˩ 告辭
θɯ˩ jaŋ˩ 辭陽, 死 (XVI, 20)
θɯ˥ (子)
kuŋ˥ θɯ˥ 孔子 (X, 2)
fa˩ θɯ˥ 法子 (I, 22)
hi˩ θɯ˥ 日子 (XIX, 17)
θɯ˥ (死)
ʔwuaŋ˥ θɯ˥ 枉死 (XIII, 45)
θɯ˦˨ 小竹籃
θɯ˧ (伺)
θɯ˧ xau˨˦ 伺候
θɯ˧ (事) 事 (X, 3)
θɯ˨˦ (自) 自 (I, 3, III, 13; VI, 1; XX, 3, 16 等)
θɯ˨˦ ɕai˨˦ 自在 (XII, 1; XV, 27)
θɯ˨˦ koi˥ 自己 (I, 3; III, 16)
θɯ˨˦ jian˩ 自然 (XX, 2)
θɯan˥ 叫罵
θɯan˥ kwan˧ 罵丈夫
θɯaŋ˧ (箱) 箱子
θɯaŋ˧ (傷), 參看 ɕaŋ˧ (傷)
θim˧ θɯaŋ˧ 心傷 (XIII, 28)
θɯaŋ˧ θim˧ 傷心 (XVII, 12)
θɯaŋ˧ ɕiŋ˩ 傷情 (XVII, 11)
θɯaŋ˧ xan˩ 傷寒 (XX, 7)
θɯaŋ˩ (常) 常, 參看 ɕaŋ (常) (XV, 15, 19; XVIII, 31)
θɯaŋ˥ (想) 想 (I, 14, 29; III, 17; V, 6; XIII, 2, 27 等)
θɯaŋ˥ muaŋ˨˦ 希望 (XXII, 1)
θɯaŋ˨˦ (上) 上, 參看 ɕaŋ˨˦ (上)
θɯaŋ˨˦ ʔoi˧ 上衣, 供紙衣 (XII, 15)
θɯaŋ˨˦ lim˩ 上林 (縣名) (XI, 12)
θɯi˦˨ 左
faɯ˩ θɯi˦˨ 左手
θɯi˧ 洗 (衣, 脚) (V, 9; XII, 5)
θɯk˥ (拭) 拭 (XXI, 1, 2)
θɯŋ˧ (升) 升 (III, 18; XVI, 16)
θɯŋ˩ muŋ (承蒙?)
ɕø˧ tak˥ lai˧ θɯŋ˩ muŋ˩ 才得承 (你的情) (?) (XX, 14)

θw-

θwaŋ˥ (爽) 爽
ʔdaŋ˧ ʔdwai˧ θwaŋ˥ 身體不爽快
θwap˩ θwap˩ 蛆蠕動貌 (V, 9)

t-

ta˧ 岳父, 外祖父
koŋ˧ ta˧ 岳父, 外祖父 (I, 2, 3 等)
ta˩ 帶, 攜帶 (V, 9)
ta˩ 搽 (粉)
ta˩ 紡, 織 (XXV, 2)
ta˥,˧ (打) 打, 從, 自從 (I, 28; XIV, 19; XVII, 16 等)
ta˥ kum˩ 開溝 (XI, 1)

ta˥ tiŋ˩ 打定；假設 (III, 17; XIII, 17, 19; XIV, 18 等)
ta˥ fɯi˨ 祭祀 (VIII, 2; XII, 5, 9)
ta˥ θan˧ 編織 (XIV, 7, 8)
ta˥ ɕian˧ 打磚，作磚 (XI, 12)
ta˥ pak˧ tau˧ hau˥ poi˧ liau˧ 打門口進去了 (I, 4)
ta˥ røk˩ hau˥ ma˧ 從外面進來
ta˧ lau˧ ma˨ kɯ˧ nai˧ 現在從何處來 (XIII, 30)
ta˧ ɕiap˥ ta˧ paɯ˧ te˧ ma˧ taŋ˨ ran˥ 自從接他兒媳回到家 (IX, 1)
ta˧ 女，又用在女子名字前，參看 tak˨，女子有子女後則用其子女之名，前加 me˩ (II, 11; IX, 1; XIV, 38; XV, 24; XVII, 17 等)
ta˧ paɯ˧ 兒媳 (IX, 1)
ta˧ ɕe˥ 姊姊 (II, 2)
ta˧ nuaŋ˧ 妹妹 (XIII, 2 等)
ta˧ lɯk˨ ŋe˨ 女孩子 (II, 2)
ta˧ tau˨ 大女兒 (II, 1)
ta˧ lau˧ 大姊，大女 (I, 1)
ta˧ ŋoi˩ 二女 (I, 3)
ta˧ θam˧ 三女 (I, 3)
ta˧ (大)，參看 tai˧ (大) (XIII, 18)
ta˧ hin˨ 大人 (X, 2)
ta˧ kjaŋ˧ 大江 (XIII, 19)
ta˧ miŋ˨ ɕan˧ 大明山 (III, 2 等)
ta˧ lu˧ 大路 (XIII, 45)
ta˩ 河 (III, 7; V, 6; VI, 2; XIII, 15, 18; XIX, 16 等)
tai˧ 岳母，外祖母
me˩ tai˧ 岳母，外祖母 (II, 1, 2, 3 等)

tai˨ (臺) 臺，桌 (XII, 5; XIII, 37; XIV, 31; XVIII, 3 等)
ɕuk˥ ʔiŋ˧ tai˨ 祝英台 (人名) (XIII, 5)
tai˨ (擡) 擡 (XX, 16)
tai˧ (?)
tai˧ lø˩ 路 (VIII, 2)
tai˧ (帶) 帶；攜帶 (I, 34; III, 12; X, 2; XII, 1; XIII, 1, 20, 49; XVIII, 22 (?) 等)
tai˧ (太) 太 (XIV, 23, 43; XV, 2 等)
tai˧ θi˥ 太史 (X, 12)
tai˩,˧ (大) 大，參看 ta˧ (大) XIII, 5, 14, 45; XV, 14 等)
tai˩ ɕau˧ 大早 (V, 9; VII, 2; XII, 3, 5 等)
tai˩ ke˧ 大家 (XIII, 5, 19, 21 等)
tai˩ ʔjɯak˥ 大約 (VIII, 3; XII, 4)
tai˩ (待) 待，待遇 (X, 1)
tai˩ (第) 第 (IX, 1; XI, 1; XII, 4; XIII, 42; XVIII, 9, 10, 11 等)
tai˩ xwaŋ˨ 虹 (XI, 9)
tai˩ 就是，雖 (XIII, 29, 40; XX, 7 等)
tai˩ ʔbau˥ haɯ˥ ɕuŋ˧ poi˧ 就是不許 (我) 也去 (XIII, 13)
tai˩ (代) 代 (VIII, 1; XIII, 12)
xau˩ tai˩ 後代 (XXII, 2)
tai˨ (蹄)
ma˧ tai˨ kiak˥ 馬蹄脚，詩歌之一種
tai˥ (底) 底 (XVIII, 27)
tai˥ xai˨ 鞋底
tai˥ 哭 (III, 8, 10, 11 等)
tai˥ (體) 體
lø˩ tai˥ 露體 (XIII, 19, 20)

taiV 詩中用以稱呼情人及好友之詞(XIV, 8, 14, 33, 44; XV, 5; XVII, 5等)

tai˦(帝)

waŋ˨ tai˦ 皇帝(XIV, 41)

ŋ̩aɯ˩˧ tai˦ 玉帝(XX, 9)

tai˦(剃) 剃(XI, 4)

tai˩˧ tau˧ 剃刀(XXIV, 2)

tai˩˧ 袋(XIX, 14)

tak˦ 旱蛭(II, 12, 13)

tak˩˧ 量(水)

tak˩ 男兒，又用在男子名字前，參看taV，男子有子女後則用其子女之名，前加pø˩˧(III, 14; VIII, 3; XIII, 47, 48; XIV, 29等)

tak˩ høi˦ 男僕(III, 14)

tak˩ lɯk˩ 兒子(III, 12, 13; VIII, 1, 2; IX, 1等)

tak˩ røV taV ne˥ 男兒或女兒?

tak˩ pauV 寶兒(人名)(IV, 1, 2, 3)

tak˥(得) 得(XVII, 9; XX, 14等)

tø˧ tak˥ 多得，多謝(I, 2)

tak˥ 舀(水等)(XVIII, 21)

tak˩ 雄獸，參看tak˩

ma˧ tak˩ 公狗

tam˨(談) 談(XIII, 49; XVI, 13; XVIII, 14, 27)

fu˨ tam˨ 無談，不說(XIII, 38)

tam˥(膽)參看fuaŋ˩˧(放)

tam˥(毯) 毯子

tam˦(探)

ɕiŋ˧ tam˦ 偵探(III, 18)

tam˦ 續

tøV tam˦ 相續(XII, 5)

tam˩˧(淡)，參看leŋV(冷)

tam˧ 撞(XVII, 12)

tam˧

tam˧ taŋ˨ 到(I, 2; III, 16等)

kau˧ tau˥ tam˧ taŋ˨ naiV 我來到此(處)

tam˨ 塘(XIX, 12, 16; XX, 5等)

tɯk˥ tam˨ 赴塘釣魚(XII, 1, 5)

tam˨

tam˨ ʔjoŋ˧ tam˨ ʔjeŋ˧ 喃喃，自言自語貌(I, 4)

tam˥ 織(I, 2)

tam˥ paŋ˨ 織布

tam˥ røk˦ 織布

tamV

tamV ʔu˧ 或 tamV ʔbu˧ 墰窩(村名)

tamV ʔbak˥ 墰吡(村名)

tam˦ 低(XVIII, 6)

tan˧ 斟

tan˧ ɕa˨ 斟茶

tan˧(單) 單

høi˧ tan˧ 開單(XIII, 44)

tan˧(?) 參看tøV

tan˧(丹)，參看mau˥(牡)

tan˨(罈) 酒罈

tan˨ tau˨ 就是(?)(XVIII, 5)

ma˧ røk˦ ran˨ kau˧ ʔdun˧, tan˨ tau˨ mɯŋ˨, paŋ˨ jauV! 來在我家門外站着，就是你阿，朋友!(XIII, 34)

tan˦(旦)，參看li˥

tan˦(妲)

tan˦ ki˥ 妲己(人名)(XIV, 38)

tan˦ koi˥ 妲己(人名)(XIX, 5)

tan˧˦ (炭) 炭

tan˧˦ (但) 但, 也就 (I, 1; III, 15; XIII, 21; XVI, 13, 16 等)

tan˧

tan˧ kwa˧˦ 起誓 (XIII, 11)

tan˥ 穿 (衣) (III, 8, 14)

tan˥ pu˧˦ 穿衣

taŋ˧ (當) 當; 當然 (V, 4; XIV, 22; XV, 1, 2. 6; XVII, 15, 21; XVIII, 3; XIX, 12 等)

taŋ˧ jian˨˩ 當然 (I, 14 等)

ʔɯŋ˧ taŋ˧ 應當 (XV, 15; XIX, 2)

taŋ˧ kuan˧ 當官, 作官 (X, 1)

taŋ˧ mian˧˦ 當面 (I, 2 等)

taŋ˧ (湯) 湯

taŋ˨˩ (堂)

toŋ˨˩ taŋ˨˩ 同堂, 一家人 (I, 29)

xak˨˩ taŋ˨˩ 學堂 (XIII, 9, 32)

kja˧ taŋ˨˩ 家堂, 一家人 (XIII, 33)

taŋ˨˩ (糖) 糖 (XX, 7)

taŋ˨˩ rɯi˧ 蜜蜂

taŋ˨˩ (唐) 唐 (朝)

taŋ˨˩ çiau˨˩ 唐朝 (XVII, 17)

taŋ˨˩ 參看 kiat˥ (結)

taŋ˥ (擋) 擋

taŋ˥

taŋ˥ hon˧ 路上 (VIII, 1; XIII, 2; XIV, 21 等)

taŋ˥ 參看 çuŋ˧

taŋ˧˦ 像, 如 (XIII, 19; XV, 19; XVI, 20; XVII, 14, 22; XVIII, 14 等)

taŋ˧˦ kɯ˥˧ ma˨˩ 像什麽似的, 很, 非常 (III, 1)

taŋ˧˦ (趟) 趟 (XI, 6; XVIII, 16)

taŋ˧˦ (當) 當 (XIV, 21; XVII, 7, 19)

kja˧ taŋ˧˦ 家當 (XV, 17)

taŋ˧˦ na˥ xun˨˩ 當人面 (XVII, 7)

çaŋ˧˦ taŋ˧˦ 上當 (XVI, 6)

taŋ˧˦ 如果 (I, 4, 5; XIII, 20, 35; XIV, 4, 7, 19 等)

taŋ˧˦ nau˨˩ 如果 (XIII, 49)

taŋ˧˦ 過 (淺水)

taŋ˧˦ 參看 laŋ˥˧

taŋ˧ (燈) 燈 (III, 11; XVIII, 4)

ʔdan˧ taŋ˧ 一盞燈

taŋ˧ 相配, 相當 (XV, 9)

taŋ˨˩ 到, 參看 tam˧ (I, 2, 4; XIII, 11, 12 等)

ŋon˨˩ taŋ˨˩ 終日, 每日 (II, 1; III, 12; VII, 1 等)

xam˧˦ taŋ˨˩ 每夜 (XX, 2)

hon˧ taŋ˨˩ 每次

hon˧ taŋ˨˩ çiat˥ hoi˧˦ 每逢節氣 (VIII, 2)

taŋ˥ (等) 等待, 讓 (XIII, 7, 15, 16; XIV, 24; XV, 8, 9 等)

taŋ˥ 參看 θam˧

taŋ˥˧ 砧

taŋ˥˧ 棍

taŋ˧˦ (凳) 凳子 (XII, 5; XV, 11)

tap˥ (答) 答應, 回答 (III, 13; XVIII, 15, 30)

tap˥ (搭) 搭

tap˥ ru˨˩ 搭船 (X, 2)

tap˧˦ (答) 答, 報答 (XII, 1, 4 等)

tap˦ 肝

tat˧˦ 石, 石灰巖 (XVII, 12)

tau˧ (刀)　刀 (XXIV, 2)
tau˧　討論 (?) (XIX, 5)
tau˧ (倒)　反倒，參看 tau˦˨ (倒)
　tau˧ ʔin˧　反倒痛 (V, 4)
tau˥　清理 (?) (XI, 5)
　tau˥ na˧˩ waŋ˧　清理小米田 (XI, 5)
tau˥ (倒)　倒 (XIV, 29)
　tau˥ fan˥　倒反，反倒 (I, 1)
tau˦˨　輩 (XVI, 7; XIX, 4, 13 等)
　tau˦˨ xun˧˩　一輩人
　tau˦˨ lau˨˦　老輩 (II, 1)
tau˦˨ (道)
　tau˦˨ li˥　道理 (XVIII, 16)
tau˦˨ (到)　回到，到 (XVI, 12; XIX, 6; XX, 15 等)
　ŋeu˨˦ tau˦˨ laŋ˧　回頭看 (III, 2; VII, 2)
　tap˦˨ tau˦˨ laŋ˧　回答 (禮物) (XII, 4)
tau˦˨ (倒)　反倒 (III, 18)
　waŋ˧˩ wan˧˩ ɕan˧ ne˥ tau˦˨ kuŋ˧˩　黃文山呢反倒窮 (I, 1)
tau˦˨ (套)　套
　tau˦˨ ken˧　臂套
　ten˧˩ tau˦˨　棉被
tau˧˥, ˦˨ (道)　道術 (I, 9)
　koŋ˧ tau˧˥ 或 ɕaŋ˧˥ tau˧˥　道士，巫 (I, 1)
　tau˦˨ li˥　道理
tau˧　門
　pak˦˨ tau˧　門口 (I, 3, 4; III, 8; XIV, 20 等)
　høi˧ tau˧　開門
　kwen˧ tau˧　關門
tau˧˩ (頭)　頭 (XX, 15)
　ta˨˦ tau˧˩　大女 (II, 1)
　mi˧˩ tau˧˩ mi˧˩ wai˥　有頭有尾 (XVIII, 26)
　θim˧ tau˧˩　心頭 (XIII, 43; XVII, 3; XIX, 4 等)
tau˧˩ (豆)
　tau˧˩ fau˧˥　豆腐 (XVI, 3)
tau˧˩　參看 tan˧˩, jau˧˩
taɯ˥ (斗)　斗 (XII, 4; XX, 16)
　mak˩ taɯ˥　墨斗 (XX, 3)
taɯ˥　來 (I, 2, 3 等)
　huŋ˧ hɯn˥ taɯ˥　長大起來，發達起來 (IV, 4 等)
　han˧ mi˧˩ xun˧˩ hau˥ ʔdoŋ˧ taɯ˥ ra˧ fun˧˩　見有人入山來打柴 (III, 12)
taɯ˦˨ (鬪)　鬪
　tø˨˦ taɯ˦˨　相鬪 (XIV, 15)
taɯ˦˨ (鬥)　鬥 (木架)，作木匠活 (I, 13)
　taɯ˦˨ na˥　對面 (XVIII, 30)
taɯ˧˥　灰 (I, 4; VIII, 3)
　taɯ˧˥ jiaŋ˧　香灰 (XII, 5)
taɯ˧˥
　fai˨˦ taɯ˧˥　樹名 (木軟無用) (XX, 11)
taɯ˧˩　提，持，戴 (I, 13, 14, 19; VI, 2; VII, 2; VIII, 1, 3; XIX, 1; XX, 7 等)
　taɯ˧˩ rau˦˨　耙田 (XI, 5)
　taɯ˧˩ ʔden˧ hɯn˥　堆起成壠 (在田中) (XI, 1)
　hoi˦˨ taɯ˧˩ hiŋ˧ pan˧˩ ɕoi˥　怕 (你) 看 (我) 作紙那們輕 (XX, 4)
　kai˥ juŋ˧˥ taɯ˧˩ leŋ˨˦ tam˧˥!　別作出冷淡 (的樣子) (XX, 14)
　taɯ˧˩ rɯ˧˩　戴耳環

kuan˥ taɯ˨ 管理 (II, 1, 2)
taɯ˨ 又
ran˨ taɯ˨ ran˨ 一家又一家 (XVIII, 16)
taɯ˧˩ 箸, 筷子
te˧ (?) (XIV, 1)
te˧ 他, 他們, 那 (I, 1, 2 等)
xam˧˩ te˧ 那晚 (V, 9)
te˧ ne˧˩ 語助詞, 與 tø˅ ne˧˩ 同
kau˧ poi˧ kuak˧˩ tau˧˩ ma˧ te˧ ne˧˩ 我去作道士來着 (解釋人問) (I, 9)
te˧ raɯ˨ 爲何 (XV, 3, 5; XVIII, 8, 19)
te˧˩ 探望, 偵探, 等候 (IV, 2; XI, 1)
tem˧ (添) 與, 再 (I, 19; III, 12; IX, 1; XIII, 21, 22, 28 等)
tem˧ xun˨ θai˧ tø˅ kan˧ 跟男人在一塊兒 (XIII, 14)
pian˧ tem˧ pian˧ 一篇又一篇 (XVIII, 5)
çai˧˩ ˀau˧ ja˧˩ haɯ˥ tem˧ 還再給娶妻! (XIV, 5)
tem˥
tem˥ ŋwem˥ 灣貌 (XXV, 1)
ŋwem˥ tem˥ 灣貌 (XXV, 1)
tem˧˩ 掩蓋 (以紙)
tem˧˩, ˧˩ (墊) 墊起 (XV, 19; XX, 13)
ten˧ (天) 天 (XX, 16)
ten˨ (田) 田
ten˨ 被
ten˨ pleu˧ 裕被
ten˨ tau˧ 棉被
teŋ˧ 對, 準 (XIV, 35, 36)
mai˧˩ ˀdoi˧ ˀbau˥ ˀdoi˧ mɯŋ˨ çoŋ˧ çaɯ˅̌ ma˧ çø˧ teŋ˧ 不論好不好你總要買來纔對
tep˧˩ 靠近, 貼近 (III, 12)
teu˨ (逃?) 走去, 逃 (II, 11; III, 2; X, 2; XIV, 37; XXIII, 1)
teu˨ nan˧˩ 逃難 (XVIII, 20)
teu˧ (跳) 跳
teu˧ 撥弄 (以棍) (I, 4)
teu˧˩
teu˧˩ foi˨ 火叉
ti˧ (或變成 te˧) 的, 語助詞
1. 在兩詞間使上一詞限制或描寫下一詞, 或表示主有:
çiŋ˧ çiau˨ ti˧ θoi˨ xau˧˩ 清朝的時候 (I, 1)
ˀdaɯ˧ ˀban˥ koŋ˧ ta˧ ti˧ xun˨ 岳父村內的人 (I, 2)
te˧ ti˧ kø˧ je˨ 她的丈夫 (III, 1)
lum˥ nau˨ mi˨ θiŋ˧ xun˨ ˀeu˧ te˧ ti˧ jɯaŋ˧˩ çoi˥ 好像有人的聲音叫他的樣子 (III, 2)
2. 連結兩個同指一物的詞:
fan˧˩ kɯ˅ kau˧ ti˧ lɯk˧˩ 我這個人 (XIII, 5)
fan˧˩ kau˧ ti˧ θiau˥ moi˧˩ 小妹我, 我小妹 (XIII, 5)
3. 等等:
kai˧˩ lɯk˧˩ kɯi˨ ti˧ 一些姑爺等 (I, 2)
4. 或者:
hɯn˥ ˀdoŋ˧ ti˧ (>te˧) ne˥, plen˨ ˀdoŋ˧ ti˧ (>te˧) ne˥, hau˥ kam˥ ti˧ (>te˧) ne˥, tiŋ˥ loi˧˩ xai˧˩ lo˧ 上山阿, 攀山阿, 或入洞阿, 頂利害了 (III, 12)

xun˧˩ poi˧ ɕɯaŋ˨˦ ne˥ ɕi˨˦ hoi˧˩ lau˧ xwai˧˩ te˧ kɯ˧ xau˨˦ xun˧˩ ti˧, kɯ˧ plak˥ xun˧˩ ti˧ 人家去放(牛)呢就恐怕他的牛吃人家的稻子或者吃人家的菜(IV, 1)

5. 名句尾語助詞:

kuak˦˨ xun˧˩ kjau˥ xwat˧˩ ne˥˧ tian˧ li˥ nan˧˩ juŋ˧˩ ti˧ (>te˧) 作人狡猾呢(是)天理難容的(I, 36)

tan˦˨ waŋ˧˩ jian˧˩ ŋwai˦˨ ne˥ ʔbau˥ (>ʔm˥) mi˧˩ lɯk˦˨ xun˧˩ θai˧ ti˧ (>te˧) 但是王員外呢沒有兒子(III, 15)

tom˧ ken˦˨ ti˧ (>te˧) 土堅硬(土是堅硬的)(III, 8)

koŋ˧ xun˧˩ te˧ ne˥˧ kik˦˨ koŋ˧ kan˧˩ ti˧

360 (>te˧) 那個人呢(是)極勤力的(I, 1)

ti˧ (粵語借字) 一點兒(XII, 7; XIII, 22; XIX, 5)

θak˥ ti˧ 一點兒, 一次(I, 19; XIII, 5)

kuak˦˨ ti˧ na˧˩ ʔdeu˧ 作一點田工(XII, 4)

klaŋ˧ ti˧ 晚一點兒(XIII, 17)

ti˥ 有小意, 或亦是粵語借字, 參看 ti˧

θøŋ˧ ti˥ pen˦˨ fɯaŋ˧˩ rap˥ 兩小片草蓆子(XXIII, 3)

ti˥ 好, 貴(XIX, 5, 13; XX, 6, 9)

ti˥ (抵?)

ti˥ θɯ˥ 情願(< 抵死?)(XIII, 39)

ti˦˨ (弟)

juŋ˧ ti˦˨ 兄弟(XVII, 17; XVIII, 16)

ti˦˨ (地) 地(XVIII. 31)

tiam˧ 舉(足)

tiam˧ tin˧ 舉足(XVIII, 28)

tiam˧˩ (甜) 甜(XIII, 22; XVI, 10; XXI, 3)

tiam˥ (點) 點

tiam˥ foi˧˩ 點火

tiam˥ taŋ˧ 點燈(III, 11; XVIII, 4)

ʔit˥ tiam˥ 一點兒

tiam˥ ɕuŋ˧ 點鐘(XII, 5)

tiam˥ θim˧ 點心(XIV, 33)

tiam˨˦ (簟) 草蓆

tiam˦˨ 種成行

tiam˦˨ ʔjian˧ lɯk˦˨ 種煙苗(XI, 12)

tian˧ (天) 天(I, 36; XV, 1, 6; XVII, 9; XVIII, 31 等)

tian˧ loi˨˦ 天理(XVIII, 1 等)

tiaŋ˧˩ (亭) 亭, 茅廁, 參看 tiŋ˧˩ (I, 13)

tiap˥ (貼) 貼(XIV, 27, 37)

tiat˥ (鐵) 鐵(XVI, 9)

tiau˧ (刁)

tiau˧ nan˧˩ 刁難(XVIII, 27)

tiau˧˩ (條) 條(長物的量詞)(I, 4; VI, 1; XIII, 44, 50; XIV, 9; XVII, 10 等)

tiau˧˩ ɕim˧ 一條針

tiau˧˩ miŋ˦˨ 一條命(VIII, 1)

tiau˧˩ nai˨˦ 這首(歌)(XVIII, 14, 15)

tiau˥

tiau˥ ɕaɯ˧ 喘氣

tiau˦˨ 瀑布

tiau˦˨ 件(事的量詞)(XIV, 8, 26)

tiau˦˨ (跳) 跳(XVI, 13; XIX, 12)

θim˧ tiau˦ 心跳

tiau˦ (弔) 弔

tiau˦ kiŋ˥ 弔頸 (I, 29)

tiau˦ (釣) 釣 (魚) (XIV, 44)

tiau˦ 乘 (XVI, 4, 6, 7 等)

tiau˦ kwan˧ 弔關, 卽乘夫 (XVI, 1, 3 等)

tiau˩ 留待 (XIX, 17)

tɯk˥ tiau˩ 留待將來 (XI, 3, 10; XII, 5)

taŋ˥ tiau˩ 等到 (XI, 12)

tik˥

tik˥ tik˥ teu˦ teu˦ 撥來撥去 (I, 4)

tin˧ 足, 脚 (III, 11, 15; V, 9; XVIII, 2, 22 等)

tin˨ 小黃蜂

tin˥ 短

wa˦ tin˥ 短袴

tiŋ˧ (叮) 叮, 啄 (V, 9)

tiŋ˧ (釘) 釘 (XI, 4)

tiŋ˧ 椿 (?) (XIX, 9)

tiŋ˧ (廳) 廳

røk˩ tiŋ˧ 外廳, 堂屋 (I, 4)

tiŋ˧ (丁) 丁, 人口 (XII, 3)

tiŋ˧ 參看 liŋ˨

tiŋ˧ liŋ˨ 剛好, 恰逢 (I, 29; III, 7; XIII, 46; XIV, 21 等)

tiŋ˨ (停)

tiŋ˨ ʔjiat˥ 停歇

tiŋ˨ (亭) 亭 (XIV, 28)

tiŋ˥ 垂直墜下 (V, 3, 4)

tiŋ˥ (頂) 頂 (IV, 1; XIX, 13 等)

tiŋ˥ koi˨ miau˥ 頂奇妙, 頂奇怪 (III, 1)

fuŋ˧ tiŋ˥ 封頂, 使烟草不再長高 (XI, 4)

tiŋ˦

rok˩ tiŋ˦ kliu˦ 翠鳥

tiŋ˦ (聽) 聽 (I, 3, 4; III, 1 等)

tiŋ˦ ʔdai˥ ȵi˧ 聽見

tiŋ˩, ˦ (定) 定, 準 (II, 2, 11; XIII, 40; XIV, 7, 16; XIX, 4 等)

tiŋ˦ miŋ˩ haɯ˥ te˧ 與他定親 (IX, 1)

piat˥ tiŋ˩ 必定 (XIX, 1)

tip˥ 片, 塊 (板的量詞)

tip˥ pen˥ 一塊板

to˧, ˦ 語助詞, 卽 tok˦

toi˨ 疑卽是 tai˅ 字, 因押韻改讀, 參看 tai˅ (XIII, 8)

toi˨

fai˅ toi˨ 竹之一種

toi˦ (退) 卽 tøi˦ (退), 參看 çan˦ (進)

toi˩ 卽 tøi˩ (隊), 因押韻故改讀, 參看 tøi˩ (隊) (XIII, 1, 2, 10, 22)

toi˩ (地) 地 (XV, 1; XVII, 9 等)

toi˩ koi˧ 地基, 地方 (XIII, 6)

toi˩ fuaŋ˧ 地方, 地方官 (I, 2; III, 4, 15; X, 2)

la˥ toi˩ 地下

tɯak˩ toi˩ 地方, 地位 (XIX, 7, 8; XXIV, 1)

toi˩ 密

tok˦, ˩ 語助詞, 元音拉的很長, 有時將韻尾輔音失去變成 to˧, ˦

1. 着重問:

poi˅ je˨ kwa˦ mɯn˥ laɯ˧ ma˧ tok˦? 姊夫由哪兒來阿? (I, 8)

ȟan˧ çi˦˨ ɼan˧˩ ʔjau˨˦ tok˨˦　看是如何?(XVIII, 2)

çi˦˨ poi˧ mau˨˦ raɯ˧˩ to˧　就去何處去了?(XIII, 35)

2.　命令:

mɯŋ˧˩ ʔau˧ ʔdan˧ kaŋ˧ huŋ˧ tok˨˦　你拿一個大缸(I, 27)

3.　着重敍述:

ʔbau˥ naŋ˨˦ røk˨˦ tiŋ˧ lamɯ˧˦, ʔi˥ hau˥ rum˧˩ foi˧˩ ma˧ naŋ˨˦ tok˨˦　別在外廳坐罷, 要進廚房來坐(I, 4)

laŋ˧ plau˧ ŋoi˨˦ ɲiat˩ çø˧ ŋoi˨˦ jian˧˩ çaɯ˨˦ çiau˥ çiat˥ tok˨˦　我們那裏二月初二原本也是小節(XII, 2)

çuŋ˧ çi˦˨ kɯ˧ xam˨˦ ʔdeu˧ tok˨˦　都就吃一晚(餐)而已(XII, 2)

tok˥　落, 墮(VII, 1; XIX, 6 等)

tok˥ roŋ˧˩　落下(II, 12; XIII, 18)

tok˥ laŋ˧˩　後來(I, 2, 3; XI, 4 等)

fun˧ tok˥　下雨(III, 7)

tok˥ nwai˨˦　疲倦(XIX, 15)

tok˩(毒)

fap˥ tok˩　毒法, 害人法(VIII)

tok˩(讀)　讀

tok˩ θaɯ˧　讀書(XIII, 1, 2, 10, 23)

tom˧　土, 地(III, 8; XI, 10)

la˥ tom˧　地下(III, 11)

tom˨˦　崩, 山崩

toŋ˧(東)　東, 參看 tuŋ˧(東)

ʔbɯaŋ˥ toŋ˧　東方(VII, 2)

toŋ˧ ŋoi˦˨ θai˧ θɯaŋ˥　東想西想(XIII, 10)

toŋ˧(通)

toŋ˧ çiŋ˧˩　通情, 通知(XV, 16)

toŋ˧(冬)　冬

toŋ˧ çoi˨˦　冬至(XI, 12; XII, 8)

toŋ˧

toŋ˧ røp˨˦　聚積

toŋ˧˩(同)　同, 參看 lau˦˨(I, 2; XIII, 23, 31, 37; XV, 5 等)

toŋ˧˩ naŋ˨˦　同坐(XIII, 12, 31 等)

toŋ˧˩ θim˧　同心; 情人(XX, 1)

toŋ˧˩ pau˧　同胞(XIII, 19; XVII, 17; XVIII, 16)

toŋ˧˩ nian˧˩　同年, 年相若之朋友, 歌中用以稱情人(XIX, 9; XX, 11)

toŋ˧˩(銅)　銅

toŋ˧˩(筒)　(槍)筒, (一)筒(煙)(XXVI, 2)

toŋ˥(筒)　筒子

toŋ˥　一種小柚子

lɯk˩ toŋ˥　一種小柚子

toŋ˦˨

toŋ˦˨ lan˧˩　牛欄(I, 13)

toŋ˨˦　如是, 些; 用於名詞前虛字(XI, 2; XII, 1, 2, 4, 5, 9; XIII, 22, 23 等)

toŋ˨˦ pu˦˨ xun˧˩ nai˦˨ ʔbau˥ ʔdoi˧　這個人不好

toŋ˨˦ fan˧ tai˧˩ nai˦˨　這張棹子

toŋ˨˦ nuaŋ˦˨　妹妹; (詩中常用)(XVI, 2, 19; XVII, 20; XXVI, 1 等)

toŋ˨˦ poi˦˨　哥哥(詩中常用)(XIII, 1; XVIII, 15 等)

toŋ˨˦ ʔdan˧ mau˨˦ nai˦˨　這頂帽子

toŋ˨˦ pai˧˩　有一回, 從前(I, 32; III, 18; XV, 15 等)

toŋ˨˦ kloŋ˨˦ xun˧˩ nai˦˨　這羣人

toŋ˨ nan˩ 如是誰 (XIII, 14)

toŋ˨ kai˧ nai˨ 像那些事情

tø˧ (賭?) 賭, 叫人猜 (I, 5)

tø˧ (多)

tø˧ tak˥ 多得, 多謝 (I, 2; III, 4)

tø˩ (鉈)

tø˩ çaŋ˨ 稱鉈

tø˩ (屠) 屠

ça˨ tø˩ 屠刀 (V, 3)

kim˨ tø˩ 禁屠 (XIV, 27)

tø˥ (妥)

tø˥ taŋ˨ 妥當

tø˥ (賭) 賭 (XVII, 7 (?))

tø˥ (土) 土, 土話

kaŋ˥ tø˥ 說土話

tø˨ 相 (I, 19 等)

tø˨ kan˨ 相近 (II, 1)

tø˨ kan˧ 相同 (I, 2; XII, 4 等)

to˨ ʔbɯ˨ 相厭 (IX, 1)

tø˨ tau˨ 相鬬 (XIV, 15)

tø˨ hat˥ 早起 (XI, 5)

tø˨ xam˨ 晚上 (XII, 6)

tø˨ çau˨ 一同, 相共 (XIII, 22; XV, 8, 9 等)

tø˨ tan˧ 相共 (?) (XIII, 31 等)

tø˨

tø˨ kai˧ 東西 (I, 11, 12 等)

tø˨ ne˦ 語助詞, 解釋口氣, 參看 ne˥

hoŋ˧ θø˥ lai˩ kau˧ çiŋ˨ wi˩ hɯat˨ kau˩ çi˨ hɯn˥ kɯn˩ fai˨ tau˥ tø˨ ne˦ 所以我正爲腰灣纔上樹來的阿 (I, 32)

ɲuaŋ˨ ʔøk˨ ŋau˨ tø˨ ne˦! 妹妹撒尿了呢! (II, 10)

tø˨ lau˥ 語助詞, 着重語氣(詩中用)參看 lau˥, lo˧ (XIII, 29)

1. 命令:

kɯn˧ ʔjɯ˧ rai˧ tø˨ lau˥ (那就) 服毒死罷! (XVI, 8)

kau˥ te˧ rai˧ tø˨ lau˥ 看着他死罷 (XIII, 43)

2. 敍述:

kau˧ çuŋ˧ ʔbau˥ mi˩ ran˩, çi˨ kan˧ nan˩ tø˨ lau˥ 我連房子都沒有, 那就困難了! (XV, 7)

3. 起事:

hɯn˥ poi˧ ma˧ tø˨ lau˥ (我) 回(天) 上去啦! (XV, 28)

tø˨ ha˨ 語助詞 (詩中用), 參看 ha˧, ˦ lau˧ θim˧ fan˧ tø˨ ha˨! 怕 (你) 心翻覆不寧罷! (XVIII, 27)

tø˦ 土蜂

tø˨ (渡) 渡 (XX, 10)

tø˨ ru˩ 渡船 (XX, 10)

tø˨ (?) 了, 完了 (XIV, 31)

tø˨ liau˨ 完了 (XI, 11)

tøi˧ 暫借

tøi˨ (退) 退回 (XII, 1; XIV, 17)

tøi˨ kai˧ fap˥ te˧ 把那法 (法術) 退了 (V, 9)

tøi˨ (對) 對, 對比 (XIII, 12; XV, 11; XVI, 18; XVIII, 23 等)

ʔit˥ tøi˨ 一對

tøi˨ na˥ 對面 (III, 2; XIII, 11)

tøi˨ pi˧ 週歲 (III, 8)

tøi˨ ŋon˩ 生日, 過生日 (I, 2)

nan˩ tøi˨ mɯŋ˩ lu˧, tai˨ 難與你相比了, 愛人! (XVII, 5)

tøiʌ 舂, 舂米架

tøiʌ (隊) 隊, 羣, 伴 (XVIII, 13 等)

ŋøɴ tøiʌ 我們大家 (III, 1, 11)

miɹ tøiʌ 有伴

wa˧ tøiʌ 花隊, 姐妹們 (XVII, 11; XVIII, 6)

tøkʌ (獨) 獨, 參看 tuk˥ (XIX, 4)

tøkʌ 詩中語助詞, 與 tokʌ 同

ɕamʌ taŋ˧ hai˧ poi˧ tøkʌ! 他(只好)當作賣了! (XIV, 21)

tøn˧ 閹

kaiʌ tøn˧ 閹鷄 (XII, 4)

tøn˥ 斬 (VII, 2)

tønʌ (頓) 頓, 餐 (III, 8; XII, 5; XIV, 11; XXVI, 3)

tøŋ˧ 堆

tøŋʌ 凸出來

tøŋʌ 木欄

tøtʌ 刺痛 (VII, 1)

rau˥ tøtʌ 頭痛

tøtʌ 啄

tuɹ 隻 (鳥獸, 生物之量詞) (I, 13, 14; VII, 2 等)

tuɹ te˧ 它, 那隻 (XX, 2)

tuɹ (途) 途

puanʌ tuɹ rɯɹ foiʌ 半途而廢 (XVIII, 25)

tuʌ 結子

tuʌ 豆 (XX, 16)

tuanɹ (團) 團, 民團 (V, 1)

tuanɹ ɕaŋ˥ 團長 (III, 18)

tuanʌ (斷) 判斷 (XIV, 31)

tuanʌ kwaʌ 起誓 (XV, 6)

tuanʌ 約會

tøɴ tuanʌ 相約 (XXVI, 1)

tuanʌ (斷) 斷, 別離 (XII, 5; XIV, 2, 3; XV, 15; XVIII, 20; XX, 2, 3, 4, 5 等)

tuanʌ 不同

tøɴ tuanʌ 不同

tuanʌ (緞) 緞 (I, 2)

tuatʌ (脫) 脫衣 (V, 6; XIII, 50)

tuatʌ (奪) 奪 (III, 16)

tuk˥ (獨?) 獨, 參看 tøkʌ (獨)

tuk˥ ɕaɯ˧ xaŋɹ (獨處行) 獨一行(生意) (XIV, 10)

tuk˥ 包

tuk˥ xauɴ faŋɴ 包粿子 (XII, 1, 4)

tumɹ 濕 (XI, 9)

tumɹ 擊鼓聲 (I, 28)

tumɴ 浸, 淹 (XIX, 8)

tumʌ 以水稍煮, 浸入熱水 (XII, 5, 6)

tumʌ 氾濫, 發水 (X, 2)

tuŋ˧ (東) 東, 參看 toŋ˧

tuŋ˧ lu˥ 東魯 (X, 2)

tuŋ˧ hai˥ 東海 (地名) (XIV, 2)

tuŋ˧ kjun˧ 東軍, 廣東軍 (III, 6)

tuŋ˧ (通) 通是, 全是 (XIV, 13)

tuŋɴ 肚, 腹 (V, 4; XIII, 37; XIV, 42; XVI, 3; XVII, 11 等)

tuŋɴ θai˥ kikʌ ɕoŋ˧ miŋɹ 頭腦(肚腸)極聰明, 他極聰明 (X, I)

tuŋʌ 竹蓆

tupɹ 打, 捶 (I, 20, 21; XI, 1; XIV, 37, 38; XVII, 12 等)

tɯɹ (特)

tɯɹ peɹ 特別 (I, 2)

tɯɹ (得)

taŋ˧ ʔbau˥ tɯ˧˩ ki˥ 當不起 (V, 4)

tɯak˨˦ 地基, 地方 (XIII, 45; XV, 10; XVI, 14; XVII, 9; XIX, 7, 10 等)

tɯaŋ˧ 提起, 講到 (XVII, 5, 12)

tɯan˨˦ 野 (獸)

mau˧ tɯan˨˦ 野猪

tɯk˦˥ 打, 弄 (I, 13; II, 2, 11; III, 2, 4; XII, 5 等); 用途甚廣, 看下例:

tɯk˦˥ ŋan˧ 打獵

tɯk˦˥ rok˧˩ 打鳥 (III, 1, 2; X, 3 等)

tɯk˦˥ tam˧˩ 去塘裏釣魚 (XII, 1, 5)

tɯk˦˥ ram˦˨ 澆水 (XII, 1, 5; XVII, 4)

tɯk˦˥ koi˧˩ 着棋 (XII, 1)

tɯk˦˥ ʔjian˧ 培煙, 加肥於煙 (XXII, 1)

tɯk˦˥ mian˧˩ 搗碎 (XXII, 1)

tɯk˦˥ ʔdoi˧ ʔdoi˧ 弄的好好的 (I, 13)

tɯk˦˥ tiau˨˦ 留待將來 (XI, 3, 10; XII, 5)

tɯk˦˥ poi˧ 放去, 送去 (XX, 1)

tɯk˦˥ xwai˧˩ 放牛, 餧牛 (XI, 5)

tɯk˦˥ θan˨˦ 通信 (XVII, 19)

又作語助詞用

1. 完成動作, 有作完作好的意思:

ɕoŋ˨˦ ke˦˨ xøŋ˨˦ tɯk˦˥ 在小巷放着 (放好) (I, 13)

ɕoŋ˨˦ rap˨˦ jau˧˩ te˧ tɯk˦˥ liau˦˨ 把他的油挑子放好了 (I, 35)

ron˨˦ luan˧˩ tɯk˦˥ 削圓了 (I, 14)

wit˦˥ lɯk˧˩ tɯk˦˥ ʔjau˨˦ ran˧˩, ʔøk˨˦ poi˧ na˧˩ kuak˨˦ høŋ˧ 棄孩子在家, 出外去田間作工 (放好在家之意?) (II, 1)

ɕom˨˦ pan˧˩ tau˨˦ tɯk˦˥ 燒成灰 (VIII, 3)

ɕi˦˨ raŋ˨˦ me˨˦ ja˨˦ ʔdaɯ˧ ran˧˩ te˧ tɯk˦˥ lo˧ 就對他家裏的妻吩咐好了 (X, 4)

2. ‘叫作’ 後用:

ʔeu˧ kuak˧˩ tak˨˦ pau˦˨ tɯk˦˥ 叫作寶兒 (IV, 1)

jau˨˦ ʔeu˧ tu˧˩ kuk˦˥ te˧ kuak˨˦ me˨˦ tɯk˦˥ 又叫那隻老虎作母親 (III, 12)

3. 動作結果:

kuan˨˦ tɯk˦˥ te˧ fi˧˩ 把他灌醉了 (I, 29)

kik˦˥ kik˦˥ tai˥ tai˥ tɯk˦˥ rai˧ 啼啼哭哭到死 (III, 11)

4. 動作情形:

tai˥ tɯk˦˥ ʔwi˧ 哭得很利害, 哭得慘 (III, 8)

5. 動作的目的:

puat˥ tɯk˦˥ kau˥ 跑去看 (III, 2)

tɯk˧˩ 是, 被 (III, 12, 15; X, 3; XIII, 4, 24 等); 用途甚多看下例:

tɯk˧˩ lo˧ 是了

tɯk˧˩ ʔbau˨˦ 是否? (XIII, 1 等)

tɯk˧˩ mɯŋ˧˩ tup˧˩ 被你打

tɯk˧˩ pu˨˦ 被破 (法術) (V, 9)

tɯk˧˩ θai˨˦ 生事 (XV, 20, 21)

tɯk˧˩ nit˦˥ 發冷

tɯk˧˩ reŋ˧˩ 費力 (XIV, 22; XVIII, 9; XXII, 1)

tɯk˧˩ ɕaŋ˧˩ 討厭 (I, 1, 3 等)

tɯk˧˩ wuaŋ˧ 着慌 (XVIII, 1)

tɯk˧˩ fap˥ 中了邪法 (XVIII, 15)

ɬɯk˩ lum˨　忘記 (XVIII, 22)

W·

wa˧ (花)　花

hoi˧ wa˧　開花 (XVII, 4)

wa˧ tøi˦　花隊 (指女友, 姐妹們) (XIII, 6; XVII, 11)

nuaŋ˅ wa˧　詩中用稱女子 (XVIII, 26)

hon˧ wa˧　眼花 (XIX, 1)

wa˧

wa˧ rok˩　紙鳶 (XVIII, 2)

wa˧

wa˧ kwa˧　南瓜 (XII, 2)

wa˦　褲子 (III, 14; XIII, 15, 20 等)

wa˨ (化), 參看 ka˥

pian˦ wa˦　變化 (XVIII, 29)

wai˧　藤子

wai˦ (快)　快 (III, 4, 8; XIII, 8)

wai˨ (圍)　圍 (III, 16)

wai˨ (爲)　爲 (XIII, 18; XIX, 4, 17 等)

ɕø˧ ʔan˧ wai˨ kjun˧ ɕai˥　才算是君子 (XIII, 20)

wai˨ ɕi˥　爲止 (III, 17; XVIII, 24)

wai˨ koi˨　爲奇 (?), 一定 (XIII, 13, 17)

wai˨　喂! 呼人歎詞 (III, 1)

wai˨ (惟)　惟

wai˨ kuŋ˥　惟恐 (X, 2)

wai˨ (韋)　韋 (姓) (III, 1, 8, 18)

wai˥ (尾)　尾

mi˨ tau˨ mi˨ wai˥　有頭有尾 (XVIII, 26)

θat˥ wai˥　收尾 (XIII, 28)

wai˦ (渭)

wai˦ ɕwai˥　渭水 (河名) (XIV, 44)

wai˦ (爲)　爲 (XIII, 43)

wan˧　適口, 合味

wan˦　播種

wan˦ ɕe˦　播種 (XI, 1)

wan˨ (文), 參看 fan˨, mon˨ (文)

waŋ˨ wan˨ ɕan˧　黄文山 (人名) (I, 1)

wan˦ (問)　問 (X, 2)

waŋ˨ (黄)　黄 (又姓) (I, 1, 2 等)

waŋ˨ kaŋ˧ ɕoi˥　一種紙名 (VIII, 3)

waŋ˨ kai˧　樹名 (XII, 3)

waŋ˨ kuan˦ ɕin˨　黄貫臣 (人名) (XV, 15)

waŋ˨ (王)　王 (又姓) (III, 4, 14 等)

waŋ˨ (皇)

waŋ˨ tai˦　皇帝 (XIV, 41)

waŋ˨ (忘)　忘

waŋ˧　小米 (XI, 5; XV, 9, 14)

we˅　唉, 嘆詞 (III, 10)

we˥　跛

wen˥　懸掛 (XI, 4; XIV, 31; XXIII, 1)

weŋ˥

fai˅ weŋ˥　樹名 (似玫瑰) (XX, 10)

weŋ˦　小張, 小塊

wi˅ luak˩　韋涤 (村名)

wi˦ (謂)

θø˥ wi˦　所謂 (III, 18)

wi˦ (爲), 爲參看 wai˦ 爲 (I, 32; XII, 4; XIII, 12, 45, 47, 48; XIV, 11; XV, 11; XVI, 12 等)

wiʌ kaiɬ maɺ 爲何 (III, 10; X, 12 等)
wiʌ kɯv maɺ 爲何 (III, 3 等)
wiʌ panɺ ͡ ʔjauɬ (>piauɬ) jɯaŋʌ 爲何 (V, 2)
wiŋɺ 一向 (XIII, 4)
wit1 棄 (II, 1; XIII, 17, 27, 28, 29, 45; XV, 4 等)
wit1 miŋʌ 喪命 (XIII, 43)
wit1 θimɬ 死心 (XIV, 1; XVII, 17)
wit1 tinɬ patɬ çaiʌ 拔足而逃 (XVIII, 2)
wuanɬ (歡) 歡 (XII, 5; XVIII, 1, 14, 15)
wuanɬ hoi˥ 歡喜
wuanɬ juŋɺ 歡容 (XVI, 17)
wuanɺ (完) 完 (XVIII, 15)
wuanʌ (換) 換 (I, 14, 19 等)
wuaŋɬ (慌) 慌 (XIII, 28)
tɯkɺ wuaŋɬ 着慌 (XVIII, 1)

ʔw-

ʔwa˥ 抓 (III, 2)
ʔwan˥ (盌) 盌 (III, 11; XVI, 10 等)
ʔdanɬ ʔwan˥ 一個盌
ʔwan˥ jiaŋɬ 香盌燒香用的盌 (V, 9; XII, 9)
ʔwat˥ (挖) 掘 (III, 8; IV, 4; VIII, 3; XX, 9 等)
ʔwatɬ (斡)
lokɺ ʔwatɬ 陸斡 (村名)
ʔwet˥ 切, 以灣刀割烟葉 (XI, 7)
ʔwiɬ 痛苦貌
ʔwi˥
ʔwi˥ θi˥ 凄凉, 悲慘 (XV, 10)
ʔwuan˥ (盌) 盌, 參看 ʔwan˥ (盌)
ʔwuaŋɬ 火燒猛烈
ʔwuaŋ˥ (枉) 枉 (XVI, 4)
ʔwuaŋ˥ θɯi˥ 枉死 (XIII, 45)
ʔwuatɬ 拭擦

x-

xaɺ 茅草 (XV, 9, 13)
xaʌ 強迫, 禁止 (XIII, 29; XVII, 6)
xaʌ (夏) 夏
xaʌ çoiɬ 夏至 (XI, 5)
xaiɺ (鞋) 鞋 (XXVI, 1)
tai˥ xaiɺ 鞋底
xaiʌ (害) 害 (XIV, 39)
loiʌ xaiʌ 利害 (XV, 27)
liʌ xaiʌ 利害 (XIV, 42)
xaiv 屎 (II, 12 等)
ʔøkɬ xaiv 大便 (I, 14, 15, 16 等)
xakɺ (學) 學, 參看 jøɺ (學) (V, 1; XIII, 9, 29)
xakɺ tauʌ 學道 (?), 讀書 (XIII, 3)
xakɺ taŋɺ 學堂 (XIII, 9, 32)
xamɺ (含) 含
xamɺ ramv raɬ kaʌ θɯaŋ˥ 含着眼淚自思 (XIX, 15)
xamɺ 苦 (XIV, 11; XVII, 12; XVIII, 6; XX, 5 (?) 等)
xamv 蓋上, 合適
xamʌ 夜晚 (I, 3; II, 1; V, 6, 7, 8; X, 5; XIV, 10 等)
xanɺ 縱然, 不論, 諒 (XIV, 29; XV,

26; XVI, 7, 9, 11, 12; XVIII, 29 等)
xan˩ 扁擔 (XV, 4)
 fai˅ xan˩ 扁擔
xan˩ (寒)
 θɯaŋ˧ xan˩ 傷寒 (病名) (XX, 7)
xan˦ (汗) 汗 (XVIII, 16)
 xan˦ leŋ˅ 冷汗
xan˦, ˧ (限) 限 (X, 2)
 xan˧ liaŋ˧ 限量
 xan˦ ʔbau˥ lum˩ wai˩ ɕi˥ 限不忘爲止 (?), 一定不會忘的 (XVIII, 24)
xan˩ 癢
xan˩ 水堤 (I, 27; XI, 5; XXII, 2)
xan˦ (恨) 恨
xan˦ 喜歡 (I, 2, 3 等)
xaŋ˩ 頜
 kim˅ xaŋ˩ 頜
xaŋ˩ (行) 行 (XIV, 7; XVII, 4, 21 等)
 xaŋ˩ ʔwan˥ 盤行 (XXIV, 2)
xap˩ (合) 合 (V, 7; XIII, 22, 23; XV, 24; XVI, 6, 12; XVIII, 21, 25, 26 等)
 tø˅ xap˩ 相合 (IX, 1 等)
 xap˩ hun˧ ʔjian˧ 合婚姻 (XIII, 46)
 xap˩ θak˥ xam˦ poi˧ ran˩ 約好某夜 (你) 到家 (XIX, 2)
xap˦ (盒) 盒子
 xap˦ toŋ˥ 抽屜
xap˩ 咬 (X, 3; XIII, 39)
xat˨ 活結
xat˩ 戒指
xat˨ xat˨
 xat˨ xat˨ xeu˩ xeu˩ 惶惶不安貌 (III, 12)
xau˩ (毫) 毫子, 毛錢 (XII, 4)
xau˅ 樹高直而無枝貌
 xau˅ nom˅ nom˅ 樹高直貌
xau˦ 如 (XIII, 38; XIV, 39; XV, 13, 25; XVI, 14; XIX, 7 等)
 xau˦ lum˥ nau˩ 如果
 xau˦ poi˥ nau˩ 如果, 假如
 xau˦ nai˅ 如此 (XIII, 19, 37; XIV, 11; XV, 3 等)
 xau˦ kau˧ nau˩ ne˥ ŋon˩ nai˅ ʔbau˥ xap˩ ʔøk˦ kai˧ 依我意今日不宜出街
xau˦ (號) 號, 名號 (XIII, 3; XIV, 1 等)
xau˦ (後?), 參看 xau˦
 xau˦ θeŋ˧ 後生, 少年人 (XII, 5; XVI, 3)
xau˩ 參看 rok˨
xau˅ 米, 飯 (I, 4; III, 8; IV, 1; VI, 1, 2 等)
 xau˅ θan˧ 白米 (洗好的) (XV, 7)
 xau˅ ʔap˦ 飯 (一種)
 xau˅ θeu˦ 飯 (一種)
 xau˅ haɯ˦ 乾飯
 xau˅ ɕuk˥ 粥
 xau˅ faŋ˅ 粽子 (XII, 1, 3, 4 等)
 xau˅ xoŋ˩ 紅米
 xau˅ ɕut˨ 糯米 (XI, 9)
 xau˅ naŋ˥ 糯米飯, 蒸的飯 (XII, 7)
 xau˅ ɕa˅, ˧ 秥米 (XI, 8)

xau˅ çau˅ 粳米 (XI, 8)

xau˅ mai˅ 包粟, 玉蜀黍 (XI, 1, 2, 3, 4)

xau˅ çom˩ 飯焦

xau˅ rai˩ 穀子 (XXI, 1)

xau˩ (候)

θoi˩ xau˩ 時候 (XVI, 3)

θɯ˩ xau˩ 伺候

xau˩ (厚) 厚 (XIX, 5)

xau˩ (後) 後, 參看 xau˩ (XIV, 40; XV, 28; XX, 8)

xau˩ tai˩ 後代 (XXII, 2)

xau˩ lai˩ 後來 (III, 18; X, 1; XVII, 1; XXII, 1 等)

xau˩ θeŋ˧ 後生, 年輕人 (V, 6)

jian˩ xau˩ 然後 (II, 12; VI, 2)

xe˩ 切 (肉)

xen˅ 啃 (果皮)

xeŋ˩ (行) 行 (XIII, 24, 25; XVIII, 2; XX, 7 等)

xeŋ˩ θian˩ 行善 (XIII, 21; XV, 23)

çiau˩ xeŋ˩ 照行 (V, 4; VII, 3)

xeŋ˩ 小腿 (XVI, 5)

xeu˩ 纏 (II, 5)

xeu˩ 參看 xat˩

xeu˩ 叫 (XIII, 32, 35)

xoi˩ 垢

xom˩ 濁

ram˅ xom˩ 水濁

xon˩ 煙 (XXVI, 2)

xon˩ foi˩ 火煙 (XI, 4)

xon˅ 打, 攻打 (III, 16; XV, 26 等)

xoŋ˩ (宏)

çin˩ xoŋ˩ mau˩ 陳宏謀 (人名) (X, 3)

xoŋ˩ (紅) 紅 (XII, 3; XXV, 2)

xoŋ˩ miŋ˩ 紅命, 八字 (XIII, 42)

xoŋ˩ 費錢 (XII, 3)

xot˩ 旋轉, 攪轉

xø˩ 頸, 喉 (常用以指心) (XIII, 28; XVII, 13 等)

la˥ xø˩ 喉

xø˩ lam˧ 頸背

xø˩ xan˩ 心中妄想 (<喉癢) (XIII, 50)

ʔdan˧ xø˩ mi˩ ma˩ ŋoi˅ 心裏想着什麼 (XIII, 2)

teŋ˧ xø˩ 合意 (XIV, 36)

xø˩ ŋak˥ 怒

xø˩ (胡)

xø˩ çiau˧ 胡椒

xø˩ fat˥ 胡發 (人名) (XVIII, 21)

xø˩ (河)

xø˩ nam˩ 河南 (省名) (V, 7)

xø˩ nam˩ lau˅ 河南老 (V, 7, 9)

xø˩ 作 (瓦)

xø˩ ŋwa˅ 作瓦 (XI, 12)

xø˩ (何) 何 (X, 2 等)

xø˩ θɯ˩ 何事 (X, 3)

xø˩ ma˩ 如何 (詩中用) (XXI, 1)

koi˥ xø˩ 何時 (詩中用) (XIV, 9)

xø˩ 竹節

xøi˩ 鬆

xøi˩ (回) 回 (XVIII, 12)

xøi˩ (會)

xøi˩ lau˥ 會酒, 請喜酒 (V, 2, 6)

xøk˩ 自以爲是 (XIV, 23)

xøŋ˩ (巷) 巷 (XIV, 33)

ke∨ xøŋ˨˦ 小巷

xu˨˦ (禍), 參看 ɕau˨˦

xum˩ 癢

xun˩ 人 (I, 1, 2 等)

xun˩ θai˧ 男人, 丈夫 (III, 5, 6, 15 等)

xun˩ pa˩ 女人 (I, 1; II, 1 等)

xun˩ hek˥ 客人

xɯn˩ 夜

faŋ˩ xɯn˩ 作夢 (XV, 21)

xw-

xwa˨˦ (話) 話, 説 (I, 3, 4; XVII, 8; XX, 5 等)

xwa˨˦ rai˧ 臨別的話 (XVII, 1)

xwa˨˦ tau˩ 話頭, 話 (XIX, 10)

xwa˨˦ (畫) 畫 (I, 13; XIX, 2)

xwa˨˦ fau˩ 畫符 (XIV, 37)

xwai˩ 水牛 (I, 13; IV, 1 等)

ja˨˦ xwai˩ 參看 ja˨˦

xwai˩ (懷)

xwai˩ ȵun˨˦ 懷孕 (III, 8)

xwai˨˦ (壞) 壞 (I, 28; XIV, 17; XVII, 8; XVIII, 2 等)

pu˨˦ xwai˨˦ 破壞 (V, 7)

xwai˨˦ ʔdaŋ˧ θan˧ 失身 (XIII, 11)

ɕam˧ lai˧ hi∨ xwai˨˦ pak˨˦ 多問也白費唇舌 (XVIII, 9)

xwaŋ˩

tai˨˦ xwaŋ˩ 虹 (XI, 9)

xwat˩ (猾)

kan˧ xwat˩ 奸猾 (I, 1, 29)

kjau˥ xwat˩ 狡猾 (I, 36)

xwi˩ 陽具

ʔ-

ʔa˧ (鴉) 烏鴉

a˧, ˩, ˥, ˨˦ 語助詞 (口語中用), 詩中多用 ha˧, ˨˦

1. 命令:

naŋ˨˦ a˧! naŋ˨˦ a˩! 坐阿! 坐阿! (I, 6)

2. 問話:

kau˥ poi˧ ɕɯaŋ∨ xwai˩, ɕi∨ pan˩ ʔjau˨˦ (>piau˨˦) jɯaŋ˨˦ tu˩ te˧ ɕi∨ ka˨˦ rø∨ ʔjau˨˦ a˥? 看 (他) 去放牛, 怎樣他的牛就自己會安生呢? (IV, 2)

3. 肯定, 有自然, 當然的口氣:

rø∨ a˨˦! 知道! (I, 11)

mi˩ a˥, ʔdaɯ˧ θɯaŋ˧ kau˧ mi˩ tø∨ kai˨˦ a˥! 有阿, 我箱子裏有東西阿!

hoŋ˧ te˧ ʔi˥ θɯaŋ˥ wuan˨˦ tu˩ ma∨ koŋ˧ ta˧ ne˥, koŋ˧ ta˧ ɕi∨ taŋ˧ jian˩ ʔbau˥ (>ʔbu˥) haɯ˥ a˥ 可是他要換岳父的馬呢, 岳父當然不肯咯 (I, 14)

4. 列舉:

toŋ˨˦ pu∨ koŋ˧ kan˩ te˧ ne˥ ɕi∨ θau˨˦ pam˧ a˧, θau˨˦ ran˩ a˧, ɕat˨˦ θɯi˨˦ ʔwan˥ jiaŋ˧ a˧ 那勤力的人呢就掃樓板阿, 掃房阿, 擦洗香碗阿 (XII, 9)

5. 停頓:

hø˥ miŋ˩ a˧ θon˨˦ te˧ ma˧ taŋ˩ la˥ ʔdoŋ˧ 虎鳴送她回到山下 (III, 7)

ʔa˥ 張開
ʔa˥ pak˧˥ 張口
(ʔ)ai˨ 唉，悲傷嘆詞(I, 31; III, 6等)
ʔai˧˥(愛) 愛(XX, 14)
ʔai˧˥ fu˧˥ jiam˨ pin˨ 愛富嫌貧(XX, 17)
ʔai˧˥ 也許，會，偏要，反(I, 13, 19, 35; II, 2; III, 4, 5; XIII, 16, 24; XIV, 5, 47等)
koŋ˧ ta˧ te˧ ʔai˧˥ tem˧ tøɤ˨ wuan˧˥ 他岳父偏要跟(他)相換(I, 19)
ʔbau˥ ʔai˧˥ tau˥ 不會來
ʔai˧˥ na˧˥ 但是(I, 18)
kau˧ ʔai˧˥ ʔbau˥ ʔdai˥ ma˧ xam˧˥ nai˨ tiŋ˧˥ lo˧ 今晚或許不能回來了(X, 5)
ʔai˦˨ 啊，驚異嘆詞(II, 3)
ʔai˦˨ 喝(贊歎詞)
ʔai˧ 咳嗽
ʔai˧ 個(小孩子)
ʔai˧ lɯk˨ ŋe˨ 一個小孩子(V, 7; VII, 1)
ʔak˥(惡) 惡(II, 12; X, 2, 4)
ʔak˥ 胸(XXI, 2)
ʔam˧˥ jiau˧˥ 小兒眼病，眼紅腫
ra˧ ʔam˧˥ jiau˧˥ 害眼(小兒眼病)(VII, 2)
ʔam˧˥ ʔaŋ˥ 反覆不寧貌
tuŋ˨ ʔam˧˥ ʔaŋ˥ 肚裏反覆不寧，心中不安(XIII, 37)
ʔam˧˥ 揹，抱(IV, 4; XIII, 1)
ʔan˧(安)
piŋ˨ ʔan˧ 平安(XVI, 19)
ʔan˧ pai˨ 安排(XVI, 7)
ʔan˧ 算(XIII, 20; XIV, 19)
θuan˧˥ ʔan˧ 算(XIII, 10; XIV, 29)
ʔan˧ 引問詞，問話前用之(XIII, 3, 30; XIV, 20; XV, 10等)
ʔan˧ mau˧˥ raɯ˨ ti˧ lɯk˧˥ 不知(你是)哪裏的人(XIII, 1)
ʔan˧˥ 猜想(V, 6)
ʔan˧˥ 伸直(I, 32, 35)
ʔan˧(恩) 恩(XX, 14)
ʔan˧ ɕiŋ˨ 恩情(XIX, 17)
ʔan˧ ʔoi˧˥, ˧ 恩意，詩中用指情人(XVI, 13)
kø˧ mɯŋ˨ ʔan˧ kau˧ ʔai˧˥ 如果你我恩愛(XX, 14)
ʔan˧(因) 因(III, 6, 7, 18等)
ʔan˧ pan˨ nai˨ 因此(II, 1)
ʔan˧ ɕe˥ …… 因爲 ……(III, 4, 16; VI, 2等)
ʔan˧(姻)
ʔan˧ jian˨ 姻緣(XVIII, 20)
ʔaŋ˥ 參看 ʔam˧˥
ʔaŋ˧˥ 男子追逐女子
ʔaŋ˥ 掌心
ʔaŋ˥ faɯ˨ 手心
ʔaŋ˥ tin˧ 脚心
ʔap˧˥
xau˨ ʔap˧˥ 一種飯名
ʔau˧ 叔父，弟(女人的)(XVIII, 8)
pø˧˥ ʔau˧ 叔父(XVIII, 23)
ʔau˧ 要，取，拿(I, 3, 5; III, 5; XIII, 2, 11, 38; XVII, 7等)
ʔau˧ paɯ˨ 娶媳婦(XI, 12)
ʔau˧
ʔban˥ ʔau˧ 歐村(村名)

ʔau˧˥ 熬(糭子)(XII, 1, 5)

ʔe˥ 交合

tø˧˩˧ ʔe˥ 交合

ʔe˧˩˧ 喂, 叫人歎詞(I, 30)

ʔem˧ 蘆葦

ʔem˧˥ 偷看, 窺探(XIV, 27)

ʔeŋ˧˥ 更(III, 15)

ʔeŋ˧˥ kja˧ ɕi˧˩˧ ʔi˧˥ 更加注意

ʔep˥(壓) 壓迫(XVII, 22)

ʔeu˧ 叫(I, 3; II, 11; III, 2; IV, 1 等)

ʔeu˧˥ 逼

ʔeu˧˥ man˩ 強迫

ʔi˧(衣), 參看 ʔoi˧(衣)

ʔi˧ fuk˩ 衣服(XIII, 1, 26)

ʔi˧

koŋ˧ ʔi˧ 祖父(I, 30)

ʔi˧ me˩ 祖宗(XII, 5)

ʔi˥ 要, 將(I, 14, 29, 33 等)

kla˥ ŋon˩ ʔi˥ tok˥ 太陽要落(VII, 1)

kau˥ ʔi˥ θɯaŋ˧ poi˧ haɯ˧ 我想要去墟

nit˥ ʔi˥ rai˧ lai˧ 冷的要死

ʔi˥

ʔi˥ laŋ˧ 背後, 後面(XIII, 18)

ʔi˥ lo˧ 語助詞, 着重口氣(口語中用), 詩中則用 ʔi˥ lu˧, ʔi˥ lau˥

kau˧ ɕuŋ˧ ʔbau˥ nau˩ ʔi˥ lo˧! 我(什麽)都不說了! (III, 9)

θat˩ tɯk˩ tu˩ kuk˥ kam˩ hau˥ ʔdaɯ˧ ʔdoŋ˧ poi˧ ʔi˥ lo˧ 實被一隻老虎衔入山裏去了(III, 12)

ʔi˥ lau˥ 語助詞(詩中用), 參看 ʔi˥ lo˧, ʔi˥ lu˧

θat˩ ʔbau˥ kaŋ˥ ʔi˥ lau˥ 實在別提啦! (我實在不說啦!) (XVII, 21)

tan˨˩ ʔbau˥ jian˩ ʔi˥ lau˥ 也就不嫌(他)了(XVI, 16)

θat˩ ʔbau˥ koi˩ ʔi˥ lau˥? 不太奇怪了麽? (XV, 13)

ʔi˥ lu˧ 語助詞(詩中用), 參看 ʔi˥ lo˧, ʔi˥ lau˥

ʔbau˥ kaŋ˥ ʔi˥ lu˧, tai˧˩˧! 不說了, 愛人! (XVII, 10)

ʔbau˥ kaŋ˥ ʔi˥ lu˧ laɯ˧ 不說什麽了(XIX, 15)

ʔi˥ lu˧ ne˥ 語助詞, 令注意口氣, 參看 ne˥

kau˧ poi˧ ʔi˥ lu˧ ne˥! 我去了! (就要去了)

kɯ˧ ʔi˥ lu˧ ne˥! 我(已經)吃了!

ʔi˥ raɯ˩ 語助詞, 參看 raɯ˩

1. 命令:

wuan˩ ɕi˧˩˧ wuan˧˥ (?) i˥ raɯ˩! 換就換罷! (I, 18)

ɕai˧˥ xun˩ kaŋ˥ ʔi˥ raɯ˩ 由着他們說罷(XIII, 25)

2. 問話, 有明知故問意:

kau˧ ɕaŋ˩ rø˧˩˧ ʔi˥ raɯ˩? 我還不知道麽? (XV, 19)

xap˩ mɯŋ˩ ʔbau˥ ʔi˥ raɯ˩? 合你(的意)麽? (XV, 24)

ʔdwai˧ mi˩ toi˧˥ ʔi˥ raɯ˩? 沒有伴兒罷? (XIII, 1)

ʔi˥ raɯ˩ ʔau˧ 怎麽辦(XIII, 25; XIV, 23; XV, 10; XIX, 4)

ʔi˧˥ 小, 小兒(XVII, 12)

lɯk˩ ŋe˩ ʔi˧˥ 小孩子(II, 2)

ɬiv ʔiˇ 自小 (IX, 1; XIII, 49)

pøˇ ʔiˇ kauˇ 我小兒的爸爸，卽我的丈夫 (V, 5)

ʔiˇ (意)，參看 çiv (注)，ʔoiˇ (意)

ʔik1 參看 ʔut1

ʔimˇ (陰)

ʔbɯaŋ˥ ʔimˇ 陰間 (XIII, 42)

kwaiˇ ʔimˇ 歸陰 (XIII, 49)

ʔimˇ çauˇ 陰州，陰間 (XIII, 50)

ʔimˇ (音)，參看 θiŋˇ (聲)

ʔimˇ 飽 (IV, 3; XX, 6)

ʔinˇ 痛；未破口的瘡 (V, 1, 4; VI, 1; XXI, 2)

ʔiŋˇ 倚靠 (XIV, 5)

ʔiŋˇ (英) 參看 çuk1 (祝)

ʔiŋˇ juŋˇ 英雄 (XVII, 9)

ʔit1 一 (XII, 1, 4; XIII, 42; XVI, 11; XVIII, 1, 9; XIX, 4 等)

çipˇ ʔit1 十一

ʔit1 θimˇ 一心 (III, 15)

ʔit1 tau˥ 一來 (XVII, 10; XIX, 9)

oˇ 語助詞

ʔɯiˇ, tuˇ maˇ kauˇ ʔøkˇ xaiˇ ŋanˇ oˇ! 是的，我的馬拉銀屎嘍！(I, 16)

ʔoˇ 哦 (醒悟歎詞) (X, 7)

ʔoiˇ (衣) 紙衣，參看 ʔiˇ (衣) (XII, 5)

ʔoiˇ 腋

la˥ ʔoiˇ 腋下

ʔoiˇ (意) 意，參看 ʔiˇ (意) (XIII, 22; XVII, 19; XVIII, 25; XX, 7 等)

ʔoiˇ 喜，可，會 (V, 1; VIII, 2; X, 1; XIII, 7; XVI, 19 等)

ʔoiˇ 由着 (XVI, 13 等)

ʔonˇ 荊棘，刺 (XV, 9)

ʔonˇ 燒窰 (XII, 12)

ʔøˇ 藍

ʔø˥ ʔø˥ 鷄冠 (VII, 2)

ʔøˇ 吹

ʔøi˥ 甘蔗

ʔøiˇ 幼

ʔøkˇ 出 (VII, 1; XIII, 19 等)

ʔøkˇ poiˇ 出去 (II, 1, 2 等)

ʔøkˇ xaiˇ 大便 (I, 14, 15, 16 等)

ʔøkˇ xamˇ 連夜，當晚 (X, 2)

ʔøkˇ tau˥ 出來；自生以來，自來 (I, 3, 21; V, 1; VII, 1; XIII, 34 等)

ʔøkˇ haˇ 出嫁 (XIII, 46)

raiˇ hau˥ raiˇ ʔøkˇ 踩出踩入 (VIII, 1)

ʔuˇ 參看 tamˇ

ʔu˥ (五) 五，參看 ŋu˥ (五)

ʔu˥ hai˥ 五海 (I, 23, 24)

ʔu˥ 弄，鬧 (XI, 1)

ʔu˥ tɯk1 taŋˇ xamˇ 弄到晚上 (V, 7)

tøˇ ʔu˥ 相鬧 (XIII, 23)

ʔu˥ (武)

ʔu˥ miŋˇ 武鳴 (縣名)

ʔu˥ çiŋˇ waŋˇ 武成王 (XIV, 21)

ʔum˥ 抱 (III, 7)

ʔunˇ (溫?) 重複的說 (XVII, 6)

ʔunˇ 軟

kauˇ kɯˇ lau˥ ʔbau˥ panˇ loˇ, ʔdøkˇ ʔdaŋˇ ʔunˇ ʔunˇ nwaiˇ nwaiˇ 我不能吃酒了，全身柔軟無力

ʔuŋˇ (翁) 參看 jianˇ (元)

ˀut˧˥ ˀik˧˥ 齟齬 (XIII, 22)

(ˀ)ɯ˥ 驚呼詞

jau˧˩ (ˀ)ɯ˥ jau˧˩! 油阿! (I, 29)

ˀɯak˦˨ 參看 θak˧˥

(ˀ)ɯi˧, ˦˨, ˥ 歎詞 (I, 16, 20, 33)

ˀɯi˥ ˀi˥ ˀbun˧ ˀɯi˥ ˀbun˧! 老天阿老天! (XVII, 10)

ˀɯn˦˨ 別, 別一個

pu˨˦ ˀɯn˦˨ 別人 (XIX, 3)

ˀɯŋ˧ (應)

ˀɯŋ˧ taŋ˧ 應當 (XV, 15; XIX, 2)

ˀɯŋ˧ kai˧ 應該 (XIII, 24)

莫話記略

李方桂撰

民國三十二年（一九四三）

國立中央研究院歷史語言研究所

單刊甲種之二十

莫話記畧

李方桂

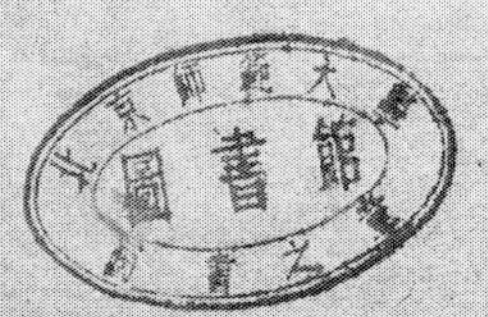

中華民國三十二年五月刊印

序

本書材料是荔波方村莫孟儒君供給的。調查時間不過一星期，因此材料不多。但是這個語言一向還没有見過記載，所以這部分材料也還可以供學者的參考。

本書除將莫話的音韵概況畧加陳述外，只有幾篇故事及詞彙。因為這書主要的目的是供給材料，所以比較，歷史及文法上的各種研究都另文討論。

在荔波調查時蒙貴州第二行政區行政督察專員張策安先生及荔波縣長劉仰方先生加以協助。特此誌感！

李方桂 民國三十一年十月五日

目　录

(一)導 論

莫話之分佈地點及與其他語言之關係

莫話之所以叫作莫話，就因為說這種話的人差不多全姓莫。這種人也就叫作莫家。分佈的地點主要在貴州荔波縣的西北境，方村及陽鳳兩鄉。據發音人說陽安鄉(荔波北境)，播堯鄉，駕歐鄉(皆在荔波西境)，茂蘭鄉(荔波東境)，以至廣西的南丹都有莫家，不過家數不多而已。[1] 本篇完全以方村的方言為研究對像，別處的莫家話方音的差別何如，以及有些地方的莫家是否仍說莫話，都還是問題。

莫家的語言與荔波的水家話很相近，同屬於我們叫作洞水語系 Kam-Sui Group 的那一支裡。屬於這一支的語言有(1)貴州的玉屏，天柱，錦屏，黎平，榕江，從江及廣西省内的三江，融縣等地的洞話 Kam language，(2)貴州的三都，榕江，從江及荔波的水話 Sui language，(3)貴州定番縣内的羊黄話 T'en language，(4)莫話 Mak language 及荔波播堯等鄉的'錦話' Cham language。[2] 洞水語系與台語系 Tai Group 有密切的關係，但是不屬於台語系(狹義的)。他與台語同出一源，但是很早就與台語分家了，至少在古台語分化為近代各方言之前。如果我們把洞水語及台語總起來叫洞台語系 Kam-Tai languages 時[3]，就可以用下列的表說明莫話之位置。

---

1)參看故事Ⅶ，3。

2)'錦話'是著者起的名字，當地的'客家'(即說官話的漢人，並不是廣東江西的客家)把他叫作'本地話'。但是當地的仲家系(台語之一)的語言也同叫作'本地話'。因為說'錦話'的人與仲家同化很深，故漢人不去分別他們，但是水家，莫家，'本地'(即仲家之一)等都叫他作'錦' Cham [tam]。

3)這裡我們不能詳細的討論各系語言的關係，將來專文去討論。

382

洞台語系
- 台語——仲家話，僮家話，擺夷話，暹羅話等
- 洞水語
  - 洞話
  - 水話
  - 羊黄話
  - 莫家話及錦語

莫話雖然跟水話系統上很近，可是荔波的水家似乎並不把莫家當作水家的一支。水家本身也有方言的不同，例如荔波北部恆豐鄉的水婆方言，東北部三洞鄉的方言及西北水利鄉的水利水岩方言等。他們方言雖不同，可是都算水家，而莫家則不然。莫家方言固然也與水家的差别大些，但是主要的原因也許因為莫家跟'本地'人（即仲家之一）混在一起。風俗習慣也跟'本地'接近而與水家不同。水家之過年（如過亥，過卯等），水家的年曆，死人時的唱歌，開弔等都與莫家不同。莫家甚而至於本身就沒有歌。只會唱'本地'歌。其所以能唱'本地'歌主要原因是因為他們跟'本地'人通婚。唱歌是談愛情的基本條件，因此莫家男女青年莫不會唱歌，不但與'本地'人唱'本地'歌，自家亦唱'本地'歌。據説從前水家不跟'本地'通婚，而莫家則不然，水莫反不通婚[1]。這也許是莫家與'本地'同化而與水家疏遠的緣故。語言方面也可以看出莫家與'本地'接近處[2]。

---

1) 通婚不通婚的問題，我們不敢相信是絕對的。也許只是常見不常見的問題。除非經過民俗上的考證，我們不能就信一面之辭。

2) 我們在這裡只能説莫話的音系比水話簡單，而近似'本地'話，如水話的 ?b, ?d, ʔj, ?m, ?n, ?ŋ, ɣ, ?ɣ, R, q, qʻ 等都沒有了。詞彙也與'本地'話有許多接近的地方。

(二) 音韵

1. 聲母：莫話聲母可分三大類，(1)単純的，如 p, pʻ, b, ʔb 等，(2)帶 j 的，如 pj, pʻj, bj 等，(3)帶 w 的，如 kw, kʻw, ŋw 等。依其方法及部位可列表如下：

聲母表

		塞音				鼻音	擦音		
		清音	吐氣音	濁音	帶喉塞音		清	濁	
脣音	単純：	p	pʻ	b	ʔb	m	f	v	w
	帶 j：	pj	pʻj	bj		mj			
舌尖音	単純：	t	tʻ	d	ʔd	n	s	ʑ	l
	帶 j：	tj	tʻj	dj	ʔdj	nj			lj
	帶 w：				ʔdw	nw	sw	ʑw	lw
舌面音	単純：	ȶ	ȶʻ	ȡ		ɲ	ɕ	j	
	帶 w：	ȶw	ȶʻw			ɲw		jw	
舌根音	単純：	k	kʻ	g		ŋ			
	帶 w：	kw	kʻw	gw		ŋw			
喉音		ʔ					h		

(1) 清音 p (pj), t (tj), ȶ (ȶw), k (kw) 等都不吐氣而較北平的音硬，例 pa:i˦ 去，pjam˦ 髮，tai˦ 死，tjau˧ 萎謝，ȶa˥ 等候[1]，ȶwa 盬，ka:i˦ 雞，kwan˦ 魂。

(2) 次清音即吐氣清音 pʻ (pʻj), tʻ (tʻj), ȶʻ (ȶʻw), kʻ (kʻw) 等與國語相似，例 pʻa˥ 劈，pʻja:t˥ 血，tʻi:t˅ 遇見，tʻjan˦ 追趕，ȶʻik˦ 鍋，ȶʻwa:u˦ 扯，拉，kʻun˦ 路，kʻwa:i˅ 拚。

---

(1) 參看4。單獨成韵的長元音都照此辦。

(3) 濁音 b(bj), d(dj), ȡ, g(gw) 等都是真正濁音，不似吴語的帶濁吐氣，例 ba:n˩ 男，bja˧ 柴刀，da˩ 眼，ʐaŋ˩ djo:t˧ 直直的，ȡa˩ 皮，ga˩ 菌子，gwan˥ 鐲子。

(4) 帶喉塞濁音 ʔb, ʔd(ʔdj, ʔdw) 等有緊喉作用，與廣西武鳴 ʔb, ʔd 相似，但喉塞音似較弱，例 ʔba˥ 寬，ʔdai˧ 得，ʔdjai˩ 淺，ʔdwa˩ 筷子。

(5) 鼻音 m(mj), n(nj, nw), ȵ(ȵw), ŋ(ŋw)，例 ma˩ 狗，mjai˩ 銹，na˧ 臉，təi˧ njak˥ 小小的，nwa˩ 藤類植物名，ȵi:ŋ˥ 草，ȵa:ŋ˥ ȵwa:u˩ 粉末粗貌，ŋa˩ 芝麻，ŋwa˩ 瓜。

(6) f, v 是脣齒擦音，w 是双脣擦音，例 fi:n˩ 園，va˧ 害，wa:i˩ 棉花。

(7) s(sw) 讀單字音舌尖有時畧向後捲如 ʂ。s 與 ʂ 不分，讀 ʂ 時甚少，例 si:n˩ 吃，swa:p˧ '偷油婆'，蟲名。

384

(8) ʐ(ʐw) 連讀時就變成擦音 ɣ-(畧帶閃音)。單讀多讀 ʐ，但有時又讀 z。z 與 ʐ 不分，讀 z 時少，例 ʐa˩ 二，ʐwa˩ 羊。

(9) ȶ(ȶw), ȶʻ(ȶʻw), ȡ, ȵ(ȵw), ɕ 等舌面音比國音的'基，欺，希'等聲母的部位靠後；塞音畧帶擦音而不大顯著，但不是絕對無擦音，例 ɕa˧ 寫，餘見上。j(jw) 與英文 yes 之聲母同，如 ja˥ 田，jwa:u˩ 跑。

(10) 邊音 l(lj)(lw)，例 la:m˩ 忘記，ljəu˩ 清，lwa:ŋ˩ 摸。

(11) 舌尖音 t, tʻ, d, ʔd, n 等舌尖所抵部位似較國音的'德，特'等靠後。

(12) 喉塞音 ʔ 及喉擦音 h，例 ʔa:m˧ 菜，ha˧ 殺。

(13) 帶 j 聲母及帶 w 聲母中的 j 及 w 都是輔音性而且是短的。

此外有幾個語助詞是沒有聲母的。依上表可知與 j 配的聲母有脣音，舌尖音，與 w 配的有舌面音，舌根音，及舌尖音的一部分。

2. 韵尾輔音：莫話韵尾除去単元音及複合元韵 -i, -u 外只有六個輔音：-m, -n, -ŋ, -p, -t, -k。 -p 及 -k 都是不破裂的塞聲，但 -t 的後面舌尖向上捲畧帶 r 音，嚴格可寫作[-tʳ]，例 map˨ 打，ʐa:p˧˩ 洗，冲，tʻut˦ 熱，pa:t˧ 八，lak˦ 偷，la:k˧˩ 子。

3. 元音：莫話元音可分長短兩類，長短元音性質不甚同。

i:	i
e:	
a:	a
ə:	ə
o:	o
u:	u

(1) 長 i: 是高前元音，緊；短 i 是較鬆的元音畧似 [ɪ]；例 ni(:)˦ 河[1]，ˀbi:k˥ 姑娘，tip˦ 縫，tik˦ 滿，vin˩ 雨。

(2) e: 無短音。単獨存在（後無輔音或元音）時是緊的 e，與别音配合時如 e:u, e:m, e:n, e:p, e:t, e:k 等讀的較開，在 [e] 與 [ɛ] 之間；例 tʻe(:)˧˩ 場，集，ne:u˦ 尿，ˀe:k 牛軛。

(3) 長 a: 是前低元音，短 a 較長 a: 稍靠後，但不到後低元音 [ɑ] 的部位；例 ma(:)˩ 狗。pa:i˦ 去，ˀba:n˥ 村，ˀban˦ 扭 tai˨ 拿。

(4) 長 ə: 緊而畧靠後畧似 [ɤ]，短 ə 是央元音，又為輕讀之元音，但 əi 則很近似 [eɪ]，ə(:) 單獨成韵時在 s 母後則多讀如舌尖元音 [ɿ]；例 we:ŋ˦ pə(:)˦ 圍腰，pə:k˥ 芋頭，·lə ʐa:u˧˩ 女婿，təi˥ 小，sə(:)˥ 子（地支）。

(5) 長 o: 是介乎 [o] 與 [ɔ] 之間的元音，前畧有 u 介音，嚴格可寫作 [ᵘo]，短 o 也是 [o] 與 [ɔ] 之間的元音；例 po(:)˦ 坡，ˀbo:k˥ 摸捉（魚），ˀbok˦ 水退，toŋ˨ 相，同。

(1) 關于長号 (:) 的省去，參看下面 4。

(6) 長u為高後元音,緊;短u較開,如[ʊ]; uŋ, uk等則更開略似[oŋ], [ok]; un, ut尤其是在 k-, t- 系聲母後讀似 [ʊᵊn], [ʊᵊt], ui 讀似 [ʊᵊɪ], 例 ʔu(:)˦ 笑, lu:ŋ˨ 銅, mum˦ 魚, kʻun˨ 路, tut˦ 屁, tui˨ 石, tuŋ˦ 煮, tuk˦ 包,裹。

(7) i 及 u 為複合元音之後一部分時是短而開,讀如[ɪ]及[ʊ],例 tai˩ 拿, pa:i˦ 去, təi˥ 小, toi˦ 對, mui˨ 熊, məu˥ 猪, tau˥ 梭, ta:u˥ 燒, ʔde:u˦ 一, tiu˨ 條,根。

4. 韵母: 莫話韵母之構成為上列之六個長元音,及各元音(長短)與 -i, -u, -m, -n, -ŋ, -p, -t, -k 之配合。 -i 及 -u 在莫話本身看起來可以算韵尾,因為複合元音 ai, au, əi, əu 等皆不能再有任何韵尾輔音了。 短元音单獨不成韵母(除因輕讀而短者外),因此单獨成韵母的長元音的長号:可以省去。 兹就本篇所有的韵母列下:

i(:)			iu		im	i:m	in	i:n	iŋ	i:ŋ	ip	i:p	it	i:t	ik	i:k
e(:)				e:u		e:m		e:n		e:ŋ		e:p		e:t		e:k
a(:)	ai	a:i	au	a:u	am	a:m	an	a:n	aŋ	a:ŋ	ap	a:p	at	a:t	ak	a:k
ə(:)	əi		əu				ən	ə:n	əŋ	ə:ŋ	əp		ət	ə:t	ək	ə:k
o(:)	oi				om		on		oŋ		op	o:p		o:t	ok	o:k
u(:)	ui				um		un	u:n	uŋ	u:ŋ	up		ut	u:t	uk	u:k

此外還有一個自成音節的鼻音,只有一個字 ʔŋ˨ 你。

從上面看起來 əi, oi, ui, iu, əu 都没長的 ə:i o:i 等相配。 om, on, oŋ 也没有長的,但是有 op 與 o:p, ok 與 o:k。 有些上面不見的韵母本篇没有收集到,但並不一定不可能有。

5. 聲調：莫話共有七個聲調，其中一個少見，且多在借字中出現。

1. 低升調 ˩˧：由低升至中調，畧似北平上聲。但北平上聲先微降然後升，此調不降，例 ma˩˧ 狗，ɗa˩˧ 皮，kʻun˩˧ 路。

2. 低降調 ˧˩：由中調降到低，與廣西龍州武鳴的土話低降調相同，例 lu:ŋ˧˩ 銅，ma˧˩ 舌，map˧˩ 打。

3. 半高平調 ˦：為高中之間的平調，似廣州的陰去，例 ʔdai˦ 得，no˦ 鼠，pa:t˦ 八。

4. 全降調 ˥˩：由高降到低，似廣州陰平（單字音）；又畧似北平去聲，但降的不那麼促也似乎降的没有那麼低，例 ʦʻe˥˩ 場，集，ʐa:u˥˩ 竹竿，la:k˥˩ 子。

5. 高升調 ˧˥：由中升到高，似廣州陰上，或龍州武鳴的高升調，例 məu˧˥ 猪，jəu˧˥ 喊，tok˧˥ 落。

6. 中升調 ˨˧：由半低起時保持平度至相當的時間然後微升，有時候感覺幾乎是半低平調，例 si:n˨˧ 吃，ʦwa˨˧ 鹽，ka˨˧ 脚幹。

7. 高平調 ˥：畧如北平的陰平。此調少見，多是漢語近來借字，例 kwa:ŋ˥（廣），la:u˥（老）等，又 .kə te:k˥ 雞叫卵聲。

6. 輕聲：有些字如語助詞，及複合詞之前一個字，及一句中意義不重的字皆可輕讀。輕讀時有兩個調 (1) 半高，在字前加高点，如 ·tə kʻun˩˧ 路上，·ʦi ka:u˧˥ 原處，(2) 半低，在字前加低点，如 .tə ma˥˩ 馬，.lə ʐa:u˥˩ 女婿。有些字讀時雖輕，但仍不失其原來聲調，只音調低些及音程縮小而已，這可以叫作半輕讀。這類字除字前加低点外，復仍附調号，如 ma˦ .ʔe˧˩ .pa:i˧˥ luŋ˧˩ na˥˩ ·li 我媽上舅舅家去了。這類字多輕重兩可。本篇材料收集時說話相當的慢，因此也許有許多輕讀的字變成半輕讀了。

7. 聲母與韵母的關係：下表僅就本篇所有的字排列以表示聲母與韵母配合的情形。為方便起見分為二表 (a) 單純聲母與韵母配合表，(b) 帶 j 及帶 w 聲母與韵母

莫話記畧

配合表。成音節的ŋ(只有一個字)及幾個無聲母的語助詞沒有列入。

格中橫綫表示那種配合見於本篇材料中，空格表示那種配合不見於本篇材料中。

a. 单純聲母與韵母配合表

部位	聲母＼韵母	a	ai	a:i	au	a:u	am	a:m	an	a:n	aŋ	a:ŋ	ap	a:p	at	a:t	ak	a:k	e	e:u	e:m	e:n	e:ŋ	e:p	e:t	e:k
唇音	p	—		—	—	—		—	—	—	—	—				—	—		—	—			—			—
	pʻ	—		—		—						—						—	—							
	b	—	—							—								—	—							
	ʔb	—			—				—	—	—	—					—		—							
	m	—	—	—	—	—			—	—	—	—	—		—	—	—	—	—	—						—
	f	—							—	—	—															
	v	—		—		—			—	—	—	—		—		—	—		—			—				
	w	—		—		—						—	—					—		—			—			
舌尖音	t	—	—	—	—	—	—	—	—		—	—	—	—			—		—		—		—			—
	tʻ	—	—	—	—	—				—	—								—							
	d	—	—	—	—	—	—	—		—	—	—					—		—				—			
	ʔd	—	—	—		—	—		—	—	—	—	—		—		—			—					—	
	n	—		—	—	—	—		—	—	—	—	—		—	—		—	—	—						
	s	—	—	—	—	—	—	—	—	—	—		—	—		—	—	—	—	—			—		—	—
	z	—	—	—	—	—			—	—	—	—		—				—	—			—	—			
	l	—	—	—	—	—	—	—		—	—	—	—	—	—		—	—	—				—			
舌面音	ȶ	—	—	—	—	—	—		—		—	—	—		—		—	—	—	—		—	—			—
	ȶʻ	—	—	—	—						—								—							
	ȡ	—	—			—																				
	ȵ	—		—	—	—	—	—	—	—	—	—	—		—		—		—			—				
	ɕ	—									—	—							—							
	j	—	—	—	—	—	—	—	—	—	—	—	—				—		—							
舌根音	k	—	—	—	—	—	—	—	—	—		—	—	—	—	—	—	—						—		
	kʻ	—					—		—			—														
	g	—		—					—	—		—														
	ŋ	—		—	—	—	—	—	—	—		—				—	—									
喉音	ʔ	—	—		—	—	—	—		—							—		—			—	—	—		—
	h	—	—	—		—	—	—	—		—	—							—		—		—			—

部位	聲母＼韻母	ə	əi	əu	ən	ə:n	əŋ	ə:ŋ	əp	ət	ə:t	ək	ə:k	i	iu	im	i:m	in	i:n	iŋ	i:ŋ	ip	i:p	it	i:t	ik	i:
唇音	p	—	—	—	—	—				—			—		—			—	—	—	—			—	—		
	p‘		—												—												
	b									—										—							
	ʔb	—	—	—	—	—				—				—				—	—				—	—			—
	m		—	—	—	—		—		—				—	—				—	—	—			—			
	f																	—	—								
	v		—		—		—											—	—		—				—		
	w		—																					—			
舌尖音	t	—	—	—			—					—		—	—		—	—	—	—	—	—				—	
	t‘	—	—				—								—		—		—						—	—	
	d													—				—						—		—	—
	ʔd	—	—	—							—									—	—	—					
	n		—		—									—			—		—	—							
	s	—	—	—	—			—						—	—	—	—	—	—	—	—	—		—		—	—
	ʐ	—	—	—	—			—	—	—				—	—	—		—	—	—	—	—		—			
	l	—	—	—		—								—	—	—	—	—	—	—	—			—	—		
舌面音	ȶ		—	—								—		—	—	—		—	—	—	—	—		—			
	ȶ‘		—	—										—	—		—		—							—	
	ȡ			—												—		—			—					—	
	ȵ		—	—										—				—			—			—			
	ɕ			—																							
	j			—										—				—									
舌根音	k	—																									
	k‘				—																						
	g																										
	ŋ																										
喉音	ʔ	—	—											—				—	—					—	—		—
	h	—	—	—											—		—	—	—	—	—			—		—	

部位	聲母＼韵母	o	oi	om	on	oŋ	op	o:p	o:t	ok	o:k	u	ui	um	un	u:n	uŋ	u:ŋ	up	ut	u:t	uk	u:k
唇音	p	—				—		—		—		—				—						—	
	p'	—										—											—
	b					—																	
	ʔb					—				—	—			—			—	—	—				
	m	—			—					—	—	—	—	—			—					—	
	f					—																	
	v									—								—				—	
	w																						
舌尖音	t	—	—	—	—	—				—	—		—	—	—		—		—	—		—	
	t'				—	—			—					—		—					—		
	d	—								—					—			—				—	
	ʔd	—		—		—				—	—	—	—		—	—						—	
	n	—		—	—	—				—			—		—		—			—		—	
	s	—			—	—				—		—	—	—	—	—	—	—	—	—			
	z	—								—			—	—	—	—	—		—	—		—	
	l	—	—	—		—				—	—	—	—	—	—	—	—	—		—			
舌面音	ȶ	—				—						—	—	—	—	—	—		—	—		—	
	ȶ'					—							—							—			
	ȡ	—			—							—	—	—									
	ȵ								—			—		—	—	—	—			—			
	ɕ	—							—			—											
	j	—		—		—			—	—	—			—	—	—				—			
舌根音	k	—		—	—	—						—	—	—	—	—	—		—	—		—	—
	k'												—		—								
	g														—				—				
	ŋ	—		—									—		—								
喉音	ʔ	—	—			—					—			—		—			—		—	—	
	h	—			—	—	—						—	—	—	—		—					

b. 帶j及帶w聲母與韻母配合表

部位	聲母＼韻母	a:	ai	a:i	au	a:u	am	a:m	an	a:n	aŋ	a:ŋ	ap	a:p	at	a:t	ak	a:
帶j的唇音	pj	—					—		—									—
	p'j		—		—	—										—		
	bj	—	—			—			—			—						
	mj		—															
帶j的舌尖音	tj					—												
	t'j								—									
	dj							—									—	
	ʔdj		—															
	nj				—												—	
	lj							—				—						
帶w的舌尖音	ʔdw	—																
	nw	—		—														
	sw	—		—					—			—		—				
	ʑw	—																
	lw	—	—									—						
帶w的舌面音	ȶw	—	—			—						—						
	ȶ'w					—		—										
	ȵw					—												
	jw			—		—						—						
帶w的舌根音	kw	—					—		—	—		—	—			—		
	k'w			—								—						
	gw								—									
	ŋw	—		—		—				—								

莫話記畧

韵母 声母	e	其他有e韵母	ə	əi	əu	其他有ə韵母	i	iu	im	i:m	in	i:n	iŋ	i:ŋ	ip	i:p	it	i:t	ik	i:k
pj																				
p‘j					—															
bj																				
mj					—															
tj					—															
t‘j																				
dj					—															
ʔdj					—															
nj																				
lj					—															
ʔdw																				
nw																				
sw																	—			
ʐw	—										—									
lw							—													
tw																				
t‘w																				
ɲw																				
jw																				
kw	—																			
k‘w																				
ɣw																				
ŋw																				

部位	聲母 \ 韵母	o	oi	om	on	oŋ	op	o:p	o:t	ok	o:k	u	ui	um	u:m	un	u:n	uŋ	u:ŋ	其他有u韵母
帶j的脣音	pj					—														
	p'j					—												—		
	bj																			
	mj	—																		
帶j的舌尖音	tj											—								
	t'j																			
	dj								—											
	ʔdj																			
	nj																			
	lj									—										
帶w的舌尖音	ʔdw																			
	nw																			
	sw																			
	ʐw																			
	lw																			
帶w的舌面音	ȶw																			
	ȶ'w																			
	ȵw																			
	jw																			
帶w的舌根音	kw																			
	k'w																			
	gw																			
	ŋw																			

本篇字数不多，但從上表可以看出聲母與韵母配合的大致情形。單純聲母中舌面音ȶ，ȶ'，ȡ，ȵ等除 ai，əu 外不再跟有ə音的韵母相配（除去ȶək˨一個字），ɕ及 j 與有 i 韵母相配的也少。

莫話記略

舌根音 k，k'，g，ŋ 不跟有e音，i音，及ə音的韵母（除去輕聲的 kə 及 k'ən˥等一兩字外）相配。

帶 j 及帶 w 的聲母的限制比較多了。帶 j 聲母不跟有e音，i音，ə音（除去 əu 韵）的韵母相配。

帶 w 的聲母不跟有e音（除去e韵），ə音，o 音，u 音的韵母相配。

這種配合情形都有歷史上的原因，必須要在作比較及擬測的工作時才能解釋。

8. 韵母與聲調的關係：最清楚的就是有 -p，-t，-k 韵尾與其他韵母的不同。有-p，-t，-k 的韵母的声調有限制，只有四個調，其餘的韵母六調皆可有（第七調甚少故不討論在内）。有 -p，-t，-k 韵母的元音的長短也與声調有關係，茲列表以説明之：

聲調＼韵母	有 -p，-t，-k 韵母 短元音	有 -p，-t，-k 韵母 長元音	其他韵母
1. ˩˧			——
2. ˧˩	——		——
3. ˥		——	——
4. ˥˧		——	——
5. ˦˥	——		——
6. ˨˦			——

由上表可知有 -p,-t,-k 韻母中,短元音可以有2,5兩調,長元音可以有3,4兩調。這種声調系統是完全與漢語相合的。六調實與漢語的平上去的陰陽相當,入声,即有 -p,-t,-k 韻母,因元音長短分而為四,實亦一陰一陽。從比較的研究上看1,3,5是陰調,2,4,6是陽調(6包含一部陰調)。

9. 聲母與聲調的關係:下表因 -p,-t,-k 韻母對於聲調之限制,故另列一項以便觀察。帶j及帶w聲母字數不多故皆附在原來聲母下,如pj附在p下,bj附在b下;還沒有發現有什麼不合的地方。第七調仍不討論在內。下表格內有括弧的數字表示例外的次數,即依照通例(參看下1-6條)該聲母不當有該調,而材料中有一二次例外者,如t母不當有1調而有 ta˧˩(大)是。

部位	聲母＼調＼韻母	韵母除有-p、-t、-k韵母						有-p、-t、-k韵母			
		1. ˩˧	2. ˧˩	3. ˧	4. ˧˩˧	5. ˥˧	6. ˦˥	2 ˧˩	3. ˧	4. ˧˩˧	5. ˥˧
唇音	p		—	—	(2)	—	—	—	—		—
	p‘	—	(1)	—	—	—	—		—	—	
	b	—		—		—			—		—
	ʔb			—		—	—		—		—
	m	—	—	—	—	—	—	—	—	—	—
	f	—		—		—					
	v	—	—	—	—	—	—	—	—		—
	w	—	—	—	—	—	—	—	—		
舌尖音	t	(1)	—	—		—	—	—	—		—
	t‘	—	(1)		—	—	—		—	—	—
	d	—		—		—			—		—
	ʔd			—		—	—		—		—
	n	—	—	—	—	—	—	—	—	—	—
	s	—	—	—	—	—	—		—	—	—
	z	—	—	—	—	—	—	—	—	—	—
	l	—	—	—	—	—	—	—			—
舌面音	ȶ	(1)	—	—		—	—	—	—		—
	ȶ‘	—		—	—	—	—				—
	ȡ	—				—					—
	ȵ	—	—	—	—	—	—	—	—		—
	ɕ	—	—	—	—	—			—		
	j	—	—	—	—	—	—		—		—
舌根音	k		—	—	(1)	—	—	—	—		—
	k‘	—		—	—	—	—				
	g	—				—					—
	ŋ	—	—	—	—	—	—			—	—
喉音	ʔ		(1)	—		—	—		—	(1)	—
	h	—	—	—		—			—		—

從上表看來有幾点很值得說明:

(1)不吐氣清塞音不大有第1,4調,有幾個例外,如taɿ(大),ʨiɿ(計)等,皆漢語借字,但p,k及ʔ母有幾個第4調字,不易解釋。

(2)吐氣清音無第2調,只兩個例外,如p'u˨(菩),t'a˨(嚇)。

(3)濁塞聲母無第2,4,6調,無例外。

(4)帶喉塞濁母無第1,2,4調,無例外。

(5)鼻聲母及擦音聲母(除f)6個調皆可有。

(6)f母只有第1,3,5調。

以上各條雖有少數例外,大致皆成系統。其所以如此必有歷史上的原因,絕非偶然。古侗水語系原與漢台語同有四調類。'入聲'即-p,-t,-k字,合為一類,其餘分為三調類。因聲母的清濁以及別的複雜的條件之下演為現在的莫話六調(及'入聲'四調)。上面幾項聲母與調的關係對于莫話聲母及聲調歷史上的演變很重要。聲母與聲調的關係可以說是藏漢語系的一大特点,莫話就不在歷史上研究,單在描寫上看来已很清楚的指出這種關係。

(三) 故事

I.

1. kun˦ ʐa:n˨˦ ʔde:u˦ naŋ˦ ʈi˧ la:k˩˥ təi˧, nəi˩
從前 家 一 有 幾 孩子 小。母親

tau˦ .pə (<pa:i˦) luŋ˩ na˩, ʈa:u˥ ta:i˦ ʈi˧ la:k˩
他 去 舅父 舅母, 交 待 幾 孩子

təi˧ ɲa:u˦ ʐa:n˨˦。ja˩ pi:n˦ ma˨˦ si:n˦ la:k˩
小 在 家。 變婆 來 吃 孩子

tai˥。
小。

2. ja˩ pi:n˦ ʈa:ŋ˧, "hai˨˦ to˦ ·a, nuŋ˩!"
變婆 說, "開 門 阿 弟!"

3. la:k˩ təi˧ hi:n˨˦, "ma˥ .ʔe˩ .pa:i˦ luŋ˩ na˩ ·li."
孩子 小 應, "媽 我 去 舅父 舅母 了。"

4. "ma˥ jəu˦ ʔe˩ .ma˨˦ ɕəu˥ ʐa:n˨˦. ʔe˩ dik˦ mi˨˦
"媽 叫 我 來 守 家。 我 遮 手

·ma˨˦ təŋ˩ kau˥."
來 給你 看。"

5. la:k˩ təi˧ ʔa:u˦ mi˨˦ .ʐo˩ lwa:ŋ˩. lwa:ŋ˩ mi˨˦
孩子 小 拿 手 來 摸 摸 手

ja˩ pi:n˦ lau˨˦. lau˨˦ ·li ʈa:ŋ˧ .sə ʔai˧ ɕin˨˦.
變婆 光滑 光滑 末 說 是 個 人。

hai˨˦ to˦ ma˨˦ ha:u˥。
開 門 來 裏面。

6. jəu˦ la:k˩ tai˧ ʔa:u˦ de˦ .taŋ˦ ʐəi˦. fin˨˦ ʐut˦,
叫 孩子 小 拿 氣盆 來 坐。 生成 尾,

lap˩ ʐut˦ .pa:i˦ la˥ de˦, .me˩ sa:i˨˦ la:k˩ tai˧
遮 尾 去 下 氣盆, 不 使 孩子 小

do˦。 tau˦ .sə jəu˦ la:k˩ tai˧ .pa:i˦ nun˩。
見。 他 就 叫 孩子 小 去 睡。

I.

1. 從前一家有幾個[1)]小孩子。他們母親上舅舅家[2)]去，交待[那]幾個小孩子在家[3)]。老變婆來吃小孩子。

2. 老變婆說，"開門阿，小弟[4)]!"

3. 小孩子應道，"我媽上舅舅家去了[5)]。"

4. "媽叫我來守家。我遮手來給你看。"

5. 小孩子拿手來[6)]摸。摸老變婆的手滑。滑末[7)]就說[他]是個人。開門[讓他]進來。

6. 叫小孩子拿'氣盆'來坐。生有尾巴，把尾巴伸到'氣盆'底下去，不使小孩子看見。就叫小孩子去睡。

---

1) 原文 la:k˩ 前不用量詞。

2) luŋ˩ 是母兄，na˩ 是母兄妻，此處連用泛指舅舅家或娘家。

3) 有在家待着不可出門意。

4) nuŋ˩ 原意為弟或妹，普通用來稱呼小孩子。

5) 原文 ·li 是 liu˩ 的輕声，這裡用作語尾助詞是叙述事情的口氣。

6) 原文 .ʐo˩ 雖亦譯作来字，但與前面 4.'我遮手來你看'之 .ma˨˦'來'不同。.ʐo˩ 在此指用什麼來作，是純粹工具用法 instrumental。

7) ·li 略表示停頓，同時也有'既然'的口氣。

7. ʐa˩ va:i˨˩ nuŋ˨˩, la:k˨˩ la:u˨˩ .sə liŋ˧ ȶa:u˥,
两 兄 弟, 孩子 大 就 另 頭

la:k˨˩ təi˥ .sə niŋ˥ ja˨˩ pi:n˥ ve˨˩ ȶa:u˥。
孩子 小 就 與 變婆 共作一頭。

t'au˥ pu:n˥ ʐa:n˩ ja˨˩ pi:n˥ ȶam˥ la:k˨˩ təi˥。
到 半 夜 變婆 咬 孩子 小。

la:k˨˩ təi˥ .sə tai˧ p'ja:t˥ .taŋ˧。
孩子 小 就 滴 血 來。

8. la:k˨˩ la:u˨˩ .sə sa:i˥, "ve˨˩ nau˩ jak˥ tin˧
孩子 大 就 問 "作 什麼 濕 脚

.ʔe˨˩ taŋ˧? ʔŋ˨˩ si:n˧ nəi˨˩ .kə ma:ŋ˨˩, ja˨˩?"
我 來? 你 吃 什麼東西, 婆?"

9. "si:n˧ .lə vəŋ˨˩ kap˥ ka:i˧,
吃 手指 咯吱,

si:n˧ .lə təi˥ kap˥ ke:p˥。 si:n˥ liu˨˩ .sə
吃 孩 小 咯喳。 吃 完了 就

si:n˧ ʔŋ˨˩。 ʔŋ˨˩ me˨˩ ȶuŋ˧ ha˩, nuŋ˨˩!"
吃 你。 你 一别 鬧, 弟!"

10. la:k˨˩ la:u˨˩ ʔɗok˧ taŋ˧, ʔɗai˥ səu˥ nam˥
孩 大 起 來, 得 壺 水

pin˥ .pə(<pa:i˧) .jəu˥ ʐa:n˩。 ja˨˩ pi:n˥
爬 去 上面 房。 變婆

ti:m˥ vəi˩ .ʐo˨˩ k'a:ŋ˥, la:k˨˩ la:u˨˩ ʔdiŋ˥
点 火 來 找, 孩子 大 倒

nam˥ .taŋ˥ swan˩。
水 来 澆。

11. ʔɗap˥ vəi˩ li tau˧ jəu˥, "ʔŋ˨˩ .pə(<pa:i˧)
滅 火 了, 他 叫, "你 去

ha:u˥ k'ui˧ o, ja˨˩! ʔe˨˩.si lui˥ .taŋ˧ la˥."
裡面 櫃子 阿, 婆! 我就 下 來 下面。

7. 兩兄弟,大孩子就另一頭[睡],小孩子就跟老變婆一頭兒。到半夜老變婆咬小孩子。小孩子就滴起血來[1]。

8. 大孩子就問,"為什麼我的脚[2]濕起來? 你吃什麼東西,婆?"

9. "吃手指咯吱,
吃小孩咯喳。[3] 吃完了就吃你。你别鬧,小弟!"

10. 大孩子起來,得一壺水爬上房去。老變婆点火來找,大孩子潑水來澆[4]。

11. 火滅了[5],他叫,"你去櫃裡去阿,婆! 我就下到下面來。"

---

1) .taŋ˧'來'在此表示起事口氣 inchoative。ma˩'來'無此用法。

2) 原文'脚'在'濕'後,'脚'是表示主語的補充語或是表示地位的補充語,這種句法在莫語很常見,參看 ȶ'əu˥ ʔbup˥ taŋ˧'乾口來'即'口渴起來'(IV,4)

3) 這似乎是句歌,又用 .lə vəŋ˨˩'手指'本地話參雜在內,似乎有点表示老變婆莫語說不好的口氣。

4) '点火來找'即'用火找'是純粹的工具用法故用 .ʐo˨˩;'潑水來澆'仍有'潑水下來澆'即仍含有指方向的意,故用 taŋ˧。

5) 原文'火'在'滅'後,是表示主語的補充語。·li 表示時間附屬詞。

12. jav piːn˥ .pə(<paːi˧) ɦaːu˧ kʻui˧。 .li tau˧ taŋ˧
變婆 去 裡面 櫃子。 於是他 來

tʻau˧ la˧, ʔaːu˧ luŋ˧ .ʐov tap˥ kʻui˧。 ʐəp˩ vəi˧
到 下面 拿 鎖 來 鎖 櫃子。 吹 火

laŋ˧ ka˧ ɸim˧ .ʐov ʔban˥ kʻui˧。 ʔaːu˧ nam˥
紅 腳 火鉗 來 戳 櫃子。 拿 水

pʲaːu˧ .ʐov lo˧ jav piːn˥ tai˧ ɦaːu˧ ɦaːu˧ kʻui˧。
沸 來 燙 變婆 死 在 裡面 櫃子。

13. ʔai˧ kwaːŋ˥ laːu˧ ma˧ tau˩ tiːm˥。 .li tau˧ ɦaŋ˥,
個 廣 老 來 歇 店。 於是他 說。

"nəi˩ ʔe˩ .pə(<paːi˧) luŋ˧ na˩, me˩ tau˩。 di˧
"母親 我 去 舅父 舅母, 不 歇。 我們

naŋ˧ kʻui˧ ɦan˩ ʔdeːu˧, si˧ ma˧ tau˩, ja˧
有 櫃 銀子 一, 你們 來 歇, 回頭

si˧ lak˥ ʔaːu˧ ɦan˩ di˧ .paːi˧。 nəi˩ .ʔe˩
你們 偷 取 銀子 我們 去。 母親 我

ɦam˧ me˩ ɦaːu˧ ʐaːn˧ ʔeːŋ˥!"
又 不 在 家 更!"

14. ʔai˧ ve˩ faːn˥ ɦaŋ˥, "di˧ me˩ ʔaːu˧ .tə si˧。
個 作 販 說, "我們 不 要 你們的。

tʻaːn˥ ʔŋ˩ saːi˧ di˧ tau˩ ɦam˥ naːi˧。"
只要 你 許 我們 歇 晚上 這。"

15. ɦam˥ si˩ tʻau˥ puːn˥ ʐaːn˧, tau˧ .sə ɦau˩ taːp˥
晚上 那 到 半 夜, 他們 就 丟 挑子

.tau˧, tom˧ kʻui˧ paːi˧ nuk˥。
他們, 抬 櫃 去 外面。

16. tʻau˧ dun˧ kʻun˧ ɦai˧ kʻui˧ .taŋ˧ ʔdom˥, me˩
到 半路 開 櫃 來 看, 不

.sə kʻui˧ ɦan˩。 do˧ jav piːn˥ ɦaːu˧ ɦaːu˧
是 櫃 銀子。 看見 變婆 在 裡面

si˩. tau˧ ʔaːu˧ vəi˧ .ʐov taːu˧ ɦaːu˧ dun˧ kʻun˧。
那 他們 拿 火 來 燒 在 半路

12. 老變婆到櫃裡去。於是[1]他來到底下,拿鎖來鎖櫃子。吹火把火鉗腳[2][燒]紅,來戳櫃子。拿開水燙老變婆[把他燙]死在櫃裡。

13. 廣[西]老來歇店。於是他說,"我母親上舅舅家去,不歇[客]。我們[3]有一櫃銀子,你們來歇,回頭你們把我們的銀子偷取了去。我母親又沒在家!"

14. 作生意的人說,"我們不要你們的。只要你許我們歇這晚。"

15. 那晚到半夜,他們就丟下他們的挑子,抬櫃子去外面。

16. 到半路開櫃子來看,不是櫃銀子。看見老變婆在那裡頭。他們拿火來在半路上燒。

1) .li 仍是 liu˩ 的輕声,有時仍可讀 .liu˩。在句前是承上啓下的助詞

2) '火鉗腳'似乎仍是表示主語的補充語。

3) di˧ 是不連你式的第一身複數代詞 exclusive,與連你式 inclusive 的 da˧ 不同。參看 VI,3,6。

17. ja˧˩˧ piːn˥ ɬaːŋ˧, "ʔŋ˧˩ taːu˧ ʔe˧˩ ˌji˧˩ ʔdaːi˩˧.
變婆 說，"你 燒 我 也 好。
ʔe˧˩ ˌpaːi˩˧ la˧ nam˧ ˌsə piːn˥ fin˩˧ ˌtə piŋ˥
我 去 下面 水 就 變 成 隻 水蛭
ɬam˧ ɗin˩˧。 ma˩˧ jau˥ ɬʻau˥ ˌsə piːn˥ fin˩˧
咬 人。 來 上面 乾 就 變 成
ˌtə ɱuŋ˧˩˧ ɬam˧ ɗin˩˧。 ɬi˧˩ laːi˩˧ ˌji˧˩ ʔdaːi˩˧,
隻 蚊子 咬 人。 無論如何 也 好，
tiŋ˥ me˧˩ tai˩˧ tʻau˥ ʔe˧˩。"
一定 不 死 到 我。"

II.

1. ʐəi˧˩ kun˥ naŋ˥ ʔai˧ ʔdeːu˩˧, me˧˩ naŋ˥ laːk˧˩˧ baːn˩˧, naŋ˥ saːm˩˧ laːk˧˩˧ ʔbiːk˧。

2. laːk˧˩˧ laːu˧˩˧ ˌsə ɬa˥ ˌpaːi˩˧ ʔdai˧ ˌʔai˧ me˧˩ naŋ˥ ʑiːn˧˩ ʔdeːu˩˧。 laːk˧˩˧ ˌti ɳəi˩˧ ɬa˥ ʔdai˧ ˌʔai˧ ɬwaːŋ˩˧ ʔdeːu˩˧。 laːk˧˩˧ ˌti saːm˩˧ ˌje˧˩ naːŋ˥ ɟa˥ ʔdai˧ ˌʔai˧ taːŋ˩˧ ʐai˧ ʔdeːu˩˧。

3. koŋ˥ ta˥ me˧˩ ʔdaːi˩˧ ɳaːu˧, ˌliu˧˩˧ saːi˩˧ ɗin˩˧ ˌpaːi˩˧ taŋ˥ saːm˩˧ laːk˧˩˧ ʔbiːk˧ ˌma˩˧ ʔdom˧ koŋ˥ ta˥。

4. ˌliu˧˩˧ saːm˩˧ laːk˧˩˧ ˌtə kʻa˧ ma˩˧ ʔdom˧ koŋ˥ ta˥。 koŋ˥ ta˥ kau˥ ʔai˧ ho˧ ˌme˧˩ tʻau˥, ʑi˧˩ laːk˧˩˧ laːu˧˩˧, saːi˩˧ ˌlə ʐaːu˧ laːu˧˩˧ ʔdai˧ ˌʔba˧ sui˩˧ ˌpaːi˩˧ lun˧˩ ˌʔbə to˧ nun˧˩, pʻai˩˧ taːu˩˧ ʔdaːi˩˧ ˌʐo˧˩ ʐa˩˧ laːk˧˩˧ ɬai˧ nun˧˩。

17. 老變婆說"你燒我也好。我去到水底下面就變成水蛭咬人，來到旱[地]上就變成蚊子咬人[1]，無論如何都好，一定不該我死。"

II.

1. 從前的時候有一個人，沒有男兒子，有三個女兒。

2. 大女兒就嫁給一個沒有錢的人。第二的女兒[2]嫁給一個富人。第三的女兒也還嫁給一個'當事'(即作小官兒的)的人。

3. 岳父不舒服，於是使人去邀三個女兒來看父親[3]。

4. 於是三個女兒大家來看父親。父親看[那]窮人沒到，罵大女兒，使大女婿得一件蓑衣去門背後睡[4]，舖好的床舖來給兩個小女婿睡。

1) 也許可譯作……咬人的水蛭……咬人的蚊子。

2) 原文 laːk˧˩˧ '子或女'，不分男女，至此處則必需譯作'女兒'。此字又用來稱呼一切的晚輩，故下文4及5又必需譯作'女婿'。

3) 原文 koŋ˥ ta˥ 本意為'外祖父'，婿隨子呼，故又作'岳父'解(參看下面6,7等)，女子嫁後生子，往往即以此呼其父，故在此及4又譯作父親。

4) 二及三女婿必然是與其妻同來，大女婿後到故被罰。

5. laːk˧˩ laːu˧˩ .si ȶʻi˧˥ kuŋ˩, .me˩ ʐo˥ ve˧˩ nau˧˥ toi˥ ʔdai˦ ʐa˧ laːk˧˩ təi˦。

6. tʻau˥ lun˩ son˥ su˦ ji˧˥ .ʐo˧˩ lo˧˩ koŋ˥ ta˥。ʔdai˦ .tə ma˧˩ ʔdeːu˧ .ma˧˥。 tau˥ saːp˧˩ ȵan˩ .ʐo˧˩ tai˩ .paːi˥ .tə ma˧˩ tau˧ siːn˥。

7. ·li tau˧ se˧ .paːi˥ ʐaːn˧˥ koŋ˥ ta˥。 toi˥ hit˥ ȶʻe˧˩ taŋ˥, tai˩ ·ȶi ʔdaːŋ˥ .paːi˥ kwaːt˦ haːu˦ ȶe˦ ma˧˩。 .liu˧˩ ·tau˧ ʔdai˦ ȵan˩ ȵaːu˧ haːu˦ ȶe˦ ma˧˩。

8. ·li jau˦ koŋ˥ ta˥ taŋ˥ ʔdom˥, "ʔŋ˩ səi˥ kau˦ .tə ȶa˧˩ ʔe˩ naŋ˥ paːu˦。 .tə ma˧˩ ʔe˩ ma˧˩ ʔdaːi˥, koŋ˥!"

9. ·li koŋ˥ ta˥ ȶaːŋ˦, "huːn˥ .tə ma˧˩ ʔŋ˩ te˩!"

10. .lə ʐaːu˧˩ .si ȶaːŋ˦ .me˩ ʐəu˧˩, "ʔe˩ ȵam˧˥ .me˩ naŋ˥ ʐiːn˩ ʔeːŋ˥! sa˩ ʔe˩ huːn˥ təŋ˩ ·ni, si˧˩ ʔe˩ ʔai˦ ho˦, ʔe˩ .me˩ naŋ˥ ʐiːn˩ joŋ˥。 tʻaːn˥ koŋ˥ ta˥ ʔŋ˩ naŋ˥ ʐiːn˩ te˩ joŋ˥, ʔe˩ sau˧˥ .sə huːn˥ təŋ˩。"

5. 大女婿就很氣，不知道如何[才有臉]對得兩個小女婿。

6. 到後来打主意來騙岳父。得來一匹馬。他切好銀子拿去[給]他的[那]匹馬吃。

7. 於是他騎去岳父家。次早趕場的時候來了，拿掃箒去掃馬糞裡頭。於是他在馬糞裡頭得了銀子。

8. 於是叫岳父來看，"你試看我[這]匹馬有寶。我[這]匹馬[是]好馬，公！[1]"

9. 於是岳父說，"把你[這]匹馬換給我！"

10. 女婿就說不肯，"我又没有錢！如果我换給你呢，那我[是]個窮人，我没有錢用。只要岳父你有錢給我用，我就换給你。"

---

1) koŋ˥為對老人之尊稱。

11. .liu˅ koŋ˥ ta˧ .tau˦ ȶa:ŋ˧, ".me˩ ŋa:i˦。 t'a:n˦ ʔŋ˩ hu:n˥ te˩, tiŋ˥ naŋ˥ ʐi:n˩ joŋ˦。"

12. koŋ˥ ta˧ .tau˦ niŋ˥ tau˦ hu:n˥ ma˅, tau˦ .sə ȶ'oŋ˧ laŋ˦。 t'au˥ ʐa:n˨˦, ·li tau˦ tai˩ to˩ koŋ˥ ta˥ .tau˦ .pa:i˦ ȶe˦。 ȶe˦ ʔdai˧ ʐi:n˩ kuŋ˩ .sə ʔdai˧ .ma˨˦ dai˧ ja˥。

13. .liu˅ koŋ˥ ta˧ .tau˦ ȶa:ŋ˧, ".tə ma˅ ʔŋ˩ ʔda:i˦ .pi:n˩ na:i˦, ve˅ nau˨˦ ʔŋ˩ pən˧ .me˩ ʐuk˥ ·ni?"

14. .lə ʐa:u˅ .si˅ ȶa:ŋ˧, ".tə ma˅ ʔe˩ ʔda:i˦, ʔe˩ pən˧ .me˩ ʐuk˥。 sa˩ ʔŋ˩ tai˩ .pa:i˦ ʐuk˥, tau˦ wa:i˦ ȵan˩ .pa:i˦, me˩ ʔuk˥ ȵan˩ ha˨˦。 t'aŋ˦ na:i˦ wa:i˦ .tə ma˅ .ʔe˩ .liu˅! to˅ .tə təŋ˩ ·ni, ʔe˩ ta:u˦ tai˩ .pa:i˦ ȶe˦ .liu˅ ʔe:ŋ˥。 t'aŋ˦ na:i˦ .lu ha:i˦ ʔe˩ kuŋ˩!"

III.

1. ʔai˧ ve˅ fa:n˦ sa:i˧ la:k˅ təi˧, "·ȶi .tə si˨˦ naŋ˥ nok˩ kan˧ kuŋ˩。 si˨˦ pən˧ .me˩ na:k˅ ·e? ·ȶi .tə di˨˦ to˅ nok˩ ʔde:u˦ .sə .me˩ naŋ˥。"

11. 於是他岳父說，“不礙事！只要你換給我，一定有錢用。”

12. 他岳父跟他換馬，他就牽回家。到家，於是他拿他岳父的[馬]去賣。賣得許多錢。他就得[錢]來買田。

13. 於是他岳父說，“你[這]匹馬這樣好，為什麼你總不洗呢？”

14. 那女婿說，“我[這]匹馬好，我本不洗。如果你拿去洗，他把銀子壞了，不拉銀子了！這樣把我[這]匹馬弄壞了！你的[馬]呢，我[倒]又拿去賣了。這樣阿，把我害苦了。

III.

1. 一個作生意的人問小孩，“你們地方有許多秧雞。你們總不打阿？我們地方一隻鳥都沒有。”1)

---

1)這是作生意人逗小孩子的話，小孩子信以為真。大人因而又說些大話。

2. “ve˨ nau˩ ·ȶi .tə si˩ .me˨ naŋ˦? .tə di˩ paːi˨ ʐəi˨ naːk˨ .ma˩ siːn˦。”

3. “si˩ ʔaːu˦ .nəi˨ .kə maːŋ˨ .ʐo˨ naːk˨?”

4. “.me˨ siu˩ ʔaːu˦ .nəi˨ .kə maːŋ˨ ʐo˨ naːk˨…”

5. ʔai˧ laːu˨ .si van˨, “di˩ .me˨ ʔaːu˦ .nəi˨ .kə maːŋ˨ .ʐo˨ naːk˨。 di˩ jəu˦ tau˦, tau˦ .sə paːi˦ .me˨ ʔdai˧ ha˩。 di˩ do˧ .tə vaːn˩ lui˧ po˧, seːk˥ .sə ʔaːu˦ koŋ˦ ·ȶi kaːu˦。”

IV.

1. kun˦ naŋ˦ .ʔai˧ ɸin˩ ʔdeːu˦, paːi˦ naːk˨ wa˩ .lə jut˦。 tau˦ paːi˦ tʻiːt˨ sən˩ mum˨ .tə mum˨ naŋ˦ laːk˨。 ·li tau˩ ʔaːu˦ mai˨ .ʐo˨ map˨ laːk˨ mum˨。 laːk˨ mum˨ tai˦ .liu˨。

2. .liu˨ tau˦ pin˦ .pə(<paːi˦) jəu˦ .ko˧ mai˨。 .tə mum˨ ma˩ ʔdom˦ laːk˨。 laːk˨ .tau˦ tai˦ liu˨。

3. .liu˨ tau˦ .sə kʻwaːi˨ ·tə la˧。 .ʔai˧ ɸin˩ .si˨ naːu˦ jəu˦ .ko˧ mai˨ hem˦。 .tə mum˨ .si˨ ʐo˧ taŋ˦。 ·li tau˦ ȶam˧ .ko˧ mai˨ .si˨。 ʔai˧ ɸin˩ .si˨ me˨ ʐo˧ ve˨ nau˩。

2.“為什麼你們地方沒有？我們隨時打來吃。”

3.“你們拿什麼東西來打？”

4.“不消拿什麼東西來打….”

5.一個大人就說，“我們不拿什麼東西來打。我們叫他，他就走不動了。我們看見‘山羊’下山，[一]吼就要倒在原處。”

IV.

1.從前有一個人去取五倍子。他去遇見虎穴。老虎有子。於是他拿棍子來打虎子。虎子死了。

2.於是他爬到樹上面去。老虎來看兒子。他的兒子死了。

3.於是他就抓地下。那個人在樹上面喊。那老虎知道了。於是他咬那棵樹。那個人不知怎樣辦了。

4. ȶam˥ .ko˦ mai˧˩ .si˧˩ ȶ'əu˦ ˀbup˥ taŋ˦。.tə mum˧˩ .pa:i˦ la˥ ni˦ si:n˦ nam˥。

5. .liu˧˩ ˀai˥ ɸin˨˦ .si˧˩ t'o:t˥ ȶuk˦ ȶəu˧˩ ɳa:u˦ jəu˦ .ko˦ mai˧˩。.li ˀai˥ ɸin˨˦ lui˦ taŋ˦ la˦, li:t˧˩ pa:i˦ .tau˦。

6. .li .tə mum˧˩ .si˧˩ .ma˨˦ do˥ ȶuk˦ na:ŋ˦ ɳa:u˦ jəu˦ .ko˦ mai˧˩, ȶam˥ ȶi˥ van˨˦, .ko˦ mai˧˩ .si˧˩ koŋ˦ .taŋ˦ liu˧˩。

7. .liu˧˩ tau˦ ȶam˥ ˀdat˥ ȶuk˦ .si˧˩ tjəu˦ .pa:i˦。 .liu˧˩ ˀai˥ ɸin˨˦ .si˧˩ tok˥ kwan˦ tai˦ pa:i˦。

V.

1. jwa:i˧˩ niŋ˦ ˀai˥ jwa:ŋ˨ ve˧˩ koŋ˦。.liu˧˩ tau˦ gun˨˦ ɳi:ŋ˥ ma˧˩。tau˦ pa:i˦ .me˨ tai˨ li:m˧˩。tau˦ ve˧˩ mi˨˦ .ʑo˧˩ ȶ'wa:u˦。ko˦ nau˨˦ ˀdə:t˥ .sə ˀa:u˦ ko˦ si˧˩。

2. .liu˧˩ tau˦ bjan˥ ȶi˥ van˨˦ ʑa:u˧˩ ˀdai˥ kai˦ ɳi:ŋ˥ ˀde:u˦。 .liu˧˩ ˀai˥ jwa:ŋ˧˩ ȶa:ŋ˥。"jwa:i˧˩ ˀŋ˨ gun˨˦ ˀdai˥ ɳi:ŋ˥ siu˥ kuŋ˨。ˀŋ˨ ȶ'oŋ˥ ma˧˩ .pa:i˦ jəu˦ ·ˀba ʑa:n˨˦ si:n˦!"

4. 咬那棵樹口乾起來。老虎去河邊吃水。

5. 於是那個人脫衣服丢在樹上面。於是[那]人下到下面來,逃跑了。

6. 於是那隻老虎來看見衣服仍然在樹上面,咬幾天,那棵樹倒下來了。

7. 於是他把那件衣服咬破了[1]。於是那個人[嚇]落魂死了。

V.

1. 玉愛給一個王作工。於是他割馬草。他去不帶鐮刀。他拿手來扯。哪棵饕就要那棵。

2. 於是他扯幾天才得一點兒草。於是王說,"玉愛你割草割得太少。你牽馬到房後上頭[2]去吃[草]!"

---

1)原文.pa:i˦'去'在此作語尾助詞,表示完事口氣 perfective。

2)原文 jəu˦ ·ˀbə ʑa:n˨˦ 指房後高坡而言。荔波地多山,鄉間房子往往在坡上居高臨下,故房後多有高坝,玉愛故意誤聽作'房上'。

莫話記畧

3. .liu˅ tau˦ .sə ʐo˅ ʔbak˦ ȶe˥ .ʐo˅ ta:m˦. .pa:i˦ jəu˦ ʐa:n˧˥。 .liu˅ tau˦ .sə ȶ'oŋ˧ ma˅ .ʐo˅ pin˦ .pə(<pa:i˦) jəu˦ ʐa:n˧˥。

4. .tə ma˅ pa:i˦ .me˩ ʔdai˥。 .liu˅ tau˦ ȶa:ŋ˥ sa:i˧˥ ʔai˧ jwa:ŋ˩, ".tə ma˅ pa:i˦ .me˩ ʔdai˥。"

5. ʔai˥ jwa:ŋ˩ ȶa:ŋ˥, "ʔŋ˩ ve˅ t'aŋ˦ si˧˥ .me˩ ʔda:i˦。"

6. ·li tau˦ ȶa:ŋ˥。"ʔŋ˩ ȶa:ŋ˧ sa:i˧˥ ʔe˩ ȶ'oŋ˧ .pa:i˦ jəu˦ ʐa:n˧˥。 jəu˦ ʐa:n˧˥ .ji˩ .me˩ naŋ˦ ɹəi:ŋ˥。 t'aŋ˦ .si˅ .tə ma˅ pa:i˦ .me˩ ʔdai˥。" .liu˅ tau˦ ʔa:u˦ tui˩ .ʐo˅ map˩ .tə ma˅ tai˦ .pa:i˦。

7. ʔai˧ jwa:ŋ˩ .sə sap˥ tau˦ .ʐo˅ ȶaŋ˦ ·tə ʐau˧˥ məu˦。 ·li .sə ȶa:ŋ˧, "tai˩ wit˩ .pa:i˦ ·tə ni˦!"

8. .liu˅ swa:ŋ˧˥ so˩ t'i:t˅ ʔai˧ .ka˧ lak˦。 .me˩ ʐo˧ tau˦ lak˦ nəi˅ .kə ma:ŋ˩, ʔdun˥ .sə do˧˥ tau˦。 do˧˥ .tau˦ taŋ˦ t'au˦ ·ȶi wit˩ jwa:i˅ .pa:i˦ ·tə ni˦ .si˅。

3. 於(歛)是他就放梯子來引(?)到房上面去。 於是他就牽着馬爬到房上去。

4. 馬去不得。於是他告訴王說，"馬去不得。"

5. 王說，"你那樣作不好。"

6. 於是他說，"你告訴我牽到房上去。房上面也沒有草。那樣馬去不得。"於是他拿石頭來把馬打死了。

7. 王就捉住他囚在猪籠裡。於是就說，"拿去扔到河裡！"

8. 於是撞着[1]一個賊。不知道他偷了什麼東西，人家就綑他。把他(綑)到扔王愛到河裡的那個地方。

---

1)原文swa:ŋ˧˥ so˩為漢語借字，後又重複一句莫話t'i:t˅同義。

9. .liu˨˩ jwa:i˨˩ .sə ʈa:ŋ˥ sa:i˦˥ ʔai˧ ·kə lak˦ si˨˩, "ʔŋ˧˩ zo˨˩ .pa:i˦ ha:u˥ zau˧˥ na:i˦, ʔe˨ .sə pa:u˥ ʔŋ˧ taŋ˦ nuk˦."

9. 於是玉燮就告訴那個賊說，"把你放到這籠去我就包你出外來。"

10. .liu˨˩ tau˧ lo˨˩ ʔai˧ si˨˩ .pa:i˦ ha:u˥ zau˧˥。 ·li tau˧ .sə do˧ nuk˦ .taŋ˧。 tau˦ .sə li:t˨˩ .pa:i˦ .tau˦。"

10. 於是他騙那個人去籠裡。於是他就綳起外面來。他就逃跑了。

11. .liu˨˩ ʔdun˥ .sə taŋ˦ wit˨ .pa:i˦ ·tə ni˦. .liu˨˩ ʔai˥ ·kə lak˦ ŋa:u˥, "ʔe˨ mai˦! ʔe˨ mai˦! me˨ wit˨!"

11. 於是人家就來扔到河裡去。於是賊喊，"是我阿！是我阿！別扔！"

12. .liu˨˩ ʔdun˥ ʈa:ŋ˥, "wəi˦ ʈa:ŋ˥ ʔŋ˨ .ə ·lo!" .liu˨˩ ʔdun˥ .sə wit˨ .pa:i˦ ·tə ni˦。 jwa:i˨˩ .me˨ ʐaŋ˨ tai˦ ʔe:ŋ˦.

12. 於是人家說，"正為是你嗎！"於是人家就扔到河裡去。玉燮還未曾死。

13. .liu˨˩ tʻau˥ lun˨ za:u˨˩ pa:i˦ sap˥ ʔa:u˦ jwa:i˨˩ taŋ˦ ha˥. ha˥ tai˦ liu˨˩, ·li .sə sa:i˧ ·to˨ kwan˦ tau˦。

13. 於是到後來才去捉拿玉燮來殺。殺死了，就問他的魂

14. tau˦ ʈa:ŋ˥, "tai˨ .pa:i˦ ha:u˥ da˧˥ van˧˥。 ha:u˥ da˧˥ van˧˥ li:ŋ˨˩。" ·li tau˦ ʈa:ŋ˥, "zəi˦ lu˧˥ pa:i˦ ha:u˥ ·ʈi ɲi:n˨ ·ə za:u˨˩ ʈʻut˦!"

14. 他說，"帶到太陽裡去。太陽裡頭涼爽。"於是他說，"只怕去月亮裡那才熱呢！"

15. ·li ʔai˧ jwa:ŋ˨˩ ʈa:ŋ˧, "tai˨˩ tau˧˥ .pa:i˧˥ ha:u˥ ·ʈi ni:n˨˩ .pʻa˧˥。 .me˨˩ sa:i˩˧ .tau˧˥ ɳa:u˧˥ ha:u˥ da˩˧ van˩˧。 sa:i˩˧ tau˧˥ ɳa:u˧˥ ha:u˥ da˩˧ van˩˧, kʻən˨˩ ʔde:u˧˥ tau˧˥ ʔda:i˧˥ maŋ˨˩ kuŋ˨˩ ʔe:ŋ˥。 tai˨˩ tau˧˥ .pa:i˧˥ ha:u˧˥ ·ʈi ni:n˨˩ jau˨˩ haŋ˧ kai˧˥ ʔde:u˧˥。"

16. su˨˩ .pu˥ sə˥ ha:u˥ ·ʈi ni:n˨˩ .sə ʔda:i˧˥ ɳa:u˧˥ to˧˥。 jwa:i˨˩ pən˥ ʔdip˥ hin˩˧ na˩˧, tau˧˥ ʐa:u˨˩ ɳa:u˧˥ ha:u˥ ·ʈi ni:n˨˩ ma˩˧。 ɕa:ŋ˨˩ sə˨˩ ŋun˧˥ .ko˧˥ mai˨˩ ʔde:u˧˥。

VI.

1. ʐəi˨˩ kun˥ ʔai˧ la:u˨˩ ma˩˧ lo:k˨˩ hiu˨˩。 tau˧˥ son˥ ʈi˩˧ sə˨˩ ʐo˨˩。 .liu˨˩ tau˧ .me˨˩ ʐo˥ ve˨˩ nau˩˧ lo:k˨˩ ʔdai˧ ha˩˧。

2. .liu˨˩ ·tə ɳam˥ tau˧ .sə pa:i˧˥ ʔa:u˧˥ lum˥ ŋa:n˧˥ .ma˩˧ sok˧。 sok˥ ʐo˨˩ tai˨˩ ʔpa:i˧˥ ·tə kʻun˩˧ ʈəu˨˩。 ʔa:u˧˥ ʈe˥ .ʐo˨˩ swan˩˧。

3. .liu˨˩ ʔai˧ hiu˨˩ taŋ˧˥ do˥, tau˧˥ ʈa:ŋ˧, "ʔai˧ ɖin˩˧ la:u˨˩ ·a! ʈʻaŋ˥ ʈe˥ .tau˧˥ la:u˨˩ .pi:n˨˩ na:i˧˥。 da˩˧ ta˥ .me˨˩ ʔdai˧ tau˧˥。" ·li ʔai˧ hiu˨˩ ʐəi˧ lu˩˧。

15. 於是王說,"帶他到月亮裡去罷! 不讓他在太陽裡。讓他在太陽裡,一會兒他更加高興。帶他到月亮裡去更光一点兒。"

16. 誰知月亮裡才更舒服。玉愛本來真刁猾,他才住到月亮裡來。常時抗一棵樹。

VI.

1. 從前的時候,老輩來趕苗人。他們想計策來[趕]。於是他們不知道怎樣趕得了。

2. 於是晚上他們就去拿黃泥來舂。舂好拿去(放在)路上毋放[1]。拿糞來澆。

3. 於是苗人來看見。他們說,"人大阿! 他們一截屎這樣大。咱們[2]打不得他們。"於是苗人只是怕。

---

1) 將黃泥自大竹管內漏下成糞狀。

2) 注意 da˩˧ '咱們'為連你式第一身代詞 inclusive,與 di˧ 不連你式的代詞用法不同,參看工,13,14。

4. ·li ·tə ȵam˥ je˩ son˥ ȶi˨˦ sə˩ .ʐo˧˩ lo:k˧˩ ˀai˧ hiu˨ .liu˧˩ tau˦ .me˩ ʐo˧ ve˧˩ nau˨˦。

5. ·li tau˦ ȵin˥ son˥。 ti:m˧ vəi˨˦ ʐo˧˩ p'e˨˦ mai˧˩ ʐa:u˧˩。 .liu˧˩ ·tə ȵam˥ .sə sa:m˧。 ˀdun˧ ȵa:u˦ ȶəi˦ ɓaŋ˥ do˧ vəi˨˦ vu:ŋ˨˦。

6. .liu˧˩ ˀdun˧ ȶa:ŋ˧, "ˀai˧ ɗin˨˦ la:u˧˩ ·a !" ·liu˧˩ ˀdun˧ ȶa:ŋ˧, "ai˧ ɗin˨˦ la:u˧˩ kuŋ˨。 da˨˦ na:ŋ˦ ta˥ .me˩ ˀdai˧ tau˦。 da˨˦ hi:m˧ ba:n˥ .pa:i˦。 me˩ ja˥ van˨˦ lun˧˩ tai˦ ȵa:u˦ ·ȶi na:i˦ sə˩ .me˩ ˀdai˧。"

7. ˀai˧ ma˨˦ lo:k˧˩ .si˧˩ tau˦ pən˧ son˥ su˧ ji˨˦ ˀda:i˦。 lo:k˧˩ ˀdai˧ ȶi˧ van˨˦, ˀai˧ hiu˨ lun˦ pə̤n˧ toŋ˦ se˨˦ ba:n˦。

VII.

1. kun˥ .ˀai˧ ma:k˧˩ naŋ˦ səi˦ koŋ˥。 səi˦ koŋ˦ ȵa:u˦ sa:n˧ tuŋ˧ sa:n˧ si˧ ma˦。

2. kun˥ ma˨˦ ʐun˨˦ na:i˦ lo:k˧˩ .ˀai˧ hiu˨。 sok˥ lum˥ ŋa:n˧ .ʐo˧˩ t'e˥ ȶe˧。 .ˀai˧ hiu˨ ˀda:i˦ lu˨˦。 ˀai˧ hiu˨ ba:n˥ pa:i˦。 .liu˧˩ səi˦ koŋ˥ ʐa:u˧˩ ma˨˦ ʐun˨˦ na:i˦ ȵa:u˦。

4. 於是晚上又想計策來趕苗人。於是他們不知道怎樣辦了。

5. 於是他們又打算。点火放在竹竿夹上。於是晚上就走[路]。人家在遠處望見大高。

6. 於是人家說，"人大阿!"於是人家說，"人很大。咱們仍然打不得他們。咱們還是逃去。不然日後死在這裡值不得。

7. 那些來趕[苗人]的人他們真想的主意真好。趕了幾天，苗人立刻搬東西逃。

VII.[1)]

1. 從前莫家有四個祖公。四祖公從山東山西來。

2. 從前來此地趕苗人。春黄泥來替屎。苗人害怕。苗人逃去。於是四祖公才來此地住[2)]。

---

1) 這段敘述是另外一個莫家講的，也是荔波方村人。

2) 參看故事VI。

3. koŋ˥ ʔdeːu˦ ŋ̥aːu˦ maːk˨˩ tʻaːi˦。koŋ˥ ʔdeːu˦ ŋ̥aːu˦ maːk˨˩ naːn˦. koŋ˥ ʔdeːu˦ ŋ̥aːu˦ maːk˨˩ səi˥。koŋ˥ ʔdeːu˦ ŋ̥aːu˦ tʻəi˦ maːk˨˩。

4. .liu˨˩ səi˥ koŋ˥ toŋ˩ taŋ˧ siŋ˥ miŋ˩。naːi˦ ʑəi˨˩ naːi˦ me˨˩ taŋ˧ ha˨˦ liu˨˩。kuŋ˨˩ ʂe˥ liu˨˩。

5. naːi˦ ʑəi˨˩ naːi˦ pan˥ .ma˨˦ ve˨˩ ƫaːi˦ laːk˨˩。me˨˩ toŋ˩ vaːi˨˩ nuŋ˨˩, toŋ˩ mo˨˩ ƫa˧ ʔaːu˦ ve˨˩ toŋ˩ ʔdaːu˧。

6. kun˥ ŋ̥aːu˦ ·ƫi .tə ʔdun˧ me˨˩ sin˨˦ toŋ˩ koŋ˥。ʔai˧ ʔdeːu˦ ŋ̥aːu˦ ·ƫi ʔdeːu˦, toŋ˩ jo˨˩ ma˨˦ ʑun˨˦ naːi˦。

VIII.

1. ʑəi˨˩ naːi˦ la˧ ʔbən˦ luːn˦, ƫe˥ ·ƫi .tə ʔdun˧ sa˨˦ ·tə ʑun˨˦ da˨˦。

2. ƫuŋ˥ ʔai˧ laːu˨˩ ve˨˩ ƫau˧ .paːi˦ naːk˨˩, .me˨˩ saːi˨˦ tau˦ .ma˨˦ kuːn˧ ·ƫi .tə da˨˦。

3. tau˦ ma˨˦ ve˨˩ sau˧。wəi˦ .jin˧ naːi˦ ʔai˧ laːu˨˩ ·ƫi .tə da˨˦ ve˨˩ ƫau˧ naːk˨˩。liu˨˩ la˧ ʔbəu˦ niŋ˥ tau˦ naːk˨˩。me˨˩ ha˨˦, tau˦ ma˨˦ ·ƫi .tə da˨˦ ve˨˩ sau˧。

3. 一祖公住<u>甲万</u>。一祖公住<u>茂蘭</u>。一祖公住<u>陽鳳</u>。一祖公住<u>地脉</u>。

4. 於是四祖公共供[莫氏]姓名。但現在不供了。年代多了。

5. 但現在轉來通婚姻。不同宗弟兄,同<u>莫家</u>要作親可相合。

6. 從前在別處不是同祖先的。一個住一處,相約來此地。

VIII。[1]

1. 現在天下亂,因為外國搶咱們的地方。

2. 與領袖共作一頭去打仗。不讓他們來管理我國。

3. 他們來作惡。因此我國領袖聯合[與之]打。全中國與他們打。不然他們來我國作惡。

(1) 這段叙述也是與VII同一個人說的。

4. wəi˧ .jin˧ na:i˧ la˧ ʔbən˧ ʐa:u˨˩ ni:m˥。ʔa:u˧
na:k˨˩ .tau˦ lu˦ taŋ˧, la˧ ʔbən˧ ʐa:u˨˩ piŋ˩,
ȶe˥ tau˧ la˧ ʔbən˧ ʐa:u˨˩ ni:m˥。

5. ʐəi˩ na:i˧ la˧ ʔbən˧ me˩ ʐo˧ nau˦ t'a˧ se˥。
ʔa:u˧ ɲa:k˨˩ tau˧ lu˦。la˧ ʔbən˧ ʐa:u˨˩ piŋ˩。

6. ʔai˧ la:u˨˩ .lə təi˧ ȶe˧ ʐə˩ pən˧ sin˧ ho˧。
ʐun˦ na:i˧ ve˨˩ nau˦ .sə ʔa:u˧ ta˧ .tau˧ ve˨˩ piŋ˩。

IX.

1. 

2. ɲam˧ ɲam˧ pa:i˧ la˧ ʐiŋ˩,
me˩ naŋ˧ ɗin˦ taŋ˧ ʐəi˧。
ʐəi˧ ʔe˩ ve˨˩ la:k˨˩ təi˧,
ʔŋ˩ na˧ ʔbəi˧ ʔe˩ kuŋ˩。

4. 因此中國才受苦。要打他們怕起來，中國才平。因為他們中國才受苦。

5. 現在中國不知如何過這一代。要把他們打怕中國才平。

6. 大人小孩因為日本辛苦。此地如何都要把他們打平。

IX.[1)]

1. 

2. 晚晚去村旁，
無人來同生。
只我是小孩
你莫嫌我多。

---

1) 據云這兩首歌是完全做着'本地'歌的體裁作的。莫家自云本無歌。這兩首歌的形式韵脚等都完全與廣西武鳴土歌相同，在著者的武鳴土語一書中有詳細的討論。因此我們可以知道荔波'本地'人的歌已與廣西的僮歌（狼歌）相同了，與貴州大部的仲家歌反不大相近。茲将這兩首的韵脚及平仄列下，其詳請參看武鳴土語。

1.					2.				
o	o	o	o	p'o˨˩ (仄)	o	o	o	o	ʐiŋ˩ (平)
lo˨˩ (仄)	o	o	o	tui˩ (平)		o	o	ɗin˦ (平) o	ʐəi˧ (仄)
o	o	o	o	həi˩ (平)		o	o	o	təi˧ (仄)
o	o	vəi˩ (平) o		o (仄)		o	o	ʔbəi˧ (仄) o	o (平)

412

(四) 詞彙

b

ba˥

?bum˧ ba˥ 蝴蝶

bai˩˧ 竹篾子作的蓑衣

ba:k˥ 瘋癲

fin˩˧ ba:k˥ 發瘋

ba:n˩˧ 男,男人

?ai˥ ba:n˩˧ 男人

la:k˨˩ ba:n˩˧ 兒子 (II,1)

ba:n˦ 逃走,逃避 (VI,6,7,VII,2)

ba:n˦ ʐun˩˧ 搬家避禍 < 逃地方

be˩˧ 年,歲

be˩˧ na:i˦ 今年

be˩˧ ʐa˨˩ 明年

be˩˧ na˧ 後年

be˩˧ ɲuŋ˦ 去年

be˩˧ kun˦ 前年

ʥi˥ be˩˧ 幾歲,幾年

bət˦ 帶子

bət˦ ?am˦ la:k˨˩ 背小孩的背帶

biŋ˩˧ 貴

biŋ˦ 缺口,刀刃缺

mit˨˩ biŋ˦ 刀口豁了

boŋ˦ 扔

boŋ˦ mai˨˩ 扔木棍

bj

bja˧ 柴刀

?bup˦ bja˧ 一把柴刀

bjai˩˧ 雞蛋

.tə bjai˩˧ 雞蛋,一個雞蛋

bjan˦ 扯,撕 (V,2)

bjan˦ tjəu˦ 撕破

bja:ŋ˩˧ 穗

bja:ŋ˩˧ həu˧ 米穗

həu˧ ?uk˦ bja:ŋ˩˧ 稻生穗了

bja:u˩˧ 晚飯

si:n˦ bja:u˦ 吃晚飯

ʔb

ʔba˦ 寬

ʔba˦ ʔbaŋ˥ 寬寬的,寬貌

ʔba˦ 張,件,紙布等之量物詞

ʔba˦ sui˧˩ 一件蓑衣 (II,4)

ʔba˦ ma:ŋ˨˩˦ ʔde:u˦ 一個網

ʔbak˦ 級,一層台階

ʔbak˦ ȶe˧ 梯子 (V,3)

ʔbak˦ ʔde:u˦ 一級

ʔban˦ 扱

ʔba:n˧ 村子

·tə ʔba:n˧ 場壩,院壩,門外空地

ʔbaŋ˥ 參看 ʔba˦

ʔba:ŋ˦ 薄

ʔbau˧˩ 輕

ʔbau˦ we:u˦ 輕輕的,輕貌

ʔbe˦ 瓢

ʔbe˦ ŋa:i˨ 飯瓢

·ʔbə

·ʔbə to˦ 門,門口 (II,4)

·ʔbə ʐa:n˧˩ 房後坡,房後高處 (V,2)

·ʔbə na˧ 臉,面前

·ʔbə lun˨ 背後,後面

·ʔbə nuk˦ 外面

ʔbəi˦ 摇 (IX,2)

ʔbəi˦ 胆

ʔbən˦ 井

ʔbən˦ 戳,穿過,鑽 (I,12)

ʔbən˦ 天

la˧ ʔbən˦ 天下,中國 (VIII,1,3,4,5)

ʔbə:n˦

ko˦ wa˧˩ ʔbə:n˦ '黄飯花',一種毒草名

ʔbət˦ 瞎

da˧˩ ʔbət˦ 眼瞎

ʔbəu˦ 蔥

ʔbi˦ 煩

ʔda:i˦ ʔbi˦ 膩煩

ʔbi:k˥ 姑娘

la:k˨˩˧ ʔbi:k˥ 女兒 (II,1)

.lə ʔbi:k˥ 姑娘

ʔbin˧ 床上席

ʔbi:n˥

.tə ʔbi:n˥ 水獺

ʔbi:p˥ 小飯包,竹篾編的小飯盒用以帶飯去田間吃

ʔbit˦˥ 歪

ʔbok˩˧ 水退,水落

nam˧ ʔbok˩˧ 水退,水落

ʔbo:k˥ 摸魚

ʔbo:k˥ mum˩˧ 摸魚

ʔboŋ˥ 塘

ʔboŋ˥ nam˧ 水塘

ʔboŋ˦˥

hau˧ ʔboŋ˦˥ 蕎麥

ʔbum˩˧

ʔbum˩˧ ba˧ 蝴蝶

ʔbuŋ˥ 官,縣長

ʔai˧ ʔbuŋ˥ 官,一位官

ʔbuŋ˦˥

ʔbuŋ˦˥ hau˧ 大米籮

ʔbu:ŋ˦˥ 邊,岸

ʔbu:ŋ˦˥ na:i˧ 河這邊

ʔbup˦˥ 嘴,口;有刃器具的量詞 (IV,4)

ʔbup˦˥ mit˩ 刀口,刀刃

ʔbup˦˥ bja˧ 一把柴刀

ʔbup˦˥ ɕau˦˥ 一把鑿子

ɕ

ɕa˥ (寫) 寫

ɕa˥ le˩˧ 寫字

ɕa˥ sin˦˥ 寫信

ɕaŋ˦˥ 望,望見

ɕaŋ˦˥ do˥ 望見 (VI,5)

ɕa:ŋ˨˩˧ (常)

ɕa:ŋ˨˩˧ sə˨˩˧ 常時 (V,16)

ɕe˩˧ (麝) 麝香

va:n˩˧ ɕe˩˧ 麝

ɕau˩˧

t'au˦˥ sa:m˩˧ ɕau˩˧ '四季豆',豆名

ɕau˥ (守)

ɕau˥ za:n˩˧ 守家 (I,4)

ɕau˧ (羞)

ɕau˧ na˧ 害羞

ɕau˥ (州) 參看 ku˥ (古)

ɕəu˥ 鑿子;啄

ˀbup˥ ɕəu˥ 一把鑿子

nok˩ ɕəu˥ kom˧ 啄木鳥

ɕo˩ (學) 學習,倣效

ɕo˩ ˀe˩ ta:ŋ˧ 學我講

ɕo:t˧ 參看 kui˥

ɕu˧ (輸) 輸

ɕu˧ ʑi:n˩. 輸錢

d

da˦ 眼;竹節

sum˩ da˦ 眼睛,眼孔

lap˥ da˦ 閉眼

hai˦ da˦ 開眼

jap˥ da˦ 眨眼

da˦ ˀbət˥ 瞎眼,眼瞎

da˦ van˦ 太陽,向日葵(V,1,4,5)

da˦ mai˩ ta˧ 竹節

da˦ sau˩ 眉

da˦ 咱們,我們(連你式)(VI,3,6)

ʑa˦ ˀai˧ da˦ 咱們兩個

·ti .tə da˦ 咱們地方,我國(VIII,2,3)

dai˧ 買(II,12)

dai˧ toŋ˦ se˦ 買東西

da:i˦ 地,耕種的地,旱地

dak˦ 螞蚱

.tə dak˦ 螞蚱

dak˦ həu˧ '秧螞蚱'

dak˦ ja˦ '草螞蚱'

dak˦ ma˩ 螳螂

dak˦ tai˥ 蟋蟀

dak˦ 懷胎

dak˦ la:k˩ 懷小兒,有孕

dak˦ 又讀 djak˦

mai˩ dak˦ 漆樹

dam˦ 塘

dam˦ mum˦ 魚塘

dam˧ 夠

dam˦ 低

po˦ dam˦ 山低

dam˦ de:ŋ˧ 低低的,低貌

da:m˦ 泡湯於飯

da:m˦ nam˧ 泡水

da:n˦ '摘禾',以'摘刀'割糯米

da:n˦ həu˧ '摘禾'

da:n˦

jəu˥ da:n˦ 晒台

daŋ˧ 鐵砧

daŋ˥ 停,不動

daŋ˦˥ 秤;稱之以秤

da:ŋ˧˩ 香

wa˧˩ ŋəu˧˩ da:ŋ˧˩ 花香

dau˧˩ 苔

dau˧˩ lwai˧˩ 青苔(滑的)

dau˥ 熱

dau˥ ŋom˦˥ lom˦˥ 溫熱

van˧˩ dau˥ 天熱,天暖

da:u˥ 蒸

da:u˥ la:u˥ 蒸酒

de˧˩

tui˩ de˧˩ 沙子

de˦˥ '氣盆',木盆或板,中有孔放鍋上,上放甑子以蒸飯(I,6)

de:ŋ˥ 參看 dam˦˥

di˧˩ 我們(不連你式)(I,13,14,III,1,5)

za˦˥ ʔai˥ di˧˩ 我們二人

.tə di˧˩ 我們(III,2)

dik˦˥ 遞(I,2)

dik˦˥ taŋ˦˥ təŋ˩ 遞來給你

di:k˥

tam˥ di:k˥ 織布

din˦˥ 黄蜂

.tə din˦˥ 黄蜂,一隻黄蜂

din˧˩

ma˦˥ din˧˩ nam˦˥ 田中水草名

din˥ 短

din˥ njau˦˥ 短短的,短貌

dit˦˥ 紫

dit˦˥

dit˦˥ la:k˩ 生小孩

do˦˥ 綑,縛(V,8,10)

do˥ 看見(I,6,16,IV,6)

ɕaŋ˦˥ do˥ 望見(VI,5)

dok˦˥ 撇秧

dok˦˥ ti˥ 撇秧

duk˦˥ 竹籃子

duk˦˥ 房間,屋

ha:u˥ duk˦˥ 房間裡

dun˨˦ 樹刺

ko˥ dun˨˦ 荆棘

dun˨˦ ȡa:u˨˦ 有藤的棘,刺藤

dun˨˦ 身

ha:u˧ dun˨˦ ʔai˧ ȡin˨˦ 人身上

dun˥ 段,半

tʻau˥ dun˥ kʻun˨˦ 到半路(I,16)

du:ŋ˨˦ 槽,餵猪的木槽;盒

du:ŋ˨˦ mak˩ 墨盒

du:ŋ˨˦ mak˩ ʐa:ŋ˨˦ mai˨˩ 木匠的墨斗

dj

djak˥ 又讀 dak˥

mai˨˩ djak˥ 漆樹

dja:m˧ 參看 ŋa:n˧

djəu˨˦

djəu˨˦ wa:i˥ 紡紗

djo:t˧

ʐaŋ˨˩ djo:t˧ 直直的,直貌

ʔd

ʔda˥ 起房子,細柴或草成堆

ʔda˥ ʐa:n˨˦ 起房子

ʔda˥ ja˨˦ 細草

ʔda˥ di:t˥ 細柴

ʔdai˧ 得,能,了(I,10,II,2,4,5,6,7,12, III,5,V,2,VI,3,6,7)

pa:i˦ .me˩ ʔdai˧ 走不得(V,4)

ʔda:i˧ 麻 苧麻

ʔda:i˥

məu˥ ʔda:i˥ 野猪

ʔda:i˦ 好(I,17,II,4,8,13,V,5,VI,7)

ʔda:i˦ kau˧ 好看

ʔda:i˦ maŋ˨˩ 高興(V,15)

ʔda:i˦ ɳa:u˦ 舒服,好過,安易(V,16)

me˩ ʔda:i˦ ɳa:u˦ 不舒服(病)(II,3)

ʔda:i˦ lu˨˦ 害怕,可怕(VII,2)

ʔdak˥ 塊,石頭等的量詞

ʔdak˥ tui˨˩ pʻiu˨˦ 一塊石頭滚

ʔdak˥ 聾

ʔdak˥ ɬʻa˨˦ 耳聾

ʔdam˥ 陰,陰涼

van˨˦ ʔdam˥ 天陰

ti ʔdam˥ ɳa:u˥ 在陰涼地坐

ʔdam˥ 揷秧

ʔdam˥ ja˥ 揷秧

ʔdan˧˥ 普通物件之量詞

ʔdan˧˥ ʐa:n˨˩ 一所房子

ʔdan˧˥ ɬoŋ˧˩ ʔde:u˧˥ 一張桌子

ʔdan˧˥ mau˧˥ ʔde:u˧˥ 一頂帽子

ʔdan˧˥ jut˧˥ ʔde:u˧˥ 一個筲箕

van˧˩ ʔdan˧˥ ɬa:ŋ˧ 說一句話

ʔda:n˧˥ 名字

ʔdaŋ˧˥ 鹹; 灰鹼

nam˥ ʔdaŋ˧˥ 灰水, 用以作靛

ʔda:ŋ˥ 量布

ʔda:ŋ˥ ʔi˧˥ 量布

ʔda:ŋ˧˥ 花的

ʔi˧ ʔda:ŋ˧˥ 花布

ʔda:ŋ˧˥ ʔda:u˥ 花花的

ʔda:ŋ˧˥ '米草', 糯米穗莖, 可用以打草鞋

·ti ʔda:ŋ˧˥ 掃把 (II, 7)

ʔdap˧˥ 滅

ʔdap˧˥ vəi˧ 火滅 (I, 11)

·to˩ ʔdap˧˥ ʔdiŋ˧˥ 螢火蟲

ʔdat˧˥ 件, 衣褲等之量詞 (IV, 7)

ʔdat˧˥ ɬuk˧˥ ʔde:u˧˥ 一件衣裳

ʔdat˧˥ wa˥ ʔde:u˧˥ 一條褲子

ʔda:u˥ 相合, 對

toŋ˧˩ ʔda:u˥ 相合 (VII, 5)

ʔda:u˥ 趕場, 趕集

ʔda:u˥ ɬ'e˧˩ 趕集

ʔda:u˥ 快, 利

mit˧˩ ʔda:u˥ 刀快

ʔda:u˥ 參看 ʔda:ŋ˧˥

ʔda:u˧˥

la˥ ʔda:u˧˥ 捞村, 地名, 在荔波縣南境

ʔda:u˧˥

ʔda:u˧˥ ʔdəi˧˥ 星宿

ʔde:t˥ 放炮

ʔde:t˥ p'a:u˧˥ 放炮

ʔde:u˧˥ 一, 參看 ʔit˧˥ (I, 1, 3, II, 1, 2, …)

ɬ'a˧ ʔde:u˧˥ 一個耳朵

mi˧ ʔde:u˧˥ 一隻手

ʔdə˧˥ 酒糟, 渣

ʔdə˧˥ la:u˥ 酒糟

ʔdəi˧˥ 參看 ʔda:u˧˥

ʔdə:t˥ 響 (V, 1)

ɗo˧ ɬa:ŋ˥ ʔdə:t˥ han˧˥ 說話聲音很響

ˀdəu˨˦ 一種大蜂

.tə ˀdəu˨˦ 一種大蜂

ˀdiŋ˧˥ 倒水，傾倒

ˀdiŋ˧˥ nam˥ 倒水（I,10）

suŋ˧˥ ˀdiŋ˧˥ ɲan˨˩ 化鍁?

ˀdiŋ˧˥ 參看 ˀdap˧˥

ˀdiːŋ˥ 兩（重量）

ˀdiːŋ˥ ˀdeːu˨˦ 一兩

ˀdip˧ 果子生，不熟；刀猾，狠（V,16）

ˀdo˨˦

.lə ˀdo˨˦ 酒藥

ˀdok˨˦ 起來

ˀdok˨˦ taŋ˨˦ 起來（I,10）

ˀdoːk˥ 骨頭

mai˨˩ ˀdoːk˥ 竹名，用以作扁担

ˀdom˨˦ 看看望（I,16,II,3,4,8……）

ˀdoŋ˥ 硬

ˀdoŋ˥ han˨˦ 很硬

ˀdoŋ˥ 簸箕

ˀdoŋ˧˥

ˀdoŋ˧˥ ˀdjəu˨˦ 光滑

ˀdoŋ˨˦ 山林，有林的山

ˀdu˨˦ 醒

ˀdui˥ 撅嘴

ˀdui˥ ˀbup˧˥ 撅嘴

ˀdui˨˦ 以菜下飯

ˀdui˨˦ ŋaːi˨˩ 下飯

ˀduk˧˥ 朽爛

ˀduk˧˥

ko˨˦ ˀduk˨˦ ‘巴芒’，蘆葦

ˀdun˥ 人家，别人（V,8,11,12, VI,6, IX,1）

.ti .tə ˀdun˥ 人家㊄地，外國（VII,6, VIII,1）

ˀdun˥ 吞

ˀdun˥ .paːi˨˦ haːu˥ 吞入[肚]裡

ˀduːn˨˦ 圓

.ti niːn˨˩ ˀduːn˨˦ 月亮圓

ˀdj

ˀdjai˨˦ 淺

nam˥ ˀdjai˨˦ 水淺

ˀdjəu˨˦ 參看 ˀdoŋ˧˥

ˀdw

ˀdwa˨˦ 筏子

ˀdwa˨˦

ʑaːi˥ ˀdwa˨˦ 肚臍，臍帶

ɗ

ɗa˩ 皮

ɗa˩ ʔbup˥ 嘴唇

ɗa˩ ʐui˩ 蛇皮

ma˧ ɗa˩ ‘牛皮菜’,菜名

ɗai˩ 想,愛

ɗai˥ 數

ɗa:u˩ 藤子

ɗa:u˩ ȟəu˥ ʔda:i˩ ‘青藤’

ɗa:u˩ jəu˩ 藤名,用作索子

ɗəu˩ 剪,剪断

ɗik˥ 煤烟子

ɗik˥ ʈ‘ik˥ 鍋烟子

ɗim˩ 火鉗(I,12)

ɗin˩ 人(I,17,II,3,IV,1,3,5,7,IX,2)

ʔai˧ ɗin˩ 人,一個人(I,5……)

ɗi:ŋ˩ 午飯

si:n˩ ɗi:ŋ˩ 吃午飯

ɗi:ŋ˩ 臭蟲

.tə ɗi:ŋ˩ 臭蟲

ɗi:ŋ˩ 炕米籮

ɗi:ŋ˩ ʐi:ŋ˅ həu˧ 炕米籮,小的

ɗi:ŋ˩ ʐi:ŋ˅ həu˧ faŋ˩ 炕紅粺籮,大的

ɗo˩ 聲音

ɗo˩ ʈa:ŋ˥ ʔdə:t˧ han˥ 講話聲音很響

ɗon˩ 爬,爬行

ɗu˩

ɳəu˩ ɗu˩ 腥臭

ɗui˩ 口水,涎液

ɗui˩ 游水

ɗui˩ nam˥ 游水

ɗum˩

ma˧ ɗum˩ ‘紅米菜’,菜名

ma˧ ɗum˩ nam˥ 水草名

f

fa˧ 掌

fa˧ mi˩ 手掌

fan˩ (分) 分(重疊)

fan˩ ʔde:u˩ 一分

fan˦ 簸動

fan˦ hau˥ 簸米

fa:n˦ (販) 販賣,生意

ʔai˧ ve˧˩ fa:n˦ 作生意人,商人 (I,14,III,1)

faŋ˧˥

hau˥ faŋ˧˥ 紅粺

fin˧˥

fin˧˥ ʐa:n˧˥ 作夢

fin˧˥ 成,生,有,發 (I,17)

fin˧˥ ɬit˦ 生病

pi:n˦ fin˧˥ .tə piŋ˧˥ 變成螞蝗 (I,17)

fin˧˥ ba:k˥ 發瘋

fin˧˥ ʐut˦ 生有尾巴 (I,6)

fin˧ 裙子

fi:n˧˥ 園子

.tə fi:n˧˥ 園子,園子裡

foŋ˧˥ 糊

tai˩ sa˧˥ pa:i˦ foŋ˧˥ sum˩ swa:ŋ˥ 拿紙去糊窗户

g

ga˧˥ 茵子

ga˦

ga˦ ʑi:n˩ 價錢

ga:i˧˥ 吐

gan˧˥ 久

taŋ˧˥ gan˧˥ .liu˧˩ 來久了

ga:n˧˥ 扁担

mai˧˩ ga:n˧˥ 扁担

mai˧˩ ga:n˧˥ lwi˧˥ 挑柴扁担,兩頭尖的

ga:n˧˥ 麻

ko˧˥ ga:n˧˥ 一棵麻

ga:n˦ 卡住

ga:n˦ ho˧˥ 卡喉

ga:ŋ˧˥

ga:ŋ˧˥ la˧ 下巴,下頜

ga:ŋ˧˥ jəu˧˥ 上顎

gun˧˥ 割草 (V,2)

gun˧˥ ɲi:ŋ˧ ma˧˩ 割馬草 (V,1)

gun˦ 潑,撩水

mi˧˥ .ʐo˧˩ gun˦ nam˧ 以[手][巾]撩水

gup˦ 袷

ɬuk˦ gup˦ 袷衣

gw

gwan˦ 鐲子

hin˩ gwan˦ 手腕

h

ha˩ 與否定詞合用之語尾助詞(I,9,II,14,III,5,VI,1)

me˩ naŋ˦ ha˩ 没有了

ha˩

jau˦ ha˩ 肩頭,肩上

ha˦ 殺 (V,13)

ha˦ mau˦ 殺猪

ha˦ 薑辣味

siŋ˩ ha˦ 薑辣

hai˩ 開 (I,16)

hai˩ da˩ 睁眼

hai˩ to˦ 開門 (I,2,5)

hai˦ 聽

ha:i˧ (亥) 亥(地支)

van˩ ha:i˧ 猪場天,亥日

ha:i˦ (害) 害

ha:i˦ ʔe˩ kuŋ˩ 害我太很 (II,14)

ham˩

ham˩ loŋ˩ 嘔氣

ha:m˩ 缸,桶

ha:m˩ mai˩ 大木桶

ha:m˩ nam˧ 水缸

han˩ 忙

han˩ kuŋ˩ 很忙

han˦ 很,快,兇

li:ŋ˦ han˦ 太陽毒

ʔdoŋ˧ han˦ 很硬

jwa:u˦ han˦ 快跑

haŋ˧ 參看 jau˩

haŋ˦

la:u˧ haŋ˦ 辣酒,煮過的酒

ha:ŋ˦

ka:i˦ ha:ŋ˦ 子雞

ha:u˧ 裡,裡頭(I,11,12,II,7,⋯⋯)

ha:u˧ ʐau˩ na:i˦ 這籠子裡 (V,9)

ma˩ ha:u˧ 進來,來裡面(I,5)

ha:u˧ si˩ 那裡頭 (I,16)

he˩ 攔江網

he:k˥ 客人

ʔai˦ he:k˥ 客人

he:m˦ 喊叫 (IV,3)

he:ŋ˦

na˦ he:ŋ˦ 迎面骨,小腿前面

həi˨ 水牛 (IX,1)

.tə həi˨ 水牛,一隻水牛

həi˨ ʔdoŋ˦ 野牛

həu˥ 米,稻,五穀名字前多用之

həu˥ si:m˦ 占米

həu˥ ʔda:i˦ 糯米

həu˥ sa:n˦ 白米,舂過的米

həu˥ p'u:k˨ 白米

həu˥ nam˦ 黑米

həu˥ laŋ˦ 紅米

həu˥ ka:k˥ 穀子

həu˥ mau˥ '扁米',新嫩米炒熟壓扁而食

həu˥ ʐau˥ '早米',稻名

həu˥ ŋwa:n˨ '晏米',稻名

həu˥ jai˦ '旱穀',一種糯米

həu˥ joŋ˨ ʐau˨ '絨米',一種糯米

həu˥ sə˨ ʐə˨ 一種糯米

həu˥ .kə dam˦ '鋥腳米',一種糯米

həu˥ ŋa:n˦ ʔbən˦ '天鵝米',米粒長的一種米

həu˥ me:k˨ 高粱

həu˥ pja˥ 包穀,玉蜀黍

həu˥ mo˦ 麥子

həu˥ faŋ˦ 紅粺

həu˥ vi:ŋ˥ 小米

həu˥ ʔboŋ˦ 蕎麥

ma˦ həu˥ 薑菜

hik˦ 肋

ʔdo:k˥ hik˦ 肋骨

nun˨ ŋi˦ hik˦ 側睡

hi:m˥ 還是

da˦ hi:m˥ ba:n˦ pa:i˦ 咱們還是逃走 (VI,6)

hin˦ 手臂

hin˦ tuk˦ 袖子,衣袖

hin˦

hin˦ na˦ 富真

vəi˨ hin˦ na˦ 真肥

jwa:i˨ pan˥ ʔdip˥ hin˦ na˦ 王鼻本真刁猾 (V,16)

hin˨ (寅) 寅(地支)

van˦ hin˨ 虎場天,寅日

hi:n˦ 答應 (I,3)

hiŋ˦ 烤

hiŋ˦ tʼəu˦ 烤乾

hiŋ˨ （贏）贏

hiŋ˨ ʑiːn˨ 贏錢

hiːŋ˦ （香）

hiːŋ˦ pəu˨ 松香

hit˦ 早晨(II,7)

hiu˨ 苗傜(VI,1)

ʔai˧ hiu˨ 苗人，傜人(VI,3,7,VII,2)

ho˦ 頸，項

ho˦ koŋ˨ 喉嚨

ho˦ 蒜

ho˦

mai˨ ho˦ ŋaːn˦ 樹名

ho˥ （苦）窮

ʔai˧ ho˥ 窮人(II,4)

sin˦ ho˥ 辛苦(VIII,6)

ho˥ 段，竹兩節間之段；節

ho˥ mai˨ ta˥ 一段竹子，一節竹子

ho˥ laːk˨ mi˦ 手指節

hon˦ 鬆動如棍插地上

hon˦

ˑpə hon˦ 播堯，地名，荔波縣西境

hoŋ˦ 一間房子，房間的量詞

hoŋ˦ ʑaːn˦ 一間房子

hop˦ 一週，普通指十三天

hop˦ ʑip˨ saːm˦ ‘對場十三’，即由鼠場到下一個鼠場天

hui˦ （灰）石灰

hui˨ 瘡，疙瘩

hum˥ 圍起

hum˥ fiːn˦ 圓圈子

hun˦ 痕，印

hun˦ tin˦ 脚印兒

hun˦ mit˨ 刀痕，刀傷口

huːn˦ 歌，山歌，按莫家無歌，所唱皆‘本地’歌

ve˨ huːn˦ 唱歌

huːn˦ （換）換，交換(II,9,10,11,12)

huːŋ˨ （磺）硫磺

j

ja˨˦ 糞草,茅草

ja˥ 髒,污

nam˥ ja˥ 水髒

ja˥ jo:t˥ 臉髒貌

ja˨˩˦ 祖母,婆,老婦人(I,8)

ja˨˩˦ te˨˦ 外祖母,岳母

ja˨˩˦ pi:n˧˥ '變婆',傳說中吃小孩兒的
精怪,狀如老婦(I,1,2,……)

426 ja˧˥ 田,水田(II,12)

ne˨˩ ja˧˥ 薅秧

ja˧˥ 然則,回頭……

me˨˩ ja˧˥…… 不然……(VI,6)

si˨˦ ma˨˦ tau˨˩,ja˧˥ si˨˦ lak˧˥
ʔa:u˨˦ ŋan˨˩ di˨˦ .pa:i˧˥ 你們來
歇[店],回頭你們把我們的銀子偷取了去(I,13)

ja:i˨˦ 甑子,蒸飯器

ja:i˨˦ 參看 həu˥

ja:i˨˦ (鞋) 鞋

ja:i˥ 長,不短

ja:i˥ jaŋ˨˦ 長長的,長貌

ja:i˥ '本地','本地'話,指當地說仲僮系語(台語之一)的人,莫家與之通婚,散居荔波各處尤以中部為多

ʔai˥ ja:i˥ '本地'人

ja:i˧˥ 田的缺口,用以放水等

ja:i˧˥ ja˧˥ 田缺口

jak˧˥ 濕(I,8)

jak˧˥ 勤

jam˨˩

mai˨˩˦ jam˨˩ 椿樹

jam˧˥ 深

nam˥ jam˧˥ 水深

ja:m˧˥ 步

ja:m˧˥ ʔde:u˧˥ 一步

pe:ŋ˧˥ tui˨˩˦ ja:m˧˥ 打水漂兒,扔石在
貼水面跳

jan˥ 强迫

jan˨˦ 田埂

jan˨˦ ja˧˥ 田埂

ja:n˧˥ 洗碗或髮

ja:n˧˥ ʔu:n˥ 洗碗

ja:n˧˥ pjam˧˥ 洗髮

jaŋ˥ 快

jaŋ˨˩˦ 伸舉

jaŋ˨˩˦ pa:i˧˥ jəu˨˦ 舉起

jaŋ˨˩˦ mi˨˦ 舉手

莫話記略

jaŋ˧ 参看 ja:i˧

ja:ŋ˨˩ (陽)

ja:ŋ˨˩ ŋa:n˧ 陽安,地名荔波縣北境

ja:ŋ˨˩

ja:ŋ˨˩ ȵe:n˨˩ 二胡,胡琴

jap˥

jap˥ da˧˥ 眨眼

jau˧˥

mai˨˩ jau˧˥ 楓樹

jau˨˩

tai˨˩ tau˧ pa:i˧ ha:u˧ ˑti
ni:n˨˩ jau˨˩ haŋ˧ kai˧
ʔde:u˧ 帶他去月亮裡更
利害一点兒 (V,15)

jau˧ 参看 jun˧

je˨˩ 也,又 (II,2)

ˑli ˑtə ŋam˧ je˨˩ son˧ ti˧˥ sə˨˩
ʑo˨˩ lo:k˨˩ ʔai˧ hiu˧˥ 於是
晚上又想計策來趕苗人(VI,4)

je˧ (野)

la:k˨˩ je˧ 野仔,野孩子

je˨˩ (爺) 叔父

ku˧ je˨˩ 姑父

jəu˧˥ 参看 pʻu:k˨˩

jəu˧˥ 綠,藍

jəu˧˥ jwa:u˧ 青青的

jəu˨˩ (油) 油

jəu˨˩ sa˨˩ 茶油

jəu˨˩ ma˧˥ 菜油

mai˨˩ na:ŋ˧˥ jəu˨˩ '金竹',竹名

jəu˧ 提起

jəu˧ ma˧˥ jəu˧˥ 提上來

jəu˧ 牙

jəu˨˩ (酉) 酉(地支)

van˧˥ jəu˨˩ 雞塲天,酉日

jəu˨˩

ma˧˥ jəu˨˩ 蕨菜

jəu˧ 喊,叫,喚(I,4,6,11,II,8,III,5)

jəu˧ 上面 (I,17,IV,2,3,5,6,….)

jəu˧ ʑa:n˧˥ 房上 (I,10,V,2,3,6)

jəu˧ ma˧˥ jəu˧˥ 提上来

jəu˧˥ 桐油

ji˧˥ (意)

su˧ ji˧˥ 主意

ji˩ 也

ʔŋ˩ taːu˥ ʔe˩ ji˩ ʔdaːi˦ 你娆我也好(I,17)

jəu˦ ʐaːn˧˥ ji˩ me˩ naŋ˦ ɳiːŋ˦ 房上也没有草(V,C)

ji˧˩ (姨)

ji˧˩ ma˥ 姨媽

ji˦

ji˦ ləi˩ 獨山,縣名荔波縣西

.jin˥ (囙) 參看 wəi˦

jo˧˥

tiŋ˩ jo˧˥ 廁所

jo˩ (約)

toŋ˩ jo˩ ma˧˥ ʐun˧˥ naːi˦ 相約來這地方 (VII,6)

jok˦ 滴下

vin˧˥ jok˦ 雨滴下

joːk˥ 一脚跳

jom˥ 大葉藍靛樹

ko˦ jom˥ 藍靛樹

joŋ˩ (融) 融化

joŋ˩

həu˥ joŋ˩ ʐau˦ '絨米',一種糯米

joŋ˩

pja˦ joŋ˩ 佳榮,地名荔波縣東境

joŋ˦

joŋ˦ ʐiŋ˩ '閙姑娘,與女子調情

paːi˦ joŋ˦ ʐiŋ˩ 去'閙姑娘

joŋ˦ (用) 用 (II,10,11)

joŋ˦ ʐiːn˩ 用錢

joːt˥ 參看 ja˥

jum˥ 瘦

jun˥ 黏,黏住

jun˥ jau˦ 蹲下

juːn˦ (縣) 縣

la˥ juːn˦ 縣城,荔波城

jut˦ 筲箕

jut˦ laːu˩ ŋaːi˩ 空飯箕

jut˦ 雞眼(脚上痛的)

fin˧˥ jut˦ 長雞眼

jut˦

mum˦ jut˦ 泥鰍,魚名

jut˦

.lə jut˦ 五倍子 (IV,1)

428

jw

jwa:i˅ 王鑾,月中人名(V,1,……)

jwa:ŋ˅ (王) 王,皇帝

ʔai˦ jwa:ŋ˅ 王,一個王(V,1,2,…)

jwa:ŋ˅ 魚梁

jwa:u˦ 參看 jəu˩

jwa:u˩ 跑

jwa:u˩ han˩ 快跑

jwa:u˩ təi˦ 小跑,慢跑

k

·ka˦ 參看 ·kə

ʔai˦ ·ka˦ lak˩ 賊 (V,8)

ka˩ 脚幹,腿,脚,支(筆,河之支流)

ka˩ ɗim˩ 火鉗之脚(I,12)

ka˩ pin˩ mak˅ 一枝筆

ka˩ kau˅ 膝関節,膝灣

sa:m˩ ka˩ 三合,縣名在荔波之北

kai˩ 秧節,秧太則生節

kai˩ hin˩ 手孤拐,腕外面的骨

ko˦ həu˦ fin˩ kai˩ 稻生節了

kai˩ 參看 kap˩

kai˩ 一点兒 (V,2)

kai˩ ʔde:u˩ 一点兒 (V,15)

kai˩ ɲi:ŋ˦ ʔde:u˩ 一点兒草 (V,2)

ka:i˅ 鉾歪

ka:i˩ 雞

ka:i˩ sai˦ 公雞

ka:i˩ nəi˅ 母雞

ka:i˩ ha:ŋ˩ 子雞

ka:i˩ ton˩ 閹雞,油雞

san˩ ka:i˩ 雞冠

va˩ ka:i˩ 雞翅膀

nok˅ ka:i˩ 一種野雞

la:k˅ ka:i˩ təi˦ 小雞兒

ka:i˩ tan˦ 雞啼

ka:i˩ tai˩ 母雞叫蛋

ka:i˩ (街) 街

·tə ka:i˩ 街,街上

kak˩ 椿子

ka:k˦

həu˦ ka:k˦ 穀子

kam˩ 皮膚烏黑色

kam˧ 苦

.lə kam˧ 苦瓜

mai˩ kam˧ 苦竹

mum˧ kam˧ 魚秧

ka:m˥ 岩洞

ka:m˧

.lə ka:m˧ 橘子

ko˧ .lə ka:m˧ 橘子樹

kan˩ 柄,把兒

kan˩ sa:n˧ 傘把兒

kan˥

nok˩ kan˥ '秧雞'(III,1)

ka:n˥ (桿) 參看 p'jau˥

ka:ŋ˥ 魚刺

ka:ŋ˥ mum˧ 魚刺

ka:ŋ˧ (缸)

ka:ŋ˧ po˩ 海盌

ka:ŋ˧ (鋼) 鋼

kap˧

kap˧ kai˧ 吃物声(I,9)

kap˧ ke:p˥ 吃物声(I,9)

ka:p˥

k'un˧ ka:p˥ tai˧ 岔路

kat˧ 剪,裁

kat˧ sa˧ 裁紙

ka:t˥

ma˧ ka:t˥ '青菜'

kau˩ 曲,彎

hin˧ kau˩ 肘関節,肘彎

ka˧ kau˩ 膝関節,膝彎

kau˩ ŋak˧ 曲曲扭扭的

kau˩

nok˩ kau˩ 斑鳩

kau˥ 看(I,4,II,4,8)

kau˧

tau˥ kau˧ 膝蓋

kau˧

.tə kau˧ 貓頭鷹

.tə kau˧ wa:u˧ 蝙蝠

kau˧ (鈎) 鈎子

mai˩ kau˧ 鈎子

ka:u˥

mai˩ ka:u˥ 樟樹

ka:u˦ 舊

.to˨ ka:u˦ 舊的

·ti ka:u˦ 原處 (III, 5)

ka:u˦ 撒

ka:u˦ ma˦ 撒菜種

ka:u˦ 綜,織布機上的軟綜

ka:u˦ 角

ka:u˦ həi˨ 水牛角

mum˦ ka:u˦ '角魚',魚名

ka:u˦ 撐船

ka:u˦ ʐwa˨ 撐船

məi˅ ka:u˦ ʐu:n˨ 撐船竿

ke:p˥ 參看 kap˦

kə˨ (茄?)

.lə kə˨ 茄子

.kə 參看 ka˦

həɰ˥ .kə dam˦ '矮脚米',一種糯米

.kə

nəi˅ .kə ma:ŋ˨ 什麼東西 (I,8, III,3,4,5,…)

.kə

kaɪ˥ taɪ˦ .kə te:k˥ 母雞叫蛋

·kə 參看 ·ka˥

ʔai˥ ·kə lak˦ 賊 (V,4,11)

ko˨

nok˨ ko˨ 鴿子

ko˥ (哥) 哥哥

ko˦ (告) 告狀

ko˦ 織布機上的筬子

ko˦ 棵,樹的量詞 (V,1)

ko˦ mai˅ ʔde:u˦ 一棵樹 (V,16)

ko˦ ʔde:u˦ 一棵

ʐa˦ ko˦ 兩棵

kom˥ 參看 ɕəu˦

kon˦ 中空

ha:u˥ kon˦ 中空

koŋ˅

ho˦ koŋ˅ 喉嚨

koŋ˦ 祖父;祖先;老人 (II,8,VII,1,2,3,4)

koŋ˦ ta˦ 外祖父,岳父 (II,3,4,6,….)

koŋ˦ ja˅ 祖先

koŋ˦ (弓?)

koŋ˦ ɓwai˦ '犂弓',犂之一部

koŋ˦˥

koŋ˦˥ vəi˩˧ 火鏈鐮

koŋ˦˥ 倒,跌倒 (III,5)

ko˧ mai˧˩ .si˧˩ koŋ˦˥ taŋ˦˥ 那棵樹倒了 (VI,6)

koŋ˧ (工) '活路',農家工作,工作

ve˧˩ koŋ˧ 作工,作農工

ȶe˧ koŋ˧ 為人作工,賣工

ku˥ 參看 lu˩

ku˥ (姑)

ku˥ je˧˩ 姑爺,姑夫

ku˥ ma˥ 姑媽

ku˥ (古)

ku˥ ɕəu˥ 古州,即榕江縣,在荔波之東北

kui˦˥ 棰子

kui˦˥ to:k˥ 棰子打

kui˦˥ sui˧˩ tui˧˩ lit˥ 打鐵的棰子

mum˦˥ kui˦˥ to:k˥ 蚱蜢

kui˦˥

kui˦˥ mi˩˧ 以手指罵

kui˦˥

.tə kui˦˥ ɕo:t˥ '催米蟲',蟲名

kuk˦˥

nok˧˩ kuk˦˥ 野雞之一種

ku:k˥ 鋤

ȶau˥ ku:k˥ 鋤頭

ȶau˥ ku:k˥ tau˧˩ 大鋤頭

kum˧˩ 坑

kum˧˩ ʑa˧˩ '火塘',房内燒火取暖之坑

kum˥

kum˥ ȶau˥ 低頭

kun˥ (滾) 滾,沸

nam˥ kun˥ 水沸

kun˥

la:k˧˩ kun˥ 孤子

kun˦˥ 根,樹樁

kun˦˥ mai˧˩ 樹樁

kun˦˥ 前先,從前 (I,1,IV,1,VII,1)

van˩˧ kun˦˥ 前天

be˩˧ kun˦˥ 前年

ʔŋ˧˩ pa:i˦˥ kun˦˥ 你先去

ʑəi˧˩ kun˦˥ 從前之時,前時 (II,1,VI,1)

ku:n˦˥ 斧子

ȶau˥ ku:n˦˥ 斧頭,斧子

kuːn˥ (管) 管,管理,治 (VIII,2)

kuŋ˩ 多,很,太 (II,5,12,III,1,V,15, VII,4,IX,2)

ʔai˥ ɗin˩ laːu˩ kuŋ˩ 人很大 (VI,6)

siu˥ kuŋ˩ 太少 (V,2)

kuŋ˧

kuŋ˧ ni˧ 河岸

kuŋ˧ 彎,彎腰

la˥ ka˧ kuŋ˧ 膝下

kup˩ 閉,蓋

kup˩ ʔbup˧ 閉口

kup˩ to˧ 閉門

kup˩ miːn˩ 蓋被

kut˩ 掘

kut˩ kum˩ .ʐo˩ mok˧ 掘坑來埋

kw

kwa˧ (瓜)

.lə kwa˧ 南瓜

kwa˧

mum˥ kwa˧ '花魚',魚名

kwam˥ 翻船,倘

ʐwa˩ kwam˥ 船翻了

nun˩ ·tə kwam˥ 倘睡

kwan˧ 魂

.to˩ kwan˧ 魂 (V,13)

kwan˧ ɗin˩ 人魂

tok˧ kwan˧ tai˧ 嚇疏死く落魂死 (IV,7)

kwan˧

mai˩ kwan˧ 竹名,用以作蓆

kwan˧ 煙

kwan˧ vai˧ 火煙

kwaːn˧

kwaːn˧ to˧ 門閂

kwaːŋ˥ (廣)

ʔai˥ kwaːŋ˥ laːu˥ 廣老,廣西老 (I,13)

kwap˧ 長脚蛙

.tə kwap˧ 一個長脚蛙

kwaːt˥ 掃 (II,7)

kwaːt˥ ·tə la˥ 掃地

kwe˥

.tə kwe˥ 蛙

kwe˧ 罵

kwe˧ ɖin˧ 罵人

toŋ˩ kwe˧ 吵架

k'

k'a˧

.tə k'a˧ 大家一齊(II,4)

k'am˧ 接住

k'an˧ 甜

k'a:ŋ˧ '橡皮',橡子

k'a:ŋ˧ ʐa:n˧ '橡皮',橡子

k'a:ŋ˧ 找 (I,10)

k'ən˩

sa:i˧ tau˧ ɱa:u˧ ha:u˧ da˧ van˧, k'əŋ˩ ʔde:u˧ tau˧ ʔda:i˧ maŋ˩ kuŋ˩ ʔe:ŋ˧ 使他住在太陽裡,一會兒他反更高興(V,15)

k'ui˧ (櫃) 櫃子(I,11,12,16)

k'ui˧ ɱan˩ ʔde:u˧ 一櫃銀子(I,13)

k'ui˧ (跪) 跪;'跪',曲中指的長度

k'ui˧ ·tə la˧ 跪下

k'ui˧ ʔde:u˧ 一'跪'(約一寸)

k'un˧ 路 (I,16)

·tə k'un˧ 路上(VI,2)

hai˧ k'un˧ ʔai˧ tai˧ '開大路',請巫給死人開路

k'w

k'wa:i˧ (塊) 塊

k'wa:i˧ pa:n˧ ʔde:u˧ 一塊板子

k'wa:i˩ 抓,搔

k'wa:i˩ ɬam˧ 抓癢

k'wa:i˩ ·tə la˧ 抓地下(IV,3)

k'wa:ŋ˧ (筐)

pit˩ lo˩ k'wa:ŋ˧ 籮筐

l

la˩

·pə la˩ 時來即羅家寨,地名荔波縣城東南

la˧ 下,下面(I,6,11,17,IV,5)

·tə la˧ 地下(IV,3)

la˧ ni˧ 河邊,河旁(IV,4)

la˧ ʑiŋ˩ '寨脚',村旁(IX,2)

la˧ ʐuŋ˧ 牛牢

la˧ tin˧ 脚底板

la˧ ʔbən˧ 天下,中國(VII,1,3,4,5)

434

la˧ səu˅ 永康,地名,荔波縣東境

la˧ wa:i˧˩ 歪村,地名

la˧ ʔda:u˧˩ 橳村,地名荔波縣南境

la˧ ju:n˧˩ 縣城,荔波城

la˧ 赤脚

tin˧˩ la˧ 赤足

lai˧ 湯具

tai˧˩ lai˧ 睾丸

la:i˧˩ 參看 ti˅

la:i˧˩ 爬,慢走如過橋

la:i˧˩ tiu˅ 過橋

lak˧˩ 偷 (I,13,V,8)

lak˧˩ toŋ˧˩ se˧˩ 偷東西

lak˧˩ ʔa:u˧˩、偷取,偷(I,13)

ʔai˧ ·ka˧(或·kə) lak˧˩ 賊(V,8,9,11)

la:k˅ 子,女,年輕晚輩,青年人;輕讀如 ·lə 用在小孩子,小動物,果子,小物件之前. (II,4,IV,1,2,…)

la:k˅ ba:n˧˩ 兒子(II,1,3)

la:k˅ ʔbi:k˧ 女兒(II,1)

la:k˅ la:u˅ 大兒子,大女兒(I,7,8,10,II,2,4,5)

la:k˅ ·ti ȵəi˧˩ 二兒子 (II,2)

la:k˅ təi˧ 小孩,小小孩 (I,1,3,5,6,…)

ti˧ la:k˅ təi˧ 幾個小孩 (I,1)

la:k˅ mum˅ 虎子 (IV,1)

la:k˅ mi˧˩ 手指

la:k˅ tin˧˩ 脚趾

la:k˅ ta˧˩ 中指

lam˧ 弓

la:m˅ 忘記

la:m˅ (籃) 小葉藍靛

ko˧˩ la:m˅ 小葉藍靛樹

la:n˧˩ 孫,姪,外甥,外孫

.lə la:n˧˩ 孫子,姪子,外甥等

ʔa:u˧˩ la:n˧˩ 娶姑母的女為媳,(甚通行)

la:n˧

tui˅ la:n˧ 地面上生根之平石

la:n˅ (籃)

pit˅ to˅ la:n˅ 籃子,菜籃子

laŋ˧˩ 紅 (I,12)

laŋ˅ 參看 la:u˅

laŋ˧˩ 回家

tau˧˩ .sə toŋ˧ laŋ˧˩ 他就牽回家(II,12)

la:ŋ˦ 放下,放牛羊等

la:ŋ˦ pʻo˩ 放黄牛 (IX,1)

la:ŋ˦ hǝi˩ 放水牛 (IX,1)

lap˩ 腌菜

lap˩ ʔa:m˧ sum˧ 腌酸菜

lap˩

lap˩ ʐut˦ pa:i˦ la˧ de˦ 遮尾巴到'氣盆'下面去 (I,6)

lap˦ 天黑

ʔbǝn˦ lap˦ 天黑

lap˦ mo:k˧ 下霧

lap˦ ŋwa:u˦ 天色黑黑的

lap˦ 閉眼,睡着

lap˦ da˦ 閉眼

nun˩ lap˦ 睡着

nun˩ me˩ lap˦ 睡不着

la:p˩ (蠟) 蠟

lat˦ 實心

ha:u˧ lat˦ 内裡實心

mai˩ lat˦ 實心竹

lau˦ 滑,光滑 (I,5)

lau˦ koŋ˦ 滑倒

lau˦ (漏) 漏

pe:ŋ˩ sa˩ lau˦ liu˩ 茶壺漏了

la:u˩ (牢) 牢

la:u˩ ɬaŋ˦ ɗin˦ 囚人的牢

la:u˩ 空,飯等

jut˦ la:u˩ ŋa:i˩ 空飯筲箕

la:u˦ 酒

la:u˧ kʻan˦ 甜酒

la:u˩ 大,老 (I,7,8,10, II,2,4,5, III,5, VI,3,……)

ʔai˦ ɗin˦ la:u˩ ·a! 人大啊!(VI,3,6)

ʔai˦ la:u˩ 老人,老輩,偉人,領袖 (VI,1, VIII,2,6)

la:u˩ laŋ˩ 大大的,偉大貌

la:u˩ (蠟?)

la:u˩ sok˦ 燭

la:u˥ (老) 參看 kwa:ŋ˥

le˦ 字,書

le˧

nok˩ le˧ 麻雀

le˩ (禮) 禮物

ʐun˩ le˩ 送禮

leˀ 揀選

leˀ wa:iˀ 揀棉花

leˀ 參看 li˧

le:ŋ˥

.tə le:ŋ˥ le:ŋ˥ 一種蟬

lə˅

lə˅ mi:n˅ 被裡子

.lə 即 la:k˅之輕声多用于小孩,小動物,果子,小物件之前

.lə la:nˀ 孫子,孫女等

.lə ʑa:u˅ 女婿 (II,4)

.lə tai˧ 小孩兒 (I,9)

.lə p'a:k˅ 雹子

.lə ˀdoˀ 酒藥

.lə ma˅ 子彈

.lə vəŋ˅ 手指 (<'本地話') (I,9)

.lə ka:iˀ tai˧ 小雞仔

.lə pa:k˧ 芋頭

.lə pau˅ 葫蘆

.lə pi:ŋˀ 黄瓜

.lə puk˅ 柚子

.lə ma:k˧ 李子

.lə vakˀ 冬瓜

.lə ta:u˅ 桃子

.lə t'umˀ 果名

.lə siuˀ 花椒

.lə ʑa:iˀ 楊梅

.lə ʑau˄ '刺梨',一種野薔薇果

.lə lit˅ 栗子

.lə li:nˀ 辣椒

.lə tim˅ '花紅',沙果

.lə t'aˀ 絲瓜

.lə t'au˧ 蘑菇

.lə ka:mˀ 橘子

.lə kə˅ 茄子

.lə ŋaˀ 芝麻

.lə ˀitˀ 葡萄

.lə jutˀ 五倍子

ləi˅ 參看 jiˀ

ləi˅ (梨) 梨

.lə ləi˅ 梨

koˀ .lə ləi˅ 梨樹

ləi˅ (里) 里

ləi˅ k'un˄ ˀde:uˀ 一里路

la:n˧ 閃耀

la:n˧ pjaˀ 閃電

ləu˦ 網等之孔

ləu˦ tɕi˧ 孔小(網密)

ləu˩ (樓)

jəu˦ ləu˩ 樓上

la˧ ləu˩ 樓下

ləu˩

mai˩ wa˦ ləu˩ 楊柳

li˩ 翻鍬,手犁

li˩ tiŋ˦ da:i˦ 翻鍬翻地

li˧ 媳婦,兒媳

ʔa:u˦ li˧ 娶媳婦

li˧

li˧ le˧ 喇叭

li˦

la˧ li˦ 水利,地名,荔波縣西北

·li 即 liu˩ 之輕声

·li tau˦ tam˧ .ko˦ mai˩ si˩
於是他咬那棵樹 (IV,3)

ma˧ .ʔe˩ .pa:i˦ luŋ˩ na˩ ·li
我媽上舅舅家去了 (I,3)

lim˩ 楔,如劈柴用的

li:m˩ 鐮刀 (V,1)

lin˩ 水管,水車打水上來時接水的水槽

lin˦

.tə ·li lin˦ 穿山甲

li:n˦ 辣;辣椒

.lə li:n˦ 辣椒

liŋ˩ 猴

.tə liŋ˩ 猴子

liŋ˧ 晴

van˦ liŋ˧ 天晴

liŋ˦ (另) 另

liŋ˦ tau˧ 另一頭 (I,7)

li:ŋ˩ (涼) 涼 (V,14)

li:ŋ˦ 太陽光

li:ŋ˦ han˦ 太陽毒

lit˩ (栗)

.lə lit˩ 栗子

ko˦ .lə lit˩ 栗子樹

lit˦ 鐵

li:t˩ 跑

li:t˩ pa:i˦ .tau˦ 跑他的,逃跑 (IV,5, V,10)

.liu˩ 了,完了;全;於是;多讀輕音如 ·li (I,5, 11, 12, II, 3, 4, 7, 8, 9, 14, IV, 1, 2, VIII, 3, ….)

la:k˩ tau˦ tai˦ .liu˩ 他兒子死了 (IV, 1, 2)

.liu˩ tau˦ .sə k'wa:i˩ ·tə la˧ 於是他就抓地下 (IV, 3)

si:n˦ liu˩ .sə si:n˦ ʔŋ˩ 吃完了就吃你 (I, 9)

lo˦ 以熱水燙 (I, 13)

lo˧ 落下,流下

pjam˦ lo˧ 髮落

nam˧ lo˧ 水滴下

lo˩ 騙,哄,引誘 (II, 6, IX, 10)

.liu˩ tau˦ lo˩ ʔai˧ si˩ pa:i˦ ha:u˧ ʑau˦ 於是他騙那人去籠裡 (V, 10)

ve˩ lo˩ 騙人,說假話

lo˩ (籮)

pit˩ lo˩ k'wa:ŋ˧ 籮筐

lo˩ (鑼) 參看 p'a:u˧

lo˦

ȶ'aŋ˧ lo˦ 咳一聲,清理喉嚨

lo˦ 扣子,繩子等散了

loi˩ 擂鉢

loi˩ li:n˦ 擂辣子的擂鉢

lok˩ 六

lok˦ 車,水車

lo:k˩ 趕,驅逐 (VI, 4, 7, VII, 2)

lo:k˩ həi˩ 趕牛

lo:k˩ hiu˩ 驅苗人 (VI, 1)

lom˦ 參看 ŋom˦

loŋ˦ 錯,迷路

loŋ˦ liu˩ 錯了

loŋ˦ k'un˦ 迷路,錯路

loŋ˩ 肚,腹

ʔi:k˧ loŋ˩ 肚餓

loŋ˩ (龍) 龍

.tə loŋ˩ 龍,一條龍

loŋ˩ (籠)

loŋ˩ tau˩ ma˩ 馬籠頭

lu˦ 怕 (VIII, 4, 5)

ʔda:i˦ lu˦ 害怕,可怕 (VII, 2)

lu˩

lu˩ ku˧ '鼎罐',燜飯用的小鍋

lu˦ 以煙薰,烌

lu˦ kwan˦ 烌,煙嗆人

lu˦ ȵuŋ˨ 烌蚊子

.lu

tʻaŋ˦ na:i˦ .lu, ha:i˦ ʔe˨ kuŋ˨
這回阿,把我害苦了 (II,14)

lui˦ 流

lui˦ 下去

lui˦ po˦ 下山 (III,5)

lui˦ taŋ˦ la˧ 下到下面來 (I,11, IV, 5)

lum˦ 風;空,不着

van˦ na:i˦ lum˦ la:u˨ 今天風大

tam˧ lum˦ 咬不着,咬空

lum˧ 摸.撫

lum˧ 同,似

toŋ˨ lum˧ 相同,相似

lum˦ 泥

lum˦ ŋa:n˧ 黄泥 (VI,2, VII,2)

lum˦ 塗抹

lum˦ za:n˦ 以石灰等抹房子

lun˨ 背,背後,後 (II,4, IX,1)

ʔba lun˨ 背後

lun˨ mi˦ 手背

lun˨ tiu˧ tin˦ 脚後跟

lun˨ tui˨ 石後頭 (IX,1)

ni:n˨ lun˨ 下月

van˦ lun˨ 二天,将來,日後 (VI,6)

tok˦ lun˨ 落後

lun˨ kai˧ hin˦ 肩甲骨,肩背後之骨

lun˧ 屁股

sum˨ lun˧ 肛門

lun˦

ka˦ lun˦ '明錠'紡紗車上的鐵籤

lun˦ 即刻(?)

ʔai˧ hiu˨ lun˦ pa:n˧ toŋ˦ se˦ ba:n˦ 苗人即刻搬東西逃走 (VI, 7)

lu:n˦ (亂) 亂,不安 (VIII,1)

luŋ˧ 鎖 (I,12)

ʔdan˦ luŋ˧ ʔde:u˦ 一把鎖

luŋ˨ 舅父,母兄 (I,1,3,13)

.pə luŋ˨ 舅父,母兄

nai˨ tau˦ .pə luŋ˨ na˨ 他們母親上舅舅家去了 (I,1)

lu:ŋ˩ 銅

lut˩ 玩,游玩

lut˥ 懶

lj

lja:m˩

lja:m˩ ljok˩ 平陂斜貌

lja:ŋ˩ （梁）

lja:ŋ˩ ʐa:n˦ 房樑

lja:ŋ˥ 參看 ljəu˦

ljəu˦ 水清，鬻稀

nam˧ ljəu˦ 水清

ljəu˦ lja:ŋ˥ 水清貌

·ti noŋ˩ ljəu˦ 鬻稀

ljəu˩

·tə ljəu˩ 瑤慶,地名,荔波縣城西

ljok˩ 參看 lja:m˩

lw

lwa˩ （鑼） 鑼

lwai˦

dau˦ lwai˦ 青苔（[滑]的）

lwa:ŋ˩ 摸,觸摸（I,5）

lwi˦ 尖

mai˩ ga:n˦ lwi˦ 挑柴扁担，（兩頭尖的）

m

ma˦ 来、I,1,4,13,17, II,3,4,6, III,2,IV,2,6,V,16,VII,1,⋯）

·tə mum˩ ma˦ ʔdom˦ la:k˩ 老虎來看兒子（IV,2）

ma˧ jəu˥ ʔe˩ ·ma˦ øəu˧ ʐa:n˦。ʔe˩ dik˦ mi˦ ·ma˦ tɕəŋ˩ kau˧ 媽叫我來守家。我遮手來你看（I,4）

ma˦ 狗

·tə ma˦ 狗,一條狗

ma˦ tak˩ 公狗

ma˦ nəi˩ 母狗

ma˩ 舌

ma˩ vəi˦ 火焰

ma˧ 軟,弱,無氣力

ma˧

ma˧ ʑi:n˩ 利錢

莫話記略

ma˧ (媽) 媽,母親(I,3,4)

ta˦ ma˧ 大媽,伯母

ku˧ ma˧ 姑媽

ji˨ ma˧ 姨媽

ma˨ 馬(II,7,12,V,1,2,3)

.tə ma˨ 馬,一匹馬(II,6,8,9,V,4,6)

tin˦ ma˨ 馬蹄

ja:i˦ ma˨ 馬蹄鐵

se˦ ma˨ 騎馬

ma˨ (碼)

.lə ma˨ 子彈,鎗彈

442

ma˨

.sə ma˨ 董界,地名荔波縣西南境

ma˧ 浸泡

ma˧ t'au˦ ŋa:t˨ 泡豆芽,發豆芽

ma˦ 青菜,蔬菜,參看 ʔa:m˧

ma˦ məu˥ 猪菜,餵猪的菜

ma˦ p'u:k˨ 白菜

ma˦ man˩ 油菜

ma˦ ka:t˧ '青菜'

ma˦ həu˧ 韮菜

ma˦ ɗa˦ '牛皮菜'

ma˦ ɗum˦ '紅米菜'

ma˦ jəu˩ 蕨菜

ma˦ pəu˩ 蘿蔔

ma˦ pe˨ 田中水草名

ma˦ po:p˧ nam˧ 水草名

ma˦ din˦ nam˧ 田中水草名

.ma 參看 ma:k˨

.ma səi˧ 陽鳳,地名荔波縣西境

mai˦ 線

mai˦ wa:i˧ 棉紗

mai˨ 樹,木,木棍;樹,竹及類似木棍的用具前多用之(IV,1)

.ko˦ mai˨ 樹,一棵樹(IV,2,3,4,V,16)

mai˨ t'əŋ˨ 手杖

mai˨ ʑa:u˨ 竹竿(VI,5)

mai˨ kau˦ 鈎子

mai˨ ka:u˦ ʑu:n˩ 撐船竿子

mai˨ pi:n˦ 鞭子

mai˨ ŋa:u˧ həu˧ 晒耙,晒穀耙

mai˨ ga:n˦ 扁担

mai˨ va˦ ʑiŋ˧ 棕樹

mai˨ ʑi:ŋ˧ 白楊

mai˨ ʑup˥ '泡桐樹'

mai˨ wa˦ ləu˨ 楊柳

mai˧˩ ɓut˩ 樹名

mai˧˩ ȵau˧ vəi˧˩ '羅拐木'

mai˧˩ ȵau˧ si˧ '麻栗樹'

mai˧˩ jam˩ 椿樹

mai˧˩ jau˨˦ 楓樹

mai˧˩ kaːu˥ 樟樹

mai˧˩ man˩ '油榕樹'

mai˧˩ meːu˥ '蓑藜柴'樹名

mai˧˩ waːk˥ 杉樹

mai˧˩ ʐaːu˧˥ '馬桑樹'

mai˧˩ dak˧˥ 漆樹

mai˧˩ ɗjak˧˥ 漆樹

mai˧˩ sə˩ kwa˧˥ 樹名

mai˧˩ ŋau˧˥ 馬尾松

mai˧˩ ŋau˧˥ hiŋ˨˦ 樹名

mai˧˩ ʔak˧˥ '水楊柳'

mai˧˩ ho˨˦ ŋaːn˨˦ 樹名

mai˧˩ ta˥ 竹子

mai˧˩ ʔdoːk˥ 竹名

mai˧˩ kwan˧˥ 竹名

mai˧˩ kam˨˦ 苦竹

mai˧˩ mak˩ 墨竹

mai˧˩ məːŋ˨˦ 竹名

mai˧˩ naːŋ˨˦ məu˧˥ 竹名

mai˧˥ 新

.to˩ mai˧˥ 新的

mai˧˥ 空閒

ȵaːu˧˥ mai˧˥ 閒坐

mai˧˥

ʔai˧ mai˧˥ 別人

mai˧˥

ʔe˩ mai˧˥! ʔe˩ mai˧˥! 是我阿!
是我阿! (V.11)

maːi˧

ja˧˩ maːi˧ 女相好,女友

ve˧˩ maːi˧ 作相好(女人)

maːi˧˥ 寡,鰥

ja˧˩ maːi˧˥ 寡婦

ʔai˧ baːn˨˦ maːi˧˥ 鰥夫

mak˩ (墨) 墨

mai˧˩ mak˩ 墨竹

pin˧˥ mak˩ 筆

duːŋ˨˦ mak˩ 墨盒

maːk˥

.lə maːk˥ 李子

ko˧ .lə maːk˥ 李子樹

ma:k˨˦ 莫家，[illegible] 荔波縣西北方村陽鳳等地多有之，皆姓莫；莫家話

ʔai˧ ma:k˨˦ 莫家 (VII,1)

ma:k˨˦ tʻa:i˦˨ 甲多，地名 (VII,3)

ma:k˨˦ na:n˦˨ 茂蘭，地名 (VII,3)

ma:k˨˦ səi˦˨ 陽鳳，地名 (VII,3)

tʻəi˦˨ ma:k˨˦ 地脈，地名 (VII,3)

man˦˨ 不生子女人

ja˨˦ man˦˨ 不生子女人

man˧˩ 油

mum˦˨ man˧˩ '油魚'，魚名

mai˨˦ man˧˩ '油榕樹'，樹名

ma˦˨ man˧˩ 油菜

man˧˩ nam˧ 豬身上的網油

man˧˩ 薯

man˧˩ ta:ŋ˨˦ 紅薯，北方呼為白薯

man˧˩ ʑa:u˦˨ 山藥

man˧ 緊

ȶap˧˩ man˧ 綁緊

ma:n˦˨ (慢) 再

ʔŋ˨˦ ɗai˦˨ ma:n˦˨ taŋ˦˨ 你想起再來

maŋ˧˩ 潭

maŋ˨˦ 喜歡，愛

ma:ŋ˦˨ 鬼

.tə ma:ŋ˦˨ 鬼

ma:ŋ˧˩ 什麼 (I,8, III,3,4,5)

.kə ma:ŋ˧˩ 什麼

map˧˩ 打，拍 (IV,1, V,6)

map˧˩ ȶoŋ˧˩ 拍桌子

mat˥ 蚤

.tə mat˥ 蚤

ma:t˥

muŋ˦˨ ma:t˥ 灰灰的

ma:t˨˦ (襪) 襪子

mau˨˦ 箭

mau˧˩ lam˧ 箭

mau˧

hau˧ mau˧ '扁米'，新嫩米炒熟壓扁而食

mau˦˨ (帽) 帽子

tan˧ mau˦˨ 戴帽子

ma:u˦˨ (冒) 冒出來，如水

nam˧ ma:u˦˨ ma˦˨ jau˦˨ 水冒上來

ma:u˨˩˦ （卯） 卯(地支)

van˨˦ ma:u˨˩˦ 兎場天,卯日

ma:u˨˩˦

ma:u˨˩˦ na:n˧ 茂蘭,地名,荔波縣東南境,參看 ma:k˨˩˦

me˩ 不,没;别（I,9;13,14,16,17,II,1,4,5,⋯）

me˦˨ ha˨˦ 不然（VIII,3）

me˩ naŋ˧ siŋ˥ 没有姓

.tə ma˦˨ pa:i˧ .me˦˨ ʔdai˥ 馬去不得 （V,4）

me˦˨ wit˩ 別扔!（V,12）

me˦˨ ja˥ van˨˦ lun˩ tai˧ ɲau˧ .ƫi na:i˧ sə˩ .me˦˨ ʔdai˥ 不然日後死在這裡值不得（VI,6）

me˧ 印兒,痕

me:k˨˩˦ （麥）

hau˥ me:k˨˩˦ 高粱

me:u˥

mai˨˩˦ me:u˥ ‘蒺藜柴’樹名

me:u˨˩˦ 貓

məi˨˩˦ 參看 wa:ŋ˨˩˦

məi˧ （未） 未(地支)

van˨˦ məi˧ 羊場天,未日

ƫ'e˨˩˦ məi˧ 羊場

mən˦˨

nok˩ mən˦˨ 鵪鶉

mən˦˨

mum˧ mən˦˨ 一種小魚名

mən˧ 粉末兒

mə:n˩

mə:n˩ taŋ˧ 燈草

mə:ŋ˨˦

mai˨˩˦ mə:ŋ˨˦ 竹名

ma:ŋ˨˩˦ 網,撒去打魚的網 呼作‘撒網’

ʔba˧ ma:ŋ˨˩˦ ʔde:u˧ 一個網

mət˩ 螞蟻

.tə mət˩ 螞蟻,一隻螞蟻

mət˥ （没）

sam˧ mət˥ 没水,‘扎猛子’

məu˩ 糞,牛馬糞及稻草等的混合物,用以肥田

məu˥ 豬（V,7）

446

məu˦ ʔda:i˦ 野猪

məu˦ na:n˩ 閹過的猪々肉猪

ma˦ məu˦ 猪菜,餵猪的食物

mi˦ 手（I,4,5,V,1）

mi˦ ʔde:u˦ 一隻手

mi˦ pʻa˦ 右手

mi˦ ɕe˦ 左手

mi˦ ɕi˩ 鑰匙

la:k˩ mi˦ 手指

mi:n˩ （棉）被,褥(卧具)

mi:n˦ （麵）麵,麵條兒

miŋ˩ （名）

siŋ˦ miŋ˩ 姓名（VIII,4）

miŋ˦ （命）命,命運

son˦ miŋ˦ 算命

mi:ŋ˦ 田間小水溝

miu˦ （廟）廟

mo˩ （莫）

mo˩ ɬa˦ 莫家（VII,5）

mo˦

həu˦ mo˦ 麥子

mok˦ 埋

mo:k˦ 霧

lap˦ mo:k˦ 下霧

mon˦ 霉

tup˦ mon˦ 生霉

mu˩ （磨）磨,磨石（名詞）

mu˦

van˦ mu˦ 明天

mui˦ 熊

.tə mui˦ 熊,一隻熊

mui˩ （媒）

ʔai˦ mui˩ 媒人

muk˩ 涕

muk˩ naŋ˦ 鼻涕

mum˩ 虎（IV,1）

.tə mum˩ 老虎（IV,1,2,3,4）

mum˩ pe:u˦ 豹

mum˦ 魚

.tə mum˦ 魚,一尾魚

mum˦ man˩ ‘油魚’

mum˦ mən˩ 小魚名

mum˦ van˦ 鯉魚

mum˦ ɕit˦ ‘土魚’

mum˨˦ ʐui˧˩ 魚名,如蛇

mum˨˦ ti:n˨˦ 魚名

mum˨˦ jut˥ 泥鰍

mum˨˦ ka:u˨˦ ‘角魚’

mum˨˦ kwa˨˦ ‘花魚’

mʌm˨˦ kui˨˦ to:k˦ 蝌蚪

muŋ˩˧

muŋ˩˧ ma:t˦ 灰灰的,灰色

muŋ˨˩ ‘廣菜’,一種芋頭其葉可吃

muŋ˨˦ 蓋房頂

muŋ˨˦ ʐa:n˩˧ 蓋房頂,用茅或瓦蓋

muŋ˨˦ 漂,浮

ʐu:n˨˩ muŋ˨˦ 船漂浮着

mj

mjai˨˩˧ 銹

lit˨˦ tup˥ mjai˨˩˧ 鐵生銹

mjəu˩˧ 荒蕪

ja˥ mjəu˩˧ 荒田

mjo˨˩˧ 鈍,不利

mit˨˩ mjo˨˩˧ 刀鈍,刀子不快

n

na˩˧ 參看 hin˩˧

na˦ 臉面,前面

·ʔbə na˦ 臉,前面

na˦ mi:n˨˩ 被面

na˦ pja:k˦ 額

na˦

van˩˧ na˦ 後天

be˩˧ na˦ 後年

na˦ 莫,别,命令式否定詞

ʔŋ˨˩ na˦ ʔbəi˨˦ ʔe˨˩ kuŋ˨˩ 你莫掐我多 (IX,2)

na˧˩ 舅母,母兄妻(I,1,3,13)

na˨˦ 厚

na:i˨˦ 露

nam˦ na:i˩˧ 露水

na:i˨˦ 這,此,但(I,14,II,14,V,9,VII,4,5…)

be˩˧ na:i˨˦ 今年

van˩˧ na:i˨˦ 今天

·ti na:i˨˦ 這裡

ʐəi˨˩ na:i˨˦ 現在(VII,4,5, VIII,1,5)

la:u˧˩ .pi:n˨˩ na:i˧˥ 這樣大(VI,3)

na:i˧˥ ʐəi˨˩ na:i˧˥ 但現在(VII,4,5)

na:k˧

ka:u˧˥ na:k˧ '裹紗羊角',織布機上的裹紗軸

na:k˧˩ 打,打仗,捉,獵取(III,1,2,3,4,5,IV,1,VIII,2,3,4,5)

nok˨˩ na:k˧˩ mum˧˥ '打魚郎',鸕鷀

na:k˧˩ ʔdoŋ˧˥ 打獵

nam˨˩ 靠近

toŋ˨˩ nam˨˩ 相靠近

nam˧ 水(1,10,17,IV,4)

man˨˩ nam˧ 猪身上的網油

nam˧ na:i˧˥ 露水

nam˧˥ 黑

nam˧˥ na:t˧ 黑黑的,黑貌

nan˨˩ 身上的蝨子

.tə nan˨˩ 蝨子,一個蝨子

nan˧˩ 擠,撞

toŋ˨˩ nan˧˩ 相擠,相撞

na:n˧˩ 肉,身體

na:n˧˩ tun˧ 身上熱,發燒

mau˧˥ na:n˧˩ 閹過的猪<肉猪

mi:n˨˩ na:n˧˩ wa:i˧ 棉被

ʐa:p˨˩ na:n˧˩ 洗身,冲涼

na:n˧ 麻木,無知覺

na:n˧˥ 茂蘭'本地'人,僮人

ʔai˧ na:n˧˥ 茂蘭的'本地'人

ma:k˧˩ na:n˧˥ 茂蘭(VII,3)

ma:u˧˩ na:n˧˥ 茂蘭同上地

naŋ˧˥ 鼻子

na:u˧˩ naŋ˧˥ 鼻梁

naŋ˧˥ 有(I,1,13,II,1,2,III,1,....)

na:ŋ˧˥ 竹筍

mai˨˩ na:ŋ˧˥ jau˨˩ 竹名

mai˨˩ na:ŋ˧˥ mau˧˥ 竹名

na:ŋ˨˩ 痘

fin˧˥ na:ŋ˨˩ 出痘子

na:ŋ˧˥

je˨˩ na:ŋ˧˥ 也遠.(II,2)

na:ŋ˧˥ 仍然(VI,6)

da˧˥ na:ŋ˧˥ ta˧ nie˨˩ ʔdai˧ tau˧˥ 我們仍然打不得他們(VI,6)

nap˧˥ 窄

nap˥ 用鉗夾

nap˥

.tə nap˥ niŋ˥ 螢火蟲

nat˦ 擠

nat˦ .tə mat˦ 擠委

nat˦ 痠麻,如腿立久

na:t˧ 參看 nam˦

nau˩ 何,什麼,哪 (VIII,5)

ko˦ nau˩ ʔdə:t˧ .sə ʔa:u˦ ko˦ si˩ 哪棵響就要那棵 (V,1)

ʔai˧ nau˩ 誰,何人

.ti nau˩ 何處

ve˩ nau˩ 如何,為何,無論如何 (II,5, III,2, IV,3, VI,1,4, VIII,6)

na:u˩ 米麴

tup˥ na:u˩ 米生麴

na:u˩

na:u˩ naŋ˦ 鼻梁

ta:u˧ na:u˩ 村名在方村對面

na:u˦ 爛,腐爛

na:n˩ na:u˦ 肉爛

ne˩ 薅秧

ne˩ ja˦ 薅秧,除田中草

ne˥ 倦,睏

ne˥ suŋ˥ tai˥ 累得喘氣

ne˥ nun˩ 瞌睡

ne:u˦ 小兒陽具

ne:u˦ 尿

nəi˩ 母親;禽獸之雌者;大拇指;物(?) (I,1,13)

nəi˩ mi˩ 大拇指

nəi˩ tin˦ 大腳趾

ma˩ nəi˩ 母狗

ka:i˦ nəi˩ 母雞

nəi˩ .kə ma:ŋ˩ 什麼東西 (I,8, III,3,4,5, V,8)

nən˩ 蛆

.tə nən˩ 蛆

ni˩

nok˩ ni˦ 小鳥名

ni˦ 河 (V,7)

la˧ ni˦ 河邊 (IV,4)

·ni 語尾助詞

ve˨ nau˦ ʔŋ˨ pən˧ me˨
ʐuk˦ ·ni 為什麼你總不洗呢？(II.13)

sa˨ ʔe˨ hu:n˦ təŋ˨ ·ni, si˨˦ ʔe˨ ʔai˧ ho˧, ʔe̢˨ me˨ naŋ˦ ʐi:n˨ joŋ˦ 如果我換給你呢，我[是]個窮人，我沒有錢用 (II,10)

to˨ .tə təŋ˨ ·ni, ʔe˨ ta:u˦ …… 你的匹[馬]呢，我倒… (II,14)

ni:m˦ 苦受苦(VIII,4)

ni:m˦ 與，共

ni:n˨ 月

·ʈi ni:n˨ 月亮

ni:n˨ na:i˦ 本月

niŋ˧ 依靠

niŋ˧ .pa:i˦ lun˨ 向後靠

niŋ˧ 參看 nap˦

niŋ˦ 與，共，給，為(I,7, II,12, V,1, VIII,3)

no˧ 鼠

.tə no˧ 老鼠

ka˦ loŋ˨ no˧ 腿肚子

nok˨ 鳥 (III,1)

nok˨ ni˦ 小鳥名

nok˨ mən˨ 鵪鶉

nok˨ wa:ŋ˨ məi˨ 畫眉鳥

nok˨ na:k˨ mum˦ '打魚郎' 鸕鷀

nok˨ si:k˧ 喜鵲

nok˨ le˧ 麻雀

nok˨ ɕəu˦ kom˧ 啄木鳥

nok˨ kan˧ '秧鷄' (III,1)

nok˨ kau˨ 斑鳩

nok˨ ko˨ 鴿子

nok˨ kuk˦ 野鷄

nok˨ ka:i˦ 一種野鷄

nok˨ ʔe:n˦ 燕子

nok˨ ʔe:p˧ '水鴨'

nok˨ .kə tja:u˦ '土畫眉'

nom˧ 嫩

mai˨ nom˧ 樹嫩

non˨

ʔi:t˧ non˨ 伸懶腰

noŋ˦ 膿

fin˦ noŋ˦ 生膿

noŋ˩ 渾,不清;濃

nam˧ noŋ˩ 水渾

noŋ˩ nut˩ 渾渾的,渾貌

·ti noŋ˩ noŋ˩ 粥濃

noŋ˩

·ti noŋ˩ 粥,稀飯

nui˩ 蟲

.tə nui˩ 蟲子

nui˩ kat˥ mai˩ 松樹蟲

nui˩ va˥ 蠶(?)

nui˥ 雪

tok˥ nui˥ 下雪

nui˥

dun˥ nui˥ 有刺樹名

nuk˥ 外面(V,9)

·ʔbə nuk˥ 外面

pa:i˥ nuk˥ 出外去,出去(I,15)

nun˩ 睡(I,6,II,4)

nun˩ ɲi˥ hik˥ 側睡

nun˩ ·tə kwam˧ 俯睡

nun˩ ·tə ŋa:i˩ 仰睡

ne˥ nun˩ 瞌睡

nun˩ 嚼,嗅

nun˥

nun˥ nwa:i˩ 粉末細貌

nuŋ˩ 弟,妹(I,2,7,9)

nuŋ˥ 竹筒;升(容量)

nuŋ˥ mai˩ ta˧ 竹筒

nuŋ˥ ʔde:u˥ 一升

nut˩ 鬍鬚

nut˩ 參看 noŋ˩

nut˥ 踩

nut˥ ·tə la˧ 踩地下

nj

njak˥ 參看 tɕi˧

njau˥ 參看 din˧

nw

nwa˥

ɗa:u˥ nwa˥ 藤類植物名

nwa:i˩ 參看 nun˥

ɲ

ɲa˩　捕魚籠的倒鬚，使能入不能出

　ɲa˩ ʑi:n˥　捕魚籠的倒鬚

ɲa˥　酒渣，糟

　ɲa˥ la:u˧　酒渣

ɲa˥　樹上的臭蟲名

　.tə ɲa˥　樹上的臭蟲

ɲa:i˧　咀嚼

　ɲa:i˧ ŋa:i˩　嚼飯

ɲa:i˥　参看 ɲum˥

ɲak˥　'蠓蟲'，咬人的小黑蟲

　.tə ɲak˥　'蠓蟲'

ɲak˥　剁

　ɲak˥ na:n˩　剁肉

ɲam˥　又，多與 ʔe:ŋ˥ 合用

　nəi˩ .ʔe˩ ɲam˥ me˩ ɲa:u˥
　　ʑa:n˥ ʔe:ŋ˥　我母親又没在家！
　　(I,13)

　ʔe˩ ɲam˥ .me˩ naŋ˥ ʑi:n˩
　　ʔe:ŋ˥　我又没有錢 (II,10)

ɲam˥　晚，晚上 (I,15)

　.tə ɲam˥　晚上 (VI,2,4,5)

　ɲam˥ ɲam˥　晚晚 (IX,2)

　ɲam˥ na:i˥　今晚 (I,14)

ɲam˥　握拳；把

　ɲam˥ ȶu:n˩　握拳

　ɲam˥ vəi˥　火把

ɲa:m˥　嚼飯以餵小兒

　ɲa:m˥ ŋa:i˩　嚼飯

ɲan˥　野猫

　.tə ɲan˥　野猫

ɲan˩　銀子 (I,13,16,II,6,7,14)

　ɲan˩ ȶ'a˥　耳環

ɲan˩　推

ɲan˥　癞瘡

　fin˥ ɲan˥　生癞

　ɲan˥ ʑo˥　乾癞

　ɲan˥ na:u˥　爛癞

ɲa:n˥　瘡

　fin˥ ɲa:n˥　生瘡

ɲa:n˥　銅鼓

ɲaŋ˥

　ɲaŋ˥ ɲo:t˧　亂山人不能入貌

ȵa:ŋ˩ (-娘) -孀娘

ȵa:ŋ˦

ȵa:ŋ˦ ȵwa:u˨ 粉末粗貌

ȵap˦

ȵap˦ ȵəu˧ 有縐紋

na˥ ȵap˦ ȵəu˧ 臉有縐紋

ȵat˦ 髻

tu:n˥ ȵat˦ 挽髻

ȵau˧

mai˩ ȵau˧ vəi˩ '羅拐木',樹名

mai˩ ȵau˧ si˥ '麻栗樹'

ȵa:u˧ 拌,攪

toŋ˩ ȵa:u˧ 相拌

mai˩ ȵa:u˧ həu˥ 晒耙く攪穀木

ȵa:u˨ 在,居在,住,從(…來) (I,12,16,
II,7, IV,3,5, VII,1,2,3,6…)

ȵa:u˨ ʐa:n˨ 在家 (I,1,13)

ʔda:i˨ ȵa:u˨ 舒服,安[illegible]逸(V,16)

me˩ ʔda:i˨ ȵa:u˨ 不舒服(病)
(II,3)

ȵa:u˨ ʈəi˨ 在遠處(VI,5)

ȵa:u˨ sa:n˥ tuŋ˥ sa:n˥ si˥
ma˨ 從山東山西來 (VII,1)

ȵe˥ 哭

ȵe:n˩ 參看 ja:ŋ˩

ȵe:n˥ (碾) -碾子;碾米等

ȵe:n˥ ȵe:n˥ həu˥ 碾米的碾子

ȵəi˨ 陰物,女陰 (IX,1)

ȵəi˩

·ʈi ȵəi˩ 乞丐,叫化子

ʔai˧ ·ʈi ȵəi˩ 一個叫化子

ȵəi˨ 二(用於十二,二十,第二,初二等),
參看 ʐa˨

ʐip˩ ȵəi˨ 十二

ȵəi˨ ʐip˩ 二十

ȵəi˨ ŋo˩ 二十五

la:k˩ ·ti ȵəi˨ 二兒子,二女兒
(II,2)

ȵəu˨ 臭,有氣味

ȵəu˨ ɖu˨ 腥臭

wa˨ ȵəu˨ da:ŋ˨ 花香

ȵəu˧ 參看 ȵap˦

ȵi˨

nun˩ ȵi˨ hik˦ 側睡

454

ɲin˦ 仍,再,又

·liu˨ tau˦ ɲin˦ son˦。 ti:m˧ vəi˦ zo˨ p'e˦ mai˨ za:u˨
於是他們又打算。点火放在竹竿尖上（VI,5）

ɲin˦ 筋,靜脉

ɲi:ŋ˧ 草（V,2,6）

ɲi:ŋ˧ ma˨ 馬草（V,1）

ɲit˦ 冷

ɲo:t˧ 参看 ɲaŋ˦

ɲu˦ 蝦米

·tə ɲu˦ 蝦米

ɲum˦

·tə ɲum˦ ɲa:i˦ 毛蟲

ɲum˨ 染

ɲum˨ ʔi˦ 染布

ɲun˦ 搖動

ɲu:n˧ （願） 願

me˨ ɲu:n˦ 不願

ɲu:n˧ 累,疲倦

zəi˦ ɲu:n˧ liu˨ 坐倦了

ɲuŋ˨ 蚊子,蠅,蒼蠅

·tə ɲuŋ˨ 蒼蠅,蚊子（I,47）

ɲuŋ˨ ka˦ vu:ŋ˦ '高足蚊子' 蚊子

ɲuŋ˦

ɲuŋ˦ p'juŋ˦ 髮亂

ɲuŋ˦

van˦ ɲuŋ˦ 昨天

be˦ ɲuŋ˦ 去年

ɲut˨ 芽

ɲW

ɲwa:u˦ 参看 ɲa:ŋ˦

ŋ

ŋa˦ 枝

ŋa˦ mai˨ 樹枝

ŋa˦ 芝麻

·lə ŋa˦ 芝麻

ŋa:i˨ 早飯,飯

si:n˦ ŋa:i˨ 吃飯,吃早飯。

ŋa:i˨

nun˨ ·tə ŋa:i˨ 仰睡

ŋa:i˧ (礙) 礙事

mei ŋa:i˧ 不礙事,不要緊 (II,11)

ŋak˧ 點頭

ŋak˧ ɓau˧ 點頭

ŋak˧ 參看 kau˩

ŋam˥ 差不多要死

ŋam˩ 老實,傻

ʔai˧ ŋam˩ 老實人

ŋam˧ 一口(量詞)

ɓam˥ ŋam˧ ʔde:u˧ 咬一口

ŋam˧ ŋa:i˩ 一口飯

ŋa:m˩ 叉縫

ŋa:m˩ mi˧ 手指縫

ŋan˧ 果子柄

ŋan˧ .lə ma:k˥ 李子柄

ŋa:n˥ 黄 (VI,2)

ŋa:n˥ dja:m˧ 黄黄的

ŋa:n˥ ɗai˧ 蛋黄

ŋa:n˥ 以套捕鳥獸

ɗ'ui˩ ŋa:n˥ nok˩ 捕鳥套

ŋa:n˧ 鵝

.tə ŋa:n˧ 鵝

ŋa:n˧ ʔbən˧ 天鵝

həu˥ ŋa:n˧ ʔbən˧ '天鵝米',米名

ŋa:ŋ˩ (昂) 昂

ŋa:ŋ˩ na˧ 昂頭,仰面

ŋa:ŋ˧

vu:ŋ˧ ŋa:ŋ˧ 高高昂的

ŋa:t˩

t'au˧ ŋa:t˩ 豆芽

ŋau˧

mai˩ ŋau˧ 馬尾松

mai˩ ŋau˧ hiŋ˧ 樹名

ŋa:u˧ 撬

mai˩ ŋa:u˧ tui˩ 木棍撬石頭

ŋa:u˥ 喊,大叫 (V,11)

ŋo˩ (午) 午(地支)

van˧ ŋo˩ 馬場天,午日

ŋo˩ 五

ŋom˧

dau˥ ŋom˧ lom˧ 溫熱

ŋui˩ 骨髓,腦髓

ŋui˦ 果,種子,仁;粒(量詞);朵,花的量詞

ŋui˦ mai˨˩ 果子

ŋui˦ kwa˦ 瓜子

ŋui˦ tʻau˦ 一粒豆子

ŋui˦ hau˥ 一粒米

ŋui˦ wa˦ ʔde:u˦ 一朵花

ŋun˦ 扛在肩上(V,16)

ŋun˦

tau˥ ŋun˦ 枕頭

ŋw

ŋwa˨˩ (瓦) 瓦

ŋwa:i˨˩ 麻子

na˥ ŋwa:i˨˩ 面麻

ŋwa:n˨˩

hau˥ ŋwa:n˨˩ '晏米',米名

ŋwa:u˦ 參看 lap˦

P

pa˨˩ (耙) 耙

pa˨˩ la:u˨˩ 大耙,耙田用的

pa˨˩ (耙) 參看 pʻai˦

pa˦ 參看 tʻau˥

pa˦ (杷) 耙

pa:i˨˩ (牌) 牌

ta˦ pa:i˨˩ 打牌

pa:i˨˩ (排)

pa:i˨˩ ʐai˨˩ 隨時(III,2)

pa:i˦ 去,去到,了 (I,1 3,6,13, II,3, 4,6,7, III,5, IV, 1,4,5,7, V,1,2,3,4,6,……)

pa:i˦ loŋ˨˩ 瀉肚

tai˨˩ wit˨˩ .pa:i˦ .tə mi˦ 拿[他]扔到河裡去(V,7)

da˦ hi:m˥ ba:n˦ .pa:i˦ 咱們還是逃走(VI,6)

tjau˥ .pa:i˦ [衣服]破了(IV,7)

pak˦ 捧(椿子)

pa:m˥

dik˦ pa:m˥ '陽塵',掛灰

pan˦ 轉,旋轉;旋兒

pan˦ tau˥ 頭旋兒

pa:n˥ (板) 板子

kʻwa:i˦ pa:n˥ ʔde:u˦ 一塊板子

pa:n˥ 扁

tui˨ pa:n˦ 平石

pa:n˦ pe˦ 扁貌

pa:n˦ (辦) 參看 ʔa:n˦

paŋ˦ 塌,崩

pa:ŋ˦ (幫)

pa:ŋ˦ ja:i˦ 鞋帮兒

pa:t˥ 八

pau˦

pau˦ tin˦ 脚孤拐

pa:u˥ (包) 包,擔保

ʔe˨ .sə pa:u˥ ʔŋ˨ taŋ˦ nuk˦
我就包你[能]來外面 (V,9)

pa:u˥ (寶) 寶,寶貝 (II,8)

pe˨

ma˦ pe˨ 田中水草名

pe˥ 參看 pa:n˦

pe:k˥ (百) 百

pe:k˥ ʔde:u˦ 一百

ʑa˦ pe:k˥ 二百

pe:ŋ˨ 壺,磁壺

pe:ŋ˨ sa˨ 茶壺,磁茶壺

pe:ŋ˦ 打鎗,射擊,拗擊

pe:ŋ˦ tui˨ ja:m˦ 打水漂兒

pe:u˦ (豹)

mum˨ pe:u˦ 豹

pə˦

we:ŋ˦ pə˦ '圍腰',圍裙

·pə

·pə luŋ˨ 舅父,姆兄

·pə

·pə wəi˦ 地名,在荔波縣城南

·pə lə˨ 時來郎頭家寨,在縣城東南

·pə hon˦ 播亮,地名在荔波縣西境

.pə 即 pa:i˦ 之輕声 (I,1,3,……)

pəi˨ 扇子;搧

pəi˨ lum˦ 搧風

pəi˨ pəi˨ hau˥ 簸米的風箱

pə:k˥ 芋頭

.lə pə:k˥ 芋頭

pən˨ (盆) 盆

pən˨ mau˦ 餵猪的盆

pən˥ (本) 本;本來,總,真 (II,13,
14,III,1)

pən˧ ʑiːn˩ 本錢

jwaːi˧˩ pən˧ ʔdip˥ hin˩ ŋaː˩

玉愛本來真刁猾 (V,16)

ʔe˩ pən˧ me˩ ʑuk˥ 我本不洗

(II,14)

pən˥ (本) 參看 ʔə˩

pəːn˧ (搬) 搬

pəːn˧ toŋ˧ se˩ 搬東西 (VI,7)

pət˥ 肺

pəu˩

.lə pəu˩ 葫蘆

pəu˩

ma˥ pəu˩ 蘿蔔菜

pəu˩ ȶai˥ 蘿蔔

pəu˩ 參看 hiːŋ˩

pəu˧

jəu˥ pəu˧ 方村, 地名, 荔波縣西北境

pəu˩ 父親

pəu˧ 腫

tin˥ pəu˧ 腳腫

pin˧ 翻過來, 翻轉

pin˧ taŋ˥ kau˧ 翻過來看

pin˥ (筆?)

pin˥ mak˩ 筆

pin˥ 爬, 攀 (I,10, IV,1, V,3)

pin˥ mai˩ 爬樹

piːn˩ (II,13)

tʼaŋ˥ ʔe˧ tau˥ laːu˩ .piːn˩

naːi˥ 他們一截象這樣大 (VI,3)

piːn˥ (變) 變化 (I,17)

ja˩ piːn˥ '變婆', 傳說中吃小孩的精

怪, 狀如老婦 (I,1,2)

piːn˥ (鞭)

mai˩ piːn˥ 鞭子

piːn˥ (編) 辮子

piŋ˩ (平) 平, 平安, 平靜 (VIII,4,5,6)

piŋ˥ 螞蝗, 水蛭

.tə piŋ˥ 水蛭 (I,17)

piːŋ˩ 殼, 莢

piːŋ˩ ȶai˥ 卵殼

piːŋ˩ tʼau˧ 已除去豆粒的豆莢

piːŋ˥

.lə piːŋ˥ 黄瓜

pit˩ 筐,籃子

pit˦˩ mau˩ 糞筐

pit˦˩ ɬo˩ la:n˩ 籃子

pit˦˩ lo˩ k'wa:iŋ˥ 籮筐

pit˥ 摘果子

pit˥ .lə ma:k˥ 摘李子

pi:t˥ 挽袖等

pi:t˥ hin˩ 挽袖

piu˩

pok˩ piu˩ '浮漂',浮萍

po˩ (鉢) 参看 ka:ŋ˥

po˥ (補) 補衣等

po˥ tuk˥ 補衣服

po˥ '痒子',淋巴腺腫

fin˩ po˥ "生'痒子'"

po˥

po˥ siu˩ 口琴

ʐap˩ po˥ siu˩ 吹口琴

po˥ 山坡 (III,15)

po˥ tui˩ 石山

po˥ mai˩ ʔde:u˩ 一山樹

pok˩

pok˩ piu˩ '浮漂',浮萍

poŋ˥ 一堆

tap˩ ve˩ poŋ˥ 堆成一堆

poŋ˥ 漲,凸出

poŋ˥ ʔbup˥ 鼓嘴,凸嘴

po:p˥

ma˥ po:p˥ nam˥ 水草名

po:p˥ 腺子

fin˩ po:p˥ 生腺子

.pu˥ (不) 参看 su˩

puk˩ 板壁

tau˥ puk˩ 装板壁(以隔房間)

puk˩

.lə puk˩ 柚子

pu:n˥ (半) 半

pu:n˥ van˩ 中午

pu:n˥ ʐa:n˩ 半夜 (I,7,15)

Pj

pja˥

hau˥ pja˥ 包穀,玉蜀黍

pja˧ 雷,電

zuŋ˥ pja˧ 打雷

lə:n˧ pja˧ 閃電

pja˥ 岩

pja˥ tui˧˩ 石岩

pja˥

pja˥ joŋ˧˩ 佳榮,地名,荔波縣東境

pja:k˧

na˧ pja:k˧ 額

pjam˥ 頭髮

pjan˧˩ 磨,磨利

pjan˧˩ mit˧˩ 磨刀

pjoŋ˥ 有洞,通了

pjoŋ˥

ˀai˧ ve˧˩ pjoŋ˥ 鬼師,巫

P'

p'a˧˥ 右

mi˧˥ p'a˧˥ 右手

p'a˥ 劈

p'a˥ dit˥ 劈柴

.p'a˥ 語尾助詞

tai˩ tau˥ pa:i˧˥ ha:u˧ ·ti ni:n[illegible]

.p'a˥ 拿他到月亮裡去罷

(V, 15)

p'a:i˧ 歪,瘸

ka˥ p'a:i˧ 腿瘸

p'a:i˥ 風箱

p'a:k˧˩˧ (雹)

. .lə p'a:k˧˩˧ 雹子

p'a:ŋ˧˩˧ 陣風或雨等

vin˧˥ p'a:ŋ˧˩˧ ˀde:u˥ 一陣風

lum˧˥ p'a:ŋ˧˩˧ ˀde:u˥ 一陣雨

p'a:u˧˥

p'a:u˧˥ za:u˧˩ ˀde:u˥ 一條縫(槽)

p'a:u˧

p'a:u˧ lo˧˩˧ 一種鑼(當地客話借字)

p'a:u˥ (礮) 炮,炮仗

ˀde:t˧ p'a:u˥ 放炮

pʰa:u˥ (鉋) 鉋子;鉋平

ˀbup˥ p'a:u˥ ˀde:u˥ 一把鉋子

p'e˧˥ 尖兒,末梢,尖端

p'e˧˥ ma˧˩˧ 舌尖

p'e˧˥ sum˧˥ 劍尖

p'e1 '一排',兩臂伸平之長度約五尺

p'əi1 鋪,鋪平(II,4)

p'əi1 ʔbin˥ 鋪蓆子

p'əi1 (枇) 篦子

p'əi1 蜻蜓

tə p'əi1 蜻蜓

p'əi1 (枇)

ko1 p'əi1 pa˩ 枇杷樹

p'iu˩ 滚動

ʔdak1 tui˩ p'iu˩ 石頭滚

p'o˩ 黄牛(IX,1)

tə p'o˩ 黄牛,一隻黄牛

p'u˩ (菩)

p'u˩ sa˥ 菩薩

p'u:k˩ 白

p'u:k˩ jəu˩ 白貌

pu:k˩ tai1 卵白

ma1 p'u:k˩ 白菜

p'j

p'jai1 近

k'un˩ p'jai1 路近

p'ja:t˧ 血 (I,7)

p'jau˥ (標)

p'jau˥ ka:n˥ '標桿',標槍

p'ja:u1 烤火,取暖

p'ja:u1 vəi1 烤火

p'ja:u1 沸

nam˥ p'ja:u1 水沸,開水(I,12)

p'jəu˩

tuk1 p'jəu˩ 单衣

p'joŋ1 串

p'joŋ1 ʔde:u1 一串

p'juŋ1

ŋuŋ1 p'juŋ1 髮亂,散亂貌

S

sa˩ 槍 (VIII,1)

sa˩ 紙

sa˩ p'u:k˩ 白紙

sa˩ 如果,假如(II,10,14)

sa˩ (茶)

jəu˩ sa˩ 茶油

462

koɹ jəuɹ saɹ 茶油樹

pe:ŋɹ saɹ 茶壺,磁茶壺

saɹ (炸) 炸

ʐəiɹ saɹ 炸的粑粑

sa˥ (薩)

p'uɹ sa˥ 菩薩

saɹ 粗疏

ləuɹ saɹ 網孔稀,網粗

sa˦ 晒

sa˦ tsəu˦ 晒乾

sa˦ 上去

sa˦ .pa:i˦ ha:u˦ ʔdoŋ˦ 上山林裡去

sai˧ 禽類之雄者,參看 takɹ

ka:i˦ sai˧ 雄雞

sa:i˦ 給使,許可 (I,14, II,3,4, V,15)

meɹ sa:i˦ la:kɹ tai˧ do˧ 不給小孩子看見 (I,6)

ʐunɹ sa:i˦ təŋɹ 送給你

ka:ŋ˧ sa:i˦ 告訴,告 (V,4)

sa:i˧ 問 (I,8, III,1)

sak˦ 一点兒,滴

sak˦ ʔde:u˦ 一点兒,一滴

sak˦ (塞)

wa˦ sak˦ 塞子

wa˦ sak˦ ʐi:n˧ 魚籠後的塞子

sa:k˧ 參看 toi˦

sa:k˧

la˧ sa:k˧ 腋,腋下

sam˦ 早

taŋ˦ sam˦ 來的早

samɹ

samɹ me:uɹ '躲瞎貓',捉迷藏

sam˧ 蘸,如以粑粑蘸芝麻

sam˦ 納鞋底

sam˦ ja:i˦ 納底子

sam˦ 沉没

ʐu:nɹ kwam˧ sam˦ 船翻沉了

sam˦ mət˦ 没入水中

sa:m˧ 走 (VI,5)

sa:m˧ k'un˦ 走路

sa:m˦ 三 (II,1,2,3,4)

sa:m˦ ʐipɹ 三十

sa:m˦ ŋoɹ 三十五

sa:m˦ ka˦ 三合,縣名在荔波之北

san˩˧ 刀背

san˩˧ mit˩ 刀背

san˧˥

san˧˥ kaːi˧˥ 雞冠

saːn˩˧

həu˥ saːn˩˧ 白米，舂過的米

saːn˩˧ 編織籃子等

ḍuk˧˥ saːn˩˧ toŋ˧˥ se˩˧ 籃子編東西

saːn˥ （山）

saːn˥ tuŋ˥ 山東（VII，1）

saːn˥ si˥ 山西（VII，1）

saːn˧˥ （傘）傘

hai˩˧ saːn˧˥ 打開傘

saŋ˩˧ ‘提網’，一種打魚的網

saŋ˧˥ 擤

saŋ˧˥ muk˩ 擤鼻涕

saŋ˧˥ 刺，扎

saŋ˧˥ ɬit˧˥ 刺痛

sap˧˥ 澀

sap˧˥ 捉（V，7，13）

saːp˧˩ 切，割（II，6）

saːp˧˩ naːn˧˩ 切肉

saːt˥ 搓

saːt˥ ɕaːk˥ 搓繩子

sau˩˧ （就）

tʻaːn˧ koŋ˧˥ ta˧ ʔŋ̍˧˩ naŋ˧˥ ʑiːn˧˩ te˩ joŋ˧, ʔe˩ sau˩˧ sə̂ huːn˧˥ təŋ˧˩ 只要岳父你有錢給我用，我就換給你（II，10）

saṵ˧˩

da˩˧ sau˧˩ 眉毛

sau˧˩ 酒刺，粉刺（臉上生的）

fin˩˧ sau˩ 生酒刺

sau˥ 主人

ʔai˥ sau˥ 主人

sau˥ （醜）醜，不好

sau˥ kau˥ 醜，不好看

ve˧˩ sau˥ 作不好的事，作惡（VIII，3）

sau˥

ve˧˩ sau˥ 過陰

ʔai˥ ve˧˩ sau˥ 過陰婆

sau˧˩ 抓住

sau˧˩˧ ɗin˦ 抓人

sau˧˩˧ ʔa:u˦ 抓取

sau˦ 對,雙

sau˦ ʔde:u˦ 一對,一雙

sa:u˥ (炒) 炒

sa:u˥ ma˦ 炒菜

sa:u˦ (竈) 竈

sa:u˦ tuŋ˦ ŋa:i˩ 煮飯的竈

se˦ (西)

toŋ˦ se˦ 東西

se˧

se˧ sa:n˦ 傘骨子

se˧ 抖,顫

se˧ (姊,姐) 姐姐,姊

se˧˩˧ 乳,奶,乳房;乳汁

se˦ (世) 世,代

kuŋ˩ se˦ liu˧˩˧ 輩數多了,年代多了 (VII,4)

se˦ 騎 (II,7)

se˦ ma˧˩˧ 騎馬

se:k˥ 吼,叫 (III,5)

se:ŋ˥ (省) 省城,指貴陽

ha:u˥ se:ŋ˥ 省裡,省城,貴陽

se:t˥ 釣魚鈎

se:u˦ 乾淨

me˩ se:u˦ 不乾淨,髒

se:u˦ ʐe:ŋ˦ 乾淨貌

sə˩ (策)

ti˦ sə˩ 計策 (VI,1,4)

sə˩ (值) 值

sə˩ me˩ ʔdai˥ 值不得 (VI,6)

sə˩

ko˦ sə˩ ʔi˦ '構皮樹

mai˩ sə˩ kwa˦ '紅梂刺樹

hau˥ sə˩ ʐə˩ 一種糯米

sə˥ (子) 子(地支)

van˦ sə˥ 鼠場天,子日

sə˥ (知) 參看 su˧˩˧

sə˧˩˧ (時)

ʂa:ŋ˧˩˧ sə˧˩˧ 常時 (V,16)

.sə 又讀 .si 就,也,都 (I, 6, 7, 8, 9, 15, 17, II, 2, 10, 12, III, 5, V, 7, 8, 9, VIII, 6, ...)

ɹiuv ˥tə ɲam˧ .sə sa:m˧ 於是
晚上就走 (VI,5)

˙ɫi ˥tə di˩ ˥to˩ nok˩ ˀde:u˩ .sə
me˩ naŋ˧ 我們那裡一隻
鳥都(或也)沒有 (III,1)

.sə

.sə ma˩ 董界,地名,荔波縣西南境

.sə 是 (?)

lau˩ ɫi ɫaiŋ˧ .sə ˀai˧ dinˀ˩ (手)
光滑末就說他是個人 (I,5)

me˩ .sə kʻui˩ ɲan˩ 不是櫃銀子
(I,16)

səi˩ 四 (VII,1,2,4)

səi˧ (試) 試,嚐 (II,8)

səi˧ kau˧ 嚐嚐看,試看

səi˧

.ma səi˧ 陽鳳,地名,荔波縣西境

ma:k˩ səi˧ 同上 (VII,3)

sən˩ 巢,穴

sən˩ nok˩ 鳥巢

sən˩ mum˩ 虎穴 (IV,1)

sə:ŋ˩ (箱) 箱子

səu˩

la˧ səu˩ 永康,地名,荔波縣東境

səu˧ (丑) 丑 (地支)

van˩ səu˧ 牛場天,丑日

səu˧ 壺

səu˧ nam˧ 水壺;一壺水 (I,10)

səu˧ la:u˧ 酒壺

si˩ 你們 (I,13,14,III,1,3)

ʐa˩ ˀai˧ si˩ pa:i˧ ˙ɫi nau˩
你們兩個去哪裡

si˩ 餵,飼

si˩ mau˧ 餵豬

si˩ ŋa:i˩ 餵飯 (給小兒)

si˩ (?)

ˀŋ˩ ve˩ tʻaŋ˩ si˩ me˩ ˀda:i˩
你那樣作不好 (V,5)

si˧ 參看 ɲau˧

si˧ (西) 參看 sa:n˧

si˩ 那;那 (連接助詞) (I,15,16,II,14,IV,
3,4,5,6,7····)

˙ɫi si˩ 那裡

sa˧˩˧ ʔe˧˩ hu:n˥ təŋ˧˩ ·ni, si˧˩ ʔe˧˩

ʔai˧ ho˥, ʔe˧˩ .me˧˩ naŋ˧˥

ʐi:n˧˩ joŋ˧˥ 如果我換給你呢,那

我[是]窮人,我没有錢用 (II,10)

si˧˥

si˧˥ wa:i˥ 去棉子

.si 又讀 .sə 就 (I,11, II,5,10)

sik˥ (錫) 錫

sik˥ (尺) 尺子;尺(長度)

sik˥ ʔde:u˧˥ 一尺

466 sik˥ 汗

tai˥ sik˥ 出汗,淌汗

si:k˥ 草鞋

si:k˥ (鵲)

nok˧˩ si:k˥ 喜鵲

sim˧˥ (心?) '伙計',好朋友

ʔai˥ sim˧˥ '伙計',好朋友

ve˧˩ sim˧˥ '打伙計',作好朋友

si:m˥

si:m˥ kau˥ 窺看

si:m˧˥ (占)

həu˥ si:m˧˥ 占米

sin˧˥ (辛)

sin˧˥ ho˥ 辛苦 (VIII,6)

sin˧˥ 是 (?)

me˧˩ sin˧˥ 不是 (VII,6)

sin˧˥ (申) 申(地支)

van˧˥ sin˧˥ 猴場天,申日

sin˥ (心) 心

sin˥ (信) 信,書信,信徒

si:n˧˥ (千) 千

si:n˧˥ ʔde:u˥ 一千

si:n˥ 熬

si:n˥ siu˧˥ 熬硝

si:n˥ 吃 (I,1,8,9, II,6, V,2)

si:n˧˥ sa˧˩ 吃茶

si:n˥ si:ŋ˧˥ 過年<吃正月

siŋ˧˥ 薑

siŋ˥ (請) 請

siŋ˥ he:k˥ 請客

siŋ˥ (姓) 姓

siŋ˥ miŋ˧˩ 姓名 (VII,3)

si:ŋ˥ (丈) 丈(長度)

si:ŋ˦ (正)

ni:n˩ si:ŋ˦ 正月

si:n˦ si:ŋ˦ 過年<吃正月

sip˦

sip˦ mi˨ 戒指

sip˦ 蜈蚣

.tə sip˦ 蜈蚣

sip˦ (摺) 摺起,疊起

sit˦ 七

siu˨ (硝) 硝礦

siu˨ (消) 消

me˩ siu˨ ʔa:u˦ 不消要 (III,4)

siu˨ (簫)

po˦ siu˨ 口琴

siu˧ (少) 少

siu˧ kuŋ˩ 很少,太少 (V,2)

siu˦ (椒)

.lə siu˦ 花椒

so˨ (初) 初,月之前十日前面用之

so˨ ʔit˦ 初一

so˨ ŋəi˧ 初二

so˩ (着)

swa:ŋ˨ so˩ 撞着,遇見 (V,8)

sok˦ 春 (VI,2, VII,2)

mai˩ sok˦ li:n˦ 舂辣椒的棒

sok˦ (燭)

la:u˩ sok˦ 燭

son˨ 教

son˨ le˨ 教書

son˩ 薅旱地,除旱田的草

son˩ da:i˦ 薅地

son˦ (算) 算,打算,想計 (II,5,6, VI,1,5,7)

ʔai˧ son˦ miŋ˦ 算命先生

soŋ˦ (鬃) 鬃

soŋ˦ ma˩ 馬鬃

su˩

ʔai˧ su˩ '後生',年輕男子或女子

su˧ (主)

su˧ ji˨ 主意 (II,6, VI,7)

su˩ (誰?)=孰?)

su˩ .pu˧ sə˧ 誰知<誰不知 (V,16)

莫話記略

suiʎ 蓑衣,棕製蓑衣

ˀbaʎ suiʎ 一件蓑衣 (II,4)

suiɅ (棰) 参看 kui˦

sui˧ 水家.水家話 荔波的一種民族;

ˀai˧ sui˧ 水家

sui˧ (雛)

sumʎ sui˧ 雛子

sumʎ 針

t'aʎ sumʎ 針鼻兒

sum˨˩ 洞孔

sum˨˩ swa:ŋ˧ 窗户

sum˨˩ daʎ 眼睛

sum˨˩

ta:ŋ˨˩ sum˨˩ '蜂糖',蜜

sum˧ 酸

sum˦

sum˦ swa˨˩ 鈸

sun˧ 蚊帳

sun˧ 接繩子

sun˧ za:k˧ 接繩子

su:nʎ (穿) 穿線

su:nʎ sumʎ 穿針

su:nʎ (磚) 磚

su:n˦ (轉) 轉

su:n˦ pa:i˦ ṭi nauʎ 轉去哪裡

suŋ˦ (銃) 槍,火槍

suŋ˦ (送) 送出,放出

suŋ˦ t'əi˦ 呼氣

suŋ˦ (盅) 杯子

suŋ˦ sa˨˩ 茶杯

suŋ˦ ˀdiŋ˦ ŋan˨˩ 化銀杯

su:ŋʎ 罈子

su:ŋʎ 筷子

sup˦ 親嘴

sut˦ (戌) 戌(地支)

vanʎ sut˦ 狗場天,戌日

sut˦ 吸氣

sut˦ t'əi˦ 吸氣

SW

swa˨˩ 参看 sum˦

swa˧ (鎖) 項圈

swa:i˨˩ (傻) 傻

ˀai˧ swa:i˨˩ 傻子

swanʎ 淋,澆 (I, 10, VI, 2)

swa:ŋʎ (撞)

swa:ŋ˦ so˩ 撞着遇見 (V,8)

swa:ŋ˥ (爽) 爽快

swa:ŋ˥ (窗)

sum˩ swa:ŋ˥ 窗户

swa:p˥ '偷油婆'蟲名

tə swa:p˥ '偷油婆'

swa:p˥ sa:u˦ 竈螞

swit˦ 淡,無味

t

ta˨ (大)

ta˨ je˩ 大爺,伯父

ta˨ ma˥ 伯媽,大媽

ta˥

mai˩ ta˥ 竹子

ta˥ (打) 打 (VI,6, VIII,6)

da˨ ta˥ me˩ ʔdai˥ tau˦ 咱們打不得他們 (VI,3)

ta˥ mi˨ 拍手

ta˥ pa:i˩ 打牌

ta˥ 中,中間

tuk˦ ta˥ 中間

la:k˩ ta˥ 中指

ta˦

koŋ˦ ta˦ 外祖父,岳父 (II,3,4,6⋯)

ta˦ 鳥類之胃,肫兒

ta˦ ka:i˦ 雞肫兒

tai˩ 拿,帶 (II,6,7,12,14,V,1,7,15⋯)

tai˦ 開裂

tai˦ 滴 (汗,血等)

tai˦ p'ja:t˥ 滴血 (I,7)

tai˦ sik˦ 出汗,滴汗

tai˦

dak˦ tai˦ 蟋蟀

tai˦ 死 (I,12,17,IV,1,V,6)

ta:i˦ (待) 参看 ta:u˥

ta:i˥

ko˦ ja˨ ta:i˥ 茅草

tak˩ 獸類之雄者,参看 sai˥

ma˨ tak˩ 公狗

tak˦

na˥ tak˦ 胸口

tak˦ 舀

ʔbe˦ tak˦ nam˥ 舀水瓢

tak˧˥ 木棍等断,折

maiˇ˨˩˧ tak˧˥ 木棍折,樹断

tak˧˥

tak˧˥ ɬəi˧˥ 掃箕

tam˥

tam˥ di:k˥ 織布

ta:m˧˥ 把,柄

ta:m˧˥ mit˧˩ 刀把兒

ta:m˧˥ 引(?)

.liu˨˩˧ tau˩˧ .sə ʑo˨˩˧ ʔbak˧˥ ʑe˧ .ʑo˨˩˧ ta:m˧˥ pa:i˧˥ jəu˧˥ ʑa:n˩˧

於是他就放梯子來引到方上去 (V,3)

tan˧ 穿衣,戴帽

tan˧ ja:i˩˧ 穿鞋

tan˧ mau˧˥ 戴帽

taŋ˧ (等) 等子;用等子稱

taŋ˧ taŋ˧ ȵan˧˩ 等子稱銀子

taŋ˧ 供祭

taŋ˧ koŋ˧˥ ja˨˩˧ 祭祖先

toŋ˧˩ taŋ˧ siŋ˧˥ miŋ˧˩ 共供'姓名',即莫氏祖先 (VII,4)

taŋ˧˥ (凳) 凳子

taŋ˧˥ 邀,約會;告 (II,3)

toŋ˧˩ taŋ˧˥ 相約

taŋ˧˥ 飽,醉

si:n˧˥ taŋ˧˥ 吃飽

taŋ˧˥ ŋa:i˧˩ 飽飯

taŋ˧˥ la:u˥ 醉酒

taŋ˧˥ (燈) 燈

vəi˩˧ taŋ˧˥ 燈

taŋ˧˥ 來,來到,…起來,…了(I,6,7,10,11,12,16,II,7,8,IV,6,VIII,4)

ʔa:u˧˥ jwa:i˨˩˧ taŋ˧˥ ha˧ 拿玉燮來殺 (V,13)

.tə mum˨˩˧ .si˨˩˧ ʑo˥ taŋ˧˥ 那老虎就知道了 (IV,3)

ve˨˩˧ nau˩˧ jak˧˥ tin˧˥ ʔe˧˩ taŋ˧˥ 為什麼我的脚濕起來 (I,8)

ta:ŋ˧˩ (糖) 糖,蜜蜂

.tə ta:ŋ˧˩ 蜜蜂

ta:ŋ˧˩ sum˧˩ 蜂糖

man˧˩ ta:ŋ˧˩ 紅薯

ta:ŋ˧˥ (當) 當,當押

ta:ŋ˧˥ ja˧˥ 當田

ta:ŋ˦ (當)

ʔai˧ ta:ŋ˦ ʐai˧ 當事的人,作小官的 (II,2)

ta:ŋ˦ (當?) 擋

ta:ŋ˦ vin˩ 擋雨

tap˩ 堆,砌

tap˩ ʐiŋ˩ 砌牆

tap˩ 打米

tap˩ həu˧ 打米

tap˦ 鎖 (I,12)

tap˦ to˦ 鎖門

tap˦ 肝

tap˦ 挑;挑子:一挑 (I,15)

ta:p˦ ʔde:u˦ 一挑

tau˩ (頭)

ʔai˧ tau˩ 頭人,保甲長等

tau˧ ku:k˧ tau˩ 大鋤頭

tau˩ 歇店,過夜 (I,13,14)

tau˩ ti:m˦ 歇店 (I,13)

me˩ tau˩ 不歇(客人) (I,13)

tau˧ (鬥) 安裝木架等

tau˧ puk˩ 裝上板壁(以隔房間)

tau˦ 梭

tau˦ 他,他們(I,1,6,11,12,13,15,16,II,6,7,IV,5…)

ta:u˩ (桃)

.lə ta:u˩ 桃子

ko˦ .lə ta:u˩ 桃樹

ta:u˧ 燒 (I,16,17)

ʔa:u˦ vəi˩ .ʐo˩ ta:u˧ 拿火來燒 (I,16)

ta:u˦ 回,贖回

ta:u˦ ma˩ 回來

ta:u˦ ja˦ 贖回田

ta:u˦ 回,次

ta:u˦ ʔde:u˦ 一次,一回

ta:u˦ 床鋪 (II,4)

.tə ta:u˦ 床鋪

ta:u˦ (倒!)反倒

ʔe˩ ta:u˦ tai˩ .pa:i˦ te˦ liu˩ ʔe:ŋ˦ 我倒又拿去賣了 (II,14)

te˩ 給我,參看 ʔe˩ 我 (II,11)

hu:n˦ .tə ma˩ ʔŋ˩ te˩ 把你的馬換給我 (II,9)

ta:n˦ koŋ˦ ta˦ ʔŋ˩ naŋ˦ ʐi:n˩ te˩ joŋ˦ 只要岳父你有錢給我用 (II,10)

472

te˧ 砍,伐

te˧ mai˩ 砍樹

te˧

ja˩ te˧ 外祖母,岳母

te:k˥

.kə te:k˥ 母雞叫聲

ka:i˥ ɬai˥ .kə te:k˥ 母雞叫卵

te:m˥ 栽樹,包穀等

te:m˥ mai˩ 栽樹

te:ŋ˥ 菜盤

te:ŋ˥ ɬaŋ˥ ʔa:m˥ 裝菜盤子

te:ŋ˧ (釘) 釘子

.tə 即 to˩ '隻' 之輕声,多用動物名前,往往可以不譯

.tə ma˧ 狗

.tə mum˩ 老虎 (IV,1,2,3,4,6)

.tə piŋ˥ 水蛭 (I,17)

.tə ɳuŋ˩ 蚊子 (I,17)

.tə ma˩ 馬 (II,6,8,9,12,13,14)

.tə 即 to˩ '的' 的輕声

.tə di˧ 我們的我們(III,2)

.tə si˧ 你們的(I,14,III,1,2)

.tə təŋ˩ 你的 (II,14)

·tə 指示地方,地位,位置,時間的助詞

·tə k'a˥ 大家,一齊 (II,4)

·tə ɳam˥ 晚上 (VI,2)

·tə k'un˧ 路,路上 (VI,2)

·tə la˥ 地下 (IV,3)

·tə ʑiŋ˩ 城裡,荔波城

·tə ni˧ 河裡 (V,7,8,12)

·tə ʑau˧ mau˥ 猪籠裡 (V,7)

·tə ɓe˩ 場,場上

·tə ta:u˧ 床鋪

·tə ʑun˧ da˧ 咱們地方,我國 (VIII,1)

·tə ljau˩ 瑶慶,地名

nun˩ ·tə kwam˥ 俯睡

nun˩ ·tə ŋa:i˩ 仰睡

təi˥ 小

la:k˩ təi˥ 小孩子 (I,1,5,6,7,II,4,5,III,1)

təi˥ njak˥ 小小的,小貌

təi˥ 解,解開衣服等

təi˥ ɬuk˥ 解衣

təi˥ tjau˥ 裸體

.tək˥ 即 .tuk˥

təŋ˩ 給你,你的,參看 ʔŋ˩ '你'

to˩ .tə təŋ˩ ·ni 你的匹[馬]呢(II,14)

hu:m˥ təŋ˩ 換給你 (II,10)

ʔe˩ dik˥ mi˦ təŋ˩ kau˧ 我遞手給你看 (I,4)

təu˦ 頭髮上的蝨子

.tə təu˦ 頭蝨

ti˧ (底) 底兒

ti˧ ja:i˦ 鞋底

·ti (第) 第

la:k˩ ·ti ȵəi˦ 二兒子,二女兒 (II,2)

la:k˩ ·ti sa:m˦ 三兒子,三女兒 (II,2)

tik˥ 滿

ti:m˧ (点) 点燈 (I,10)

ti:m˧ vəi˦ taŋ˥ 点燈

ti:m˥ (店) 店

tau˩ ti:m˥ 歇店

tin˥ 脚 (I,8)

tin˥ ma˩ 馬蹄

ti:n˩ (填) 填

ti:n˩ sum˩ 填孔

tiŋ˩

tiŋ˩ jo˦ 厕所

tiŋ˧ 胔 (IX,1)

tiŋ˥ (定) 一定 (II,11)

tiŋ˥ me˩ tai˦ t'au˦ ʔe˩ 一定不該我死 (I,17)

tiŋ˥ 阧

po˦ tiŋ˥ 陂阧

ti:ŋ˧ 着中

pe:ŋ˧ ti:ŋ˧ 打中

tip˥ 摘刀,割取糯米的小刀

tip˥ 縫、作衣服

tip˥ ɗuk˥ 縫衣服,作衣服

tip˥

.lə tip˥ 番茄

tiu˩ (條) 條根,長棍類的量詞;匹(布)

tiu˩ ʔi˦ ʔde:u˦ 一匹布

tiu˩ ʐa:u˦ 柱子,一根柱子

tiu˥ (釣) 釣魚

tiu˥ mum˧

to˩ 個,隻,動物的量詞,多讀輕声如 .tə

to˩ .tə təŋ˩ 你的匹(馬) (II,14)

.to˩ nok˩ ʔde:u˦ 一隻鳥 (III,1)

to˩ 的,普通多讀輕声如 .tə

.to˩ mai˥ 新的

.to˩ ka:u˦ 舊的

to˧ (賭) 賭

to˧ zi:n˩ 賭錢

to˦ 門

ʔbə to˦ 門口 (II,4)

hai˦ to˦ 開門 (I,2,5)

to˦ (多) 多,更

su˅ .pu˧ sə˧ ha:u˧ ˈti ni:n˩ .sə ʔda:i˦ ŋa:u˦ to˦ 誰知月亮裡才更舒服 (V,16)

to˦

.tə to˦ tʻik˥ 多腳蟲

toi˥ (碓) 碓

toi˥ sa:k˧ hau˧ 舂米的碓

toi˥ (對) 對,相見;次(早)

toi˥ ʔdai˧ ʐa˦ la:k˅ təi˧ 對得兩個小女婿有臉與他們相見 (II,5)

toi˥ hit˥ 次早 (II,7)

tok˥ 落,落下

tok˥ vin˦ 下雨

tok˥ kwan˦ tai˦ 嚇掉魂死

tok˩ 小木凳

to:k˧ 捶打

to:k˧ te:ŋ˥ 釘釘子

tom˦ 二人抬 (I,15)

ʐa˦ ʔai˦ tom˦ 二人抬

ton˥ 桿頭脫出

ton˦ 閹

ka:i˥ ton˦ 閹過的雞,油雞

ton˦ ka:i˥ 閹雞

toŋ˩ (同) 同,相 (VII,4,5,6 ....)

toŋ˩ tʻi:t˩ 相遇

toŋ˩ jo˩ 相約 (VII,6)

toŋ˩ nam˩ 相近,靠近

toŋ˥ (東)

toŋ˥ se˦ 東西 (VI,7)

tui˩ 石頭 (V,6, IX,1)

tui˩ de˦ 沙子

pe:ŋ˥ tui˩ ja:m˥ 打水漂兒

tui˩ vəi˦ 火石,(火鐮上用)

tui˩ 捶打

kui˥ sui˩ tui˩ lit˥ 打鐵的杵

tuk˥ 包起,裹起

.tuk˥

.tuk˥ ta˥ 中間

tum˩

tum˩ sa˩ 茶罐,瓦茶壺,參看 pe:ŋ˩

tum˥　田中用来打米的斗

tum˧˥　炖

　tum˧˥ naːn˧˩　炖肉

tun˦　棍的粗端，大頭

　tun˦ ka˧˥　大腿

　tun˦ hin˩˧　上臂

tun˨˦　温熱

　naːn˧˩ tun˨˦　發燒，身上熱

tuŋ˦　（東）参看 saːn˥

tuŋ˧˥　煮

　tuŋ˧˥ ŋaːi˧˩　煮飯

tuŋ˩˧

　va˧˥ tuŋ˩˧　包粽葉

tup˧˥　生銹，蠹等

　tup˧˥ mon˩˧　生蠹

　lit˧˥ tup˧˥ mjai˧˩　鐵生銹

tut˧˥　屁

　ʔuk˧˥ tut˧˥　放屁

tj

tjaːu˧˥

　nok˧˩ .kə tjaːu˧˥　土畫眉

tjəu˥　萎謝，枯萎

tjəu˧˥　繩索斷，衣服破（IV,7）

tju˥　韌如和麵或泥成功時

tʻ

tʻa˧˥　過，渡過

　tʻa˧˥ ni˧˥　過河

　tʻa˧˥ se˧˥　過這一世（VIII,5）

tʻai˨˦　口袋

　tʻai˨˦ gaːn˩˧　麻袋

tʻaːi˨˦　参看 maːk˧˩

tʻaːn˧˥　（炭）炭

tʻaːn˨˦　（但）只要（II,11）

　tʻaːn˨˦ ʔŋ˨˩ saːi˩˧ di˩˧ tau˨˩ ɲam˧˥ naːi˨˦　只要你許我們歇這晚（I,14）

　tʻaːn˨˦ koŋ˧˥ ta˨˦ ʔŋ˨˩ naŋ˨˦ ʑiːn˨˩ te˨˩ jɔŋ˧˥，ʔe˨˩ sau˩˧ .sə huːn˧˥ təŋ˨˩　只要岳父你有錢給我用，我就換給你（II,10）

tʻaŋ˨˦

　tʻaŋ˨˦ naːi˨˦ waːi˧˥ .tə ma˧˩ .ʔe˨˩ .liu˧˩　這樣把我的馬弄壞了（II,14）

t'aŋ˧˥ si˨˩ .tə ma˨˩ pa:i˧˥ me˩ ʔdai˧ 那様馬去不得(V,6)

ʔŋ˨˩ ve˨˩ t'aŋ˧˥ si˨˦ me˩ ʔda:i˧˥ 你那様作不好 (V,5)

t'au˨˩ 斗(容量), 斗(量器)

t'au˨˩ ʔde:u˧˥ 一斗

t'au˥ 到(I, 7, 12, 15, 16, 17, II, 4, ……)

t'au˥ lun˩ 到後來(II, 6, V, 13)

t'au˥ 欠

t'au˥ ʐi:n˩ 欠債, 欠錢

t'au˧˥ 眼中白翳

da˨˦ tok˥ t'au˧˥ 眼生翳

t'au˧˥ 豆

.lə t'au˧˥ 豆子

t'au˧˥ ŋa:n˥ 黄豆

t'au˧˥ nam˥ 黑豆

t'au˧˥ jəu˨˦ 緑豆

t'au˧˥ lum˥ 花生

t'au˧˥ ʐe˥ ɓuk˥ '江豆'

t'au˧˥ ɓa˩ '飯豆'

.lə t'au˧˥ p'u:k˨˩ 豆腐

t'a:u˨˦ 舔

tai˩ ma˩ taŋ˧˥ t'a:u˨˦ 以舌來舔

t'e˥ (替) 替代, 當作

t'e˥ ɓe˥ 替代來(VII, 2)

t'e˥ 還, 償還

t'e˥ ʐi:n˩ 還錢, 還債

t'ə˩ 嚇

t'ə˩ ɗin˨˦ 嚇人

t'əi˧˥ 窩

ləu˨˦ t'əi˧˥ 網孔窩

t'əi˧˥ 墳山

ʔdan˧˥ t'əi˧˥ 一座墳山

t'əi˧˥ 参看 ma:k˨˩

t'əŋ˨˩ 手杖

mai˨˩ t'əŋ˨˩ 手杖

t'ik˥ (踢) 踢

t'i:m˩ 晒穀等的席, 晒席

t'i:m˨˩ sa˥ həu˥ 晒穀席

t'i:n˧˥ 藍靛

t'i:t˨˩ 遇見(IV, 1, V, 7)

toŋ˨˩ t'i:t˨˩ 相遇

t'iu˥ 吐

t'iu˥ dui˨˦ 吐口水

t'iu˦ （跳） 跳

t'iu˦ vu:ŋ˨˦ 跳高

t'on˦ 慢

t'oŋ˦

t'oŋ˦ ȶwai˨˦ '犂柱',犂之一部

t'oŋ˦ ʔoi˥ 甘蔗

t'oŋ˦

sa:m˨˦ t'oŋ˦ 三洞,地名,荔波縣東北境

t'oŋ˦ 一種人(?)

ʔai˥ t'oŋ˦ 獨山縣基塲的'本地人'(?)

t'o:t˥ （脱） 脱

t'o:t˥ ȶuk˦ 脱衣 (IV,5)

t'um˨˩ 水衝,淹

t'um˨˩ t'au˦ ·ȶi na:i˦ 水衝到這裡,淹到這裡

t'um˨˩ ja˦ 淹田

t'um˦

·lə t'um˦ 果名

ko˦ ·lə t'um˦ 樹名

t'u:n˨˩ 夫兒禿了

t'u:t˥ 刮

t'u:t˥ ȡa˨˦ 刮皮

t'u:t˥ 退,脱皮

t'u:t˥ ȡa˨˦ （蛇）退皮

t'j

t'jan˦ 追趕

t'jan˦ ȡin˨˦ 趕人

ȶ

ȶa˨˩ 叢,把

ȶa˨˩ ja˨˦ ʔde:u˦ 一叢草

ȶa˨˩ wa˨˦ ʔde:u˦ 一把花

ȶa˨˩

t'au˦ ȶa˨˩ '飯豆',豆名

ȶa˥ 等候

ʔe˨˩ pa:i˦ ȶa˥ ʔŋ˨˩ 我去等你

ȶa˥ （家）

mo˨˩ ȶa˥ 莫家 (VII,5)

ȶa˦ 蛇退去的皮

ȶa˦ ʑui˨˩ 蛇退去的皮

ȶa˦ （嫁） 嫁 (II,2)

ȶa˦ ·lə ʔbi:k˥ 嫁女兒

478

ɬai˦ 蛋，卵；母雞叫卵

pi:ŋ˩ ɬai˦ 卵殼

ŋa:n˥ ɬai˦ 卵黄

p'u:k˨˩ ɬai˦ 卵白

ka:i˦ ɬai˦ .kə te:k˥ 雞叫卵聲

ɬa:i˩ 話

van˩ ɬa:i˩ '擺門子'，談天

van˩ ʔdan˦ ɬa:i˩ ʔde:u˦ 說一句話

ɬa:i˦ 親家；為子女訂婚

ʔai˥ ɬa:i˦ 親家

ɬa:i˦ la:k˨˩ '打親家'，為子女訂婚

ve˨˩ ɬa:i˦ la:k˨˩ 通婚 (VII,5)

ɬak˩ '脚馬' 下雨時綁在草鞋底的鐵掌以防滑倒

ɬak˩ si:k˥ '脚馬'

ɬa:k˥ 打，擊火

ɬa:k˥ vəi˩˧ 打火（用火鐮）

ɬam˥ 癢

ɬam˥ 咬 (I,7,17,IV,3,4,6,7)

ɬam˥ lum˩˧ 咬不着，咬空了

ʐui˩ ɬam˥ ɗin˩˧ 蛇咬人

ɬam˦ 播堯等地之'本地'人，與普通'本地人' ja:i˥ 不同，語言近似蕙家；錦人，錦話

ʔai˥ ɬam˦ 錦人

ɬan˥ 雞啼

ka:i˦ ɬan˥ 雞啼

ɬan˧ （斤） 斤（重量）

ɬan˧ ʔde:u˧ 一斤

ɬaŋ˧ 囤，關起來 (V,7)

tai˩ pa:i˧ ɬaŋ˧ 拿去囤起

ɬa:ŋ˥ 說，講；話 (I,2,5,II,10,11,V,2,5,6,9,····)

toŋ˩ ɬa:ŋ˥ 同說，相商

van˩ ʔdan˧ ɬa:ŋ˥ 說一句話

.liu˨˩ tau˧ ɬa:ŋ˥ sa:i˩˧ ʔai˥ jwa:ŋ˩ 於是他告訴王 (V,4)

ɬa:ŋ˧ 亮

ʐa:n˩˧ ɬa:ŋ˧ 天亮

ɬa:ŋ˧ （裝） 裝，放入

ɬap˩ 綁

ɬap˩ ʐe˩˧ 綁帶子

ɬap˦ 小盒子

ɬat˦ 魚鱗

ƫat˥ 瘡痂

ƫau˥ 頭,腦袋,端(I,7, VIII,2,3)

ƫau˥›kau˦ 膝蓋

ƫau˥ ku:n˦ 斧頭

ƫau˥ ku:k˥ 鋤頭

ƫau˦

mai˨˩˧ .lə ƫau˦ 桐子樹

ƫa:u˥ (交)

ƫa:u˥ ta:i˦ 交待,吩咐(I,1)

ƫe˥ 屎,大糞(II,7, VI,2,3, VII,2)

ƫe˥

ʔbak˦ ƫe˥ 梯子(V,3)

ƫe˦ 討,要;因為(VIII,1,4,6)

ƫe˦ 老

koŋ˦ ƫe˦ 老人

ƫe˦ 賣(II,12,14)

ƫe˦ toŋ˦ se˧˩ 賣東西

ve˨˩˧ ƫe˦ dai˥ 作買賣

ƫe˦ koŋ˦ 為人作工〈賣工

ʔai˥ ƫe˦ koŋ˦ 帮工的,用人

ƫe:k˥ (刻) 刻

ƫe:k˥ fin˧˩ ʑui˧˩ 刻成行

ƫe:n˦ 參看 ƫuk˦

ƫe:ŋ˦ 床单

ƫe:u˥ 綁腿

ƫəi˦ 參看 ka:p˥

ƫəi˦ 遠

k'un˧˩ ƫəi˦ 路遠

ʔdun˥ ŋa:u˦ ƫəi˦ ɕaŋ˦ do˥
人家在遠處望見 (VI,5)

ƫəi˦

t
ɗak˦ ƫəi˦ 掃箕

ƫəi˦ 黑痣

fin˧˩ ƫəi˦ 生痣,有痣

ƫək˨˩˧ 參看 ʑan˧˩

ƫəu˨˩˧ (求) 求,哀求

ƫəu˨˩˧ 棄,丢,擱(I,15, IV,5, VI,2)

ƫəu˥ 九

ƫəu˥

ƫəu˥ si:n˧˩ 九仟即從善,地名,荔
波縣東北境

ƫi˧˩ (計)

ƫi˧˩ sə˨˩˧ 計策(VI,1,4)

ɬi˧˩ (鰭) 鰭

ɬi˧˩ ga:i˦ nam˥ 魚腮

ɬi˧˩

ɬi˧˩ .la:i˦ ji˧˩ ʔda:i˦ 不論如何都好 (I,17)

ɬi˥ 秧,稻秧

ko˦ ɬi˥ 秧,一棵秧

ɬi˥ (錢) 錢 (I,1,IV,7,VI,7)

ɬi˥ be˦ 錢歲

·ɬi

·ɬi ʔda:ŋ˦ 掃把,掃帚 (II,7)

·ɬi ni:n˧˩ 月亮 (V,14,15,16)

·ɬi ŋai˧˩ 叫化子,乞丐

·ɬi 裡處,指地方的助詞

·ɬi na:i˦ 這裡 (VI,6)

·ɬi ʔde:u˦ 一處 (VII,6)

·ɬi .tə di˦ 我們地方 (III,1)

·ɬi .tə da˦ 咱們地方,我國,中國 (VIII,2,3)

·ɬi .tə si˦ 你們地方 (III,1;2)

·ɬi .tə ʔdun˥ 人家地方 外國 (VII,6, VIII,1)

·ɬi ka:u˥ 原處 (III,5)

do˦ tau˦ tʻau˥ ·ɬi wit˧˩ jwa:i˧˩ pa:i˦ ·tə ni˦ si˧˩ 網他到扔玉變到河裡的那地方 (V,8)

ɬim˧˩

.lə ɬim˧˩ '花紅',沙果

ko˦ .lə ɬim˧˩ '花紅樹'

ɬim˦ (金) 金

ɬin˥

ɬin˥ la˥ 地上滾 (?)

ɬin˦

ɬin˦ tʻa˦ 傾聽

ɬi:n˦

mum˦ ɬi:n˦ 魚名

ɬiŋ˧˩ 三角架,火塘 [illegible] 物用

ɬiŋ˦ 翻地

li˧˩ ɬiŋ˦ da:˦ 翻鍬翻地

ɬi:ŋ˦

ɬi:ŋ˦ ɬwai˦ '牛千金',繫犁處,有一木橛,牛拉之以耕地

ɬip˥ 拾起

ɬip˥ 似,同

toŋ˧˩ ɬip˥ 相似

ƫit˥ 痛，病

ƫit˥ 把

ƫit˥ həu˧ 一把米

ƫit˥ ʔdaːŋ˦ 掃把，掃帚

ƫiu˩ （橋） 橋

ƫiu˩

məu˧ ƫiu˩ 未閹過的公猪

ƫiu˧ 後跟

ƫiu˧ jaːi˩ 鞋後跟

ƫiu˧ tin˦ 脚後跟

ƫiu˧ 匙狀網

ƫiu˧ naːk˩ mum˦ 捕魚網如匙狀

ƫo˩ 参看 pit˩

ƫo˥

ƫo˥ vəi˩ '火子'，餘燼

ƫoŋ˩ 蝶子

ƫoŋ˥ 大飯盤

ƫu˧

ʔbup˥ ƫu˧ 翻鍬口或刃

ƫu˥ 咳嗽

ƫu˥ （鋸） 鋸

ʔbup˦ ƫu˦ ʔdeːu˦ 一把鋸

ƫu˦ 笑

ƫui˧ 大水溝，常有水流的田溝

ƫuk˥ 衣服 （IV,5,6）

ƫuk˥ waːi˥ 棉衣

ƫuk˥ tjəu˦ 衣服破了

ʔdat˥ ƫuk˥ 一件衣服（IV,7）

ƫuk˥

ʐui˩ ƫuk˥ ƫeːn˥ 四脚蛇

ƫum˦

ƫum˦ toi˥ 碓臼

ƫum˦

ƫum˦ ƫwaːu˦ 蜘蛛網

ƫun˧ 扁担的一頭

ƫun˦ '客家'，當地漢人以別於'本地'，水家等

ƫun˦ 拔

ƫun˦ kak˦ 拔樁子

ƫuːn˩ （拳） 参看 ʔbam˦

ƫuːn˧ （捲） 捲，盤起

ƫuːn˧ ŋat˥ 挽髻

ƫuŋ˦ （共） 共，與（VIII,2）

ƫuŋ˦ 鼓

ȶuŋ˦ 鬧,攪鬧,小兒不乖(I,9)

ȶup˦ 笠帽

ȶut˩

mai˩ ȶut˩ 樹名

ȶw

ȶwa˦ 鹽

ȶwai˦ 犁;以犁耕

ȶwai˦ ȶwai˦ ja˧ 犁耕田

ʔbup˥ ȶwai˦ 犁口;一把犁

ȶwa:ŋ˩ (床) 床

ȶwa:ŋ˦ 富

ʔai˧ ȶwa:ŋ˦ 富人 (II,2)

ȶwa:u˦ 蜘蛛

.tə ȶwa:u˦ 蜘蛛

ȶum˧ ȶwa:u˦ 蜘蛛網

ȶʻ

ȶʻa˨ 耳,耳朵

ȶʻa˨ sum˨ 针鼻子

ȶʻa˧ 藏起

ȶʻa˧ me˩ sa:i˦ kau˧ 藏不使見

ȶʻa˦

.lə ȶʻa˦ 絲瓜

ko˦ .lə ȶʻa˦ 一棵絲瓜

ȶʻai˩ 屯籮

ȶʻai˩ ȶa:ŋ˦ hau˧ 裝米的屯籮

ȶʻai˦ 螃蟹

ȶʻa:i˦ 耙田

ȶʻa:i˦ '壁笆',竹篾作的隔牆

ȶʻaŋ˦ 截,段

ȶʻaŋ˦ ȶe˧ 一截条

ȶʻaŋ˦ mai˩ 一截木頭

ȶʻaŋ˦

ȶʻaŋ˦ lo˦ 咳一声,清理喉嚨

ȶʻau˦ 吠

ma˦ ȶʻau˦ 狗吠

ȶʻe˩ 場,集,街子(趕場日期依地支)(II,9)

.tə ȶʻe˩ 場,場上

ȶʻe˩ sə˧ 鼠場

ȶʻe˩ səu˧ 牛場

ȶʻe˩ hin˩ 虎場

ȶʻe˩ ma:u˩ 兔場

ȶʻe˩ zin˨ 龍場

莫話記略

ƫʻe˧˩˧ ʐə˧˩˧ 蛇場
ƫʻe˧˩˧ ŋo˨˩ 馬場；恒豐，地名荔波縣北境
ƫʻe˧˩˧ məi˧ 羊場；扯歐，地名
ƫʻe˧˩˧ sin˩˧ 猴場
ƫʻe˧˩˧ jəu˧˩˧ 雞場；基場獨山縣境
ƫʻe˧˩˧ sut˦˥ 狗場
ƫʻe˧˩˧ haːi˥ 豬場，九仟的場
ʔdaːu˥ ƫʻe˧˩˧ 趕場

ƫʻəi˩˧ 梳子

ƫʻəi˦˥ （氣）氣；陣（風）
sun˦˥ ƫʻəi˦˥ 呼氣
ƫʻəi˦˥ lum˩˧ ʔdeːu˧ 一陣風

ƫʻəu˥
.lə ƫʻəu˥ 茨菇
.lə ƫʻəu˥ pa˦˥ 百合

ƫʻəu˦˥ 乾，渴（I，17）
ƫʻəu˦˥ ʔbup˦˥ taŋ˧ 口渴起來（IV，4）
jəu˧ ƫʻəu˦˥ 乾地上，旱地上（I，17）

ƫʻi˩˧ （氣）生氣，恨
ƫʻi˩˧ tau˧ 恨他
ƫʻi˩˧ kuŋ˩ 很生氣（II，5）

ƫʻik˦˥ 鍋

ƫʻik˦˥
.tə to˧ ƫʻik˦˥ 多脚蟲

ƫʻiːm˦˥ 借
ƫʻiːm˦˥ ʐiːn˩ 借錢
ƫʻiːm˦˥ sa˩˧ 借紙

ƫʻiːn˥ 酒提子
ƫʻiːn˥ tak˦˥ laːu˥ 打酒的提子

ƫʻiu˦˥ （轎）轎子

ƫʻiu˧˩˧
ȶau˥ ƫʻiu˧˩˧ 蕌頭

ƫʻoŋ˥ 牽（II，12）
ƫʻoŋ˥ ma˧˩˧ 牽馬（V，2）

ƫʻui˩˧ 螺螄，蚌
.tə ƫʻui˩˧ 螺螄，蚌
ƫʻui˩˧ ʔduːn˧ 螺螄
ƫʻui˩˧ paːn˥ 蚌

ƫʻui˧˩˧ 捕鳥獸的套
ƫʻui˧˩˧ ŋaːn˥ nok˩ 捕鳥套

ƫʻut˦˥ 熱，燙以火（V，14）

ƫʻw

ƫʻwaːm˥
mai˧˩˧ ƫʻwaːm˥ 秧耙，薅秧耙

ƫʻwaːu˧ 扯，拉（V，1）
ƫʻwaːu˧ ma˩˧ pʻjai˦˥ 扯近
tau˧ ve˧˩˧ mi˩˧ .ʐo˧˩˧ ƫʻwaːu˧ 他拿手來扯（草）（V，1）

V

va˥ 雲

va˦˥ 葉,紙張等的量詞

va˦˥ mai˧˩ 樹葉

va˦˥ sa˩˧ ʔde:u˩˧ 一張紙

ko˦˥ va˦˥ vi:t˧ 芭蕉樹

va˦˥

va˦˥ ka:i˦˥ 雞翅

va˦˥ 糠

va:i˧˩ 兄,姊

va:i˧˩ nuŋ˧˩ 兄弟,姊妹;同堂的人,同宗(I,7, VII,5)

vak˦˥ 豆莢(連豆在內)

vak˦˥ 刀鞘

vak˦˥ mit˧˩ 刀鞘

vak˦˥ 孵

vak˦˥ ɬai˦˥ 孵蛋

vak˦˥ 冬瓜

.lə vak˦˥ 冬瓜

van˩˧ 日子,白天,晏遲(在上午)(IV,7, V,2, VI,7)

van˩˧ van˩˧ 天天(IX,1)

taŋ˩˧ van˩˧ 來晏,來遲

van˩˧ na:i˦˥ 今天

van˩˧ mu˥ 明天

van˩˧ na˥ 後天

van˩˧ ȵuŋ˦˥ 昨天

van˩˧ kun˦˥ 前天

van˩˧ lun˧˩ 二天,日後(VI,6)

van˩˧ 種子

van˩˧ ma˦˥ 菜種

van˩˧

.tə mum˦˥ van˩˧ 鯉魚

van˧˩ 說(III,5)

van˧˩ ɬa:i˧˩ '擺門子',談天

va:n˩˧ '山羊',一種野獸

va:n˩˧ ɕe˩˧ 麝獸

.tə va:n˩˧ '山羊'(III,5)

na:k˧˩ va:n˩˧ 獵'山羊'

va:n˦˥ (萬) 萬

va:n˦˥ ʔdeu˦˥ 一萬

vaŋ˩˧ 浸濕

vaŋ˩˧ nam˥ 浸濕水

vaŋ˥ 粽子

vaŋ˥

vaŋ˥ ʐeːn˩ 旁邊

vaːŋ˩ 穀草,稻草

vaːp˧

vaːp˧ loŋ˩ 腰,肋下兩旁腹部

vaːt˧ 鞭打

vaːt˧ ma˩ 打馬

vaːu˩ 參看 vok˩

ve˩ 水瀨

ve˩ 作 (I,14, V.1,5,VII,5)

ve˩ ȶe˧ dai˧ 作賣買,作生意

ve˩ nau˩ 如何,為何,無論如何(I,8, II,5,13,III,2,IV,3,VI,1, 4,VIII,6 ……)

ve˩ ȶau˧ 共一頭,聯合(I,7,VIII,2)

tau˧ ve˩ mi˩ .ʐo˩ ȶʻwaːu˧ 他拿手來扯(草) (V,1)

veːn˧ 絲瓜瓤

vəi˩ 火(I,10,11,12,16,VI,5 ……)

vəi˩ taŋ˥ 燈

vəi˩ 肥 (IX,1)

vən˧ 灰塵

vən˧ 粉

vəŋ˩

.lə vəŋ˩ 手指(本地話)(I,9)

vin˩ 雨

tok˥ vin˩ 下雨

vin˧ 飛

nok˩ vin˧ 鳥飛

vin˥ 懸掛

ȶui˩ vin˥ ‘吊套’,懸起的套以捕‘山羊’等

viːn˧ 玩

ve˩ viːn˧ 玩耍

viːn˥ 田垌,田野

viːn˥ ja˥ 田野

viːŋ˥

hau˧ viːŋ˥ 小米

viːt˧

ko˥ va˥ viːt˧ 芭蕉

vok˩ 泡子,沫

nam˧ yok˩ vaːu˩ 水起泡

vuk˥ 灰,炭灰

vu:ŋ˩˧ 高 (VI,5)

vu:ŋ˩˧ ŋa:ŋ˩˧ 高高的,高貌

W

wa˩˧ 孿生

sau˧ .lə wa˩˧ 一對孿生子

wa˩˧ (花) 花

ŋui˧ wa˩˧ ʔde:u˧ 一朵花

hai˩˧ wa˩˧ 開花

wa˩˧ .lə jut˧˥ 五倍子 (IV,1)

wa˩˧ 蓋子

wa˩˧ sak˧˥ 塞子

wa˩˧ kup˩ ɗik˧˥ 鍋蓋

wa˧˥ 褲子

ʔdat˧˥ wa˧˥ ʔde:u˧ 一條褲子

wa:i˧˥ 棉花

wa:i˧˥ (壞) 壞,破 (II,14)

wa:i˧˥

la˥ wa:i˧˥ '歪村',地名

wa:k˥

mai˧˩ wa:k˥ 杉木

wa:k˥ 讓,避讓

wa:k˥ k'un˩˧ 讓路

wa:ŋ˩˧ (横?) 横 (豎的反面)

wa:ŋ˧˩

nok˩ wa:ŋ˧˩ məi˩ 畫眉鳥

wap˩ 凹進去

ʔbup˧˥ wap˩ 凹嘴,如無牙老人

wa:u˩˧

.tə kau˧ wa:u˩˧ 蝙蝠

wa:u˥ 缺如兎脣

ʔbup˧˥ wa:u˥ 兎脣

we:ŋ˧˥

we:ŋ˧˥ pə˧ '圍腰',圍裙

we:u˧ 參看 ʔbau˧

wəi˩ 指,用手指

wəi˩ mi˩˧ 用手指,指

wəi˥

.pə wəi˥ 地名,在荔波縣城南

wəi˧ (爲) 爲,因爲

wəi˧ .jin˥ na:i˧ 因此 (VIII,3,4)

wəi˧ ta:ŋ˥ ʔŋ˩ .ə .lo 正爲是你嗎!
(V,12)

wit˩ 拋,甩,棄 (V,7,8,11,12)

Z

za˩˧ 二,兩(單用)參看 ŋəi˧˥ (I,7,II,4,5)

za˩˧ ʔai˥ di˩˧ 我們兩個

za˩˧ pe:k˥ 二百

za˩˧

za˩˧ za:u˥ 粗糙,不平滑

ʐa˨˩

　　be˨˦ ʐa˨˩ 明年

ʐa˨˩

　　kum˨˩ ʐa˨˩ 火塘,屋中燒火取暖處

ʐa˨˩ 藥

　　siːn˦ ʐa˨˩ 吃藥

　　ʐa˨˩ suŋ˦ 火藥

ʐai˨˩ 篩子;篩米等

　　ʐai˨˩ həu˥ 篩米

ʐai˨˩

　　ȵiːŋ˥ ʐai˨˩ 水草名

ʐai˦ (事)

　　ʔai˧ taːŋ˦ ʐai˦ ʔdeːu˦ 一個當事的人,一個作小官的(II,2)

ʐaːi˨˦ 泥垢

ʐaːi˧ 腸子

　　ʐaːi˧ ʔdwa˦ 肚臍,臍帶

ʐaːi˦

　　.lə ʐaːi˦ 楊梅

　　ko˦ .lə ʐaːi˦ 楊梅樹

ʐaːk˥ 繩子,繩索

ʐan˨˦ 重,不輕

　　ʐan˨˦ ƫək˨˩ 重重的,重貌

ʐan˨˩˧ 蚯蚓

　　.tə ʐan˨˩˧ 蚯蚓

ʐaːn˨˦ 夜

　　puːn˦ ʐaːn˨˦ 半夜(I,7,15)

　　fin˨˦ ʐaːn˨˦ 作夢

ʐaːn˨˦ 房子,家(I,1,4,10,II,7····)

　　me˨˩ ȵaːu˦ ʐaːn˨˦ 不在家(I,13)

　　ʐaːn˨˦ ƫaːŋ˦ 天亮

ʐaŋ˨˩ 直

　　ʐaŋ˨˩ djoːt˥ 直直的,直貌

ʐaŋ˨˩ 曾,曾經

　　jwaːi˨˩˧ me˨˩ ʐaŋ˨˩ tai˦ ʔeːŋ˦
　　　王燮還未曾死(V,12)

ʐaːŋ˨˩˧ 養

　　ʐaːŋ˨˩˧ həi˨˩ 養水牛

　　ʐaːŋ˨˩˧ kaːi˦ 養雞

　　ʐaːŋ˨˩˧ məu˦ 養猪

ʐaːŋ˦ 匠;會,善於

　　ʐaːŋ˦ mai˨˩˧ 木匠

　　ʐaːŋ˦ van˨˩ 會說,善於言詞

ʐaːp˥ '紮',以拇指及中指或食指量之長度,約五寸

　　ʐaːp˥ ʔdeːu˦ 一紮

　　ʐaːp˥ nəi˨˩˧ ʔdeːu˦ 一小紮(以拇指與食指量)

　　ʐaːp˥ laːu˨˩˧ ʔdeːu˦ 一大紮(以拇指與中指量)

ʐaːp˨˩˧ 洗,沖

　　ʐaːp˨˩˧ naːn˨˩˧ 洗身,沖涼

ʐau˨˦ 籠子（V,4）

ʐau˨˦ nok˧˩ 鳥籠

ʐau˨˦' məu˦ 猪籠（V,7）

ʐau˨˦

.lə ʐau˨˦ '刺梨',一種野薔薇果

ʐau˧

həu˧ ʐau˧ 早米

ʐau˦ 參看 joŋ˧˩

ʐa:u˨˦ 柱子

tiu˧˩ ʐa:u˨˦ 柱子,一根柱子

ʐa:u˨˦

man˧˩ ʐa:u˨˦ 山藥

ʐa:u˧˩ 縫,槽,溝

p'a:u˨˦ ʐa:u˧˩ ʔde:u˦ 一條縫

ʐa:u˧ 參看 ʐa˨˦

ʐa:u˨˩˦ 竿,竹竿

mai˨˩˦ ʐa:u˨˩˦ 竹竿（VI,5）

ʐa:u˨˩˦ 燒火,升火

ʐa:u˨˩˦ vəi˨˦ 升火

ʐa:u˨˩˦

.lə ʐa:u˨˩˦ 女婿（II,4,14）

ʐa:u˨˩˦ 才纔（V,13,14,VII,2,VIII,4,5）

.liu˧˩ tau˦ bjan˦ ɬi˧ van˨˦, ʐa:u˨˩˦ ʔdai˧ kai˦ ɳi:ŋ˥ ʔde:u˦ 於是他扯了幾天,才得了一點兒草（V,2）

ʐa:u˦

mai˨˩˦ ʐa:u˦ '馬桑樹',樹名

ʐe˨˦ 帶子

ʐe˥ 左

mi˨˦ ʐe˥ 左手

ʐe˦

t'au˦ ʐe˦ ɬuk˦ '江豆',豆名

ʐe:n˨˦

vaŋ˦ ʐe:n˨˦ 旁邊,邊沿

ʐe:n˦ 箭猪

.tə ʐe:n˦ 箭猪

ʐe:ŋ˦ 參看 se:u˦

ʐə˧˩ （日）

ʐə˧˩ pən˥ 日本（VIII,6）

ʐə˧˩

həu˧ sə˧˩ ʐə˧˩ 糯米名

ʐə˨˩˦ （巳）巳（地支）

van˨˦ ʐə˨˩˦ 蛇場天,巳日

ʐəi˨˩˦ （糍）粑粑,糍粑

ʐəi˨˩˦ （時）時,時候

ʐəi˨˩˦ na:i˦ 現在（VII,4,5,VIII,1,5）

ʐəi˨˩˦ kun˦ 從前（II,1,VI,1）

pa:i˨˩˦ ʐəi˨˩˦ 隨時（III,2）

ʐəi˦ 坐（I,6,IX,2）

ʐəi˦ taŋ˦ la˧ 坐下來

ʐəi˦ 只,獨,光(IX,2)

.liu˧˩ ˀai˥ hiu˧˩ ʐəi˦ lu˩˧ 於是苗人只是怕(VI,3)

ʐəi˦ lu˩˧ pa:i˦ ha:u˥ ·ʄi ni:n˩ ·ə ʐa:u˧˩ ʄ'ut˦˥ 只怕去月亮裡那才熱(V,14)

ʐən˩˧ (潤) 潮,潤

·tə la˥ ʐən˩˧ 地潮

ʐə:ŋ˦˥ 涮

ʐə:ŋ˦˥ ˀu:n˧ 涮碗

ʐəp˩ 吹

ʐəp˩ vəi˩˧ 吹火(I,12)

ʐət˦˥ 又音ʐut˦˥ 尾巴

ʐət˦˥ həi˩ 水牛尾巴

ʐəu˧˩ 願,肯(II,10)

ʐi˩ 罵(II,4)

ʐi˩ (匙)

mi˩˧ ʐi˩ 鑰匙

ˀdat˦˥ mi˩˧ ʐi˩ 一把鑰匙

ʐim˩

ʐun˩˧ ʐim˩ 周覃,地名荔波縣北境

ʐin˩ (辰) 辰(地支)

van˩˧ ʐin˩ 龍場天,辰日

ʐi:n˩ (錢) 錢,銀錢;錢(重量);寸(長度)(II,12)

naŋ˦ ʐi:n˩ 有錢(II,2,10,11)

ʐi:n˩ ˀde:u˦ 一錢重,一寸

ʐi:n˦ 捕魚籠

n̥a˩ ʐi:n˦ 捕魚籠内的倒鬚

ʐi:n˦ 麻木

ʐi:n˦ tin˦ 脚麻

ʐi:n˦ (賤) 賤;便宜

ʐiŋ˦ 力量

naŋ˦ ʐiŋ˦ 有力

ʐiŋ˩ (城) 城;墙

·tə ʐiŋ˩ 城裏;荔波城

la˥ ʐiŋ˩ '寨脚',村邊(IX,2)

ˀbup˦˥ ʐiŋ˩ 門樓

ʐiŋ˩ ˀde:u˦ 一堵墙

ʐa˩˧ ʐiŋ˩ 兩堵墙

ʐiŋ˩ 參看 joŋ˦˥

ʐiŋ˥

mai˧˩ va˦˥ ʐiŋ˥ 棕樹

ʐi:ŋ˥

mai˧˩ ʐi:ŋ˥ 白楊

ʐi:ŋ˧˩ 炕乾

pit˧˩ ʐi:ŋ˧˩ li:n˦˥ 炕辣椒的篾子,普通懸在火塘上

ɗi:ŋ˩˧ ʐi:ŋ˧˩ hau˥ 炕米篩

ʐip˩ 十

ʐip˩ ˀit˦˥ 十一

ʐip˩ n̥əi˦ 十二

ŋai˦ ʐip˩ 二十

ʐip˥ 指甲

ʐip˥ mi˦ 手指甲
ʐip˥ tin˦ 脚指甲

ʐit˩

mum˦ ʐit˩ '土魚',魚名

ʐiu˧ '牛扒索',拉犂的索子

ʐo˦ 乾

ŋan˦ ʐo˦ 乾癞

ʐo˧ 知道,懂(II,5, IV,3, V,8, VI,1,4)

ʐo˨˩˨ 放,着,澆(菜),'点'種(如包穀);助詞,好,'來','着'(I,5,10,12,16, II,6, III,3,4, 5, IV,1, V,3,7,9, VI,1,2,....)

ʐo˨˩˨ ʐa˨˩ ʐo˨˩˨ mum˦ 放藥去鬧魚,毒魚
tai˩ nam˧ pa:i˦ ʐo˨˩˨ 拿水去澆
ʐo˨˩˨ hau˧ pja˧ '点包穀',種包穀
sok˥ ʐo˨˩˨ tai˩ .pa:i˦ ˑtə k'un˦ tə̄u˨˩˨ 舂好拿去(放在)路上晒穀(VI,2)
ʔa:u˦ luŋ˧ .ʐo˨˩˨ tap˥ k'ui˦ 拿鎖來鎖櫃子(I,12)
p'əi˦ ta:u˦ ʔda:i˦ .ʐo˨˩˨ ʐa˦ la:k˨˩˨ təi˧ nun˨˩˨ 鋪好的床鋪來給兩個小女婿睡(II,4)
.liu˨˩˨ tau˦ .sə t'oŋ˧ ma˨˩˨ .ʐo˨˩˨ pin˦ .pa:i˦ jəu˦ ʐa:n˦ 於是他就牽着馬爬上房去(V,3)

ʐo˨˩˨ 倉

ʐo˨˩˨ ta:ŋ˥ hau˧ 装米倉

ʐok˨˩˨ (熟) 熟

ʐok˥ 田中野草

ʐui˦ 行

te:k˧ fin˦ ʐui˦ 刻成行

ʐui˨˩˨ 蛇

.tə ʐui˨˩˨ 蛇
mum˦ ʐui˨˩˨ 魚名

ʐuk˥ 洗衣,臉等(II,13,14)

ʐuk˥ tuk˥ 洗衣服
ʐuk˥ na˧ 洗臉
ʐuk˥ se:u˦ 擦乾净

ʐum˧ 飲

ʐum˧ nam˧ 飲水

ʐum˥ 討,要

ʐum˥ ŋa:i˩ 討飯

ʐun˦ 地方

ʐun˦ na:i˦ 這地方 (VII,2,6)
;tə ʐun˦ da˦ 咱們地方 (VIII,1)
ʐun˦ ʐim˩ 周覃,地名,荔波北境

ʐun˦ 毛

ʐun˨˩˨ 送,送給

ʐun˨˩˨ le˨˩˨ 送禮

ʐun˥ 院子,街道等清潔

ʐun˥

ʐun˥ ne˦ 休息
ˑti ʔdam˥ ʐun˥ ne˦ 蔭凉地休息

ʐu:n˩ (船) 船

ʐu:n˨˩˨ 黄鱔

.tə ʐu:n˨˩˨ 黄鱔

ʐuŋ˨˩˨ 織布機

ʐuŋ˥ 牛牢

la˧ ʐuŋ˥ 牛牢

ʐuŋ˦

ʐuŋ˦ pja˧ 打雷

ʐup˦

mai˨ ʐup˦ '泡桐樹',樹名

ʐut˦ 又音 ʐət˦

fin˩ ʐut˦ 生有尾巴 (I,6)

ʐw

ʐwa˨ 羊

tə ʐwa˨ 羊

ʐwa˨ 筏子

ʐwe˦

ʐwe˦ wa:i˦ 棉花捲兒,紡紗用的棉花捲兒

ʐwin˧ 搓成一團

ʐwin˧ sa˩ 團紙

ʔ

ʔa˦ 鴉,烏鴉

ʔa˦ nam˦ 黑老鴉(頸部不白者)

·a 語尾助詞

hai˩ to˦ ·a, nuŋ˨! 開門阿,小弟!(I,2)

ʔai˧ ɖin˩ la:u˨ ·a! 人大阿!(VI,3,6)

ʔai˧ 個,個人人的量詞(I,13,II,1,2,····)

ʔai˧ ɖin˩ 一個人,人(I,5,····)

ʔai˧ ho˦ 窮的,窮人(II,4)

ʔai˧ me˨ naŋ˦ ʐi:n˨ ʔde:u˦ 一個沒有錢的人 (II,2)

ʔak˦

mai˨ ʔak˦ '水楊柳',樹名

ʔam˦ 背,負於背上

ʔa:m˧ 菜,作好的菜(魚肉包括在內),參看 ma˦

ʔa:m˧ sum˧ 酸菜

ʔa:n˦ (案)

pa:n˦ ʔa:n˦ 辦案,送給法警辦案的費用

ʔa:n˦ (鞍) 鞍子

ʔa:n˦ ma˨ 馬鞍

ʔau˦

la˧ ʔau˦ 篤歐,地名在荔波縣西南境

ʔa:u˦ 取,拿,要 (I,5,6,12,13,14,III,3,4,5,V,1,VIII,4,5,····)

ʔa:u˧ 緞子

tuk˦ ʔa:u˧ 緞子衣服

ʔe˨ 我 (I,3,4,8,11,13,17,II,8,10,V,11,····)

ʔe˦ 雞膆子;甲狀腺腫

fin˩ ʔe˦ 長大脖子,甲狀腺腫

·e 語尾助詞

si˩ pan˧ me˨ na:k˨ ·e? 你們總不打阿? (III,1)

ʔe:k˧ 軛

ʔe:k˧ həi˨ 牛軛

ʔe:n˧ (燕)

nok˨ ʔe:n˦ 燕子

ʔe:ŋ˦ 又,更,還,用法如貴州南部的'挎'廣州的'添'等 (I,13,II,14,V,15,····)

ʔe˨ ɲam˩ me˨ naŋ˦ ʐi:n˨ ʔe:ŋ˦ 我又沒有錢 (II,10)

jwa:i˨ me˨ ʐaŋ˨ tai˦ ʔe:ŋ˦ 玉愛還未曾死 (V,12)

ʔe:p˥ 鴨子

.tə ʔe:p˥ 鴨子

nok˧˩˧ ʔe:p˥ '水鴨子', 野鴨

·ə 語尾助詞

.tə ma˧˩˧ ʔe˨˩ ma˧˩˧ ʔda:i˨˦ ·ə, koŋ˧˥
我匹馬[是]好馬阿, 公! (II,8)

ʐəi˨˦ lu˧˥˧ pa:i˨˦ ha:u˧ ·ʈi ni:n˨˩
·ə ʐa:u˧˩˧ ʈʻut˧˥ 只怕去到月
亮裡那才熱 (V,14)

wəi˨˦ ʈa:ŋ˧ ʔŋ˧˩˧ ·ə ·lo 正為是
你嗎! (V,12)

ʔəi˨˦ 參看 sə˨˩

ʔi˨˦ 布

ʔi:k˧ 餓

ʔi:k˧ loŋ˨˩ 餓肚子, 肚餓

ʔin˧ 掐, 摘, 剥

ʔin˧ wa˧˥˧ 掐花

ʔin˧ ɗa˧˥˧ 剥皮

ʔi:n˨˦ (煙) 煙, 煙草

ʔi:n˨˦ va˧˥ 葉煙

ʔi:n˨˦ lum˧˥ 鴉片煙

ʔit˧˥

.lə ʔit˧˥ 葡萄

ko˧˥˧ .lə ʔit˧˥ 葡萄樹

ʔit˧˥ 一, 用於十一, 第一, 初一等; 參看ʔde:u˨˦

ʐip˨˩ ʔit˧˥ 十一

so˧˥˧ ʔit˧˥ 初一

ʔi:t˧ 伸

ʔi:t˧ non˧˩ 伸懶腰

ʔo˧˥

ʔo˧˥ ɲit˧˥ 發冷

·o 語尾助詞

ʔŋ˧˩˧ .pə (< pa:i˨˦) kʻui˨˦ ·o, ja˧˩˧!
你去櫃裡去阿, 耍! (I,11)

ʔoi˧

tʻoŋ˨˦ ʔoi˧ 甘蔗

ʔo:k˧˩˧ 吐嘔

ʔoŋ˧˥

.lə ʔoŋ˧˥ 果名

ʔuk˧˥ 出, 放出, 放(屁), 出(恭), 生出

ʔuk˧˥ tut˧˥ 放屁

ʔuk˧˥ ɲan˨˩ 拉銀子 (II,14)

hau˧ ʔuk˧˥ bja:ŋ˨˦ 稻生穗了

ʔum˧ 抱

ʔum˨˦ 燜

ŋa:i˨˩ ʔum˨˦ 燜的飯

ʔu:n˧ 碗; 合(容量)

ʔu:n˧ ʔde:u˨˦ 一合

ʔup˧˥ 掩門

ʔup˧˥ to˧˥˧ 掩門

ʔu:t˧ 拭, 擦

ʔu:t˧ sik˥ 擦汗

ʔŋ˧˩˧ 你 (I,8,9,11, II,8,9,10…)

國立中央研究院歷史語言研究所單刊之二十

莫話記畧一册

中華民國三十二年五月初版

本册實價國幣肆拾元整

外埠酌加郵費運費匯費包費等

發行者 國立中央研究院歷史語言研究所

四川南溪李莊第五號信箱

ACADEMIA SINICA

The Institute of History and Philology Monographs

Series A No 20

Notes on the Mak Language

BY

Fang-Kuei Li

1943